Thomas Vormbaum

Beiträge zum Strafrecht und zur Strafrechtspolitik

humaniora

herausgegeben von

Prof. Dr. Dr. Thomas Vormbaum

Redaktion:
Anne Gipperich

Band 3

LIT

Thomas Vormbaum

Beiträge zum Strafrecht und zur Strafrechtspolitik

LIT

Umschlagbild: Albrecht Dürer: Melencolia I

∞
Gedruckt auf alterungsbeständigem Werkdruckpapier entsprechend
ANSI Z3948 DIN ISO 9706

Bibliografische Information der Deutschen Nationalbibliothek
Die Deutsche Nationalbibliothek verzeichnet diese Publikation in der Deutschen Nationalbibliografie; detaillierte bibliografische Daten sind im Internet über http://dnb.d-nb.de abrufbar.

ISBN 978-3-643-11122-7

Verlagskontakt:
Fresnostr. 2 D-48159 Münster
Tel. +49 (0) 2 51-620 320 Fax +49 (0) 2 51-922 60 99
e-Mail: lit@lit-verlag.de http://www.lit-verlag.de

Auslieferung:
Deutschland: LIT Verlag Fresnostr. 2, D-48159 Münster
Tel. +49 (0) 2 51-620 32 22, Fax +49 (0) 2 51-922 60 99, e-Mail: vertrieb@lit-verlag.de
Österreich: Medienlogistik Pichler-ÖBZ, e-Mail: mlo@medien-logistik.at

Vorwort

In die hier vorgelegte Sammlung sind nur diejenigen strafrechtlichen Aufsätze aufgenommen worden, von denen ich meine, dass sie trotz teilweise länger zurückliegender Erstveröffentlichung und trotz teilweise geänderter Gesetzeslage noch von strafrechtsdogmatischem und/oder strafrechts- und kriminalpolitischem Interesse sein könnten[1]. Soweit dies für das Verständnis geboten erschien, habe ich Nachbemerkungen angefügt.

Die Anordnung der Aufsätze ist nicht eine chronologische, denn ich glaube nicht, dass die Nachverfolgung einer etwaigen Entwicklung meiner Vorstellungen besonderes Interesse beanspruchen kann. Die Jahresangaben unter den Überschriften und die Nachweise der Erstveröffentlichungen am Ende des Bandes ermöglichen gegebenenfalls eine Orientierung.

Den Anfang bilden Aufsätze mit kriminalpolitischem bzw. strafrechtspolitischem Charakter. Es folgen Aufsätze zum Komplex der Aussagetatbestände, mit dem ich mich wiederholt befasst habe[2]. Aufsätze zu weiteren Problemen des Besonderen Teils schließen sich an. Den Abschluss bilden einige kurze Glossen.

---

1 Nicht aufgenommen sind daher beispielsweise die Beiträge zur strafrechtlichen Problematik des Züchtigungsrechts, mit der ich mich mehrfach auseinandergesetzt habe: Zur Forderung nach gesetzlicher Beseitigung des elterlichen Züchtigungsrechts, in: Recht der Jugend und des Bildungswesens 1977, 373 ff.; Zur Züchtigungsbefugnis von Lehrern und Erziehern, in: JR 1977, 492 ff.; Urteilsanmerkung zu BGH 4 StR 270/76 (Zur Frage des Fortbestehens einer gewohnheitsrechtlichen Züchtigungsbefugnis eines Lehrers oder Erziehers), in: JZ 1977, 654 f.; Urteilsanmerkung zu BayObLG Rreg. 5 St 194/87 (Züchtigungsrecht eines Lehrers an bayerischen Volksschulen), in: JR 1979, 477 ff.; s. auch Urteilsanmerkung zu BayObLG Rreg, 5 St 14/91 (Notwehr gegen rein verbale ausländerfeindliche Äußerungen eines Kindes), in: JR 1992, 163 ff. – Die Beiträge sind, soweit sie den Bereich des Züchtigungsrechts von Lehrern und Erziehern betreffen, durch gesetzliche Regelungen erledigt; zu fortbestehenden Problemen des elterlichen Züchtigungsrechts und damit zusammenhängenden rechtstheoretischen, kriminologischen und rechtspolitischen Fragen bietet eine erschöpfende Erörterung die Monographie von *Jens-Michael Priester*, Das Ende des Züchtigungsrechts. Eine historische, dogmatische und straftheoretische Untersuchung. Baden-Baden 1999. – Im Jahre 2010 haben allerdings die weit zurück liegenden Fälle körperlicher Züchtigungen, vor allem in katholischen Institutionen, späte Aktualität gewonnen (nicht zu letzt wohl deshalb, weil sie mitunter zusammen mit Fällen sexuellen Kindesmissbrauchs gemeldet wurden); s. dazu *Thomas Vormbaum*, „Auch mal eine Ohrfeige", in: Journal der juristischen Zeitgeschichte 4 (2010), 60 ff.

2 Zuerst in meiner Habilitationsschrift „Der strafrechtliche Schutz des Strafurteils". Berlin 1997, S. 139–311. Nicht in diesen Band aufgenommen sind die zu diesem Komplex veröffentlichten Urteilsanmerkungen: zu BayObLG 4 StR RR 79/94 (Falsche eidesstattliche Versicherung per Telefax) (mit Gabriele Zwiehoff), in: JR 1996, 295 ff.; zu BayObLG 5 St RR 18/2003 (Strafbarkeit einer falschen eidesstattlichen Versicherung über die Vermögensverhältnisse nach § 807

Die Aufsätze sind bis auf die stillschweigende Bereinigung grammatikalischer Unstimmigkeiten, die bei der Korrekturlesung aufgefallen sind, und gelegentliche stilistische Glättungen unverändert wiedergegeben. Soweit zur Zeit der Erstveröffentlichung die alten Rechtschreibregeln galten, sind diese beibehalten worden. Im übrigen ist die neue Rechtschreibung nur im Hinblick auf die ss-Regel konsequent übernommen worden. Literatur- und Rechtsprechungsnachweise sind nicht aktualisiert worden, denn dies hätte Rückwirkungen auf den Text haben können. Jedoch enthalten die Nachbemerkungen Hinweise auf etwaige beachtliche Veränderungen der Rechtslage oder des Meinungsstandes.

In einen gleichzeitig erscheinenden Band mit Aufsätzen zur juristischen Zeitgeschichte sind auch einige Beiträge aufgenommen, die dem vorliegenden Band hätten zugeordnet werden können – so wie umgekehrt der eine oder andere Beitrag des vorliegenden Bandes dort hätte aufgenommen werden können. Wer rechtshistorische Forschungen und Erkenntnisse stärker in die dogmatische Argumentation einbezieht, als dies derzeit üblich ist, und umgekehrt aus aktueller Sicht Fragen an die Rechtsgeschichte stellt[3], steht eben vor solchen Zuordnungsproblemen, die sich wegen der permeablen Grenze zwischen beiden Bereichen oft nur dezisionistisch lösen lassen.

Herrn Dr. *Martin Asholt* und Frau stud. jur *Sandra Kralik* danke ich herzlich für Korrekturlesungen und für die technische Umsetzung dieses Buchprojekts.

Hagen, Januar 2011 *Thomas Vormbaum*

ZPO), in: JR 2004, 168 ff. – Hinweisen möchte ich ferner auf meine ausführliche Besprechung des vorzüglichen Werkes von *Henning Ernst Müller*, Falsche Zeugenaussage und Beteiligungslehre (2000), in: Strafverteidiger 2004, 684 ff. Erwogen, aber verworfen habe ich den Gedanken, eine aktualisierte Fassung meiner kleinen Schrift „Reform der Aussagetatbestände (§ 153–163 StGB). Reformüberlegungen und Gesetzentwurf". Heidelberg 1992, in diesen Band aufzunehmen; insofern plane ich eine Neuauflage.

3 Dazu ausführlich *Th. Vormbaum*, Einführung in die moderne Strafrechtsgeschichte. Heidelberg 2009, S. 11 ff.

Inhaltsverzeichnis

1.

Entkriminalisierung und Strafgesetz

Über Schwierigkeiten, Entkriminalisierung zu begründen und zu verwirklichen

(1983)

I.

> „Ohne Rächer, ohne Gesetz, von selber bewahrte man Treue und Anstand. Strafe und Angst waren fern; kein Text von drohenden Worten stand an den Wänden auf Tafeln von Erz; es fürchtete keine fliehende Schar ihren Richter; man war ohne Rächer gesichert“[1].

Jene Zeiten spielerischen Phäakentums sind versunken. „Strafen“ gehört – anders als im „Goldenen Zeitalter“ – unserem Rechts- und unserem Alltagsleben als fester Bestandteil an. Der Schüler Hanno Buddenbrook fürchtet das Verdikt des Lateinlehrers wegen der versäumten Präparation eben jener Ovid-Verse[2]. Das Thema „Straffreie Gesellschaft“ jedoch ist nicht erledigt. Ovid hat nicht nur einen vermeintlichen Urzustand mythisch verklärt, sondern auch einem „Tagtraum“ (E. Bloch) Ausdruck gegeben, einer vagen gedanklichen Vorwegnahme künftiger besserer Gestaltung menschlichen Zusammenlebens. Mit der Verdrängung des Themas würde ein Strang humanitären Denkens desavouiert und mit ihm ein gewichtiger Wirkungsfaktor der neueren Rechtsgeschichte; zugleich würde ein wichtiger Aspekt staatlich-sozialer Lebensgestaltung verstellt.

In der Strafrechtsgeschichte der vergangenen 200 Jahre sind Bemühungen um Zurückdrängung staatlichen Strafens durchaus nicht in Form einer gradlinig aufsteigenden Linie erfolgreich. Vielmehr sind – neben Fortschritten – bloße Umschichtungen, mitunter auch – gänzlich oder in Teilbereichen – Stockungen und Niederlagen zu registrieren. Mit aller Vorsicht läßt sich dennoch resümieren, daß die kriminalpoliti-

---

1 „[...] vindice nullo
sponte sua, sine lege fidem rectumque colebat.
Poena metusque aberant, nec verba minantia fixo
Aere ligabantur, nec supplex turba timebat
Iudicis ora sui, sed erant sine vindice tuti.“
Ovid, Metamorphosen I, V. 89–93, im Text in der Übersetzung von *Breitenbach* (1982), S. 28 f.

2 Thomas *Mann*, Buddenbrooks (1900), II. Teil, 2. Kap. – Daß in Heinrich *Manns* „Professor Unrat“ (1905) in ähnlicher Szene Ovid-Verse eine vergleichbare Rolle spielen (6. Kap. a.A.), ist möglicherweise kein Zufall.

sche Entwicklung dieser zwei Jahrhunderte als Resultante eine aufsteigende Kurve humanitären Denkens im Strafrecht aufweist. „Entkriminalisierung“ ist heute fest im kriminalwissenschaftlichen Wortschatz etabliert; ob als Begriff oder als Schlagwort, ist freilich die Frage. Die gedanklichen Voraussetzungen sind uneinheitlich. Man sagt u.a.:

- Strafrecht sei unzweckmäßig; es sei nicht in der Lage, sein selbstgestecktes Ziel zu erreichen, denn die gewünschte Präventionswirkung übe es nicht aus; wegen der Fragwürdigkeit der Willensfreiheitsprämisse sei die Vorstellung von einem Schuldausgleich durch Strafe suspekt[3];
- Strafrecht sei ein inhumanes Mittel zur Erreichung gesellschaftlicher Zwecke[4];
- Strafrecht schaffe durch Definitionsvorgaben erst das, was es bekämpfe[5];
- Strafe und Strafrecht seien Herrschaftsinstrumente; poenalisiert würden in erster Linie typische Verhaltensweisen der sozialen Unterschicht, während sozialschädliches Verhalten von Angehörigen der Mittel- und Oberschicht weit weniger erfaßt werde[6, 7].

---

3 Zum Vorwurf der Unzweckmäßigkeit: *Plack*, Plädoyer für die Abschaffung des Strafrechts (1974), S. 105 ff.; zur (vor allem psychoanalytisch inspirierten) Kritik am Schuldausgleich-Gedanken *Ders*. a.a.O. S. 205; *Ostermeyer*, Strafunrecht (1974), S. 78. – Die auf Empfindsamkeiten (auch auf berechtigte) von Juristen wenig Rücksicht nehmende Darstellungs- und Argumentationsweise von Plack hat die ernsthafte Diskussion seiner Thesen erschwert; typisch für die Reaktionen ist die polemische Rezension von *Schäfer*, GoltdArch 1976, 223 ff.

4 Vgl. z.B. *Mauz*, Das Spiel von Schuld und Sühne (1975), S. 7: „Es muß nicht bis zum Ende aller Tage angeklagt und verurteilt werden. Über die Verstöße gegen unsere Vereinbarungen, die wir Gesetze nennen, als hätten wir sie wie Moses vom Berg herabgebracht, kann auch solidarisch verhandelt werden, sie können auch leidenschaftlos ausgetragen werden (so jedenfalls, daß nicht noch mehr Leid entsteht, wo schon gelitten wird). Es setzt dies voraus, daß wir aufhören, über Menschen zu befinden, daß wir uns dazu entschließen, mit ihnen, für sie und damit auch für uns nach Lösungen zu trachten“.

5 So der sog. Definitionsansatz; vgl. *Sack*, Neue Perspektiven in der Kriminologie, in: Sack/König (Hrsg.), Kriminalsoziologie (2. Aufl. 1974), S. 431–474; zur Kritik des labeling approach vgl. allgemein *Naucke*, Die Abhängigkeiten zwischen Kriminologie und Kriminalpolitik (1977); zur Kritik aus psychoanalytischer Sicht s. *Engelhardt*, Eine psychoanalytische Konstruktion des labeling approach, in: KJ 1975, 266–294; zur Kritik aus marxistischer Sicht *Werkentin/Hofferbert/Bauermann*, Kriminologie als Polizeiwissenschaft oder: wie alt ist die neue Kriminologie? in: KJ 1972, 221–252.

6 Dieser Vorwurf trifft die Definitionsseite wie die Sanktionsseite; s. einerseits *Sack* a.a.O., andererseits *Rasehorn*, Recht und Klassen (1974), S. 135 ff. – Über Sozialstruktur und Genese von Strafrechtsnormen auch *Haferkamp/Lautmann/Brüsten*, MschrKrim 1978, 351–363.

7 Hier zu erwähnen ist auch der Beitrag von Popitz, der freilich keine expliziten Entkriminalisierungsabsichten verfolgt. Danach wird der Allgemeinheitsanspruch des Strafrechts („Wer [...], wird [...] bestraft“) in der Praxis ignoriert; totale Verfolgung, Aufklärung und Ahndung aller Straftaten würde das politische System sprengen; das *Ausmaß* der Verfolgung wird von generalpräventiven Erwägungen bestimmt, der sanktionierte *Personenkreis* ist statusbestimmt;

Jede dieser Auffassungen enthält – freilich nur jeweils als Teilerkenntnis – plausible Elemente; jede hat ihren Teil dazu beigetragen, daß sensible Kriminalpolitiker und Strafrechtsdogmatiker ihre Profession mit Skepsis und Selbstkritik betreiben – das von *Radbruch* beschworene „schlechte Gewissen" des Strafrechts[8]. Freilich ist dieses schlechte Gewissen ebenso diffus wie der Inhalt der Forderung nach „Entkriminalisierung", in welchem die genannten Kritikansätze äußerlich konvergieren. Die Gemeinsamkeit in der Forderung nach „Abschaffung des Strafrechts" beruht letztlich auf unterschiedlichem Begriffsverständnis: Utilitaristische, humanitäre, sozialkritische und politische Verständnisse führen die Feder. Entsprechend unterschiedlich sind die prozeduralen Konsequenzen für die Umsetzung der Entkriminalisierungsforderung. Dennoch bildet diese gemeinsame Forderung eine Klammer, mit der Folge, daß ihren Vertretern, soweit sie bereit sind, am rechtspolitischen und rechtswissenschaftlichen Diskurs teilzunehmen und demokratische Mehrheitsbildung als Voraussetzung für politische Entscheidung zu akzeptieren, eine doppelte Schwierigkeit gemeinsam ist:

(a) Mit der Entscheidung für den Diskurs verliert Entkriminalisierung notwendig ihre *ereignishafte* Begriffsbedeutung („Abschaffung" des Strafrechts)[9]. Instrumentelle Überlegungen werden durch Legitimations-, also Argumentationsbemühungen ersetzt. Die *prozeßhafte* Bedeutung („Zurückdrängung" des Strafrechts) tritt in den Vordergrund. Die Zielsetzung geht (nur noch) dahin, *rechtspolitisch* durch in demokratischer Prozedur legitimierte gesetzgeberische Schritte, *rechtsdogmatisch* durch wissenschaftlich überzeugende Auslegung bestehender Strafgesetze den Geltungsbereich von Strafrecht zu mindern oder Strafrecht und seine rechtlichen Auswirkungen zu mildern. Demnach müssen bei der Verfolgung des Entkriminalisierungszieles Prioritäten gesetzt werden, diese Prioritäten müssen begründet werden, die Gründe müssen in einem politischen und wissenschaftlichen Kommunikationsprozeß mitgeteilt und der Kritik ausgesetzt werden, die Akzeptanz der Argumente beim Kommunikationspartner muß in die eigenen Überlegungen antezipierend einbezogen werden. Damit ist die Aussicht auf Berücksichtigung aller relevanten Voraussetzungen und möglichen Folgen der rechtspolitischen Entscheidung eröffnet. An die Stelle

---

s. *Popitz*, Über die Präventivwirkung des Nichtwissens (1968), insb. S. 9 f., 17. Zu den Legitimationsproblemen, welche diese Hypothese aufwirft, s. *Lüderssen*, Strafrecht und „Dunkelziffer" (1972), insb. S. 23 ff.

8 *Radbruch/Zweigert*, Einführung in die Rechtswissenschaft (10. Aufl. 1961), S. 136; dort in Fußn. 1 auch einschlägige literaturgeschichtliche Hinweise.

9 Auch *Plack* (Anm. 3), dessen Buchtitel die „Abschaffung des Strafrechts" zeitweise zur festen Redewendung hat werden lassen, wirbt „für eine Entwicklung [...], die, zeitlich noch nicht abschätzbar, das Strafrecht allmählich dahin bringen könnte, sich *selbst* aufzulösen" (S. 5).

von linearem Erfolgsdenken tritt tendenziell die Vorstellung von einer als Systemmodifikation und damit in Widersprüchen sich vollziehenden Entwicklung[10].

(b) Der erwähnte Diskurs betrifft vornehmlich Bemühungen um Erlangung von Zustimmung zu Änderungen geltender Rechtssätze und ihrer Auslegung, also zu dem, was die Unterkommission des Europarates für Fragen der Entkriminalisierung als „décriminalisation juridique" bezeichnet[11]. Dabei kann es aber nicht sein Bewenden haben. Widerstand gegen Entkriminalisierungsbemühungen erwächst nicht nur auf der Ebene politischer Diskussion, Mehrheitsbildung und Entscheidung, strafrechtsdogmatischer Herausbildung „herrschender Meinungen"[12] und gerichtlicher Erkenntnisse, sondern auch im faktisch-gesellschaftlichen Bereich. Schon die Notwendigkeit eines politisch-wissenschaftlichen Diskurses über Entkriminalisierung zeigt ja, daß Strafrecht eben noch vorhanden ist. Mag es ineffektiv, inhuman, unterdrückend, stigmatisierend sein – in jedem Falle ist es wirkungsmächtig, und zwar nicht nur durch sein bloßes rechtliches Dasein, sondern auch durch seine Daseins*kraft*. Dies mag mit Herrschaftsdruck, mit Sündenbockprojektionen und anderen sozialpsychologischen Entlastungsvorgängen[13], mit Fehlinformationen über Krimi-

---

10 Jedenfalls auf der Ebene normenwissenschaftlicher Diskussion läßt sich das Habermas'sche Diskursmodell mit Luhmanns Vorstellungen von „Diskussion als System" harmonisieren, wie Luhmann selber einräumt; vgl. *Luhmann*, Systemtheoretische Argumentationen. Eine Entgegnung auf Jürgen Habermas, in: *Habermas/Luhmann*, Theorie der Gesellschaft oder Sozialtechnologie – Was leistet die Systemforschung? (1971), S. 291–405, insb. S. 316 ff., 322. – Der Text braucht weder zu dieser Kontroverse noch zum sog. „Positivismusstreit" Stellung zu beziehen, denn rechtswissenschaftliche Diskussion bezieht sich unbezweifelbar auf ein bestehendes System. Gerade hieraus folgt ja die Problematik von Entkriminalisierungspolitik, die in ihrer Zielsetzung das bestehende normative Bezugssystem transzendiert, gleichzeitig aber *in* ihm argumentiert; sie wird noch dadurch verschärft, daß rechtswissenschaftliches Denken geradezu die Aufgabe besitzt, systemintegrativ zu wirken, d.h. Gedankengänge, die tendenziell systemsprengend wirken, zu systemimmanenten „umzufunktionieren"; vgl. am Beispiel der Kantischen Rechtsphilosophie *Naucke*, Die Dogmatisierung von Rechtsproblemen bei Kant, in: ZNR. 1979, 3–20. Allgemein zur Frage der „Problemverschiebung", *Luhmann*, Soziologie als Theorie sozialer Systeme, in: *Ders*., Soziologische Aufklärung (1970), S. 113–136, hier S. 119.

11 *Conseil de l'Europe*, Rapport sur la décriminalisation (1980), S. 13 ff.

12 Kritisch zur Praxis der Herausbildung herrschender Meinungen *Wesel*, h.M., in: Ders., Aufklärung über Recht (1981), 14–40; zum Stellenwert von Akzeptanz in der rechtswissenschaftlichen Diskussion s. *Adomeit*, Was ist Recht? – Eine Einf. i. d. Rechtstheorie, in: JA 1979, 20–24, hier S. 21.

13 Dazu sehr exponiert die klassischen Schriften von *Reiwald*, Die Gesellschaft und ihre Verbrecher (1948, Neuaufl. 1973), *Reik*, Geständniszwang und Strafbedürfnis (1925), *Alexander/Staub*, der Verbrecher und seine Richter (1929), die letzten beiden Titel neu veröff. und hrsg. von *Moser* unter dem Titel „Psychoanalyse und Justiz" (1974); in jüngster Zeit *Ostermeyer*, Die bestrafte Gesellschaft (1975) und in: ZRP 1970, 241–244; *Plack* (Anm. 3). Reflexionen über Tiefenpsychologie und Strafrechtsdogmatik bei *Jäger*, Strafrecht und psychoanalytische Theorie, in: *Ders*. (Hrsg.), Kriminologie im Strafprozeß (1980), S. 47–64; *Haffke*, Strafrechtsdogmatik und Tiefenpsychologie, ebd. S. 133–172.

nalität und den damit einhergehenden diffusen Ängsten[14], aber auch mit realer Furcht vor dem vorerst wohl kaum verzichtbaren Ersatz für ein abgeschafftes Strafrecht[15] zu tun haben. Die wichtigsten, z.T. noch unbeantworteten Fragen dieses Problemkreises sollen hier nicht im einzelnen erörtert werden. Tatsache ist jedenfalls, daß Kräfte wirksam sind, welche juristische Entkriminalisierungsschritte zunichte zu machen oder abzuschwächen in der Lage sind. Sie müssen analysiert und bei der Formulierung politischer Forderungen berücksichtigt werden, um sicherzustellen, daß eine décriminalisation juridique auch eine „décriminalisation de fait" zur Folge haben wird[16].

Freilich wird ein klug und breit angelegter politisch-wissenschaftlicher Diskurs versuchen, den gesellschaftlichen Bereich – i.e. die Bevölkerung – soweit wie möglich einzubeziehen. Unbestreitbar ist jedoch, daß dieser Diskurs – aus welchen Gründen auch immer – heute weitgehend abgehoben stattfindet, was – wie das Meinungsgewoge um die Todesstrafe zeigt – gerade für Entkriminalisierungspolitik nicht nur Nachteile bringt. Wenn aber schon nicht als Kommunikationspartner – jedenfalls doch als realer Faktor bei der Berechnung der Auswirkungen politischer Schritte muß Bevölkerung (Gesellschaft, Öffentlichkeit) respektiert werden. Damit wird eine große und eng strukturierte Problemfläche zum Gegenstand von Entkriminalisierungs-Überlegungen. Sie umfaßt positiv-rechtliche Änderungen im Bereich der Straftatbestände, der Strafarten, des Strafvollzuges und des Strafprozesses, im politisch-gesellschaftlichen Bereich Bemühungen um den Abbau von Strafbedürfnissen und kriminogenen Faktoren wie überhaupt um die Umsetzung kriminologischer Erkenntnisse in Rechtspolitik.

Die folgenden Betrachtungen wollen vorhandene Untersuchungen zur Kriminalpolitik und zur Gesetzgebungslehre weder vertiefen noch korrigieren. Sie greifen vielmehr aus dem erwähnten Problemgewebe eine Einzelproblematik heraus. Wie – so wird gefragt – können gesetzgeberische und interpretatorische Bemühungen um Entkriminalisierung methodisch plausibel begründet werden; welche methodischen Schwierigkeiten ergeben sich aus der Notwendigkeit der Umsetzung juristischer Entkriminalisierung in faktische Entkriminalisierung? Von den damit aufgeworfenen argumentativen Schwierigkeiten, z.T. sogar Aporien einer Entkriminalisierungspolitik seien einige behandelt.

---

14 S. die Nachweise b. *Amelung*, Strafrechtswissenschaft und Strafgesetzgebung, in: ZStW 1980, 19–72, hier S. 47 ff.

15 Dazu *Naucke*, Strafrecht. Eine Einführung (3. Aufl. 1980), S. 232 f.

16 *Conseil de l'Europe* a.a.O. (Anm. 11).

II.

Zunächst ein Blick auf die Rechtssetzung. Rechtliche Entkriminalisierung kann hier durch Streichung von Straftatbeständen (dazu 1) sowie durch Gesetzgebungsakte erfolgen, die sich mit teilweiser Entkriminalisierung eines Bereiches begnügen (dazu 2).

1.

a) Der Forderung nach Streichung einzelner Straftatbestände erwachsen *argumentative* Probleme. Jede begrenzte Forderung in diese Richtung riskiert nämlich, den verbleibenden Tatbeständen eine unerwünschte Bonitätsbescheinigung auszustellen. Ein solcher Aufwertungseffekt läßt sich zwar kaum messen, er ist aber auf lange Sicht nicht von der Hand zu weisen. Daß gewisse Straftatbestände in historisch überschaubarer Zeit nicht ernsthaft zur Disposition gestanden haben, begründet stillschweigend einen weitgehenden Konsens über ihre Notwendigkeit; er wird durch die bevorzugte Kritik anderer Tatbestände noch verstärkt, durch allgemeine Beteuerungen über eine langfristig angestrebte völlige Abschaffung staatlichen Strafens kaum abgeschwächt. Der argumentative Drahtseilakt, der hier gefordert ist, besteht darin, das Entkriminalisierungsziel plausibel zu erhalten und gleichzeitig den fortbestehenden Strafvorschriften möglichst wenig Legitimation zuzugestehen. Ob dieser Akt gelingt, wird wesentlich davon abhängen, wie die Forderung nach Abschaffung bestimmter Straftatbestände begründet wird. Da – wie oben dargelegt – auf die Konsensfähigkeit der Argumente zu achten ist, dürfen die herkömmlichen Maßstäbe für die Rechtfertigung von Straftatbeständen nicht ignoriert werden. Zu ihnen gehören vor allem: Strafwürdigkeit und Strafbedürftigkeit der inkriminierten Verhaltensweisen[17], ferner Effektivität (d.h. Verhaltens- und Sanktionsgeltung)[18] und Effizienz der Strafvorschrift[19].

b) Das Ausmaß der Bereitschaft, auf *Strafwürdigkeits-* und *Strafbedürftigkeitsargumente* zurückzugreifen, wird davon abhängen, aus welcher Grundposition die Forderung nach Entkriminalisierung abgeleitet wird. In jedem Falle muß für eine strafrechtsskeptische Position die Verwendung dieser Argumente problematisch bleiben. Dadurch, daß man die Begriffe relativ, d.h. im Kontext *aller* strafbedrohten Handlungen verwendet, wird die Situation kaum erleichtert, denn gerade jene Verhaltensweisen, die herkömmlicherweise als besonders strafwürdig angesehen wer-

17 Dazu ausführlich *Günther*, Die Genese eines Straftatbestandes, in: JuS 1978, 8–14, insb. S. 11 f.

18 *Popitz* (Anm. 7), S. 10; *Amelung* (Anm. 14), S. 30.

19 *Amelung*, a.a.O.

den, haben den Forderungen nach Entkriminalisierung Nahrung gegeben; sie werden als Äußerungsformen individueller und sozialer Konflikte aufgefaßt, ihre Bestrafung als eine unangemessen rationale Antwort auf irrationales Verhalten bewertet[20].

c) Auch die Berufung auf *Ineffektvität* ist heikel, denn dieser Mangel dürfte den Anhänger eines Entkriminalisierungs-Konzepts, wenn es ihm nicht um Papier-Erfolge zu tun ist, am wenigsten beunruhigen[21]. *Ineffizienz* einer Strafdrohung hingegen, ein Mißverhältnis also zwischen Kosten (normativem und organisatorischem Aufwand) und Nutzen (Normdurchsetzung), ist ein tragfähiges Argument, weil es in erster Linie auf die Konsistenz der Gegenargumente abstellt, also keiner absoluten Wertgrundlage bedarf[22].

d) Dem Effizienz-Argument eng benachbart, jedoch mehr inhaltlich bestimmt ist der Hinweis auf das *Fehlen* eines *geschützten Rechtsgutes*. Auf dieser Problemebene fanden bekanntlich die Diskussionen der Sechziger- und beginnenden Siebzigerjahre um die Reform des Sexualstrafrechts statt[23]. Heute dürfte die überwiegende Auffassung dahin gehen, daß Straftatbestände nur dann mit der Verfassung im Einklang stehen, wenn ein geschütztes Rechtsgut erkennbar ist[24].

Will man allerdings dem demokratisch legitimierten Gesetzgeber nicht in bedenklicher Weise die Hände binden, so muß die Berufung auf die Verfassung, die letztlich zur Verla-

---

20 *Sack*, Strafrecht und Kriminalität in einer freiheitlichen Gesellschaft [...], in: Holtfort (Hrsg.), Strafverteidiger als Interessenvertreter (1979), S. 132–151, hier S. 148. *Plack* (Anm. 3), S. 5, stellt ferner die Rationalität des Strafrechts der Irrationalität der Bestrafungswünsche gegenüber: „[...] Strafjustiz, widerspruchsfrei über die Untiefen irrationaler Strafwut gebreitet [...]".

21 Ebenso wie symbolische Straftatbestände (dazu *Amelung* [Anm. 3] S. 54 ff.) mag es freilich auch symbolische Entkriminalisierung geben: Die Streichung der §§ 88a, 130a StGB a.F. (eingefügt 1976, aufgehoben 1981) trägt manche Züge einer solchen, denn diese Vorschriften hatten – jedenfalls was die Zahl der *Verurteilungen* angeht – kaum Wirksamkeit entfaltet; s. *Wagner*, Drei Jahre § 88a StGB – eine Zwischenbilanz, in: ZRP 1979, 280–281 (s. aber auch die folgende Anm.).

22 Ineffizienz ist selbstverständlich auch und gerade dann anzunehmen, wenn der durch die Vorschrift hervorgerufene Schaden *größer* ist als ihr Nutzen. Auch für solche Überlegungen bieten die Diskussionen um die §§ 88a, 130a StGB a.F. Anschauungsmaterial; wurde doch gegen die Vorschriften auch der durch sie ausgelöste Effekt der Einschüchterung freier Meinungsäußerung (nicht zuletzt für die Literatur – „Katharina-Blum"-Argument), vor allem durch auf sie gestützte Ermittlungsverfahren mit Zwangsmaßnahmen, ins Feld geführt. Einige Fälle sind – freilich in journalistischer Manier – dokumentiert in: *Koch/Oltmanns*, Freiheit in Deutschland (2. Aufl. 1978), S. 137 ff. – Für den Problemkreis „Schwangerschaftsabbruch" s. den Titel des von *Baumann* hrsg. Sammelbandes „Das Abtreibungsverbot des § 218 – eine Vorschrift die mehr schadet als nützt" (1972).

23 Vgl. *Schroeder*, Reform des Sexualstrafrechts (1971), jetzt in: *Maurach/Schroeder*, Strafrecht Allg.Teil/1 (6. Aufl. 1977), S. 142 ff. – Zuletzt *Lautmann*, Sexualdelikte – Straftaten ohne Opfer? In: ZRP 1980, 44–49.

24 Nachweise b. *Rudolphi*, SK StGB I, vor § 1, Rdn. 1 u. 3 ff.; kritisch *Jakobs*, Strafrecht AT (1983), S. 36 ff.

gerung von Entscheidungskompetenzen auf das demokratisch weniger legitimierte Bundesverfassungsgericht führen muß, mit Zurückhaltung geschehen. Festzuhalten ist freilich andererseits, daß *diese* Form verfassungsrechtlicher Bindung plausibler dargetan werden kann, als die (noch anzusprechende) durch Poenalisierungs*gebote* denn „nach dem freiheitlichen Charakter unserer Verfassung (braucht) der Gesetzgeber eine verfassungsrechtliche Rechtfertigung dafür, daß er straft, nicht aber dafür, daß er nicht straft [...].“[25]

Unabhängig von seiner verfassungsrechtlichen Dignität ist der Hinweis auf das Fehlen eines geschützten Rechtsgutes auch für die kriminalpolitische Argumentation von besonderer Bedeutung. Die bei der Verwendung der Argumente „Mangelnde Strafwürdigkeit“, „Mangelndes Strafbedürfnis“, „Ineffektivität“ festgestellten Aporien stellen sich hier nur dann ein, wenn man Strafe für ein schlechthin un*geeignetes* Mittel zur Erzielung von Rechtsgüterschutz hält. Lehnt man hingegen Strafe unabhängig von dieser Eignung aus humanitären oder politischen Gründen ab, so kann die Forderung nach bevorzugter Abschaffung derjenigen Straftatbestände, für die ein geschütztes Rechtsgut nicht erkennbar ist, plausibel begründet werden, denn es tritt hier zu den generellen Bedenken gegen Strafe ein spezielles hinzu. Dieses läßt sich geltend machen, ohne daß daraus e contrario eine Aufwertung der verbleibenden Straftatbestände gefolgert werden könnte.

e) Ebenfalls verfassungsrechtlich relevant, aber mit derselben rechtspolitisch bedingten Zurückhaltung zu verwenden ist der Hinweis auf den Grundsatz „nullum crimen sine lege“, von dessen Derivaten hier praktisch nur das Bestimmtheitsgebot relevant ist[26]. Mit dem Hinweis auf die verfassungswidrige Unbestimmtheit eines Straftatbestandes wird den nicht angegriffenen Straftatbeständen lediglich bescheinigt, daß unter *diesem* Gesichtspunkt keine Bedenken gegen sie bestehen; insoweit ist hier ebenfalls unbefangenes Argumentieren möglich.

Großer Erfolg ist einer Berufung auf das Bestimmtheitsgebot freilich kaum vorauszusagen. Das *Bundesverfassungsgericht* hat bekanntlich in dieser Hinsicht stets große Zurückhaltung gezeigt; es hat bislang nur einen Straftatbestand wegen Unbestimmtheit für verfassungswidrig erklärt[27]. Wird aber der *Gesetzgeber*, wie hier vorausgesetzt, als Adressat einer so be-

---

25 So in der Entscheidung über die Verfassungsmäßigkeit des § 218 StGB die überstimmten Verfassungsrichter (BVfGE 39, 74). – Zur politischen Bedeutung des BVfG s. *Gusy*, Das BVfG als politischer Faktor, in: EuGRZ 1982, 93–101; zu möglichen Auswirkungen eines anmaßenden Kompetenzverständnisses des BVfG s. *Gerontas*, Der Grundsatz des „political self-restraint“, untersucht am Beispiel der Bundesrepublik Deutschland, in: EuGRZ 1982, 145–153.

26 Das *Rückwirkungsverbot* sei hier vernachlässigt; das Verbot *gewohnheitsrechtlicher* Strafbegründung und das *Analogieverbot* sind an Richter und andere Rechtsanwender adressiert.

27 BVfGE 17, 306 ff., 314. Die Bejahung der Verfassungsmäßigkeit des § 360 Abs. 1 Nr. 11 StGB a. F. (Grober Unfug) durch das BVfG (E 26, 41) ist im Schrifttum überwiegend auf Ablehnung gestoßen (Nachweise b. *Rudolphi* [Anm. 24] § 1, Rdn. 14; *Eser*, Studienkurs Strafrecht I [2. Aufl. 1976], S. 37.) – Der Bay VfGH hat allerdings Ziff. 24 des bayG Nr. 3, wonach sich strafbar machte, wer „gegen die öffentliche Ordnung verstößt“, 1951 wegen Verstoßes gegen die bayerische Verfassung für nichtig erklärt (E 4 II, 194). – In der jüngsten einschlägigen

gründeten Entkriminalisierungsforderung gewählt, so wird mit großer Wahrscheinlichkeit der Straftatbestand nicht ersatzlos gestrichen, sondern konkretisiert werden[28]. Die hieraus folgenden Probleme sind noch anzusprechen.

f) Schließlich ist noch die Frage nach verfassungsrechtlichen *Hindernissen* für Entkriminalisierung aufzuwerfen. Bekanntlich hält das *Bundesverfassungsgericht* – ausgehend vom Verständnis der Grundrechte als Ausdrucksformen einer objektiven Wertordnung – auch verfassungsrechtliche *Poenalisierungsgebote* für möglich[29] und hat diese Auffassung in der Entscheidung zur Verfassungsmäßigkeit des Fünften Strafrechtsreformgesetzes (Reform des § 218 StGB) umgesetzt.

Freilich hat diese Auffassung in der Literatur neben Zustimmung[30] auch Widerspruch erfahren[31]; das Gericht selber konnte keine Einstimmigkeit erzielen. Zwei Verfassungsrichter machten geltend: „Wenn die in einer Grundrechtsnorm enthaltene objektive Wertentscheidung zum Schutze eines bestimmten Rechtsgutes genügen soll, um daraus die Pflicht zum Strafen herzuleiten, so könnten die Grundrechte unter der Hand aus einem Hort der Freiheitssicherung zur Grundlage einer Fülle von freiheitsbeschränkenden Reglementierungen werden [...] Der Sinn der Grundrechte geht [...] nicht dahin, [...] (den Einsatz der staatlichen Strafgewalt) zu fordern, sondern ihm Grenzen zu setzen“[32].

Angesichts der Autorität des Bundesverfassungsgerichts und der Bindungswirkung seiner Entscheidungen muß auf absehbare Zeit von verfassungsrechtlichen Grenzen einer Politik der Entkriminalisierung ausgegangen werden.

g) Auch ein Entkriminalisierungs-Konzept kann sich nicht der Einsicht verschließen, daß gewisse sozialschädliche Verhaltensweisen nicht ohne gesellschaftliche Reaktion bleiben können[33]. Dieses vor allem sozialpsychologisch bedingte Reaktionsbedürfnis[34] wird durch Strafe und Strafrecht befriedigt. Es muß in Rechnung gestellt

---

Entscheidung hat der BGH die (häufig angezweifelte) Verfassungsmäßigkeit des § 265b StGB (Kreditwucher) bejaht (JZ 1982, 214 = NJW 1982, 775).

28 S. z.B. den (wenig geglückten) Versuch, den Tatbestand des Groben Unfugs (§ 360 Abs. 1 Nr. 11 StGB a. F.) unter gleichzeitiger Herabstufung zur Ordnungswidrigkeit zu konkretisieren (§ 118 OWiG).

29 *Bundesverfassungsgericht*, Urteil vom 25. Februar 1975, BVfGE 39, 1 ff.; vgl. auch *Müller-Dietz*, Zur Problematik verfassungsrechtlicher Poenalisierungsgebote, in: Fschr. f. Eduard Dreher (1977), S. 97–116.

30 S. die Nachweise b. *Eser*, Schönke/Schröder, StGB (20. Aufl. 1980), Vor § 217, Rdn. 3; *Dreher/Tröndle*, StGB (40. Aufl. 1981), Vor § 218, Rdn. 4.

31 Nachweise jeweils a.a.O.

32 A.a.O. (Anm. 29) S. 73; kritisch *Amelung* (Anm. 14), S. 56 f.

33 Ob damit eine anthropologische Konstante angesprochen ist, kann dahinstehen; jedenfalls gilt der Satz für den historisch überschaubaren Zeitraum. Auch engagierte Vertreter von Entkriminalisierungsforderungen wollen nicht auf *jegliche* gesellschaftliche Reaktion auf sozialschädliches Verhalten verzichten.

34 Zu den damit berührten Problemen besonders prägnant *Haffke* (Anm. 13), insb. S. 150 ff.

werden, weil es die *Umsetzung rechtlicher Entkriminalisierung in faktische Entkriminalisierung* vereiteln kann. Denkbar ist nämlich, daß das Reaktionsbedürfnis sich anderweitig Bahn bricht, sei es unter anderem rechtlichen Etikett, sei es im außerrechtlich-gesellschaftlichen Bereich. Da überdies Forderungen nach Entkriminalisierungsschritten sich häufig mit Hinweisen auf derlei mögliche Folgen konfrontiert sehen werden, kann sogar bereits ein *Hindernis für rechtliche Entkriminalisierung* entstehen.

Die zuerst genannte Fallgruppe – Verlagerung der Reaktion auf ein anderes Rechtsgebiet – ist differenziert zu sehen; gehört es doch gerade zum Argumentationshaushalt von Entkriminalisierung, auf die Möglichkeit anderer, weniger einschneidender Reaktionen auf sozialschädliches Verhalten zu verweisen[35], beispielsweise auf die zivilrechtliche Schadensersatzpflicht (welche freilich ohnehin bereits zusätzlich zu allfälliger Bestrafung eintreten kann) und auf die Möglichkeit der Herabstufung von Straftaten zu Ordnungswidrigkeiten. Wo diese Möglichkeiten, dem Reaktionsbedürfnis der Betroffenen oder der Öffentlichkeit gerecht zu werden, sich eröffnen, können sie als Ersatz für Strafe angeboten werden, bzw. kann auf sie als hinreichenden Rest verwiesen werden. Problematischer wird die Situation, wenn die substituierte Reaktionsform sich nicht als „mildere“ darstellt oder wenn das betreffende Rechtsgebiet oder das mit ihm verbundene Verfahren weniger Schutzgarantien gewähren als Strafrecht und Strafprozeßrecht. Es wäre ein bloßer Pyrrhus-Sieg, würde man die Reduzierung von Straftatbeständen beispielsweise mit einer Erweiterung polizeilicher Eingriffsmöglichkeiten erkaufen. Auch die Möglichkeit, daß die Strafgerichte andere Straftatbestände kompensatorisch ausweiten, um die entstandene Lücke zu schließen, ist in Betracht zu ziehen. In der bekannten Forderung von *Radbruch*, Strafrecht solle eines Tages in ein Recht einmünden, welches besser sei als Strafrecht, verdient die Forderung nach dem *Besseren* besondere Betonung[36]. Freilich kann die Bewertung, ob der Ersatzeingriff etwas „Besseres“ darstelle, im Einzelfall umstritten sein[37].

---

35 S. z.B. *Plack* (Anm. 3), S. 323 ff., 382 f. m. Nachw.

36 *Radbruch*, Rechtsphilosophie (8. Aufl. 1973, hrsg. v. Erik *Wolf* und Peter *Schneider*), S. 265.

37 Dies zeigt sich besonders dort, wo gesetzgeberische Entkriminalisierung nicht über die Streichung oder Einengung von Straftatbeständen, sondern über Regelungen des Allgemeinen Teils des StGB erfolgen soll. Würde beispielsweise der Anwendungsbereich des § 20 StGB in einer Weise erweitert, welche die anerkannten Fälle des „unvermeidbaren Verbotsirrtums“ nach § 17 vermehren würde, so wäre zwar der Bereich der Exkulpation und damit des straflosen Verhaltens erweitert, gleichzeitig aber würden die Möglichkeiten für die Anwendung von Maßregeln nach §§ 63, 64, 65 Abs. 3, 69 Abs. 1 StGB vermehrt. Ob der der rechtswidrigen Tat (§ 11 Abs. 1 Nr. 5 StGB) überführte Beschuldigte die Unterbringung in einem psychiatrischen Krankenhaus als eine „mildere“ Maßnahme gegenüber der Verurteilung zur Freiheitsstrafe betrachten wird, darf bezweifelt werden.

Noch problematischer als die Verschiebung staatlicher Reaktionen in weniger transparente und mit weniger Schutzgarantien ausgestattete Rechtsbereiche ist die Abdrängung der Problemlösung in den außerrechtlichen Bereich[38], insb. in den unkontrollierbaren Bereich der Selbsthilfe und Privatjustiz. Selbst wenn nicht gleich Blutrache und Lynchjustiz als Folgen fehlender staatlicher Kanalisierung zu erwarten sind, ist doch die Gefahr anarchischer Regulationsmechanismen nicht leicht zu nehmen. Andererseits ist fraglich, in welchem Umfang ein um Entkriminalisierung bemühter Gesetzgeber auf den „Ruf nach Recht und Ordnung“ Rücksicht nehmen sollte. Flankierende Maßnahmen und intensive Aufklärung werden die häufig aus Unwissenheit über Kriminalität resultierende Angst[39] und mit ihr das Strafbedürfnis reduzieren helfen[40]. Auch die Wirkung des entkriminalisierenden Gesetzes selber ist in Rechnung zu stellen; kann doch Strafrecht – auch sein Rückzug aus einem Bereich – eigene bewußtseinsbildende Wirkung entfalten. Die Information, daß ein bestimmtes Verhalten nicht mehr strafbar sei – für einen großen Teil der Bevölkerung fließt dies zusammen mit: nicht mehr verboten – wird ihrerseits häufig, wenn auch nicht immer, das Reaktionsbedürfnis mäßigen helfen.

Eine sorgfältige Analyse der zu erwartenden Auswirkungen des Gesetzes auf das Rechtsbewußtsein der Bevölkerung muß demnach der Forderung nach Streichung von Straftatbeständen vorangehen. Sie ist mit den üblichen Unsicherheiten einer Prognose behaftet. Ob das Risiko eingegangen werden soll, ist politisch zu entscheiden. Dieser Entscheidung kann nicht ausgewichen werden. Einwände, die sich auf die besprochenen Gefahren berufen, dürfen freilich nicht nur als politische Hindernisse auf dem Weg zur Durchsetzung einer Reduzierung der Straftatbestände gewertet werden, es muß ihnen auch ernsthaft nachgegangen werden, um zu vermeiden, daß der im Bereich rechtlicher Entkriminalisierung erzielte Erfolg sich faktisch als Verlust für die Betroffenen wie für die Rechtsstaatlichkeit erweist.

2.

Soll gesetzgeberische Entkriminalisierung dadurch erfolgen, daß bestehende Strafvorschriften reduziert, konkretisiert oder gemildert werden, so kann dies einmal durch entsprechende Veränderungen von Straftatbeständen – sei es bei den Tatbe-

38 *Amelung* (Anm. 14) Fußn. 186, Abs. 2.

39 *Amelung*, a.a.O. S. 47 ff.

40 Vor allem können flankierende Maßnahmen u.U. das zugrundeliegende objektive Problem beseitigen oder doch minimieren; vgl. z.B. zur körperlichen Züchtigung durch Eltern: *Vormbaum*, Zur Forderung nach gesetzlicher Beseitigung des elterlichen Züchtigungsrechts, in: RdJB 1977, 373–389; *Jung*, Strafrechtsdogmatische, kriminologische und kriminalpolitische Aspekte der Kindesmißhandlung, in: MschrKrim 1977, 89–98. Dort stellt sich das Problem freilich im Rahmen von Kriminalisierungsforderungen.

standsvoraussetzungen, sei es bei der Rechtsfolgenanordnung – erreicht werden, zum anderen durch Änderungen im Allgemeinen Teil des Strafrechts[41] und im Strafprozeßrecht. Auch die Herabstufung von Straftatbeständen zu Ordnungswidrigkeits-Tatbeständen ist zu erwägen. Die Forderung nach Ergreifung derartiger gesetzgeberischer Maßnahmen kann spezifische Schwierigkeiten für die Legitimation rechtlicher Entkriminalisierung und für ihre faktische Umsetzung hervorrufen.

a) Mangelnde *Strafwürdigkeit*, *Strafbedürftigkeit* oder *Effektivität* geltender Vorschriften sind freilich hier ebenso problematische Argumente wie bei der *Streichung* von Straftatbeständen. Hinweise auf das *Fehlen* eines einschlägigen *Rechtsgutes* werden durch Reduzierung des Geltungsbereiches der Norm nur selten erledigt werden. Konkretisierungen von bislang zu allgemein gehaltenen Normen werden allerdings häufig dem Bestimmtheitsgrundsatz Genüge tun; auch gegen die Verkürzung von Verjährungsfristen, also die Reduzierung des *zeitlichen* Geltungsbereiches der Norm, lassen sich vom Standpunkt eines Entkriminalisierungs-Konzeptes normative Bedenken ebensowenig vortragen wie gegen Milderungen der Art und Höhe der Strafdrohung oder gegen die Erweiterung der Möglichkeit der Straf(rest)aussetzung zur Bewährung. Nur schwer zu begründen sein wird jedoch, warum im Einzelfall nicht die *Streichung* der Strafvorschrift, sondern nur ihre *Abmilderung* oder *Reduzierung* gewählt wird.

Der Hinweis auf fehlende politische Durchsetzbarkeit der Radikallösung kann hier noch nicht verschlagen, denn es geht zunächst um die Klärung der eigenen Ausgangsposition. Daß diese sich politisch bedingte Abstriche wird gefallen lassen müssen, steht auf einem anderen Blatt. Eine inhaltliche Begründung für die weniger radikale Forderung kann daher nur im Bereich der *Umsetzung in faktische Entkriminalisierung* gesucht werden.

b) Sie kann darin bestehen, daß faktisch bereits vollzogene Milderungen oder Reduzierungen ins materielle Strafrecht „hereingeholt" werden, um den betreffenden Komplex der rechtlichen Garantien des Strafrechts teilhaftig werden zu lassen.

So wird gefordert, die allgemein für notwendig erachtete Sonderregelung des Diebstahls geringwertiger Sachen (insb. des Ladendiebstahls) nicht, wie 1975 durch Einführung des § 153a StPO geschehen[42], in das Verfahrensrecht abzuschie-

---

41 Auf Interdependenzen – wie z.B. die Abhängigkeit der Verjährungsfristen von der Strafhöhe – soll hier nicht besonders eingegangen werden.

42 Eingefügt durch das Erste Gesetz zur Reform des Strafverfahrensrechts v. 9. Dezember 1974 (BGBl. I 3393).

ben[43], wo Entkriminalisierungsentscheidungen sehr von Opportunitätserwägungen der Strafverfolgungsorgane abhängen[44].

c) Des weiteren eröffnen Milderungen und Reduzierungen von Strafvorschriften die Möglichkeit, Fortschritte in der Entkriminalisierung zu erreichen, ohne zugleich das Risiko der Verschiebung oder Abdrängung von Reaktionen eingehen zu müssen[45]. Freilich werden Prognosen hier besonders sorgfältig gestellt werden müssen, insbesondere die bereits angesprochene bewußtseinsbildende Kraft des Strafgesetzes selber nicht zu gering veranschlagt werden dürfen.

d) Reduzierende und mildernde Strafgesetzgebung kann aber bei faktischer Entkriminalisierung auch hinderlich sein. Übermäßige Härte einer Strafdrohung (vor allem beim Mindestmaß), übermäßige Unbestimmtheit eines Straftatbestandes, Strafbedrohung eines allenfalls ordnungsstörenden Verhaltens kann in der Praxis zur Nichtanwendung der betreffenden Vorschrift führen, sei es, daß die Strafverfolgungsorgane die gesetzliche Regelung unterlaufen, indem sie die Verfolgung dieser Delikte vernachlässigen[46] oder zu gesetzlich nicht vorgesehenen Palliativen greifen, sei es, daß die Bevölkerung die erforderliche Mitwirkung bei der Aufklärung verweigert.

Das preußische Strafgesetzbuch von 1851 bedrohte den Meineid mit Zuchthausstrafe von 2 bis zu 10 Jahren (§ 126). Vor allem Geschworenengerichte konnten sich angesichts der hohen Mindeststrafe nur schwer entschließen, in leichteren Fällen die Erfüllung des Meineid-Tatbestandes zu bejahen, dies umso weniger, als für Fahrlässigen Falscheid nur Gefängnisstrafe bis zu einem Jahr angedroht war (§ 132), obwohl die Erfahrung zeigte, daß leichtere Meineid-Fälle im Unrecht- und Schuldgehalt den Fällen des Fahrlässigen Fal-

---

43 S. z.B. *Baumann*, Grabgesang für das Legalitätsprinzip, in: ZRP 1972, 273–274 (bereits gegen den Entwurf des Gesetzes).

44 Freilich würde auch der Weg materiellrechtlicher Entkriminalisierung in diesem Bereich argumentative Probleme auslösen, etwa die Vereinbarkeit der Herausnahme der Bagatellfälle aus der Strafbarkeit mit dem Charakter des Diebstahls als eines Zueignungs- (nicht i.e.S. Vermögens-) Delikts. – *Baumann* (Über die Notwendigkeit von Veränderungen im Bereich des Vermögensschutzes, in: JZ 1972, 1–6) hatte vorgeschlagen, die kleine Vermögens- und Eigentumskriminalität zu Ordnungswidrigkeiten herabzustufen. Die *Bundesregierung* hatte hiergegen Abgrenzungsschwierigkeiten ins Feld geführt (s. BT-Prot. VI, 9530, 165. Sitzung v. 26.1.1972).

45 Zu diesen Risiken gehört auch hier neben den Strafbedürfnissen von Teilen der Bevölkerung die Gefahr, daß die Strafverfolgungsorgane „mauern“, indem sie z.B. innerhalb des verbliebenen Strafrahmens vorwiegend nach der Höchststrafe greifen. Zu derartigen Erscheinungen in *Österreich s. Der Spiegel*, 1982, Nr. 13, S. 160.

46 In den *Niederlanden* waren jahrelang trotz fortbestehender Strafdrohung Schwangerschaftsabbrüchen in eigens dafür eingerichteten Spezialkliniken geläufig. „Richter und Staatsanwälte hatten es abgelehnt, einzugreifen, weil nach ihrer Ansicht ein Gesetz an Rechtswirksamkeit verlieren kann, wenn es in der Praxis nicht mehr durchzusetzen ist.“ Neuerdings bahnt sich eine ähnliche Entwicklung in der Frage der „aktiven Sterbehilfe“ an. Nach Mitteilung der Vorsitzenden der „Niederländischen Vereinigung für aktive Euthanasie“ werden „sorgfältig vorgehende Ärzte“ von den zuständigen Stellen unbehelligt gelassen, nachdem es in den letzten Jahren noch zahlreiche Prozesse gegeben hatte; vgl. *Frankf. Allg. Ztg.* v. 14. April 1982, S. 9.

scheides eng benachbart waren. § 232 desselben Gesetzes bedrohte Straßenraub mit Zuchthausstrafe von mindestens 10 Jahren. Zahlreiche ungerechtfertigte Freisprüche waren die Folge dieser horrenden Mindeststrafdrohung[47]. Andererseits ist nicht von der Hand zu weisen, daß beispielsweise die heute mögliche Strafaussetzung bzw. Strafrestaussetzung zur Bewährung den Richter leichteren Herzens eine Freiheitsstrafe aussprechen läßt, als wenn die Strafe mit Sicherheit verbüßt bzw. voll verbüßt werden müßte.

Mildernde und reduzierende gesetzgeberische Maßnahmen führen in solchen Fällen zwar zu juristischer Entkriminalisierung, bewirken aber möglicherweise eine Intensivierung der Strafverfolgung und tragen damit zu faktischer Kriminalisierung bei. Konkreter gefaßte Straftatbestände, erträgliche, weil als Unrechts- und schuldangemessen empfundene Strafrahmen, Ordnungswidrigkeiten-Tatbestände anstelle von unangemessenen Straftatbeständen können die Sanktionsdrohung akzeptabel und den Tatbestand „handhabbar" machen. Solche Effektivierung von Strafdrohungen kann – wie bereits erwähnt – kaum im Interesse von Entkriminalisierungspolitik liegen. Freilich führt eine so begründete Ablehnung der Zurückschneidung von Strafgesetzen an die Grenze von Glaubwürdigkeit und Konsensfähigkeit. Dieser Zielkonflikt ist argumentativ kaum lösbar, zumal auch hier gilt, daß Prognosen über Auswirkungen der Gesetzesänderung mit Unsicherheiten belastet sind.

3.

Die bisherigen Überlegungen hatten zur Voraussetzung, daß Initiativen zur Entkriminalisierung ergriffen werden. Neben dieser Tätigkeit, die man als „offensive Entkriminalisierung" bezeichnen könnte, wird sich der der Entkriminalisierung verpflichtete Rechtspolitiker häufig Forderungen nach (Neu-)Kriminalisierung konfrontiert sehen. Mutatis mutandis werden bei dem Bemühen, diesen Bestrebungen entgegenzutreten („defensive Entkriminalisierung"), spiegelbildlich die bisher erörterten Probleme auftreten und Beachtung beanspruchen. Eine Besonderheit tritt freilich hinzu: Da die Initiative von der Gegenseite ausgeht, obliegt dieser auch die Argumentationslast. Damit eröffnet sich die Möglichkeit, die Konsistenz der Argumente der anderen Seite zu untersuchen und ggf. in Zweifel zu ziehen. In diesem Zusammenhang ist sogar die Verwendung von Argumenten unbedenklich, welche offensiver Entkriminalisierung versperrt sind. Hinweise auf die voraussichtliche Ineffektivität der geforderten Regelung, auf den geringen Unrechts- und Schuldgehalt eines Verhaltens und damit auf die relativ (!) geringe Strafwürdigkeit und Strafbedürftigkeit können hier vorgetragen werden, ohne daß die Entkriminalisierungsposition dadurch desavouiert würde.

---

47 Zu den beiden Komplexen *v. Kräwel*, GoltdArch 1853, 461, 467.

4.

Damit ist jedoch die Problematik noch nicht ausgeschöpft. Offensive und defensive Entkriminalisierungsbemühungen führen zwar, wie gezeigt, zu einer Reihe von argumentativen und prognostischen Problemen, lassen aber immerhin das grundsätzliche Bemühen um die Zielerreichung unberührt. Auch dem Anhänger der Entkriminalisierungspolitik wird sich jedoch gelegentlich die Frage aufdrängen, ob Strafe und Strafrecht, da sie nun einmal (noch) bestehen, auch als politische Instrumente eingesetzt werden sollen.

Prima facie stellen Strafforderungen sich als solch eklatanter Widerspruch zur Entkriminalisierungsposition dar, daß eine Rechtfertigung argumentativ nicht möglich zu sein scheint. Begrifflich-systematisch wird sie in der Tat kaum gelingen. Ein Blick auf die rechtspolitische Szene zeigt allerdings, daß auch Strafrechtsskeptiker in dieser Hinsicht fast nie völlige Abstinenz üben. Auch sie erheben Kriminalisierungsforderungen, wenn es um Umweltschädigungen, Handel mit harten Drogen, Wirtschaftsdelikte, Kindesmißhandlungen, Diskriminierungen von Minderheiten oder die Verlängerung der Verjährungsfristen für NS-Verbrechen geht. Politische Gruppierungen, die von ihrer Geschichte und Ideologie her strafrechts-skeptischen Positionen verpflichtet sind, lassen je spezifische Ausnahmen zu: *Liberale* werden die Strafbarkeit staatlichen Machtmißbrauchs nicht missen wollen; *Sozialisten* fordern die Poenalisierung sozialschädlicher Handlungen von wirtschaftlich Mächtigen, *Frauenrechtler(innen)* die Strafbarkeit der Vergewaltigung in der Ehe[48].

Süffisante Hinweise auf die Widersprüchlichkeit solcher Forderungen sind ebenso sachwidrig wie die bequeme Legitimation der Forderungen mit dem Hinweis, gesellschaftliche Entwicklung vollziehe sich nun einmal in Widersprüchen, deshalb könne für eine Übergangszeit der strafrechtlichen Gegenrepression nicht entraten werden. Betrachtet man das Verhältnis zwischen politischem Ziel und kritisierter Wirklichkeit näher, so zeigt sich, daß das zwischen diesen beiden Polen bestehende Spannungsverhältnis feiner gegliedert und verworrener geflochten ist, als grobe Dialektik

---

48 Ich unterstelle, daß die Frauenbewegung von ihrer Geschichte und ihrem Selbstverständnis her strafrechtsskeptisch ausgerichtet ist; dies folgt vor allem aus ihrer engen Berührung mit der Geschichte des Liberalismus und des Sozialismus – zwei im Ansatz strafrechtsskeptischen Bewegungen (vgl. z.B. *Thönnessen*, Frauenemanzipation. Politik und Literatur der deutschen Sozialdemokratie zur Frauenbewegung 1863–1933 [2. Aufl. 1976]). – Neben der erwähnten Ausnahme werden auch rigidere Maßstäbe bei der Auslegung des Vergewaltigungstatbestandes überhaupt gefordert; s. z.B. *Schapira*, Die Rechtsprechung zur Vergewaltigung, in: KJ 1977, 221–241; ähnlich *Goy/Losthölter*, in: Strafverteidiger 1982, 20 ff. (Anm. z. Urteil des BGH v. 1.7.1981, Strafverteidiger 1981, 543 ff.), bei denen allerdings Hinweise auf begriffliche und argumentative Widersprüche der Rechtsprechung im Vordergrund stehen.

es wahrnehmen kann[49]. Vor allem müssen Ziel und Mittel politisch verknüpft sein, die Qualität der Zielsetzung muß auf die Wahl der Mittel abfärben. Wer in das Ansehen gerät, die nach seinem politischen Verständnis unliebsamen Straftatbestände zu bekämpfen, zugleich aber in anderen Bereichen unbefangen und mit gleicher Intensität für Kriminalisierung einzutreten, stellt Strafe nicht mehr grundsätzlich in Frage. Er wird nicht nur eine Politik der Entkriminalisierung schwerlich glaubhaft vertreten können, sondern auch das propagierte Ziel einer straffreien Gesellschaft diskreditieren. Andererseits können zwei grundlegende faktische Bedingungen, unter denen Entkriminalisierungspolitik sich zu bewähren hat, nicht ignoriert werden:

(a) Die oben genannten politischen Gruppierungen repräsentieren – historisch gesehen – jüngere politische Strömungen in Deutschland und Europa[50]. Sie fanden die klassischen Straftatbestände, die zum größten Teil, wenn auch dogmatisch in vielen Punkten anders aufbereitet, bis heute gelten, bereits vor. Der Wunsch nach Absicherung der eigenen politischen Etablierung und nach entsprechender „Proportionalisierung" des Strafenkanons lief daher parallel mit der Kritik am Strafrecht als dem schärfsten rechtlichen Machtmittel der alten Herrschaftsgruppen zum Schutze ihrer Macht und ihrer Wertvorstellungen[51]. Konservative politische Strömungen hingegen konnten im allgemeinen mit dem herkömmlichen Tatbestandskanon einverstanden sein, befanden sich daher folgerichtig in einer Position der Abwehr gegenüber Entkriminalisierungsforderungen. Grundsätzliche Strafrechtsskepsis – als theoretisch ausformulierte Position ohnehin erst junger Vergangenheit entstammend – liegt daher in „innerem" Konflikt mit dem Wunsch nach einem Strafrecht, das seine Strafdrohungen nicht nur formal gleichmäßig, sondern auch in sozial gerechter Verteilung ausspricht. Da voraussetzungsgemäß Strafrecht auf absehbare Zeit noch vorhanden sein wird, stellt sich für Vertreter von Entkriminalisierungspolitik die Frage, wie weit sie dem gleichsam als zweite Seele in ihrer Brust wohnenden Proportionalitätsgedanken Raum zu geben und entsprechende Kriminalisierungsforderungen zu erheben oder zu unterstützen bereit sind.

---

49 Zur Frage der „Gegenrepression" im Kontext der Problematik „Bestrafung neonazistischer Aktivitäten" s. die Kontroverse „Antifaschismus, Relativismus, Demokratie" in den Aufsätzen von *Pawlita/Steinmeier*, DuR 1980, 393–416; *Wächter*, DuR 1981, 155–162; *Arbeitskreis Faschismus und Recht*, DuR 1982, 31–40. Im zuletzt genannten Beitrag werden (S. 32) die auf Gegenrepression verengten Vorstellungen von (Neo-)Faschismus-Bekämpfung treffend einem „Politikmodell" zugerechnet, „in dem der Vorteil außerordentlicher Eindeutigkeit und Klarheit nur durch die Bereitschaft erkauft worden ist, von der komplexen Struktur und Funktionsweise des Politischen abzusehen [...]".

50 Grundlegend: *Valjavec*, Die Entstehung der politischen Strömungen in Deutschland 1770–1815 (1915, Neudr. 1978).

51 Vgl. z.B. für das liberale (vor allem das rheinische) Bürgertum des Vormärz die Bemühungen um Säkularisierung, Rationalisierung, Humanisierung und Liberalisierung des Strafrechts einerseits, das Bemühen um die Verschärfung des strafrechtlichen Eigentumsschutzes andererseits (Vgl. einerseits *Eb. Schmidt*, Die geistesgeschichtliche Bedeutung der Aufklärung für die Entwicklung der Strafjustiz [...], in: SchZStr 1958, 341–360, andererseits *Blasius*, Der Kampf um die Geschworenengerichte im Vormärz, in: Fschr. f. Hans Rosenberg (1974), S. 148–161).

(b) Unter der Voraussetzung, daß Strafrecht nicht ad hoc abgeschafft werden kann, stellt sich ferner die Frage der Zustimmung zu Neukriminalisierungen unabhängig vom politisch-ideologischen Standort dort, wo neue Gefahren für Rechtsgüter herangewachsen oder erkannt worden sind. Hier haben u.a. Daten- und Umweltschutz ihren Problemsitz.

Da Kriminalisierungsforderungen mit grundsätzlicher Entkriminalisierungspolitik unvereinbar sind, kann die Auflösung der beiden Spannungsfelder nicht im normativ-begrifflichen Bereich, sondern allenfalls im Bereich praktisch-politischer Plausibilität gefunden werden. Nicht zurückbleiben kann der Strafrechtsskeptiker hinter den Forderungen streng rechtsstaatlicher, dem Entkriminalisierungsziel aber nicht kategorisch verpflichteter Kriminalpolitiker. Soweit deren Forderungen formalen Charakter tragen, kann ohne methodische Skrupel auf sie eingegangen werden: Nachweis eines Rechtsgutes, Beachtung des Bestimmtheitsgrundsatzes, voraussichtliche Effektivität und Effizienz der geplanten Regelung sind demnach aufzuzeigen. Problematischer ist ein Eingehen auf die materiellen Anforderungen „Strafwürdigkeit" und „Strafbedürftigkeit". Verzichtet man auf die Heranziehung dieser Kriterien, so ist entweder politische Beliebigkeit (und damit Verzicht auf glaubwürdige Entkriminalisierungspolitik) oder Verzicht auf *jede* Kriminalisierungsforderung das Ergebnis; läßt man sich hingegen auf sie ein, so entfällt jeder meßbare Unterschied zu anderen streng rechtsstaatlichen kriminalpolitischen Positionen, beispielsweise dem von *Naucke* umschriebenen Modell:

> „Dieses Modell (sieht) das Strafjustizsystem als klug begrenzt auf jene Taten, die, weil sie die vitalen Güter des einzelnen Menschen, seine Freiheit überhaupt, verletzen, mit Sicherheit strafwürdig sind. Die Gesetze sind klar und detailliert gefaßt. Die Strafbarkeitsvoraussetzungen und die Strafen sind für jedermann verständlich. Die Grenzen der Strafbarkeit sind unmißverständlich bestimmt. Die Todesstrafe wird nicht angewendet. Die übrigen Strafen sind nie grausam, haben eine Neigung zur Humanität. Das Verfahrensrecht wahrt die Würde des Beschuldigten. Der Prozeß zeigt klare Formen, die die Waffengleichheit zwischen Beschuldigung und Verteidigung organisieren [...][52]".

Will Entkriminalisierungspolitik ihre rechtspolitische Perspektive und konzeptionelle Glaubwürdigkeit erhalten, so kann sie den Ansprüchen dieses Modells nicht nachstehen. Damit scheidet, wie ich meine, *Proportionalität* als Begründung für gesetzliche Neukriminalisierung aus; im übrigen dürfte Neukriminalisierung – nach vorausgegangener strenger Prüfung der Straf*würdig*keit – allenfalls mit äußerst eng verstandener Straf*bedürftig*keit begründet werden, indem etwa verlangt wird, daß ein elementares und vitales Schutzgut entweder *nur* durch Strafdrohung wirksam ge-

52 *Naucke*, Die Aufhebung des strafrechtlichen Analogieverbots 1935, in: Strafrecht und Nationalsozialismus, hrsg. v. Inst. f. Zeitgeschichte (1981), S. 71–108, hier S. 94; ähnlich Arthur *Kaufmann*, Subsidiaritätsprinzip und Strafrecht, in: Fschr. f. Henckel (1974), S. 89 ff., 102; ihm nachfolgend *Haft*, Der Schulddialog (1978), 84.

schützt werden kann oder daß gravierende rechtliche und/oder gesellschaftliche Ersatzreaktionen bereits eingetreten sind oder – nicht nur theoretisch – drohen.

Andererseits ist Proportionalität freilich ein treffliches Argument für *Ent*kriminalisierungsforderungen[53]. Dies gilt nicht nur für Proportionalität im Sinne gleicher Strenge und Milde gegenüber typischen Verhaltensweisen unterschiedlicher Bevölkerungsgruppen bei vergleichbarer Sozialschädlichkeit, also für „sozialpolitische" Proportionalität, sondern auch für jene zwischen politisch weniger relevanten Verhaltensweisen, wie etwa einfacher Körperverletzung (§ 223 StGB) und alkoholbedingter Straßenverkehrsgefährdung (§ 316 StGB). Auch in solchen Vergleichsfällen sollte freilich nur Proportionalität durch „Herabkorrigieren" der härteren Strafdrohung gefordert werden. Im übrigen wird der Vertreter der Entkriminalisierung nicht nur ständig seine eigenen Maßstäbe für Strafwürdigkeit zu überprüfen haben, sondern auch sein persönliches Strafbedürfnis unter Kontrolle halten müssen. Nur dann besteht Aussicht, daß sein rechtspolitisches Ziel den unverbindlichen Programmsatz-Charakter verliert und politische Substanz gewinnt.

5.

Auch der begrenzte Einsatz für Kriminalisierung kann in den Erscheinungsformen *offensiver* und *defensiver* Tätigkeit geschehen. Defensive Kriminalisierungspolitik, der Einsatz für den Erhalt bestehender Strafvorschriften, versetzt freilich den Strafrechtsskeptiker in die Notwendigkeit großer Selbstverleugnung, wird er doch hier in seinem Bemühen um Entkriminalisierung gleichsam überholt. Indes wird er gerade deshalb in dieser Position nur selten anzutreffen sein; in der Regel wird er auf Entkriminalisierungsvorschläge einzugehen bereit sein. Besonders prekär ist es, wenn die Gegenseite Straftatbestände, deren Fehlen die Unproportionalität des bestehenden Straftatenkanons noch verschärfen würde, beispielsweise solche des Wirtschaftsstrafrechts, zu streichen fordert. Nicht akzeptabel sein wird – jedenfalls im Bereich der Rechtssetzung – die Berufung auf eine angeblich bestehende Poenalisierungspflicht. Zwar könnte angesichts der langfristigen Anlage von Entkriminalisierungspolitik darauf vertraut werden, daß die erhoffte Entwicklung auch zur Überwindung dieser Rechtsauffassung führen werde. Die Entscheidung des Bundesverfassungsgerichts zum Schwangerschaftsabbruch hat indes gezeigt, daß dieser Auffassung die gefährliche Tendenz innewohnt, aus ideologischen Gründen eigene

53 So wurde gegen Ende des 19. Jahrhunderts die Forderung nach Aufhebung der Strafdrohung für Koalitionsbildungen von Dienstboten vor allem damit begründet, daß eine entsprechende Vorschrift gegenüber Dienstherrschaften nicht existiere; vgl. *Vormbaum*, Politik und Gesinderecht im 19. Jahrhundert (1981), S. 102 ff., 379 ff.

Prämissen zu überspielen, und eine Strafpflicht selbst dort zu bejahen, wo Strafdrohung aus anerkannten kriminalpolitischen Gründen geradezu kontraindiziert ist[54].

III.

Welche Möglichkeiten bieten sich der Entkriminalisierungspolitik im Bereich der *Gesetzesauslegung*?

1.

Restriktive Auslegung strafbegründender und strafschärfender Vorschriften, extensive Auslegung strafmildernder und strafausschließender Vorschriften[55] könnten den Geltungsbereich von Strafrecht reduzieren, seine Sanktionen mildern, mithin rechtlich entkriminalisierend wirken. Jedoch zeigt dieser Bereich neben Parallelen zur gesetzgeberischen Entkriminalisierung und zu den dort erörterten Problemen auch spezifische Schwierigkeiten.

a) Vor allem kann Auslegung nicht, wie Rechtssetzung, ihre Vorhaben autonom definieren. Sie muß den Gesetzestext, d.h. die gesetzgeberische Vorentscheidung, als Vorgabe und Grenze akzeptieren. Rechtsdogmatik ist die „Wissenschaft vom geltenden, nicht vom 'richtigen' Recht“[56]. Zwar ist das frühere Verständnis der Subsumtion als eines mechanistischen Gedankenkalküls längst fragwürdig geworden, der gestalterische Aspekt wird mehr betont; dennoch ist nicht zu bezweifeln, daß der Gesetzesanwendung – auch der vom Entkriminalisierungswunsch getragenen – ein engerer Spielraum für eigene rechtspolitische Betätigung eingeräumt ist als der Rechtssetzung[57].

b) Die gesetzliche Vorentscheidung begrenzt Möglichkeiten entkriminalisierender Tätigkeit nicht nur quantitativ, sie verlangt auch eine andere Qualität der Reflexion und Argumentation. Ist das Bezugssystem, in welchem der Rechtspolitiker argumentiert, ein gedankliches, d.h. durch den wechselseitigen Wunsch nach Überzeu-

---

54 Die Frage der Effektivität und Effizienz einer nach dem Indikationenmodell begrenzten Strafdrohung für Schwangerschaftsabbrüche ist vom Gericht praktisch nur gestreift worden; vgl. die Ausführungen in BVfGE 39, 57 ff.; kritisch dazu *Amelung* (Anm. 14), S. 56 f.

55 Im untechnischen Sinne, also nicht nur eigentliche (persönliche) Strafausschließungsgründe.

56 *H. W. Schünemann*, Sozialwissenschaften und Jurisprudenz (1976), S. 23.

57 Gegen das mechanistische Richterbild in Geschichte und Gegenwart des Strafprozesses: *Küper*, Die Richteridee der Strafprozeßordnung und ihre geschichtlichen Grundlagen (1967), passim. Zu weitgehend *Haft* (Anm. 52), S. 74 f. – Daß Dogmatik „sich nicht nur vom Gesetzgeber Ziele vorgeben (läßt), sondern [...] auch Zielvorstellungen (tradiert und produziert), an denen sich der Gesetzgeber ausrichtet“ (*Amelung* [Anm. 14] S. 36), ist unbestreitbar, betrifft aber nicht die methodisch-inhaltliche Seite strafrechtsdogmatischer Tätigkeit.

gung der Diskussionsteilnehmer konstituiertes, so ist dasjenige des Rechtsanwenders überdies ein methodologisches[58]. Auslegung will einen wie immer verstandenen Willen des Gesetzgebers für ein Detailproblem (beim Rechtsanwender: für den zu entscheidenden Fall) ermitteln. Methodenlehre strukturiert diesen Vorgang, sie „dogmatisiert“ ihn[59]. Nicht jedes Argument, nicht jede beliebige Art der Argumentation ist akzeptiert. Damit können Entkriminalisierungsüberlegungen in diesem Bereich auf zwei Wegen juristische Relevanz erlangen: Sie können die Auslegung unausgesprochen steuern, sich gleichsam hinter anerkannten Argumentationsstilen und -inhalten verbergen; sie können ferner dort, wo die Methodenlehre Entfaltungsspielräume offenläßt, sich artikulieren – dies wird vor allem im Bereich teleologischer Auslegung möglich sein. Die erstgenannte, „kryptische“ Argumentationsweise wird ihren Vertreter allerdings leicht in die Rolle des Zauberlehrlings drängen, vor allem bei der Anwendung von Wortlaut- und Grammatik-Argumenten, welche wegen ihres formalen Charakters in anderen Tatbeständen oder in anderem Zusammenhang zu anders gearteten, möglicherweise unerwünschten Ergebnissen führen[60].

c) In jenem schmalen Bereich, in dem restriktive Auslegung[61] offen mit Entkriminalisierungszielsetzung begründet werden kann, stellen sich die bereits von der Rechtssetzung her bekannten Argumentationsprobleme: Effektivität, Strafwürdigkeit, Strafbedürftigkeit sind für Entkriminalisierungspolitik auch im Bereich der Auslegung problematische Argumente, Ineffizienz der bisher herrschenden Auslegung, ihr zu weit gefaßtes Verständnis des geschützten Rechtsgutes sind hingegen brauchbare Einwände. Auch der Grundsatz „Nullum crimen sine lege“ bietet Handhaben, etwa die Bewertung, der auszulegende Tatbestand sei zu weit gefaßt und daher verfassungswidrig. Dies hätte freilich – in der Rechtspraxis nachvollzogen – nur ein Normenkontrollverfahren nach Art. 100 GG (mit der bereits angesprochenen geringen Erfolgsaussicht[62]) zur Folge. Erfolgversprechender, wenn auch von weniger weitreichender Wirkung sind Hinweise auf die durch das Analogieverbot bedingte Wort-

---

58 Auch ein der herrschenden Methodenlehre kritisch gegenüberstehender Jurist kann nicht die Beseitigung jeder Methodenlehre fordern, allenfalls verlangt er nach einer *anderen*. Selbst seine Kritik ist noch – als methodenorientiert – von ihrem Gegenstand affiziert. Das hermeneutische Sachproblem (die Umsetzung der Gesetzesanordnung in eine Einzelfallbeurteilung) stellt sich stets.

59 Zum Vorgang der „Dogmatisierung“ s. z.B. *Krauß*, Der psychologische Gehalt subjektiver Elemente im Strafrecht, in: *Jäger* (Anm. 13), S. 110–132; historisch *Naucke* (Anm. 10).

60 Diese Ambivalenz gilt naturgemäß vor allem bei Problemen des Allgemeinen Teils.

61 Bzw. extensive Auslegung rechtfertigender und sonstiger tätergünstiger Gegennormen; vgl. z.B. für das Strafvollzugsrecht den von *Wassermann* hrsg. Kommentar zum StrVollzG (1980), wo jene gesetzlichen Vorschriften, die dem Inhaftierten die größten Rechte und den weitesten Freiraum sichern, konsequent besonders weit ausgelegt werden; dazu Rez. von *Böhm*, GoltdArch 1982, 91 ff.

62 S.o. b. Fußn. 27.

lautgrenze, da sie im rechtswissenschaftlichen Diskussionsprozeß selber überprüft und gerade wegen ihrer geringeren Auswirkungen von der Rechtsprechung bereitwilliger akzeptiert und umgesetzt werden.

Daneben besitzt das Analogieverbot noch grundlegende argumentative Bedeutung. Es ist der wirksamste Schutz gegenüber Versuchen, an die Stelle exakt umschriebener einzelner strafbedrohter Verhaltenstypen eine von allgemeinen Gerechtigkeits- und kriminalpolitischen Erwägungen gesteuerte systematische Durchstrukturierung oder eine mehr oder minder intuitive „Gesamtschau" zu setzen[63]. Systematische Betrachtungsweise darf im Strafrecht nur in den durch Straftatbestände abgegrenzten Bereichen stattfinden; Gerechtigkeitserwägungen aber werden – soweit sie zu Lasten des Beschuldigten gehen – durch das Analogieverbot gerade abgeschnitten[64].

d) Konsistentes Argumentieren kann im Bereich der Auslegung auf spezifische Schwierigkeiten stoßen. Häufig wird sich der Rechtsanwender rechtspolitisch zu vorgelegten Gesetzentwürfen geäußert haben. Er wird möglicherweise, um die Unerträglichkeit einer geplanten Neukriminalisierung zu demonstrieren, dem später Gesetz gewordenen Entwurf ein Verständnis beigelegt haben, welches diese Befürchtungen belegen sollte. Bei der Arbeit an und mit dem dann erlassenen Gesetz wird er gezwungen sein, sich mit dem früher geäußerten Verständnis in Widerspruch zu setzen[65]. Ähnliche Probleme können auftauchen bei Änderungen von Vorschriften, die mit der auszulegenden Vorschrift im Zusammenhang stehen, oder bei Änderung faktischer Verhältnisse.

Jahrzehntelang war beispielsweise umstritten, ob § 77 der preußischen Gesindeordnung von 1810[66] der Dienstherrschaft ein Züchtigungsrecht gewähre oder nur die gerichtliche Klage wegen gewisser leichter Körperverletzungen ausschließe. Als am 1. Januar 1900 zusammen mit dem BGB auch Art. 95 EGBGB in Kraft getreten war, welcher der Dienstherrschaft ein Züchtigungsrecht gegenüber dem Gesinde absprach, wurde gerade die *mildere* Auslegung herangezogen, um die Nichtanwendbarkeit von Art. 95 EGBGB und damit die Fortgeltung des § 77 pr. GesO zu begründen.

---

63 Gegen diese Tendenz bereits 1938 die ebenso mutige wie listige Schrift von *Schwinge*, Irrationalismus und Ganzheitsbetrachtung in der deutschen Rechtswissenschaft; s. ferner *Marxen*, Der Kampf gegen das liberale Strafrecht (1975), S. 259 ff.

64 Zur gerechtigkeitsbegrenzenden Funktion des Art. 103 Abs. 2 GG s. *Dencker*, Der verschuldete rechtfertigende Notstand, in: JuS 1979, 179–184, hier S. 184. *Grünwald* (Bedeutung und Begründung des Grundsatzes nulla poena sine lege, in: *Lüderssen/Sack*, Abweichendes Verhalten I [1975], S. 232–250, hier S. 246) räumt ein, daß der Grundsatz die Einzelfallgerechtigkeit begrenze, ordnet ihn aber als ein auf höherer Ebene doch gerechtigkeitswahrendes Prinzip ein. – Zur Begrenztheit systematischer Auslegung im Strafrecht *Bockelmann*, Strafrecht BT/1 (2. Aufl. 1980), S. 1 f.

65 Besonders gut zum Ausdruck gebracht von *Rud. Sohm* anläßlich der Beratungen zum BGB (Über den Entwurf eines bürgerlichen Gesetzbuches für das Deutsche Reich in zweiter Lesung; in: Gruch. Beitr. 1895, 737–766, hier S. 754 (zit. b. *Vormbaum* [Anm. 53] S. 105).

66 Preuß. Ges. Slg. 1810, 101; zum Ganzen *Vormbaum* (Anm. 53), S. 356 ff.

Auch die Umsetzung juristischer Entkriminalisierung in faktische Entkriminalisierung kann im Bereich der Interpretation spezifische Schwierigkeiten aufwerfen. Da es darum geht, gesetzgeberischen Entscheidungen Feinstruktur zu verleihen, bewegen sich Entkriminalisierungsbemühungen hier in einem Zusammenhang, der Ähnlichkeit mit jenem von mildernden und restringierenden Gesetzesänderungen aufweist. Zu beachten sind also neben den oben diskutierten Verdrängungs- und Abschiebungsprozessen jene Vorgänge, durch welche juristische Entkriminalisierung in faktische Kriminalisierung verkehrt werden kann. Die interpretative Sinngebung an einen widersprüchlichen oder unverständlichen Gesetzestext, die Konkretisierung eines zu allgemein gefaßten Straftatbestandes, die mäßigende Auslegung eines zu strengen Strafgesetzes können die betreffenden Normen auf das „erträgliche" und damit überhaupt erst handhabbare Maß bringen. Überdies fehlt hier – anders als bei der Rechtssetzung – die Möglichkeit der Verweigerung; Gesetzesauslegung als praxisorientierte rechtswissenschaftliche Tätigkeit muß handhabbare Ergebnisse produzieren[67] – Sinngebung auch für das „Sinnlose". Für den Strafrechtsskeptiker bedeutet dies im Ergebnis den Zwang zur Mitwirkung am kriminalisierenden Tun. Mehr noch als im Bereich der Rechtssetzung tritt also politisch-finales Handeln zugunsten der Tätigkeit im System und damit zugunsten der Mitwirkung an der Gestaltung des Systems zurück[68].

2.

Damit verlieren im Bereich der Gesetzesauslegung die Grenzen zwischen offensiver und defensiver Entkriminalisierung, zwischen Entkriminalisierung und Kriminalisierung an Schärfe. Die unterschiedlichen Tätigkeitsarten können hier allenfalls in ihren Schwerpunkten sichtbar gemacht werden.

Von *defensiver Entkriminalisierung* läßt sich beispielsweise dort sprechen, wo Versuchen entgegengetreten wird, extensive Auslegung eines Straftatbestandes mit der Berufung auf eine Strafpflicht zu begründen. Auch hier muß die betreffende Rechtsprechung des Bundesverfassungsgerichts als Faktum akzeptiert werden. Gegenstand von Interpretation können

---

67 *Larenz*, Methodenlehre der Rechtswissenschaft (4. Aufl. 1979), S. 6; für die Rechtsanwendungspraxis *Coing*, Zum juristischen Prozeßbegriff, in: *Faber/Meyer*, Theorie der Geschichte II (Historische Prozesse) (1978), 365–373.

68 Entkriminalisierungspolitik erweist sich damit als ein politologisch besonders reizvolles Anschauungsstück für die Schwierigkeiten einer Position kritischer Teilnahme am Bestehenden. Im größeren Rahmen lassen sich historische und aktuellpolitische Parallelen aufzeigen: Die parlamentarische Rolle der Sozialdemokratie im Bismarckreich (dazu *Martiny*, Integration oder Konfrontation [1976], und *Vormbaum*, Sozialdemokratie und Zivilrechtskodifikation [1977]); die Strategie „systemüberwindender Reformen" der Jungsozialisten; die analogen Probleme von „Grünen" in den Landesparlamenten (s. z.B. *Fromme*, Frankf. Allg. Ztg. v. 24. März 1982: „Sind die Grünen also, eine Partei der Veränderung, auf dem Wege zur Anpassung dadurch, daß sie sich auf die Politik einlassen und damit auf die Welt, wie sie ist? [...]").

indes nur Tatbestände sein, deren Geltung dieses Gericht noch nicht verneint hat. Das Gericht kann freilich zu der betreffenden *Materie* bereits Stellung im Sinne einer Poenalisierungspflicht bezogen haben. Hat darauf der Gesetzgeber – wie beim Schwangerschaftsabbruch geschehen[69] – nicht die ursprüngliche Gesetzesfassung wiederhergestellt, sondern unter Berücksichtigung des verfassungsgerichtlichen Verdikts eine Neuregelung erlassen[70], so wird die Interpretation dieser Neuregelung auf den verfassungsrichtlichen Spruch Rücksicht zu nehmen haben. Ist der Gesetzgeber überdies bis an die Grenze des verbliebenen Gestaltungsspielraums gegangen, so bleibt für restriktive Interpretation kaum zusätzlicher Spielraum. Der Schwerpunkt der Argumentation wird hier auf den Nachweis gelegt werden, daß der Gesetzgeber mit der erneuten Regelung seinen Gestaltungsspielraum nicht überschritten habe. Daneben wird Versuchen zu begegnen sein, einer angemessenen Poenalisierungspflicht durch Überschreitung des Gesetzeswortlautes Geltung zu verschaffen. Von *Rudolphi* wird beispielsweise die Auffassung vertreten, die Regelung des § 218 Abs. 3 S. 2 StGB n. F., nach der die Schwangere straffrei bleibt, wenn der Schwangerschaftsabbruch innerhalb von 22 Wochen nach der Empfängnis von einem Arzt nach Beratung vorgenommen wird, lasse eine „verfassungswidrige Schutzlücke“[71]; die Vorschrift sei daher verfassungskonform so zu interpretieren, daß der persönliche Strafausschließungsgrund für die Schwangere dann nicht eintrete, wenn sie ihre Schwangerschaft im Ausland abbrechen lasse[72]. Diese Konsequenz überschreitet den Rahmen von Auslegung; sie wird auch von keinem der zahlreichen Gegner der gesetzlichen Neuregelung[73] geteilt, z.T. wird sie ausdrücklich abgelehnt[74]. Es wird daher – zumindest vorläufig – beim bestehenden Gesetzeszustand bleiben, da niemand willens zu sein scheint, den emotional gefärbten und weltanschaulich geprägten Streit um die Strafbarkeit des Schwangerschaftsabbruches durch abermalige Anrufung des Bundesverfassungsgerichts zu beleben[75]. Die Trennung der verfassungsrechtlich-prozeduralen von der inhaltlichen Seite erleichtert hier der Entkriminalisierungsposition die Mehrheitsfähigkeit.

---

69 Zu der vom BVfG angeordneten Übergangsregelung *Eser*, Schönke/Schröder, StGB (18. Aufl. 1976), Vor § 218, Rdn. 1 u. 4.

70 15. Strafrechtsänderungsgesetz v. 18. Mai 1976 (BGBl. I, S. 1213).

71 *Rudolphi*, SK StGB II, § 218 Rdn. 26.

72 Ebd. sowie a.a.O. Vor § 218, Rdn. 19 u. 20.

73 *Lackner*, StGB (14. Aufl. 1981), § 218, Anm. 4 b, sowie NJW 1976, 1233, 1242; *Eser*, Schönke/Schröder, StGB (20. Aufl. 1980), Vor § 218, Rdn. 36; § 218 Rdn. 49a; *Dreher/Tröndle*, StGB (40. Aufl. 1981), § 218 Rdn. 8c; *Maurach/Schroeder*, Strafrecht BT/1 (6. Aufl. 1977), S. 67; alle m.w.N.

74 Z.B. von *Maurach/Schroeder* a.a.O. S. 67. – Freilich hält Rudolphi § 218 Abs. 3 S. 2 StGB n.F. nicht schlechthin für verfassungswidrig, sondern nur soweit, wie er im Ausland vorgenommene Abbrüche straflos läßt. *Insoweit* ist diese Auffassung weniger kriminalisierungsfreundlich als diejenige der in Anm. 72 Genannten, die die Vorschrift generell für verfassungsrechtlich bedenklich ansehen, allerdings bis zu einem Spruch des Verfassungsgerichts die gesetzgeberische Entscheidung respektieren.

75 S. z.B. *Eser* (Anm. 72) Rdn. 4: „(Es) wäre der nun einmal in Kraft getretenen Regelung jedenfalls eine Bewährungsprobe zu wünschen [...]“.

3.

Auch im Bereich der Dogmatik werden *Kriminalisierungsforderungen*, hier als Forderungen nach extensiver Auslegung von Straftatbeständen und restriktiver Auslegung von Rechtfertigungstatbeständen formuliert, nur unter strengen Bedingungen plausibel zu machen sein. Proportionalitätserwägungen allerdings sind hier, vom rechtspolitischen Ziel der Entkriminalisierung her betrachtet, zwar ebenso suspekt wie im Bereich der Rechtssetzung; sie sind jedoch wichtige Strukturelemente strafrechtsdogmatischer Methodik und können daher nicht ohne weiteres vernachlässigt werden. Was dem Rechtspolitiker im Rahmen der Rechtssetzung möglich ist, nämlich Verzicht auf an sich erwünschte soziale Proportionalität des Strafrechts zugunsten der Annäherung an das Entkriminalisierungsziel, ist dem Rechtsanwender prinzipiell nicht zuzugestehen; er hat die im Straftatbestand dokumentierte Vorentscheidung des Gesetzgebers zur Kriminalisierung als solche zu respektieren. Dies ist ein Gebot nicht nur methodischer Folgerichtigkeit und rechtsdogmatischer Glaubwürdigkeit, sondern auch kluger Rechtspolitik. Sie setzt die gesetzgeberische Entscheidung methodisch konsequent um und kann gleichzeitig für eine relativ, d.h. im Rahmen der gesetzgeberischen Entscheidung, gleichmäßige Rechtsverwirklichung wirken, ohne den gesetzlichen Bereich des Strafbaren grundsätzlich auszuweiten. Dies ist umso eher zu akzeptieren, als auch hier das Bemühen des der Entkriminalisierung verpflichteten Rechtsanwenders dahin gehen wird, Proportionalität möglichst durch Reduzierung des bisher als strafbar Angesehenen, weniger durch Kriminalisierung des bisher als straflos Erachteten zu erreichen.

Was *Rechtfertigungsgründe* angeht, so sind sie im allgemeinen gesetzlich geregelt und allgemein formuliert, finden also auf alle Straftatbestände und alle Täter Anwendung; insoweit gilt spiegelbildlich das zuvor Ausgeführte. Sind sie jedoch nicht gesetzlich formuliert und privilegieren womöglich einen Personenkreis aus nicht (oder nicht mehr) einsichtigen Gründen gegenüber anderen Tätern, so ist der Grenzbereich von Auslegung und Rechtsetzung erreicht. Da die gesetzgeberische Entscheidung im Tatbestand vorliegt, ist eine vom Proportionalitätsgesichtspunkt geleitete Ausweitung des Strafbarkeitsbereiches auch vom Standpunkt der Entkriminalisierungspolitik aus plausibel zu machen.

Das deutlichste Beispiel bietet das von der bislang h.M. anerkannte Züchtigungsrecht der Lehrer und Erzieher. Dieser vor allem für Körperverletzungen[76] anerkannte Rechtfertigungsgrund privilegiert einen bestimmten Personenkreis, obwohl das zur Legitimation herangezogene Gewohnheitsrecht nicht mehr als existent angesehen werden kann[77].

76 Daneben ggf. auch für Nötigung und Freiheitsberaubung.

77 *Vormbaum*, Zur Züchtigungsbefugnis von Lehrern und Erziehern, in: JR 1977, 492–498; *Rüping/Hüsch*, Abschied vom Züchtigungsrecht des Lehrers, in: GoltdArch 1979, 1–10, jeweils m.w.N.

Rechtspolitisch gesehen[78] fordert hier der Proportionalitätsgrundsatz die konsequente Anwendung der bestehenden gesetzlichen Straftatbestände (§§ 223, 340 StGB).

Als weiteres Problem stellt sich auch hier die Frage, ob im Rechtsanwendungsbereich, anders als im Bereich der Rechtssetzung, die vom Bundesverfassungsgericht ermöglichte Anerkennung einer Strafpflicht in den Argumentationskanon aufgenommen werden kann. Dies wird im allgemeinen zu verneinen sein. Selbst dort, wo proportionale Gesetzesanwendung nur auf diesem Wege erreicht werden kann[79], wird tunlichst versucht werden müssen, eine andere Legitimationsgrundlage zu finden[80]. Soweit dieses Argument dennoch herangezogen wird, muß deutlich gemacht werden, daß Bezugspunkt der Überlegung die durch die Setzung des Tatbestandes getroffene gesetzgeberische Entscheidung ist. Im Geltungsbereich dieser Entscheidung kann möglicherweise unter den bereits erörterten engen Voraussetzungen die Anerkennung eines Rechtfertigungsgrundes als Verfassungsverstoß bewertet werden.

IV.

Ähnliche Probleme, wie sie sich uns im Bereich der Rechtssetzung und Gesetzesauslegung gezeigt haben, hat die praktische *Gesetzesanwendung* zu bestehen. Soweit sie Subsumtion von Tatbestandsvoraussetzungen ist, ist sie selber Gesetzesauslegung. Wo das Gesetz dem Rechtsanwender mit guten Gründen Ermessens- und Beurteilungsspielräume einräumt, beispielsweise bei der Strafzumessung[81], stellen sich eigene, wenn auch parallele Probleme.

Vor die Wahl gestellt, eine methodisch vertretbare Freiheitsstrafe von – beispielsweise – 15 Monaten oder eine ebenfalls noch vertretbare Freiheitsstrafe von 18 Monaten, welche sinnvolle Resozialisierungsmaßnahmen (z.B. den Schulabschluß im Vollzug) ermöglicht, zu verhängen, wird sich der strafrechts-skeptische Richter kaum leichten Herzens für die „mildere“ Strafe entscheiden. Ähnliches gilt für den Verantwortlichen der Strafvollzugsanstalt, der eine Prognose über den Erfolg einer Aussetzung des Strafrestes zur Bewährung zu stellen hat.

---

78 Zur dogmatischen Problematik („Aufhebung rechtfertigenden Gewohnheitsrechts“) vgl. *Jung*, Das Züchtigungsrecht des Lehrers (1977), insb. S. 56 ff.

79 Teilt man die Auffassung vom Wegfall der gewohnheitsrechtlichen Züchtigungsbefugnis nicht, so bietet sich für die Begründung mangelnder Verfassungskonformität der Befugnis die Annahme einer verfassungsrechtlichen *Strafpflicht* an; vgl. *Vormbaum* (Anm. 77).

80 Für beamtete Erzieher, insb. Lehrer, kann diese erbracht werden; vgl. *Vormbaum* a.a.O.

81 U. zw. nicht nur bei der Straf*höhe*, sondern auch bei den Nebenentscheidungen, wie z.B. Strafaussetzung zur Bewährung; vgl. z.B. *Tenckhoff*, Die Kriminalprognose bei Strafaussetzung und Entlassung zur Bewährung, in: DRiZ 1982, 95–101.

V.

Zusammenfassend läßt sich sagen: Entkriminalisierungspolitik ist Politik, daher den Schwierigkeiten der Formulierung und Durchsetzung politischer Ziele ausgesetzt. Als Politik ist auch sie „Bohren dicker Bretter“[82]; als Kriminalpolitik wandelt auch sie „auf verschlungenen Wegen“[83]. Eine auf den geraden Pfad fixierte Position des Alles oder Nichts läßt die Rücksicht auf die betroffenen Menschen vermissen und führt letztlich dazu, daß politisches Handeln zum attentistischen Lauern auf den günstigen historischen Augenblick denaturiert.

Selbst wenn es der Entkriminalisierungspolitik über lange Zeit kaum oder gar nicht gelingen sollte, den Umfang des Strafbaren oder des tatsächlich Bestraften zu reduzieren, bleibt ihr die Aufgabe, durch ausdauernde Aufklärungsarbeit ein Problembewußtsein wach zu halten, durch Bemühungen um Milderungen des Straffolgen- und Strafvollzugssystems Strafrecht zu humanisieren und so durch das Bestehende hindurch einen Blick auf das Erstrebte zu eröffnen. Die Kriminalgeschichte der vergangenen 200 Jahre gibt Anlaß zu vorsichtigem Optimismus[84]. Bedenkt man allerdings, wie eng sie mit den dornenreichen, durch politische und gesellschaftliche Umwälzungen geprägten Entwicklungen dieses historischen Abschnitts verflochten ist, so wird deutlich, daß Entkriminalisierung schwerlich als isoliertes Problem angegangen werden kann, daß daher auch die hier angestellten Überlegungen nur eine Schattierung aus einem großen Problemspektrum erfassen konnten.

Nachbemerkung

Der Beitrag ist 1982, also gegen Ende einer Zeit entstanden, in der „Entkriminalisierung“ – anders als knapp dreißig Jahre später – noch ein Thema des Nachdenkens war. So erklärt sich, dass der Verf. glaubte, sich abgesehen von einigen einleitenden Ausführungen auf die Probleme der *Umsetzung* von Entkriminalisierung beschränken zu können. Dass in den Jahrzehnten nach Erscheinen des Beitrages Kriminalisierung, d.h. die Expansion des Strafrechts, zum beherrschenden Merkmal der kriminalpolitischen Szene werden und das Strafrecht einen historisch bis dahin nie erreichten Umfang erreichen würde, hat wohl nicht nur der Verf. für ausgeschlossen gehalten; noch unwahrscheinlicher wäre es ihm erschienen,

---

82 M. *Weber*, Der Beruf zur Politik, in: *Ders.*, Soziologie, Universalgeschichtliche Analyse, Politik (ed. Winckelmann, 5. Aufl. 1973), S. 167–185, hier S. 185.

83 S. den Titel der Aufsatzsammlung von *Lüderssen*, Kriminalpolitik auf verschlungenen Wegen (1981).

84 Gedanken über die Entwicklungstendenzen der Strafrechtsgeschichte der vergangenen Jahrhunderte bei *Schild*, Alte Gerichtsbarkeit (1980), S. 229 ff. und in der Rez. dieses Buches durch *Quensel*, MschrKrim 1982, 64; vgl. ferner *Steinert*, Strafrecht als Anachronismus – Strafrechtsentwicklung als zunehmende Humanisierung des Strafrechts, in: Krim. soz. Bibliographie 1975, 15–19; s. aber auch den Hinweis von *Amelung* (Anm. 14), S. 36, auf „strafrechtliche Folgen des Fehlverlaufs der deutschen Geschichte zwischen 1815 und 1945“.

dass dieser *Expansion* des Strafrechts nach einiger Zeit auch noch eine *Verschärfung* des Strafrechts folgen würde und dass dem repräsentativsten Produkt dieser Expansion und Verschärfung gar noch der Name eines „Strafrechtsreformgesetzes" beigelegt werden würde.

Fast gleichzeitig mit dem Beitrag ist ein die Entkriminalisierung und ihre Probleme aus etwas anderer Perspektive beleuchtender Beitrag von Naucke erschienen: *Wolfgang Naukke*, Über deklaratorische, scheinbare und wirkliche Entkriminalisierung, in: Goltdammer's Archiv 1984, 199 ff., jetzt auch in: *Ders.*, Gesetzlichkeit und Kriminalpolitik. Abhandlungen zum Strafrecht und Strafprozessrecht. Frankfurt am Main 1999, S. 154 ff.

Die zu Beginn und am Ende des Beitrages – schon damals mit gewissen Vorbehalten – geäußerte Annahme, dass die Strafrechtsgeschichte der letzten rund 200 Jahre als Resultante eine aufsteigende Kurve humanitären Denkens im Strafrecht aufweise, würde ich heute so nicht mehr vertreten. Für Einzelheiten verweise ich auf *Thomas Vormbaum*, Einführung in die moderne Strafrechtsgeschichte. Heidelberg 2009, ferner auf mehrere Beiträge in meiner im Vorwort erwähnten Aufsatzsammlung zur juristischen Zeitgeschichte, sowie in diesem Band auf meine revidierte Auffassung in Nr. 2 b. Fnz. 45.

Diese Skepsis gegenüber der Annahme einer positiven Entwicklung des Strafrechts der vergangenen 200 Jahre umfasst insbesondere auch die Einschätzung der Lehre vom „geschützten Rechtsgut" (s. dazu *Vormbaum*, Einführung, a.a.O., S. 55 ff.), deren (zumindest) Ambivalenz schon damals – von mir noch nicht bemerkt – von Amelung dargetan worden war: *Knut Amelung*, Rechtsgüterschutz und Schutz der Gesellschaft. Frankfurt/M. 1972, S. 49 ff.; s. auch *Ders.*, J.M.F. Birnbaums Lehre vom strafrechtlichen „Güter"-Schutz, in: Diethelm Klippel (Hrsg.), Naturrecht im 19. Jahrhundert. Goldbach 1997, S. 349 ff.; s. ferner mehrere Beiträge in *diesem* Band, insb. in Nr. 3.

Auf Gustav Radbruchs Forderung, Strafrecht durch ein besseres Recht zu ersetzen (Fußn. 36), bin ich in Beitrag Nr. 2 etwas näher eingegangen.

Die in Fußn. 49 thematisierte „Gegenrepression" hat inzwischen ihren Niederschlag im Tatbestand der „Holocaust-Leugnung" gefunden; s. dazu aktuell *Emanuela Fronza*. Recht und Gedenken: ein schwieriger Dialog, in: Jahrbuch der juristischen Zeitgeschichte 6 (2004/2005), 435 ff.; *Gerd Geilen*, Unvorsätzliche „Auschwitzlüge"? Bemerkungen zu § 130 Abs. 3 StGB, in: Festschr. f. Rolf Dietrich Herzberg (2008), S. 593 ff.

Die bei Fnz. 53 diskutierte „Proportionalität" hat in der Entstehung des sog. 6. Strafrechtsreformgesetzes eine wichtige Rolle gespielt, als das Missverhältnis der Strafdrohungen für Delikte gegen die Person und derjenigen für Delikte gegen das Vermögen thematisiert wurde. Die damit eröffnete Möglichkeit, die Strafdrohungen für die letzteren zu mildern, wurde nicht erwogen, vielmehr die Proportionalität durch Heraufsetzen der Strafdrohungen für die ersteren hergestellt – was u.a. zum kriminalpolitisch unsinnigen Ergebnis der Strafbarkeit der versuchten einfachen Körperverletzung geführt hat.

Die bei Fnz. 75 gewagte Prognose einer Beruhigung der Debatte über die Strafbarkeit des Schwangerschaftsabbruchs wurde bekanntlich durch die Vereinigung der beiden deutschen Staaten hinfällig. Art. 31 Abs. 4 des Einigungsvertrages gab dem Gesetzgeber auf, bis zum 31. Dezember 1992 eine neue gesamtdeutsche Regelung zu schaffen. Gegen die daraufhin getroffene Regelung im Schwangeren- und Familienhilfegesetz vom 27. Juli 1992 wurde abermals das Bundesverfassungsgericht angerufen, das erneut ein Verdikt der (teilweisen)

Verfassungswidrigkeit aussprach. Eine bislang noch nicht angefochtene Neuregelung erfolgte daraufhin durch das Schwangeren- und Familienhilfeänderungsgesetz vom 1. Oktober 1995.

2.

„Politisches" Strafrecht

(1995)

I. Themenabgrenzung; Exposition

Unter „politischem Strafrecht" kann man Verschiedenes verstehen. Man kann einen bestimmten *Ausschnitt aus dem Strafrecht* meinen, beispielsweise das Staatsschutzstrafrecht und sein Umfeld oder – weiter gefaßt – denjenigen Bereich des Strafrechts, der besonders politiknah und damit politisch eingefärbt ist, beispielsweise die Strafvorschriften über den Landfriedensbruch und über terroristische Vereinigungen (Politisches Strafrecht im *sektoralen* Verständnis). Man kann auch eine Aussage über das Strafrecht insgesamt meinen, beispielsweise die Aussage, Strafrecht sei – ähnlich wie das Verfassungsrecht – ein von Natur aus politisches Recht, oder die Aussage, die Politik bemächtige sich des Strafrechts für ihre Zwecke (Politisches Strafrecht im *instrumentellen* Verständnis). Angesichts des Rahmenthemas der Strafrechtslehrertagung liegt es näher, das instrumentelle Verständnis von politischem Strafrecht der weiteren Betrachtung zugrundezulegen, denn politisches Strafrecht im sektoralen Verständnis ist „politisch", weil es auf politische *Institutionen*, politisches Strafrecht im instrumentellen Verständnis ist „politisch", weil es auf politische *Funktionen* bezogen ist; am funktionellen Aspekt von Politik aber lassen sich sachliche Unterschiede und Gemeinsamkeiten der Sphären „Strafrecht" und „Politik" am besten darstellen.

Politik: das ist Zielsetzung – man kann auch sagen: Zwecksetzung – , sodann Reflexion über die zur Erreichung der Ziele und Zwecke geeigneten, erforderlichen, erreichbaren und kostengünstigsten Mittel und schließlich das Bemühen, die Ziele unter Einsatz der gewählten Mittel zu erreichen. Kann auf dieser Betrachtungsebene Strafrecht von Politik unterschieden werden?

Zunächst einmal ist nicht zu übersehen, daß auch das Strafrecht (wie das Recht überhaupt) keine völlig zweckfreie oder – pejorativ gewendet – zwecklose Einrichtung ist. *Gustav Radbruch* hat bekanntlich der Rechtsidee nicht nur die Idee der Gerechtigkeit entnommen, sondern auch die Ideen der Rechtssicherheit und eben der Zweckmäßigkeit, und er hat postuliert, daß diese drei Elemente in ein ausgewogenes Verhältnis zueinander gesetzt werden[1]; ich werde darauf zurückkommen. Selbst bei

---

1 *Radbruch*, Rechtsphilosophie. 7. Auflage hrsg. und eingeleitet von E. Wolf (1970), S. 124 ff., 146 ff., 168 ff.

Immanuel Kant, der ja als Hauptgegner des Zweckdenkens im Strafrecht gilt, hat die Begriffsbestimmmung des Rechts als des Inbegriffs der Bedingungen, unter denen die Willkür des einen mit der Willkür des anderen nach einem allgemeinen Gesetz der Freiheit zusammen vereinigt werden könne, eine gewisse Zwecktönung[2].

Ist also der Zweckgedanke auch im Recht der prägende und ausschlaggebende? Wäre dies ohne weiteres zu bejahen, so müßte man sich fragen, warum denn vor etwas mehr als hundert Jahren der Zweckgedanke von prominenten Rechtsdenkern als Novität, ja fast als kopernikanische Wende der Rechtswissenschaft gefeiert wurde – und zwar mit deutlicher Spitze gegen *Kant* und die Straftheorie des deutschen Idealismus. Von *Rudolf v. Jhering* 1877 erstmals als Buchtitel thematisiert[3], von *Franz v. Liszt* für das Strafrecht rezipiert[4], hat der „Zweck im Recht“ seither Karriere gemacht. *Franz v. Liszt* selber verstand zwar sein Plädoyer für den Zweckgedanken zunächst bloß als Forderung an eine – vom Strafrechtssystem zu unterscheidende – Kriminalpolitik[5]. Auf die Dauer war aber die kriminalpolitische Eigendynamik stärker als das Bemühen, wenigstens einen Teil des Strafrechts gegen die Kriminalpolitik abzuschotten. Justizbürokratie und Gesetzgeber schwenkten verhältnismäßig bald

---

2 *Kant*, Metaphysik der Sitten (1797). Einleitung in die Rechtslehre, § B, zitiert nach *Vormbaum* (Hrsg.), Texte zur Strafrechtstheorie der Neuzeit (1993), Bd. 1, S. 239.

3 *von Jhering*, Der Zweck im Recht. Bd 1 (1877).

4 *v. Liszt*, Der Zweckgedanke im Strafrecht, zuerst in ZStW 3 (1883), S. 1 ff.; auch in: *Vormbaum*, Texte (o. Fußn. 3), Bd. II, S. 171 ff. – Daß Liszt, wie *G. Freund* meint (Der Zweckgedanke im Strafrecht? GA 1995, 4 ff., hier S. 5), im Marburger Programm gar nicht für die Einführung des Zweckgedankens *im Strafrecht*, sondern nur für die Einführung der *Maßregeln der Sicherung und Besserung* eingetreten sei, scheint mir zweifelhaft; der von *Freund* a.a.O. angeführte Vortrag *v. Liszts* über das gewerbsmäßige Verbrechen (Strafrechtliche Aufsätze und Vorträge Bd. II [1905], S. 308 ff.) wurde 1900 gehalten, also siebzehn Jahre nach Veröffentlichung des Marburger Programms. Liszt bezeichnet zwar in der Tat dort (S. 309) die „erziehende Behandlung der Besserungsfähigen“ und die „Sicherung der Gesellschaft gegenüber den unverbesserlichen und gemeingefährlichen Verbrechern“ als die „zwei Hauptforderungen“ seines kriminalpolitischen Programms, und erklärt sich bereit, das „weite Gebiet der Fälle, in denen die Aufgabe der Strafe in der Bewährung des Rechtes sich erschöpft“, den „Anhängern der alten Richtung“ zu überlassen. Indes zeigt schon die sprachliche Fassung, daß er auch die beiden von ihm selbst reklamierten Felder als Aufgabengebiete von „Strafe“ ansieht; und zum anderen wird die Absteckung der beiderseitigen claims explizit als *Kompromiß*angebot an die andere Richtung verstanden. Im Marburger Programm werden bekanntlich die drei Elemente „Abschreckung, Besserung, Unschädlichmachung“ noch ohne Abstufung nebeneinandergestellt.

5 Über die Abstriche am teleologischen Denken, welche *v. Liszt* aus rechtsstaatlichen Erwägungen bzw. Hemmungen hinzunehmen bereit war, s. *Schwarzschild*, Franz v. Liszt als Strafrechtsdogmatiker (jur.Diss. 1933), v.a. S. 10 ff.; s. auch *v. Liszt*, Die deterministischen Gegner der Zweckstrafe, ZStW 13 (1893), S. 325 ff., auszugsweise wiedergegeben in: *Vormbaum*, Texte (o. Fußn. 3) Bd. II, S. 187 ff., hier S. 199 ff.

auf die Linie strafrechtlichen Zweckdenkens ein, zunächst im Nebenstrafrecht[6], dann zunehmend auch im Kernstrafrecht. Die weitere Entwicklung ist – unabhängig von politischen Systemen – mit gewissen Schwankungen, insgesamt aber doch kontinuierlich verlaufen und hat dem Zweckdenken – oder nennen wir es bei dem im Strafrecht üblichen Namen: dem Präventionsdenken – einen weitgehenden Sieg beschert.

Warum aber wurde der Zweckgedanke als etwas Neues angepriesen? Offenbar doch deshalb, weil das damals geltende Recht, vor allem das Strafrecht, gerade im Hinblick auf die Berücksichtigung des Zweckgedankens als defizitär angesehen wurde. Kritisiert wurde die Orientierung des Strafrechts an philosophisch gewonnener Begrifflichkeit und Methode[7] und sein positivistischer Umgang mit den Rechtsnormen. Stattdessen wurde – und wird bis heute – die Überleitung der naturwissenschaftlich und sozialwissenschaftlich inspirierten empirischen Rationalität auf die Zielsetzungen und Wirkungsweisen des Strafrechts gefordert – eine Forderung, welche das Strafrecht notwendigerweise in die Nähe der Politik führen mußte.

Diese Forderung sah sich freilich nicht nur vor der bekannten Schwierigkeit, die Ableitung von verbindlichen Sollenssätzen aus empirisch gewonnenen Zweckmäßigkeitseinsichten zu begründen; sie besaß auch unübersehbar ambivalente Züge. Man konnte das Strafrecht und seine damalige Praxis als zwecklose Übelszufügung gegenüber Mitmenschen kritisieren und seine Reduzierung auf das Zweckmäßige fordern. Dieser milde Aspekt strafrechtlichen Zweckdenkens ist im kriminalpolitischen Denken *Liszts* – wiewohl vorhanden – durchaus unterbelichtet. Im Vordergrund steht nicht die Kritik an zweckloser Übelszufügung, sondern die Kritik an nicht zweckgerechter, an ineffektiver Verbrechensbekämpfung[8]. Diese Erschei-

---

6 Am Beispiel des Wirtschaftsstrafrechts hat dies umfänglich gezeigt: *Werner*, Wirtschaftsordnung und Wirtschaftsstrafrecht im Nationalsozialismus (1990), S. 12–51.

7 S. dazu *Naucke*, Die Sozialphilosophie des sozialwissenschaftlich orientierten Strafrechts, in: Hassemer, Lüderssen, Naucke (Hrsg.), Fortschritte im Strafrecht durch die Sozialwissenschaften? (1983), S. 1, hier S. 7 ff.

8 Auch Lisztschüler und -anhänger bestätigen dies; s. z.B. *Eb. Schmidt*, Einführung in die Geschichte der deutschen Strafrechtspflege, 3. Aufl. (1965), S. 402 ff.; *Georgakis*, Geistesgeschichtliche Studien zur Kriminalpolitik und Dogmatik Franz von Liszts (1940), S. 40 f.: „Nichts hat Liszt ferner gelegen, als ein 'humanitäres', ein der Verweichlichung unterliegendes Strafrecht aufzubauen. [...] Die Lisztsche Strafrechtsreform kann nur als Reaktion gegen die verweichlichte Rechtspflege der damaligen Zeit verstanden werden. [...] In der Verweichlichung der Strafrechtspflege sah Liszt den Hauptgrund für den klar aus der Statistik sich ergebend und von ihm bekämpften Verbrechensrückfall“. – Auch die Sprache des Liszt'schen „Marburger Programms“ von 1882/83 bestätigt die im Text formulierte Annahme. Sie „läßt sich über weite Strecken als bürokratisch mit heiklen emotionalen Untertönen [...] auffassen.“ (*Naucke*, Die Kriminalpolitik des Marburger Programms 1882, in: ZStW 94 [1982], 525 ff., hier S. 529). Ein Beispiel: „Wie ein krankes Glied den ganzen Organismus vergiftet, so frißt der Krebsschaden des rapid zunehmenden Gewohnheitsverbrechertums sich immer tiefer in unser soziales Leben“; „die Strafe (der Gewohnheitsverbrecher) [...] besteht in Strafknecht-

nungsform des Zweckdenkens dominiert die Strafrechtsentwicklung unseres Jahrhunderts; seine milde Kehrseite gewinnt nur kurzfristig – in den mittleren Jahren der Weimarer Republik und in den Sechzigerjahren – zumindest intentional die Oberhand. Allenfalls im Bereich der *Rechtsfolgen* kann man den Eindruck gewinnen, die milde Variante habe sich insgesamt durchgesetzt; indes müßte dieser Eindruck von Entpoenalisierung zum einen darauf befragt werden, ob er nicht bloß die systemerhaltende Konsequenz von Kriminalisierung auf der Definitionsseite ist – eine Vermehrung der Gefängnisse proportional zur Vermehrung der Straftatbestände wäre schließlich recht kostenaufwendig; zum anderen müßte gefragt werden, ob nicht dann, wenn man den Vergleich auf den Tatbestandskanon des ausgehenden 19. Jahrhundert einengt, das Ergebnis wesentlich weniger spektakulär wäre[9]. Wie dem auch sei – jedenfalls zeigt die Gesetzgebung der vergangenen 100 Jahre insgesamt eine Tendenz zur Entformalisierung, Flexibilisierung und Ausweitung des Strafrechts. Diese Behauptung läßt sich durch eine Auflistung von Erscheinungen und Tendenzen, die jedem Strafrechtshistoriker und Strafrechtsdogmatiker vertraut sind, leicht plausibilisieren. Ich nenne nur

1. die Aufstellung von Gefährdungstatbeständen[10], Organisationstatbeständen[11]

---

schaft mit strengstem Arbeitszwang; als Disziplinarstrafe wäre die Prügelstrafe nicht zu entbehren; obligatorischer und dauernder Verlust der bürgerlichen Ehrenrechte müßte den unbedingt entehrenden Charakter der Strafe scharf kennzeichnen. Einzelhaft hätte nur als Disziplinarstrafe, verbunden mit Dunkelarrest und strengstem Fasten, einzutreten [...]". Vgl. dazu auch *Vormbaum*, Juristische Zeitgeschichte. Allgemeine Überlegungen sowie Überlegungen zur Strafgesetzgebung in der gegenwärtigen Rechtsepoche, in: Perspektiven und Projekte. (Schriftenreihe „Juristische Zeitgeschichte" des Justizministeriums NRW, Bd. 2) (1995), S. 1, hier S. 16 f.

9 Auch auf der Sanktionsseite dürfte sich somit die verbreitete Deutung, die Geschichte des Strafrechts sei die Geschichte seiner Abschaffung, jedenfalls für die letzten 100 Jahre kaum verifizieren lassen. Differenzierte Auswertung der kriminalstatistischen Daten bei *Frommel*, Präventionsmodelle in der deutschen Strafzweckdiskussion, 1987, v.a. S. 17 ff.; siehe neuerdings auch *Stapenhorst*, Die Entwicklung des Verhältnisses von Geldstrafe zu Freiheitsstrafe seit 1882. Eine rechtshistorische Untersuchung anhand von Kriminalstatistiken. Berlin 1993.

10 Kritisch dazu in jüngerer Zeit z.B. *Bussmann*, Der Mythos Strafrecht hat Konjunktur. Wirtschaftsstrafrecht und Abolitionismus, KritV 1989,129. – Auch im ausländischen Strafrecht wird die Tendenz zu dieser Gesetzgebungstechnik mit Sorge beobachtet. Über die Arbeit einer von der niederländischen Regierung eingesetzten Kommission, welche Möglichkeiten und Notwendigkeiten der Bestrafung von Vorbereitungshandlungen untersuchen soll, berichtet *de Roos* (Nederlands Juristen Blad 1989, 845 ff.); er fordert, daß „het parlement eindelijk eens de dijkbreuk in de rechtsstaat en de stortvloed van de criminalisering moet gaan bestrijden, desnoods dwars tegen het 'gesundes Volksempfinden', in plaats van de (ernstige, georganiseerde) criminaliteit zelf tegen te gaan met middelen di op den duur meer schaden verorzaken dan dat zij bijdragen aan een voor alle burgers veilige samenleving".

11 Die jüngste Entwicklung im Bereich der Kriminalisierung „terroristischer Vereinigungen" ist ebenso symptomatisch wie die ursprüngliche Funktion des § 129a StGB; seinerzeit als Vergehens(!)-Tatbestand konzipiert, dessen wesentliche Funktion darin bestand, Anknüpfungstatbe-

und Unternehmenstatbeständen[12] als Mittel der Vorfeldkriminalisierung und Umfeldkriminalisierung[13];

2. die Aufstellung von Regelbeispiel-Katalogen anstelle von Katalogen mit abschließend aufgezählten Qualifikationsfällen[14];

3. die Einräumung weiter Spielräume für den Richter bei der Auswahl und Bemessung von Sanktionen, insb. die Ersetzung der obligatorischen durch die fakultative Strafmilderung beim Versuch[15] und bei Regelungen über tätige Reue[16];

4. die Geringschätzung des Bestimmtheitsgebots bei der Aufstellung von Straftatbeständen, meistens vom Bundesverfassungsgericht ungerügt[17];

---

stand für allerlei Eingriffsbefugnisse der Strafverfolgungsbehörden und Beschränkungen prozessualer Rechte des Beschuldigten zu sein, ist er anläßlich einer terroristischen Zwischenwelle in der Mitte der Achtzigerjahre zum Verbrechen hochgestuft und seine Anwendung ist weit in den Bereich zwar schwerer, aber von der Struktur und dem Gewicht typischer terroristischer Straftaten weit entfernter Bezugstaten ausgedehnt worden; krit. *Dencker*: Gefährlichkeitsvermutung statt Tatschuld? Tendenzen der neueren Strafrechtsentwicklung, StV 1987, 119 ff.

12 Der 1938 entstandene, 1946 durch Kontrollratsgesetz aufgehobene, 1952 modifiziert wieder eingeführte Straftatbestand des § 316a StGB bietet nicht nur ein gutes Beispiel für diesen Tatbestandstypus, sondern ist auch mit seiner bloß fakultativen Rücktrittsregelung (Abs. 2), mit seiner ebenfalls bloß fakultativen (1971 eingeführten) Strafmilderungs- und Strafabsehensregel (Abs. 1 S. 2) sowie mit seinem Strafrahmen, der – lediglich durch die Kriterien „besonders schwere Fälle“ und „minder schwere Fälle“ konkretisiert – Freiheitsstrafe von nicht unter einem Jahr bis zu lebenslang androht, symptomatisch für die Entwicklung.

13 S. dazu *Jakobs*, Kriminalisierung im Vorfeld einer Rechtsgutverletzung, ZStW 97 (1985), 751 ff.; *Seelmann*, Risikostrafrecht, KritV 1992, 452, hier 453 f.; *Hassemer*, Produktverantwortung im modernen Strafrecht (1994), S. 11.

14 Das bekannteste Beispiel – § 243 StGB – betrifft immerhin eine Straftat, die in der polizeilichen Kriminalstatistik mit über 30% aller Straftaten zu Buche schlägt. Allerdings relativiert sich seine Bedeutung „wegen der absoluten Unüblichkeit von Freiheitsstrafen über 5 Jahren für Diebstahl einerseits, der Möglichkeit der Verhängung einer Geldstrafe nach § 47 andererseits“ (*Maurach/Schroeder*, BT/2, S. 295).

15 Durch die StrafrechtsangleichungsVO v. 29. Mai 1943; im StGB-Kommentar von *Schwarz* (13. Aufl. 1949) wird diese Regelung als mit dem post-nationalsozialistischen Denken unvereinbar bezeichnet (a.a.O. § 44 Anm. 1a).

16 Durch die StrafrechtsangleichungsVO erhielt z.B. auch § 158 StGB seine heutige fakultative Regelung; vorher galt (für den Meineid) eine obligatorische Strafmilderungsregelung.

17 § 240 StGB ist nur das markanteste Beispiel in Aufstellung und Anwendung solcher Tatbestände. Die Verfassungsrechtsprechung ist dieser Tendenz erst in jüngster Zeit entgegengetreten. Bekanntlich hat das Bundesverfassungsgericht bislang erst *einen* Straftatbestand wegen zu großer Unbestimmtheit für verfassungswidrig erklärt (*BVfGE* 17, 306, 314, wo es allerdings eher um die Widersprüchlichkeit als um die Unbestimmtheit einer Strafvorschrift des PersonenbeförderungsG ging). Das Verdikt des *BayVGH* (E 4 II, 194) über den landesstrafrechtlichen Tatbestand des „Verstoßes gegen die öffentliche Ordnung“ indiziert nichts Gegenteiliges, denn dieser Tatbestand ließ sich beim besten (?) Willen nicht halten; freilich: angesichts der Entscheidung des Bundesverfassungsgerichts (*BVfGE* 26, 41) zum Unfugstatbestand des § 360

5. die Tendenz zur Umschreibung des strafbaren Verhaltens anhand subjektiver und/oder ethisch gefärbter Kriterien[18]; daneben aber
6. die Beibehaltung und Aufstellung von objektiven Bedingungen der Strafbarkeit anstelle von objektiven Tatbestandsmerkmalen mit Vorsatz- und Irrtumskonsequenz und Fahrlässigkeitstatbeständen[19];
7. die Entstehung und das explosionsartige Anwachsen einer breiten Grauzone im Grenzbereich von Strafrecht und Ordnungswidrigkeitenrecht[20], in der die definitorische Zuordnung zu einem der beiden Bereiche von Zweckmäßigkeitserwägungen dominiert wird;
8. die Tendenz zur Rückkehr zum bürokratisch-inquisitorischen Strafverfahrenstyp, gekennzeichnet u.a. durch zunehmende Aufweichung des Legalitätsprinzips, partielle Bestimmung des zuständigen Gerichts durch die Anklagebehörde, Ausweitung des Strafbefehlsverfahrens, Quasi-Sanktionierung nach § 153a StPO, Schmälerung des Beweisantragsrechtes des Beschuldigten, Verteidigerausschluß, Verteidigerüberwachung, Beschlußverwerfung sog. „offensichtlich unbegründeter" Revisionen, Abbau der Laienbeteiligung an der Strafrechtspflege[21];

Abs. 1 Nr. 11 StGB a.F. (vgl. jetzt § 118 Abs. 1 OWiG) muss selbst diese Annahme bezweifelt werden. – Vgl. neuerdings aber *BVfG*, NStZ 1989, 139 = NJW 1989, 1663 (Verfassungswidrigkeit des § 15 Abs. 2 FernmeldeanlagenG wegen Unbestimmtheit). Die jüngste Entscheidung des *BVfG* (Beschluß v. 15. März 1995) hat die hinreichende Bestimmtheit des § 240 Abs. 1 StGB erneut bejaht und nur die Erstreckung des Gewaltbegriffs auf sog. Sitzblockaden als Verstoß gegen Art. 103 Abs. 2 GG bezeichnet.

18 Vgl. grundsätzlich *Dencker* a.a.O. (Fußn. 12), S. 263. – Auch *Hirsch* kritisiert „einige subjektivistische Übertreibungen" im heutigen deutschen Strafrecht (Gibt es eine national unabhängige Strafrechtswissenschaft? Fschr. f. Spendel [1992], S. 50) und zählt zu den „Fehlentwicklungen" der Strafrechtswissenschaft „gewisse subjektivistische Tendenzen einiger Autoren", vor allem die Theorie, welche das Unrecht des vorsätzlichen Delikts bereits im Versuch vollendet sieht sowie subjektivistische Orientierungen in der Fahrlässigkeitsdogmatik (a.a.O. S. 51).

19 Daß dieser Regelungstyp hierher gehört, wird deutlich, wenn man die „wirklichen" Tatbestandsmerkmale für sich allein betrachtet; wegen ihrer Uferlosigkeit führen diese sich selbst ad absurdum („Sichberauschen" in § 323a StGB!). Die Beifügung der objektiven Bedingung der Strafbarkeit ist daher nichts weiter als die Befolgung einer Forderung der praktischen Vernunft – nur eben auf einem Wege, der das Vorsatz- und/oder Fahrlässigkeitserfordernis umgeht. Kritisch zu den objektiven Bedingungen der Strafbarkeit *Bemmann*, Zur Frage der objektiven Bedingungen der Strafbarkeit (1957); zu Eingrenzungsversuchen s. *Hirsch*, LK, § 227 Rdn. 15 (zu § 227 StGB); *BGHSt* 10, 249 (zu § 323a StGB).

20 Dazu ebenfalls *Naucke*, Der Kleinbetrug, Fschr. f. Lackner (1987), S. 695, hier S. 696 ff.; *Ders.*, Die Wechselwirkung zwischen Strafziel und Verbrechensbegriff (1985), S. 19.

21 Näher *Vormbaum*, Die Lex Emminger vom 4. Januar 1924 (1989), insb. 12. Kapitel. Die von *P.A. Albrecht*, KritV 1986, 71 beklagte Tendenz, die Strafjustiz erweitere mittels des Präventionsgedankens nicht nur ihren Steuerungsanspruch, sondern „ersetz(e) zugleich [...] die Legis-

9. die prinzipielle Gleichbewertung der prozessualen Einstellungslösung und der materiellrechtlichen Tatbestandslösung bei dem Bemühen, den geringem Unrechts- und Schuldgehalt bestimmter Fallgruppen „dem Übermaßverbot entsprechend zu berücksichtigen"[22]; und schließlich

10. schon seit langem, nämlich seit 1933 gesetzlich geregelt: die Verhängung kriminalrechtlicher Sanktionen (Maßregeln der Besserung und Sicherung) gegenüber Tätern, die für schuldlos, insb. für schuldunfähig, befunden worden sind[23].

Die Elemente dieses Dekalogs sind natürlich nicht in einem politisch-gesellschaftlichen Leerraum entstanden, sondern stehen in Abhängigkeit zu gesellschaftlichen Entwicklungen, die in den etwas mehr als hundert Jahren, von denen ich sprach, stattgefunden haben. Ich kann dies hier nicht näher ausführen und nenne daher nur die Stichworte „Lockerung familiärer und sozialer Strukturen" sowie „Vermehrung und Vergrößerung von Risiken infolge der technischen Entwicklung"[24]. Die daraus resultierenden Verhaltens- und Erwartensunsicherheiten haben nicht nur die rationale Sorge vor realen Gefahren, sondern auch diffuse Bedrohungsgefühle und Ängste anwachsen und den Ruf nach allseitiger Sicherung lauter werden lassen. Alles dies zusammengenommen hat zu dem Zustand geführt, der in der aktuellen soziologischen Diskussion als „Risikogesellschaft" bezeichnet wird[25].

---

lative und unter(laufe) somit die in einem demokratischen Diskussionsprozeß zu entwickelnden Reformen des materiellen und formellen Strafrechts", ist inzwischen weitgehend überholt. Der Gesetzgeber hat sich diese Tendenzen zu eigen gemacht. So wie 1921 bis 1924 die Inflation als Vorwand für eine massive „Entlastung der Gerichte" herhalten mußte (die Lex Emminger vom 4. Januar 1924 war das dritte in einer Reihe von Rechtspflegeentlastungsgesetzen), so nach 1989 die Wiedervereinigung Deutschlands für ein neuerliches „Gesetz zur Entlastung der Rechtspflege" (1993), welchem dem Vernehmen nach noch im Jahre 1995 ein „Weiteres Gesetz zur Entlastung der Rechtspflege" folgen soll.

22 *BVerfG*, Urteil vom 9. März 1994 (sog. Cannabis-Urteil), NJW 1994, 1577 = NStZ 1994, 397 (LSe) m. Aufsatz von *Nelles/Velten*, Einstellungsvorschriften als Korrektiv für unverhältnismäßige Strafgesetze? (a.a.O. S. 366).

23 Dazu die Kritik von *Naucke*, Wechselwirkung (o. Fußn. 20), S. 18; *Ders.*, Grundlinien einer rechtsstaatlich-praktischen allgemeinen Straftatlehre (1972), S. 32.

24 Zur Erfassung der Entwicklung in ihrer Komplexität müßten die politische, die ökonomische und die kulturelle Sphäre einbezogen werden. Sie bringen nicht nur weitere Faktoren, sondern auch weitere Interdependenzen ein: Man denke nur an *Max Webers* „Entzauberung der Welt" und an die von *Horckheimer* und *Adorno* 1944 prognostizierte Entwicklung zur totalen Integration (Dialektik der Aufklärung, TB-Ausgabe von 1988, S. IX). Indes läßt sich eine Herauspräparierung der spezifisch rechtlichen Faktoren unter dem Gesichtspunkt einer „juristischen (hier: strafjuristischen) Zeitgeschichte" mit guten Gründen vertreten; s. dazu exemplarisch *Marxen*, Der Volksgerichtshof in zeitgeschichtlicher Perspektive, in: Perspektiven und Projekte (Schriftenreihe „Juristische Zeitgeschichte" des Justizministeriums NRW Bd. 2) (1995), S. 23 ff.

25 Zu diesem Terminus und seiner Analyse grundlegend *Beck*, Risikogesellschaft. Auf dem Weg in eine andere Moderne (es NF 365) (1986); für das Strafrecht *Prittwitz*, Strafrecht und Risiko

Die Bemühungen der Politik, auf dieses teilweise von ihr selber geschaffene, teilweise ihr aus der gesellschaftlichen Entwicklung zugewachsene Phänomen zu reagieren, sind in der Rechts- und Kriminalsoziologie inzwischen mehrfach analysiert worden. *Albrecht Hesse* hat für sie die Bezeichnung „Schutzstaat“ geprägt; es finden sich auch die Bezeichnungen „Sicherheitsstaat“[26], „sozialer Interventionsstaat“[27], „finaler Interventionsstaat“[28], „sozialautoritärer Rechtsstaat“[29] und „Präventionsstaat“[30].

Schutzstaat – das ist nach *Hesse* eine neue Qualität von Staat, die sich aus der Idee des Sozialstaates herausentwickelt hat. War und ist es das legitime Anliegen des Sozialstaates, „für die Handlungsfähigkeit solcher Menschen zu sorgen, die dazu aus eigenen Mitteln nicht in der Lage sind“[31], so wähnt der Schutzstaat seine Aufgabe darin, „Sorge für die Handlungsfähigkeit aller“ zu treffen. „In seiner Sorge für die Handlungsfähigkeit aller Menschen [ist er] präventiv orientiert und setzt diese Orientierung gegenüber jedermann auch mit Hilfe von Sanktionen um. [...] Schutzstaat bedeutet im Kern, die Handlungen *aller* Bürger auf das in ihnen enthaltene Schadenspotential hin zu beobachten [...] und *alles* Handeln auf geringstmöglichen Schaden und geringstmögliche Kosten hin zu regulieren“[32]. Aus dem im Sozialstaatskonzept entwickelten „Recht aller auf staatliche Schutzmaßnahmen“ wird im Schutzstaat schließlich die „sanktionsbewehrte Pflicht des Menschen zur Regulierung seiner Lebensführung im Interesse der Kostendämpfung“[33]. In diesem Konzept macht es in letzter Konsequenz keinen Unterschied mehr, „ob Täter und Opfer verschiedene Personen sind oder in einer Person zusammenfallen“[34]. Sanktionsbewehrte Anschnallpflicht für PKW-Fahrer, sanktionsbewehrte Helmpflicht für Motorradfahrer, sanktionsbewehrte Pflicht zur Mitführung von sog. AIDS-Handschuhen, sanktionsbewehrte Pflicht zur Enthaltsamkeit gegenüber dem Besitz von Betäubungsmitteln – die

---

(1993), v.a. S. 114 ff.; *Hassemer*, Produktverantwortung im modernen Strafrecht (1994), v.a. S. 6 ff.

26 *Krauß*, Sicherheitsstaat und Strafverteidigung, StV 1989, 315 ff.

27 *P.A. Albrecht*, Das Strafrecht auf dem Weg vom liberalen Rechtsstaat zum sozialen Interventionsstaat. Entwicklungstendenzen des materiellen Strafrechts, KritV 1988, 183 ff.

28 *Marxen*, Die rechtsphilosophische Begründung der Straftatlehre im Nationalsozialismus. Zur Frage der Kontinuität strafrechtswissenschaftlichen Denkens, in: Rottleuthner (Hrsg.), Recht, Rechtsphilosophie und Nationalsozialismus (ARSP-Beiheft. 18) 1983, S. 55 ff., hier S. 64.

29 *Calliess*, Strafzwecke und Strafrecht. 40 Jahre Grundgesetz – Entwicklungstendenzen vom freiheitlichen zum sozialautoritären Rechtsstaat, NJW 1989, 1338 ff.

30 *Denninger*, Der Präventions-Staat, KJ 1989, 1.

31 *A. Hesse*, Der Schutzstaat. Rechtssoziologische Skizzen in dunkler Zeit (1994), S. 115.

32 *Ebd.*

33 *A.a.O.* S. 116.

34 *Ebd.*

neuen Rechtsgüter „Versicherungswesen" und „Volksgesundheit" legitimieren die Sanktionierung der entsprechenden Normverstöße.

Man sieht: In die Konstellation einer Risiko*gesellschaft* fügt sich mit gewisser Folgerichtigkeit ein Risiko*strafrecht*[35] ein. Die Elemente des modernen Strafrechts, die ich habe Revue passieren lassen, sind Ausdrucksformen eines solchen Strafrechtstyps. Sie lassen sich, wie erwähnt, zusammenfassen als *Entformalisierung*, *Flexibilisierung* und *Ausweitung* des Strafrechts. Unter der Annahme, daß Strafnormen ein geeignetes und legitimes Mittel seien, neue Quellen sozialschädlichen oder sozialgefährlichen Verhaltens einzudämmen, ist es nur folgerichtig, wenn Strafrecht diese Eigenschaften annimmt, denn ein Strafrecht, das globalen Steuerungsanforderungen gerecht werden soll, „muß flexibel und flächendeckend sein, um auf jeweils wechselnde Störungen angemessen antworten zu können"[36]. Ein Strafrecht hingegen, das wie dasjenige des letzten Drittels des 19. Jahrhunderts im materiellrechtlichen Bereich unter der „Herrschaft des Zurechnungsprinzips"[37] steht, im prozeßrechtlichen Bereich dem beschuldigten Bürger die Unschuldsvermutung und die vollgültige Stellung als autonomes Prozeßsubjekt garantiert, ist bei *dieser* Aufgabenstellung dysfunktional. Und so liegt es in der Logik der beschriebenen Entwicklung, daß eben diese als dysfunktional sich erweisenden Elemente nach und nach abgeschliffen werden; die jüngere Strafrechtsgeschichte, vor allem die Strafprozeßgeschichte der letzten 20 Jahre, bietet zur Absicherung dieser Behauptung bis in die letzten Monate hinein reiches Anschauungsmaterial.

Es war freilich nicht allein der Straf*gesetzgeber*, der dem kriminalpolitischen Entwicklungsgang dieses Jahrhunderts teils forcierend, teils begleitend, teils bestätigend Ausdruck verliehen hat. Auch die Strafrechts*wissenschaft*, von der Rechtsprechung ganz zu schweigen, ist den Weg ein gutes Stück Weges mitgegangen und hat sich in den letzten hundert Jahren – meistens unter der Hand in Form allmählicher Metamorphosen – in den herrschenden Trend eingefügt. Zu erinnern ist an die inzwischen fast gänzlich konsentierte, ja bereits als sachlogisch-ontologische Gegebenheit angesehene[38] Auffassung der Strafrechtsnormen als „Steuerungsnormen"; zu erinnern ist an die damit zusammenhängende Zurückdrängung der Rolle des Erfolgsunwertes auch in seiner straflimitierenden Funktion; zu erinnern ist an die Lehre von den subjektiven Rechtfertigungselementen, inzwischen ebenfalls fast eine communis opinio der Strafrechtswissenschaft; zu erinnern ist ferner daran, daß, wie *Lüderssen*

35 Zu diesem Begriff s. z.B. *Seelmann*, Risikostrafrecht, KritV 1992, 452 ff.

36 *Hassemer* a.a.O. (Fußn. 25) S. 16; *Ders.*, Kennzeichen und Krisen des modernen Strafrechts, ZRP 1992, 378 ff., hier 382.

37 *Lüderssen*, Die Krise des öffentlichen Strafanspruchs, in: Ders., Abschaffen des Strafrechts? (es. NF 914) (1995), S. 22. ff., hier S. 28; *Seelmann* a.a.O. S. 456 f.; *Hassemer*, Produktverantwortung (o. Fußn. 25), S. 15 f.; *Ders.*, ZRP 1992, 382.

38 *Hirsch* a.a.O. (Fußn. 19), S. 47.

vermerkt[39], in der Diskussion um den straftatsystematischen Schuldbegriff „die Kriminalpolitik [...] sich [...] eines wesentlichen Bestandteils, vielleicht sogar des Kernstücks des Deliktsbegriffs bemächtigt hat“[40]; und zu erinnern ist schließlich an die Subjektivierung der Versuchsdogmatik[41].

Ich werde hoffentlich nicht mißverstanden: Selbstverständlich sind diese dogmatischen Positionen allesamt wissenschaftlich gut begründbar[42]. Meine Hinweise sind historisch, also von einer „Meta-Ebene“ her, motiviert. Daß die Strafrechtswissenschaft von diesen Positionen her nicht zu der Konsequenz eines *Täter*strafrechts gelangt ist bzw. nach 1945 nicht bei ihr geblieben ist[43], ist ihrer rechtsstaatlichen Sensibilität zugute zu halten. Andererseits ist sie mit dem Beharren auf dem Tatstrafrecht als einem zentralen Element des liberalen Schuldstrafrechts ebenso in der Mitte einer Entwicklung stehen geblieben wie mit ihrem prinzipiellen Festhalten am Erfordernis individueller Schuldzurechnung. Unter dem Gesichtspunkt eines kriminal-

---

39 *Lüderssen*, Erfolgszurechnung und „Kriminalisierung“, in: Fschr. f. Paul Bockelmann (1979), S. 183, hier S. 184.

40 Ob die Diskussion um „Schuld und Prävention“ zu einer metaphysikfreieren Erfassung des Schuldbegriffs als über den Vergeltungsbegriff geführt hat, ist nicht sicher. Die wichtigsten literarischen Merkposten dieser Diskussion sind: *Noll*, Schuld und Prävention unter dem Gesichtspunkt der Rationalisierung des Strafrechts, in: Fschr. für H. Mayer (1965), S. 219 ff.; *Burkhardt*, Das Zweckmoment im Schuldbegriff, GA 1976, 323 ff.; *Schöneborn*, Schuldprinzip und generalpräventiver Aspekt, ZStW 1976, 349 ff.; *Jakobs*, Schuld und Prävention (1976); *Stratenwerth*, Die Zukunft des strafrechtlichen Schuldprinzips (1977); *Roxin*, Kriminalpolitik und Strafrechtssystem (2. A. 1973), v.a. S. 15 f., 33 ff.; *Ders.*, Zur jüngsten Diskussion über Schuld, Prävention und Verantwortlichkeit im Strafrecht, in: Fschr. f. Paul Bockelmann (1979), S. 279 ff. – Zusammenfassend und weiterführend *Baurmann*, Folgenorientierung und subjektive Verantwortlichkeit (1981). Auch *Baurmann* versucht den Nachweis der Vereinbarkeit eines Präventionsstrafrecht mit dem Prinzip der Verantwortlichkeit und führt ihn – nach Ablehnung der utilitaristischen Positionen von *Bentham* und *H.L.A. Hart* – mit Hilfe der Vertragstheorie in der von *Rawls* vertretenen Variante. *Baurmann* selber wirft am Schluß seiner Untersuchung die Frage auf, ob nicht für das von ihm favorisierte und sehr transparent konstruierte *Rawls'sche* „Differenzprinzip“ ebenso eine „metaphysische Grundlage“ gebraucht werde wie für das abgelehnte Vergeltungsprinzip. Er hält dem Differenzprinzip zugute, daß es allgemeiner sei als das Vergeltungsprinzip. Indes fragt sich, ob sich nicht z.B. auf der Grundlage der *Kant*ischen Rechtsphilosophie eine Begründung des Vergeltungsprinzips denken läßt, welche dieselbe Allgemeinheit beanspruchen kann.

41 Dazu bereits o. b. Fußn. 18.

42 S. nur die großartige Darstellung der Entwicklung bei *Hirsch*, Der Streit um Handlungs- und Unrechtslehre, insbesondere im Spiegel der Zeitschrift für die gesamte Strafrechtswissenschaft, ZStW 1981, 831 ff.; 1982, 239 ff.

43 Zu den – keineswegs nur in der Zeit des Nationalsozialismus virulenten – Tendenzen zu einem Täterstrafrecht s. *Marxen*, Der Kampf gegen das liberale Strafrecht. Eine Studie zum Antiliberalismus in der Strafrechtswissenschaft der zwanziger und dreißiger Jahre (1974), v.a. S. 189 ff., 208 ff.

politischen Konzepts, das dem Strafrecht Steuerungsaufgaben beimißt, ist dies nicht unbedingt konsequent[44].

Mein Befund ist also folgender: Die Entwicklungstendenz der hinter uns liegenden 100 Jahre geht dahin, Strafrecht – abgesehen von technischen Details – zu einer Sparte bzw. einem prinzipiell unbegrenzten Betätigungsfeld von Politik zu entwikkeln. Die in den letzten Jahren häufig beklagte „Verrechtlichung der Politik" steht zu diesem Befund nicht etwa im Widerspruch, sondern ist ihm komplementär. Motor dieser Entwicklung war und ist die Eroberung des Strafrechts durch das die Politik prägende Zweckdenken[45] – eine Eroberung, die durch eine Mischung von Verführung und Nötigung geschieht.

II. Elemente der Rechtsidee; Strafbegrenzungswissenschaft

Je nachdem, ob man in der geschilderten Entwicklung eine Verbesserung des Strafrechts erblickt oder meint, daß Strafrecht dadurch seiner Eigentlichkeit „entfremdet" worden sei, wird man aus diesem Befund je unterschiedliche Forderungen ableiten. Idealtypisch ergeben sich drei Möglichkeiten:

Erste Möglichkeit: Man setzt sich dafür ein, den begonnenen Weg zu Ende zu gehen, Strafrechtsnormen als Bestandteile einer Gesamtordnung zur Abwehr „gefahrbringender 'Großstörungen'" zu begreifen[46], das abstrakte Gefährdungsdelikt zum herrschenden Deliktstypus zu promovieren und damit – innerhalb gewisser Grenzen – „drohenden Rechtgutsverletzungen durch ein System von Regelungen entgegen (zu wirken) [...], das [...] möglichst lückenlos ist und dem Zufall keine Chance läßt"[47].

Zweite Möglichkeit: Man setzt sich für das rigorose Gegenteil, nämlich für die Rückwendung (oder auch erst *Hin*wendung) zu einem Kernstrafrecht ein.

---

44 *Prittwitz*, Funktionalisierung des Strafrechts, StV 1991, 435 ff., hier S. 439.

45 Basis dieser Aussage ist – wie schon (o. Fußn. 24) erwähnt – die Juristische Zeitgeschichte, nicht die Allgemeingeschichte, welche selbstverständlich noch weitere Faktoren und Motoren anführen könnte.

46 *Kratzsch*, Verhaltenssteuerung und Organisation im Strafrecht. Ansätze zur Reform des strafrechtlichen Unrechtsbegriffs und der Regeln der Gesetzesanwendung (1985), S. 381. – Ähnliche Tendenz wohl b. *Schünemann*, Kritische Anmerkungen zur geistigen Situation der deutschen Strafrechtswissenschaft, GA 1995, 201 ff., hier v.a. S. 212 ff.

47 A.a.O. S. 119 f. – Massive Kritik dieser Konzeption bei *Herzog*, Gesellschaftliche Unsicherheit und strafrechtliche Daseinsvorsorge. Studien zur Vorverlegung des Strafrechtsschutzes in den Gefährdungsbereich (1990), S. 38 ff.

Dritte Möglichkeit: Man setzt sich dafür ein, „die modernen Entwicklungen im Strafrecht mit den strafrechtlichen Traditionen [...] (in irgendeiner Weise) zu synthetisieren“[48].

Nach den bisherigen Ausführungen und nach der bereits eingeflossenen Kritik wird man kaum erwarten, daß ich mich für die konsequente Komplettierung des Risiko-Strafrechts starkmache. Ich möchte mich aber auch einer Entscheidung zwischen den beiden anderen Möglichkeiten entziehen, und zwar dadurch, daß ich die Problemebene wechsle. Systematisch sind ja alle drei dargestellten Möglichkeiten auf derselben Problemebene bzw. im selben Problemfeld angesiedelt, nämlich zwischen den Polen „100 Prozent modernes Strafrecht“ und „0 Prozent modernes Strafrecht“. Schaut man genauer hin, so finden sich hinter den Positionen dieses Feldes die theoretischen Positionen „Zweckstrafrecht“ und „Schuldstrafrecht“ entweder in reiner Form oder in einer Mischung wieder.

Ich suche hingegen nach einer zwar theoretisch bescheideneren, aber praktisch möglicherweise weiter tragenden Position, von der aus man das moderne Strafrecht und seine Vereinnahmung durch die Politik kritisieren kann. Dies setzt freilich voraus, daß ich nun endlich der eingangs vorgenommenen Charakterisierung des Politischen eine solche des Rechts entgegensetze.

Politik, so hatte ich ausgeführt, ist durch den zweckmäßigen Einsatz von Mitteln zur Erreichung von prinzipiell beliebigen, letztlich also dezisionistisch gesetzten Zielen, dominiert. Recht – auch darauf hatte ich bereits hingewiesen – ist nicht *frei* von Zwecksetzungen; jedoch besitzt es in der Zweckmäßigkeit allenfalls eine seiner Komponenten. Ich möchte hier auf die schon eingangs erwähnte *Radbruch'*sche Trias zurückkommen, wonach sich die Rechtsidee entfalten läßt in die Komponenten *Gerechtigkeit*, *Rechtssicherheit* und *Zweckmäßigkeit* – ein bestechendes Bild eines magischen Dreiecks, das uns freilich noch nicht verrät, wie denn strukturell das Verhältnis der beteiligten Faktoren zu gestalten sei, sondern uns die Aufgabe zuweist, diese Komponenten in praktische Konkordanz zu bringen[49]. Diese Konkordanz wird für die unterschiedlichen Rechtsgebiete unterschiedlich aussehen. Man kann *eine* der Ursachen für Fehlentwicklungen des Strafrechts darin erblicken, daß

48 *Hassemer*, Produktverantwortung (o. Fußn. 25), S. 16; ähnlich schon ZRP 1992, 383.

49 *Radbruch*, a.a.O. (o. Fußn. 2) S. 173: „Unser Ergebnis wäre also dieses, daß die drei Seiten der Rechtsidee – Gerechtigkeit, Zweckmäßigkeit und Sicherheit des Rechts – das Recht nach allen seinen Seiten gemeinsam beherrschen, obgleich sie zueinander in scharfen Widerspruch treten können. [...] Wir haben Widersprüche gezeigt, ohne sie auflösen zu können. Wir sehen darin keinen Mangel eines Systems. Philosophie soll Entscheidungen nicht abnehmen, sie soll gerade vor Entscheidungen stellen. Sie soll das Leben nicht leicht machen, sondern gerade problematisch. Ein philosophisches System soll einem gotischen Dom gleichen, in dem die Massen einander tragen, indem sie einander widerstreben“.

die je unterschiedlichen Gewichte im Zivilrecht, im Strafrecht und im (sonstigen) öffentlichen Recht über der nivellierenden Forderung nach der Verwirklichung des „Zwecks im Recht" vergessen worden sind. Mag im Zivilrecht die Favorisierung des Zweckgedankens zu Recht als Befreiungsschlag empfunden worden sein, so müssen im Strafrecht als dem rechtsstaatlich sensibelsten Rechtsbereich Gerechtigkeit und Rechtssicherheit als die „allgemeingültigen Elemente der Rechtsidee"[50] stärkeres Gewicht gegenüber ihrem „relativistischen Element"[51], der Zweckmäßigkeit, haben als in anderen Rechtsgebieten.

Ich möchte aber noch einen Schritt weiter gehen: Wenn Politik dahin tendiert, sich auszuweiten und sich dabei aller (im Rahmen der Verfassung zulässigen) Mittel, also auch des Strafrechts, zur Verfolgung ihrer Zwecke zu bedienen, so sollte Strafrechtswissenschaft sich als Straf*begrenzungs*wissenschaft verstehen[52]. Sie sollte mit jedem ihrer drei Elemente der tendenziell unbegrenzten Strafwilligkeit der Politik rechtliche Grenzen signalisieren. In der Sache bedeutet dies eine abolitionistische Perspektive, also eine Perspektive der Entkriminalisierung – wohlgemerkt: eine *Perspektive*, d.h. weder ein geschlossenes System noch ein kurzfristig umzusetzendes Aktionsprogramm, sondern einen Fluchtpunkt kriminalpolitischen und strafrechtswissenschaftlichen Denkens und Argumentierens.

Natürlich kann Strafrechtswissenschaft auch anders betrieben werden, nämlich als Strafverfolgungs- bzw. Kriminalitätsbekämpfungswissenschaft, also als eine Wissenschaft, die staatliches Strafen legitimierend und zweckgerecht zuspitzt. Der Gegensatz zwischen diesen beiden Ansätzen ist freilich ein idealbegrifflicher, es handelt sich also nicht um eine *Trennung*, sondern um eine *Unterscheidung*; in der Praxis werden sich beide Ansätze häufig berühren und vermengen. Indes bleiben – wie zu zeigen sein wird – Unterschiede genug.

Für ein solches abolitionistisches – oder besser: reduktionistisches – Verständnis von Strafrechtswissenschaft spricht im Zusammenhang meines Themas vor allem die

---

50 *Radbruch*, a.a.O., S. 170.

51 Ebd. – Vorsorglich sei betont, daß die Bezugnahme auf G. Radbruch *punktuell* geschieht, also nicht etwa die Rezeption seiner Strafrechtslehre – so es eine solche als Gesamtsystem geben sollte – anzeigt. Den Versuch, die Zusammenhänge des Radbruchschen Strafrechtsdenkens herzustellen, unternimmt *Krämer*, Strafe und Strafrecht im Denken des Kriminalpolitikers Gustav Radbruch (1956).

52 Der von *Naucke* eingeführten Unterscheidung von Strafbegrenzungs- (bzw. Strafbefreiungs-) und Strafverfolgungs- (bzw. Verbrechensbekämpfungs-) Wissenschaft habe ich mich bereits früher angeschlossen; vgl. *Naucke*, Die Kriminalpolitik des Marburger Programms, ZStW 1983, 525 ff., hier S. 546; *T. Vormbaum*, Aktuelle Bezüge nationalsozialistischer Strafgesetzgebung, in: Strafverfolgung und Strafverzicht. Fschr. z. 125jährigen Bestehen der Staatsanwaltschaft Schleswig-Holstein (1993), S. 71 ff., hier S. 90.

Notwendigkeit eines restriktiven Kontrapunktes gegenüber einer extensiven Politik. Von weiteren wichtigen Gründen kann ich hier nur drei andeuten:

1. Für die mit staatlichem Strafen verbundenen Bedrängnisse, Beschränkungen und Leiden eine allseits anerkannte Begründung zu finden, ist bislang noch nicht gelungen. Ganz im Gegenteil: Die gegen staatliches Strafen erhobenen Einwände werden vielfältiger.
2. Es entspricht dem Menschenbild eines demokratischen Rechtsstaates, mit sozialethischen Vorwürfen verbundene Eingriffe in die Freiheitssphäre der Bürger so gering wie möglich zu halten.
3. Eine expandierende Strafgesetzgebung belastet das Strafjustizsystem mit einem „Input“, den es – wie sich gezeigt hat – auf die Dauer nur bewältigen kann, indem es kommunikative Standards des Strafprozesses herabsetzt, schützende Formen aufweicht, die Gesetzesbindung der Strafverfolgungsorgane lockert und Beschuldigtenrechte verkürzt.

Daher nochmals: Strafrechtswissenschaft sollte gegenüber staatlicher Dispositionsfreiheit über das Strafrecht einen Gegenpol bilden. Sie sollte den Kriminalisierungswünschen der Politik den Grundsatz „in dubio contra delictum“ als eine Ausprägung des Grundsatzes „in dubio pro libertate“ entgegenhalten[53].

III. Präzisierungen

Bevor einige Konsequenzen aus dem dargestellten Ansatz vorgeführt werden, sei dieser noch in zwei Punkten präzisiert.

1.

Abolitionistische Perspektive setzt *nicht* die Annahme voraus, das gesamte System gesellschaftlichen bzw. staatlichen Strafens sei eine Veranstaltung, die auf bloßen Definitionsvorgängen beruhe, in denen an sich nichtssagende soziale Verhaltensweisen zu kriminellen hochdefiniert werden[54]. Sicherlich gibt es schlecht begründete oder von durchsichtigen Interessen diktierte Kriminalisierungen. Jedoch: Unnatürliche Todesfälle, schwere Körperverletzungen, Gebäudezerstörungen, gewaltsame Entwendungen von Sachen – diese und manche andere Vorgänge werden die Gesell-

53 Vgl. *Höffe*, Kategorische Rechtsprinzipien. Ein Kontrapunkt der Moderne. (Suhrkamp-TB 1170) (1994), S. 231.

54 *Voß*, Symbolische Gesetzgebung. Fragen zur Rationalität von Strafgesetzgebungsakten (1989), betont hingegen (S. 149) sehr stark den Zusammenhang zwischen Labeling-Theorie und abolitionistischer Perspektive.

schaft allemal interessieren[55]. Ist Kriminalität aber nicht bloß ein Definitionsresultat, dann kann man sie auch nicht insgesamt durch Streichung von Straftatbeständen einfach wegdefinieren. Vielmehr gehört zu einem Entkriminalisierungskonzept und damit zu den Anforderungen an eine Strafbegrenzungswissenschaft auch, daß Überlegungen angestellt werden, wie punitive Reaktionen durch andere ersetzt werden können. Um noch einmal *Gustav Radbruch* in Anspruch zu nehmen: Es muß darum gehen, Strafrecht durch etwas anderes zu ersetzen, das *besser* ist als Strafrecht. Für mich steht dabei nicht (wie bei *Radbruch*) ein „Besserungs- und Bewahrungsrecht"[56] im Vordergrund, sondern es geht um Reaktionsformen, die weniger in die Autonomie von Bürgern und Bürgerinnen eingreifen als Strafen. Ein Beispiel: Natürlich wäre es ein Akt von Entkriminalisierung, wenn man publizistische Beleidigungen durch eine *Vorzensur* unterbinden würde, statt mit Strafe auf sie zu reagieren. Mit den Worten *Heinrich Heines*:

> [...]
> Der Zensor hätte gestrichen darin,
> Was etwa anzüglich auf Erden;
> Und liebend bewahrte dich die Zensur
> Vor dem Gekreuzigtwerden[57].

Indes verbietet sich natürlich schon die Diskussion über eine derartige Form der Entkriminalisierung. Strafnormen zu streichen, bedeutet also nicht immer, Freiheitsräume zu erweitern. Die *Radbruch*sche Forderung läßt sich demnach auch umkehren: *Nur* durch etwas Besseres sollte Strafrecht ersetzt werden.

2.

Entkriminalisierung ist kein *Ereignis*, Strafbegrenzungswissenschaft also auch nicht die wissenschaftliche Vorbereitung dieses Ereignisses. Vielmehr muß auch diese Art der Strafrechtswissenschaft den Dialog mit dem Gesetzgeber und mit der Bevölkerung suchen. Dann aber ist Entkriminalisierung ein langfristig angelegter *Prozeß*.

Im Dialog mit dem *Gesetzgeber*[58], letztlich also: mit der Politik, wird eine als Strafbegrenzungswissenschaft sich verstehende Strafrechtswissenschaft die Trias *Ge-*

---

55 „Allemal" meint nicht „zu allen historischen Zeiten". Die Formel „Fecit Fecerit" des antikrömischen Rechts, die Lehre vom delitto naturale *(Garofalo)* und die Unterscheidung zwischen delictis per se und delictis mere prohibitis (dazu kritisch *Lüderssen*, Vorwort, in: Abschaffen [Anm. 37], S. 7 ff., 11) brauchen hier nicht berufen zu werden. Es genügt, daß die im Text gemachte Aussage für den näheren historischen Zeitraum und für (verhältnismäßig) ruhige gesellschaftliche Verhältnisse gilt.

56 *Radbruch*, Rechtsphilosohie (o. Fußn. 1), S. 269.

57 *Heine*, Deutschland – ein Wintermärchen (1844), Caput XIII.

58 Was den Dialog mit der *Bevölkerung* angeht, so erinnere ich nur daran, daß die Streichung einer Strafvorschrift von einer breiten Öffentlichkeit nicht nur als Aufhebung der Strafbarkeit

rechtigkeit, *Rechtssicherheit*, *Zweckmäßigkeit* dem Zweckmäßigkeitsdenken der Politik entgegensetzen. Es mag erstaunen, daß auch auf Seiten des Strafrechts die Zweckmäßigkeit als Faktor einer der Politik gegenübertretenden Wissenschaft berufen sein soll. Hierfür spricht aber folgende Überlegung: Auch eine Strafrechtswissenschaft, die sich als Kontrapunkt und damit als Kritikerin einer mit dem Strafrecht hantierenden Politik versteht, sollte nicht in die Attitüde hochmütiger Besserwisserei gegenüber der Politik verfallen. Nicht nur ist das Bemühen der Politik um „Effizienz, Tunlichkeit und Stabilität"[59] an sich legitim, die Legitimität ist hier und heute noch gesteigert, weil der Gesetzgeber nicht irgendein Gesetzgeber ist, sondern ein demokratisch legitimierter Gesetzgeber. Es mag ja sein, daß auch er mit dem Strafrecht falsch umgeht – ich meine in der Tat, daß er es tut, was umso mehr schmerzt, als er sich damit in eine Kontinuität einreiht, die auch undemokratische historische Abschnitte umfaßt. Es mag ja auch wünschenswert sein, Strafrecht oder zumindest einen großen Bereich von ihm politischem Zugriff und damit auch demokratischer Mehrheitsentscheidung zu entziehen – ebenso wie etwa die Kunst[60]. Dies alles ändert jedoch nichts daran, daß zur demokratischen Kultur der Dialog zwischen Politik und Rechtswissenschaft gehört. Jede Art von Strafrechtswissenschaft muß zu ihm bereit sein. Das Spannungsverhältnis zwischen einem aus Pluralismus, Diskussion und Kompromiß geborenen gesetzgeberischen Dezisionismus einerseits und einer an

für das betreffende Verhalten, sondern als dessen generelle Rechtmäßigkeit bzw. Erlaubtheit aufgefaßt wird. (Im allgemeinen sind die Rechtskenntnisse der Bevölkerung freilich im Strafrecht – verglichen mit anderen Rechtsgebieten – relativ hoch; s. die Nachweise b. *Voß*, a.a.O. [o. Fußn. 54] S. 188 ff.). Eine geduldige Erläuterung dieses Unterschiedes wird häufig die kriminalpolitische Diskussion entspannen – nach meinem Eindruck ist dies beispielsweise in der Debatte um die Strafbarkeit des Schwangerschaftsabbruchs versäumt worden. – In der Gegenrichtung darf über verbreitete Strafbedürfnisse in der Bevölkerung, in denen sich häufig irrationale Bedrohungsgefühle, freilich auch kollektive Aggressionsgelüste niederschlagen, nicht einfach hinweggegangen werden. (*Arzt*, Der Ruf nach Recht und Ordnung, 1976). Ob die Bevölkerung „retributiv" oder „restitutiv" eingestellt ist, ist unter Kriminologen umstritten; s. zuletzt die Kontroverse zwischen *Kury* und *Sessar* in der Monatsschrift für Kriminologie: *H. Jury*, Wie restitutiv eingestellt ist die Bevölkerung? Zum Einfluß der Frageformulierung auf die Ergebnisse von Opferstudien, MschrKrim. 1995, 84 ff.; *Sessar*, Die Bevölkerung bleibt restitutiv eingestellt, MschrKrim 1995, 99 ff. – Der Hoffnung, Strafbedürfnisse in der Bevölkerung durch eine rigide Kriminalpolitik abfedern zu können, muß jedenfalls die Befürchtung an die Seite gestellt werden, daß diese Art von Kriminalpolitik gerade im Gegenteil eine Vorbildfunktion für alltägliche Reaktionsweisen entwickeln könnte. *Steinert* berichtet von Untersuchungen, wonach in denjenigen Staaten der USA, in denen die Todesstrafe angedroht und vollstreckt wird, die Fälle von Lynchjustiz häufiger vorkommen als in Staaten ohne Todesstrafe: *Steinert*, Kleine Empfehlung für den kritischen Strafrechtler, sich vom „Strafbedürfnis der Bevölkerung" (und dessen Produzenten) nicht einschüchtern zu lassen, in: K. Lüderssen/ F. Sack (Hrsg.), Abweichendes Verhalten IV: Kriminalpolitik und Strafrecht (1980), S. 302 ff., hier S. 330 ff.

59 *Höffe*, a.a.O. (Anm. 53) S. 76.

60 Eine solche These müßte freilich bedenken, daß politischer Dezisionismus nicht nur – wie etwa im Sinne von *Carl Schmitt* – für autoritär verfaßte Staatswesen und Gesellschaften charakteristisch ist, sondern auch liberal-demokratisch, d.h. pragmatisch-pluralistisch, legitimiert werden kann.

rechtlichen Kategorien orientierten Strafbegrenzungswissenschaft andererseits kann nur in diesem Dialog gelöst werden. Dann muß aber gerade im Verständnis einer Strafbegrenzungswissenschaft auch Zweckmäßigkeit den ihr angemessenen Anteil im Strafrecht behalten – nicht nur, weil es (wie gezeigt) neben der leider dominant gewordenen strengen Variante des Zweckgedankens die milde, strafbegrenzende Variante gibt, sondern auch deshalb, weil mit der Einbeziehung der Zweckmäßigkeit gleichsam eine Schlüssigkeitsprüfung legislativer Tätigkeit auch vom Standpunkt des Rechts aus möglich wird, und schließlich auch deshalb, weil diese Einbeziehung eine angemessene Arbeitsteilung zwischen Strafrechtswissenschaft und demokratischem Gesetzgeber zuläßt, indem sie diesem sein Feld überläßt, ihn aber zugleich durch die spezifisch rechtstaatlichen Elemente der Gerechtigkeit und der Rechtssicherheit bändigt.

IV. Ableitungen

Nun also einige Ableitungen aus dem dargestellten Ansatz. Ich erinnere zunächst daran, daß Strafrechtswissenschaft als Strafbegrenzungswissenschaft nicht bei der Frage nach der Legitimation des Strafrechts, also bei den Strafzwecktheorien, ansetzen sollte, sondern sich jenseits dieser Frage um Reduzierung und – als Leitlinie – um Anullierung staatlichen Strafens bemühen sollte. Ungeachtet dessen erscheint mir im gegenwärtigen historischen Augenblick[61] eine Orientierung an den Positionen des klassischen, rechtsstaatlich-liberalen Kernstrafrechts und des dazugehörigen Strafprozeßtyps sowie eine Zurückdrängung der Zweckkomponente und damit der politischen Komponente des Strafrechts als besonders dringendes Desiderat. Nichtsdestoweniger sind alle drei Komponenten des Rechtsbegriffes – Gerechtigkeit, Rechtssicherheit und auch Zweckmäßigkeit – in der Lage, einer abolitionistischen Perspektive argumentative Kraft zu verleihen[62].

1. Gerechtigkeit

Ich beginne mit der Komponente „Gerechtigkeit". Sie führt mich im Bereich des Strafrechts über die Schuldausgleichs- und Vergeltungstheorie zur Strafrechtsphilosophie des deutschen Idealismus. Für den Schuldausgleichsgedanken dieser Philosophie ist nun aber die Frage substantiell, *was* ausgeglichen werden soll. *Kant* und *Feuerbach* erblickten – ungeachtet unterschiedlicher strafrechtstheoretischer Ansätze

61 Auch Wahrheit – wir wissen es aus der „Dialektik der Aufklärung" – hat ihre Zeit; *Horkheimer/Adorno* a.a.O. (Anm. 24) S. IX.

62 Im folgenden werden nur Komplexe berührt, die jeweils einer der drei Komponenten zuzurechnen sind. Denkbar sind auch Komplexe, die mehreren Komponenten zuzurechnen sind, wie z.B. das Verhältnismäßigkeitsprinzip.

– die Aufgabe des Rechts und damit auch des Strafrechts in der Abgrenzung individueller Freiheitssphären[63]; Schuldausgleich ist also Ausgleich der Verletzung eines subjektiven Rechtes. Gegen diese Auffassung richtete sich der Protest z.B. von *Mittermaier*[64], der darin eine zu starke Eingrenzung des Strafrechts – vor allem im Bereich der sog. Fleischesverbrechen – erblickte; seine Intention wurde bekanntlich von *Birnbaum* auf den bis heute gültigen Begriff gebracht: Strafrecht diene nicht dem Schutz von *Rechten*, sondern dem Schutz von *Gütern*[65]. Die heute so hoch geschätzte Verpflichtung des Strafrechts auf den Rechts*güter*schutz ist also ursprünglich eine Lockerung der strengeren *Rechts*schutzkonzeption[66]. „Rechtsgut“ ist aber nicht nur ein vagerer Begriff als „subjektives Recht“. Er ist auch, da nicht mit dem Retributionskonzept der Philosophie des Idealismus verknüpft, dem Zweckdenken verhältnismäßig hilflos ausgeliefert, wird er doch geradezu als „Abbreviatur des Zweckgedankens“ apostrophiert und allgemein als Zentrum der teleologischen Auslegung im Strafrecht angesehen[67]. Von dort aus ist es nur konsequent, den Schutz des Rechtsgutes immer weiter vorzuverlegen, denn „bei konsequenter Fortführung des Ansatzes beim Rechtsgüterschutz müßte man sogar die gefährlichen Gedanken potentieller Täter und zudem noch die Quellen dieser gefährlichen Gedanken strafrechtlich bekämpfen“[68].

Diese Bedenken sollten aber m.E. nicht vom Rechtsgutpostulat befreien, sondern sollten dessen kritische Anwendung fördern. Will man daher, weil derzeit Besseres nicht in Sicht ist, dem Rechtsgüterschutzkonzept noch strafbegrenzende Bedeutung beilegen, so muß dieses Konzept wieder möglichst eng an die *Rechts*verletzungslehre herangeführt werden. Damit kommt neben der Verletzung und unmittelbaren Ge-

---

63 Für *Kant* und für *Feuerbach*, der ihm insoweit folgt, ergibt sich dies aus dem Staatszweck, der darin besteht, die Freiheit der Bürger und die daraus abgeleiteten Rechte zu sichern; vgl. *Amelung*, Rechtsgüterschutz und Schutz der Gesellschaft (1972), S. 30 ff., 33 ff.; *Naucke*, Kant und die psychologische Zwangstheorie Feuerbachs (1962), S. 26 ff., S. 44 ff.

64 *Mittermaier*, Vorwort des Herausgebers zur 12. Auflage, in: *Feuerbach*, Lehrbuch des gemeinen in Deutschland gültigen peinlichen Rechts, 14. Auflage (1847), S. IV, abgedruckt in *Vormbaum*, Texte (Anm. 2) S. 30; *Ders*., Über die Grundfehler der Behandlung des Kriminalrechts (1819), in: *Vormbaum*, a.a.O. S. 41 ff., hier S. 43 f. – Ausführlich zum Ganzen *Frommel*, Strafjustiz und Polizei. Muß man die Strafrechtsgeschichte vom Kopf auf die Füße stellen? In: Akten des 26. Deutschen Rechtshistorikertages 1986 (1987), S. 169 ff., hier S. 190 ff.; *Amelung* (Anm. 63). S. 41 ff., S. 47.

65 *Birnbaum*, Über das Erforderniß einer Rechtsverletzung zum Begriffe des Verbrechens (1834), in: *Vormbaum*, Texte (Anm. 2), Bd. II, S. 98 ff.

66 Unzutreffend sind daher die Einschätzung der Rechtsgüterschutzlehre als liberales Gedankengut durch *Sina* (Die Dogmengeschichte des strafrechtlichen Begriffes „Rechtsgut“, [1962], S. 24 f.). Dagegen zu Recht *Frommel* (Anm. 64), S. 192 und *Amelung* (Anm. 63), S. 45 ff.

67 S. statt vieler *Baumann/ Weber*, Strafrecht AT 9. Aufl. (1985), S. 153.

68 *Jakobs*, (Anm. 13), S. 753; ähnlich *Prittwitz*, (Anm. 44), S. 439.

fährdung der klassischen Rechte – vor allem Leben, Gesundheit, Freiheit und Eigentum – nur ein enger Cordon weiterer Rechtsgüter in Betracht, in erster Linie Individualrechtsgüter, daneben einige Kollektivrechtsgüter, beispielsweise die staatliche Rechtspflege. Es liegt auf der Hand, daß ein solches Konzept weit hinter dem gegenwärtigen Normenbestand des Strafrechts zurückbleiben würde; und eine entsprechende Reduzierung des Normenbestandes ist, wie erwähnt, nicht als Ereignis, sondern als Weg zu denken. Für diesen Weg sind mir allerdings gerade jene Pfade, die zur Zeit am meisten diskutiert werden, suspekt; ich meine die Herabstufung von Straftaten zu Ordnungswidrigkeiten und die Ausweitung des Opportunitätsprinzips im Strafverfahren. Beide Modelle legen die Entscheidung über die Strafverfolgung in das Ermessen von Strafverfolgungsbehörden und schieben sie damit aus dem Bereich des Rechts in den Bereich der Kriminalpolitik[69]. Gegenüber dieser Praxis der Entpoenalisierung, die man auch als „kriminologische Entkriminalisierung“ bezeichnen könnte, ist der *rechtlichen* Entkriminalisierung der Vorrang einzuräumen[70]. Soweit die Bedenken im Komplex Rechtssicherheit liegen, komme ich dort auf sie zurück.

Herabstufungen zu Ordnungswidrigkeiten sind natürlich nicht rundweg abzulehnen; gegenüber den theoretischen Bemühungen der Strafrechtslehre um die Abgrenzung von Kriminalstrafrecht und Polizeistrafrecht bzw. Ordnungswidrigkeitenrecht von der Aufklärung bis in unser Jahrhundert hinein ist die heutige Praxis, die Herabstufung als Ausweg für nicht gewagte Entkriminalisierungen zu benutzen, allerdings bemerkenswert einfallslos. Als Ordnungswidrigkeiten bzw. Polizeidelikte wurden ursprünglich solche Störungen des Gemeinschaftslebens angesehen, die sich nicht als Eingriffe in fremde Freiheitssphären darstellten, sondern nur die staatliche Tätigkeit als solche, insbesondere durch Nichtbeachtung der Anordnungen staatlicher Organe störten[71]. Kehrte man zu dieser Sicht zurück, so könnte ein typischer Anwendungsfall die unterlassene Hilfeleistung trotz Aufforderung eines zuständigen Staatsrepräsentanten sein, so wie es der frühere Übertretungstatbestand vorsah[72] – Ohnehin ist ja die in § 323c erfolgte Kriminalisierung mangelnder Mitmenschlich-

---

69 S. zuletzt *Schüler-Springorum*, Interview im FAZ-Magazin vom 21. April 1995, S. 40 ff.

70 „Entpoenalisierung“, im wesentlichen übereinstimmend mit der aktuellen Bezeichnung „Diversion“, sollte von „Entkriminalisierung“ als der (echten) definitorischen Verminderung des Bereichs des Strafbaren unterschieden werden.

71 Siehe z.B. *Amelung*, Rechtsgüterschutz a.a.O. S. 34 ff. (zur schwankenden Haltung *Feuerbachs*) u.ö.

72 § 360 Nr. 10 RStGB. – Daß die in letzter Zeit verschiedentlich geforderte Strafbarkeit von „Gaffern“ bei Unglücksfällen nicht nur unter Gerechtigkeits-, sondern auch unter Zweckmäßigkeitsgesichtspunkten fragwürdig wäre, zeigt *Scheffler*, Zur Strafbarkeit von „Gaffern“, NJW 1995, 232.

keit schwierig zu legitimieren[73]. Zur Ordnungswidrigkeit könnte i.ü. auch – am besten unter Koordinierung mit § 24a StVG – die Tat nach § 316 StGB herabgestuft werden[74].

Die Einsicht, daß das Gerechtigkeitsprinzip nicht die Bestrafung von Bagatellen fordert, breitet sich aus[75]. Für den Bereich der Vermögensdelikte im engeren Sinne könnte ein allgemeines Bagatellausschlußprinzip im materiellen Recht normiert werden, beispielsweise durch eine zusätzliche Ziffer in § 11 Abs. 1 StGB.

Ob man im Bereich der Eigentumsdelikte so pauschal vorgehen kann, dürfte streitig sein. Zur Zeit wird vor allem über eine Entkriminalisierung des Ladendiebstahls nachgedacht. Auch hier sollte einer *materiellrechtlichen* Lösung der Vorzug gegenüber der im Gewande des Prozeßrechts daherkommenden kriminalpolitischen Lösung gegeben werden. Die Anlegung eines bundesweiten Ersttäterregisters mit ihrer Vermehrung der Überwachungsdichte wäre m.E. ein treffliches Beispiel für eine Ersetzung des Strafrechts durch etwas *nicht* Besseres; eine zivilrechtliche Lösung, die den Überwachungs- und Ermittlungsaufwand des Bestohlenen pauschalierend berücksichtigen könnte, wäre vorzuziehen[76].

Soweit einige Überlegungen zur gesetzlichen *Definitions*seite; auf der *Rechtsfolgen*seite ist selbstverständlich die Herabsetzung von Strafrahmen aus der Sicht einer Strafbegrenzungswissenschaft allemal zu begrüßen. Leider geht der Gesetzgeber zur Zeit – zuletzt im Verbrechensbekämpfungsgesetz – den umgekehrten Weg, indem er als ungerecht empfundene Differenzen zwischen den Strafdrohungen verschiedener Straftatbestände durch Anpassung nach oben beseitigt.

Auch bei der *Auslegung* von Straftatbeständen ist der Entgrenzung des Rechtsgüterschutzes zu begegnen. Ich greife nur zwei Punkte heraus:

---

73 *Kühl*, Naturrechtliche Grenzen strafwürdigen Verhaltens, in: Fschr. f. Spendel (1992), S. 75, hier S. 92 ff.); *Seelmann*, „Unterlassene Hilfeleistung“ oder: Was darf das Strafrecht? JuS 1995, 281, hier S. 283.

74 Wie es auch der Vorschlag eines Teils der hessischen Kommission „Kriminalpolitik: *P.A. Albrecht/Hassemer/Voß (Hrsg.)*, Rechtsgüterschutz durch Entkriminalisierung (1992), S. 10, 19. – Hingegen will die Niedersächsische Kommission zur Reform des Strafrechts und des Strafverfahrensrechts die §§ 315c Abs. 1 Nr. 1a und 316 StGB zu einem einheitlichen *Straf*tatbestand mit der Strafdrohung des heutigen § 316 StGB zusammenzuziehen: *P.A. Albrecht u.a.*, Strafrecht – ultima ratio (1992), S. 36 ff.

75 Grundsätzlich *Ostendorf*, Das Geringfügigkeitsprinzip als strafrechtliche Auslegungsregel. (Zugleich eine Anmerkung zu OLG Hamm, NJW 1980, 2537), GA 1982, 333 ff.

76 Der Bundesgerichtshof lehnt bislang eine Schadensersatzpflicht für Personalkosten für die Bearbeitung des Diebstahls ab, bejaht hingegen – in angemessenem Umfang – die Ersatzpflicht für eine vor dem Diebstahl ausgesetzte Fangprämie (BGHZ 75, 230).

a)

Das einmal formulierte Rechtsgut muß „durchgehalten“ werden. Es muß also auch seinem Schöpfer gegenüber Eigenständigkeit gewinnen und ihm argumentatorische Zwänge und Verzichte auferlegen können; nur wenn es so der Beliebigkeit entzogen ist, vermag die mit ihm gefundene Auslegungsrichtlinie ihre rechtsstaatliche und liberale Funktion zu entfalten[77]. Wird es dagegen okkasionell, bei jedem unzufrieden stimmenden Auslegungsergebnis geändert, so verliert es sich in Beliebigkeit.

b)

Die Formulierung eines geschützten Rechtsgutes verliert ihre Strafbegrenzungsfunktion auch dann, wenn einem Straftatbestand beliebig viele geschützte Rechtsgüter zugeordnet werden können. Das bekannteste Beispiel bietet § 164 StGB: Die h.M. will einerseits Auslandstaten erfassen, deshalb wird der Vorschrift Individualgüterschutz zugeschrieben. Andererseits will die h.M. die rechtfertigende Einwilligung ausschließen, deshalb wird der Vorschrift Rechtspflegeschutz zugeschrieben – beides natürlich nicht etwa kumulativ, sondern – wie es heißt – „alternativ“[78]. Anderen Tatbeständen z.B. des Sexualstrafrechts werden fünf, ja acht geschützte Rechtsgüter zugeschrieben[79]. Die Rechtsgutvervielfachung ist gleichzeitig auch das beliebteste Mittel der vorher kritisierten okkasionellen Änderung von Rechtsgütern. Das bekannteste Beispiel aus jüngerer Zeit bietet die Rechtsprechung zu den DDR-Wahlfälschungen, die für mein Thema auch deshalb besonders interessant ist, weil die politische Motivation mit Händen zu greifen ist: Jahrzehntelang war unumstritten, daß der Wahlfälschungstatbestand des § 107a StGB dem Schutz der staatlichen Veranstaltung „Wahl“, also eines Kollektivgutes, diene. Da nun das Strafgesetzbuch der DDR übereilt aufgehoben worden war, die Wahlpersiflage der DDR aber schwerlich *als Institution* dem Schutz des bundesdeutschen Strafrechts unterstellt werden konnte, erfand die Rechtsprechung ein zusätzliches Individualrechtsgut „Recht des Bürgers auf ungestörte Wahrnehmung des Wahlrechts“. Man kann sicherlich darüber nachdenken, ob es nicht besser wäre, dem § 107a StGB überhaupt nur diesen Sinn zuzuweisen; anläßlich *eines* unbefriedigenden Ergebnisses zusätzlich eingeführt, schwächt die Argumentation jedoch die kritische Potenz des Rechtsgüterschutzgedankens. Hinzukommt, daß der Bundesgerichtshof die Rechtsgutverdoppelung offenbar nur in einer Richtung vorgenommen sehen will, nämlich bei Manipulationen der DDR-Wahlen im Interesse der SED, nicht hingegen in dem theoretisch ebenfalls denkbaren

---

77 Dazu *Vormbaum*, NK, Vor § 153 Rdn. 17 ff.

78 Darstellung des Meinungsstandes (mit Nachw.) und Kritik an der Formulierung „alternativ“ b. *Vormbaum*, Der strafrechtliche Schutz des Strafurteils (1987), S. 450 f.

79 Freilich bereits in den Gesetzesberatungen; dazu teils zustimmend, teils kritisch *Schroeder*, Das 27. Strafrechtsänderungsgesetz – Kinderpornographie, NJW 1993, 2581, hier S. 2582.

Fall, daß ein heimlicher Sympathisant der Bürgerrechtsbewegung im Apparat die Wahlen in deren Sinne verfälscht hätte[80].

2. Rechtssicherheit

Ich komme zur Komponente „Rechtssicherheit“. Sie begrenzt expansive Tendenzen sowohl des Gerechtigkeitsdenkens wie auch des Zweckmäßigkeitsdenkens. Der Grundsatz „nullum crimen sine lege“ bietet hierfür das beste Beispiel. Einerseits wird er meistens dann aktuell, wenn unser Gerechtigkeitsempfinden eine Gleichbehandlung *zu Lasten* des Beschuldigten fordert, andererseits weist er durch seine strenge Förmlichkeit Zweckmäßigkeitsüberlegungen im Einzelfall in ihre Schranken.

Von den Derivaten des Grundsatzes „nullum crimen sine lege“ wird der an den Gesetzgeber gerichtete Bestimmtheitsgrundsatz bekanntlich nur wenig beachtet; wenige Gegenbeispiele der jüngeren Zeit bestätigen nur die Regel. Fast gar nicht mehr werden unter diesem Gesichtspunkt die Strafrahmen des geltenden Strafrechts in Frage gestellt, obwohl der Standardfall – Freiheitsstrafe von einem Monat bis zu fünf Jahren oder Geldstrafe – alles andere als sonderlich bestimmt formuliert ist. Will man hier nicht sogleich ansetzen, so sollte zumindest die in zahlreichen Tatbeständen vorgesehene fakultative Strafmilderung – vor allem beim Versuch und in Fällen tätiger Reue – durch eine obligatorische ersetzt werden; der richterliche Entscheidungsspielraum bleibt auch nach einer solchen Operation noch groß genug.

Daß zahlreiche Straftatbestände, nicht zuletzt solche, die nach der NS-Zeit in Kraft geblieben sind, unter dem Gesichtspunkt des Bestimmtheitsgrundsatzes problematisch sind, dürfte unstreitig sein. Auf § 240 will ich deshalb auch gar nicht eingehen. Ich habe aber auch – was vielleicht verwundern wird – Probleme mit dem Tatbestand der falschen uneidlichen Aussage. Das heutige Nebeneinander der Tatbestände von bekräftigter und nicht bekräftigter Aussage wurde 1943 durch den NS-Gesetzgeber – freilich nach jahrzehntelangen Diskussionen – eingeführt. Die starke Erweiterung der Möglichkeit, von der Vereidigung abzusehen, schien diese Konsequenz zu fordern. Die Zurückdrängung des Prozeßeides wird ja bis heute zu Recht als Säkularisierungsfortschritt begrüßt. Übersehen wird indes, daß mit der Zurückdrängung des Eides auch ein Stück Rechtssicherheit zurückgedrängt wurde. Bis 1943 konnte *nur* dann, wenn es im Sinne des Wortes „zum Schwur gekommen“ war, die Falschaussage als solche bestraft werden. Ich meine, man sollte zu diesem Rechtszustand zurückkehren, ohne den erzielten Säkularisierungsfortschritt aufzugeben. Es sollte der Eid – jedenfalls als Normalform der Beteuerung – abgeschafft und

80 Ausführlich (m. Nachweisen) *Vormbaum*, Zur Strafbarkeit der Fälschung von DDR-Wahlen nach bundesdeutschem Recht, in: Jahrbuch 1994 der Gesellschaft der Freunde der Fernuniversität Hagen (1995), S. 79 ff.

durch eine weltliche Beteuerungsformel ersetzt werden; Strafbarkeit sollte nur dann eintreten, wenn die Aussage mit dieser Beteuerungsformel bekräftigt worden ist[81].

Wie schon angedeutet, ist Entkriminalisierung durch Herabstufung von Straftaten zu Ordnungswidrigkeiten und durch Erweiterung des Opportunitätsprinzips besonders unter dem Gesichtspunkt der Rechtssicherheit problematisch, weil sie Strafverfolgung und Sanktionierung der kriminalpolitischen Beurteilung durch Strafverfolgungsorgane anheimgibt. Zwar reduziert die Ausweitung der Opportunitätsfälle faktisch den Bereich des Strafbaren. Dies ist aber nur dann als ein strafbegrenzender Effekt anzuerkennen, wenn man die Alternative der *rechtlichen*, nämlich materiellrechtlichen, Entkriminalisierung ausblendet. Dieser sollte im Zweifel der Vorzug gegeben werden.

Auch bei der *Gesetzesauslegung* ist wiederum zuerst der Grundsatz „nullum crimen sine lege“ anzusprechen. Unabhängig von theoretischen Positionen geht es in der *Praxis* darum, im Zwischenbereich von eindeutigen Fällen der Auslegung und eindeutigen Fällen der Analogie plausible Zuordnungen zu treffen. Über Plausibilität läßt sich im Einzelfall immer streiten; nachdenklich macht nur, daß die heutige Rechtsprechung Auslegungen für zulässig erachtet, die dem Reichsgericht in der NS-Zeit nur als – damals zulässige – Analogie möglich schienen[82].

Mein letzter Hinweis im Komplex „Rechtssicherheit“ betrifft die sog. Akzessorietät des Strafrechts – nicht zu verwechseln mit dem ultima-ratio-Prinzip. Strafrecht soll nicht irgendwelche Güter, sondern *Rechts*güter schützen. Es erfindet also Rechtsgüter nicht autonom, sondern findet sie als von der Rechtsordnung bereits anerkannte Güter vor. Strafrecht ist – anders ausgedrückt – seiner Natur nach *akzessorisch*. Diesem Grundsatz widerspricht die sog. faktische Betrachtungsweise, welche vor allem in der Zeit der NS-Diktatur Karriere gemacht hat[83]. Es kann kaum verwun-

---

81 Im einzelnen: *Vormbaum*, Reform der Aussagetatbestände (§§ 153–163 StGB). Reformüberlegungen und Gesetzentwurf. Heidelberg 1993.

82 Nachweise bei *Priester*, Zum Analogieverbot im Strafrecht, in: Hans-Joachim Koch (Hrsg.), Juristische Methodenlehre und analytische Philosophie (1976), S. 155, hier S. 183.

83 Die Programmschrift dieser Auslegungsmethode (*Bruns*, Die Befreiung des Strafrechts vom zivilistischen Denken, 1938) diente sich explizit der Politik als Instrument an. Immerhin gehörte der Kampf gegen die „Zivilisierung der Strafrechtsbegriffe“ zum Programm der (damaligen) „Kieler Schule“, und der Vorspruch des Werkes von *Bruns* besteht aus einschlägigen Sinnsprüchen eines der Häupter der Kieler Schule und des Staatssekretärs *Roland Freisler*. Wer weiterliest, stellt fest, daß dies nicht gängige, sachlich nichtssagende Verbeugungen vor Personifizierungen des Zeitgeistes waren. *Bruns* betont, daß es „notwendig (sei), von Anfang an auf den weltanschaulichen Hintergrund dieser Entwicklung (sc. in der Rechtsprechung der vorangegangenen Jahre) hinzuweisen und ihre rechtspolitische Bedingtheit zu betonen“ (a.a.O. S. 3). Die „Bedeutung des Themas“ erblickt er in „einer am gesunden Volksempfinden ausgerichteten Auslegungsmethode“ (so die Kapitelüberschrift a.a.O., S. 11). Allenthalben finden sich Seitenhiebe gegen die „positivistische Begriffsfessel, das Lieblingskind des rechtsstaatli-

dern, daß sie vorwiegend in der Absicht extensiver Auslegung verwendet wird – so zum Beispiel in der Form der wirtschaftlichen Betrachtungsweise, um die von § 263 StGB gesetzte Strafbarkeitsschwelle eines Vermögens*schadens* in eine bloße Vermögens*gefährdung* umdeuten zu können[84].

Ähnlich wie das Rechtsgüterschutzprinzip kann freilich auch das Akzessorietätsprinzip vom Strafbegrenzungsinstrument in ein Straflegitimationsinstrument umschlagen; inzwischen ist dieser Aspekt sogar der aktuellere geworden, wie beispielsweise die Vermehrung und Erweiterung der Garantenpflichten bei unechten Unterlassungsdelikten[85] in Abhängigkeit von entsprechenden Entwicklungen im Zivilrecht[86] erkennen läßt. Hier muß der Gesichtspunkt der Rechtssicherheit sich gegenüber zweckorientierten Flexibilitätsforderungen, möglicherweise aber auch gegenüber Gerechtigkeitserwägungen durchsetzen[87]. Ein Ansatzpunkt könnte darin bestehen, die Entstehung von Garantenpflichten wieder eng an Vertrag und Gesetz zu binden[88] und darüber hinaus diese Kriterien so zu fassen, daß Strafrecht nicht mit Steuerungsaufgaben anderer Rechtsgebiete überladen wird[89].

3. *Zweckmäßigkeit*

Mit dem Stichwort „Steuerung“ bin ich bei der dritten und letzten Komponente der Rechtsidee, der „Zweckmäßigkeit“ angelangt, denn Steuerungsaufgaben werden dem Strafrecht vor allem unter kriminalpolitischen, also unter Zweckmäßigkeits-Gesichtspunkten zugeschrieben. Einer Strafbegrenzungswissenschaft kann es in diesem Bereich freilich nur noch darum gehen, die behauptete Zweckmäßigkeit

---

chen Liberalismus“ (z.B. a.a.O. S. 297) und Beschwörungen des nationalsozialistischen Topos „Denken in konkreten Ordnungen“ (z.B. S. 303).

84 Kritisch dazu *Naucke*, StV 1985, 187 (Urteilsanmerkung zu BGH 4 StR 459/84): „Wer ihn (sc. den Begriff der Vermögensgefährdung) wann erfunden hat, ist nicht erforscht. Sicher ist nur, daß die Erfindung in einer Zeit geschehen sein muß, die von dem Satz nullum crimen sine lege nicht viel hielt“.

85 Dazu zuletzt *Seelmann*, Opferinteressen und Handlungsverantwortung in der Garantenpflichtdogmatik, GA 1989, 241 ff.; *Seebode*, Zur gesetzlichen Bestimmtheit des unechten Unterlassungsdelikts, in: Fschr. f. G. Spendel (1992), S. 317 ff.; s. auch bereits *Marxen*, Kampf (o. Anm. 43), S. 259 ff. m. Nachw.

86 Ausführlich dazu *Seelmann*: Verantwortungszuweisung, Gefahrensteuerung und Verteilungsgerechtigkeit. Zielkonflikte bei der Akzessorietät des Strafrechts gegenüber anderen Rechtsgebieten; in: Ders., Giuseppe Orsi u.a. (Hrsg.), Rechtsphilosophische Hefte II: Gerechtigkeit. Frankfurt a.M. usw. 1993, 109–126.

87 Dies umso mehr, als es nicht nur um Wiedergewinnung von „Bestimmtheit“ in einem allgemeinen Sinne geht, sondern auch um die für das Strafrecht unverzichtbare Eindeutigkeit der Zurechung (*Seelmann*, a.a.O. S. 112, spricht treffend von „Zurechnungsevidenz“).

88 So der Vorschlag von *Seebode* a.a.O. S. 344.

89 *Seelmann* a.a.O. S. 122 ff.

gesetzgeberischer Überlegungen und Entscheidungen auf ihre Schlüssigkeit und Plausibilität zu überprüfen. Auch hier liegt ein Entkriminalisierungspotential, denn die behauptete Zweckmäßigkeit der in den letzten Jahren erlassenen zahllosen Strafrechtsnormen ist längst nicht mehr plausibel. Das Risikostrafrecht, das sich sein effizientes Steuerungspotential zugute hält, ist inzwischen in ein Stadium getreten, in dem der Zweckmäßigkeitsgedanke im Begriff ist, seine Selbstaufhebung zu betreiben. Daß das Risikostrafrecht den Rechtsgüterschutz, die Verhältnismäßigkeit und Akzessorietät von notwendigen zu hinreichenden Bedingungen staatlichen Strafens umgedeutet hat[90], daß es Straf- und Bußgelddrohungen zu ubiquitären Erscheinungen des Alltagslebens gemacht hat, wäre unter dem nunmehr bezogenen Gesichtspunkt der Zweckmäßigkeit so lange nicht erwähnenswert, wie darüber die Zweckmäßigkeit des Strafrechts sich nicht selber verflüchtigt. Eben dies aber wird dem modernen Risikostrafrecht als immanente Kritik entgegengehalten. Man wirft ihm vor,

- es dehne sich auf so zahlreiche Gebiete aus, daß ein Vollzugsdefizit die notwendige Folge sei;
- es binde sich so konturlos an Steuerungsmechanismen anderer Rechtsgebiete – vor allem des Zivilrechts und des Verwaltungsrechts – daß es seine eigene Steuerungsfähigkeit einbüße[91];
- es reagiere in vielen Bereichen auf Probleme, die nicht Ergebnis abweichenden Sozialverhaltens, sondern geradezu systemkonformen Verhaltens seien[92].

Deutlicher Indikator für die Erreichung dieses Stadiums ist auf strafrechtstheoretischem Gebiete die verbreitete Wertschätzung der Lehre von der positiven Generalprävention – einer Lehre, die sich einerseits auf eine empirische, zweckorientierte Basis beruft, andererseits aber so formuliert wird, daß sie sich empirischer Überprüfung weitgehend entzieht[93]. Dies ist in der Tat eine bemerkenswerte Pointe hundertjähriger moderner Strafrechtsgeschichte: Symbolisches Strafrecht als Endpunkt der Entwicklung eines Präventionsstrafrechts. Sie macht deutlich: Dort, wo Strafrecht als Ausgleich für individuelles schuldhaftes Fehlverhalten an seine Grenze stößt, dort gelangt es auch als Steuerungsinstrument an sein Ende.

---

90 *Hassemer*, Produktverantwortung (o. Anm. 25) S. 6 f.

91 Vgl. für viele *Seelmann* (Anm. 86), S. 117 ff.; *Ders*., KritV 1992, 455.

92 *Albrecht*, (o. Fußn.) KritV 1988, 183 ff.; *Prittwitz*, Funktionalisierung des Strafrechts, StV 1991, 431 ff., hier 440.

93 *Hassemer*, Einige Bemerkungen über „positive Generalprävention"; in: Problemy opdowiedzalno'sci karnej. Festschrift für Kazimierz Buchała. Krakau 1994. S. 133, hier S. 145 ff.; zustimmend *Lüderssen*, Vorwort a.a.O. (o. Anm. 55) S. 9, *Ders*. Krise a.a.O. (o. Anm. 37)

So kann es nicht erstaunen, daß die Stimmen sich mehren, die auch unter dem Gesichtspunkt der Zweckmäßigkeit fordern, entweder völlig zum klassischen Kernstrafrecht zurückzukehren oder neben dieses Kernstrafrecht ein milderes Sanktionenrecht zu stellen, dessen Sanktionen der sozialethische Tadel fehlen solle[94]. Die Gefahr, daß dieser Vorschlag zu einem Etikettenschwindel, zu bloß scheinbarer Entkriminalisierung[95] führt, ist nicht zu übersehen. Einmal ernstgenommen weist der Vorschlag indes in eine begrüßenswerte Richtung. Besser allerdings, als ein neues kompaktes Sanktionenrecht zu schaffen, erschiene es, im jeweils sachnächsten Rechtsgebiet Sanktionsmechanismen einzubauen, die auf dessen Steuerungsmechanismen abgestimmt sind. Entziehung der Fahrerlaubnis könnte generell in einem streng ausgestalteten Verfahren vor der Straßenverkehrsbehörde ausgesprochen werden[96]; ein hoch angesetzter Vorbeugungs-Pauschalwert als Aufschlag auf den Schadensersatz könnte beim Ladendiebstahl eine strafersetzende Funktion wahrnehmen[97]. Sanktionen wegen Umweltbelastungen könnten nach dem Verursacherprinzip ohne individuelle Schuldzurechnung im Verwaltungsrechtswege gegen Unternehmen verhängt werden, eventuell nach einem vorangegangenem „Deal“, der dann das rechtsstaatliche Licht nicht mehr zu scheuen brauchte[98].

Über diesem globalen Aspekt sollte der alltägliche Aspekt der Zweckmäßigkeit nicht vernachlässigt werden. Kriminalisierungen, selbst wenn sie gerecht sein sollten, haben zu unterbleiben, wenn sie unzweckmäßig sind, vor allem dann, wenn sie voraussehbar mehr Schaden als denkbaren Nutzen bewirken. Aber dieser Grundsatz ist ja ohnehin ebenso regelmäßig in allen Strafrechtslehrbüchern nachzulesen, wie er von einem „aktionistischen Gesetzgeber“[99] mißachtet wird.

S. 31, der diese Lehre freilich anders als der obige Text einordnet; eingehend auch *Prittwitz*, Strafrecht und Risiko (1993), S. 213 ff.

94 *Hassemer*, Produktverantwortung (Anm. 25), S. 23; *Naucke*, Wechselwirkung (o. Anm. 20) S. 35 ff.

95 Zu diesem Begriff *Naucke*: Über deklaratorische, scheinbare und wirkliche Entkriminalisierung, GA 1984, 199; *Frommel* a.a.O. (Anm. 9) S. 36 ff.

96 Auch die Hessische Kommission (o. Anm. 74), will die strafrechtliche Entziehung der Fahrerlaubnis abschaffen; sie will allerdings das Fahrverbot als kriminalrechtlichen Hauptstrafe ausgestalten (a.a.O. S. 10, 20 f.).

97 S. bereits o. Anm. 76; ähnlich die Vorstellungen der Hessischen Kommission (o. Anm. 74), S. 49, 55 ff.

98 *Lüderssen* weist darauf hin, daß sich bereits heute ein Wandel prozessualer Zielsetzung abzeichnet: „Die Staatsanwaltschaft will gar nicht mehr unbedingt die Verurteilung des Schuldigen erreichen, sondern begnügt sich mit der ‘Sanierung’ der Defizite im Umweltsystem der betreffenden Firma“; *Lüderssen*, Krise (o. Anm. 37) S. 28 f.

99 S. dazu *Schroeder*, Irrwege aktionistischer Gesetzgebung – Das 26. Strafrechtsänderungsgesetz (Menschenhandel), JZ 1995, 231 ff.; ähnlich *Dencker*, Das „Gesetz zur Bekämpfung des Terrorismus“, StV 1987, 117, hier S. 122.

V. Schluß

Ich bin von meinem Thema „‘Politisches’ Strafrecht“ über „Politik und Strafrecht“ letztlich zum Thema „Entkriminalisierung“ gelangt. Dies war sicherlich ein recht weites Verständnis meiner Themenstellung. Ich meine aber, daß hier der Kern der Ausgangsproblematik liegt: Wer die Verfügbarkeit des Strafrechts für die Politik vermindern will, der muß den Bereich des Strafbaren vermindern.

Nachbemerkung

Der Beitrag gibt den mit Fußnoten versehenen Text meines Referats auf der Rostocker Strafrechtslehrertagung 1995 wieder. Die anschließende Diskussion ist dokumentiert von *Frank Zieschang* in: ZStW 1995, 914 ff.

Zu der nach Fnz. 52 angesprochenen Entkriminalisierungs-Perspektive s. näher in diesem Band Nr. 1.

Auf die bei Fnz. 57 zitierte Stelle in Heinrich Heines „Wintermärchen“ bin ich näher eingegangen in: *Thomas Vormbaum*, Die Einheit im Denken und Sinnen. Zensur und totalitäre Gefahr in Heines Wintermährchen, in: Heinrich Heine, Deutschland ein Wintermährchen. Mit Kommentaren von Thomas Vormbaum und Winfried Wösler. Berlin 2006, S. 115 ff., hier S. 125 ff.

Näher zu der b. Fnz. 63 ff. berührten Rechtsverletzungstheorie von Kant und Feuerbach und zu ihrer Ablehnung durch Mittermaier *Vormbaum*, Einführung in die moderne Strafrechtsgeschichte. Heidelberg 2009, S. 55 ff.

Die b. Fnz. 78 kritisierte „alternative“ Rechtsgutsvervielfachung mag in speziellen Ausnahmefällen einmal vertretbar sein; zu § 353d Nr. 3 StGB s. in *diesem* Band Nr. 16.

Die b. Fnz. 83 erörterte „faktische Betrachtungsweise“ wird anhand eines ihrer prominentesten Beispiele, des „faktischen Geschäftsführers“ einer GmbH, ausführlich erörtert von meinem Doktoranden *Mark Büning*, Die strafrechtliche Verantwortung faktischer Geschäftsführer einer GmbH. Münster 2004.

3.

Aktuelles zur Lage des Strafrechts

(2003)

I. So viel Strafrecht war nie

Das Strafrecht ist wohlgenährt wie selten zuvor, und gerade dies ist das Elend des Strafrechts. Zwar gibt es Bemühungen der Strafrechtswissenschaft, Kriterien für die Begrenzung legitimer Strafgesetzgebung und -anwendung zu entwickeln; sie bestehen im wesentlichen in dem Versuch, das stumpf gewordene Schwert des Rechtsgüterschutzgedankens wieder zu schärfen. Gesetzgebung und Rechtsprechung nehmen aber auf diese Begrenzungsbemühungen keine Rücksicht. Für die Gesetzgebung soll dies am Schluß dieses Beitrages mit einem Blick auf die jüngsten Kriminalisierungen, die im Zusammenhang mit dem Parteienrecht stehen, belegt werden.

II. Beschützen und Bekämpfen

Aufgabe des Strafrechts, so ist allerorten zu lesen und allenthalben zu hören, sei der Rechtsgüterschutz. Ist dies so? Und soll dies so sein? Da historische, methodologische oder – horribile dictu – rechtsphilosophische Rückfragen nicht mehr gestellt oder gar zum Ausgangs- oder Endpunkt der Juristenausbildung gemacht werden, sucht man die Bestätigung am besten dort, wo sie ohne große Mühe greifbar ist: Auskunft müßten m.a.W. zuerst die Gesetzesüberschriften als komprimierte legislatorische Programme liefern. Wie an anderer Stelle ausführlich dargelegt[1], läßt die Entwicklung der Strafgesetzgebung der letzten 130 Jahre, also seit Erlaß des Reichsstrafgesetzbuchs, eine deutliche Gesetzmäßigkeit erkennen: Strafgesetze legen sich in ihren Überschriften zunehmend Schutz-, vor allem aber Kampf-Aufträge zu. „Strafrecht ist Kampfrecht“[2]. Der Beginn dieses Stils der Gesetzgebung ist – von Vorläufern abgesehen[3] – in der Mitte der 30er Jahre des 20. Jahrhunderts anzusetzen.

---

1 *Vormbaum*, 130 Jahre Strafgesetzgebung. Markierungspunkte und Tendenzen, in: Ders./Jürgen Welp, Das Strafgesetzbuch (Textedition), Supplement-Bd. (2004).

2 So bereits *R. Freisler* (hier zitiert nach: *K. Kroeschell*, Rechtsgeschichte Deutschlands im 20. Jahrhundert. Göttingen 1992, S. 107; s. auch *G. Werle*, Das Strafrecht als Waffe: Die Verordnung gegen Volksschädlinge vom 5. September 1939, in: JuS 1989, 952 ff.

3 Hierauf hat bereits *M. Hettinger*, NJW 1996, 2263, 2264, hingewiesen, der für diese Entwicklung deutliche Worte findet: „Man mag Schädlinge bekämpfen und Seuchen, vielleicht auch noch einen in das Land eingedrungenen Feind. Das Strafrecht in einem Rechtsstaat verfolgt jedoch andere Ziele“. Ob es sich (bloß) um „die sprachliche Zersetzung eines Rechtsgebietes“

Seither entdeckt der Gesetzgeber in immer kürzeren Abständen „Schutz-" und „Bekämpfungs"-Bedarf[4]. Dieser Entwicklung korrespondiert die Entwicklung der schieren Quantität der gesetzgeberischen Aktivität: Von den 182 Gesetzesänderungen des Strafgesetzbuchs in der Zeit von 1871 bis 2000 fallen insgesamt 32 Gesetze in die Zeit vor 1933, insgesamt 59 in die Zeit vor 1949 und 123 in die rund 50 Jahre der Bundesrepublik. Dabei ist nicht einmal berücksichtigt, daß ein großer Teil neuer Strafrechtsnormen – der größere – nicht mehr im Strafgesetzbuch, sondern in strafrechtlichen Nebengesetzen zu finden ist und daß deren Zunahme (ebenso wie die Zunahme der Ordnungswidrigkeitentatbestände) mit dieser Entwicklung Schritt hält.

Diese Vermehrung der Strafgesetze überhaupt[5], vor allem aber jener Strafgesetze, die sich ausdrücklich einen Schutz- oder Kampfauftrag zuschreiben, kontrastiert mit einer Aussage, die sich von der zu Beginn dieses Abschnitts formulierten Aussage durch die Zufügung eines einzigen Wortes unterscheidet: Strafrecht diene *nur* dem Rechtsgüterschutz. Das meint: Was kein Rechtsgut sei, dürfe auch nicht strafrechtlich geschützt werden, und auch die Auslegung bestehender Straftatbestände habe sich am jeweils geschützten Rechtsgut zu orientieren. Der Rechtsgüterschutzgedanke sei ein Gedanke, der staatlichem Strafen seine Grenze aufzeige. Jedenfalls der letzte Satz erscheint zweifelhaft.

III. Die Geburt des Rechtsgüterschutzes aus dem Geist der Kriminalisierung

Schon an der Wiege des Rechtsgüterschutzgedankens im 19. Jahrhundert stehen recht unterschiedliche Paten. Gewiß reiht sich dieser Gedanke einerseits in die lange Tradition der Bemühungen ein, strafgesetzlicher Willkür dadurch Grenzen aufzuweisen, daß ein Kriterium aufgestellt wird, an dem die Legitimität staatlichen Strafens gemessen wird. Diese Tradition schlägt sich in jener Formulierung nieder, die *nur* solche Strafdrohungen für legitim erklärt, die als Voraussetzung eine Rechtsgutsverletzung formulieren. Indes ergibt sich ein anderes Bild, wenn man den Diskussionsstand berücksichtigt, den *Johann Michael Franz Birnbaum*, der den Begriff

---

[sc.: des Strafrechts] handelt (so *Hettinger* a.a.O., S. 2263), erscheint mir zweifelhaft. Dazu der Text.

4 *W. Naucke*, Versuch über den aktuellen Stil des Rechts (1986), in: Ders., Gesetzlichkeit und Kriminalpolitik. Abhandlungen zum Strafrecht und zum Strafprozeßrecht. 1999, S. 196 ff., weist darauf hin, daß „[die Vorstellung der] Bekämpfung [...] durch Recht [...] zu den juristischen Gewohnheiten [gehört], die wir kaum noch wahrnehmen" (S. 197). Vielleicht muß man noch einen Schritt weiter gehen und sagen, daß dieser kämpferische Stil, wo er wahrgenommen wird, *begrüßt* wird. Letztlich läuft es wahrscheinlich auf dasselbe hinaus.

5 Die Zahl der Änderungsgesetze, in denen Straftatbestände *abgeschafft* wurden, ist verschwindend gering und kann daher hier vernachlässigt werden.

des *Gutes* in die Strafrechtstheorie 1834 einführte[6], vorfand. Die Aufklärungsphilosophie hatte nach der Ableitbarkeit von Strafdrohungen aus dem Gesellschaftsvertrag gefragt; Kant hatte die Aufgabe des Strafrechts darauf beschränkt, *Rechts*verletzungen zu *vergelten*, Feuerbach darauf, diese zu *verhindern*. War diese Reduzierung des Bereichs des Strafrechts auf den Bereich der Verletzung subjektiver Rechte bei Kant noch ein philosophisch deduziertes Postulat, das aus seinem Begriff des (objektiven) Rechts folgte, so bekam Feuerbach als praktischer Strafgesetzgeber in Bayern die politischen und gesellschaftlichen Widerstände gegen diese Einengung des Strafrechts zu spüren. Immerhin trugen die zum Teil beträchtlichen Zugeständnisse, die das von ihm geprägte bayerische Strafgesetzbuch von 1813 der Konvention machte, Kompromiß-Charakter[7] und bewahrten damit eine potentielle Energie, die des Zeitpunktes der politisch ausgelösten Kinese harrte.

Die Forderung, Strafe nur für die Verletzung subjektiver Rechte zu verhängen, blieb ein Pfahl im Fleische der Kriminalpolitik. Soweit Politiker sich überhaupt an theoretische Überlegungen gebunden fühlten, mußte die Birnbaumsche Lehre ihnen wie ein Befreiungsschlag vorkommen[8]. Birnbaums Ansatz, man könne Rechte nicht verletzen, sondern allenfalls jene Güter, die Gegenstand von Rechten seien[9], blieb zwar noch innerhalb des Kreises subjektiver Rechte, öffnete aber objektiv die Tür zur strafrechtlichen Bezugnahme auf „Güter", die nicht Gegenstand von Rechten sind. In der Tat hat Birnbaums Lehrer Mittermaier, ohne den Guts-Begriff zu verwenden[10], in der Sache eben diese Tür durchschritten. Der Abschied vom *Rechts*verletzungsparadigma ermöglichte die Begründung von Strafdrohungen gegen Handlungen, die keine (natürliche oder juristische) Person in ihren Rechten verletzten[11].

> „Da Birnbaum den 'Güter'-Schutzgedanken [...] nicht mehr theoretisch fundierte und ihn auch ohne eine solche Fundierung bereits für plausibel hielt, öffnete er mit ihm einen Weg, auf dem seine Nachfolger zu Verbrechenslehren fortschreiten konnten, in denen tatsächlich das politische Belieben eines wertenden Subjekts die fehlende

---

6 *J. M. F. Birnbaum*, Über das Erforderniß einer Rechtsverletzung zum Begriffe des Verbrechens (1834); die wesentlichen Passagen sind abgedruckt in: Vormbaum (Hrsg.), Strafrechtsdenker der Neuzeit (1998), S. 395 ff.

7 *K. Amelung*, Rechtsgüterschutz und Schutz der Gesellschaft. 1972, S. 35 f.

8 *M. Frommel*, Präventionsmodelle in der deutschen Strafzweck-Diskussion. (Schriften zum Strafrecht. 71). Berlin 1987. S. 155, weist allerdings darauf hin, dass *faktisch* die Wirkung der Birnbaum'schen Lehre gering geblieben sei, bis Binding am Ende des 19. Jahrhunderts wieder an Birnbaum erinnert hatte.

9 *Birnbaum*, Erfordernis, S. 399.

10 *Frommel*, a.a.O., S. 155 f.

11 Kritisch dazu *W. Naucke*, Der materielle Verbrechensbegriff im 19. Jahrhundert, in: D. Klippel (Hrsg.), Naturrecht und Rechtsphilosophie in der Neuzeit 1997, S. 279.

Theorie von den Voraussetzungen menschlicher Koexistenz ersetzt. [...] Der Güterschutzgedanke macht aus der Sozialschadenslehre ein reines Wertungsproblem und wirft sie – was Birnbaum freilich noch nicht sieht – damit letztlich auf die einzig sichere Instanz der Wertung, den Gesetzgeber, zurück“[12].

IV. Vom Nutzen und Nachteil des Rechtsgüterschutzes

Überspringen wir 150 Jahre Strafrechtsentwicklung[13], so sehen wir in unserer Zeit den Rechtsgüterschutzgedanken[14] auf einer Höhe des Ansehens, die dem Ausmaß seiner strafbegrenzenden Wirksamkeit kaum stärker kontrastieren könnte. Wer nach einem Beispiel solcher Wirksamkeit fragt, wird auf die Strafrechtsreform der Sechziger- und Siebzigerjahre des 20. Jahrhunderts hingewiesen, wo der Rechtsgüterschutzgedanke im Bereich der Sexualdelikte seine limitierende Kraft bewährt habe. Dieser Hinweis offenbart indes die Beliebigkeit der Ergebnisse des Rechtsgüterschutzgedankens, denn gerade mit der Eröffnung der Möglichkeit, das Strafrecht auf nicht rechtsverletzende „Fleischesverbrechen“ zu erstrecken, erfüllte die Einführung der Güter-Schutzlehre im 19. Jahrhundert „eine eher restaurative Funktion“[15]. Ein Blick in gängige Kommentare zum Strafgesetzbuch bestätigt diese Beliebigkeit[16]. Meistens unter Randnummer 1 finden sich Ausführungen zum geschützten Rechtsgut des betreffenden Straftatbestandes, die sich große Mühe geben, dem Gesetzestext ein „Schutzgut” abzulauschen, welches anschließend der Interpretation eben dieses Textes zugrundegelegt wird. Daß dieses Vorgehen zirkulär ist, liegt auf der Hand, ist aber nicht etwa der eigentliche Kritikpunkt.

Die Dialektik des Gesetzestextes als Materiallieferant einerseits, als Interpretationsgegenstand andererseits kann durchaus juristische Erkenntnismöglichkeiten steigern. Zwar liegt die Gefahr nahe, daß bei diesem Unternehmen nicht nur analysiert, sondern auch *konstruiert*, nicht nur ausgelegt, sondern auch *unter*legt wird – die mephistophelische Denunziation löst sich aber letztlich in die Trivialität auf, daß (auch) juristische Exegese an die Rahmenbedingungen hermeneutischen Argumentierens

---

12 *Amelung*, Rechtsgüterschutz, S. 49, 50.

13 Insbesondere die für die Entwicklung besonders wichtige Ausprägung der Rechtsgutsverletzungslehre bei Karl Binding; s. dazu *Frommel*, Präventionsmodelle S. 116 ff.; *F. Herzog*, Gesellschaftliche Unsicherheit und strafrechtliche Daseinsvorsorge (1990), S. 10 ff.

14 Eine bemerkenswerte Pointe der Entwicklung ist, daß die inzwischen weitgehend anerkannte – analytisch durchaus sinnvolle – Unterscheidung zwischen „Rechtsgut“ und „Handlungsobjekt“ die Gedankenoperation von Birnbaum auf einer niedrigeren Ebene wiederholt.

15 So auch *Amelung*, Rechtsgüterschutz, S. 47.

16 Zu einigen Versuchen der Rekonstruierung des Rechtsgüterschutzgedankens und zum Versuch, ihn in die Nähe des *Rechts*schutzgedankens zurückzubringen, weiter unten.

gebunden ist[17]. Wenn daher seriöse Auslegungsarbeit garantiert wäre, insb. das „Konstrukt" dem sachlichen Kern der Regelungsmaterie adäquat bliebe und „durchgehalten" würde, d.h. auch seinem „Konstrukteur" gegenüber Eigenständigkeit gewinnen und ihm argumentatorische Zwänge und Verzichte auferlegen könnte und damit der Beliebigkeit entzogen wäre, wäre das Hantieren mit einem „geschützten Rechtsgut" eine Ausdrucksform des „Hin- und Herwanderns des Blickes"[18] bzw. eines spiralenförmig aufsteigenden Erkenntnisvorgangs[19].

Problematischer – aber wohl symptomatisch – ist, daß die Kommentierungen sich häufig nicht mit einem einzigen Schutzgut begnügen, sondern als „daneben" oder „ebenfalls geschützt" noch weitere Güter benennen (Gelegentlich wird dieses Vorgehen zu einer Theorie alternativer Schutzzwecke gesteigert, beispielsweise beim Tatbestand der Falschen Verdächtigung, wo eine Individualschutz- und eine Rechtspflegeschutz-Lehre „alternativ kumuliert" werden[20]). Da selbst der schärfste Kritiker dem Gesetzgeber nicht unterstellen wird, er schaffe Straftatbestände aus einer Laune oder Grille heraus, wird derjenige, der zur Fundierung einer strafbejahenden Tatbestandsauslegung ein „Schutzgut" oder mehrere „Schutzgüter" sucht, allemal zum Ziel gelangen. Geht der Kampfauftrag nicht bereits aus der Gesetzesüberschrift hervor, so doch gewiß aus Text und Kontext des Gesetzes oder – falls diese der Deutlichkeit entbehren – aus dem Erfindungsreichtum des Interpreten. Kein „Kanon" anerkannter Rechtsgüter setzt diesem Erfindungsreichtum Grenzen.

V. Also sprach der Gesetzgeber

So wird der *Anwender* des Strafgesetzes auf den Gesetzeswortlaut zurückverwiesen, dessen Unüberschreitbarkeit verfassungsfest zu sein scheint (Art. 103 Abs. 2 GG).

---

17 Immerhin muß festgehalten werden, daß die *Rechts*verletzungslehre der hier auftretenden Problematik in erheblich geringerem Maße ausgesetzt ist, denn darüber, was ein (subjektives) Recht ist, läßt sich in den meisten Fällen Konsens erzielen.

18 *K. Engisch*, Logische Studien zur Gesetzesanwendung, 3. A. 1963, S. 14 f.

19 *W. Hassemer*, Tatbestand und Typus, 1968, S. 103 ff.

20 Damit ist gemeint, daß es ausreicht, wenn die fragliche Tat *eines* der Schutzgüter tangiert. Das Ergebnis: Die Einwilligung des Verdächtigten ist unbeachtlich, da der Tatbestand *auch* dem Schutz der Rechtspflege dient; Verdächtigungen gegenüber ausländischen Stellen sind erfaßt, weil der Tatbestand *auch* dem Schutz des Verdächtigten dient. – Regina Ogorek hat sich in einem Vortrag auf dem Rechtshistorikertag 2002 mit der unsäglichen Rechtsprechung des Reichsgerichts zum N.S. Blutschutzgesetz von 1935 befaßt; schon in einem der ersten Urteile bemühte das Reichsgericht für seine Absicht, das Tatbestandsmerkmal „Geschlechtsverkehr" auf Handlungen auszudehnen, die nicht der Fortpflanzung dienten (und damit das Rechtsgut der „Rassereinheit" nicht verletzten), den doppelten Schutzzweck des Gesetzes („deutsches Blut" und „deutsche Ehre").– Im Sexualstrafrecht werden manchen Tatbeständen fünf, ja acht geschützte Rechtsgüter zugeschrieben; vgl. *F.-C. Schroeder*, NJW 1993, 2581, 2582.

Hier aber erweist der Rechtsgüterschutz-Gedanke seine gefährliche Ambivalenz, kann er doch – wie gerade angedeutet – ebensogut für restriktives wie für extensives Verständnis herangezogen werden[21]. Daß *Birnbaum* sich mit seinen Überlegungen einerseits in die Reihe derjenigen einreihte, die über Grenzen des Strafrechts nachdachten, andererseits aber eine Ausdehnung des Strafrechts inaugurierte bzw. legitimierte, ist kein Zufall, sondern Konsequenz des Rechtsgüterschutzgedankens. Je nach kriminalpolitischer Atmosphäre kann dieser – wie seine konträre Inanspruchnahme im Rahmen des Sexualstrafrechts gezeigt hat – dazu dienen, staatlichem Strafen Grenzen zu setzen oder diese aufzuweichen. Sagt man, Strafe diene *nur* dem Rechtsgüterschutz, so wirkt er einschränkend; läßt man das „nur" weg, so legitimiert er jede Auslegung, die sich noch gerade mit dem Gesetzeswortlaut vereinbaren läßt – mitunter auch mehr[22].

VI. Zur Genealogie der Rechtsgüter

Was für die Gesetzes*auslegung* gilt, gilt nicht weniger für die *Gesetzgebung*. Hat die Politik – meistens angestoßen durch Medienberichte – neue Gefährdungs- und Bedrohungspotentiale entdeckt oder wiederentdeckt, so ist die Geburt eines neuen oder die Ausweitung und Verschärfung eines vorhandenen Straftatbestands absehbar. Jede politische Richtung entwickelt und pflegt ihre Bestrafungswünsche zwecks Durchsetzung ihrer politischen Ziele. Von konservativen Politikern ist man den Ruf nach einem harten, notfalls mit Strafe durchgreifenden Staat gewohnt; hingegen würde man von politischen Richtungen, die sich der Tradition der Aufklärung verbunden fühlen, eigentlich ein restriktives Strafrechtsverständnis erwarten[23]. Diese Erwartung geht fehl. Sobald der eigene politische Biotop betroffen ist, schmettern die Trompeten zum Kampf gegen das Böse[24], und man stürzt sich ins Kampfgetümmel, um den Sieg – nämlich die Erklärung dieses Bösen für kriminell – zu erringen. Eine „Tagesschau"-Folge, in der nicht mindestens einmal über die Einleitung eines Strafverfahrens berichtet wird, gehört heute zu den Raritäten; und Berichte über

---

21 *Vormbaum*, Der strafrechtliche Schutz des Strafurteils, 1987, S. 67.

22 Für eine Überschreitung der Wortsinngrenze bietet die Rechtsprechung reichlich Anschauungsmaterial, s. *G. Zwiehoff*, Gefahren und Chancen des Rechtsgüterschutzgedankens – am Beispiel des Betrugs, in: Festschrift für Dimitris Tsatsos, 2003, S. 734 ff; speziell zur Überdehnung des Vermögensschadensbegriffs in den Fällen der Erschleichung eines Amtes und einer Vertragsarztzulassung; weitere Beispiele s. dort zu Fußn. 24.

23 Zu jenen Konstellationen, in denen Strafrecht sich als die *freiheitlichere* Regelung gegenüber anderen erweist, weiter unten.

24 Da ich die Beispiele schon mehrfach aufgezählt habe, verzichte ich hier auf eine Wiederholung; s. z.B. *Vormbaum*, Der Schutz von Institutionen der DDR durch das bundesdeutsche Strafrecht, in: Festschrift für Diether Posser (1997), S. 153 ff., hier S. 172 ff.

Gesetzespläne schließen immer häufiger die Mitteilung ein, daß die geplanten Regelwerke auch Strafvorschriften umfassen sollen.

VII. Jenseits von Gerechtigkeit und Rechtssicherheit

Ist der nahezu einzige noch wirksame Bändigungsfaktor für die *Auslegung* von Strafgesetzen der *Gesetzeswortlaut*, so nimmt diese Rolle gegenüber den Strafgelüsten von Medien, Öffentlichkeit und *Gesetzgebung* (neben einer begrifflich nicht zu fassenden, nicht steuerbaren und daher nicht auf Dauer garantierten Milde des demokratischen Systems[25]) das Kriterium der *Zweckmäßigkeit* ein. Der Bändigungseffekt ist indes auch hier gering, wie die schiere Menge der in den letzten Jahren ergangenen Strafgesetze zeigt. Spezifische Rechtskategorien wie Gerechtigkeit und Rechtssicherheit geraten daneben ins Hintertreffen; Gerechtigkeit erfährt allenfalls dann eine Aufwertung, wenn sie – wie in der Frage der Vergewaltigung in der Ehe – straflegitimierend gegen die Unzweckmäßigkeit ausgespielt werden kann. Rechtsstaatlichkeit schlägt sich meistens nur noch in der wenig konkreten Forderung nach Verhältnismäßigkeit nieder[26]. Die Forderung, Straftatbestände nur dann als legitim anzusehen, wenn sie gleichermaßen den Anforderungen der Gerechtigkeit, der Rechtssicherheit und der Zweckmäßigkeit gerecht werden[27], hat in der gegenwärtigen kriminalpolitischen Atmosphäre keine Chance. Sie sei hier trotzdem erhoben und zugrundegelegt. Nicht unbedingt begrifflich, aber doch empirisch konvergiert sie mit einer Position tendenzieller Entkriminalisierung – einer Position, die noch in den Siebzigerjahren in aller Munde war, heute eher als naiv belächelt wird.

Die Triasschranke Gerechtigkeit – Rechtssicherheit – Zweckmäßigkeit als kumulativ angewendeter Maßstab für neue Strafvorschriften[28] ist dem ultima-ratio-Gedanken benachbart, reicht aber weiter, denn dieser entfaltet sich vor allem im Bereich der Zweckmäßigkeit.

---

25 Wozu auch demokratische Systeme in weniger friedlichen Zeiten fähig sind, zeigt nicht nur die Behandlung mutmaßlicher Al Qaida-Aktivisten im amerikanischen Gefangenenlager Guantanamo auf Kuba, sondern zeigen auch präventive Erschießungen und Maßnahmen gegen Angehörige von Selbstmordattentätern in Israel.

26 Welche ihrerseits zu einer ähnlichen Ambivalenz wie der Rechtsgüterschutz gelangt ist. Der Umschlag von einem limitierenden Prinzip („nur, was verhältnismäßig ist [...]") zu einem legitimierenden Prinzip („alles, was verhältnismäßig ist [...]") liegt stets nahe.

27 Ich habe diese Position näher dargelegt in dem Aufsatz „Politisches" Strafrecht, in: Zeitschrift für die gesamte Strafrechtswissenschaft 107 (1995), 734, 748 ff. (abgedruckt als Nr. 2 in diesem Band).

28 Da am Ende dieser Überlegungen die neuen Strafvorschriften im Parteiengesetz stehen sollen, wird im folgenden der Aspekt der Gesetzes*auslegung* nicht weiter verfolgt.

1. Gerechtigkeit

Strafgerechtigkeit fordert, daß ein zu kriminalisierendes Verhalten strafwürdig sei. Dies ist der Sitz der eingangs angesprochenen Bemühungen um eine Legitimierung bzw. Begrenzung staatlichen Strafens. Daß der Rechtsgüterschutzgedanke nicht nur sein selbstgestecktes Ziel, ein Kriterium für die Einhegung des Strafrechts zu sein, faktisch nicht erreicht und daß dies seinen Grund in der gehandhabten Beliebigkeit dieses Kriteriums hat, wurde schon gezeigt. Manches spricht darüber hinaus dafür, daß diese Beliebigkeit dem Rechtsgüterschutzkriterium jedenfalls als Möglichkeit innewohnt. Schon *begrifflich* setzt es seiner politischen Instrumentalisierung kein Hindernis entgegen[29], und *praktisch* fordert es seine Verwendung als Legitimationsformel für Kriminalisierungen geradezu heraus.

Nun gibt es freilich Bemühungen, der Wirkungslosigkeit des Rechtsgüterschutzgedankens wenigstens auf strafrechts*theoretischer* Ebene abzuhelfen[30]. Und da eine Forderung nach Rückkehr zur *Rechts*verletzungslehre in der gegenwärtigen kriminalpolitischen Atmosphäre illusionär anmutet, kann kluges Handeln darin bestehen, die limitativen Möglichkeiten des Rechtgutskriteriums auszuschöpfen. Hierzu ist am ehesten eine Ausgestaltung des Kriteriums geeignet, die sich möglichst eng an das Rechte-Modell anschließt[31].

Bereits den Übergang zum nächsten Gesichtspunkt – dem der Rechtssicherheit – bildet die Frage, ob es eine Straf*pflicht* des Staates geben könne. Auf dieses weite Feld kann hier nur im Vorübergehen ein Blick geworfen werden. Zum einen: Die Diskussion von Strafgerechtigkeit muß sich auf das jeweils diskutierte Verhalten beschränken – anders und in klassischen Kategorien ausgedrückt: Sie muß sich im Kontext der *iustitia commutativa* entfalten, also dem der Strafwürdigkeit eines Ver-

---

29 Immerhin soll nicht unerwähnt bleiben, daß dieses Kriterium sich des Angriffs nationalsozialistischer Juristen erwehren mußte, die an seiner Stelle den Gedanken der *Pflichtverletzung* etablieren wollten (s. *F. Schaffstein*, Das Verbrechen eine Pflichtverletzung, in: Deutsches Strafrecht (= Goltdammers Archiv für Strafrecht) 1935, S. 97 ff); will man jene Angriffe nicht als (auch mit Generationenkonflikten erklärbare) Scheinkämpfe abtun, so könnte man zur Erklärung heranziehen, daß die gesetzgeberische und interpretatorische Handhabung des Rechtsgüterschutzkriteriums damals noch nicht den heutigen Grad der Beliebigkeit erlangt hatte; dies bedürfte aber näherer Untersuchung.

30 Sie sind in jüngster Zeit übersichtlich zusammengestellt in mehreren Beiträgen zu dem von *K. Lüderssen* herausgegebenen Sammelwerk „Aufgeklärte Kriminalpolitik oder Kampf gegen das Böse?" (5 Bände. Baden-Baden 1998). S. vor allem *L. Schulz*, Strafrecht als Rechtsgüterschutz – Probleme der Mediatisierung am Beispiel „ökologischer" Rechtsgüter, a.a.O., Bd. 1, S. 208 ff.; *G. Stächelin*, Interdependenzen zwischen der Rechtsgutstheorie und den Angriffswegen auf die dadurch bestimmten Güter, a.a.O., Bd. 1, S. 239 ff.; s. auch *Ders.*, Strafgesetzgebung im Verfassungsstaat. 1998.

31 Dies kann hier nicht weiter ausgeführt werden; s. *Vormbaum*, ZStW 1995, 752 (in diesem Band 9).

haltens in seiner eigenen Bedeutung, nicht aber in dem der *iustitia distributiva*, also dem des Vergleichs mit anderen bereits kriminalisierten Verhaltensweisen. In der *Gesetzgebungs*-Praxis wird dieser letzte Aspekt zwar kaum völlig fernzuhalten sein, und er kann sich ja auch straf*begrenzend* auswirken; in der Gesetzes*auslegung* ist er höchst gefährlich, da er dazu tendiert, den mit dem Grundsatz *nullum crimen sine lege* eng verbundenen fragmentarischen Charakter des Strafrechts zu überspielen. Zum anderen: Die Ableitung von Strafpflichten aus der Verfassung (über das ausdrückliche Gebot des Art. 26 Abs. 1 S. 2 GG hinaus), die sich auf das Verständnis der Grundrechte als Ausdrucksformen einer objektiven Wertordnung beruft, ist aus strafrechtlicher Sicht problematisch, denn was das Bundesverfassungsgericht in seinem ersten Urteil zur Abtreibungsfrage[32] judiziert hat, könnte dazu führen,

> „daß die Grundrechte unter der Hand aus einem Hort der Freiheitssicherung zur Grundlage einer Fülle von freiheitsbeschränkenden Reglementierungen werden“[33].

2. Rechtssicherheit

Eine Strafnorm, deren Gerechtigkeit in der Substanz gesichert ist, muß so formuliert sein, daß sie das inkriminierte Verhalten deutlich formuliert (Bestimmtheitsgebot) und nicht über den möglichen Wortsinn hinaus ausgelegt werden kann (Analogieverbot)[34] – beide Gebote richten sich an den Gesetzgeber, das letztere auch und vor allem an den Gesetzesanwender. Der Grundsatz *nullum crimen sine lege*, aus dem die beiden genannten Regeln fließen, setzt nicht nur schierem Zweckmäßigkeitsdenken, sondern auch überbordendem Gerechtigkeitsdenken eine Grenze. Hier zeigt sich die Kehrseite der oben erhobenen Forderung, Gerechtigkeitserwägungen tunlichst auf den Gesichtspunkt der *iustitia commutativa* zu begrenzen[35]

3. Zweckmäßigkeit

Unzweckmäßiges sollen auch Strafrechtsnormen nicht enthalten; auch hat die Aufklärungsphilosophie einen Teil ihrer Erfolge bei der Zurückdrängung staatlichen Strafens und der Milderung grausamen Strafens mit dem Hinweis auf die Unzweckmäßigkeit des damals geltenden Strafrechts erreicht – damit vielleicht freilich auch ein verhängnisvolles Paradigma für den Strafrechtsdiskurs geschaffen, das hundert

---

32 BVerfGE 39, 1 ff.

33 So die überstimmten Richter im Abtreibungsurteil, a.a.O., S. 73.

34 Die beiden anderen Komponenten (Rückwirkungsverbot und Verbot des Gewohnheitsrechts) können hier beiseite gelassen werden.

35 Zu einzelnen Beispielen des Verstoßes gegen den Grundsatz *nullum crimen sine lege* sowie dem ebenfalls hierher gehörenden Grundsatz der Subsidiarität des Strafrechts s. *Vormbaum*, ZStW 107 (1995), 755 ff.

Jahre später, unter dem Einfluß des Naturalismus, bei Franz v. Liszt zur Zurückdrängung der bändigenden Kraft der beiden anderen Elemente – der eigentlichen Rechtselemente – führen sollte: „Die richtige, d.h. die gerechte Strafe ist die notwendige Strafe“[36]. Hier wird „Strafgerechtigkeit [...] mit Zweckrationalität gleichgesetzt“[37]. Strafrecht aber hat es

> „mit einem Basiskonflikt, mit grundsätzlichem Unrecht (Verbrechen) zu tun und der Frage, wie darauf in rechtlich ausgeglichener Weise zu reagieren sei. ‘Zweckmäßigkeit’ ist keine zureichende Antwort[38]. [...] Im Zweckgedanken [liegt] die Verkürzung um die Kategorie allgemeingültiger Normativität. Es fehlt an der Straflegitimation, welche die Härte der Reaktion auch gegenüber dem Täter ebenso begründen wie begrenzen muß. Setzt man nämlich als Rechtszweck oder Zweckrecht unvermittelt die gesellschaftliche Selbstbehauptung gegen das Unrecht des Verbrechens, so geht damit das Verbindendbegrenzende im Verhältnis zum rechtlichen Selbstzweck des Verbrechers als Person verloren“[39].

Dennoch: Eingebunden in das Ensemble der drei Elemente der Rechtsidee hat auch die Zweckmäßigkeit ihren Platz. Unter ihrem Rubrum stellt sich nicht nur die Frage nach der Vollziehbarkeit einer Norm, sondern auch danach, ob nichtstrafrechtliche Alternativen zur geplanten Strafnorm, auch wenn dieses die Maßstäbe von Gerechtigkeit und Rechtssicherheit erfüllt, bestehen – hier hat der ultima-ratio-Gedanke sein hauptsächliches Anwendungsgebiet. Begrifflich wird er in der Straftheorie üblicherweise als „Strafbedürftigkeit“ gehandelt.

Straflosigkeit bedeutet nicht Sanktionslosigkeit, und Verhängung von Sanktionen bedeutet nicht Verhängung von Strafe. Zivilrechtliche und verwaltungsrechtliche Sanktions- und Regulierungsmöglichkeiten bieten häufig eine sogar wirksamere Möglichkeit zur Abstellung sozialschädlicher Verhaltensweisen oder Zustände. So hat das Parteienrecht bis zu seiner jüngsten Änderung auf die Wirksamkeit „systemischer Prävention“[40] vertraut. Und diejenigen, die durch gefährliche Handelsprodukte an der Gesundheit geschädigt worden sind, werden mehr Wert auf eine materielle (d.h. zivilrechtliche) Entschädigung legen als auf eine Strafbarkeit von Personen, die nur unter Verbiegung bzw. Überdehnung strafrechtlicher Maßstäbe vom Strafrecht erreicht werden kann, während der Öffentlichkeit mit öffentlichrechtlichem Einschreiten gegen ein solches Unternehmen am besten gedient sein dürfte. Das Behar-

---

36 *F. v. Liszt*, Der Zweckgedanke im Strafrecht (1882/83), hier zitiert nach der Neuausgabe Baden-Baden 2002 (Juristische Zeitgeschichte. Kleine Reihe. 6), S. 37.

37 *M. Köhler*, Einführung, in: Franz v. Liszt, Der Zweckgedanke im Strafrecht. (Juristische Zeitgeschichte. Kleine Reihe. 6), S. IX.

38 *Köhler* a.a.O., S. XII.

39 *Köhler* a.a.O., S. XIII.

40 So der Sachverständige *Naßmacher* bei der Anhörung im Innenausschuß: Deutscher Bundestag, Innenausschuß. Drucksache Nr. 14/746 = Anl. 1 zu Protokoll Nr. 89, S. 86 ff., 87.

ren auf dem Eingreifen des Strafrechts in diesen Fällen[41] führt dazu, daß der Ruf nach Einführung einer Strafbarkeit juristischer Personen erhoben wird, wie dies inzwischen schon geschehen ist[42]. Daß aber Kriminalstrafe eine mit einem persönlichen Schuldvorwurf verbundene Sanktion für individuelles Fehlverhalten ist und bleiben sollte, ist auch ein Gebot der Zweckmäßigkeit. Überindividuelle Probleme lassen sich mit ihr – wenn überhaupt – nur indirekt und unvollkommen lösen; und zu zahlen ist allemal der Preis in Gestalt der Gefahr, daß strukturelle Defizite – beispielsweise in Parteiorganisationen – zu persönlichen umdefiniert werden, daß die „Sünder", die oft genug aus Idealismus im (vermeintlichen) Interesse ihrer Partei gehandelt haben, die Sanktionsblitze auf sich ziehen und daß notwendige Strukturreformen unterbleiben.

Auch die Schaffung faktischer Verhältnisse macht häufig Sanktionen unnötig[43]. Hier ist freilich zu beachten, daß Strafrecht (oder Ordnungswidrigkeitenrecht, dazu sogleich) mitunter die freiheitlichere Regelung eines Problems sein kann; läßt es dem Rechtsunterworfenen doch immerhin die Freiheit, sich für oder gegen die Befolgung der Norm zu entscheiden[44].

Nicht direkt in diesen Zusammenhang gehört an sich die Erwägung, ein Verhalten statt mit Strafdrohung mit Bußgelddrohung zu versehen. Hier zeigt sich ein weiteres Dilemma des Rechtsgüterschutzgedankens. Seit je stand als ein Ergebnis fest, daß es unterschiedliche Formen sanktionswürdigen Unrechts gebe. Mit den Beschreibungen „schwereres Unrecht" und „weniger schweres Unrecht" ist diese Unterscheidung nur unzureichend erfaßt, wenngleich diese Aussagen meistens in der Sache zutreffend sein dürften. Der Rechtsgüterschutzgedanke, der grundsätzlich auf den Schutz von allem Möglichen vor allem Möglichen anwendbar ist, ist vor dieser Abgrenzungsaufgabe hilflos – was deshalb nicht auffällt, weil die (meist rein dezisionistische) Zuordnung zu diesem oder zu jenem Rechtsgebiet durch die je ausdrückliche gesetzliche Deklarierung als Straftat und als Ordnungswidrigkeit und durch die beigefügte Sanktionsregelung zweifelsfrei erfolgt und daher der *Anwendungspraxis* keine Schwierigkeiten bereitet. Anders in der *Gesetzgebungspraxis*: Hier regiert bei der Abgrenzung der beiden Bereiche dieselbe Beliebigkeit wie bei der Formulierung von Rechtsgütern. Knüpft man an den oben erwähnten pragmatischen Vorschlag an,

---

41 Wo individuelle strafrechtliche Verantwortlichkeit nach herkömmlichen Maßstäben festgestellt werden kann, verbleibt es natürlich dabei.

42 *M. Hettinger* (Hrsg.), Reform des Sanktionenrechts. Bd. 3: Verbandsstrafe. Bericht der Arbeitsgruppe „Strafbarkeit juristischer Personen" sowie Auszug aus dem Abschlußbericht der Kommission zur Reform des strafrechtlichen Sanktionenrechts, 2002.

43 Beispiele b. *Vormbaum*, Eid, Meineid und Falschaussage, 1990, S. 186 f.

44 Dazu *Vormbaum*, Zeitschrift für die gesamte Strafrechtswissenschaft 107 (1995), 748 (in diesem Band 5).

Strafwürdigkeit nur für die Verletzung (und Gefährdung[45]) solcher Rechtsgüter zu bejahen, die nahe an (subjektiven) Rechten liegen, so wäre wenigstens ein ungefähres Unterscheidungsmerkmal gefunden, das überdies an vorhandene Begrifflichkeit anknüpfen könnte: Nicht eine Straftat, sondern eine Ordnungswidrigkeit ist ein Verhalten, das bloße öffentliche Ordnungsbelange tangiert[46].

VIII. Der Fall „Parteiengesetz“

Seit März 2002 hat auch die SPD ihren Parteispendenskandal. Die Fachleute des Parteienrechts, in den letzten Jahren um Stellungnahmen zu realen, mitunter auch nur virtuellen Parteispendenskandalen nicht verlegen, hüllen sich dazu in auffälliges Schweigen. Die SPD selber kündigte immerhin – nach dem nicht besonders überzeugenden und bald durch Vorgänge an anderen Orten dementierten Versuch, die Vorgänge als Äußerungsform des „Kölner Klüngels“ hinzustellen – einen in der Sache und für die eigene Strategie ganz richtigen Weg an: die „rückhaltlose Aufklärung“. Konnte es doch für die Aufarbeitung der strukturellen Probleme wie auch für die Strategie im Wahljahr nur eine Richtung geben: zu zeigen, daß diesmal nicht prominente Spendenempfänger ihre *omertà* als Bindung an ein Ehrenwort kaschieren würden; daß diesmal nicht trübe Spendenquellen als „jüdische Vermächtnisse“ dissimuliert werden würden; daß diesmal nicht „brutalstmögliche Aufklärung“ zum Synonym für Verschleierung würde und daß diesmal nicht „Fahrpläne“ zur Behinderung der Arbeit von Untersuchungsausschüssen aufgestellt werden würden. Freilich war die Umsetzung dieses guten Vorhabens nicht allerorten so beeindruckend wie seine Ankündigung.

Was der Flick-Spendenskandal der 80er Jahre nur kurzfristig vermocht hatte – den beiden Parteispendenskandalen der Jahrhundertwende gelang es: Unisono ertönte der Ruf nach einer Reform des Parteispendenwesens. In einem Normenstaat wie der Bundesrepublik mußte eine solche Reform zunächst einmal eine Reform des Parteispenden*rechts* sein. Sie ging daher auch von einem von den Fraktionen von SPD und BÜNDNIS 90/DIE GRÜNEN vorgelegten Gesetzentwurf zur Änderung des Parteienge-

---

45 Auf die Problematik der Gefährdungsdelikte, die eng mit der Rechtsgutproblematik zusammenhängt und in der Erscheinungsform der abstrakten Gefährdungsdelikte zu deren problematischsten Seiten gehört, kann hier nicht eingegangen werden.

46 Hier könnte beispielsweise eine angemessene Lösung der heftig umstrittenen „Sprayer“-Problematik liegen. Das Besprayen von Flächen als Sachbeschädigung nach § 303 StGB zu erfassen, ist nicht nur unter dem Gesichtspunkt des Grundsatzes *nullum crimen sine lege* problematisch, sondern auch unter dem Gesichtspunkt des Eigentumsschutzes. Ein etwaiger Schaden könnte zivilrechtlich erfaßt werden. Hingegen stellt sich die Frage, ob nicht zumindest die Verunstaltung öffentlich sichtbarer Flächen als Ordnungswidrigkeit erfaßt werden könnte. Ihren Anknüpfungspunkt könnte diese Überlegung im Bauordnungsrecht, das diesen Begriff kennt, finden.

setzes aus[47]. Die Fraktion der CDU/CSU legte ihrerseits einen Entwurf vor. Und wie nach Äußerungen aus dem Regierungslager zu erwarten war[48], sollte nun auch in dieses Gesetz das Strafrecht Einzug halten. Und so ist es denn auch geschehen: § 31d Abs. 1 PartG n.F.[49] bedroht denjenigen mit Strafe, der

> in der Absicht, die Herkunft oder die Verwendung der Mittel der Partei oder des Vermögens zu verschleiern oder die öffentliche Rechenschaftslegung zu umgehen,
>
> 1. unrichtige Angaben über die Einnahmen oder über das Vermögen der Partei in einem beim Präsidenten des Deutschen Bundestages eingereichten Rechenschaftsbericht bewirkt oder einen unrichtigen Rechenschaftsbericht beim Präsidenten des Deutschen Bundestages einreicht oder
> 2. als Empfänger eine Spende in Teilbeträge zerlegt und verbucht oder verbuchen lässt oder
> 3. entgegen § 25 Abs. 1 Satz 3 eine Spende nicht weiterleitet,
>
> [...] mit Freiheitsstrafe bis zu drei Jahren oder mit Geldstrafe [...]. Nach Satz 1 wird nicht bestraft, wer unter der Voraussetzung des § 23b Abs. 2 eine Selbstanzeige nach § 23b Abs. 1 für die Partei abgibt oder an der Abgabe mitwirkt.

In diesem Punkt fügt sich also die Reform des Parteienrechts, insb. des Parteispendenrechts, in den oben beschriebenen und kritisierten Trend gegenwärtiger Kriminalpolitik ein. Die politischen Arbeiter im Weinberg der Reform des Parteispendenrechts taten das, was die Politik schon seit längerer Zeit als Ausweis von Reformbereitschaft ansieht: Sie schufen eine neue Strafvorschrift. Der Änderung des Parteiengesetzes war die gesetzliche Regelung einer anderen Materie vorausgegangen, die vor allem in der 14. Legislaturperiode im Zusammenhang mit dem Parteispendenrecht wahrgenommen wurde: das Verfahren der Parlamentarischen Untersuchungsausschüsse. Und auch dieses Gesetz[50] hinterließ mit der Erweiterung des Tatbestandes der falschen uneidlichen Aussage auf Untersuchungsausschüsse (§ 153 Abs. 2 StGB) seine Marke im Bereich des Strafrechts[51]. Was im Zusammenhang der vorliegenden Überlegungen interessiert, sind die Begründungen für die neuen Strafvorschriften.

---

47 Deutscher Bundestag, 14. Wahlperiode. Drucksache 14/7778 vom 11.12.2001.

48 Aus der Presse: *M. Heuwagen*, Haftstrafe für Fehler in Partei-Bilanzen geplant, in: Südd. Ztg. vom 12. Dez. 2001 (Nr. 286), S. 6; ferner die Meldungen in Frankf. Allg. Ztg. vom 27. März 2002 (Nr. 73), S. 1 („Parteiengesetz soll strafbewehrt werden"), S. 1; Frankf. Rundschau vom 27. März 2002 (Nr. 73), S. 2 (*R. Meng*: „Koalition dringt auf Strafbarkeit").

49 Achtes Gesetz zur Änderung des Parteiengesetzes. Vom 28. Juni 2002. BGBl. I, S. 2268.

50 Gesetz zur Regelung des Rechts der Untersuchungsausschüsse des Deutschen Bundestages. Vom 19.6.2001. BGBl. I, S. 1142.

51 Zur Kritik des neuen § 153 Abs. 2 StGB näher *Vormbaum*, Falsche uneidliche Aussagen vor parlamentarischen Untersuchungsausschüssen, JZ 2002, S. 166–170 (in diesem Band 10).

1. § 153 Abs. 2 StGB n.F.

Der Tatbestand der falschen uneidlichen Aussage, 1943 eingeführt, war vorher während vorangegangener jahrzehntelanger Reformdiskussionen stets nur so weit konzipiert worden, daß er uneidliche Falschaussagen vor solchen Stellen erfassen sollte, die zur eidlichen Vernehmung von Zeugen und Sachverständigen zuständig sind; damit sollte vor allem der immer häufigere Verzicht auf die Vereidigung kompensiert werden[52]. Was bewog nun den demokratischen Gesetzgeber der Bundesrepublik, von diesem Grundsatz abzugehen, den alle Gesetzesplaner des Kaiserreichs, der Weimarer Republik und sogar der NS-Zeit hochgehalten hatten? Die Begründung besteht aus einem einzigen Satz: Da das Gesetz auf die Vereidigungsbefugnis der Untersuchungsausschüsse verzichte, bedürfe es einer Strafvorschrift für die falsche uneidliche Aussage vor ihnen. Größerer Argumentationsaufwand war für die Einführung der neuen Strafvorschrift nicht erforderlich. Überlegungen zur Rechtfertigung einer solchen Vorschrift sucht man vergebens. Sie hätten auch kaum zum positiven Ergebnis führen können, denn bei allem Respekt vor der Institution des parlamentarischen Untersuchungsausschusses muß doch festgestellt werden: Ein schützenswerter Anspruch auf Wahrheit, vergleichbar dem der Gerichte und anderer mit Vereidigungsbefugnis ausgestatteter Institutionen besteht bei parlamentarischen Untersuchungsausschüssen nicht; die Rechtssicherheit gerät in Gefahr, wenn Kriminalstrafbarkeit für Falschaussagen vor einem Gremium droht, das, im Kraftfeld (partei-) politischer Interessen angesiedelt, nicht (nur) einen „Wahrspruch", sondern (auch) politische Bewertungen anstrebt. Die Frage, ob eine „Alternative" zur Strafdrohung bestand, stellt sich daher nicht mehr[53].

Auf einem anderen Blatt steht, daß Falschaussagen vor parlamentarischen Untersuchungsausschüssen ein Verhalten darstellen, das den ordnungsgemäßen Ablauf parlamentarischer Arbeit stört und das die Öffentlichkeit daher zu recht mißbilligt – also einen klassischen Fall eines ordnungswidrigen Verhaltens. Nicht also als ein Minus zur Strafbarkeit oder als Anwendungsfall des ultima-ratio-Gedankens, sondern aus eigenständiger Legitimation wäre daher ein OWi-Tatbestand mit Bußgelddrohung die angemessene Sanktionierung dieses Verhaltens gewesen.

2. § 31d PartG n.F.

Die Entstehung des 8. Gesetzes zur Änderung des Parteiengesetzes bietet reichhaltiges Material zur Betrachtung des Umgangs der Politik mit dem Strafrecht. Interessant ist vor allem, daß die Rechts-Sachverständigen, die zur Beurteilung der von den

52 Näher *Vormbaum* a.a.O.

53 Was nicht ausschließt, daß das Bestehen nichtstrafrechtlicher Sanktionsmechanismen aufgezeigt wird; dazu *Vormbaum*, JZ 2002, S. 169 (abgedruckt in diesem Band unter Nr. 10).

Fraktionen vorgelegten Gesetzentwürfe herangezogen worden waren, sich skeptisch gegenüber Strafvorschriften zeigten, während die Politiker sich überwiegend zustimmend äußerten – im Innenausschuß freilich skrupulöser als im Bundestagsplenum. Interessant ist ferner, auf welcher Ebene sich Skepsis und Kritik gegenüber Strafvorschriften äußerten: so gut wie gar nicht auf der Gerechtigkeitsebene, kaum auf der Rechtssicherheitsebene und ganz überwiegend auf der Zweckmäßigkeitsebene.

Der Entwurf der Fraktionen SPD und BÜNDNIS 90/DIE GRÜNEN[54] bedrohte denjenigen mit Strafe[55], der „als Mitglied eines vertretungsberechtigten Organs einer Partei auf Bundes- oder Landesebene die Verhältnisse der Partei im Rechenschaftsbericht vorsätzlich unrichtig wiedergibt oder verschleiert“[56]. Die Begründung zum Entwurf formuliert das Problem dahin,

> „die Vorgänge um die Finanzen der CDU[57] [hätten] der breiten Öffentlichkeit deutlich gemacht, dass das Parteiengesetz bessere Vorkehrungen gegen kriminelle Handlungen bei der Beschaffung und Verwaltung von Parteifinanzen sowie Strafen für die Täter vorsehen sollte. Hier klafft eine Lücke zwischen den nach dem Strafrecht möglichen Sanktionen und dem Gerechtigkeitsempfinden der Bevölkerung“[58].

Lösung des Problems: Die vorgeschlagenen Strafvorschriften[59] – die Geburt eines Straftatbestandes aus dem Geiste des Skandals. Welcher Art das zitierte „Gerechtigkeitsempfinden der Bevölkerung“ ist, wird nicht weiter diskutiert.

Der Entwurf der CDU/CSU-Fraktion sah zwar – wie der Entwurf von SPD und BÜNDNIS 90/DIE GRÜNEN – Sanktionen gegen Parteien, nicht aber Strafvorschriften vor[60] – eine Position, welche nicht lange durchgehalten werden konnte.

Der federführende Innenausschuß veranstaltete am 28. Februar 2002 eine fünfstündige öffentliche Anhörung von Sachverständigen[61]. Die aus dem Bereich der Wirt-

---

54 Deutscher Bundestag, 14. Wahlperiode. Drucksache 14/7778 v. 11.12.2001; § 31d Abs. 1 des Entwurfs.

55 Das Maß der Strafdrohung betrug in allen Entwürfen, Änderungsanträgen und später im Gesetz „drei Jahre Freiheitsstrafe oder Geldstrafe“. Streitig war freilich die Anordnung der Nebenfolge des Verlustes der Amts- und Mandatsfähigkeit; dazu unten.

56 Ein zweiter Absatz betraf die Prüfer und deren Gehilfen. Dieser Absatz (§ 31d Abs. 2 des Entwurfs) fand früh seine endgültige Fassung und ist daher für die hier behandelte Problematik nicht ergiebig. Im folgenden soll es daher nur um den ersten Absatz gehen.

57 Der SPD-Spendenskandal war zu jener Zeit noch nicht aufgedeckt.

58 A.a.O. (Fußn. 54), S. 2.

59 A.a.O., S. 3.

60 Deutscher Bundestag, 14. Wahlperiode. Drucksache Nr. 14/7441. Die Begründung führt aus, Ziel des Parteiengesetzes sei nicht in erster Linie Strafe, sondern Öffentlichkeit – eine reichlich kryptische Formulierung, wäre es doch wahrlich recht merkwürdig, wenn das Parteiengesetz in erster Linie Strafe zum Ziel hätte.

61 Deutscher Bundestag, 14. Wahlperiode. Innenausschuß. Protokoll der 89. Sitzung vom 28. Februar 2002.

schaft berufenen Sachverständigen beanstandeten handwerkliche Mängel der vorgeschlagenen Strafvorschrift, begnügten sich aber im übrigen mit pauschaler Zustimmung oder gingen auf diese Vorschrift nicht ein[62]; hingegen brachten die Sachverständigen aus dem Bereich der Rechts- und Politikwissenschaft, *Mahrenholz*, *Naßmacher* und *Hans-Peter Schneider*, Skepsis zum Ausdruck[63].

Die Diskussion über die Einführung von Strafvorschriften wurde durch eine Bemerkung des Ausschußmitgliedes Ströbele gegenüber diesen drei Sachverständigen ausgelöst:

> *Abg. Ströbele*: „Wenn es darum gehen soll, dass das Gesetz auch angewandt wird, dann muss man die Konsequenzen für den Fall der Nichtanwendung des Gesetzes verschärfen. Sie haben sich gegen strafrechtliche Sanktionen gewandt. Ich bekenne, daß auch ich wenig davon halte und ursprünglich dagegen war, strafrechtliche Sanktionen aufzunehmen. Wir stehen aber vor dem Phänomen, dass die bereits im Gesetz enthaltenen Sanktionen in der Vergangenheit nicht gereicht haben, um Personen zur Befolgung dieses Gesetzes zu veranlassen [...] Diesbezüglich trifft man in der Bevölkerung immer wieder auf völliges Mißverständnis. Stets wird gefragt: Wie kann es sein, dass der Gesetzgeber keine Möglichkeit hat, dafür zu sorgen, dass das Gesetz auch befolgt wird. Daraus resultiert die Überlegung strafrechtlicher Sanktionen“[64].

Nach diesen Hinweisen auf überwundene Strafrechtsskepsis und auf private Demoskopie folgt konsequent – eine Strafüberlegung ruft die nächste hervor – die Frage an die Sachverständigen, ob man nicht den Bereich des Strafbaren noch weiter fassen müsse[65]. Die Sachverständigen bleiben skeptisch:

---

62 Sachverständiger *Eschweiler*, a.a.O., S. 12 ff., 13, sprach von den „wohl leider unvermeidlich gewordenen strafrechtlichen Sanktionen“, wobei nicht klar wurde, ob die Unvermeidlichkeit aus der Sache oder aus der politischen Stimmung folgte. Für „spürbare Strafen“ sprach sich der Sachverständige *Günther* (a.a.O., S. 16 ff., 17) aus, der Unverständnis der Bevölkerung vermutete, „wenn man einerseits in Sachen Transparenzgebot die Verfassung bemüht, Verstöße dagegen aber als strafrechtlich irrelevant ansieht“. Die Formulierung läßt immerhin auch die Interpretation zu, daß die Stilisierung der Transparenzverletzung zum Verfassungsverstoß kritisiert wird. Auch *Günther* kritisierte handwerkliche Mängel (a.a.O., S. 17). Für Strafbarkeit auch die Sachverständige *Römmele*. Die übrigen Sachverständigen gingen auf die Strafvorschrift nicht näher ein.

63 S. die schriftlichen Gutachten: Innenausschuß, Drucksache Nr. 14/746 (*Naßmacher*), S. 2 = Bericht S. 87; Drucksache Nr. 14/746 C (*Mahrenholz*), S. 5 f. (der allerdings die Möglichkeit der Anordnung der Nebenfolgen nach § 45 Abs. 4 StGB forderte); das schriftliche Gutachten von *H. P. Schneider* liegt dem Ausschußprotokoll nicht bei.

64 Ausschußprotokoll S. 55.

65 A.a.O., S. 56: „Muss die Sanktion nicht eigentlich noch weitergehend sein? Hier wird ja nur sanktioniert, wenn ein Rechenschaftsbericht abgegeben wird, der nicht in Ordnung ist. Es gibt aber eine Reihe von anderen Punkten – etwa die unverzügliche Bekanntgabe von Spenden über 50.000 Euro beim Bundestagspräsidenten, der dies dann veröffentlichen soll –, die zunächst nichts mit dem Rechenschaftsbericht zu tun haben. Müsste man daher nicht eine weiter gehende

> *Mahrenholz*[66]: „Fängt man erst einmal damit an, möchte man plötzlich gern alles sanktionieren. Die Frage ist, ob auch Dinge wie Spendengeschichten sanktioniert werden müssen. Ich habe da meine Zweifel. Die Kunst der Sanktionierung liegt darin, sich wirklich auf das Unausweichliche zu beschränken. Man sollte nicht der Tendenz Vorschub leisten, zu meinen, man könne das Parteiengesetz durch einen Strafrechtskatalog absichern, der im Grunde – ich will nicht sagen ridikül wirkt – den Zweck verfehlt, weil man alles Mögliche unter Strafe stellt und nur dazu aufruft, die Strafbarkeit zu umgehen".

Damit ist bereits ein großer Teil der Argumente aus dem Zeughaus der Zweckmäßigkeit aufgefahren. Die maßgebliche Frage für den Sachverständigen ist aber: „Was schreckt ab? Ist es die Strafe, die ja doch zur Bewährung ausgesetzt oder mit 5000 Euro belegt wird?"[67] Auf diese Frage, an der immerhin bemerkenswert ist, daß sie die als Ergebnis strafrechtsreformerischer Bemühungen geltende Einrichtung der Strafaussetzung zur Bewährung zum Anlaß weitergehender Sanktionierungsüberlegungen nimmt, gibt der Sachverständige sich selber die Antwort:

> „Diese Art der Sanktionierung kennen wir ja im Zusammenhang mit der Kohl-Affäre. [...] Ist nicht vielleicht die Lebensstrafe des Verlusts der Bekleidung öffentlicher Ämter, die dazu führt, daß ein Mandatsinhaber sein Mandat verliert, viel wichtiger? [...] Ich sehe somit den wesentlichen Sinn der Sanktionierung darin, daß in schweren Fällen [...] auf Verlust des Rechts zur Bekleidung öffentlicher Wahlämter erkannt werden kann. Das ist eine Sanktion, die zieht; denn das ist für einen Politiker [...] besonders wichtig"[68].

So wird das Verhältnis von strafrechtlicher Sanktion und Nebenfolge umgedreht: Die Nebenfolge ist nicht mehr eine Folgerung aus dem mit der Straftat verwirklichten kriminellen Unrecht, sondern das Verhalten wird deshalb kriminalisiert, weil man auf diese Weise an die Nebenfolge „herankommt", die besser „zieht" als die Strafrechtssanktion. Da ist es beruhigend, daß die beiden anderen angesprochenen Gutachter auf die der Materie angemessenen politischen und speziell demokratischen Mechanismen – die „segensreiche Wirkung des öffentlichen Skandals"[69] und

---

Sanktionierung vorsehen, indem man sagt, dass, wer gegen die und die Vorschrift des Gesetzes verstößt, Sanktionen befürchten muss?"

66 Ausschußprotokoll S. 57.

67 A.a.O., S. 58.

68 Ebd. – Der Hinweis auf Helmut Kohl dürfte untechnisch gemeint sein. Das gegen ihn von der Staatsanwaltschaft Bonn eingeleitete Strafverfahren wurde vom Landgericht nach § 153a StPO gegen Leistung einer Geldbuße von 300.000 DM eingestellt; Text des Beschlusses und kritische Kommentare von *Naucke*, *Hennis* und *Vormbaum* in: Jahrbuch der Juristischen Zeitgeschichte 2 (2000/2001), S. 715 ff.

69 *Naßmacher* a.a.O., S. 59. – Auch Abg. *Stadler* (FDP) spricht vom erzieherischen Wert der Skandalisierung, weist aber – und dies ist einer der wenigen Hinweise auf die rechtsstaatliche Problematik – darauf hin, daß die Skandalisierung auf *legales* Verhalten präventiv wirken kön-

„das Vertrauen auf die Selbstheilungskräfte der Demokratie“[70] – verweisen[71]. Insgesamt aber erweist sich die Überlegung, einen Parteispenden-„Sünder“ auf Lebenszeit von der Mitwirkung am aktiven politischen Geschehen auszuschließen, als hoffähig. Immerhin hat die Einsicht in die Fragwürdigkeit dieser Überlegung sich dann letztlich doch durchgesetzt – sie dürfte durch die Problemnähe der Akteure des Gesetzgebungsverfahrens gefördert worden sein.

Die einzige wirklich substanzielle Änderung an der Strafvorschrift der Vorlage der Regierungsfraktionen führte – nicht verwunderlich – zu einer Ausweitung der Strafbarkeit: Abg. Röttgen (CDU) wies auf Praktikabilitätsmängel hin:

> „Den Mitgliedern eines [Partei-]Vorstandes [muß] Vorsatz nachgewiesen werden. Ich glaube, daß der Beisitzer – das ist auch im Bundesvorstand so – wenig Kenntnis hat. Die Vorsatzhürde ist also eine hohe Hürde. Andererseits gibt es in den Parteien [...] so genannte Finanzbevollmächtigte. Das sind eigentlich die, die viel mehr Kenntnis haben als die gewählten Mitglieder, die Beisitzer. Diese werden nach meiner Interpretation unter Strafe gestellt [...]. Aber die Finanzbevollmächtigten, also die Profis, die natürlich nicht Mitglied des Vorstandes sind, kommen als potenzielle Täter nicht in Betracht. Nach meiner Interpretation ist diese Strafvorschrift so gefaßt, dass derjenige, der nichts weiß, als Täter infrage kommt, und der, der etwas weiß, als Täter nicht infrage kommt. Wie symbolisch ist also diese Strafvorschrift?“

In dem im Innenausschuß schließlich zustandegekommenen Entwurf, der von allen Fraktionen mit Ausnahme der PDS übernommen wurde[72], ist dieser Einwand berücksichtigt. Dieser Entwurf enthält bereits die zu Beginn dieses Abschnitts vorgestellte Gesetzesfassung.

Die *dritte Lesung* des Gesetzes im Bundestagsplenum[73] nahm, obwohl inzwischen (fast) ein Allparteien-Entwurf vorlag, angesichts des nahenden Bundestagswahlkampfes einen recht polemischen Verlauf und war geprägt von dem Bemühen der

---

ne und daß dieses „Verfahren“ keine Unschuldsvermutung kenne. Dieser Gedanke wurde nicht weiter verfolgt.

70 *Schneider* a.a.O., S. 61.

71 Wenn Schneider (a.a.O., S. 60), der als seine Erkenntnis aus den Beratungen der von Bundespräsident Carstens eingesetzten Parteirechtskommission berichtet, „dass [Sanktionen strafrechtlicher Art] an sich wenig hilfreich sind“, dann doch für den Verlust der Bekleidung öffentlicher Ehrenämter plädiert, wird nicht ganz deutlich, ob ihm das Junktim zwischen Straftatbestand und dieser Sanktion bewußt ist.

72 Deutscher Bundestag, 14. Wahlperiode. Drucksache Nr. 14/8778; die mitberatenden Ausschüsse (Rechtsausschuß, Ausschuß für Wahlprüfung, Immunität und Geschäftsordnung) schlossen sich an; a.a.O., S. 5.

73 Deutscher Bundestag, 14. Wahlperiode. 231. Sitzung vom 19. April 2002. Da mir nur ein konvertierter Internetausdruck zur Verfügung stand, kann ich nur nach Rednern, nicht nach Seiten zitieren.

Fraktionen, gerade das Verdienst um die neue Strafvorschrift an die eigene Fahne zu heften.

> *Abg. Friese (SPD)*: „Ist es richtig, daß ein ehemaliger Bundeskanzler, der mit seiner Weigerung, die Namen von Spendern zu nennen, permanent gegen die Verfassung und gegen das Parteiengesetz verstößt, straffrei bleibt? [...] Ist es richtig, daß auch ein ehemaliger Innenminister, der außerhalb der Kasse seiner Partei 20 Millionen DM in der Schweiz parkte, aller Wahrscheinlichkeit straffrei bleiben wird? [...]"

Fragen, die sich offenbar von selber beantworten. Es folgen Ausführungen, die zwar zur Legitimierung von Strafvorschriften nichts beitragen, jedoch regelmäßig das Repertoire politischer Strafbegründung bereichern, das sich häufig sogar in ihnen erschöpft: Es dürfe keinen strafrechtsfreien Raum geben[74]; das zur Debatte stehende Verhalten sei kein „Kavaliersdelikt"; das zu schützende Gut besitze einen Spitzenwert:

> „Es darf in unserem Land keinen strafrechtsfreien Raum für vorsätzliche Verstöße gegen Vorschriften geben, die für die Funktionsfähigkeit einer parlamentarischen Demokratie von zentraler Bedeutung sind [...]".

Der Wunsch nach der Lückenlosigkeit des Sanktionssystems ist parteiübergreifend:

> *Abg. Norbert Röttgen (CDU/CSU)*: Wir brauchen – auch das ist unsere Forderung im Gegensatz zum Koalitionsentwurf – ein lückenloses Sanktionssystem bei Verstößen gegen das Parteiengesetz. [[...]] Die Sanktionen reichen von finanziellen Maßnahmen bis zur Strafbarkeit. Die Strafbarkeit unterstreicht die Bedeutung *des Rechtsgutes der Transparenz* [...]". [Hervorhebung von mir – T.V.]

Immerhin: Mit dem letzten Satz erweist der Redner sich als rechtskundig. Strafrecht schützt Rechtsgüter; also wird „die Transparenz" zum „geschützten Rechtsgut" promoviert. Indes muß er sich von dem nachfolgenden Redner vorhalten lassen, nicht genügend Eifer bei der Einführung neuer Strafvorschriften an den Tag gelegt zu haben:

> *Abg. Hans-Christian Ströbele (BÜNDNIS 90/DIE GRÜNEN)*: Herr Kollege Röttgen [...], am Anfang waren Sie es, der ganz strikt gegen jede strafrechtliche Sanktion in diesem Parteiengesetz gewesen ist. [...] Sie mussten von allen anderen zum Jagen [! – T.V.] getragen werden. Wissen Sie, warum Sie jetzt zustimmen? Weil auch Sie festgestellt haben, dass die Bevölkerung wie bei keinem Gesetz vorher von uns allen verlangt, dass wir etwas tun und alle gesetzgeberischen Möglichkeiten nutzen, um in Zukunft solche Spendenskandale, solche Korruption und solche Ereignisse der gekauften Politik einer Bundesregierung zu verhindern".

---

74 So selbstverständlich diese Aussage dann ist, wenn man ausdrücken will, niemand dürfe von der Anwendung einer allgemein geltenden Strafvorschrift ausgenommen sein, so gefährlich ist sie, wenn sie die Forderung nach einem lückenlosen Strafrechtsschutz zum Ausdruck bringt (dazu *Vormbaum*, Glosse „Strafbarkeitslücken", in: JZ 1999, 613, auch abgedruckt in diesem Band, Kapitel 17).

Nach Aufzählung einer Reihe von CDU-Politikern, die unter dem vorgeschlagenen Gesetz nicht straflos geblieben wären, rühmt der Redner, der im Ausschuß noch bekannt hatte, er halte selber wenig von Strafvorschriften und sei ursprünglich gegen sie gewesen, die von seiner Fraktion vorgeschlagenen Strafvorschriften auch deshalb, weil sie präzise auf aktuelle Vorkommnisse und Personen zugeschnitten sind:

> „Wir haben eine ganze Reihe von Erfahrungen auch aus den letzten Wochen berücksichtigt. Auch die Herren Rüther und Biciste wären nach diesem Gesetz strafbar. Die Staatsanwaltschaft in Köln hätte keine Probleme. Denn die Herren Rüther und Biciste haben vorsätzlich, um die Herkunft der Spenden zu verschleiern, Beträge gestückelt und falsch verbuchen lassen. Auch die, die in Kenntnis dieses Vorganges mitgewirkt haben, zum Beispiel weil sie Spendenquittungen angenommen haben, obwohl sie überhaupt keine Spende gemacht haben, wären im Rahmen der dortigen Vorgänge wegen Beihilfe strafbar. Das heißt, wir haben die Strafvorschriften noch in den letzten Wochen aus den Erkenntnissen heraus, die wir jede Woche neu gewonnen haben, verschärft und eine Strafbarkeit auch auf der untersten Ebene eingerichtet. Da war die Einsicht da, daß wir uns dem Willen der Bevölkerung nicht entziehen können. [...] Wir haben auch der CSU eine eigene Vorschrift gewidmet [...].“

Die Forderung der PDS-Fraktion, „bei schweren strafrechtlich sanktionierten Verstößen gegen das Parteiengesetz die Fähigkeit, öffentliche Ämter zu bekleiden, sowie das passive Wahlrecht zeitlich befristet [abzuerkennen]“[75], verfiel immerhin mitsamt dem gesamten Entwurf der PDS der Ablehnung.

Mit den oben gelieferten Zitaten ist das, was im Plenum zu den neuen Strafvorschriften des Parteiengesetzes für erwähnenswert gehalten wurde, erschöpfend wiedergegeben. Der Erlaß von Strafvorschriften ist wohlfeil; er kostet nicht einmal viele Argumente.

Das Ergebnis der Gesetzesberatungen: Die Fraktionen von CDU/CSU und FDP wurden für den Erlaß von Strafvorschriften gewonnen; die vorgeschlagene Strafvorschrift wurde präzisiert – gewiß ein Gewinn an Rechtsstaatlichkeit –, zugleich der Adressatenkreis und damit der Anwendungsbereich des Strafrechts erweitert. Bestätigt hat sich damit die Reduzierung strafgesetzlicher Überlegungen auf Zweckmäßigkeitserwägungen und die „Bedeutungslosigkeit des [Rechtsgüterschutz]-Kriteriums in der neuen kriminalpolitischen Diskussion“[76]. Kriminalstrafe, die der Weisheit letzter Schluß sein sollte, markierte wieder einmal den Schluß der Weisheit[77].

75 Abg. Kenzler (PDS) a.a.O.

76 *Staechelin*, Interdependenzen (o. Anm. 30) S. 239.

77 Daß dieses Wortspiel sich der (fälschlichen) Gleichsetzung von „ultima ratio“ und „letztem Schluß“ bedient, sei eingeräumt.

IX. Strafrechtsdämmerung

Wer Kriminalstrafen vorschlägt, sollte sich Gedanken nicht nur darüber machen, ob das, was er vorschlägt, „funktioniert“, sondern auch darüber, ob es legitim ist. Mit emotional aufgeladenen Redewendungen aus dem Staatsbürgerkunde-Unterricht – etwa über die Bedeutung wahrheitsgemäßer Aussagen vor Untersuchungsausschüssen oder der Transparenz der Parteienfinanzierung für die politische Kultur oder für Glaubwürdigkeit des Parteiensystems – wird diese Forderung nicht erfüllt. Daß in den Diskussionen über den Einzug des Strafrechts in das Parteiengesetz immerhin die Rechts-Sachverständigen, obwohl kein Strafrechtler unter ihnen war, Skepsis gegenüber der neuen Strafnorm des § 31d PartG artikulierten, zeigt, daß ein Bewußtsein für das Problematische und Begründungsbedürftige von Kriminalisierungen immer noch wach ist. Daß die Einwände ausschließlich unter dem Gesichtspunkt der Zweckmäßigkeit erhoben wurden, zeigt freilich auch, daß es sich bei diesem Bewußtsein um ein (hoffentlich nicht abend-) dämmerndes Bewußtsein handelt.

Nachbemerkung

Auch hier sei für eine Vertiefung der bei Fnz. 6 angedeuteten Entstehung des Rechtsgüterschutz-Gedankens hingewiesen auf *K. Amelung*, Rechtsgüterschutz und Schutz der Gesellschaft. Frankfurt/M. 1972, S. 49 ff.; *Ders*., J.M.F. Birnbaums Lehre vom strafrechtlichen „Güter“-Schutz, in: Diethelm Klippel (Hrsg.), Naturrecht im 19. Jahrhundert. Goldbach 1997, S. 349 ff.; *Thomas Vormbaum*, Einführung in die moderne Strafrechtsgeschichte. Heidelberg 2009, S. 55 ff.

Die zu Beginn von Abschnitt VIII angedeuteten Vorgänge und Zitate zu den Parteispenden-Skandalen der Jahrhundert- bzw. Jahrtausendwende sind bereits wenige Jahre später kaum noch verständlich: „Omertà“ und „Ehrenwort“ beziehen sich auf die Weigerung von Altbundeskanzler Kohl, die Namen der Täter von rechtswidrigen Parteispenden für die CDU preiszugeben; zur Begründung gab Kohl an, er habe sein Ehrenwort für dieses Schweigen verpfändet. Der Schatzmeister der hessischen CDU hatte die Herkunft von Schwarzgeldern mit dem Hinweis auf angebliche jüdische Vermächtnisse verschleiert; der hessische Ministerpräsident Roland Koch hatte „brutalstmögliche Aufklärung“ dieser Vorgänge angekündigt, ohne dass dieser Ankündigung entsprechende Taten folgten. Der Spendenskandal der SPD, die bis dahin von der öffentlichen Verurteilung des CDU-Spendenskandals profitiert hatte, stand im Zusammenhang mit dem sog. Kölner Müll-Skandal. – Die Entwicklung der Parteispendenskandale einschließlich derjenigen des FDP-Spendenskandals lässt sich gut nachvollziehen anhand der Berichterstattung der „Süddeutschen Zeitung“ zum juristischen Zeitgeschehen, die ich zusammen mit Heribert Prantl in fünf Jahresbänden für die Jahre 2000 bis 2004 herausgegeben habe: *Heribert Prantl / Thomas Vormbaum* (Hrsg.), Juristisches Zeitgeschehen 2000 [und sodann 2001, 2002, 2003, 2004] in der Süddeutschen Zeitung. Berlin 2001 [und sodann 2002, 2003, 2004, 2005], S. 7 ff. [und sodann S. 10 ff.; S. 12 ff., 30 ff., 80 ff.; S. 76 ff., 85 ff., 93 ff.; S. 15 ff., 31 ff., 35 ff.].

4.

Strafrecht und Strafprozeßrecht.

Einige historische und systematische Anmerkungen zu einem vielschichtigen Verhältnis

(2007)

Daß materielles Strafrecht und Strafprozeßrecht zwei Normensysteme bilden und in je eigenen Kodifikationen geregelt sind, entspricht heutiger Rechtsauffassung und Gesetzgebungstechnik, die sich auch in anderen Rechtsgebieten, vor allem im Zivilrecht, niedergeschlagen hat. Diese gedankliche und legislative Trennung ist das Ergebnis einer langen rechtshistorischen Entwicklung. Daß sie nicht im allgemeinen Bewußtsein verwurzelt ist, erfährt jeder Jurist, der einem juristischen Laien oder Studienanfänger eine materiellrechtliche Problematik erläutern will und sich der Rückfrage ausgesetzt sieht, wie man „das denn beweisen" wolle. Der – möglicherweise unwirsche – Hinweis, dies sei eine prozessuale Frage und hier nicht zu erörtern, mag zwar dem Fragenden den Satz „Worüber man nicht reden kann, darüber muß man schweigen" in Erinnerung rufen und damit *qua auctoritate* den Zwischenfall beenden. Das Problem ist indes nicht aus der Welt geschafft, denn Strafrecht und Strafprozeßrecht sind auf vielerlei Weise, im Gleichklang miteinander, aber auch im Widerstreit miteinander, verbunden; und die Problematik, materielle Normen so zu formulieren, daß sie auch in der Beweisaufnahme greifbar sind, bildet nur eine der Facetten des Problemfächers.

I.

Daß die historische Entwicklung allmählich zur Unterscheidung von Strafrecht und Strafprozeßrecht geführt hat, ist als allgemeine Aussage zweifellos richtig. Genauer wäre die Charakterisierung des Vorgangs dahin, daß das materielle Strafrecht sich allmählich vom Strafprozeßrecht abgelöst hat. Archaische Rechtsordnungen denken vom Verfahren her. Die gedankliche Abstraktionsleistung und „Modernisierung" besteht daher in der von verfahrensrechtlichen Überlegungen losgelösten Diskussion materiellrechtlicher Fragen. Das römische Zivilrecht mit seinem aktionenrechtlichen Denken ist im Grunde ein Zivil*prozeß*recht[1]. Dasselbe gilt für das germanische und –

1 *Alfred Söllner*, Einführung in die römische Rechtsgeschichte, 2. Aufl. 1980, S. 64.

mählich abnehmend – für das fränkische Strafrecht[2]. Die Peinliche Gerichtsordnung von 1532 (Carolina) vereint prozessuale und materiellrechtliche Vorschriften, besitzt ihren Schwerpunkt aber im Verfahrensrecht[3]. Die naturrechtlichen Denker und Gesetzgeber perfektionieren das materielle Recht – beispielsweise durch den auf *Pufendorf* zurückgehenden Gedanken eines *Allgemeinen Teils*[4] – und fördern damit seine Ablösung vom Verfahrensrecht. Die zahlreichen in Italien und im italienischen Kulturkreis entstehenden Kodifikationen des ausgehenden 18. Jahrhunderts und beginnenden 19. Jahrhunderts unterscheiden zwar sachlich und regelungstechnisch materielles Strafrecht und Strafprozeßrecht, fassen aber beide Komplexe häufig noch in gemeinsamen Kodifikationen zusammen[5]. Und auch ein Gesetzgebungswerk wie das habsburgische *Gesetzbuch über Verbrechen und schwere Polizeiübertretungen* von 1803, das innerhalb der materiellrechtlichen Regelung bereits einen – wenn auch nicht unter einer eigenen Überschrift zusammengefaßten – Allgemeinen Teil besitzt[6], regelt noch das Verfahren für beide Deliktsarten jeweils in einem gemeinsamen Buch. Den endgültigen Sieg der kodifikatorischen Trennung beider Bereiche markiert die napoleonische Gesetzgebung[7]. Der deutsche Kodifikationsschub auf Reichsebene im ausgehenden 19. Jahrhundert baut rundum auf dieser Trennung auf; die Partikulargesetzgebung war diesen Weg vorausgegangen[8]. Selbst das NS-

---

2 Dies zeigt sich schon daran, daß die einschlägigen Darstellungen, wo sie das „materielle Strafrecht" (*Eb. Schmidt*) oder die „Unrechtsfolgen" *(Mitteis/Lieberich)* behandeln, in der Sache von der Blutrache, der handhaften Tat usw., also von der Verfahrenspraxis, berichten. Anachronistisch daher die getrennte Darstellung von materiellem Recht und Verfahrensrecht bei *Eberhard Schmidt*, Einführung in die Geschichte der deutschen Strafrechtspflege. 3. Auflage, 1965, §§ 3 ff., 27 ff.; zutreffend die einheitliche Behandlung bei *Mitteis/Lieberich*, Deutsche Rechtsgeschichte. 18. Auflage, 1988, S. 37 ff.

3 *Gerd Kleinheyer*, Tradition und Reform in der Constitutio Criminalis Carolina, in: *Peter Landau/Friedrich-Christian Schroeder* (Hrsg.), Strafrecht, Strafprozeß und Rezeption. Grundlagen, Entwicklung und Wirkung der Constitutio Criminalis Carolina, 1984, S. 7 ff., 13 (Strafprozeßrecht mit einem „Einschub des materiellen Strafrechts"), ebenso *Ulrich Eisenhardt*, Deutsche Rechtsgeschichte. 4. Auflage, 2004, Rdn. 353 m. Nachw.; auch hier wirkt die Aufteilung des Stoffes nach materiellem Recht und Prozeßrecht b. *Eb. Schmidt*, Einführung (Fußn. 2), S. 115 ff., 125 ff., wenig sachgerecht.

4 *Franz Wieacker*, Privatrechtsgeschichte der Neuzeit, 2. Auflage, 1967, S. 309.

5 *Ettore Dezza*, Saggi di storia del processo penale nell'età della codificazione, 2001 (dt. Übersetzung u.d.T. „Beiträge zur Geschichte des italienischen Strafprozesses im Kodifikationszeitalter", 2007), S. 1 ff. (für Malta, 1784), S. 52 ff. (für Lucca, 1807), S. 85 ff. (für Piombino, 1808), S. 111 ff. (für Neapel, 1808).

6 Erster Teil (Verbrechen), §§ 1–51; Zweiter Teil (schwere Polizey-Uebertretungen), §§ 1–36; anders bereits die „Josephina" von 1787, die nur das materielle Strafrecht regelte.

7 Zu seinen Auswirkungen in Italien s. *Dezza*, Fußn. 5.

8 S. einerseits die Sammlung der deutschen Strafgesetzbücher, hrsg. von *Melchior Stenglein*. 3 Bde., 1858; andererseits die Sammlung der neuen deutschen Strafprocessordnungen von *C.F. W.P. Haeberlin*. 1852, sowie die Sammlung der neuen deutschen Gesetze über Gerichtsverfassung und Strafverfahren, hrsg. von *P. Sundelin*, 1861.

Regime mit seinem „trennungsfeindlichen" Denken fährt seine Reformarbeiten getrennt auf der materiellrechtlichen und der prozeßrechtlichen Schiene. In jüngerer Zeit hat von den größeren Rechtsgebieten nur das Ordnungswidrigkeitenrecht eine Zusammenfassung materieller und prozessualer Vorschriften in einem Gesetz erfahren; der Grund dürfte vor allem darin zu finden sein, daß der Besondere Teil des materiellen Ordnungswidrigkeitenrechts nur mit einigen wenigen Tatbeständen in dem Gesetz vertreten ist, während die Masse der Ordnungswidrigkeits-Tatbestände (in jeder Hinsicht eine „Masse"!) außerhalb des Gesetzes normiert ist[9].

II.

Kommen wir zurück auf den eingangs erwähnten Einwand des juristischen Laien oder Studienanfängers. Der diesem Einwand entgegengehaltene Hinweis auf den Kategorienunterschied von materiellem Recht und Prozeßrecht ist zwar prinzipiell berechtigt, der ihn auslösende Einwand ist es aber auch:

1. Das macht schon der gängige Lehrsatz deutlich, materielles Strafrecht „verwirkliche" sich im Strafprozeß, und der Strafprozeß diene diesem Ziel. Dieser Satz ist voraussetzungsreicher als er sich gibt; genauer formuliert müßte er lauten: Materielles Strafrecht verwirklicht sich im Prozeß, durch den Prozeß und trotz des Prozesses; der Strafprozeß ist der Ort für die Umsetzung des materiellen Rechts, er liefert den Mechanismus für diese Umsetzung und er zieht die Grenzen, innerhalb derer diese Umsetzung erfolgen darf, wirkt sich also – vor allem durch seine rechtsstaatlich-schützenden Formen – oft als Hemmschuh für eine Verwirklichung des materiellen Rechts um jeden Preis aus[10].

2. Aber nicht nur die rechtsstaatlich-schützenden Formen des Prozeßrechts bauen Hindernisse für die Verwirklichung des materiellen Strafrechts auf. Eine andere, aus rechtsstaatlicher Sicht weniger honorige Tendenz der Gesetzgebung bewirkt dasselbe Ergebnis: Die zunehmende Möglichkeit der Einstellung des Verfahrens, also die Verfahrensbeendigung ohne Urteil trotz fortbestehenden Tatverdachts, verdankt – jedenfalls in Deutschland – ihre Entstehung und stete Expansion am allerwenigsten innerstrafprozessualen Mechanismen; im Vordergrund steht vielmehr regelmäßig die „Entlastung der Justiz", d.h. der Ausgleich eines gestiegenen „Input". Klagen wegen Überlastung der Justiz und Forderungen nach ihrer Entlastung sind durchgängige

---

9 S. §§ 111–131 OWiG.

10 Der Verf. hat daraus die Konsequenz gezogen, daß die Verwirklichung des materiellen Strafrechts nicht Ziel des Strafverfahrens sei: *Thomas Vormbaum*, Der strafrechtliche Schutz des Strafurteils, 1985, S. 126 ff.

Themen der Strafprozeßgeschichte des 20. Jahrhunderts[11]. Abgesehen von der Mehrbelastung durch komplizierter gewordene Sachverhalte (vor allem im Bereich des Wirtschaftsstrafrechts) geht diese Steigerung auf eine nur kurzfristig unterbrochene Expansion des materiellen Strafrechts zurück. Die Ursachen dieser Entwicklung sind sozialer und politischer Natur. Da sie schon oft benannt worden sind, brauchen sie hier nicht wiederholt zu werden[12]. Festzuhalten ist, daß der Gesetzgeber das Problem der Überlastung der Strafjustiz nicht durch *Entkriminalisierung* – also materiellstrafrechtlich – löst, sondern durch Verfahrensvereinfachung – also prozeßrechtlich[13]; an die Stelle der regulären Verfahrenserledigung durch Urteil ist die Erledigung durch Strafbefehl, durch Einstellung und – neuerdings zunehmend – durch Prozeßvergleich getreten[14].

Damit wurde ein Weg beschritten, der aus mehreren Gründen problematisch, ja verhängnisvoll ist. Stehen Normen des materiellen Strafrechts in einer großen Zahl von Fällen zur Disposition von Gericht und Staatsanwaltschaft (und beim prozessualen Vergleich zur Disposition aller Verfahrensbeteiligten), so gerät die Sanktionsverhängung in einen schwer kontrollierbaren Ermessensbereich, der mit dem Gleichheitsgrundsatz leicht in Kollision gerät.

3. Ausgehöhlt wird durch diese Entwicklung auch das Legalitätsprinzip (§ 152 Abs. 2 StPO); der Katalog der Einstellungsgründe der §§ 153 ff. StPO, den die sog. Lex Emminger 1924 eröffnete, ist seither immer länger geworden. Die im Sprachgebrauch der deutschen Strafrechtsliteratur übliche Unterscheidung zwischen (prozessualem) Legalitätsprinzip und (materiellrechtlichem) Gesetzlichkeitsprinzip läßt leicht vergessen, daß beide Bezeichnungen schon sprachlich dasselbe bedeuten. In anderen Rechtsordnungen – beispielsweise in der Schweiz und in Italien[15] – wird

---

11 Offiziell fand die „Entlastung der Rechtspflege" erstmals den Weg in eine Gesetzesüberschrift mit dem Gesetz zur Entlastung der Gerichte vom 11. März 1921, RGBl. S. 229.

12 Einige Aspekte sind dargestellt bei *Vormbaum*, Eid, Meineid und Falschaussage. Reformdiskussion und Gesetzgebung seit 1870. 1990, S. 180 ff.; besonders prägnante Darstellung bei *Silva Sanchez*, Die Expansion des Strafrechts. 2003; beide mit Nachweisen.

13 Allerdings geht mit der Expansion des materiellen Strafrecht – sprachlich gleichbedeutend: mit der Kriminalisierung – eine *Milderung* der Rechtsfolgen einher; auch diese *Entpoenalisierung* (die von der *Entkriminalisierung* unterschieden werden muß) geschah freilich nicht durch Herabsetzung der gesetzlichen Strafrahmen, denn dies würde ja nicht unbedingt eine Entlastung der Justiz bringen (Kompliziertheit und Umfang eines Verfahrens korrelieren nicht unbedingt mit der Schwere des Tatvorwurfs).

14 Dazu zuletzt: *Rainer Hamm*, Braucht die StPO, um wieder zu gelten, ein Deal-Gesetz? In: *Ursula Nelles/Thomas Vormbaum* (Hrsg.), Strafverteidigung in Forschung und Praxis. Kriminalwissenschaftliches Kolloquium aus Anlaß des 70. Geburtstages von *Jürgen Welp*. 2006, S. 57 ff.

15 Dort schon deshalb, weil sich eine sprachliche Unterscheidung wie im Deutschen gar nicht durchführen läßt; in beiden Fällen ist daher von *legalità* die Rede; näher zur Problematik *Ser-*

diese sprachliche Unterscheidung auch nicht vorgenommen. In der Tat hängen materiellrechtliches und prozessuales Gesetzlichkeitsprinzip eng zusammen. Dies wird deutlich, wenn ein weiterer verhängnisvoller Zug der neueren Strafgesetzgebung betrachtet wird, nämlich der Trend zu immer weiteren und unbestimmteren Straftatbeständen sowohl auf der Voraussetzungs- als auch auf der Rechtsfolgenseite. Diese Unbestimmtheit verletzt nicht nur das materiellrechtliche Gesetzlichkeitsprinzip in Form des Bestimmtheitsgrundsatzes, sondern auch das prozessuale Gesetzlichkeitsprinzip, denn dieses kann seinen Zweck der Bindung der Strafverfolgung an gesetzliche Voraussetzungen (wozu auch die Garantie der *Nicht*verfolgung von nicht gesetzlich unter Strafe gestellten Verhaltensweisen gehört) nur erfüllen, wenn die Maßstäbe für ihr Handeln gesetzlich klar geregelt sind[16].

4. Was der juristische Laie oder Studienanfänger mit seiner eingangs zitierten Frage richtig erfaßt hat, ist, daß bei der Formulierung von materiellrechtlichen Vorschriften, insbesondere von Straftatbeständen, deren Umsetzung im Prozeß mitbedacht werden muß. Bereits beim Erlaß der materiellen Regelung zeigt sich die „strafrechtsgestaltende Kraft des Beweisrechts“[17]. Dies ist aber, wie gezeigt, nicht nur eine gesetzgebungstechnische, sondern auch eine eminent rechtsstaatliche Problematik. Nur Tatbestände, die dem Bestimmtheitsgebot gerecht werden, bieten die Gewähr, daß in der strafprozessualen Beweisaufnahme „faßbare“ Beweisfragen zur Verhandlung stehen.

III.

Abhängig ist die Ausgestaltung des Strafprozesses auch von der dem materiellen Strafrecht zugrunde gelegten *Straftheorie*. Wie *Krauß* eindrucksvoll dargelegt hat, baut sich der – freilich bereits Kompromißcharakter tragende – liberale reformierte

gio Moccia, La „promessa non mantenuta“. Ruolo e prospettive del principio di determinatezza/tassatività nel sistame panale italiano. Neapel 2001 (dt. 2007 u.d.T.: Das „nicht gehaltene Versprechen”. Bedeutung und Perspektiven des Prinzip der Bestimmtheit/Berechenbarkeit im italienischen Strafrecht).

16 Auch hierzu ausführlich *Moccia*, Promessa, S. 95 ff. – Bei psychologischer Betrachtung ist noch zu ergänzen: Fertigt die Justiz Kriminalität als Massenware zu kleiner Münze ab, so fördert dies die Veralltäglichung des Verbrechensbegriffs und damit die Bereitschaft zu immer neuen Kriminalisierungen. Problemlösung durch Kriminalisierung wird zur politischen Attitüde, die Problemlösung selber reproduziert und potenziert das zu lösende Problem – ein „Kreislauf mit positiver Rückkoppelung”, der in der freiheitlichen Rechtsordnung ebenso schädlich wirkt wie vergleichbare Vorgänge in anderen Bereichen menschlichen Sozialverhaltens. Kritisch zu dieser Entwicklung zuletzt *Thomas Weigend*, Strafrecht und Zeitgeist, in: *Ulrich Sieber/Hans-Jörg Albrecht* (Hrsg.), Strafrecht und Kriminologie unter einem Dach. Kolloquium zum 90. Geburtstag von Hans-Heinrich Jescheck, 2005, S. 44 ff., hier S. 62.

17 Dazu *Klaus Lüderssen*, Die strafrechtsgestaltende Kraft des Beweisrechts, in: ZStW 85 (1973), S. 288–319.

Strafprozeß, wie er sich in der Mitte des 19. Jahrhunderts durchsetzt, um Schuldfeststellung und Schuldausgleich für eine begangene Tat herum auf[18]. Eine (vor allem spezial-) präventiv motivierte Erkundung der Individual- und Sozialfaktoren der kriminellem Karriere des Beschuldigten verändert Arbeitsweise und Arbeitsaufwand der Justiz. Auch hier dürfte ein Faktor für die Überlastung der Justiz liegen (auf die der Gesetzgeber, durchaus paradox, mit der Vereinfachung des Verfahrens reagiert).

Dies macht zugleich deutlich, daß das in der Dogmatik des materiellen Strafrechts gelehrte Straftatsystem seine Aussagekraft und Praxisrelevanz um so mehr verliert, je weiter der praktizierte Strafprozeß sich von dem Zustand entfernt, der zu der Zeit, in der das Straftatsystem in seiner heutigen Gestalt entwickelt wurde (Ende des 19. Jahrhunderts), noch stillschweigend vorausgesetzt werden konnte. Besondere Bedeutung kommt den schon erwähnten vermehrten Möglichkeiten vorzeitiger Verfahrenserledigung nach Opportunitätsgesichtspunkten sowie der Ausweitung des Strafbefehlsverfahrens zu[19], sie haben – so die Kritik – die sorgfältige Tatsachenfeststellung anhand des vom Straftatsystem gelieferten Arbeitsablaufplanes in weiten Bereichen überflüssig gemacht[20]. Eine neu zu konzipierende „rechtsstaatlich-praktische allgemeine Straftatlehre"[21] könne solche Vorgänge integrieren, reflektieren und gegebenenfalls auch kritisieren[22]. Kritikwürdig seien viele der Veränderun-

---

18 *Detlef Krauß*, Das Prinzip der materiellen Wahrheit im Strafprozeß, in: Herbert Jäger (Hrsg.), Kriminologie im Strafprozeß, 1980, S. 65 ff., hier S. 80 ff.

19 Einen entscheidenden Sprung in dieser Entwicklung stellt die sog. Lex Emminger von 1924 dar; zu ihr *Thomas Vormbaum*, Die Lex Emminger vom 4. Januar 1924. Vorgeschichte, Inhalt und Auswirkungen, 1988.

20 *Wolfgang Naucke*, Die Wechselwirkung zwischen Strafziel und Verbrechensbegriff, 1985, S. 8 f.; *Ders.*, Grundlinien einer rechtsstaatlich-praktischen allgemeinen Straftatlehre, 1979, S. 23 ff. – Das Verfahren gegen Altbundeskanzler Helmut Kohl wegen Untreue im Zusammenhang mit der CDU-Spendenaffäre wurde 2001 von der Staatsanwaltschaft Bonn mit Zustimmung des Landgerichts gegen Zahlung einer Geldsumme von 300.000 DM nach § 153a StPO eingestellt. Dem nicht Rechtskundigen dürfte kaum zu vermitteln sein, daß ein Strafverfahren, das mit der Zahlung eines solchen Betrages durch den Beschuldigten endet, nicht dazu führt, daß dieser „vorbestraft" ist; s. dazu Dokumentation des Zustimmungsbeschlusses vom 28. Februar in: Jahrbuch der Juristischen Zeitgeschichte 2 (2000/2001), S.715 ff. mit Beiträgen von *Wolfgang Naucke*, Formelles und informelles Bestrafen (a.a.O., S. 722 ff.), *Wilhelm Hennis* (Das Landgericht ist nicht das Weltgericht, a.a.O., S. 725 ff.) und *Thomas Vormbaum*, „[...] und alle Fragen offen", a.a.O., S. 728 ff., in diesem Band unter Nr. 18); andererseits ist bemerkenswert, daß die materiellrechtliche Lage durchaus unklar war (was das Gericht geradezu als Begründung für seine Entscheidung angeführt hat!), m.E. sogar mehr gegen als für eine Strafbarkeit des Beschuldigten Kohl sprach. Eine vergleichbare Konstellation bietet der zur Zeit der Abfassung dieses Beitrages gerade ebenfalls nach § 153a StPO abgeschlossene Mannesmann-Strafprozeß.

21 Vgl. *Naucke*, Grundlinien (Fußn. 20).

22 *Naucke*, a.a.O. Fußn. 20, S. 40 f.: „Ein als unabdingbar aufgefaßter strafjuristischer Handlungsrahmen in der Form der wirklich allgemeinen Straftatlehre gäbe auch einen Beurteilungsmaßstab für Strafrechtsentwicklungen ab. 'Perversionen' des Strafrechts würden leichter entdeck-

gen im Strafprozeß vor allem deshalb, weil damit im Gewand prozessualer Normen bzw. ihrer Interpretation Ziele angestrebt würden, deren Verwirklichung im Gewande materiellstrafrechtlicher Normen bzw. deren Interpretation ungerecht und/oder verfassungswidrig[23] wäre. Hingewiesen wird besonders auf § 153a StPO, der in der Sache sogar eine Ersetzung der Strafsanktion durch eine nach Opportunitätsgesichtspunkten bestimmte prozessuale Sanktion herbeigeführt hat[24]. Hier eröffnet die systematologische und kodifikatorische Trennung des materiellen Strafrechts vom Strafprozeßrecht die Möglichkeit, Sanktionsverhängung aus den strengen Bindungen des materiellen Strafrechts zu lösen und in das Strafprozeßrecht zu verlagern, wo sie zwar häufig milder ausfallen, oft aber gerade deshalb überhaupt erst möglich werden[25].

Betrafen die bisherigen Problembereiche die „Verarbeitung" des materiellen Strafrechts im Strafprozeß, so sollen im folgenden Wechselwirkungen und Überschneidungen beider Bereiche angesprochen werden. Problemlösungen können zwischen Strafrecht und Strafprozeß verschoben werden (1.), der Strafprozeß kann zum Gegenstand des materiellen Strafrechts werden (2.).

1.

Daß materielles Strafrecht und Prozeßrecht (vor allem *Straf*prozeßrecht), ungeachtet ihrer kodifikatorischen Trennung, in vielfacher Weise verschlungen sind, ist oft bemerkt und wiederholt untersucht worden[26]; die im Bereich der Aussagedelikte

---

bar, da solche Entwicklungen – gemessen an den Erfahrungen seit 1900 – [...] beim Verfahren und bei den Rechtsfolgen beginnen".

23 Gegen zu leichtherziges Argumentieren mit der Verfassung und für zähes und geduldiges rechtsphilosophisches Bemühen um die Gewinnung von Maßstäben für *Ungerechtigkeit* von strafrechtlichen Normen *Naucke*, Wechselwirkung (Fußn. 20) S. 14, Fußn. 6.

24 *Naucke*, Wechselwirkung (Fußn. 20), S. 9; *Monika Frommel*, Präventionsmodelle in der deutschen Strafzweckdiskussion, 1987, S. 38, Fußn. 40; *Otto Backes*, KritV 1986, 315 ff.; *Vormbaum*, Lex Emminger (Fußn. 19), S. 173.

25 *Naucke* GA 1984, 203 ff.; *Frommel*, Präventionsmodelle (Fußn. 24), S. 36 ff.; *Thomas Vormbaum*, Entkriminalisierung und Strafgesetz; in: Festschrift für *Rudolf Gmür*, 1983 (in diesem band unter Nr. 1). Überdies kann dieser Vorgang dann noch als „Entkriminalisierung" ausgegeben werden; zur Kritik der „scheinbaren Entkriminalisierung" s. *Naucke* und *Frommel* a.a.O.; vgl. auch *Vormbaum*, a.a.O., S. 332. Ähnliche Effekte wie im Verhältnis Strafrecht/Strafprozeßrecht stellen sich im Verhältnis des Strafrechts zum Ordnungswidrigkeitenrecht und zu dessen Verfahrensrecht ein.

26 S. dazu mit Nachweisen *Vormbaum*, Schutz des Strafurteils (Fußn. 10), 6. Kapitel; s. auch *Klaus Marxen*, Straftatsystem und Strafprozeß, S. 313, Fußn. 1.

anzutreffende spezielle Konstellation – Prozeß und Prozeßnormen als „Stoff" für Straftatbestände – kennzeichnet nur *eine* der zahlreichen Beziehungsebenen[27].

Erwähnt sei nur die Anknüpfung mehrerer prozeßrechtlicher Regelungen an die materiellrechtliche Einteilung der Deliktscharaktere „Verbrechen" und „Vergehen" (§ 12 StGB)[28], ferner das fragwürdige gesetzgeberische Unternehmen, mit § 129a StGB (Terroristische Vereinigungen) einen Straftatbestand zu schaffen, der in erster Linie als Anknüpfungsmöglichkeit für strafprozessuale Restriktionen der Beschuldigtenstellung zu dienen bestimmt ist[29]. Zu erwähnen ist ferner die Bezugnahme der Vorschriften über den Verteidigerausschluß (§§ 138a Abs. 1 Nr. 3 StPO) und über das Absehen von der Vereidigung (§ 60 Nr. 2 StPO) auf den Tatbestand der Strafvereitelung (§ 258 StGB).

Besonders instruktiv ist in dieser Beziehung der häufig erwähnte[30] Zusammenhang zwischen der Einschränkung der Eide im Strafverfahren im Jahre 1933[31] und der Einführung des Tatbestandes der falschen uneidlichen Aussage (§ 153 StGB) im Jahre 1943, welche ihrerseits die Möglichkeit eröffnet, die Fälle des Absehens von Vereidigung abermals auszudehnen[32]. Der Regelungsort der zu lösenden Problematik – Sicherstellung wahrheitsgemäßer Aussagen vor Gericht[33] – wird also vom Prozeßrecht zum materiellen Strafrecht verschoben. Die Stimmen, die für eine materiellstrafrechtliche Lösung besondere Legitimationsnachweise verlangen, klingen von Anfang an verzagt. Die Strafdrohung gegen falsche uneidliche Aussagen wird gleichsam als natürlicher Ersatz für die Verminderung der Zahl der Eidesleistungen

---

27 In jüngerer Zeit wird verschiedentlich auf die Nachteile, ja Gefahren der didaktischen und dogmatischen Trennung beider Bereiche aufmerksam gemacht; s. z.B. *Naucke*, Grundlinien (Fußn. 20), insb. S. 23 ff.; *Ders*., GA 1984, 205 ff.; *Ders*., Wechselwirkung (Fußn. 20), S. 169; *Marxen*, Straftatsystem (Fußn. 26), insb. S. 144 ff., 157 ff.; vgl. auch *Frommel*, Präventionsmodelle (Fußn. 24), S. 36 ff

28 Z.B. Vorschriften über Zuständigkeit (§ 74 Abs. 1 S. 1 GVG), Verfahrenseinstellung (§§ 153, 153a StPO), Strafbefehl (§ 407 StPO).

29 *Ostendorf*, in: Nomos-Kommentar zum StGB (NK), § 129a Rdn. 5.

30 S. nur *Karl Peters*, Strafprozeß, 2. Auflage, 1966, S. 12; ferner *Gerald Grünwald*, Die Verfahrensrolle des Mitbeschuldigten, in: Festschrift f. Ulrich Klug, Bd. 1, 1983, S. 493 ff., hier S. 504 f.; vgl. auch *Gerhard Strate*, StV 1984, 42 ff.

31 Wie überhaupt in gerichtlichen Verfahren, aber auch in anderen Bereichen.

32 Insgesamt war dieser Vorgang freilich auf der prozeßrechtlichen Seite weitaus wechselvoller. Von einem unmittelbaren Zusammenhang zwischen der materiellstrafrechtlichen und der prozeßrechtlichen Problematik kann vom historischen Ablauf her nicht ohne weiteres die Rede sein; wohl aber besteht im Ergebnis ein sachlicher und systematischer Zusammenhang; vgl. näher *Thomas Vormbaum*, Eid, Meineid und Falschaussage. Reformdiskussion und Gesetzgebung seit 1870, insb. S. 116 ff.

33 Andere Stellen als Gerichte seien hier aus Vereinfachungsgründen ausgeklammert. Zu den „anderen Stellen" i.S.d. § 153 s. *Vormbaum*, Schutz des Strafurteils (Fußn. 10), S. 155 ff.

in Ansatz gebracht. Die Zurückdrängung des Eides im Prozeßrecht führt nicht nur zu einer – *prima facie* ja durchaus nicht unerwünschten – Beschleunigung und Vereinfachung des Verfahrens, sondern bewirkt auch, daß der statt dessen eingefügte Straftatbestand einen recht amorphen Regelungsstoff erhält, der mit gewisser Zwangsläufigkeit auf die Tatbestandsfassung durchschlägt. Hier schwenken die gegenläufigen Bewegungen in eine gemeinsame Richtung: Sachlich können, wie schon oben dargestellt, unbestimmt formulierte Tatbestände dasselbe bewirken wie Abschwächungen des prozessualen Legalitätsprinzips. Daß § 153 StGB heute nicht zu den Standardbeispielen für bedenklich unbestimmte Straftatbestände zählt, mag vor allem daran liegen, daß frühere Skrupel gegenüber der Strafbarkeit schlichter Falschaussagen der Gewöhnung an die gesetzliche Regelung gewichen sind. Und diese Gewöhnung mag ihrerseits in Zusammenhang stehen mit dem allgemeinen Klima in Strafgesetzgebung und Strafrechtsanwendung, welches zahlreiche noch unbestimmtere Straftatbestände produziert bzw. toleriert[34].

Ausweislich der kriminalstatistischen Daten produziert die Anwendungspraxis des § 153 StGB keine als exorbitant zu empfindende Aburteilungsziffer. Dieses Ergebnis wäre indes bei korrekter Anwendung des gesetzlichen Tatbestandes kaum zu erzielen. Gespräche mit Praktikern, insb. mit Richtern, bestätigen in der Tat, daß § 153 StGB nur deshalb „erträglich" bleibt, weil er in zahllosen Fällen schlicht ignoriert wird[35] – sei es daß die tatbestandsmäßige Handlung als solche wegen sachlicher oder prozessualer Bedeutungslosigkeit übergangen wird, sei es daß der Richter selber den Zeugen durch sanfte oder strenge Hinweise auf den Weg der Wahrheit zurückführt, sei es daß der für die Strafbarkeit erforderliche Vorsatz wohlwollend verneint wird. De facto werden also weitgehend dieselben Überlegungen angestellt wie beispielsweise bei der Anwendung der §§ 153, 153a StPO.

Ein anderes historisches Beispiel bieten die von *Blasius*[36] näher untersuchten Versuche des preußischen Gesetzgebungsministeriums, durch Herabsetzung der Strafdrohungen für Eigentumsdelikte im Strafgesetzbuch-Entwurf von 1843 den Zuständigkeitsbereich der rheinischen Schwurgerichte zu beschneiden.

---

34 Dabei lange Zeit unterstützt vom Bundesverfassungsgericht, das in BVerfGE 73, 206 weder die Tatbestandsfassung des § 240 StGB wegen zu großer Unbestimmtheit, noch die obergerichtliche Definition der „Gewalt"-Nötigung wegen Analogie in malam partem für verfassungswidrig erklären mochte; anders jetzt für Sitzblockaden BVfGE 92, 1, 18, dazu zahlr. Nachw. b. *Kristian Kühl*, Lackner/Kühl, StGB, § 240 Rdn. 2.

35 Lt. *Roland Freisler*, DJ 1941, 493 (r. Sp.), hat in der NS-Strafrechtskommission bei der Ablehnung der Strafbarkeit der falschen uneidlichen Aussage eine ähnliche skeptische Vermutung gegenüber der österreichischen Regelung eine große Rolle gespielt. Freisler freilich 1941 (a.a.O.): „Die Ostmärker bestreiten das – und sie müssen es wissen."

36 *Dirk Blasius*, Der Kampf um die Geschworenengerichte im Vormärz, in: Fschr. f. Hans Rosenberg, 1974, S. 148 ff., insb. S. 154 ff.

Die Beispiele illustrieren, daß die Einflußnahmen des einen Rechtsgebietes auf die innere Gestalt des jeweils anderen nicht nur als durch die Sachlogik (nämlich durch die evidente Nachbarschaft und funktionale Zuordnung der beiden Bereiche) bedingte Reflexe auftauchen, sondern auch auf bewußten, aus pragmatischen und/oder politischen Erwägungen eingesetzten Zielbestimmungen beruhen können[37]. Daß gewisse Probleme gesetzestechnisch durch materiellrechtliche wie durch prozeßrechtliche Regelungen lösbar sind, ist Zeichen einer Permeabilität zwischen beiden Bereichen.

Wichtiger und häufiger als die bisher angesprochenen Überschneidungen und gegenseitigen Einwirkungen sind jene Vorgänge, welche sich bei der Aktualisierung von Normen beider Rechtsgebiete ergeben. Daß nämlich eine präzise *Trennung* zwischen den Bereichen „Prozeßrecht" und „Materielles Strafrecht" nicht gänzlich durchführbar ist, zeigen jene Materien, welche den Versuchen exakter Zuordnung Schwierigkeiten bereiten, wie z.B. die Regeln über Verjährung[38] und andere Verfolgungshindernisse[39]. Daß diese Schwierigkeiten nicht nur klassifikatorischer Art sind, sondern auch aus funktionalen Verknüpfungen resultieren können, macht die mitunter auftauchende Problematik „doppelrelevanter Tatsachen" deutlich[40].

2.

Materiellrechtliche Fragen tauchen im Strafprozeß aber nicht nur deshalb auf, weil der Strafprozeß die notwendige zeitlich-räumliche Bedingung und die notwendige Aktualisierungsform des materiellen Strafrechts abgibt. Prozeßhandlungen können ihrerseits materiellstrafrechtliche Relevanz besitzen. Durch Aussagen von Beweispersonen können allgemeine Straftatbestände erfüllt werden, beispielsweise diejenigen der §§ 203 Abs. 1 und 2, 185, 186 StGB; Richter und Staatsanwälte sind im Bereich der Zwangsmaßnahmen Täter und/oder Teilnehmer von Freiheitsberaubungen, Körperverletzungen, Hausfriedensbrüchen, Sachbeschädigungen, Verletzungen des Brief- und Fernmeldegeheimnisses; Prozeßhandlungen von Strafverteidigern sollen die Tatbestände der §§ 129, 129a StGB erfüllen können. Strafprozessuale Normen kommen bei diesen Handlungen der Richter, Staatsanwälte und Verteidiger als Rechtfertigungsnormen in Betracht. Ob und wieweit umgekehrt die Strafrechtsrele-

---

37 Die von *Peters*, Strafprozeß (Fußn. 30), S. 10, für diese Erscheinung gewählte Bezeichnung, Strafprozeßrecht sei ein dem Strafrecht „parallellaufendes Recht", erscheint mir nicht glücklich, denn es handelt sich bei den a.a.O. angeführten Beispielen um innerprozeßrechtliche Konsequenzen aus dem materiellen Strafrecht.

38 Von dieser Zuordnung hat bekanntlich BVerfGE 25, 286 ff. die Zulässigkeit der nachträglichen Verlängerung von Verjährungsfristen abhängig gemacht.

39 Vgl. *Klaus Volk*, Prozeßvoraussetzungen im Strafprozeß (1978).

40 Z.B. in der Frage der Zulässigkeit des Freibeweises.

vanz von Prozeßhandlungen sich auf die prozeßrechtliche Beurteilung auswirken soll, ist streitig[41], braucht aber hier zunächst nicht weiter verfolgt zu werden.

Keine Besonderheit stellen schließlich jene Fälle dar, in denen der Prozeß nur die funktionelle oder sogar nur akzidentielle Kulisse für Straftaten abgibt: der zivilprozessuale Kläger begeht einen Prozeßbetrug, der Justizwachtmeister ohrfeigt ohne triftigen Anlaß einen Zuhörer usw.

3.

Der letzte Problembereich schließlich ist der Schutz des Strafverfahrens durch materiellstrafrechtliche Normen. Prozeßrecht (bzw. sein Substrat, der Prozeß) begegnet uns hier nicht – wie meistens – in einer das materielle Strafrecht ergänzenden oder „verwirklichenden" Funktion, sondern gerade umgekehrt als „Destinatär" des materiellstrafrechtlichen Schutzes, bzw. – im Gegenlicht – als „Opfer" der Straftat[42]. Materielles Recht wird hier nicht vom Prozeßrecht geformt, es normiert vielmehr seinerseits Verhältnisse des Prozesses, weshalb es freilich – dies ist die Dialektik jeder Normsetzung – eben diesem Regelungsgegenstandes „adäquat" sein muß.

Da nun Rechtspflegeschutz-Tatbestände, wenn sie im Einzelfall auf den Strafprozeß anzuwenden sind, eine *auch* der Verwirklichung des materiellen Strafrechts dienende Struktur[43] zum Gegenstand haben, ist im strafrechtlich geschützten Rechtsgut[44] letztlich das Strafrecht selber – wenn auch durch die Eigenheiten des Prozeßrechts und der Prozeßsituation vielfach gebrochen – „aufgehoben". Hier besteht eine doppelte Strafrechtsrelevanz, die sich vor allem dort bemerkbar macht, wo strafrechtliche und strafprozeßrechtliche Wertungen aufeinandertreffen. Es handelt sich nicht mehr um Zuordnungsfragen oder um wechselseitige Beeinflussungen beider Rechtsbereiche, sondern um die Möglichkeit wirklicher Kollisionen und Konkurrenzen zwischen den beiderseitigen Normen. Insbesondere besitzt das Strafprozeßrecht, wie jedes Prozeßrecht, eigene Präventions- und Sanktionsmechanismen, die u.a. der Erreichung des Verfahrenszieles[45] dienen; anhand des historischen Beispiels der „Lügenstrafen" soll gezeigt werden, wie sich materiellrechtliche und prozeßrechtliche Mechanismen in diesem Bereich verschieben können.

---

41 Grundlegend *W. Niese*, Doppelfunktionelle Prozeßhandlungen (1950); kritisch z.B. *Lüderssen*, Verbrechensprophylaxe a.a.O. S. 247 f.; *Friedrich Dencker*, Verwertungsverbote im Strafprozeß. Ein Beitrag zur Lehre von den Beweisverboten, 1977, S. 23 ff.

42 Hierin unterscheidet diese Konstellation sich somit von der zuletzt erwähnten, in der der Prozeß nur die Kulisse bzw. den Anlaß für das Strafrecht abgibt.

43 Näher dazu *Vormbaum*, Schutz des Strafurteils (Fußn. 10), 8. Kap.

44 Wie immer dies zu formulieren sein wird; näher *Vormbaum*, Fußn. 10, 7. Kap.

45 Zu diesem Begriff s. *Vormbaum* a.a.O., Fußn. 10, 7. Kap. sub D II 2 sowie 8. Kap. passim.

4.

Da „die Beseitigung der Folter [...] aus dem Gefüge des Inquisitionsprozesses nur das Gewaltmittel heraus(brach), das im Hinblick auf die Bedeutung des Geständnisses bisher allenthalben für gänzlich unentbehrlich gehalten worden war, Sinn und Struktur des Inquisitionsprozesses aber [...] dadurch nicht berührt (wurden)“[46], mußten zwangsläufig Friktionen im Prozeßgefüge auftreten. Nur zögernd bekannte man sich zu der Einsicht, daß nach der Herauslösung eines einzelnen Elements aus einem historisch und rechtstechnisch eng verwobenen Problemgeflecht der verbleibende Normenbestand seinen funktionsgerechten Zusammenhalt verlieren mußte[47]. Prozeßrechtssystematisch gesehen[48] war die Folter das Komplement der gesetzlichen Beweistheorie gewesen, insbesondere jenes Grundsatzes, wonach das Geständnis als „regina probationum“ anzusehen war[49]. Blieb die gesetzliche Beweistheorie trotz Abschaffung der Folter erhalten, so mußte nach Surrogaten gesucht werden[50], mit denen sie wieder komplementiert werden konnte. Eines dieser Surrogate waren besondere Formen des Verfahrensabschlusses – Verdachtsstrafen oder Instanzentbindung (*absolutio ab instantia*)[51] –, manches konnte durch Beweisvermutungen (wie die *praesumtio doli*)[52] aufgefangen werden; ein weiteres Mittel schließlich – und nur dieses soll hier interessieren – waren die sog. *Lügen- oder Ungehorsamsstrafen*. Sie wurden gegen den Beschuldigten verhängt, wenn er hartnäckig leugnete, die Wahrheit bewußt verschwieg oder jede Antwort verweigerte[53]. Am preußischen Recht sei dies exemplifiziert[54].

Die Criminalordnung von 1805 untersagte in § 285 dem Inquirenten, bei dem Bemühen, „den Verdächtigen zum Geständnisse zu bringen“, „gewaltsame Mittel, von

46 *Eb. Schmidt*, Einführung (Fußn. 2), S. 270.

47 *Nöllner*, ZDtStrV 1 (1840), 41 f.

48 Von den anthropologischen, soziologischen und historischen Erklärungsmöglichkeiten sei hier abgesehen; vgl. nur *Nöllner* Fußn. 47 S. 50.

49 *Eb. Schmidt*, Einführung (Fußn. 2), S. 270.

50 Der erste wissenschaftliche Versuch in dieser Richtung scheint von *Quistrop* (Anweisungen für Richter beim Verfahren in Strafsachen wider solche, welche die Wahrheit nicht gestehen wollen, in Ländern, wo die Folter abgeschafft ist, 1789) unternommen worden zu sein; vgl. *Gustav Hohbach*, NArchCrR 12 (1830), 449 ff., 450, Fußn. 1.

51 *Heinrch Rüping*, Grundriß der Strafrechtsgeschichte. München 1981, S. 66.

52 Dazu *Waider*, JuS 1972, 305 ff.; *Rüping*, Grundriß (Fußn. 51), S. 39.

53 *Rüping*, Grundriß (Fußn. 51), S. 15; *Eb. Schmidt*, Einführung (Fußn. 2), S. 271; *Detlef Mauß*, Die Lügenstrafe nach der Abschaffung der Folter ab 1740. Marburg (jur. Diss.) 1974.

54 *Julius Glaser*, Die geschichtlichen Grundlagen des neuen deutschen Strafprozeßrechts, in: Franz v. Holtzendoff, Handbuch des Strafprozeßrechts Bd. I, 1879, S. 7 ff., stellt die Regelungen der österreichischen (1803), bayerischen (1813) und preußischen Prozeßgesetze nebeneinander.

welcher Art sie auch sein mögen", anzuwenden. §§ 286, 288 CrimO verboten Straflosigkeitsversprechungen sowie „Drohungen, tätliche Behandlung, Stoßen, Schlagen oder Zufügen irgendeines körperlichen Leidens" als Mittel, „den Beschuldigten zum Bekenntniß der Wahrheit zu nöthigen". Auch „wegen hartnäckig verweigerter Antwort oder Angabe der Mitschuldigen oder Herbeischaffung der entwendeten Sachen sowie wegen wirklicher Lügen" sollte – so die ausdrückliche Anordnung des § 289 CrimO – niemand mehr „vom Richter eigenmächtig gezüchtigt oder sonst thätlich gemißhandelt werden". Zuwiderhandlungen durch den inquirierenden Richter wurden mit Strafe bedroht (§ 290 CrimO). Dann allerdings folgte unvermittelt das Surrogat für die verbotenen Maßnahmen. Dem Richter wurde aufgegeben, seinem Collegium oder dem vorgesetzten Landes-Collegium Anzeige zu machen, falls „der halsstarrige und verschlagene Verbrecher durch freche Lügen und Erdichtungen oder durch verstocktes Leugnen oder gänzliches Schweigen" sich „der verdienten Strafe entziehen" wollte. Vorsorglich sollte dem Collegium auch zugleich über den körperlichen Zustand des Angeschuldigten pflichtgemäß berichtet werden (§ 292). Das Collegium war dann befugt, durch ein (nicht recursibles) Dekret „eine Züchtigung gegen einen solchen Angeschuldigten zu verfügen" (§ 293). Die Züchtigung mußte „nach Beschaffenheit des körperlichen Zustandes in der durch das Dekret bestimmten Anzahl von Peitschen- und Ruthenhieben bestehen". Auch konnte ersatzweise „Entziehung der besseren Kost, einsames Gefängniß oder eine ähnliche der Gesundheit des Angeschuldigten unschädliche Maßregel" verhängt werden (§ 296). An die Stelle der unmittelbaren Einwirkung auf den Körper des Beschuldigten zwecks Erzwingung des Geständnisses war somit die Verhängung einer (repressiven) Sanktion getreten.

Konstruktive Voraussetzung für die Legitimation dieses Vorgehens war die Postulierung einer *Aussage-* und einer *Wahrheitspflicht* des Angeschuldigten[55]; im Zeitalter der Folter hatten diese Konstruktionen den unmittelbaren Zugriff auf den Körper des Inquisiten gerechtfertigt[56].

---

55 Mitunter – vor allem gegen Ende der 1. Hälfte des 19. Jahrhunderts – wurde nur eine Aussage-, nicht aber eine Wahrheitspflicht des Beschuldigten behauptet; s. z.B. *Nöllner*, ZDtStrV 1 (1840), 60, 65, dessen Ausführungen freilich die praktischen Schwierigkeiten der Durchführung dieser Trennung deutlich werden lassen; dagegen auch *Heinrich Albert Zachariae*, Handbuch des deutschen Strafprozesses. Bd. 1, 1861, S. 259, Fußn. 4: „Wen man zwingen kann, zur Rede zu stehen, den kann man auch so in die Enge treiben, daß er endlich doch sagen muß, was man von ihm verlangt."

56 *Rolf-Jürgen Köster*, Die Rechtsvermutung der Unschuld. Historische und dogmatische Grundlagen. Bonn (jur. Diss.) 1979, S. 107, spricht von einem „Gesetzgebungstrick" zur Schließung der durch die Abschaffung der Folter entstandenen Lücke. Nach *Eb. Schmidt*, Einführung (Fußn. 2), S. 271, waren die Ungehorsamsstrafen „im Grunde genommen [...] nur ein Geständniszwang ohne Einsatz des eigentlichen Folterwerkzeugs".

Freilich ging diese Konstruktion nicht glatt auf; die Behauptung, eine „Wahrheitspflicht“ werde verletzt, war widersprüchlich, da sie das doch erst zu gewinnende Ergebnis der Beweisaufnahme – das Geständnis – inhaltlich vorwegnahm[57]; selbst wenn man eine Unterscheidung zwischen (strafbarem) Lügen und bloßem (straflosen) Leugnen traf[58], war damit nicht viel gewonnen, denn „die Unterscheidung zwischen Läugnen und Lügen (beruht)“ – wie *Mittermaier* zu bedenken gab – „auf keinen festen Gründen [...], und Willkür der Richter (bekömmt) ein gefährliches Feld“[59]. Im übrigen kollidierte die gesamte Argumentation mit dem Grundsatz der Unschuldsvermutung, denn deren Außerkraftsetzung war die Voraussetzung für die inhaltliche Berechtigung der verhängten Sanktion[60].

Paradoxerweise galt übrigens – wenn auch unausgedrückt – gerade für die Feststellung der „Halsstarrigkeit“ und „Verschlagenheit“, der „Frechen Lüge und Erdichtung“ und des „Verstockten Leugnens“ eben jener Grundsatz, dessen Fehlen die Lügen- und Ungehorsamsstrafen erforderlich erscheinen ließ – der Grundsatz der freien richterlichen Beweiswürdigung. Von hier aus mag man rückschließen, daß es sich bei jenen Strafen nicht um „echte“ Kriminalstrafen gehandelt habe[61]; jedoch war

---

57 Vgl. *Köster* (Fußn. 56), S. 107.

58 S. die Nachweise b. *Nöllner*, ZDtStrV 1 (1840), 42; *Carl Joseph Anton Mittermaier*, Das deutsche Strafverfahren in der Fortbildung durch Gerichtsgebrauch und Partikular-Gesetzbücher. Bd. 1, 1827, S. 282, Fußn. 19.

59 *Mittermaier*, Strafverfahren Bd. 1 (Fußn. 58), S. 282 f., unter Aufgabe seiner eigenen Auffassung in: Handbuch des peinlichen Processes. Bd. 2, 1812, S. 167; *Nöllner* Fußn. 58, S. 42 konstatiert ebenfalls, daß es nicht gelungen sei, „diese Unterscheidung mit practischem Erfolge nachweisen zu können“. *Mittermaier* regte an, „bei dem unartig und widerrechtlich sich betragenden Inkulpanten [...] wie gegen den listig sich verstellenden, wenn die Gewißheit der Verstellung da ist“, die Gefängnisstrafe zu verschärfen, bei dem „beharrlich die Antwort verweigernden [...] die Untersuchung, soweit es ohne die Vernehmung geschehen kann, (fortzusetzen) und die Verhandlungen nach eingeholter Vertheidigung zum Rechtsspruche (vorzulegen), wo dann die Richter mit genauer Erwägung der Umstände über den Angeschuldigten nach den vorliegenden Beweisen und Indizien entscheiden, und das beharrliche, durch nichts gerechtfertigte Schweigen als einen neuen, oft nicht unwichtigen Verdachtsgrund ansehen werden“ (a.a.O., S. 283).

60 *Nöllner* Fußn. 47 S. 45: „Die Verhaftung stellt sich schon als eine sehr empfindliche Maßregel für den Beschuldigten dar; vereinigen sich mit dieser noch Ungehorsamsstrafen, so wird dieser empfindliche Zustand aufs höchste gesteigert, obwohl über Schuld oder Unschuld in der Hauptsache erst entschieden werden soll.“ – Es zeigt sich freilich, daß ein Institut wie die Unschuldsvermutung je nach seinem Umfeld einen anderen Stellenwert gewinnen kann, denn die Frage, von wann an die Vermutung als widerlegt angesehen werden darf, wird anders zu beantworten sein je nachdem ob der Grundsatz der freien Beweiswürdigung oder ob gesetzliche Beweisregeln gelten. – Über wechselseitige Abhängigkeiten prozeßrechtlicher Institute (am Beispiel der Beweissysteme) vgl. *Karl Peters*, „Übergänge“ im Strafprozeß, in: Fschr. f. Rudolf Gmür, 1983, S. 311 ff.

61 Auch die fehlende Anfechtbarkeit spricht für diese Deutung (Andere Strafprozeßordnungen – so die württembergische von 1843 in Art. 374 – kannten allerdings Rechtsbehelfe gegen die

der Rechtscharakter der Ungehorsamsstrafen im damaligen Schrifttum durchaus umstritten[62]. Interessant ist jedenfalls, daß ein bestimmtes Defizit des strafprozessualen, insb. strafprozeßrechtlichen Systems nicht mehr mit immanent prozessualen Mitteln angegangen, sondern auf die Sanktionsebene verlagert wurde. Trotz der geschilderten Friktionen ist also der engere Bereich des Strafverfahrens auf diese Weise „entlastet“[63].

Eine andere Frage ist die der sachlichen Bewertung der Sanktionsnorm und des ihr zugrundeliegenden Verständnisses von der Rolle des Beschuldigten. Mit heutigen Vorstellungen sind sie sicherlich nicht zu vereinbaren. Berücksichtigt werden muß aber, daß die damaligen Denkstrukturen noch durch die gesetzliche Beweistheorie geprägt waren[64], welche für sich gesehen gerade nach Abschaffung der Folter Behutsamkeit bei der Verurteilung sicherten. Die Situation eines Untersuchungsrichters, der das Verdikt über einen nach der kriminalistischen Erkenntnislage evident schuldigen Täter nur deshalb nicht fällen konnte, weil es am Geständnis fehlte, war kaum beneidenswert[65]. Nachdem im Laufe des 19. Jahrhunderts die formelle Beweistheorie durch den Grundsatz freier Beweiswürdigung und Überzeugungsbildung ersetzt worden war, bedurfte es nicht mehr des Geständnisses (oder eines anderen formellen

---

Verhängung von Ungehorsamsstrafen). In Preußen war ferner – unabhängig von der Verhängung der Ungehorsamsstrafe – gem. § 51 ALR II 20 im Falle des Lügens vor Gericht generell Strafverschärfung möglich, was ebenfalls gegen den kriminalrechtlichen Charakter der Sanktion angeführt werden könnte. Freilich konnte im Augenblick der Verurteilung (in der Hauptsache) die Unschuldsvermutung legitimerweise als widerlegt angesehen werden.

62 Die Zuordnung hing nicht zuletzt davon ab, wie weit man die der Ungehorsamsstrafe korrespondierende „Gehorsamspflicht“ zog: Wahrheitspflicht oder nur Äußerungspflicht? Dies hing wiederum davon ab, ob man am Erfordernis des Geständnisses festhielt, oder – wie z.B. die württembergische StPO von 1843 in Art. 148 Abs. 1 – das Lügen nur als Strafschärfungsgrund ansah; im letzteren Falle war die – evtl. schon vor der Hauptstrafe zu verhängende – Ungehorsamsstrafe eher als sitzungspolizeiliche Maßnahme anzusehen (vgl. auch Art. 142, 143 a.a.O.; ferner *Nöllner*, ZDtStrV 1840, 70, 76). Die Vorschriften über Ungehorsamsstrafen waren übrigens in fast allen deutschen Partikularrechten im Verfahrensgesetz, nicht im Strafgesetzbuch, enthalten; s. die Nachweise bei *Mauß*, Lügenstrafen S. 8 ff.; *Hohbach*, NArchCrR 12 (1830), 596 ff.

63 Man bedenke, daß die dem Inquirenten mitgegebenen Verhaltensanordnungen der Criminalordnung dem heutigen § 136a StPO sehr nahe kommen.

64 Die badische Gesetzgebungskommission (zit. b. *Nöllner*, ZDtStrV 1840, 46, Fußn. 9, und S. 53) drückte dies 1835 so aus: „Mit Abschaffung der Tortur [...] (war) der Richter, dem es verboten war, auf Anzeigen (= Indizien – T.V.) zu verurteilen [...] genöthigt, seine offenbarste Überzeugung gefangen zu geben“ [...] „Die Gerichte fanden sich in neuerer Zeit in die gefährliche Alternative gestellt, entweder die gesetzlichen Regeln der Beweisführung zu verletzen, oder durch allzu häufige Freisprechungen bei vollkommener Überzeugung von der Schuld des Inquisiten, die Gesellschaft zu gefährden, das Strafgesetz dem Hohne verstockter Verbrecher Preis zu geben und die allgemeine Achtung des Gesetzes zu schwächen.“

65 Dazu ausführlich *Wilfried Küper*, Die Richteridee der Strafprozeßordnung und ihre geschichtlichen Grundlagen, 1967, insb. S. 132 ff.

Beweismittels), damit konnte auch auf die Rechtsfigur einer Wahrheitspflicht des Beschuldigten und damit auf eine Sanktionierung dieser Pflicht verzichtet werden; die Lügenstrafen verschwanden.

Es zeigt sich somit, daß die rechtspolitischen und juristischen Vorverständnisse im Bereich des Prozeßrechts Einfluß auf die Ausgestaltung der Funktionsaufteilung zwischen (wie immer einzuordnenden) Strafsanktionen und immanenten strafprozessualen Schutzmechanismen ausübten.

IV.

Kann also nicht generell gesagt werden, strafrechtliche Sanktionen dürften erst subsidiär zu prozeßrechtlichen Sanktionen eingreifen, so ist andererseits noch keine Aussage darüber getroffen, wie weit das Strafrecht im übrigen auf prozessuale Normen Rücksicht zu nehmen habe. Zwar muß die Auslegung von Straftatbeständen die Eigenheiten der Regelungsmaterie berücksichtigen. In den klassischen Bereichen des Kernstrafrechts geht es freilich um die strafrechtliche, in erster Linie *straftatbestandsmäßige* Erfassung der Beeinträchtigungen (Gefährdungen, Verletzungen) von „faßbaren“ (Schutz-)Objekten: Tötung, Körperverletzung, Sachbeschädigung, Sexuelle Nötigung, Freiheitsberaubung, Gewässerverunreinigung u.a.m. sind Handlungen, welche (samt ihrem sozialen Kontext) das Strafrecht dem Alltagsleben abschaut und zu Tatbestandsbegriffen kondensiert. Zwar werden diese Begriffe im Strafrecht mit normativem Rankenwerk umschlungen (gelegentlich wohl auch überwuchert); ihre Herkunft aus dem faktisch-empirischen Bereich bleibt aber für die Arbeit am Strafgesetz bestimmend. Der Totschlag nach § 212 verlangt die Leiche, Gewässerverunreinigung nach § 324 StGB den Schmutz oder die nachteilige Veränderung der physikalischen, chemischen oder biologischen Beschaffenheit des Wassers – Voraussetzungen also, die in ihrem Kern dem Bereich vor- und außerstrafrechtlicher Erfahrung entstammen. Wird aber beispielsweise in § 242 StGB vorausgesetzt, daß der Täter eine fremde bewegliche Sache wegnehme, so wird damit auf einen anderen Normenkomplex – in diesem Falle auf das Zivilrecht – verwiesen. Und wird – wie im Bereich der sog. Rechtspflegedelikte – die Rechtspflege zum Reservoir strafrechtlicher Tatbestandsbildung, so trifft der materiellstrafrechtliche Normenkomplex ebenfalls auf eine Regelungsmaterie, die bereits anderweitig normativ affiziert ist.

Ist aber die Eigenart der Regelungsmaterie zu berücksichtigen, so kann auch ihr normativer Charakter nicht ignoriert werden[66].

---

66 Vgl. für eine spezielle Konstellation *Bernd Schünemann*, Grund und Grenzen der unechten Unterlassungsdelikte, 1971, S. 221. Die Problematik des normativen Charakters gewisser Tatbestandsmerkmale wird in der Strafrechtsdogmatik vor allem bei der Diskussion über die Un-

Von Bedeutung ist dies vor allem dort, wo es um die Bestimmung des Anwendungsbereiches strafrechtlicher Normen geht. Insoweit sind folgende Konstellationen denkbar:

1. Erfaßt der Straftatbestand nur einen Ausschnitt der prozessualen Problematik, so ergeben sich keine besonderen Schwierigkeiten. Das Strafrecht muß, was die Grenzbestimmung angeht, Vorrang gegenüber etwaigen prozeßrechtlich bedingten Strafwürdigkeitserwägungen erhalten.

2. Ist der Straftatbestand so weit gefaßt, daß er auch Verhaltensweisen umschließt, welche prozeßrechtlich korrekt (d.h. erlaubt oder doch wenigstens nicht verboten) sind, so kann nicht umstandslos dem Strafrecht die Grenzziehungskompetenz zugestanden werden, denn dann würde nicht nur jener Gesetzgebungsakt desavouiert, auf welchem die prozeßrechtliche Bewertung der Handlung als „korrekt" basiert, sondern es würde die Rechtspflege strafrechtlichem Schutz über den Bereich ihrer Schutzwürdigkeit hinaus unterworfen. Prinzipiell ist hier also nach einer Auslegung zu suchen, welche strafrechtlichen und metastrafrechtlichen Normschutz-Bereich möglichst „synchronisiert"[67, 68].

Strafrechtlich irrelevantes Verhalten ist vor allem dort gegeben, wo das Verhalten eines Verfahrensbeteiligten, welches den Wortlaut eines auf die Verfahrensrolle Bezug nehmenden Straftatbestandes erfüllt, außerhalb der durch diese Rolle bedingten Verhaltenserwartung[69] liegt. Die diese Erwartung begründende (und begrenzende) prozessuale Norm als die gegenüber dem Strafrecht engere Norm muß hier auch für den Bereich der Strafdrohung ausschlaggebend sein.

Freilich können nicht sämtliche Normen des Prozeßrechts die Auslegung im Strafrecht binden. Dies zeigt sich vor allem, wenn gefragt wird, wie weit Verfahrensfehler (also: Verstöße der Verfahrensleitung gegen prozeßrechtliche Normen) die strafrechtliche Bewertung beeinflussen. Ein Verfahrensfehler, selbst wenn er das Verfahren insgesamt fehlerhaft macht, muß für die strafrechtliche Bewertung solan-

---

terscheidungskriterien von „deskriptiven" und „normativen" Tatbestandsmerkmalen und über die Behandlung der entsprechenden Irrtümer abgehandelt. S. dazu zuletzt *Kindhäuser*, Jura 1984, 465 ff.; *Ellen Schlüchter*, Irrtum über normative Tatbestandsmerkmale im Strafrecht (1983); *Werner Georg Tischler*: Verbotsirrtum und Irrtum über normative Tatbestandsmerkmale. Dogmengeschichte eines Abgrenzungsproblems (1984). Auf diese Diskussion braucht hier nicht eingegangen zu werden, da der normative Charakter der in Betracht kommenden Merkmale als gegeben vorausgesetzt wird.

67 *Schünemann* Fußn. 66.

68 Ob als Folge Verfassungswidrigkeit oder nur kriminalpolitisch zu artikulierende Bedenklichkeit anzunehmen ist, hängt von der Stringenz ab, welche man für die Sozialschädlichkeit des Verhaltens fordert.

69 Zum Begriff der „Verhaltenserwartung" s. *Vormbaum*, Schutz des Strafurteils (Fußn. 10), S. 133.

ge bedeutungslos bleiben, wie er nicht zu einem Tatbestandsmerkmal in Beziehung steht. Dies folgt aus der Ausgangsüberlegung, daß Prozeßrecht hier nicht primär in seiner eigenen Regelungskompetenz interessiert, sondern in seiner Eigenschaft als ein die Regelungsmaterie des Straftatbestandes prägender Faktor. Kann nun das Strafrecht nicht über die sachlogischen Gegebenheiten seines Regelungsgegenstandes hinwegsehen, muß es also auch dessen normative „Färbung" respektieren, so gilt dies doch nur so weit, wie diese für den strafrechtlich geregelten Komplex gleichsam Faktizität wie andere sachlogische Faktoren besitzt[70]. Wie weit diese „Faktizität" reicht, kann nicht abstrakt formuliert werden, sondern muß – wie stets im Bereich der Rechtsgutsermittlung – durch ein gegenseitiges Messen von (strafrechtlicher) Norm und (strafprozessualem) Stoff ermittelt werden. Immerhin läßt sich sagen, daß eine prozessuale Norm vor allem dann Faktizität für das materielle Strafrecht besitzt, wenn sie gestaltend auf die vom jeweiligen Tatbestand erfaßte Wirklichkeit einwirkt. Die Bestimmungen der Strafprozeßordnung über den Verfahrensaufbau können in diesem Sinne ebenso als faktenschaffend charakterisiert werden wie ihre Normen über Begründung und Begrenzung der Zeugen- und Sachverständigenstellung. Hier tut sich ein weites Feld auf, das indes an dieser Stelle nicht mehr durchmessen werden kann[71].

Nachbemerkung

Nachzutragen ist nur, dass der bei Fnz. 14 und in Fußn. 14 erwähnte Prozessvergleich („Deal") inzwischen eine gesetzliche Regelung erfahren hat, die im wesentlichen die von der höchstrichterlichen Rechtsprechung entwickelten Grundsätze kodifiziert; s. § 257c StPO in der Fassung des Gesetzes zur Regelung der Verständigung im Strafverfahren vom 29. Juli 2009, in Kraft getreten am 4. August 2009.

---

70 Dies meint wohl auch *Hans-Joachim Rudolphi*, NStZ 1984, 194, mit der Bemerkung: „Verfolgt eine Strafnorm den Schutz eines durch außerstrafrechtliche Normen erst geschaffenen oder konkret geformten Rechtsgutes, so entscheiden allein diese außerstrafrechtlichen Normen, ob die von dem Straftatbestand geforderte Rechtsgutverletzung vorliegt." Freilich fehlt der – möglicherweise als selbstverständlich mitgedachte – Hinweis, daß die Strafrechtsnorm ihrerseits die Reichweite der außerstrafrechtlichen Norm korrigieren kann.

71 S. dazu aber *Vormbaum*, Schutz des Strafurteils (Fußn. 10), S. 93 ff.

5.

Das Feindstrafrecht und seine Kritik

(2009)

I.

[...]

II. Gegenstand der Kritik

Jakobs' Stellungnahmen zur Problematik des Feindstrafrechts sind zahlreich und haben auch, nicht nur in Randbereichen, Veränderungen erfahren, seit er auf der Frankfurter Strafrechtslehrertagung 1985 die Begriffe „Bürgerstrafrecht" und „Feindstrafrecht" in die strafrechtstheoretische und strafrechtspolitische Debatte eingeführt hat[1], und vor allem, seit er 1999 auf der sog. Milleniumstagung der Strafrechtslehrer einen Vortrag gehalten hat, der verbreitet so verstanden wurde, dass seine Stellungnahme zum „Feindstrafrecht" nunmehr nicht (mehr) beschreibend, womöglich sogar kritisch, sondern affirmativ sei.

Die Zusammenfassung soll anhand der beiden wichtigsten Explikationen, nämlich der Beiträge von 1985 und 1999, erfolgen und durch einige Fußnotenhinweise auf Ausführungen aus weiteren erwähnten Aufsätzen ergänzt werden.

Seinem **Vortrag von 1985**[2] schickt Jakobs das Ergebnis voraus: „Die im StGB auffindbaren Vorfeldkriminalisierungen [sind] zu nennenswerten Teilen in einem freiheitlichen Staat nicht legitimierbar" (S. 751); und er bezeichnet selbst kurz vor Schluss seine „vielleicht etwas altliberal klingend[den] Ideen" mit Wilhelm von Humboldt als „Ideen zu einem Versuch, die Grenzen der Wirksamkeit des Staates zu bestimmen" (S. 783). Und in der Tat lesen seine Ausführungen sich über weite Strecken wie ein liberales Strafrechtsmanifest: Der Strafrechtswissenschaft wirft er einen „unbekümmert positivistischen" Stand und eine „Nonchalance beim Umgang mit der Materie" der Vorfeldkriminalisierungen vor. Sie lege Bekenntnisse zur rechtsstaatlichen Bedeutung einer Eingrenzung des Versuchs ab, widme aber der Legitimierung des § 30 StGB, der bei allen Verbrechen „die Versuchsgrenze zu einer eher zweit-

1 Nach der Interpretation von *Schünemann* (Slg. S. 14) hat Jakobs den Feindbegriff *wieder* eingeführt.

2 *Günter Jakobs*, Kriminalisierung im Vorfeld einer Rechtgsutsverletzung, in: ZStW 97 (1985), 751 ff.

rangigen Strafrahmengrenze [degradiert]", bloß einige Pflichtübungen (S. 752)[3]. Für diese Haltung macht er Subjektivierungstendenzen, präventiv-polizeiliche Argumente sowie vor allem „das Prinzip des Rechtsgüterschutzes selbst" verantwortlich, das „ins Uferlose [führe], weil dabei der Rechtskreis des *Täters* überhaupt nicht in den Blick komm[e]".

> „Bei konsequenter Fortführung des Ansatzes beim Rechtsgüterschutz müßte man sogar die gefährlichen Gedanken potentieller Täter und zudem noch die Quellen dieser gefährlichen Gedanken strafrechtlich bekämpfen" (S. 753).

Dieser „Definition des Täters als Rechtsgutfeind" setzt Jakobs „eine Definition des Täters als Bürger" entgegen. Den Bürger definiert er „von vornherein auch durch sein Recht auf eine von Kontrolle freie Sphäre"; zu dieser Sphäre gehören – so Jakobs – nicht nur die *cogitationes*, und sie beschränkt sich auch nicht auf das „psychophysische System mit der Haut als Grenze"; in einer freiheitlichen Ordnung gemäß dem Grundgesetz bedürfe es vielmehr einer über den naturalistischen Bereich hinausgehenden *normativen* Bestimmung des Privatbereichs („interne bürgerliche Sphäre"):

> „Sowenig ein bloßer Gedanke eine Störung des Zusammenlebens abgeben kann, sowenig kann es jedes andere Verhalten, das sich in der Privatsphäre hält, solange die Privatsphäre nicht mit derjenigen eines anderen Menschen konkurriert, und dann ist sie nicht mehr privat" (S. 756).

Soweit § 30 StGB eine Verabredung selbst dann unter Strafe stelle, wenn sie unter den Bedingungen der Privatheit erfolge, behandele er die Beteiligten als Feinde, denen der Status eines Bürgers nicht zukomme; dasselbe gelte für alle Pönalisierungen von Vorbereitungshandlungen im Privatbereich (z.B. §§ 129, 129a, 267 Fall 1 StGB). Wer dem entgegenhalte, die Verfolgung rechtswidriger Ziele könne keine Privatangelegenheit sein, mache *alles* Strafrecht zum Feindstrafrecht (S. 757).

Hieraus leitet Jakobs auch eine Kritik der seit den Zeiten des Reichsgerichts dominierenden subjektiven Versuchslehre ab[4]. Der zu ihren Gunsten geltend gemachten Mehrdeutigkeit des äußeren Verhaltens, die angeblich zum Rückgriff auf die subjektive Tatseite nötigt, hält er entgegen, dass dieser Rückgriff erst zulässig sei, wenn ein Mensch für sein äußeres Verhalten „erklärungspflichtig" geworden sei. Erst „ein externes Verhalten, *das stört*, erlaubt die Frage nach dem inneren Kontext. [...] Ein Verhalten, das erst auffällt, wenn man die Interna des Täters kennt, darf nie als Delikt behandelt werden; denn Strafgrund wären ansonsten einzig die Interna" (S. 761 f.). „Entweder man erkennt ein Tatprinzip an; dann ist nicht alles an einem Delikt subjektiv ersetzbar, auch nicht beim Versuch. Oder aber man

---

3 Ähnlich wieder in: HRRS 2004, 94, Fußn. 42.

4 S. zur Kritik zuletzt *Hans Joachim Hirsch*, Die subjektive Versuchstheorie, ein Wegbereiter der NS-Strafrechtsdoktrin – Zur Abgrenzung von Tat- und Gesinnungsstrafrecht, in: Ders./Sergio Seminara, Zur strafrechtlichen Versuchslehre im 19. und 20. Jahrhundert. Münster 2008, S. 61 ff.

verzichtet auf das Tatprinzip, und das heißt, man landet bei dem 'Spiegel auf der Brust' [...]. Die Wahl sollte nicht schwerfallen" (S. 764).

Bestrafung materieller Vorbereitungshandlungen sei nur in den wenigen Fällen legitimierbar, „in denen der Täter schon bei der Vorbereitung in signifikanter Weise in einem fremden Organisationskreis agiert". Damit dürften für § 30 StGB „keine Fälle bleiben" (S. 765)[5]. Die Grenze sei erst dort erreicht, wo das Geschehen „dem Organisationsvermögen des Täters und der Beteiligten entgleitet oder aus dem Organisationskreis entlassen wird, [...] jedenfalls also bei objektiver Gefährlichkeit" (S. 766 f.). *Abstrakte Gefährdungsdelikte* seien zwar dann keine (oder jedenfalls nur „kleinstmögliche") Vorverlagerungen, wenn das generell gefährliche Verhalten komplett vollzogen sei; darüber hinaus sei ihre Strafbarkeit jedoch nur dort zu legitimieren, wo das abstrakt gefährliche Verhalten wegen der Unabsehbarkeit möglicher Schadensverläufe als externe Störung definiert werden könne (S. 772).

In einem Besonderen Teil seiner Ausführungen setzt Jakobs sich sodann ausführlich mit den sog. Klima-Delikten auseinander, deren Bestrafung er allenfalls als Sonderopfer, welches dem Täter wegen der Größe des drohenden Schadens in Form eines Verzichts auf die Ausübung seines Rechts abverlangt wird, für legitimierbar hält; er fügt freilich hinzu, dass eine solche Begründung zugleich eine „Bankrotterklärung der freiheitlichen Ordnung" enthalte, weswegen sie nur für „Legitimationskrisenzeiten" in Betracht komme. Solche Zeiten sieht er gekommen, wenn „eine vorübergehende Suspendierung der Freiheit zum Zwecke ihrer um so stärker gesicherten Wiederherstellung toleriert werden muß" (S. 783).

Obwohl durch eine Zwischenüberschrift deutlich getrennt, kann man den zuletzt zitierten Halbsatz wohl doch mit jener halbseitigen Schlussbemerkung zusammen lesen, die man, wie ich finde, nach 35 Seiten Ausführungen über die Anforderungen eines Bürgerstrafrechts auch als „Schlussvolte" bezeichnen kann. Er erlaube sich, so Jakobs, „zum Schluß [...] noch eine Bemerkung zum Gegenteil des bürgerlichen Strafrechts, also zum Feindstrafrecht". Damit wolle er zwar keine Empfehlung zur Relativierung der für den freiheitlichen Staat konstitutiven Bindungen aussprechen. Jedoch

> „[…] sind Situationen möglich, vielleicht sogar zur Zeit gegeben, in denen Normen, die für einen freiheitlichen Staat unverzichtbar sind, ihre Geltungskraft verlieren, wenn man mit der Repression wartet, bis der Täter aus seiner Privatheit heraustritt.

---

5 In der Stellungnahme von 2005 (ZStW 2005, 839 ff.) spricht Jakobs im Hinblick auf § 129a StGB und einige strafprozessuale Regelungen von „polizeirechtlichen Verschmutzungen des Strafrechts" und fährt vor: „Man kann aber auch untersuchen, ob beim Umgang mit Terroristen – unter anderem mit Terroristen – Besonderheiten zu berücksichtigen sind, die eine solche Verschmutzung geradezu notwendig machen" (a.a.O., S. 841 f.); es wird nicht klar, ob er dies auch auf den unmittelbar vorher behandelten § 30 StGB bezieht.

> Aber auch dann ist das Feindstrafrecht nur als ein ausnahmsweise geltendes Notstandsstrafrecht legitimierbar. Die zugehörigen Strafvorschriften müssen deshalb vom bürgerlichen Strafrecht streng geschieden werden, am besten auch äußerlich, [so dass] keine Gefahr besteht, es könne per systematischer Interpretation oder Analogie oder sonstwie in das bürgerliche Strafrecht einsickern" (S. 784).

Die Dialektik dieser *containment*-These, die das Feindstrafrecht formal *etablieren* möchte, um das Bürgerstrafrecht von ihm zu *reinigen*, ist einer jener Punkte, bei denen die gegen Jakobs gerichtete Kritik ansetzt[6]. Hingegen haben seine vorhergehenden Ausführungen nur vereinzelt Anlass zur Kritik gegeben[7]; vielmehr sind sie überwiegend als zutreffende (kritische) Beschreibung bestehender Zustände bzw. Gefahren aufgefasst worden[8].

Ausgangspunkt des vierzehn Jahre später, also – was vielleicht Erwähnung verdient – noch vor den Ereignissen des 11. September 2001 gehaltenen **Vortrages von 1999**[9] sind die neuen Aufgaben, vor die Jakobs die Strafrechtswissenschaft gestellt sieht[10]. Sie sei herausgefordert durch die gegenwärtige (und zunehmende) Dominanz des Wirtschaftssystems, die gebieterisch eine (im Sinne des Güterschutzes) kurzfristig verwertbare Strafrechtswissenschaft fordere. Allerdings seien Personen im Recht nicht als Güterträger, sondern dadurch charakterisiert, dass sie „als Träger von Pflichten und Rechten allgemein anerkannt sind, also einen dementsprechenden Status aufweisen" (S. 49). Parallel dazu sei eine Straftat[11] „nicht als Güterverletzung zu charakterisieren, sondern als Verletzung der Rechtlichkeit". Strafe sei „Bestätigung der Identität der Gesellschaft, also des Normbestands" (Ebd.). Die bestätigende Wirkung sei „an *Personen* adressiert, also an Kommunikationsteilnehmer, die als rechtlich gesonnen dargestellt werden" (S. 50). Nur derjenige, der nicht per se rechtlich gesonnen sei, müsse „durch Gewöhnung und Abschreckung gelenkt werden".

> „Wer als Person behandelt werden will, muß seinerseits eine gewisse kognitive Garantie dafür geben, daß er sich als Person verhalten wird. Bleibt diese Garantie aus oder wird sie sogar ausdrücklich verweigert, wandelt sich das Strafrecht von einer Reaktion der Gesellschaft auf die Tat eines ihrer Mitglieder zu einer Reaktion gegen einen Feind" (S. 51).

---

6 S. vor allem *Cavaliere*, Slg. S. 323 ff.

7 *Gössel*, u. S. 45.

8 S. nur *Friedrich Dencker*, Gefährlichkeitsvermutung statt Tatschuld? Tendenzen der neueren Strafrechtsentwicklung, in: StV 1988, 262–266.

9 *Günther Jakobs*, Das Selbstverständnis der Strafrechtswissenschaft; auf die Ereignisse des 11. September 2001 geht Jakobs im Beitrag von 2004 nachdrücklich ein (HRRS 2004, 92).

10 Die Thematik war Jakobs durch das Tagesthema vorgegeben worden; sein Beitrag hatte die Funktion eines Kommentars zum Vortrag von Winfried Hassemer (Das Selbstverständnis der Strafrechtswissenschaft gegenüber den Herausforderungen ihrer Zeit, a.a.O., S. 21).

11 Hier knüpft Jakobs an seine allgemeine Straftheorie an; s. noch u.b. Fußn. 42 ff.

Zwar dürfe nicht über das Erforderliche hinausgegangen werden, jedoch sei immer noch mehr als bei der Notwehr erlaubt. Das Feindstrafrecht folge anderen Regeln als ein „rechtsstaatliches Binnenstrafrecht", und es sei überhaupt noch nicht ausgemacht, dass es sich, auf den Begriff gebracht, als Recht erweise[12].

Erst an dieser Stelle führt Jakobs „typische Kennzeichen" für ein Feindstrafrecht anhand von Beispielen aus dem geltenden Recht an – immerhin ein Indiz dafür, dass die legislative Empirie der *Bestätigung* seiner Theorie dient, diese selbst also nicht bloße Beschreibung, sondern Deduktion aus eigenen deontischen Prämissen ist; hierfür sprechen auch die unmittelbar folgenden Passagen: Jakobs konstatiert, dass die Sprache der angeführten Normen nicht eine solche sei, in der ein Staat mit seinen Bürgern spreche, sondern eine solche, mit der er seinen Feinden drohe (S. 52), und stellt sodann unvermittelt den Begriff des Feindes in den Raum, den er aus den Merkmalen der fraglichen Normen extrapoliert[13]:

> „Der Feind ist ein Individuum, das sich [...] vermutlich dauerhaft vom Recht abgewandt hat und insoweit die kognitive Mindestsicherheit personellen Verhaltens nicht garantiert und dieses Defizit durch sein Verhalten demonstriert" (Ebd.).

Da der Gesellschaft die Stützungen durch Religion, Familie und Nationalität abhanden gekommen seien, werde sie auch weiterhin Feinde haben, „die – offen oder im Schafspelz – in ihr umherziehen".

> „Eine risikobewußte Gesellschaft kann diese Problematik mangelnder kognitiver Sicherheit nicht einfach beiseite schieben; sie kann die Problematik auch nicht nur mit polizeilichen Mitteln lösen. Deshalb besteht zu einem Feindstrafrecht keine heute ersichtliche Alternative. [...] Es geht nicht mehr um die Erhaltung der Ordnung von Personen nach gesellschaftsinternen Irritationen, sondern es geht um die Herstellung erträglicher Umweltbedingungen dadurch, dass alle diejenigen – *sit venia verbo* – kaltgestellt werden, die nicht die kognitive Mindestgarantie bieten, die nötig ist, um sie praktisch aktuell als Personen behandeln zu können. Gewiß wird das Verfahren zur Behandlung der feindlichen Individuen rechtlich geregelt, aber es handelt sich dabei um die rechtliche Regelung einer Exklusion. Feinde sind aktuell Unpersonen. Auf den Begriff gebracht ist Feindstrafrecht also Krieg, dessen Gehegtheit oder Totalität (auch) davon abhängt, was vom Feind befürchtet wird. Das klingt anstößig und ist es auch, da es von der Unmöglichkeit umfassender Rechtlichkeit handelt, also der Gleichsetzung von Vernünftigkeit und Personalität widerspricht [...]" (S. 53).

Jakobs wiederholt sodann die bereits 1985 erhobene Forderung an die Strafrechtswissenschaft, die Ergänzung des Strafrechts durch ein Feindbekämpfungsrecht zur Sprache zu bringen und nicht weiter

---

12 In HRRS 2004, 88 formuliert Jakobs: „Ein Feindstraf*recht* steht immerhin mindestens für ein regelgeleitetes und deshalb nicht spontan-affektives Verhalten".

13 Auch hier knüpft Jakobs in der Sache an seine allgemeine Straftheorie an; s. noch u.b. Fußn. 44 ff.

> „alles, was unter dem Namen 'Strafrecht' läuft, gleich [zu] behandel[n] [...][14]. Erst mit der Trennung von Rechtsstrafe und – nicht notwendig illegitimer – Machtstrafe gewinnt die Rechtswissenschaft die Voraussetzung für die Entwicklung eines Selbstbewußtseins als *Rechtswissenschaft*" (S. 56)[15].

Mit diesen Angaben und den ergänzenden Fußnoten dürften die wesentlichen – vor allem die streitigen – Elemente der in der Diskussion befindlichen Auffassungen von Jakobs benannt sein.

III. Die Kritik

Geht wirklich ein Gespenst um in Europa? Die beiden Autoren, die ihre berühmte Streitschrift im Krisen- und Hoffnungsjahr 1848 mit dem Hinweis auf ein solches Gespenst eröffneten, meinten das Gespenst des Kommunismus[16]; und sie meinten damit sowohl ein gedankliches Konstrukt als auch einen realen oder erwarteten (bzw. von ihnen erhofften) politischen Vorgang. Heute schwebt durch die papierenen und digitalen Seiten des Strafrechts das „Phantom des Feindes" bzw. des Feindstrafrechts[17]. Das Wort „Phantom", das auch mit „Gespenst" übersetzt werden kann, bedeutet laut *wikipedia* u.a. „Trugbild, unwirkliche Erscheinung, Einbildung"; aber wie damals werden mit dem Schlüsselwort auch reale Befürchtungen angesprochen. Die Frage, wie weit die Charakterisierung als „unwirkliche Erscheinung" auf gedankliche Erzeugnisse anzuwenden ist, könnte Gegenstand tiefschürfender Erörterungen über Macht und Materialisierung von Gedanken sein; und auch die Frage, ob

---

14 Jakobs schiebt (S. 54 f.) Ausführungen zur aktuellen Tendenz zur Ausweitung des Völkerstrafrechts ein, dem er vorwirft, die wirkliche Rechtsgeltung durch eine postulierte Rechtsgeltung zu ersetzen.

15 Im *Text von 2004* ist eine Verschiebung eingetreten: Nunmehr geht es nicht darum, „zwei isolierte Strafrechtssphären gegenüberzustellen, sondern zwei Pole *einer* Welt zu beschreiben oder zwei gegenläufige Tendenzen in *einem* Zusammenhang des Strafrechts aufzuzeigen, wobei sich diese Tendenzen durchaus überlagern können" (HRRS 2004, 88); in der *Stellungnahme von 1985* heißt es wieder, der Staat solle „zwischen dem, was nur dem Feind gilt, sei dieser Terrorist oder ein anderer gewichtig und hartnäckig tätig Dissentierender, und den anderen, was auch dem Bürger gilt, sauber unterscheiden, weil ansonsten das Feindstrafrecht das Bürgerstrafrecht kontaminiert" (ZStW 2005, 850).

16 Der Eingangssatz aus dem Kommunistischen Manifest von 1848 scheint im Zusammenhang mit dem Thema dieses Bd.es eine gewisse Suggestion auszuüben. Ich selber hatte ihn als Eröffnung für diese Einleitung ins Auge gefasst, bis ich feststellte, dass *Jörg Arnold* mir als Verfasser des Geleitwortes einer anderen Textsammlung zum Feindstrafrecht zuvorgekommen war: *Jörg Arnold*, Zum Geleit: Ende der Gespensterjagd und Beginn der wissenschaftlichen Debatte, in: Thomas Uwer (Hrsg.), „Bitte bewahren Sie Ruhe". Leben im Feindstrafrechtsstaat. (Schriftenreihe der Strafverteidigervereinigungen). Berlin 2006, S. 13 ff.

17 *Gössel* beginnt seinen Beitrag zur vorliegenden Textsammlung (u. S. 43): „Ein Phantom geht um im Lande des Strafrechts: das Phantom des Feindes".

und wie weit ein Feindstrafrecht bereits existiert oder zu erwarten ist, ist auch unter den Autoren dieses Bandes umstritten. Ob nun aber Gespenst oder nicht – jedenfalls greift der Wirkungskreis des Phänomens, um das es in diesem Band geht, weit über Europa hinaus. Vor allem im iberoamerikanischen Bereich genießt das Thema eine hohe – und, wie zu hören ist, prekäre[18] – Aktualität. Wissenschaftlicher Niederschlag ist eine im Jahre 2006 erschienene Sammlung von Beiträgen mit fast 2300 Seiten Umfang in spanischer Sprache[19]. In deutscher Sprache liegt ferner ein von der Strafverteidigervereinigung herausgegebener Sammelband vor[20]. Ein weiterer Sammelband mit (überwiegend italienischen) Beiträgen ist das Ergebnis einer Tagung der Associazione Franco Bricola, die im März 2006 ihr jährliches Treffen in Trento dem Thema „Feindstrafrecht" gewidmet hat[21]. Von den Vorträgen dieser Tagung, vor allem von solchen, die sich mit den allgemeinen Aspekten des Themas befassen, ist ein großer Teil im vorliegenden Band in deutscher Übersetzung dokumentiert. Der Herausgeber möchte damit einen weiteren Beitrag dazu leisten, der italienischen Strafrechtswissenschaft, die – wie er meint – in Deutschland nicht immer die gebührende Aufmerksamkeit findet, hierzulande zu größerer Anerkennung zu verhelfen[22]. Ein Merkmal dieses Sammelbandes ist daher die starke Repräsentanz italienischer Autoren; daneben finden sich drei Beiträge von spanischen Autoren. Die Autoren dieses Bandes sind allesamt Strafrechtslehrer – dies jedenfalls ein Indiz für ein kaum zu bestreitendes Verdienst der Interventionen von Jakobs: dass er nämlich „die Strafrechtswissenschaft wieder an ihre rechts- und staatsphilosophische Tiefendimension erinnert hat, die im akademischen Betrieb weithin in Vergessenheit geraten ist"[23]. Zur Gewinnung eines Überblicks seien die Beiträge hier kurz vorgestellt[24].

---

18 S. nur *Ambos*, u. S. 345 ff.

19 *Manuel Cancio Meliá (Hrsg.)*, Derecho Penal del Enemigo. El discurso penal de la exclusión (2 Bände). Madrid (Edisofer) 2006.

20 Wie Fußn. 18.

21 *Alessandro Gamberini/Renzo Orlandi* (Hrsg.), Delitto politico e delitto penale del nemico. Bologna (Monduzzi Editore) 2007. Darüber hinaus ist in Italien folgende weitere Textsammlung erschienen: *Massimo Donini/Michele Papa* (Hrsg.), Diritto penale del nemico. Un dibattito internazionale. Mailand (Giuffrè) 2007, worin auch – in mitunter leicht abgeänderter Fassung – die im vorliegenden Bd. enthaltenen Beiträge von Ambos, Hörnle und Prittwitz sowie Beiträge von Cancio Meliá und Muñoz Conde mit anderen Schwerpunkten abgedruckt sind.

22 Es kann gehofft werden, dass die Hemmschwelle, sich mit dem italienischen Strafrecht zu befassen, vor allem durch das jüngst erschienene Werk von *Manfred Maiwald*, Einführung in das italienische Strafrecht und Strafprozessrecht. Frankfurt a.M., Berlin, Bern usw. (Peter Lang) 2009, gesenkt wird.

23 *Jochen Bung*, Feindstrafrecht als Theorie der Normgeltung und der Person, in: HRRS Februar 2006 (2/2006), 63 ff., 64; auch in: Uwer (Hrsg.) (wie Fußn. 18), S. 249 ff.; ähnlich die Einschätzung von *Sack* (u. S. 263 ff.).

24 Die Reihenfolge folgt keinem festen Schema. Die zunächst erwogene alphabetische Reihung hätte zweifellos jeden Verdacht der Manipulation ausgeschlossen; doch habe ich sie zugunsten

Manuel Cancio Meliá sieht den Rahmen der Diskussion abgesteckt durch den zunehmenden Stellenwert des Strafrechts in der Tagespolitik westlicher Staaten; die Ursachen hierfür erblickt er in der Verengung des Strafrechts auf die Opferperspektive, in dem – medial verstärkten – Druck der Bevölkerung auf die Politik sowie in der Globalisierung des Diskurses, der immer mehr vom Strafrechtsdiskurs zum kriminalpolitischen Präventionsdiskurs werde. Mit dem von Jakobs beschriebenen „Feindstrafrecht" sieht Cancio Meliá die jüngere Strafgesetzgebung westlicher Staaten zutreffend beschrieben. Er bezweifelt aber die Tauglichkeit dieser Gesetzgebung: Suizidbereite Täter seien auch durch feindstrafrechtliche Präventionsmechanismen nicht abzuschrecken. Die wirklichen Gründe für die Entwicklung des Feindstrafrechts lägen tiefer: in der *Dämonisierung*, die den Täter statt zum Verbrecher zum „Bösen" stemple, und in der Bildung von *Täter*-Kategorien, die mit ihrer Exklusions-Phantasien nicht in ein Tatstrafrecht passten und deshalb illegitim seien. Auf die abschließend aufgeworfene Frage nach der möglichen Nutzung lehnt Cancio Meliá die Haltung der Tabuisierung, die bereits die Diskussion über ein Feindstrafrecht für gefährlich hält[25], ebenso ab wie die Auffassung von der kriminalpolitischen Nutzlosigkeit des Begriffs, der er entgegenhält, dass dieser zumindest makroskopisch als Seismograph problematischer Tendenzen dienen könne. Ebenso abgelehnt wird die Auffassung, die dem Begriff eine kriminalpolitische Ordnungsfunktion zuweisen will. Er selbst schreibt ihm eine Art von heuristischer Funktion zu: Erscheinungsformen im Strafrecht, die unter den Begriff des Feindstrafrechts subsumiert werden könnten, verdienten geändert und gegebenenfalls eliminiert zu werden.

Bernd Schünemann ordnet die Stellungnahmen von Jakobs seit 1999 als die Wiederbelebung einer Idee ein, die auf die voraufklärerische Zeit zurückgehe und seither durch ein auf Verhütung von rechtsgüterverletzenden Taten gerichtetes Strafrecht (das er durch das Schuldprinzip und v. Liszts Magna-Charta-Gedanken eingehegt sieht) verdrängt gewesen sei. Seine Auseinandersetzung mit Jakobs betrifft dessen philosophische Grundlagen und seine funktionalen und empirischen Prämissen. Er kritisiert, dass die Auswahl der von Jakobs neuerdings namhaft gemachten Gewährsleute aus der klassischen Philosophie zu kurz greife, die Unterscheidung von Bürgerstrafrecht und Feindstrafrecht bei diesen nicht zu finden sei und gerade die heute brennenden Probleme jener Bereiche, um die es Jakobs gehe, mit ihren Lehren

---

einer Abfolge verworfen, die zwar nach Möglichkeit die alphabetische Reihenfolge beibehält, jedoch Beiträge mit ähnlicher Argumentation möglichst nachbarschaftlich positioniert und „Verweise nach unten" unnötig macht.

25 Und die aus ganz unterschiedlichen politischen Motiven gespeist werde: die „Eindämmungsvariante", (hinter der sich auch die Haltung verbergen könne, zwar das Paket, aber nicht die Etikette „Feindstrafrecht" zu erwerben), und die „business-as-usual-Variante", die das Feindstrafrecht als ein historisch schon immer vorhandenes, im demokratischen Rechtsstaat eingehegtes und daher legitimes Element des Strafrechts ansehe (S. 8 ff.).

nicht angemessen erfasst werden könnten. Die funktionalen Prämissen der Theorie vom Feindstrafrecht (Erhaltung der Normgeltung vs. Gefahrenbekämpfung) seien nur eine Umformulierung der alten absoluten Straftheorien. Diene aber nach zutreffender Auffassung das gesamte Strafrecht der Gefahrenabwehr, so falle die Prämisse für die Unterscheidung von Bürgerstrafrecht und Feindstrafrecht fort. In empirischer Hinsicht vermöge die Kategorie von Individuen, die sich dauerhaft vom Recht abgewendet hätten, nicht zu überzeugen, denn gerade Terroristen definierten die Macht, gegen die sich wendeten, als illegitim. Schließlich erweise sich der Versuch, die Legitimierbarkeit des Feindstrafrechts aus dem Vorhandensein von Guantánamo abzuleiten, als „kapitaler naturalistischer Fehlschluss".

Eduardo Demetrio Crespo stellt die Debatte um das Feindstrafrecht in das Spannungsfeld von Freiheit und Sicherheit, in welchem er das Feindstrafrecht als ein Modell verortet, das einseitig zugunsten der Sicherheit optiert. Methodologisch gesehen gehe es um das (vielfältige) Sein und das (tendenziell gleichmäßige) Sollen des Rechts, um seine Funktionen und sein Ziel. Das Bindeglied zwischen beiden könnten nur die Menschenrechte sein. Ein „Feindstrafrecht" sei in einem demokratischen Strafrecht unhaltbar, da es sich, wenn man mit Jakobs die Rechtsperson von vornherein in einen normativen Kontext einschließe, um ein die Würde des Menschen leugnendes „Strafrecht" handele. Jakobs' Berufung auf den deskriptiven Charakter seiner Ausführungen verschleiere, dass er mit seinen Erörterungen eine theoretische Rechtfertigung für eine Realität liefere, die er nur zu beschreiben behaupte. Auch Demetrio Crespo hält freilich die „Modernisierung" des Strafrechts mit ihren überindividuellen Rechtsgütern, abstrakten Gefährdungsdelikten und neuen Täterschaftskategorien für notwendig und unabänderbar und hält ihr zugute, dass sie zur Erfassung der Kriminalität der Mächtigen in der Lage sei und – anders als das Feindstrafrecht – einer strengen Beachtung der rechtsstaatlichen Garantien, insb. des Verhältnismäßigkeitsprinzips, unterworfen werden könne.

Den Beitrag von *Giovanni Fiandaca* durchzieht die Skepsis, Erscheinungen wie das Feindstrafrecht sowie solche, gegen welche dieses sich richtet, mit den klassifikatorischen Begrifflichkeiten des Strafrechts zu erfassen. Vorab verweist er auf die von Nietzsche und Canetti herausgestellten gemeinsamen Wurzeln von Krieg und Strafrecht, aber auch auf die vor allem auf Hobbes zurückgehenden Bemühungen, die beiden Sphären zu unterscheiden, und hält Jakobs widersprüchliche Argumentation bei der Positionierung des „Feindes" in diesem Problemfeld vor. Sodann versucht er, sich den Phänomenen unter verschiedenen Aspekten zu nähern. Aus außerstrafrechtlicher Sicht konstatiert er eine Korrelation zwischen der Vermengung von Strafrecht, Politik und Moral einerseits und Feindstrafrecht andererseits; strafrechtsintern ermittelt er insgesamt acht Aspekte, anhand derer abgestuft eine Nähe zum Feindstrafrecht (bzw. abgestufte Formen des Feindstrafrechts) ermittelt werden können.

Anhand von Beispielen aus der italienischen Kriminal- und Stafrechtsgeschichte (politisches Strafrecht[26], Briganten, Mafia, Terrorismus) zeigt er historische Formen des Feinstrafrechts auf. Als heutige Wurzeln feindstrafrechtlichen Denkens macht er die Sicherheitsobsession der Mittelschicht gegenüber den gefährlichen Menschen der Unterschicht, die allgemeine Repönalisierung des Strafrechts und die Wiederentdeckung des Bösen („Krieg gegen Monster") dingfest; ferner wirft er einen Blick auf feindstrafrechtliche Elemente im Völkerstrafrecht, die er dort in Übereinstimmung mit Jakobs entdeckt, dem er aber vorwirft, hier zu kritisieren, was er auf nationaler Ebene zu befürworten scheine. Abschließend bekennt er seine Unsicherheit als liberaler Strafrechtler gegenüber den modernen Erscheinungsformen der Kriminalität.

Karl Heinz Gössel wirft in seiner „Widerrede zum Feindstrafrecht" Jakobs unklare Begriffsbildung und daraus folgend das Fehlen eines tragfähigen Fundamentes seiner Lehre vor. Die ursprünglich von Jakobs verkündete Auffassung, die auf den Eingriff in die Intimsphähre des Bürgers und auf die weite Vorverlegung der Strafdrohung abstellte und damit u.a. Vorschriften wie die §§ 30, 66, 129, 129a StGB dem Feindstrafrecht zuordnete, sei nicht haltbar, weil die betreffenden Regelungen der Rechtsprechung des Verfassungsgerichts entsprächen und die Begehung einer rechtswidrigen Tat mit Sozialbezug voraussetzten. Die neuere Lehre Jakobs', welche Externe, aber auch Interne (also Bürger), wenn sie sich vom Recht abwendeten, zu Feinden werden lasse, beruhe im wesentlichen auf der Unterscheidung von Individuen und (Rechts-) Personen sowie auf der Bewertung des Verbrechens allein als Normbruch. Jene Unterscheidung verkenne, indem sie die menschliche Person zum gesellschaftlichen Konstrukt mache, die verbindliche Wertung des Grundgesetzes, welche die menschliche Person als dem Recht vorgegeben verstehe, die Persönlichkeit also nicht *zu*erkenne, sondern *an*erkenne. Damit sei eine Behandlung von Menschen „wie wilde Tiere" und ihr „Kaltstellen" nicht vereinbar. Die Charakterisierung der Straftat allein als Normbruch aber unterliege viel mehr als die von Jakobs kritisierte Rechtsgüterschutz-Lehre der Gefahr, rein interne Vorgänge oder bloße abstrakte Gefährdungen unter Strafdrohung zu stellen; auch vermöge sie differenzierte Strafdrohungen für unterschiedlich gewichtige Delikte nicht zu erklären. Andererseits erscheine es überzogen, *alle* Gefährdungs-Tatbestände und die Sicherungsmaßregeln einem „Feindstrafrecht" zuzuordnen; dagegen spreche, dass sie Straftaten bzw. rechtswidrige Taten voraussetzten und letztere unter der Geltung des Verhältnismä-

26 Der Hinweis darauf, dass auch ein aufgeklärter Strafrechtsdenker wie *Mario Pagano* im Ausnahmezustand Einschränkungen bei den rechtsstaatlichen Garantien machen wollte (S. 28), kann ergänzt werden um den Hinweis, dass der selbe Gedanke sich auch bei *Cesare Beccaria* im Hinblick auf die Abschaffung der Todesstrafe findet (s. *Vormbaum*, Einführung in die moderne Strafrechtsgeschichte. Heidelberg 2008, S. 33 f.).

ßigkeitsgrundsatzes ständen. Überspitzungen des geltenden Rechts müssten freilich korrigiert werden.

Urs Kindhäuser leitet seine Stellungnahme aus einer eingehenden Analyse der Legitimation für die Zuschreibung von Schuld ab. Wie Jakobs stellt er zwar auf die durch die Tat beeinträchtigte *faktische* Normgeltung ab (die er als eigentliche *Geltung* von der normativen *Gültigkeit* unterscheidet), versteht die Geltungseinbuße der Norm also als eigenständigen Schaden neben der Güterverletzung; doch bettet er diesen Ansatz in den Rahmen einer demokratisch-pluralistischen Gesellschaft ein. Der Verpflichtungsgrund der Norm sei auf ihr verfahrensmäßiges Zustandekommen reduziert; zumutbar sei die Normbefolgung, weil der Einzelne in seiner Rolle als Staatsbürger die Möglichkeit der kritischen Stellungnahme und Ablehnung der Norm gehabt habe. Hingegen passe die Schuldauffassung von Jakobs, die den Schuldvorwurf auf mangelnde äußerliche Regelkonformität unabhängig von der konkreten Gestalt des Systems stützte, „auch zu einem paternalistischen System, in dem sich die Norm als äußerlicher Befehl darstellt", denn der Normadressat komme nicht auch als ein solcher, der zugleich Mitbeteiligter an der Normsetzung ist, in den Blick. Die Grenze vom Strafrecht zum Polizeirecht sei überschritten, wo sich ein Sicherheitsrecht nicht mehr in ein legitimes Schuldstrafrecht einbinden lasse. Hingegen wolle Jakobs ein besonderes Strafrecht, das er als bereits existent ansehe, als „nicht notwendig illegitimes" Feindstrafrecht innerhalb des Strafrechts etablieren. Durch die polemische Wucht der Jakobsschen Terminologie werde aber die Frage, „in welchem Maße das Strafrecht Sicherheitsbedürfnisse absorbieren darf", in den Hintergrund gedrängt. Die Schaffung von Gefährdungsdelikten berühre nicht das gesamte System der Zurechnungsregeln, und den bestehenden Vorverlegungs-Tatbeständen lasse sich schwerlich entnehmen, dass die darin genannten Täter als gefährliche Feinde angesehen würden, wenngleich in manchen Fällen die staatlichen Sicherheitsbedürfnisse möglicherweise zu hoch veranschlagt würden. Dass die Ausweitung prozessualer Befugnisse der Ermittlungsbehörden ein Feinstrafrecht indiziere, werde insbesondere durch die Existenz des § 136a StPO widerlegt. Auch sei der Ausdruck „Feindstrafrecht" irreführend, da er neutraler als der des „Verbrechers" sei. Auch de lege ferenda sei ein Feindstrafrecht abzulehnen, weil es gegen das Gebot der Achtung der Menschenwürde verstoßen würde.

Tatjana Hörnle befasst sich mit den deskriptiven und den normativen Dimensionen des Feindstrafrechts. Auf einer Skala zwischen den Polen „Bürgerstrafrecht" und „Feindstrafrecht" sieht sie das reale deutsche und europäische Strafrecht bei keinem der beiden Pole angesiedelt; sie erblickt jedoch kriminalpolitische Veränderungen der letzten Jahre, die sich als eine Entfernung von jenem und eine Annäherung an diesen Pol *beschreiben* lassen, im Bereich der gesetzlichen Strafnormen (Vorfeldnormen [z.B. § 129b, Sexualstrafrecht, politisches Strafrecht] und Verschärfung von

Strafdrohungen [vor allem durch das sechste sog. Strafrechtsreformgesetz]); im Bereich der Sanktionierung (z.B. Abkehr vom Strafminderungsgrund der Alkoholisierung) und im Bereich der präventiven Freiheitseinschränkungen (Ausdehnung der Sicherungsverwahrung, neuerdings auch auf Heranwachsende und Jugendliche), während sie im Bereich des Strafverfahrens keine eindeutige Tendenz in dieser Richtung ausmacht. – Bei der *Beurteilung* des Feindstrafrechts weist Hörnle darauf hin, dass Jakobs zwar die als Feindstrafrecht diagnostizierten Phänomene gelegentlich bedauere, ihre Beseitigung aber für illusorisch halte; dies – so Hörnle – laufe faktisch auf eine präskriptive Position hinaus. Auf dieser Grundlage wirft sie Jakobs die Unklarheit seines Feind-Begriffs vor, die umso problematischer sei, als gerade die eindeutigen Fälle angesichts der möglichen Höchststrafen problemlos nach einem Bürgerstrafrecht abgeurteilt werden könnten. Sie hält ihm ferner die Nähe zur Diktion und zum Denken Carl Schmitts vor, welche mit den normativen Prämissen des Grundgesetzes unvereinbar seien. Wie Kindhäuser kritisiert sie schließlich, dass die martialische Diktion den Blick auf die konkrete Analyse verstelle. Was diese angeht, legt Hörnle die Messlatte der Kritik ersichtlich niedriger (und damit die der Legitimation problematischer Vorschriften deutlich höher) als Gössel und Kindhäuser. Vorverlagerungen hält sie nur zur Abwehr von belegbaren realen Risiken für Leben, Gesundheit oder andere wichtige Rechtsgüter für vertretbar; und sie fordert auch eine entsprechende Einschränkung der Fälle der Sicherungsverwahrung. Jakobs' Theorie – so ihr Fazit – biete keine Hilfe bei dem Bemühen, die legitimen Grenzen eines Sicherheitsstrafrechts auszuloten.

Auch *Francisco Muñoz Conde*, der sich bereits bei zahlreichen Gelegenheiten mit den Thesen von Jakobs auseinandergesetzt hat[27], hält diesem zugute, dass seine Beschreibung Phänomene betrifft, die in der Realität zahlreicher Länder anzutreffen sind; er meint jedoch, dass diese, soweit sie problematisch sind, überwiegend von den Verfassungsgerichten für verfassungswidrig erklärt worden seien. Er wirft Jakobs vor, dass er aus dieser Realität Normen ableite, welche beispielsweise die Folter als erlaubt oder als etwas zwar Unangenehmes, aber als unvermeidbar Hinzunehmendes hinstellten. Seine Ausführungen münden in einen Appell an die Strafrechtswissenschaft, in energischer Weise allen Normen entgegenzutreten, welche die mühsam errungene Geltung der Grundsätze des Rechtsstaates in Gefahr bringen. Den Hintergrund seiner Ausführungen bilden die Erfahrungen der Franco-Diktatur und die Mühen ihrer Überwindung, die er zu Beginn seines Beitrages schildert.

---

27 In deutscher Übersetzung erschienen ist: *Francisco Muñoz Conde*, Über das „Feindstrafrecht" (Rechtsgeschichte und Rechtsgeschehen. Kleine Schriften. 10). Münster, Berlin 2007.

Gaetano Insolera weist auf die neue Qualität des politischen (heute vor allem islamistischen) Terrorismus hin (Vernetzung statt hierarchischer Organisation, Fehlen konkreter politischer Ziele, Beseitigung statt Überzeugung des Gegners, Handeln ohne Rücksicht auf politische Opportunität, Kampf nicht für, sondern gegen Menschenrechte und universalisierbare Ideen) und wirft die Frage auf, ob die Reaktion hierauf in einem anderen Strafrecht als dem Strafrecht der rechtsstaatlichen Garantien und der Beachtung der Grundrechte liegen könne. Jakobs wolle zwar einen Teil der rechtsstaatlichen Garantien erhalten; seine Auffassung, als Rechtssubjekt könne nur behandelt werden, wer die Garantie gewisser Rechtstreue biete, weise aber in Richtung auf dieses andere Strafrecht. Insolera verweist auf die strukturelle Ambivalenz jedes Strafrechts als Verteidigung des Bürgers *vor* dem Staat einerseits, als Kriminalitätsbekämpfung und Opferschutz *durch* den Staat andererseits; der zweite Aspekt berge die Gefahr, dem von der „puren Realität" auferlegten Zwang nachzugeben. Der Vorteil des ersteren liege dagegen im Verständnis einer „unpolitischen" Aufgabe der Strafjustiz, die in einer „permanenten konfliktbehafteten Dialektik" mit den für die Sicherheit zuständigen politischen Stellen stehe.

Giuseppe Losappio zeigt sich erschüttert über eine hochartifizielle Lehre, welche gesetzliche Bestimmungen und praktische Verhaltensweisen theoretisch untermauere, „die im Namen des Kampfes gegen den Terrorismus [...] Menschenrechte verletzt haben und verletzen". Er rügt in Übereinstimmung mit anderen Autoren dieses Bandes die Entnaturalisierung und Normativierung (und damit Relativierung) des Person-Begriffs durch Jakobs. Die Abstufung Mensch/Person kehre das Verhältnis von Recht und Macht um, denn Recht beruhe auf den der Macht vorgegebenen Menschenrechten. – Vor allem aus der italienischen Erfahrung heraus stellt Losappio dem Feindstrafrecht die komplementäre Erscheinung des *Freundstrafrechts* bzw. Privilegienstrafrechts gegenüber. Beide seien Instrumente einer Macht, welche gegen die Gleichheit kämpft. – Losappio betont, dass die Widerlegung des Feindstrafrechts nicht die Delegitimierung aller Erscheinungen bedeute, welche sich auf diese Theorie zurückführen lassen. Das Feindstrafrecht sei falsch, weil es das Verhältnis von Gleichheit und Rechten, das die Grundlage der Menschenrechte und der Demokratie bilde, radikal leugne. Strafrechtliche Freiheitsbeschränkungen an sich seien hingegen nicht illegitim und müssten anhand der Abwägung des Freiheitsgrundrechts mit anderen verfassungsrechtlichen Grundsätzen bewertet werden[28].

Auch *Ferrando Mantovani* stellt Feindstrafrecht und Freundstrafrecht als zwei Formen des Sichentfernens von einem Kultur-Strafrecht vor, kritisiert aber auch „Feinde des Strafrechts". Das erste sieht er vor allem im Rahmen der historischen Herrschaftsfor-

---

28 Zu den abschließenden Überlegungen Losappios zur Stärkung der Legislative s. noch u.b. Fußn. 56.

men des Absolutismus und der totalitären Diktaturen des 20. Jahrhunderts, aber auch in der Terrorphase der französischen Revolution verwirklicht. Eine Gleichsetzung dieser Erfahrungen mit Phänomenen, die im demokratischen Rechtsstaat auftreten, hält er für unangemessen, da die in diesem Zusammenhang diskutierten Phänomene zu heterogen und überdies weitgehend eine Antwort auf eine anwachsende und sich intensivierende Kriminalität seien, welche für die Menschenrechte gefährlicher sei als die demokratische Staatsmacht, weshalb die mit ihnen einher gehenden Freiheitsbeschränkungen überwiegend nicht illegitim seien. Den Theorien über das Feindstrafrecht hält er zugute, dass sie die allgemeine Aufmerksamkeit auf die Probleme des gefährlichen Täters und der Legitimität besonderer Strafrechtstypen gelenkt hätten. Für a limine unankzeptabel erklärt er aber die Vorstellung von Un-Personen. Das *Freundstrafrecht* sei ebenso wie das Feindstrafrecht ein Recht, das der Natur von Unrechtsstaaten notwendig entspreche, man könne es aber auch in der gleichmäßigen Behandlung von sozial ungleich gestellten Personen erblicken. Als *Feinde des Strafrechts* kritisiert Mantovani jene, die auf (politik-) theoretischer Ebene, auf praktisch-operativer Ebene (durch gesetzliche Mildtätigkeit und richterliche Nachsicht) und auf strafrechtswissenschaftlicher Ebene (durch „Hyperkritizismus“) das Strafrecht in Frage stellen. Die fortdauernde Lebenskraft des Strafrechts in der Gegenwart sieht er vor allem darin begründet, dass es nach dem Wegfall der prioritären sozialen Antriebe als einziges Gegenmotiv übrig geblieben sei.

Cornelius Prittwitz geht der Frage nach, ob das Feindstrafrecht Folge eines „Risikostrafrechts“ sei. Im Ausgangspunkt hält er in einer vom Risikogedanken durchtränkten, durch den technologischen Fortschritt gefährdeten Gesellschaft ein Risikostrafrecht für unerlässlich, und er hält ihm überdies die in ihm angelegte Möglichkeit zugute, vom Herrschaftsinstrument zum Mittel der Bekämpfung sozialschädlichen Verhaltens der gesellschaftlich Mächtigen zu werden; er meint jedoch, dass die Herausforderungen und Gefahren, die im Risikostrafrecht neben den Vorzügen angelegt seien, die Überhand gewonnen hätten; die Hoffnung, das Strafrecht für die Bekämpfung der Kriminalität der Mächtigen einzusetzen, erwecke den Eindruck, dass das Feindbild bloß ausgetauscht worden sei; durch die Potenzierung der Risikoorientierung seitens der Massenmedien seien auch die problematischen Seiten des Risikostrafrechts potenziert worden und hätten zu einer Inversion seiner Effektivität geführt. Das Feindstrafrecht sei daher als die Fehlentwicklung des Risikostrafrechts zu verstehen. Mit Jakobs' Wende von der kritischen zur affirmativen Erörterung des Feindstrafrechts werde keineswegs der nicht zum Feindstrafrecht gehörige Rest des Strafrechts als Bürgerstrafrecht gerettet, denn inzwischen sei das gesamte Strafrecht vom Feindstrafrecht durchtränkt. Die fast einhellige Kritik an Jakobs' Begriff des Feindstrafrechts gelte im übrigen nur der Begrifflichkeit; mit einem anderen Vokabular hätte er, so Prittwitz, wohl den Beifall vieler Strafrechtler erhalten.

Franz Streng erweitert die Fragestellung in sachlicher und zeitlicher Hinsicht und fragt nach dem Zusammenhang zwischen Zweckstrafrecht und Feindstrafrecht. Die bis auf Franz v. Liszt zurückgehende Zweckorientierung habe die neuen verhängnisvollen Entwicklungen entscheidend begünstigt; die Perspektiven einer schrankenlosen Nutzung des Strafrechts für Kriminalprävention sei in dessen Lehre angelegt gewesen. Offenkundig gebe es Kriminalitätsformen, bei denen der Gesetzgeber nicht auf gerechte Strafe abziele, sondern auf Bekämpfung setze[29]. Der Konsequenz von Jakobs, diese Erscheinung in der Weise zu dogmatisieren, dass der in Betracht kommende Täterkreis ausformuliert wird („wer die kognitive Garantie nicht leistet, er werde sich als Person im Recht verhalten"), sei die Konsequenz entgegenzusetzen, die betreffende Entwicklung nachdrücklich unter Rechtfertigungsdruck zu setzen. Der Maßstab dafür sei ein demokratisches Strafrechtsmodell, bei dem Bekräftigung der Werteordnung und Resozialisierung maßgeblich seien und Entfernung aus der Gesellschaft nur die letzte, an Verhältnismäßigkeitsstandards orientierte Maßnahme sein könne. In diesem Sinne ist für Streng die als Integrationsprävention verstandene positive Generalprävention der angemessene Ansatz[30]; in ihrer von Jakobs vertretenen Form der Konstruierung eines Zusammenhangs von Schuld und Generalprävention begünstige sie die Ansprüche der Politik auf eine Funktionalisierung des Strafrechts. In der praktischen Kriminalpolitik habe sich besonders das wechselseitige Aufschaukeln von dramatisierender Medienberichterstattung und plakativer politischer Reaktion als verhängnisvoll erwiesen, zumal es gesicherte pönologische Erkenntnisse (beispielsweise über die Wirkungslosigkeit von Rückfallschärfungen) überspiele, welche ihrerseits das von Jakobs aufgestellte Postulat eines Verlustes des Personenstatus bei wiederholter Rückfälligkeit in Frage stellten. Wie andere Autoren moniert auch Streng, dass Jakobs die Garantien des Strafrechts gerade dann suspendieren wolle, wenn es auf sie ankomme; die Unklarheit der Definition des Feindes vergrößere noch die Gefahr für den Bürger, der Definitionsmacht der politisch Herrschenden über das, was kriminell ist, anheim zu fallen.

---

29 Aber auch das Bundesverfassungsgericht. Symptomatisch für die gegenwärtige Lage hält Streng die Entscheidung, in der das Gericht aus Sicherheitsgründen sogar eine für verfassungswidrig erklärte Unterbringung fortgelten ließ; die Untergebrachten seien damit zu Feinden erklärt worden.

30 Zu Recht weist Streng darauf hin, dass die aktuelle Suche nach alternativen, weniger belastenden Sanktionen keinen Widerspruch zu den parallel ablaufenden Tendenzen zur neuen Punitivität darstellen, denn sie sei nur deren komplementäre Erscheinung, die das Strafvollzugssystem vor der Überfüllung bewahren solle (u. S. 190).

Frank Saliger hält die Unterscheidung zwischen einem (begrüßten) deskriptiven und einem (abgelehnten) präskriptiven Feindstrafrecht für verfehlt, da sich auch Jakobs, als Hegelianer, nicht an die Unterscheidung von Beschreibung und Wertung halte. Entscheidend sei, ob Jakobs' Theorie ein kritisches oder ein totalitäres Strafrechtskonzept darstelle. Während in dessen Stellungnahme von 1985 die kritische Funktion des Feindstrafrechts dominiere, werde in denjenigen seit 1999 ein Strafrecht, das Feinde als aktuelle Unpersonen ausgrenze, als alternativlos hingestellt. Die These vom kritisch-analytischen Wert des Feindstrafrechts[31] trifft nach Ansicht Saligers allenfalls auf einige neuere Erscheinungen wie der erweiterten Sicherungsverwahrung und der Strafbarkeit der Bildung ausländischer terroristischer Vereinigungen zu, nicht jedoch auf andere an Gefährlichkeitskriterien anknüpfende Vorschriften. Den totalitären Charakter der Theorie erblickt er in der Inpflichtnahme des Bürgers („Bringschuld") für die Lösung der Sicherheitsproblematik und im Zusammendenken von Bürgerstrafrecht und Feindstrafrecht in einer einzigen – totalen – Rechtswelt; im übrigen widerspreche der leistungsabhängige Personenbegriff der Menschenwürdegarantie des Grundgesetzes.

Arndt Sinn prüft zunächst, ob das Feindstrafrecht ein von Jakobs beschriebener Zustand des aktuellen Strafrechts oder ein wissenschaftliches Konzept zur Begründung und Legitimierung eines Sonderstrafrechts sei. Als Merkmale des Feindstrafrechts sieht er mit Jakobs an: Vorverlagerung der Strafbarkeit; Beibehaltung des Strafmaßes trotz Vorverlegung; Übergang zur Bekämpfungsgesetzgebung; Abbau prozessualer Garantien. National, international und auf Europaebene sieht er Anhaltspunkte für solche Tendenzen zu einem Feindstrafrecht in der Gesetzgebung. Sinn geht auf Jakobs' Aussage, Strafe gegenüber Feinden sei sinnlos, ein und fragt nach dem Sinn der Strafe; er erkennt an, dass Jakobs' Unterscheidung von vernünftigen und gefährlichen Personen dem geltenden zweispurigen System des Strafrechts zugrunde liege und damit – obwohl nicht spezialpräventiv argumentierend – zum selben Ergebnis wie Liszt gelange[32]. Für einen kategorialen Fehler in Jakobs' Konstruktion hält Sinn die Bezugnahme der Kategorie „unvernünftig" auf bestimmte Kriminalitätsbereiche statt auf sachgerechte Kriterien wie diejenigen des § 20 StGB. Es bleibe unklar, was demjenigen, der dauerhaft das Recht verneint, die Kommunikationsfähigkeit nehmen solle; diese Dauerhaftigkeit könne allenfalls ein Kriterium für den Umfang der Schuld sein. Es gebe im Ergebnis keine zu bekämpfenden Feinde, sondern nur zu verfolgende Straftaten und Straftäter. Was den Zustand des aktu-

31 Als deren Vertreter benennt Salinger u.a. Sack, Prittwitz und Hörnle.

32 Sinn eröffnet seinen Beitrag mit einem Zitat von Franz v. Liszt, das erheblich seltener zitiert wird als sein „Magna-Charta"-Satz und (zusammen mit weiteren Zitaten, die man noch hätte hinzufügen können, und in denen die Chiffre „Feind" explizit auftaucht) Bezugnahmen auf Liszt in der aktuellen Feindstrafrechts-Diskussion nicht willkürlich erscheinen lässt.

ellen Strafrechts angeht, fordert Sinn die Vermeidung des Bekämpfungsvokabulars und das Festhalten am Schuldprinzip. § 129a StGB hält er nach umfangreicher Erörterung trotz Vorverlagerung noch mit dem Tatstrafrecht vereinbar.

Aus der Sicht des Kriminalsoziologen bettet *Fritz Sack* die Problematik in eine Betrachtung der jüngeren Kriminalpolitik ein. Er sieht die Rückkehr eines repressiven Strafrechts, das, wie er meint, durch die Strafrechtsreform der 60er und 70er Jahre zurückgedrängt worden war. Im einzelnen diagnostiziert er eine Rückkehr zum Gefängnis als „Königsweg der Kriminalitätskontrolle und Sicherheitspolitik" (z.B. Anstieg der Gefängnisrate in der Bundesrepublik von 1992 bis 2002 um 38,8% trotz des Stagnierens der Kriminalitätszahlen), eine legislative und institutionelle Aufrüstung der Sicherheitsorgane, Verschärfungen im Bereich des Jugendstrafrechts sowie das Avancement des sexuellen Kindesmissbrauchs zum „Kristallisationspunkt ungezügelter Strafwut". Zum Feindstrafrecht übergehend fordert er eine differenzierte Auseinandersetzung mit Jakobs' Thesen, vor allem mit seiner Diagnose einer sich selbst so bezeichnenden „Bekämpfungsgesetzgebung", in der er eine Bezugnahme auf die über die juristische Dimension hinausweisende hermeneutische Ebene des „Vorverständnisses" erblickt; verstärkter Aufmerksamkeit empfiehlt er ferner Jakobs' Einschätzung der Rolle der Strafrechtswissenschaft und dessen These vom Widerstreit zwischen Ökonomie und Recht

Domenico Pulitanò hält es für eine grundlegende Aufgabe des Juristen, die Beziehungen zwischen Deskriptivem und Normativem zu klären; Jakobs' Anspruch, seine Idee des Feindstrafrechts sei rein deskriptiv, hält er für unbegründet: Dessen Dichotomie von Bürger und Feind diene dazu, den Unbedingtheitsanspruch des Menschen, als Person behandelt zu werden, in Zweifel zu ziehen und verkünde damit den Bruch mit der universalistischen Konzeption der Menschenrechte; dies sei eine normative Stellungnahme. Freilich durchzögen solche Differenzierungen schon seit einiger Zeit die Rechtsordnungen und hätten sich in letzter Zeit verstärkt. Paradoxerweise würden Praktiken wie diejenigen von Guantánamo, die einen radikalen Bruch mit der Rechtskultur bedeuteten, immer noch als Feind-„Strafrecht" bezeichnet; diese Bezeichnung berge die Gefahr einer Legitimierung derartiger Praktiken; andererseits berge ihre Tabuisierung die Gefahr der politisch korrekten, rhetorisch befriedigenden „Ontologisierung" eines Wortes. Sprache solle aber dazu dienen, die wirklichen Charaktere und Bedeutungen positivrechtlicher Regelungen zu enthüllen. Hier sieht Pulitanò – unter Verweis auf die Warnung vor einer Verdunkelung der Vernunft in Manzonis „Geschichte der Schandsäule"[33] – auch Anlass zur Wachsamkeit des

33 Sie ist jetzt auch in einer neuen deutschen Übersetzung zugänglich; s. *Thomas Vormbaum* (Hrsg.), Pest, Folter und Schandsäule. Der Mailänder Prozess wegen „Pestschmierereien in Rechtskritik und Literatur (Darin: *Pietro Verri*, Betrachtungen über die Folter, 1777, und *Ales-*

Juristen gegenüber sich selbst. In Italien sieht er starke Tendenzen zu einem Strafrecht der Ungleichheit – in Form eines Feindstrafrechts, aber auch eines Freundstrafrecht.

Massimo Donini meint, dass die h.M. das Feindstrafrecht zwar zu Recht ablehne, kritisiert jedoch, dass sie über dieser Ablehnung vergessen habe, dass das Feindstrafrecht nur die extreme Erscheinungsform, nur die Radikalisierung eines alltäglichen, tolerierten („vielleicht sogar zu tolerierenden") Aspekts staatlichen Strafrechts sei. Das praktizierte Strafrecht besitze als „dunkle Seite" das „Bekämpfungsstrafrecht" *(diritto penale di lotta)*. Dieses möchte Donini als intermediäre Erscheinungsform zwischen Bürgerstrafrecht und Feindstrafrecht begrifflich etablieren. Im Unterschied zum Bekämpfungsstrafrecht sei das Feindstrafrecht a priori Nicht-Recht bzw. illegitimes Recht; die Grenze zwischen beiden sei freilich fließend. Donini weist darauf hin, dass „Bekämpfung" inzwischen auf nationaler wie auf internationaler Ebene ein normativer Begriff geworden sei. Bekämpfungsstrafrecht sei die Radikalisierung früherer instrumenteller Rechtsauffassungen, es sei vom Ausnahmerecht zum Normalrecht geworden. Verfahrensrecht und materielles Recht würden wechselseitig funktionalisiert (Adressierung von materiellen Strafrechtsnormen an die Strafverfolgungsbehörden; Schaffung „verfahrensdienlicher Normen" durch Vorverlegungstatbestände). Der weite Feindstrafrechts-Begriff von Jakobs sei verfehlt, weil er durch Missachtung der verfassungsrechtlichen Grenzen Strafen und Maßregeln tendenziell delegitimiere. Der Begriff müsse auf solche illegitimen Erscheinungsformen begrenzt werden, in denen die Zielsetzung der Vernichtung stärker sei als der Schuld- und Resozialisierungsgedanke. Donini macht einen ganzen Katalog von historischen und aktuellen Beispielen für wirkliches Feindstrafrecht namhaft. Der Konzeption des Bekämpfungsstrafrechts traut er die Fähigkeit zu, illegitime Rechtselemente dingfest zu machen, die nicht feindstrafrechtlich seien. Wie Pulitanò sieht Donini in jedem Fall die Grenze zum illegitimen Recht dort überschritten, wo der Richter eine Kampf-Einstellung annimmt. Nicht jedoch dürfe die Ablehnung des Feindstrafrechts dazu dienen, jegliche Täterorientierung im Strafrecht zu tabuisieren.

Antonio Cavaliere wendet sich sowohl gegen die Lehre von Jakobs als auch gegen Doninis Konzeption eines „Bekämpfungsstrafrechts". Verstehe man mit Jakobs Recht als „verwirklichte" Normativität und erblicke man mit ihm den Zweck des Strafrechts in der „wirklichen Rechtsgeltung", die in den Formen der Beachtung oder der kontrafaktischen Behauptung auftreten könne, so sei es konsequent, den Personenstatus nur im Hinblick auf das Recht, also unter der Bedingung einigermaßen verlässlicher Rechtstreue zuzuerkennen und verneindenfalls den Betreffenden

---

sandro Manzoni, Geschichte der Schandsäule, 1840). Mit Kommentaren von Ezequiel Malarino und Helmut C. Jacobs. Berlin 2008.

„wie ein wildes Tier“, nicht aber wie eine Person zu behandeln. Die Auffassung, anhand dieser Kriterien könne man eine Grenze zwischen Bürgerstrafrecht und Feindstrafrecht ziehen, hält Cavaliere für „naiv“. Die Fragestellung, ob der Staat stets und gegenüber jedermann im Recht bleiben könne, und der Hinweis auf einen „praktisch optimierten Rechtsstaat“ widerlege Jakobs Behauptung vom deskriptiven Charakter seiner Thesen. Deren hermeneutisches Vorverständnis sei, dass es nicht um den Schutz von Gütern, sondern um die Bekräftigung der Autorität gehe. Jakobs normativer Personenbegriff stelle die Menschenrechte unter Vorbehalt und stehe damit im Widerspruch sowohl zur deutschen als auch zur italienischen Verfassung. – Bei Donini sieht Cavaliere die Frage nach der Legitimation des „Bekämpfungsstrafrechts“ so wenig beantwortet wie bei Jakobs diejenige nach der Legitimation des Feindstrafrechts. Die Bildung von Subsystemen sei der allgemeinen Straftatlehre seit je bekannt; Donini wolle jedoch, ebenso wie Jakobs, schon auf deskriptiver Ebene eine differenzierende Straftatlehre und lehne daher wie jener eine *allgemeine* Straftatlehre, in der die Verfassungsgrundsätze auch für alle besonderen Typisierungen gelten, ab. Überhaupt verbinde beide Autoren die Nichtbeachtung verfassungsrechtlicher Grundsätze sowie die Vagheit und Unbestimmtheit bei der Abgrenzung von Deskription und Präskription. Aus der Lehre vom Feindstrafrecht wie aus derjenigen vom Bekämpfungsstrafrecht folge die Aufgabe des Subsidiaritätsgedankens zugunsten eines übersteigerten Sicherheitsdenkens. Jedoch könne es ein umfassendes Sicherheitsrecht im Einklang mit der Verfassung nicht geben. Es sei Aufgabe der Strafrechtswissenschaft, dem Trend in diese Richtung, den es *faktisch* unleugbar gebe, seiner Legitimierung durch die Konstruktion eines Feindstrafrechts oder Bekämpfungsstrafrechts und eben so seiner Verstärkung durch die Medien Widerstand entgegenzusetzen.

Kai Ambos geht von einer Betrachtung der Geschichte des Feindbegriffs aus und unterscheidet die Begriffe des äußeren und des inneren Feindes. Während der erstere relativ bestimmt sei, sei der letztere konturlos und beruhe letztlich auf einer übertreibenden Wahrnehmung. Seit seiner Stellungnahme von 1999 habe Jakobs einen Feindbegriff auf der Grundlage seines Strafrechtsverständnisses formuliert[34]. Schon der Begriff „Feind“ sei „normativ par excellence“. Ihm wohne eine Eskalationsgefahr inne, die dazu führe, dass bereits die Wahrnehmung der Gefahr feindstrafrechtlich determiniert werde. Ambos kritisiert, dass der Feindbegriff seine ohnehin unklaren Konturen noch weiter einbüße, wenn man ihn von konkreten Tatbeständen löse („Hangtäter“, „organisierte Kriminalität“, „Terroristen“). Das aus Jakobs Lehre folgende Täterstrafrecht erhöhe den Druck auf ohnehin marginalisierte Gruppen. Bewusst oder unbewusst gebe es Parallelen zum nationalsozialistischen Entwurf

34 Dazu, dass der Zusammenhang zwischen Jakobs’ auf der positiven Generalprävention beruhenden Straftheorie und seinen Äußerungen zum Feindstrafrecht nur selten thematisiert wird, s.u. b. Fußn. 44 ff.

eines Gemeinschaftsfremdengesetzes und zu fragwürdigen legislativen Produkten in Lateinamerika[35]. Die Frage, ob es feindstrafrechtliche Elemente im Völkerstrafe gebe, bejaht Ambos, er verneint jedoch entschieden, dass das Völkerstrafrecht der Prototyp des Feindstrafrechts sei.

Auch *Emanuela Fronza* nutzt die Völkerstrafgerichtsbarkeit als „Laboratorium", um etwaige feindstrafrechtliche Elemente zu isolieren und in Tätigkeit zu sehen. Hierzu führt sie eine Unterscheidung zwischen dem „gefährlichen Feind" und dem „besiegten Feind" ein. Gemeinsam sei beiden Erscheinungsformen die Vorstellung von einem Kampf gegen das „Böse", jedoch stehe bei der Aburteilung des besiegten Feindes eine symbolische Erscheinungsform der Feindlichkeit[36] im Vordergrund, die in erster Linie an die öffentliche Meinung gerichtet sei und damit tendenziell in den Zuständigkeitsbereich der Politik bzw. Gesetzgebung übergreife. Fronza untersucht ihre Hypothese an mehreren Gerichten der Völkerstrafgerichtsbarkeit und entdeckt zahlreiche Bestätigungen, allerdings auch gegenläufige Tendenzen wie diejenige zur Verrechtlichung der völkerrechtlichen Strafverfolgung.

IV. Was heißt „Kritik des Feindstrafrechts"?

Wer es nicht bereits gewusst haben sollte, dem wird es nach der Lektüre der vorhergehenden Zusammenfassungen und spätestens nach der Lektüre der Beiträge dieses Bandes klar sein: Die Kritik des Feindstrafrechts ist keine, die in einem einzigen Punkt konvergiert, sondern eine vielgestaltige, differenzierte und teilweise auch differierende Kritik[37]. Nun ist es an sich nichts Ungewöhnliches, dass eine theoretische Position nicht nur unter einem einzigen Gesichtspunkt, sondern in mehrfacher Hinsicht kritisiert wird. Doch unterscheidet sich die Vielfalt der Kritik des Feindstrafrechts von der sonst vorkommenden Vielstimmigkeit.

- Kritisiert wird die martialische Terminologie, welche die zu Grunde liegenden realen Probleme vernebele und deren Analyse eher erschwere.
- Kritisiert wird überdies die Unschärfe des Feind-Begriffs, die zu dem selben Problem führe.

---

35 Ambos nimmt dies zum Anlass zu der Forderung an die deutsche Strafrechtswissenschaft, ihren Blick international zu weiten.

36 Auch Hörnle (S. 91 ff.) thematisiert das symbolische Strafrecht als von Jakobs vernachlässigte Erscheinungsform des (deskriptiv erörterten) Feindstrafrechts.

37 Darauf hat auch *Jakobs* selbst bereits hingewiesen: „Die Stellungnahmen zum Begriff [sc. „Feindstrafrecht"] sind zwar allesamt ablehnend, aber höchst unterschiedlich begründet, wenn überhaupt" (ZStW 2005, 845 Fußn. 14).

- Unterschieden wird fast durchweg zwischen der deskriptiven und der präskriptiv-deontischen Ebene der Lehre von Jakobs, und die Kritik wird entsprechend differenziert; während die Deskription problematischer Elemente des aktuellen Strafrechts, die man als „feindstrafrechtlich" bezeichnen könnte, überwiegend Zustimmung erfährt, allenfalls als zu weit gehend bemängelt wird, findet sich auf der präskriptiven Ebene im Konzert der Stimmen ein breites Spektrum in der Intensität der Ablehnung.
- Jakobs selbst behauptet, seine Ausführungen seien ausschließlich – oder doch fast ausschließlich – deskriptiv; allenfalls ein minimaler Teil sei präskriptiv im Sinne der Zustimmung zum Feindstrafrecht, und in einigen Punkten sei er sogar kritischer gegenüber dem Feindstrafrecht als seine Kritiker.
- Inhaltlich wird die Nähe von Jakobs Theorie zu fragwürdigen historischen Vorbildern, namentlich zur Lehre von Carl Schmitt, aber auch zu problematischen Aspekten der Hegelschen Staats- und Rechtslehre kritisiert[38]; die Vereinbarkeit eines besonderen Feindstrafrechts, besonders des normativen Person-Begriffs, wird als mit dem Grundgesetz unvereinbar angesehen[39].

Nur auf einige Punkte sei im folgenden noch eingegangen.

1.

Dass sich – zumindest in der deutschen und italienischen Strafrechtswissenschaft – eine so einmütige Ablehnung der Jakobsschen Lehre herausgebildet hat, ist angesichts des aus anderen Zusammenhängen bekannten breiten Spektrums kriminalpolitischer Ansichten zunächst überraschend – umso mehr, als Jakobs' Lehren zentrale Punkt der aktuellen Kriminalpolitik berühren. Eine solche an sich nicht zu erwartende Einmütigkeit kann auf zwei Gründen beruhen. Zum einen daran, dass die Ablehnung des Feindstrafrechts in einigen Fällen nicht (oder nicht primär) in der begrifflich-kognitiven, sondern in der emotionalen Ebene wurzelt, sich vor allem an dem *Wort* „Feindstrafrecht" oder an einigen polemischen Formulierungen von Jakobs stößt. Dies schließt theoretische Nähe nicht aus, kann vielmehr sogar gerade in ihr begründet sein, weil man die eigene Position dadurch, dass sie in die Nähe zu einem „Feindstrafrecht" gerückt wird, als kontaminiert, desavouiert oder decouvriert ansieht. Der andere Grund kann in der begrifflich-kognitiven Ebene selbst wurzeln, nämlich darin, dass die Kritiker des Feindstrafrechts das Objekt ihrer Kritik unterschiedlich, insbesondere unterschiedlich weit, definieren. Wer Folter und Käfighaltung von Gefangenen als Ausdruck von Feindstrafrecht bezeichnet, wird sich in

38 *Gössel*, u. S. 51; *Kindhäuser*, u. S. 81.

39 *Gössel*, u. S. 55; *Kindhäuser*, u. S. 84 f.; *Hörnle*, u. S. 102, und vor allem *Cavaliere*, u. S. 328.

großer Gesellschaft befinden. Wer hingegen mit Sicherungsmaßregeln, insb. mit der Sicherungsverwahrung, oder gar mit abstrakten Gefährdungsdelikten bereits die Schwelle des Feindstrafrechts erreicht sieht, dürfte – falls es ihn überhaupt gibt – eine einsame Position markieren; dennoch können sich beide – solange der Diskurs entsprechend abstrakt bleibt – als Gegner eines „Feindstrafrechts" bezeichnen. Die Beiträge dieses Bandes bestätigen, dass ein Komplementärverhältnis zwischen der Weite des Feindstrafrecht-Begriffs und der Weite des Konsenses über Ablehnung des Feindstrafrechts besteht.

2.

Noch auf der deskriptiven Ebene kann man die Frage der Terminologie ansiedeln. Die Kritik wirft Jakobs die „polemische Wucht" seiner Argumentation vor. Man wird Jakobs freilich zugute halten können, dass die semantische Aufrüstung der Rechtssprache nicht seine Erfindung ist, er sie vielmehr – worauf er auch hinweist – in der neueren Gesetzessprache antrifft. Das Wort „Bekämpfung" findet sich seit geraumer Zeit in der Überschrift nahezu jedes Strafrechtsänderungsgesetzes. Wer dies als einen bloßen – vielleicht ärgerlichen, aber harmlosen – modus parlandi auffasst, verschenkt die Möglichkeit, Gesetzessprache als Seismograph und Indikator politisch-kultureller Entwicklungen zu nutzen; er versagt sich insbesondere die Frage, warum diese martialische Gesetzessprache sich vor 1933 allenfalls sporadisch findet, nach 1933 zunimmt und, nach einem kurzen Rückgang, im Verlauf der 50er Jahren erneut zunimmt, um seit den 70er Jahren zu einer ubiquitären Erscheinung zu werden. Wer die von Jakobs immer wieder angeführten Tatbestandsgruppen näher betrachtet, wird sich kaum der Erkenntnis entziehen können, dass hier ein Zusammenhang zwischen sachlichen uns sprachlichen Entwicklungen besteht. Darauf ist zurückzukommen. Auf sprachlicher Ebene bleiben zunächst zwei Probleme:

Zum einen ist zu fragen, ob man in diesem sprachlichen Hexenreigen mittanzen soll. Die bejahende Entscheidung damit zu begründen, dass man die Dinge schließlich bei ihrem zutreffenden Namen nennen und damit denunzieren wolle, trägt nur so lange, wie man tatsächlich diese kritische Zielsetzung verfolgt; sie schlägt in Affirmation um, wenn man die Gesetzessprache nicht mehr kritisiert, sondern dogmatisiert und damit legitimiert. Eben dies geschieht – wie ich meine – bei Jakobs. So ist seine kritische Bezeichnung der Regelung des § 30 StGB als „überflüssiges Feindstrafrecht" das Ergebnis der Dogmatisierung eines für notwendig gehaltenen Feindstrafrechts.

Zum anderen ist zu fragen, ob Jakobs' Hinweis auf die martialische Gesetzessprache nicht zu kurz greift. Lässt man nämlich die Erzeugnisse des Strafgesetzgebers aus den letzten Jahrzehnten Revue passieren, so zeigt sich, dass diese Sprache sich nicht auf den Bereich dessen beschränkt, was Jakobs als – überflüssiges oder notwendiges –

Feindstrafrecht bezeichnet, sondern weit in die Alltagskriminalität hineinreicht. Schließlich ist dem sog. 6. Strafrechtsreformgesetz von 1998 sein Reformtitel mit ebenso wenig Berechtigung verliehen worden wie ihm die Bezeichnung als „Bekämpfungsgesetz" versagt geblieben ist; die Regelbeispiel- und Qualifikationsfälle des Vermögensstrafrechts reden eine deutliche Sprache.

3.

Jakobs' Behauptung, seine Ausführungen seien (zumindest überwiegend) deskriptiv, eine Beschreibung der Wirklichkeit, wird auf unterschiedlichen Wegen bestritten: Wie schon bei der Vorstellung der Jakobs-Texte (o. II) angedeutet, wird bei sorgfältiger Lektüre des Textes von 1999 deutlich, dass hier nicht bloß eine Beschreibung, sondern eine Rechtfertigung des Feindstrafrechts stattfindet. Was Jakobs dort über die Bedingungen der Rechtlichkeit – und zwar eines *Zustandes* der Rechtlichkeit, der mit dem „Zustand der Geltung des Rechts" gleichgesetzt wird – sagt, findet zwar im Modus des Indikativs statt, erweist sich jedoch bei genauerem Hinsehen als – sit venia verbo – „deontischer Indikativ", der in der Philosophie nicht weniger verbreitet ist als das historische Präsens in der Geschichtsschreibung – eine professionelle façon de parler, in der das Deskriptive nur die *Form* der Darlegung des Deontischen ist[40].

Wenn Jakobs der Vorfeldkriminalisierung des § 30 attestiert, sie sei größtenteils „überflüssiges Feindstrafrecht"[41], so setzt dies, wie schon erwähnt, die Existenz von nicht überflüssigem, also *notwendigem* Feindstrafrecht voraus. Ein Urteil über das, was in der Realität „notwendig" ist, kann zwar ein deskriptives Urteil über Erforderliches sein; genauer betrachtet ist dies jedoch nur im naturwissenschaftlich-technischen Bereich der Fall. Jede Erfahrung vor Gericht oder in universitären Übungen lehrt, wie sehr man im Recht über das „Erforderliche" – bspw. der Notwehrhandlung – geteilter Meinung (!) sein kann.

In den Beiträgen dieses Bandes wird der präskriptive Charakter von Jakobs' Lehre mit den weiteren Hinweisen gestützt,

- dass Jakobs die Beseitigung des Feindstrafrechts für illusorisch halte, laufe faktisch auf eine präskriptive Position hinaus *(Hörnle)*;
- als Hegelianer halte Jakobs sich gar nicht an die Unterscheidung von Beschreibung und Wertung *(Saliger)*;

---

40 Im Grunde ist das Changieren zwischen Sein und Sollen ein Charakteristikum jeder systemtheoretischen Argumentation. Mit der Grundbedingung der Systemerhaltung ist ein deontischer Bezugsrahmen errichtet, bei dem das Präskriptive gleichsam vor die Klammer gezogen ist, der Klammerinhalt daher von ihm entlastet ist.

41 HRRS 2004, 94.

- die Fragestellung, ob der Staat stets und gegenüber jedermann im Recht bleiben könne, und der Hinweis auf einen „praktisch optimierten Rechtsstaat“ widerlegten Jakobs’ Behauptung vom überwiegend deskriptiven Charakter seiner Positionen *(Cavaliere)*.

4.

Verhältnismäßig selten geht die Kritik des Feindstrafrechts auf dessen Zusammenhang mit Jakobs’ Straftheorie ein[42]. Dabei findet die in seinem Vortrag von 1985 ausformulierte Kritik an der Rechtsgutstheorie sich auch in seinem Lehrbuch des Allgemeinen Teils des Strafrechts. Und ebenfalls findet sich dort das, was Jakobs an deren Stelle setzt und was in der Diskussion um das Feindstrafrecht zu so erregten Debatten geführt hat. Das Strafrecht besitzt – so Jakobs – ein „Gut“; dieses „Gut“ ist für ihn die *Normgeltung*[43].

a)

Man dürfte Jakobs nicht zu nahe treten, wenn man annimmt, dass er das Wort „Gut“ in diesem Zusammenhang nur als eine Art Assimilation an den gängigen Terminus „Rechtsgüterschutz“ der Strafrechtswissenschaft – vielleicht sogar in schalkhafter Absicht – verwendet. Mag man kritisieren, dass diese Verwendung inadäquat sei, so muss man doch einräumen, dass Jakobs mit dem Begriff nicht anders umgeht als die h.M. es seit den Tagen Birnbaums und Bindings mit dem Begriff „Rechtsgut“ getan hat. Von Birnbaum entwickelt, um das Strafrecht aus der Sphäre der strengen *Rechts*verletzungslehre in diejenige der (flexiblen) Konkretheit der *Güter* (und damit der Politik) zu holen, hat die *Rechtsguts*verletzungslehre sich seither so vergeistigt, dass für das, was sie einmal bezeichnen wollte, ein neuer Begriff gefunden werden musste: das *Handlungsobjekt*. Freilich hat die „Re-Abstrahierung“ der *Rechtsgutsverletzungslehre* nicht zu der ursprünglichen systematischen Strenge der *Rechtsverletzungslehre* zurückgeführt, sondern zu unsystematischer Beliebigkeit.

Verglichen mit „Rechtsgüterschutz“ besitzt „Normgeltung“ allerdings nicht, wie man auf den ersten Blick meinen könnte, den Charme größerer Konkretheit[44]. Es

---

42 S. aber vor allem die Beiträge von *Gössel*, *Kindhäuser* und *Sinn*.

43 So bereits im Vorwort der 1. Auflage des Lehrbuchs zum Allgemeinen Teil, wiedergegeben in: *G.J.*, Strafrecht Allgemeiner Teil. Die Grundlagen und die Zurechnungslehre. Studienausgabe. 2. Auflage. Berlin, New York 1993, S. VII: Strafe als bedeutungshaltiger Akt des Widerspruchs zu einer bedeutungshaltigen Tat sei „erforderlich, um die vom Täter desavouierte Normgeltung wiederherzustellen“. Ausführliche Auseinandersetzung mit der Lehre vom Rechtsgüterschutz und Begründung der Auffassung, dass die *Normgeltung* das „Strafrechtsgut“ sei, a.a.O., S. 35 ff.

44 So auch *Gössel*, u. S. 59 ff.

fragt sich also, ob Jakobs' rechtsstaatlich-sympathisch anmutende (und m.E. historisch und dogmatisch berechtigte[45]) Kritik von 1985 an der Rechtsgutslehre durch seine eigene Lehre gestützt wird. Dies erscheint zweifelhaft. Vermag beispielsweise erstere, so problematisch ihr von Jakobs zutreffend beschriebenes Potential zur Strafrechtsausweitung auch ist[46], immerhin ein kritisches (wenngleich nicht immer genutztes) Potential gegenüber den um sich greifenden Vorverlegungstendenzen zu mobilisieren, indem sie diese Tendenzen als dem Schutz des Rechtsgutes selbst nicht mehr dienende und damit problematische kennzeichnet, so stellt sich die Normgeltungslehre (wie übrigens prinzipiell alle Varianten der positiven Generalprävention) geradezu als Dienerin bzw. Verstärkerin dieser Tendenz dar, denn aus sich selbst heraus kann sie eine Kritik an ihr allenfalls unter dem Gesichtspunkt der Dysfunktionalität zu dem angestrebten Zweck üben. Normgeltung betrifft prinzipiell *jede* Norm; auch ihr Schutz gilt daher prinzipiell *jeder* Norm. Jakobs' Kritik an der Rechtsgutsverletzungslehre bleibt damit, wie mir scheint, seiner eigenen Lehre extern.

b)

Dass Jakobs' Normgeltungslehre sich im Verhältnis zur Rechtsgutsverletzungslehre als weniger oder gleich wenig strafbegrenzend erweist, sagt noch nichts über einen möglichen Zusammenhang der Normgeltungslehre mit der Feindstrafrechtslehre. Ist also die Feindstrafrechtslehre eine konsequente Deduktion aus der von Jakobs vertretenen Variante der Theorie der positiven Generalprävention?[47] Die Frage ist m.E. zu bejahen, denn Jakobs beschränkt sich nicht darauf, seine positiv-generalpräventive Normgeltungslehre als theoretische Erklärung bzw. Legitimierung für bestehende Strafnormen vorzutragen (wie es de facto bei den anderen Präventionstheorien geschieht), sondern auf die *reale bzw. faktische Normgeltung* (in der Terminologie von Kindhäuser: auf die *Geltung* statt auf die bloße *Gültigkeit* der Normen) abstellt. Wird auf diese Weise die Empirie als Handlungsanweisung in die Theorie integriert, so impliziert dies eine Reaktion auf den Nichteintritt der empirischen Wirkung; bei Jakobs ist der Punkt dieses Nichteintritts erreicht, wenn die Normgeltung nicht mehr durch kontrafaktische Behauptung der Norm mittels Strafe stabilisiert werden kann; daraus folgt zwangsläufig eine *diabasis eis allo genos*; bei Jakobs ist dieses neue *genos* eben das Feindstrafrecht.

---

45 S. dazu *Vormbaum*, Aktuelles zur Lage des Strafrechts, in: Fschr. f. Dimitris Th. Tsatsos. Baden-Baden 2003, S. 703 ff., hier 704 f. („Die Geburt des Rechtsgüterschutzes aus dem Geiste der Kriminalisierung"); *Ders.*, Einführung in die moderne Strafrechtsgeschichte, a.a.O., S. 55 ff.

46 Man denke nur an die wiederholten Vorverlegungsschritte beim Thema „Kinderpornographie", die stets damit begründet werden, dass man zum Schutz des Rechtsgutes früh genug eingreifen müsse.

47 Als deren Vertreter Jakobs sich, ebd., ausdrücklich bezeichnet.

c)

Ein weiteres Scharnier zwischen Jakobs allgemeiner Strafrechtslehre und der Feindstrafrechtslehre erblicke ich in der interaktionistisch-kommunikativen Betrachtungsweise. Sie folgt problemlos aus der Theorie der positiven Generalprävention und hat mit eben solcher Stringenz zur Folge, dass derjenige, von dem man annimmt, dass er sich vorsätzlich dem Kommunikationsprozess verweigert, aus diesem Prozess exkludiert wird bzw. sich damit *ex opere (non) operato* selbst aus ihm exkludiert. Ob daraus weiterhin folgt, dem Betreffenden auch noch die Persönlichkeit abzusprechen, erscheint zweifelhaft. In der Kritik ist m.E. zu Recht darauf hingewiesen worden, dass die Verfassungsordnung (nicht nur) der Bundesrepublik die Anerkennung der Persönlichkeit nicht von Vorleistungen abhängig macht, sie nicht *zu*erkennt, sondern *an*erkennt[48]. Die Konfrontation seiner Lehre mit den Anforderungen der Verfassung ist damit ein von Jakobs noch nicht erfülltes Desiderat.

d)

Als weitere Theoreme oder Argumentationsebenen der Rechtsphilosophie Jakobs', die mit der Feindstrafrechtslehre in Verbindung gebracht werden könnten, sind genannt worden:

- seine Nähe zur Systemtheorie, deren fundamentales Element gerade die Unterscheidung von System und Systemumwelt und damit von Inklusion und Exklusion ist[49];
- seine Nähe zu Hegel, die er in zahlreichen tiefschürfenden Hegel-Interpretationen erwiesen hat (und in deren Gefolge unleugbar auch die Nähe zu Carl Schmitt);
- seine Nähe zu der von Josef Isensee begründeten Theorie von einem Grundrecht auf Sicherheit, die ihrerseits eng mit der vom Bundesverfassungsgericht abgesegneten, in letzter Konsequenz zur Aufstellung verfassungsrechtlicher Straf*pflichten* führenden Auffassung von den Grundrechten als Ausdruck einer objektiven Wertordnung zusammenhängt[50].

---

48 Z.B. von *Losappio*, u. S. 132 ff.; *Cavaliere*, u. S. 326 ff. *Thomas Sören Hoffmann*, Über Freiheit als Ursprung des Rechts. Achtzehn Thesen zur Rechtsbegründung mit Blick auf die Grundrechte-Charta der Europäischen Union, in: Zeitschrift für Rechtsphilosophie 1 (2003), S. 16–26, macht den Gegensatz an den unterschiedlichen Formulierungen des deutschen Grundgesetzes („Die Menschenwürde *ist* […]"; „Jeder Deutsche *hat das Recht* […]" usw.) und dem Entwurf der Grundrechte-Charta („Die Gemeinschaft *gewährleistet* […]") deutlich.

49 S. dazu bereits o. Fußn. 42.

50 Paradigmatisch die Entscheidung BVfGE 39, 1 ff. (Verfassungswidrigkeit der „Fristenregelung").

5.

Kritisiert wird auch Jakobs' Forderung, das Feindstrafrecht als eigenes Subsystem zu etablieren und damit seine problematischen Züge gegen das Bürgerstrafrecht gleichsam abzuschotten. Prima facie ist eine solche Forderung freilich nicht von vornherein abzuweisen. Gibt es einen Rechtsbereich, den man als problematisch erkennt, den man aber für unerlässlich oder/und für realistischerweise nicht überwindbar hält, so liegt es nahe, ihn zu isolieren, statt dass im Gesamtsystem problematische, vor allem strafrechtsausweitende Elemente des Spezialbereichs womöglich „verallgemeinert" werden. So könnte beispielsweise die Separierung des Völkerstrafrechts in einem eigenen Völkerstrafgesetzbuch ein solches *containment* von Elementen bewirken, die dort vielleicht zu akzeptieren, für das Strafrechts insgesamt aber problematisch sind[51]. Ob diese Hoffnung sich erfüllt oder ob sie trügt, bleibt freilich offen; das historische Beispiel des Jugendstrafrechts, dessen dem Erziehungsgedanken geschuldete Flexibilität im Lauf der Jahrzehnte ebenso ins „Hauptsystem" des Strafrechts eingesickert ist wie die Blankettnormen des Nebenstrafrechts, stimmt wenig optimistisch.

Aber auch unabhängig von solchen historischen Erfahrungen sollte die problematische Seite des Vorschlages nicht übersehen werden (und hier setzt denn auch die Kritik an): Die Dialektik von Inklusion und Exklusion bringt es mit sich, dass nicht nur das Ursprungssystem vor den (rechtsstaatlichen) Gefahren des neuen Subsystems geschützt werden kann, sondern umgekehrt im Subsystem die (verbliebenen) Sicherungen des Ursprungssystems tendenziell immer weiter gelöst werden – was um so problematischer ist, wenn die Grenzziehung zwischen den beiden Systemen nach unklaren Kriterien festgelegt ist[52]. Dass Jakobs zahlreiche Vorschriften des geltenden Strafrechts als „überflüssiges Feindstrafrecht" zu denunzieren und damit den Bereich des Feindstrafrechts einzuengen versucht, ist zwar – strafrechts- wie kriminalpolitisch – lobenswert, löst aber nicht das Problem der unpräzisen Abgrenzung zwischen „notwendigem" und „überflüssigem" Feindstrafrecht. Auch hier stellt sich im übrigen die Frage nach der Vereinbarkeit der Feindstrafrechts-Konzeption mit der Verfassung, u.zw. mit deren Gleichheitspostulat. Lässt sich eine differenzierende Strafdrohung und Strafverhängung am Maßstab der Schwere der schuldhaft begangenen Tat rechtfertigen, so bedeutet die Exklusion des Täters als „Feind" einen qualitativen Sprung gegenüber der normalen Behandlung von Straftätern (nach Jakobs Ansatz: von Tätern, denen gegenüber eine kontrafaktische Behauptung der

---

51 Zu den problematischen, vielleicht sogar feindstrafrechtlichen Zügen des Völkerstrafrechts s. vor allem den Beitrag von *Fronza*.

52 Womit wiederum die Tendenz gefördert wird, das Subsystem auf Kosten des Hauptsystems auszudehnen; das von Jakobs selbst beklagte Auftreten „überflüssigen" Feindstrafrechts hätte daher auch bei diesem Vorgehen gute Aussichten.

Norm ausreicht), der sich mit der verfassungsrechtlich zulässigen unterschiedlichen Behandlung von Unterschiedlichem kaum noch rechtfertigen lässt.

6.

In den Beiträgen einiger italienischer Autoren wird die Kritik am Feindstrafrecht mit derjenigen an einem „Freundstrafrecht“ verbunden. Damit werden in erster Linie spezielle italienische Erfahrungen der jüngeren Zeit in die Debatte eingebracht. Doch gibt es auch Hinweise, welche über diese Erfahrungen hinausweisen. Hier sind beispielsweise die Überlegungen von *Losappio* über die Entmachtung der Strafgewalt der Legislative zugunsten der Exekutive von Interesse. Wie die Politikwissenschaft schon seit geraumer Zeit registriert hat[53], ist in Regierungssystemen, in denen die Regierung vom Parlament gewählt wird, an die Stelle des Gegenüber von Legislative und Regierung dasjenige von Regierung und Parlamentsmehrheit einerseits und Opposition andererseits getreten. Reibungsverluste zwischen Exekutive und Legislative werden damit unwahrscheinlicher. Da Parlamentsmehrheit und Regierung „an einem Strang“ ziehen, vergrößert sich die Gefahr der politischen Verfügbarkeit des Strafrechts[54]. Losappios Vorschlag, für den Erlass von Strafnormen eine qualifizierte Mehrheit im Parlament vorzusehen und damit deren Erlass (jedenfalls in der Regel) von der Mitwirkung der Opposition abhängig zu machen, ist vereinzelt bereits von anderer Seite unterbreitet worden[55] und verdient um so mehr Beachtung, als er die Möglichkeit eröffnet, ungeachtet inhaltlicher Bewertungsunterschiede zu einer Einschränkung der strafrechtlichen Normenflut zu gelangen. Die materiellen Bewertungen, die in eine Diskussion einfließen können, in der zumindest Teile der politischen Gegenseite nicht nur überstimmt, sondern auch überzeugt werden müssen[56], bleiben davon unberührt.

---

53 S. nur *Naßmacher*, Politikwissenschaft I. Politische Systeme und politische Soziologie. Düsseldorf 1970, S. 39: „Fusion von Legislative und Exekutive“.

54 S. dazu *Vormbaum*, „Politisches“ Strafrecht“ (Referat auf der Strafrechtslehrertagung 1995); in: ZStW 1995, 734–760.

55 *Knut Amelung*, Der Begriff des Rechtsguts in der Lehre vom strafrechtlichen Rechtsgüterschutz, in: Hefendehl/von Hirsch/Wohlers (Hrsg.), Die Rechtsgutstheorie. Baden-Baden 2003 S. 155 ff., 164 (unter Verweis auf eine Überlegung des russischen Strafrechtsgelehrten *Jalinski*); zustimmend *Vormbaum*, Vergangenheitsbewältigung im Rechtsstaat, in: Festschrift für Amelung (2009), S. 783 ff., 783; *Urs Kindhäuser* in seinem Referat auf der hamburger Strafrechtslehrertagung 2009; s. auch *Francesco Palazzo*, Strafgesetzlichkeit. Betrachtungen über Transformation und Vielschichtigkeit eines „Fundamentalprinzips“, in: Quaderni Fiorentini 36 (2007), S. 1279–1329, dt. Übersetzung durch den Verf. dieser Einleitung erscheint demnächst.

56 Die Gefahr, dass die Gegenseite nicht nur mit sachlichen Argumenten, sondern auch mit der Drohung, sie als unzulängliche Hüterin von Sicherheitsinteressen hinzustellen, „überzeugt“ wird, bleibt freilich bestehen; dies spricht dafür, eine inhaltlich strafrechtssekptisch-liberale Position nicht nur als persönliche Attitüde oder topisch, sondern auch als Ausfluss einer

7.

Zum Arsenal der Kritik am Feindstrafrecht und seiner Theorie gehören nicht zuletzt Hinweise auf abschreckende Beispiele der Rechts- und Zeitgeschichte: nationalsozialistische Konzentrationslager, der Entwurf des nationalsozialistischen Gemeinschaftsfremdengesetzes 1944/45[57], der Archipel GuLAG, Guantanamo, Abu Ghraib und Vorgänge in Lateinamerika[58] werden als die paradigmatischen Produkte der Behandlung von „Feinden“, Roland Freisler, Carl Schmitt und andere als abschreckende historische Vertreter des Feind-Denkens aufgerufen. „Feind“-Denken und „Feind“-Argumente finden sich aber nicht nur in den erwähnten historischen Beispielsfällen, sondern auch an Stellen, welche die herrschende Strafrechtslehre zu ihren Referenzpunkten zu zählen pflegt. *Naucke* hat daran erinnert, dass der Begriff des Feindes bereits bei Franz v. Liszt in sehr dezidierter Form auftaucht[59]. Liest man das ganze Marburger Programm Liszts genau, so trifft man auf eine Häufung von einschlägigen Formulierungen[60], die im Nachgeborenen, der mehr als 100 Jahre an historischer Erfahrung reicher ist, nicht nur an sich schon ungute Assoziationen wecken, sondern ihn auch an eine von dort ausgehende oder dort fortgesetzte Entwicklungslinie denken lassen, auf der die erwähnten historischen Markierungspunkte, aber auch Elemente des gegenwärtigen Strafrechts der Bundesrepublik Deutschland und anderer demokratischer Staaten liegen. Damit eröffnet sich eine vielschichtige Problematik. Historiker perhorreszieren Versuche, aus der Geschichte zu lernen – etwa im selben Maße wie Literaturwissenschaftler[61] den Biographismus in der Interpretation literari-

---

strukturierten („negativen“) Dogmatik zu entwickeln; s. dazu den Vorschlag von *Vormbaum*, „Politisches“ Strafrecht, a.a.O., a.E.; *Ders.*, Festschr. f. Tsatsos (wie Fußn. 47).

57 Zu diesem Entwurf *Gerhard Werle*, Justiz-Strafrecht und polizeiliche Verbrechensbekämpfung im Dritten Reich. Berlin 1989, S. 619 ff.; *Francisco Muñoz Conde*, Edmund Mezger und der nationalsozialistische Entwurf über die Behandlung „Gemeinschaftsfremder“, in: Ders., Edmund Mezger. Beiträge zu einem Juristenleben. Berlin 2007, S. 15 ff.

58 *Ambos*, u. S. 370 ff.

59 *Wolfgang Naucke*, Bespr. von Gonzales-Cusac, „Feindstrafrecht“ – Die Wiedergeburt des autoritären Denkens im Schoße des Rechtsstaates, in: Journal der juristischen Zeitgeschichte (JoJZG) 2 (2008), 32 f.; auch Pawlik weist auf das militante Denken bei Franz v. Liszt hin und bemerkt dazu, dass dies „keineswegs nur eine dem Geist der Zeit geschuldete rhetorische Figur, sondern bitterer Ernst“ gewesen sei; der Verbrecher erscheine bei v. Liszt „als Feind der ‘gesellschaftlichen Rechtsgüterwelt’“: *M. Pawlik*, Der Terrorist und sein Recht (wie Fußn. 2), S. 25.

60 Eine Auswahl aus den fraglichen Formulierungen hat zuerst präsentiert: *Wolfgang Naucke*, Die Kriminalpolitik des Marburger Programms 1882 (zuerst in: ZStW 1982, 525 ff.), in: Ders., Über die Zerbrechlichkeit des rechtsstaatlichen Strafrechts. Materialien zur neueren Strafrechtsgeschichte. Baden-Baden 2000, S. 223 ff.; kritisch auch *Michael Köhler*, Einführung, in: Franz v. Lizt, Der Zweckgedanke im Strafrecht. Baden-Baden 2002, S. VIII; *Michael Kubink*, Strafen und ihre Alternativen im zeitlichen Wandel. Berlin 2002, S. 94.

61 Und auch viele Literaten selber; dies ist eines der durchgängigen Themen der Romane von *Philip Roth*, zuletzt besonders prägnant in „Exit Ghost“ (2007).

scher Werke. Und doch lassen sich beide[62] immer wieder auf das verpönte Gleis locken. Und in der Tat ist nicht von der Hand zu weisen, dass der Erfahrungsschatz der Geschichte Argumente für die Einschätzung der Gegenwart bereit halten kann – woher, wenn nicht aus der Vergangenheit, sollen denn auch Erfahrungen gewonnen werden?

Lässt man sich daher auf ein solches Unternehmen ein, so sind damit sind gleich mehrere Punkte angesprochen und Klarstellungen geboten:

a)

Urteile über die Bedeutung historischer Persönlichkeiten müssen zwischen der persönlichen Bewertung ihres Handelns und der historischen Bewertung ihres Wirkens unterscheiden. Dieses Wirken in die Nachwelt liegt nach einigem Zeitablauf vor den Augen des Betrachters und kann mehr oder weniger objektiv festgestellt bzw. interpretiert werden (dazu sogleich Pkt. d). Die Bewertung der Person und ihres Handelns kann hingegen nur aus den örtlichen und zeitlichen, allgemeinen und persönlichen Voraussetzungen dieses Handelns heraus erfolgen. Dies gilt für Cesare Beccaria[63] wie für Franz v. Liszt und für andere. Auch derjenige, der zu dem Ergebnis gelangen sollte, dass Liszt am Anfang einer verhängnisvollen Kontinuitätslinie steht oder eine solche fortsetzt, muss sich im klaren darüber sein, dass ein Urteil über sein persönliches Handeln nach anderen Maßstäben zu erfolgen hat[64].

b)

In den Bereich philosophischer und geschichtswissenschaftlicher Grundprobleme führt die Frage, ob denn das Konstruieren von (Entwicklungs-) „Linien“ in der Ge-

---

62 Für die Historiker s. z.B. *Hans Ulrich Wehler*, Aus der Geschichte lernen? in: Ders., Aus der Geschichte lernen? Essays. München 1988, S. 9 ff.; für die biographische Dimension in der Literaturwissenschaft sei nur an die unüberschaubare Sekundärliteratur über Thomas Mann erinnert; zuletzt *Hermann Kurzke*, Thomas Mann. Das Leben als Kunstwerk. Eine Biographie. München 1999 (32.–36. Ts. 2006).

63 Dazu *Vormbaum*, Beccaria und das Strafrecht der Aufklärung in der gegenwärtigen strafrechtswissenschaftlichen Diskussion; in: Helmut C. Jacobs (Hrsg.), Gegen Folter und Todesstrafe. Aufklärerischer Diskurs und europäische Literatur vom 18. Jahrhundert bis zur Gegenwart. Frankfurt a.M., Berlin, Bern u.a. 2007. S. 305–319; *Ders.*, Einführung in die moderne Strafrechtsgeschichte. Heidelberg 2008, S. 32 ff.

64 Diese Maxime gilt übrigens auch in Fällen, in denen das moralische Urteil über die Person letztlich unstreitig ist. Selbst *Adolf Hitler* und *Joseph Goebbels* können nur „verstanden“ werden, wenn man die Lebensverhältnisse und Mentalitäten in der späten Donaumonarchie dort, im rheinischen Katholizismus hier, die Mentalität eines körperbehinderten Jesuitenschülers hier, eines bei der Aufnahmeprüfung in die Kunstakademie Gescheiterten dort berücksichtigt. Alles zu verstehen heißt eben nicht, alles zu verzeihen; noch anders ausgedrückt: „Verstehen“ ist nicht gleichbedeutend mit „Verständnis haben“.

schichte möglich ist und wie es bejahendenfalls vor sich zu gehen hat. Dem prinzipiellen, seit der Antike diskutierten erkenntnistheoretischen Problem der Verknüpfung von Einzelwahrnehmungen zu Begriffen und (anderen) Strukturen (Stichworte: „Nominalismus", „Begriffsrealismus") kann hier nicht weiter nachgegangen werden[65]. In der Geschichtswissenschaft steigert sich das Problem dadurch, dass sie es mit menschlichen Handlungen zu tun hat. Setzt man voraus, dass menschliches Handeln frei, die Zukunft also „offen" sei, so scheint die Annahme von „Entwicklungslinien" diese Voraussetzung zu desavouieren: Sind sie nicht Elemente eines großen Welttheaters, an dessen Drehbuch die Menschen zwar mitschreiben dürfen, dessen Verlauf aber letztlich von fremden Regisseuren oder gar von *dem* großen Regisseur bestimmt wird?[66]

Diese Bedenken betreffen freilich in erster Linie solche historischen Entwicklungslinien, welche in die *Zukunft* projiziert werden. Historische Morphologien mit – positiver oder apokalyptischer – Eschatologie, egal ob das Ziel der Bewegung das Zusichselbstkommen Weltgeistes oder die Aufhebung der Klassengegensätze ist, sollten nicht nur wegen abstrakter bzw. theoretischer Bedenken, sondern auch wegen konkreter historischer Erfahrungen mit Herrschenden, die sich im Besitz von Passepartouts zur Erklärung des Weltprozesses und dessen Zieles glaubten, als dementiert gelten.

Solche Einwände gelten jedoch nicht oder nur begrenzt für die Feststellung bzw. Konstruktion von historischen Entwicklungslinien für die Vergangenheit. Diese liegt abgeschlossen vor unseren Augen und ist damit der Analyse zugänglich. Welche Konsequenzen aus dieser Analyse für das gegenwärtige Handeln gezogen werden sollen und können, ist damit noch nicht beantwortet. Mag jemand aus ihr die (wie gesagt, problematische) Konsequenz ziehen, die Entwicklungslinie verlängere sich gleichsam von selbst in die Zukunft, und mag er, wenn er die Entwicklung positiv bewertet, sich auf der richtigen Seite der geschichtlichen Entwicklung wähnen, so wird ein anderer seine Aufgabe darin sehen, diese Entwicklungslinie, die er seinerseits als verhängnisvoll bewertet, aktiv zu unterbrechen.

---

65 *Klaus Lüderssen* hat sich im Zusammenhang mit dem Law-As-Literature-Movement intensiv mit den Beziehungen von Konstruktion, Dekonstruktion, Sprache, Recht und Literatur befasst; s. nur *Lüderssen*, „Law as Literature" oder wenn die Wissenschaft zur Kunst wird: Dekonstruktion in der Jurisprudenz, in: Ders., Produktive Spiegelungen. Recht in Literatur, Theater und Film. Baden-Baden 2002, S. 47 ff.

66 S. dazu *Vormbaum*, Einleitung: Die Produktivität der Spiegelungen von Recht und Literatur, in: Klaus Lüderssen, Produktive Spiegelungen (s. vorige Fußn.), S. XI ff., 17; zur Konstruktion von historischen Entwicklungslinien *Joseph Vogt*, Wege zum historischen Universum. Von Ranke bis Toynbee. Stuttgart 1961; vgl. auch die Beiträge in: *Hans Michael Baumgartner/Jörn Rüsen* (Hrsg.), Seminar: Geschichte und Theorie. Umrisse einer Historik. Frankfurt a.M. 1976.

c)

Neben dieser erkenntnistheoretischen und „ethischen“ Seite des Problems gibt es eine methodische Problematik. Sie bewegt sich in die Gegenrichtung. Denn problematisch ist nicht nur, wie man aus Einzelwahrnehmungen Strukturen entwickeln kann, sondern auch, wie weit man, wenn man historische Linien zeichnen will, „in die Details gehen“ kann und soll. Je näher man an die historischen Einzelphänomene herangeht, je detaillierter man sie betrachtet, um so mehr nimmt der Anteil ihrer individuellen Eigenarten zu und ihr verallgemeinerungsfähiger Gehalt ab[67]. Eine der Fähigkeiten des Historikers besteht darin, jene Ebene der Konkretion bzw. Abstraktion zu finden, in der das Einzelphänomen seinen für die historische Darstellung und für die Analyse der Entwicklung repräsentativen Gehalt erkennen lässt, ohne dahinter zu verschwinden. Dass dies neben historischer Methoden- und Sachkenntnis auch eines „Gespürs“, also eines Quentchens „Kunst“ bedarf, wird nur der bestreiten, der – zu Unrecht – Kunst- und Wissenschaft als hermetisch voneinander getrennte Welten ansieht.

d)

Ein weiterer Unsicherheitsfaktor tritt hinzu: Historische Ereignisse lassen sich nicht ohne weiteres einer gleichen Abstraktionshöhe zuordnen. Liszts Marburger Programm, der Archipel GuLAG, das Lager von Guantánamo, der Entwurf des Gemeinschaftsfremdengesetzes und die Feindstrafrechtslehre sind Phänomene unterschiedlicher Qualität und Quantität. Wer eine Entwicklungslinie zwischen ihnen herstellen will, muss das Kennzeichen herausschälen, das die Kontinuitätsaussage unterstützen soll. Da historische Phänomene häufig ambivalent sind, eröffnen sich hier Interpretationsspielräume, für deren Ausfüllung, wie es unter Menschen nun einmal zugeht, individuelle Vorverständnisse eine große Rolle spielen werden. Dass Geschichte (auch) Interpretation bedeutet[68], ist nicht neu und erstaunt nur jenen, der Rankes Satz, Geschichte solle zeigen, „wie es wirklich gewesen ist“, falsch einordnet und das Problem des „hermeneutischen Zirkels“ ignoriert. Natürlich soll der (Rechts-) Historiker sich keine Phantasietatsachen ausdenken und vergangene Ereignisse nicht nach seinen Wünschen zurecht biegen. Aber schon die Beantwortung der Frage, welche Fakten historisch „relevant“ sind, ist (nicht nur) in Randbereichen kontingent, und selbst die Interpretation und Konstruktion unstreitiger Fakten bewegt sich in Spiel-

67 Man bedenke, dass erst Apollo 8 uns 1968 die Erde als blaue Kugel hat zeigen können; und man erinnere sich umgekehrt – um im astronomischen Bilde zu bleiben – an den Comic mit der zur Erde zurückkehrenden Raumrakete, aus der die Sprechblase „Gleich sind wir wieder in Entenhausen“ kommt.

68 *Edward Hallett Carr*, Was ist Geschichte? (What is History? 1961) Stuttgart 1961, S. 23: „Geschichte heißt Interpretation“.

räumen. Eines der Elemente, welche diese Spielräume konstituieren, ist die *Quantifizierung*, d.h. die Gewichtung. Wie schwer fällt es ins Gewicht, dass Franz v. Liszt das Wort „Feind“ verwendet hat; ist er dadurch bereits als „Vater“ des Feindstrafrechts dingfest gemacht, liegt er also auf der erwähnten Entwicklungslinie? Welches Gewicht besitzt in diesem Zusammenhang die inzwischen fast ubiquitäre Denomination von Strafgesetzen als „Bekämpfungsgesetze“? Und wie fügen sich das Phänomen „Feindstrafrecht“ und die Theorie von Jakobs in diesen Zusammenhang ein? Wie schon bei der Frage der Relevanz der historischen Phänomene überhaupt bestehen auch bei der Frage ihrer Gewichtung Interpretationsspielräume[69]. So kann man die seit einigen Jahren zu beobachtende schrittweise Ausweitung der gesetzlichen Fälle der Sicherungsverwahrung als ärgerliche Überspitzung eines an sich begrüßenswerten kriminalpolitischen Instruments ansehen, man kann die Ausweitung aber auch als Ausdruck einer Tendenz zum Feindstrafrecht oder – noch weiter gehend – die Sicherungsverwahrung an sich oder die Sicherungsmaßregeln überhaupt dieser Kategorie zuordnen.

Diese unterschiedlichen Gewichtungen und Interpretationen zeigen sich auch in den Beiträgen dieses Bandes. Angesprochen wurden sie bereits, als oben davon die Rede war, dass die (scheinbare) Übereinstimmung in der Ablehnung des Feindstrafrechts auch in unterschiedlichen Auffassungen über die Weite dieses Begriffes ihre Erklärung finden könnte und dass ein Komplementärverhältnis zwischen der Intensität der eigenen kritischen Einstellung gegenüber dem geltenden Strafrecht und der Weite des Feindstrafrechts-Begriffs bestehe.

Wenn *Donini* von einer intermediären Erscheinungsform zwischen Schuldstrafrecht und Feindstrafrecht spricht, die er „Bekämpfungsstrafrecht“ *(diritto penale di lotta)* nennt, so hat er die begriffliche Verlegenheit der – wohl von der großen Mehrheit der Strafrechtswissenschaft besetzten – Positionen eingefangen[70], die, sei es resignierend, sei es aus Überzeugung, sich damit abgefunden hat, dass das geltende Strafrecht auch demokratischer Staaten das Schuldstrafrecht nur noch als einen Teil des Strafrechtssystems ansieht[71].

---

69 Was nicht bedeutet, dass es nicht hier wie dort verständigungsfähige Feststellungen und Bewertungen gibt. Niemand dürfte Franz v. Liszt oder Günther Jakobs an die Seite von Roland Freisler stellen wollen, und niemand wird annehmen, dass die bundesdeutschen „Bekämpfungsgesetze“ mit dem nationalsozialistischen Gemeinschaftsfremdengesetz auf eine Stufe zu stellen seien.

70 Hingegen bezweifle ich, dass man mit einer solchen Kategorie den gewünschten Effekt einer Eindämmung des Feindstrafrechts erreichen kann. Was gegen (und möglicherweise auch für) die von Jakobs vorgeschlagene Aufspaltung des Strafrechts und Bürgerstrafrecht und Feindstrafrecht spricht, gilt parallel auch für denjenigen von *Donini*. Die dagegen erhobenen Einwände von *Cavaliere* erscheinen mir überzeugend.

71 Das stärkste Argument für die Hereinnahme der schuldunabhängigen Maßregeln ist – jedenfalls prima facie –, dass damit auch die rechtsstaatlichen Sicherungen des Strafrechts auf diese

Gewiss ist die dogmatische Befassung auch mit unerfreulichen Teilen des geltenden Strafrechts als ein Handeln aus Verpflichtung gegenüber dem vorgegebenen Arbeitsgegenstand verständlich und im Einzelfall auch einer Eingrenzung staatlichen Strafens dienlich. Doch sollte wenigstens ein Teil der Strafrechtswissenschaft, sozusagen als Korrektiv, sich einem kritischen Strafrechtsverständnis verpflichten[72], d.h. er sollte Strafnormen konsequent als *Ausnahmen* von der prinzipiellen Straflosigkeit, also als *Straflosigkeitslücken*[73], begreifen. Strafrechtsnormen und Gerichtsentscheidungen wären danach stets darauf zu prüfen, ob sie von der Gerechtigkeit gefordert sind, ob die Rechtssicherheit beachtet ist und ob sie zweckmäßig sind[74]. (Die gegenwärtige Theorie und Praxis tendiert dahin, nur noch den zuletzt genannten Aspekt ernst zu nehmen). Eine solche Position[75] wird – um auf die Ausgangsfrage zurückzukommen – im Rahmen der erwähnten Interpretationsspielräume ihren Blick darauf richten, die aus ihrer Sicht verhängnisvollen Etappen der Strafrechtsentwicklung zu entdecken. Gelangt man – wofür gute Gründe sprechen[76] – zu dem Ergebnis, dass es eine problematische Entwicklung des Strafrechts gibt, die sich (zumindest) über das

---

Sanktionen erstreckt würden. Doch schwächt sich beim zweiten Blick auch dieses Argument ab. Zum einen werden die besagten Sicherungen nicht durchgehalten – man denke nur an die Aufhebung des Rückwirkungsverbotes durch § 2 Abs. 6 StGB –, zum anderen wirkt, wie die Erfahrung der Strafrechtsgeschichte des 20. Jahrhunderts lehrt, das Sicherheitsdenken, das mit den Maßregeln förmlich Einzug in das Strafrecht gehalten hat, auch in das Schuldstrafrecht hinein: Die Gefährdungs- und Vorverlegungstatbestände sowie die zunehmende Subjektivierung der Strafrechtsdogmatik speisen sich aus dem selben Denken wie die Maßregeln. Anders als bei Jakobs' Vorschlag der Abtrennung (und der davon erhofften Eindämmung) des Feindstrafrechts würde eine Ausschließung der Maßregeln aus dem Strafrecht diese dorthin zurückführen, wo sie ihrer Natur nach hingehören: in ein – rechtsstaatlich möglichst gut gesichertes – Unterbringungsrecht.

72 Zum Unterschied zwischen zweckmäßigem und kritischem Strafrechtsdenken, s. am Beispiel Paul Johann Anselm Feuerbachs s. jetzt *Wolfgang Naucke*, Die zweckmäßige und die kritische Strafgesetzlichkeit, dargestellt an den Lehren J.P.A. Feuerbachs (1775–1832), in: Quaderni Fiorentini, 36 (2007), S. 321–345. Naucke hat auch bereits vor längerer Zeit die Überlegung angestellt, ob es in der Strafrechtswissenschaft eine Arbeitsteilung vorgeschlagen: „Die Entwicklung des Strafrechts aus der Notwendigkeit und die Strafrechtskritik aus dem Gedanken der Humanität müßten stets von verschiedenen Institutionen und Personen vorgetragen werden". Die Modernisierung des Strafrechts durch Beccaria, in: Gerhard Deimling (Hrsg.), Cesare Beccaria. Die Anfänge moderner Strafrechtspflege in Europa. Heidelberg 1989, S. 37 ff., 52.

73 S. dazu die Glosse *Vormbaum*, „Strafbarkeitslücken", in: JZ 1999, 613.

74 *Vormbaum*, Aktuelles zur Lage des Strafrechts, in: Fschr. Tsatsos (wie Fußn. 47), S. 708 ff.

75 Von der aus im übrigen auch die Wertschätzung des „modernen" Strafrechts wegen seiner die Kriminalität der „Großen" einbeziehender Straftatbestände (s. *Schünemann*, u. S. 19 sowie tendenziell auch *Prittwitz*, u. S. 179) nicht geteilt werden kann.

76 Dies ist hier nicht weiter auszuführen; näher *Vormbaum*, Einführung in die moderne Strafrechtsgeschichte. Heidelberg 2008, S. 269 ff.; vorher bereits *Ders.*, Aktuelle Bezüge nationalsozialistischer Strafgesetzgebung, in: Strafverfolgung und Strafverzicht. Festschrift zum 125jährigen Bestehen der Staatsanwaltschaft von Schleswig-Holstein. (1992). S. 71 ff.

20. Jahrhundert hinwegzieht und sich in den Merkmalen Expansion, Materialisierung, Ethisierung, Subjektivierung und soziale Funktionalisierung zusammenfassen lässt[77], so wird man keine Schwierigkeiten haben, diese Elemente (vielleicht in unterschiedlicher Gewichtung) in Theorie und Praxis des Feindstrafrechts dingfest zu machen.

Mit der Aussage, dass diese Entwicklungslinie sich über das 20. Jahrhundert hinwegzieht, ist zugleich gesagt – um einer zu erwartenden Frage zuvor zu kommen –, dass Kontinuitätslinien sich über unterschiedliche politische Systeme hinweg erstrecken können und dass – umgekehrt betrachtet – die Brüche in der politischen Geschichte keinen Einwand gegen das Ablesen oder Konstruieren von Kontinuitätslinien bilden. Dass sich der Kontinuitätsfaktor unter verschiedenen politischen Randbedingungen quantitativ unterschiedlich auswirken kann, liegt auf der Hand. Wer unter der NS-Herrschaft als „Gemeinschaftsfremder" angesehen wurde, hatte anderes zu erwarten als derjenige, der von der bundesdeutschen Justiz als „Terrorist" verurteilt wird. (zu „Guantanamo" ist der Unterschied freilich bereits deutlich geringer). Dies schließt aber nicht aus, dass der in beiden Vorgängen zu identifizierende Kern eines bestimmten Strafrechtsdenkens auf einer gemeinsamen Kontinuitätslinie liegt.

[...]

Nachbemerkung

Der Beitrag gibt die wesentlichen Teile meiner Einleitung zu einer Textsammlung zum Feindstrafrecht wieder. Fortgelassen sind der erste Teil, der die etwas komplizierte Entstehungsgeschichte des Bandes mitteilt, sowie der Schlussteil, der den Dank an den Mitarbeiter ausspricht, ferner einige Passagen, welche sich auf den ersten Teil oder auf technische Einzelheiten der Textsammlung beziehen. Durch die Kürzungen haben sich einige Veränderungen in den Querverweisungen ergeben, die stillschweigend vorgenommen worden sind. Die Seitenangaben mit dem Zusatz „Slg." beziehen sich auf die Seiten der Textsammlung.

---

77 Dazu *Joachim Vogel*, Einflüsse des Nationalsozialismus auf das Strafrecht. Berlin 2004, passim.

6.

Mord sollte wieder verjähren.

(1997)

So jagen wir ihn ohn Ermatten,
Versöhnen kann uns keine Reu',
Ihn fort und fort, bis zu den Schatten
Und geben ihn auch dort nicht frei

Schiller

I.

„Der Entwurf läßt in Übereinstimmung mit dem, was die Wissenschaft und fast alle anderen neueren Gesetze darüber angenommen haben, eine Verjährung bei allen Verbrechen, und somit eine solche auch bei den mit dem Tode oder mit lebenslänglichem Zuchthaus bedrohten zu"[1].

Mit dieser lapidaren Berufung auf die communis opinio in Gesetzgebung und Rechtswissenschaft konnten im Jahre 1870 die Verfasser der Motive zum Strafgesetzbuch für den Norddeutschen Bund sich begnügen. Die Verfolgungsverjährung auch für Tötungsdelikte war bereits im preußischen Strafgesetzbuch von 1851 festgesetzt[2]; der nun vorgelegte Entwurf erweiterte dessen Regelung noch, indem er die seinerzeit nicht vorgesehene *Vollstreckungs*verjährung einführte. Der norddeutsche und dann Reichsgesetzgeber folgte diesen Vorschlägen, die damit Bestandteile des neuen Reichsstrafgesetzbuches wurden[3].

---

1 *Motive zum Strafgesetzbuch für den Norddeutschen Bund*; in: Stenographische Berichte über die Verhandlungen des Reichstages des Norddeutschen Bundes (= Sten.Ber.RT), I. Legislatur-Periode. Session 1870. Bd. 3 (Anlagen zu Nrn. 1–72) (Berlin 1870). Aktenstück Nr. 5, a.a.O. S. 26 ff., hier S. 59. – Zu den Partikularrechten: *Heinze*, Wegfall der Strafe, in: *v. Holtzendorff*, Handbuch des deutschen Strafrechts. 2. Bd. Die allgemeinen Lehren. Berlin 1871, S. 587 ff., hier S. 605 ff.; *Schreiber*, ZStW 1968, 348 ff., hier S. 366; *Pfeiffer*, DRiZ 1979, 12.

2 § 46 Abs. 1 i.V.m. § 175 Abs. 1 preuß.StGB 1851.

3 § 66 RStGB: „Durch Verjährung wird die Strafverfolgung und die Strafvollstreckung ausgeschlossen". § 67 RStGB: „Die Strafverfolgung von Verbrechen verjährt, 1. wenn sie mit dem Tode oder mit lebenslänglichem Zuchthaus bedroht sind, in zwanzig Jahren [...]". § 68 Abs. 1 RStGB: „Jede Handlung des Richters, welche wegen der begangenen Tat gegen den Täter gerichtet ist, unterbricht die Verjährung. [...] (Abs. 3:) Nach der Unterbrechung beginnt eine neue Verjährung". § 70 RStGB: „Die Vollstreckung rechtskräftig erkannter Strafen verjährt, wenn 1. auf Tod oder auf lebenslängliches Zuchthaus oder auf lebenslängliche Festungshaft erkannt ist, in dreißig Jahren [...]". § 72 RStGB: „(Abs. 1:) Jede auf Vollstreckung der Strafe gerichtete

„Mord sollte nicht verjähren". So lautete mehr als hundert Jahre später der programmatische Titel eines Aufsatzes des damaligen Bundesjustizministers Hans Jochen *Vogel*[4]. Seine Forderung wurde noch im selben Jahr vom Gesetzgeber erfüllt[5]. Mit Vogels Aufsatz hat es eine bemerkenswerte Bewandtnis: Nur etwa die Hälfte ist der Thematik „Unverjährbarkeit des Mordes" gewidmet; die andere Hälfte setzt sich ausschließlich mit der Frage auseinander, ob der Stand der Ermittlungen gegen NS-Gewalttäter eine solche legislatorische Maßnahme fordere; die Frage, ob die Mordverjährung aufgehoben werden solle, führte aber – wie der Verfasser selber sah – über den Komplex der NS-Verbrechen hinaus[6], gab ihr also eine grundsätzliche Dimension. Im folgenden wird zunächst eine kurze Skizze der Diskussionen und Gesetzgebungsakte seit Erlaß des Reichsstrafgesetzbuches gegeben (II.), anschließend die rechtshistorische und rechtstheoretische Lage erörtert (III.) [...] sodann ein Fazit gezogen (IV.).

II.

1.

In den Motiven zum preußischen Strafgesetz-Entwurf von 1827, die bis in das preußische Strafgesetzbuch von 1851 hinein fortgewirkt haben, heißt es über die Verjährung: „So wenig man sie auch vom rein rechtlichen Standpunkt aus begründet fand, so hielt man sie doch vom kriminalpolitischen Standpunkte aus unabweislich"[7]. Ausschlaggebend sei insoweit das Motiv der Erschwerung des Beweises. Da dieses Motiv nach erfolgter Verurteilung nicht mehr durchschlage, könne nur die „Verjährung der Verbrechen" (Verfolgungsverjährung), nicht aber die Verjährung der erkannten Strafen (Vollstreckungsverjährung) anerkannt werden, wenngleich die daneben noch bestehenden Motive – Wegfall des Abschreckungszweckes „durch zu späte Rüge" und Eintritt der „Vermuthung der Besserung" – auch für die letztere Geltung beanspruchen könnten[8]. Die Frist für die Verfolgungsverjährung von Ver-

---

Handlung derjenigen Behörde, welcher die Vollstreckung obliegt, sowie die zum Zwecke der Vollstreckung erfolgende Festnahme des Verurteilten unterbricht die Verjährung. (Abs. 2:) Nach der Unterbrechung der Vollstreckung beginnt eine neue Verjährung".

4 *Vogel*, ZRP 1979, 1.

5 Sechzehntes Strafrechtsänderungsgesetz vom 16. Juni 1979. BGBl. I, S. 1046.

6 *Vogel*, a.a.O., S. 2.

7 Zitiert nach *Goltdammer*, Die Materialien zum Straf-Gesetzbuche für die Preußischen Staaten, aus den amtlichen Quellen nach den Paragraphen des Gesetzbuches zusammengestellt und in einem Kommentar erläutert. 2 Bde. Berlin 1851. Bd. 1, S. 381.

8 *Goltdammer*, a.a.O., S. 380.

brechen, die mit dem Tode bedroht waren, also auch für Mord, wurde auf dreißig Jahre festgesetzt.

Der Standpunkt der Verfasser des Entwurfs eines Strafgesetzbuches für den Norddeutschen Bund wurde eingangs bereits zitiert. Der Reichstag schloß sich ihrer Auffassung ohne Debatte an. Mithin wurde auch die *Vollstreckungs*verjährung anerkannt. Die 1851 festgesetzte dreißigjährige Verfolgungsverjährungsfrist für mit dem Tode bedrohte Taten, also auch für Mord, wurde auf zwanzig Jahre verkürzt, die Vollstreckungsverjährung auf dreißig Jahre festgesetzt[9]. Allerdings unterbrach „jede Handlung des Richters, welche wegen der begangenen Tat gegen den Täter gerichtet ist", die Verjährung[10]; eine zahlenmäßige oder zeitliche Begrenzung dieser Möglichkeit war nicht vorgesehen. Bei diesem Rechtszustand blieb es bis auf eine kurze Unterbrechung bis zum Jahre 1969, in dem die Frist für die Verfolgungsverjährung auf dreißig Jahre verlängert wurde.

Freilich wäre es voreilig, aus dieser jahrzehntelang weitgehend unveränderten Fassung des Textes des Strafgesetzbuches auf ebenso lange sachliche Ruhe der Diskussion zu schließen. Immerhin wurde das Strafgesetzbuch auch in jenen Bereichen, in denen es unverändert blieb, etwa seit der Jahrhundertwende von Diskussionen um seine Reform flankiert. Diese Diskussionen gilt es als nächstes zu betrachten.

Aus Platzgründen müssen wir uns auf die publizierten Quellen beschränken; die Auswertung von Archivalien müßte in einer thematisch umfassenderen und ausführlicheren Untersuchung erfolgen. Unvollständig bleibt die Übersicht auch insoweit, als sie die Vorschläge und Regelungen zum *Ruhen* der Verjährung, die oft mit denjenigen zur Verjährung, zur Unterbrechung der Verjährung und zur Verlängerung der Verjährungsfristen zusammenhingen, aus Platzgründen ausspart.

2.

Nach Auffassung der Verfasser des *Vorentwurfes von 1909*[11] sollten die einschlägigen Bestimmungen des Reichsstrafgesetzbuches weitgehend unverändert bleiben. Der Entwurf ging über die geltende Fassung des Strafgesetzbuches sogar hinaus, indem er Unterbrechungen der Verjährung nicht mehr unbegrenzt zuließ, sondern mit Ablauf der doppelten ursprünglichen Verjährungsfrist – in den uns interessieren-

9 §§ 67 Abs. 1, 70 Abs. 1 Nr. 1 RStGB.

10 § 68 RStGB.

11 Vorentwurf zu einem Deutschen Strafgesetzbuch. Bearbeitet von der hierzu bestellten Sachverständigen-Kommission. Veröffentlicht auf Anordnung des Reichs-Justizamts. Berlin 1909. § 94 VE: „Verbrechen verjähren, 1. in zwanzig Jahren, wenn sie mit dem Tode oder mit lebenslänglichem Zuchthaus bedroht sind [...]" – § 97 VE: „Rechtskräftig erkannte Strafen verjähren, 1. in dreißig Jahren, wenn auf Tod oder auf lebenslängliche Freiheitsstrafe erkannt ist [...]".

den Fällen also mit Ablauf von 40 Jahren – ein absolutes Ende der Verjährung vorsah[12]. Die Begründung führte aus, es sei kein Grund vorhanden, von der vorherrschenden Meinung, daß die Verjährung den staatlichen Strafanspruch zum Untergang bringe, abzugehen. Die Regeln über die Verjährung seien im wesentlichen materieller Natur, und daraus ergebe sich, wenn sie auch daneben prozessuale Wirkungen hätten, daß ihr richtiger Platz in einem Gesetzbuch über das materielle Strafrecht sei[13]. Auf die „eigentliche Grundlage" des Rechtsinstituts der Verjährung komme es für den Gesetzgeber freilich nicht an, denn ihm genüge die kriminalpolitische Zweckmäßigkeitserwägung, daß für den Staat nach Verlauf gewisser Zeiträume das Interesse an der Ahndung der längst vergangenen Rechtsverletzung nicht mehr groß genug sei, um ihn noch zur Durchführung seines Strafanspruches zu nötigen, *zumal die Strafe ein Übel bedeute, das, wenn die Interessen der Allgemeinheit seine Vermeidung gestatteten, vermieden werden solle*. Dazu trete der Umstand, daß nach Ablauf einer längeren Zeit in der Person und in den Verhältnissen des Täters wesentliche Änderungen eingetreten zu sein pflegten und daß bei den Beteiligten die Erinnerung an die Tat abgeschwächt sei. Die Verjährung stelle nicht ein Rechtsinstitut zur Begünstigung des Täters dar, etwa für dessen Wohlverhalten nach der Tat oder nach dem Urteil, sondern einen nur vom Zeitablauf abhängigen Strafaufhebungsgrund, geschaffen im wohlverstandenen Interesse der Allgemeinheit zur Förderung einer auch den Anforderungen der Billigkeit entsprechenden Strafrechtspflege. Näheres zur Rechtfertigung der Beibehaltung des Instituts der Verjährung anzuführen, erübrige sich, weil seine Beseitigung oder Einschränkung (! – T.V.) von niemandem ernstlich gefordert werde[14]. Das geltende Recht wird in der Begründung kritisiert, weil „die Vollendung der Verjährung von den Strafbehörden durch Maßnahmen ihrerseits beliebig verhindert werden kann". Dies sei auch in Theorie und Praxis fast durchweg mißbilligt worden[15].

---

12 § 95 Abs. 3 VE: „Mit jeder Unterbrechung beginnt eine neue Verjährung, die jedoch spätestens mit Ablauf der doppelten ursprünglichen Verjährung endet". Der zweite Halbsatz fehlte in § 72 Abs. 2 RStGB.

13 *Vorentwurf zu einem Deutschen Strafgesetzbuch*. Begründung. Allgemeiner Teil. Bearbeitet von der hierzu bestellten Sachverständigen-Kommission. Veröffentlicht auf Anordnung des Reichs-Justizamts. Berlin 1909. S. 396.

14 Wörtliche Übertragung in indirekte Rede. Hervorhebungen von mir.

15 U.a. hatte der 24. Deutsche Juristentag durch einstimmigen Beschluß die Festsetzung eines Enddatums gefordert; s. Verh. 24. DJT (1898). Vierter Bd. (Verhandlungen), S. 308.

3.

Der 1911 von Kahl, v. Lilienthal, v. Liszt und Goldschmidt veröffentlichte Gegenentwurf[16] ging über den Vorentwurf noch hinaus, indem er zwar für die Verfolgungsverjährung die zwanzigjährige, für die Vollstreckungsverjährung die dreißigjährige Verjährungsfrist bei mit Tod oder lebenslangem Zuchthaus bedrohten Delikten beibehielt, jedoch die Möglichkeit der Verjährungsunterbrechung nicht mehr vorsah. Die Lösung des Vorentwurfs, Verjährungsunterbrechungen nur bis zur Erreichung der doppelten Länge der Ausgangsfrist zuzulassen, hielten die Verfasser des Gegenentwurfs „nicht für glücklich“[17]. Eine energische Abhilfe der in der Begründung des Vorentwurfs beklagten Mißstände könne nur dadurch erzielt werden, daß die Unterbrechung der Kriminalverjährung überhaupt aufgegeben werde. Ohnehin bedeute sie eine unzulässige Parallelführung zur zivilrechtlichen Verjährung. Was sich dort daraus erkläre, daß mit fristgerechter Klageerhebung die Gefahren, die mit der verspäteten Geltendmachung von Rechten verbunden seien, entfielen, passe hier nicht; die Kriminalverjährung solle überhaupt verhindern, daß zwischen Verbrechen und Strafe ein zu langer Zeitraum liege, denn die beste Strafe sei – mit den Worten Loenings – diejenige, die dem Verbrechen „auf dem Fuße folge“[18]; die bloße Geltendmachung des staatlichen Strafrechts sei daher zur Unterbrechung der Verjährung nicht geeignet. Freilich müßten die Verjährungsfristen so bemessen werden, „daß sie einer wirksamen Strafrechtspflege kein Hindernis bereiten“[19]; dies sei indes bei den Ausgangsfristen des Reichsstrafgesetzbuches und des Vorentwurfs der Fall. Angesichts der ungeheuren Verbesserung der Nachrichten- und Verkehrswege seit Erlaß des Reichsstrafgesetzbuches komme die Beibehaltung jener Verjährungsfristen faktisch ohnehin ihrer Verlängerung gleich[20].

4.

Diskussionsgrundlage der *Kommission für die Reform des Strafgesetzbuchs*, die 1911 ihre Arbeit aufnahm[21], war der Vorentwurf von 1909; aber auch der „Ge-

---

16 *Gegenentwurf* zum *Vorentwurf eines deutschen Strafgesetzbuchs*. Aufgestellt von *W. Kahl*, *K. v. Lilienthal*, *F. v. Liszt*, *J. Goldschmidt*. Berlin 1911.

17 Wie vor. Begründung. Nebst einer Denkschrift, betreffend die Einarbeitung der Nebengesetze von *N.H. Kriegsmann*. Berlin 1911. S. 144.

18 A.a.O., S. 145 unter Hinweis auf *Loening*, Vgl. Darst. AT, Bd. 1, S. 379.

19 A.a.O., S. 146.

20 A.a.O., S. 147.

21 Näheres zur Einsetzung und zur Arbeit der Kommission in der Einleitung zu den von Werner Schubert neu herausgegebenen Protokollen der Kommission: *Protokolle der Kommission für die Reform des Strafgesetzbuches (1911–1913)*. 4 Bde. Hrsg. und eingeleitet von *Werner Schubert*. Frankfurt a.M. 1990. Bd. 1, S. XI ff.

genentwurf" wurde berücksichtigt. Der Kommission lagen in ihrer Sitzung am 7. November 1911 zwei Anträge von Kahl und Robert v. Hippel vor, welche im Anschluß an den Gegenentwurf die Möglichkeit der Unterbrechung der Verjährung ersatzlos beseitigen wollten[22], also auch die vom Vorentwurf vorgeschlagene Begrenzung auf das Doppelte der normalen Verjährungsfrist ablehnten. Sowohl die Regelung des Reichsstrafgesetzbuches, die eine unbegrenzte Verlängerung der Verjährung ermögliche, als auch der Vorschlag des Vorentwurfes, der faktisch zu einer Verdoppelung der Verjährungsfristen und damit bei schweren Delikten letztlich zu einer Aufhebung der Verjährung führen werde, seien rechtsstaatlich bedenklich. Mit dem Grundgedanken der Verjährung, daß das Strafbedürfnis der Allgemeinheit mit der Zeit erlösche und die Wirkung der Strafe auf den Täter und die Allgemeinheit desto geringer sei, je mehr Zeit zwischen der Tat und ihrer Bestrafung liege, stehe die Möglichkeit der Unterbrechung der Verjährung im Widerspruch; die „heilende Kraft der Zeit" wirke unabhängig von Fristunterbrechungen. Die Unterbrechungsmöglichkeit widerspreche auch dem Grundsatz der Gerechtigkeit, daß Gleiches gleich zu behandeln sei; sie übersehe ferner, daß auch der Verbrecher Rechtssicherheit verlangen könne; da die Unterbrechung in der Regel weder dem Täter noch der Allgemeinheit bekannt werde, habe sie auch weder spezial- noch generalpräventive Wirkung. Um zu verhindern, daß eine „ernsthafte Verfolgungshandlung, wie sie vor allem die Eröffnung des Hauptverfahrens darstelle" durch Eintritt der Verjährung erfolglos gemacht werde, reichten die Vorschriften über das Ruhen der Verjährung aus. Die Verjährungsfristen des VE seien – zumal unter den neuen Verkehrsverhältnissen, die eine intensive Strafverfolgung gewährleisteten – ausreichend, ihre „nicht allzu erhebliche" Verlängerung sei eher diskutabel als die Beibehaltung der Unterbrechungsmöglichkeit.

Die Kommissionsmehrheit verschloß sich diesen Argumenten. Sie bestritt das von den Antragstellern behauptete Recht des Verbrechers auf Rechtssicherheit. Im übrigen argumentierte sie kriminalpolitisch: Gerade die Verbesserung der Verkehrsverhältnisse erlaube es dem Straftäter – vor allem dem wohlhabenden Straftäter – mehr als früher, sich der Verfolgung für die Dauer der Verjährungszeit zu entziehen; das Berufsverbrechertum werde so gefördert; das Rechtsempfinden der Bevölkerung, in deren Erinnerung gerade schwere Verbrechen oft außerordentlich lange hafteten, werde nicht genügend berücksichtigt.

Nachdem auch Anträge, welche die Unterbrechung der Verjährung durch Verlängerung der Verjährungsfristen und durch großzügigere Ermöglichung des Ruhens der

22 Der Antrag von Kahl wollte die Absätze 2 und 3 des VE streichen, der Antrag von v. Hippel wollte außerdem ausdrücklich aussprechen, daß eine Unterbrechung der Verjährung nicht stattfinde. (*Schubert*, Bd. 1, S. 542).

Verjährung entbehrlich machen wollten, abgelehnt worden waren[23], setzte sich in der Kommission in erster Lesung die Lösung durch, dem Gericht auf Antrag der Staatsanwaltschaft die Möglichkeit einzuräumen, die Verjährungsfrist bei Vergehen um drei Jahre, bei Verbrechen um zehn Jahre zu verlängern, die „Unterbrechungslösung“ also durch eine „Verlängerungslösung“ zu ersetzen[24]. Die normale Verjährungsfrist für den uns interessierenden Fall wurde sodann bei 20 Jahren belassen[25]. In der 2. Lesung wurde diese Frist auf 25 Jahre angehoben[26]; die Verlängerungslösung wurde in etwas konkreterer Fassung aufrechterhalten[27]. Ein Zusammenhang zwischen diesen beiden Beschlüssen bestand insofern, als die durch die Begrenzung der Verlängerungsmöglichkeit auf zehn Jahre bei einer Ausgangsfrist von 20 Jahren entstehende Verjährungsfrist von höchstens 30 Jahren „von mehreren Seiten als unbefriedigend bezeichnet“ worden war und empfohlen worden war, „bei jenen Verbrechen eine längere Verfolgungsmöglichkeit zu gewähren“[28].

Ob diese Beschlüsse zu einer Verschärfung der Rechtslage führen würden, war in der Kommission umstritten. Während ihre Befürworter dies mit der Begründung verneinten, daß gegenüber der unbegrenzten Unterbrechungsmöglichkeit des Reichsstrafgesetzbuches die vorgeschlagene Regelung trotz der Verlängerung der Ausgangsfrist insgesamt immer noch eine Begrenzung enthalte, bejahte es die Minderheit der Kommission mit der Begründung, die Unterbrechung der Verjährung habe in der Praxis bei schweren Delikten praktisch keine Rolle gespielt, so daß insgesamt die vorgeschlagene Regelung sich nur in der Verlängerung der Ausgangsfrist auswirke.

---

23 A.a.O., Sitzung v. 8. November 1911, S. 548.

24 A.a.O., Sitzung vom 13. November 1911, S. 554 f. – Strafrechtskommission. Beschlüsse 1. Lesung, in: *Werner Schubert* (Hrsg.), Entwürfe der Strafrechtskommission zu einem Deutschen Strafgesetzbuch und zu einem Einführungsgesetz (1911–1914). Frankfurt a.M. 1990, S. 9 ff. – § 117 a.a.O. (Abs. 1:) „Die Fristen für die Verjährung können vor ihrem Ablauf auf Antrag der Staatsanwaltschaft durch Beschluß des Gerichts verlängert werden. (Abs. 2:) Die Verlängerung beträgt bei Verbrechen zehn Jahre, bei Vergehen drei Jahre.“

25 § 114 Abs. 1 a.a.O.: „Es verjähren: 1. in zwanzig Jahren: Verbrechen, die mit dem Tode oder mit lebenslangem Zuchthaus bedroht sind“.

26 Vorläufige redigierte Beschlüsse zweiter Lesung. Allgemeiner Teil des Ersten Buchs, a.a.O. S. 135 ff. – § 114 Abs. 1: „Die Strafbarkeit erlischt durch Ablauf der Verjährungsfrist. Die Frist beträgt: 1. fünfundzwanzig Jahre: bei Verbrechen, die mit dem Tode oder mit lebenslangem Zuchthaus bedroht sind.“

27 § 117 a.a.O.: „(Abs. 1:) Das Gericht kann die Verjährungsfrist auf Antrag der Staatsanwaltschaft durch Beschluß verlängern, wenn dies nach den besonderen Umständen des Falles geboten erscheint. (Abs. 2:) Die Verjährungsfrist darf, auch wenn sie mehrfach verlängert wird, insgesamt bei Verbrechen nicht um mehr als zehn Jahre, bei Vergehen nicht um mehr als drei Jahre verlängert werden [...]”.

28 A.a.O. (Anm. 24) Bd. 4, Sitzung vom 28. April 1913, S. 246.

An den Vorschriften über die *Vollstreckungs*verjährung nahm die Kommission im hier interessierenden Bereich keine Änderung gegenüber dem Reichsstrafgesetzbuch und dem Vorentwurf vor. Es blieb also bei der Dreißigjahresfrist.

5.

Der *Entwurf von 1919*, eine von einer kleinen Kommission[29] überarbeitete Fassung der Ergebnisse der Kommissionsberatungen von 1911/12, übernahm sowohl bei der Verfolgungs-[30] als auch bei der Vollstreckungsverjährung[31] diese Vorschläge mit kleinen redaktionellen Änderungen und behielt auch die von seinem Vorgänger eröffneten Verlängerungsmöglichkeiten bei. – Auch der sog. *Radbruchsche Entwurf von 1922*, vom damaligen Reichsjustizminister Gustav Radbruch persönlich redigiert[32], über weite Strecken freilich eine Fortschreibung der bisherigen Entwürfe, behielt die Struktur seiner Vorgänger bei. Für die schwersten Delikte setze er allerdings die Frist der Verfolgungsverjährung wie auch der Vollstreckungsverjährung wieder auf 20 Jahre herab[33]; das Gericht bzw. die Vollstreckungsbehörde sollte auch nach diesem Entwurf die Fristen um bis zur Hälfte verlängern können, „wenn es die besonderen Umstände des Falles gebieten“[34]. Insgesamt konnte somit die Verjährungsfrist bis zu dreißig Jahre betragen.

---

29 Mitglieder: *Joel*, *Ebermayer*, *Corman*, *Bumke*.

30 § 121 Abs. 1 E 1919 „Die Strafbarkeit einer Tat erlischt durch Ablauf der Verjährungsfrist. Die Frist beträgt: 1. fünfundzwanzig Jahre: bei Verbrechen, die mit dem Tode oder mit lebenslangem Zuchthaus bedroht sind [...]“. – § 124 E 1919 „(Abs. 1:) Das Gericht kann die Verjährungsfrist auf Antrag der Staatsanwaltschaft verlängern, wenn die besonderen Umstände des Falles es gebieten. (Abs. 2:) Insgesamt darf die Frist, auch wenn sie mehrfach verlängert wird, bei Verbrechen höchstens um zehn Jahre [...] verlängert werden [...]“. – Zitate nach: Quellen zur Reform des Straf- und Strafprozeßrechts. Hrsg. von *Werner Schubert*, *Jürgen Regge*, *Peter Rieß* und *Werner Schmid*. I. Abteilung: Weimarer Republik (1918–1932). Bd. 1: Entwürfe zu einem Strafgesetzbuch (1919, 1922, 1924/25 und 1927). Herausgegeben und mit einer Einleitung versehen von *Werner Schubert* und *Jürgen Regge*. Berlin, New York 1995, S. 9 ff.

31 § 125 Abs. 1 E 1919: „Die Vollstreckbarkeit der erkannten Strafe erlischt durch Ablauf der Verjährungsfrist. Die Frist beträgt: 1. dreißig Jahre: bei Todesstrafe und lebenslangem Zuchthaus [...]“. – § 128 E 1919: „(Abs. 1:) Die Vollstreckungsbehörde kann die Verjährungsfrist verlängern. (Abs. 2:) Insgesamt darf die Frist, auch wenn sie mehrfach verlängert wird, bei Todesstrafe, bei Zuchthaus und bei anderen Freiheitsstrafen von mehr als fünf Jahren höchstens um die Hälfte [...] verlängert werden”.

32 *Gustav Radbruchs Entwurf eines Allgemeinen Deutschen Strafgesetzbuches* (1922). Mit einem Geleitwort von *Thomas Dehler* und einer Einleitung von *Eberhard Schmidt*. Tübingen 1952.

33 § 78 Abs. 1 E 1922: „Die Strafbarkeit einer Tat erlischt mit Ablauf der Verjährungsfrist. Die Frist beträgt: 1. zwanzig Jahre bei Verbrechen, die mit lebenslanger Freiheitsstrafe oder mit Freiheitsstrafe von mehr als zehn Jahren bedroht sind [...]“.

34 § 81 (Abs. 1:) „Das Gericht kann die Verjährungsfrist auf Antrag der Staatsanwaltschaft verlängern, wenn es die besonderen Umstände des Falles gebieten. (Abs. 2:) Insgesamt darf die Frist, auch wenn sie mehrfach verlängert wird, höchstens um die Hälfte verlängert werden“.

6.

Der *amtliche Entwurf von 1925 (Reichsratsvorlage)* behielt diese Regelung bei[35]. Auch in der *Reichstagsvorlage von 1927*[36] blieben die Vorschläge unverändert[37]. Der *Entwurf von 1930 (sog. Entwurf Kahl)*[38] beschritt allerdings einen anderen Weg, indem er die Verjährungsfrist für die hier interessierenden Delikte auf dreißig Jahre erhöhte, dafür aber weder Unterbrechungs- noch Verlängerungsmöglichkeit vorsah. Auch die Frist für die *Vollstreckungs*verjährung wurde wieder – wie schon im Reichsstrafgesetzbuch – bei dreißig Jahren angesetzt.

7.

Eine Änderung des Strafgesetzbuches erfolgte erst durch den *NS-Gesetzgeber*. Nachdem die amtliche Strafrechtskommission die Regelung der Verjährung aus ihrem – nicht Gesetz gewordenen – StGB-Entwurf ausgeschlossen hatte, weil sie die Verjährung entgegen der bis dahin vorherrschenden Auffassung als ein rein prozeßrechtliches Institut ansah[39], ergänzte die StrafrechtsangleichungsVO vom 29. Mai 1943 – ein in seiner Bedeutung für die weitere Entwicklung des Strafrechts bis heute nicht recht erkanntes Normengebilde – § 66 StGB um folgenden Absatz 2: „Die Staatsanwaltschaft kann die Verfolgung einleiten, wenn die Verhängung der Todesstrafe oder von lebenslangem Zuchthaus zu erwarten ist"[40]. Damit war zum erstenmal seit der gesetzgeberischen Entscheidung von 1851 die Verjährung bei Mord faktisch wieder beseitigt. In der – nicht veröffentlichten – Begründung des Reichsjustizministeriums gegenüber der Reichskanzlei wird die fakultative Fassung der neu-

---

§ 84 (Abs. 1:) Die Vollstreckungsbehörde kann die Verjährungsfrist verlängern, wenn es die besonderen Umstände des Falles gebieten" (§ 84 Abs. 2 = § 81 Abs. 2).

35 *Amtlicher Entwurf eines Allgemeinen Deutschen Strafgesetzbuchs nebst Begründung*. Veröffentlicht auf Anordnung des Reichsjustizministeriums. Erster Teil: Entwurf. Berlin 1925. § 78 Abs. 1: „Die Strafbarkeit einer Tat erlischt mit Ablauf der Verjährungsfrist. Die Frist beträgt: 1. zwanzig Jahre bei Verbrechen, die mit Todesstrafe, mit lebenslanger Freiheitsstrafe oder mit Freiheitsstrafe von mehr als zehn Jahren bedroht sind". Verlängerungsmöglichkeit: § 81 Abs. 1, 2 E 1925. – Zur Vollstreckungsverjährung s. §§ 82 Abs. 1 Nr. 1, 84 Abs. 1, 2 E 1925.

36 *Entwurf eines Allgemeinen Deutschen Strafgesetzbuchs*. Reichstag, III. Wahlperiode 1924/27, Drucksache Nr. 3390 (19. Mai 1927).

37 §§ 79, 82, 85 E 1927.

38 *Entwurf eines Allgemeinen Deutschen Strafgesetzbuchs*. Reichstag V. Wahlperiode. Drucksache Nr. 395. (6. Dezember 1930).

39 *Protokolle der Strafrechtskommission des Reichsjustizministeriums*. 19. Sitzung vom 3. März 1934; *in*: Quellen zur Reform des Straf- und Strafprozeßrechts, hrsg. von *Werner Schubert*, *Jürgen Regge*, *Peter Rieß* und *Werner Schmid*. II. Abteilung: NS-Zeit (1933–1939) – Strafgesetzbuch. Bd. 2 Teil 1. Berlin, New York 1988, S. 477 ff. – Zum theoretischen und historischen Hintergrund weiter unten.

40 Art. 5 AngleichungsVO.

en Vorschrift damit begründet, daß dem Reichsjustizministerium die Möglichkeit belassen werden solle, der Staatsanwaltschaft im Einzelfall eine Weisung zu erteilen, ob sie die Strafverfolgung einleiten solle[41].

Dieser „höchst autoritäre Absatz 2“[42] wurde 1953 durch das *Dritte Strafrechtsänderungsgesetz* wieder aufgehoben[43], nachdem seine Fortgeltung bereits seit 1945 umstritten gewesen war[44].

8.

Der *Großen Strafrechtskommission* des Bundesjustizministeriums, die sich in ihrer Sitzung vom 24. Juni 1955 mit den Fragen der Verjährung befaßte, lag ein Referentenentwurf vor, der – in der Tradition der Entwürfe der NS-Zeit – die Verfolgungsverjährung in eine neue Strafverfahrensordnung, die Vollstreckungsverjährung in eine neue Strafvollstreckungsordnung aufzunehmen vorschlug. Die Verjährungsfrist für die mit lebenslangem Zuchthaus bedrohten Taten – die Todesstrafe war inzwischen durch Art. 102 GG abgeschafft worden – sollte in beiden Fällen dreißig Jahre betragen; auch sollte in beiden Fällen vom Gericht auf Antrag der Staatsanwaltschaft (bzw. der Vollstreckungsbehörde) die Frist vor ihrem Ablauf je einmal um die Hälfte verlängert werden können, „wenn der Täter sich in einem Gebiet aufhält, aus dem seine Auslieferung oder Überstellung nicht erreicht werden kann, oder wenn der Verfolgung (bzw. Vollstreckung) sonst außergewöhnliche Schwierigkeiten entgegenstehen“[45].

---

41 *Bundesarchiv*, Bestand R 43 II (Reichskanzlei) Akte 1512a, Bl. 90 (Schreiben des Reichsministers der Justiz an den Reichsminister und Chef der Reichskanzlei vom 3. April 1943).

42 *Schwarz*, StGB, 16. Aufl. 1953. § 66 Anm. 1a.

43 BGBl. I, S. 42.

44 S. die Nachweise b. *Schönke*, StGB, 6. Auflage. München und Berlin 1952, § 66 Vorbemerkung; ferner *Werle*, Justiz-Strafrecht und polizeiliche Verbrechensbekämpfung im Dritten Reich (1989), S. 437.

45 *Niederschriften über die Sitzungen der Großen Strafrechtskommission.* 2 Bd.: Allgemeiner Teil. 14–25 Sitzung. Bonn 1958. Anlage 67, Umdruck J 19. § a „(Abs. 1:) Eine Tat darf nach Ablauf der Verjährungsfrist nicht mehr verfolgt werden. (Abs. 2:) Die Verjährungsfrist beträgt 1. dreißig Jahre bei Taten, die mit lebenslangem Zuchthaus bedroht sind [...]“. – § d Abs. 1: „Das Gericht kann die Verjährungsfrist vor ihrem Ablauf auf Antrag der Staatsanwaltschaft einmal um die Hälfte verlängern, wenn der Täter sich in einem Gebiet aufhält, aus dem seine Auslieferung oder Überstellung nicht erreicht werden kann oder wenn der Verfolgung sonst außergewöhnliche Schwierigkeiten entgegenstehen“. – § e „(Abs. 1:) Eine rechtskräftig verhängte Strafe oder Maßregel der Sicherung oder Besserung darf nach Ablauf der Verjährungsfrist nicht mehr vollstreckt werden. (Abs. 2:) Die Verjährungsfrist beträgt 1. dreißig Jahre bei lebenslangem Zuchthaus [...]“. – § g: (weitgehend identisch mit § d).

In der Diskussion sprach sich *Bockelmann*[46] gegen die materiellrechtliche Verjährungstheorie aus[47], befürwortete aber „aus taktischen Erwägungen“ die Regelung der Verjährung im Strafgesetzbuch. In einem eindrucksvollen, die jüngere Vergangenheit nicht aussparenden Referat wies *Schäfer*[48] auf die bedenklichen Umstände hin, die das Reichsgericht und die h.M. im Schrifttum veranlaßt hätten, die früher vertretene Auffassung vom ganz oder überwiegend materiellrechtlichen Charakter der Verjährung aufzugeben und – ebenso wie die Strafrechtsreformkommissionen der NS-Zeit – zur verfahrensrechtlichen Auffassung überzugehen[49].

Der 1958 veröffentlichte Entwurf des Allgemeinen Teils setzte die Fristen der Verfolgungsverjährung in den uns interessierenden Fällen auf dreißig Jahre fest[50], ließ daneben eine – freilich auf wenige Fälle beschränkte – Unterbrechung der Verjährung bis zum Erreichen des Doppelten der gesetzlichen Verjährungsfrist zu[51] und eröffnete daneben für einen eng umgrenzten Fall die Möglichkeit der Verlängerung der gesetzlichen Frist um die Hälfte[52].

Für die Vollstreckungsverjährung betrug die entsprechende Frist dreißig Jahre, daneben bestand entsprechend der Regelung bei der Verfolgungsverjährung die Möglichkeit einer einmaligen Fristverlängerung um die Hälfte[53].

---

46 *Niederschriften* a.a.O., 25. Sitzung vom 24. Juni 1955, S. 329 ff.

47 Sein Hinweis (a.a.O. S. 329), daß „das Bedürfnis, die Ermordung Christi zu vergelten [...] jahrhundertelang immer wieder zur Legitimierung von Judenverfolgungen (habe) dienen müssen, bis es in der Gegenwart durch die Rassenideologie und durch andere Vorwände abgelöst worden (sei)“, war freilich – wie die Verwendung des Wortes „Vorwand“ zeigt – nicht geeignet, als Beispiel für ein nicht gestilltes Sühnebedürfnis zu dienen. – Bockelmanns Ausführungen gingen andererseits über die üblichen Argumente zugunsten der Verfahrensrechtstheorie hinaus. Es trete – so führte er aus – ein Zeitpunkt ein, von dem an die Tat Geschichte geworden sei und es nicht mehr recht (!) wäre, sie noch zu judizieren“ (a.a.O. S. 330).

48 *Niederschriften* a.a.O., S. 332 ff.

49 Näher dazu unter III.

50 *Entwurf des Allgemeinen Teils eines Strafgesetzbuchs* nach den Beschlüssen der Großen Strafrechtskommission in erster Lesung (abgeschlossen im Dezember 1956) mit Begründung. Veröffentlicht vom Bundesministerium der Justiz. Bonn 1958. § 133: „(Abs. 1:) Durch Verjährung werden die Ahndung der Tat und die Anordnung von Maßnahmen ausgeschlossen. (Abs. 2:) Die Verjährungsfrist beträgt 1. dreißig Jahre bei Taten, die mit lebenslänglichem Zuchthaus bedroht sind [...]“.

51 § 135 E 1958.

52 In Fällen, in denen „der Täter sich in einem Gebiet aufhält, aus dem seine Auslieferung oder Überstellung nicht erreicht werden kann“. Die Formulierung zeigt, daß neben den osteuropäischen Staaten an das – damals noch nicht als Staat anerkannte – „Gebiet“ der DDR gedacht war.

53 § 140 E 1958: „Das Gericht kann die Verjährungsfrist vor ihrem Ablauf auf Antrag der Vollstreckungsbehörde einmal um die Hälfte verlängern, wenn der Täter sich in einem Gebiet aufhält, aus dem seine Auslieferung oder Überstellung nicht erreicht werden kann“.

Für die Verlängerung der Verjährungsfristen gegenüber dem geltenden Recht berief die Entwurfsbegründung sich auf nicht näher spezifizierte „Erfahrungen der Praxis".

Der *Entwurf von 1962*[54] behielt die Ausgangsfristen des E 1958 bei. Er vermehrte die Unterbrechungsmöglichkeiten; jedoch sollte wie nach dem Entwurf von 1958 die Verjährungsfrist durch Unterbrechungen nur bis auf das Doppelte verlängert werden dürfen. Die Möglichkeit der richterlichen Verlängerung der Verjährungsfrist wurde gestrichen[55].

Möglicherweise unter dem Eindruck der Ausführungen von *Schäfer* in der Großen Strafrechtskommission akzeptiert die Begründung des Entwurfs als Rechtfertigung der Verjährung „sowohl [...] Gesichtspunkte [...] des materiellen Rechts als auch [...] verfahrensrechtliche Gründe" und setzt sich damit zwar einerseits „von den früheren Entwürfen ab, die die Verjährung als eine materiellrechtliche Einrichtung gedeutet und ausgestaltet haben, aber auch von der in der Rechtsprechung herrschenden Meinung, die die Einrichtung als bloßes Verfahrenshindernis behandelt"[56]. Während die rein materiellrechtliche Betrachtung zur unangemessenen „Freisprechung" des Angeklagten führe, bewahre die Betrachtung als reines Verfahrenshindernis die Möglichkeit der rückwirkenden Verlängerung bereits abgelaufener Verjährungsfristen, was zur Rechtsunsicherheit führe und „mit rechtsstaatlichen Grundsätzen nicht vereinbar" sei[57]. Ausdrücklich wird betont, daß die für die Verjährung generell sprechenden Gründe auch bei schweren Verbrechen zuträfen[58].

Wie sehr die in der NS-Zeit zur Herrschaft gelangte prozeßrechtliche Verjährungstheorie sich inzwischen durchgesetzt hatte, zeigte sich daran, daß auch die Verfasser des *Alternativentwurfs eines Strafgesetzbuches* sich ausdrücklich zum „zumindest überwiegenden" verfahrensrechtlichen Charakter der Verjährung bekannten[59]. Die Strafvollstreckungsverjährung wurde wegen fehlender „sachlicher Notwendigkeit" ersatzlos gestrichen. Völkermord sollte nicht verjähren[60]. Bei den

---

54 *Entwurf eines Strafgesetzbuches (StGB). E 1962.* – Bundestagsdrucksache IV/ 650.

55 §§ 127 ff. (Verfolgungsverjährung), 131 ff. (Vollstreckungsverjährung). – Die Regelungen des E 1962 stimmen in den hier interessierenden Punkten mit denjenigen des E 1960 überein; s. §§ 127 ff., §§ 131 ff. E 1960. *Entwurf eines Strafgesetzbuches (StGB) – E 1960 – mit Begründung.* Bundesratsdrucksache 270/60).

56 A.a.O., S. 257.

57 Ebenda.

58 A.a.O., S. 257, 258.

59 *Alternativ-Entwurf eines Strafgesetzbuches. Allgemeiner Teil.* 2. Auflage. Vorgelegt von Jürgen Baumann, Anne-Eva Brauneck, Ernst-Walter Hanack u.a. Tübingen 1969. S. 192 (Vorbemerkung zu §§ 97–99 AE).

60 § 97 Abs. 2 AE. Begründet wurde dies mit der „bevorstehenden völkerrechtlichen Regelung dieser Frage"; a.a.O. S. 193.

Fristen für die Verfolgungsverjährung folgte der Alternativentwurf dem Entwurf von 1962, wollte also wie dieser die Verjährungsfrist des Reichsstrafgesetzbuches für Mord von 20 auf 30 Jahre heraufsetzen[61]. Die Möglichkeiten zur Unterbrechung der Verjährung wurden gegenüber dem E 1962 geringfügig verringert; als absolute Grenze war wiederum das Doppelte der gesetzlichen Verjährungsfrist vorgesehen[62].

9.

Nachdem zunächst durch das Gesetz über die Berechnung strafrechtlicher Verjährungsfristen vom 13. April 1965[63] versucht worden war, Zeit für die weitere Verfolgung von NS-Mördern zu gewinnen, verlängerte das Neunte Strafrechtsänderungsgesetz vom 4. August 1969[64] die Verjährungsfrist für Mord auf 30 Jahre[65]. Die Vollstreckungsverjährung für Mord war bereits durch das Zweite Strafrechtsreformgesetz aufgehoben worden[66]. Als kurz vor Ablauf der neuen (ab 1949 gerechneten) Frist die weitere Verfolgung von NS-Taten weiterhin als politisches Bedürfnis empfunden wurde und ein zwischen NS-Tätern und anderen Mördern differenzierender Vorschlag[67] sich nicht durchzusetzen vermochte, wurde durch das Gesetz vom 16. Juni 1979[68] auch die Verfolgungsverjährung für Mord beseitigt[69].

---

61 § 97 Abs. 3 AE.

62 § 99 Abs. 2 S.2 AE.

63 BGBl. I, S. 315.

64 BGBl. I, S. 1065.

65 Danach erhielt § 66 folgende Fassung: „(Abs. 1:) Durch Verjährung werden die Strafverfolgung und die Strafvollstreckung ausgeschlossen. (Abs. 2:) Die Strafverfolgung von Verbrechen nach § 220a (Völkermord) und die Vollstreckung von Strafen wegen Völkermordes (§ 220a) verjähren nicht.“ § 67 Abs. 1 erhielt folgende Fassung: „Die Strafverfolgung von Verbrechen, die nicht in § 66 Abs. 2 genannt sind, verjährt in 1. dreißig Jahren, wenn sie mit lebenslanger Freiheitsstrafe bedroht sind [...]“.

66 Zweites Gesetz zur Reform des Strafrechts (2. StrRG) vom 4. Juli 1969 (BGBl. I, S. 717); § 79 Abs. 2: „Die Vollstreckung von Strafen wegen Völkermords (§ 220a) und von lebenslangen Freiheitsstrafen verjährt nicht“.

67 *Maihofer*, ZRP 1979, 81.

68 S.o. Fußn. 5.

69 Seit der Aufhebung der Verjährung für Mord ist die Frage der Länge der Verjährungsfristen für unser Thema prinzipiell nicht mehr relevant. Da indes unsere abschließende Forderung die nach Wiedereinführung der Verjährung für Mord sein wird, sei hier auf die Verjährungsvorschriften des durch das 2. Strafrechtsreformgesetz neugeschaffenen Allgemeinen Teils des StGB hingewiesen: Bei der *Verfolgungs*verjährung ist der Katalog der Unterbrechungsmöglichkeiten gegenüber dem Entwurf von 1962 verlängert (§ 78c Abs. 1 StGB 1975), jedoch können Unterbrechungen höchstens zu einer Verdoppelung einer Verjährungsfrist führen (§ 78c Abs. 3 S. 2 StGB 1975). Bei der *Vollstreckungs*verjährung kann das Gericht nach dem Vorbild des E 1958 auf Antrag der Vollstreckungsbehörde die Frist „einmal um die Hälfte der gesetzli-

III.

Welche Erkenntnisse vermag dieser kurze Überblick über die Entwicklung des Rechtsinstituts der Verjährung seit Inkrafttreten des Strafgesetzbuches zu verschaffen?

1.

Historisch steht die Aufweichung und schließliche Aufhebung der Strafverfolgungsverjährung für Mord in einer sich über das ganze Jahrhundert erstreckenden Entwicklung, die zu immer stärkerer Ausweitung, Flexibilisierung und Ethisierung des Strafrechts geführt hat und – wie die fast tägliche Anschauung beweist – auch heute noch nicht an ihr Ende gelangt ist. Aufgabe einer kritischen Juristischen Zeitgeschichte ist es, einzelne Stränge dieser Entwicklung herauszupräparieren und zu würdigen. Besondere Aufmerksamkeit verdienen bei dieser Betrachtung jene Stränge in Gesetzgebung und Argumentation, die während der NS-Zeit fortgeführt, verstärkt oder gar begründet worden sind. Freilich sind die betreffenden Normen und Argumente nicht schon deshalb „nationalsozialistisch"; oft handelt es sich sogar um Denkfiguren, die dogmatisch gut begründbar sind[70]. Dennoch eröffnet das Faktum der NS-Herrschaft der deutschen Rechtswissenschaft eine geradezu ideale, anderen Rechtsordnungen nicht gegebene Chance, indem es jene Fälle markiert, die Anlaß zu genauerer Prüfung bieten: Normen und Denkfiguren, die unter der totalitären NS-Herrschaft fortbestanden oder gar unter ihr begründet wurden, sollten besonders genau befragt werden, ob sie mit einem liberal-rechtsstaatlichen Strafrechtsverständnis vereinbar sind. Was dies bedeutet, läßt sich an unserem Problembereich zeigen: Nähere Betrachtung erweist nämlich, daß die Verlängerung oder gar Beseitigung von Verjährungsfristen während der NS-Zeit auf der dogmatischen Ebene mit dem Übergang von der materiellrechtlichen zur prozeßrechtlichen Verjährungstheorie einhergeht, dieser Übergang seinerseits aber von der Ideologie und vom kriminalpolitischen Denkstil jener Zeit beeinflußt ist.

---

chen Verjährungsfrist verlängern, wenn der Verurteilte sich in einem Gebiet aufhält, aus dem seine Auslieferung oder Überstellung nicht erreicht werden kann" (§ 79b StGB 1975).

70 Dazu ausdrücklich *Vormbaum*, ZStW 1995, 743 f. – Es handelt sich hier um die Ausprägung einer Problematik, die dem Historiker, vor allem dem Rechtshistoriker nicht neu ist: Einerseits setzen die handelnden Akteure, ausgestattet mit gut vertretbaren rechtsdogmatischen und – oft ganz tagespolitisch motivierten – rechtspolitischen Argumenten, bestimmte Entscheidungen durch. Andererseits erweist die Betrachtung eines mehr als hundertjährigen Längsschnitts, daß dieselben Akteure mit ihren Argumenten und Motiven sich (oft unbewußt) in eine langfristige, u.U. von anderen Argumenten und Motiven getragene Entwicklung einfügen. Stehen die Akteure also im Dienste des Weltgeistes, und sind ihre Argumente – kaum mehr denn Schaumkronen auf weltgeschichtlichen Wellenbewegungen – Objekte der List der Geschichte? Solchen geschichtsphilosophischen Fragen kann hier nicht weiter nachgegangen werden.

a)

Die erste höchstrichterliche Entscheidung, der die prozeßrechtliche Verjährungstheorie explizit zugrundegelegt wurde, erging 1942[71]. Anlaß war der Wunsch des Reichsgerichts, eine *bereits abgelaufene* (nebenstrafrechtliche) Verjährungsfrist rückwirkend verlängern zu können[72]. Da der Zeitablauf für sich – so das Reichsgericht – an der Schuld des Täters und an seiner Strafbarkeit nichts ändere, bewirke die Verjährung zwar, daß das staatliche Bestrafungsrecht nicht mehr verfolgt werden könne, sie tilge es aber nicht. Der Ablauf der Verjährungsfrist schaffe demnach keine sachlichrechtliche Lage, die es ausschlösse, das Recht der Strafverfolgung dadurch wieder aufleben zu lassen, daß die Verjährungsfrist verlängert werde[73].

b)

Die Verlagerung der Verjährungsvorschriften in das Strafverfahrens- und Strafvollstreckungsrecht durch die Strafrechts- und Strafprozeßrechtsreformkommission der NS-Zeit – prägnante Ausdrucksform für die Übernahme der Prozeßrechtstheorie – erfolgte mit Begründungen, die deutlich die Handschrift der Staatsauffassung jener Zeit tragen.

Der Berichterstatter der Kommission *Lorenz* führte aus, es sei „unter Berücksichtigung der heutigen Auffassung vom Staate davon auszugehen [...], daß die Schuld des Täters bleibt, daß nur der Staat nach bestimmten Zeiten und unter bestimmten Voraussetzungen bei der Strafverfolgung und bei der Vollstreckung auf die Geltendmachung seines Strafanspruchs verzichtet[74]. Für *Freisler* war die Formulierung früherer Entwürfe „Die Strafbarkeit einer Tat erlischt durch Verjährung“ ein „Schlag ins Gesicht, weil dies eine sittliche Unmöglichkeit darstell(e)“. Es entspreche nicht „der Würde des Staates und des vereinten Volkes, von vornherein mit bindender Wirkung auf den Strafanspruch zu verzichten“[75]. Der Vorschlag von Reichsjustizminister *Gürtner*, „todeswürdige Verbrechen“ überhaupt von der Verfolgungsverjährung auszunehmen, wurde durch Akklamation akzeptiert[76].

---

71 *RGSt* 76, 159.

72 Es ging um eine verbotene Hausschlachtung nach der VerkehrsregelungsstrafVO; s. auch *Günter Bemmann*, Zur Frage der nachträglichen Verlängerung der Strafverfolgungsverjährung (zuerst JZ 1965, 333 ff.), in: *Ders.*, Beiträge zur Strafrechtswissenschaft, 2. Aufl. Baden-Baden 1996, S. 233 ff., S. 234.

73 A.a.O., S. 161.

74 Protokolle a.a.O. (o. Fußn. 45) S. 492.

75 A.a.O., S. 495.

76 A.a.O., S. 498. Ebenso ausdrücklich *Mezger* a.a.O. S. 499. – Die publizierte Begründung der Strafrechtskommission führte aus, „nach der sittlichen Grundanschauung des deutschen Volkes [...] kann grundsätzlich nichts, was einmal als Tat in die Welt gesetzt ist, also auch keine

c)

Die Entstehungsgeschichte der – 1953 zurückgenommenen – Einfügung des § 66 Abs. 2 StGB im Jahre 1943 zeigt, wie ein Zusammenspiel von hysterischem Populismus, obrigkeitsstaatlichem Denken und ohne rechtsstaatliche Bedenken daherkommenden Aktivismus zur Aufhebung der Verjährung bei Mord führte. Es hätten sich – so führte Reichsjustizminister *Thierack* mit Schreiben vom 3. April 1943 an den Chef der Reichskanzlei aus – in zwei Mordfällen aus den Jahren 1920 und 1922 nunmehr die Täter ermitteln lassen; die Strafverfolgung gegen sie könne aber nicht eingeleitet werden, denn der Ablauf der Verjährungsfrist stehe entgegen. Da in beiden Fällen „die Einzelumstände der Tat so abscheulich (seien), daß die Bevölkerung, bei der die Aufdeckung der Taten größtes Aufsehen erregt hat, es nicht verstehen würde, wenn die schweren Bluttaten ungesühnt bleiben müßten“[77], sei beabsichtigt, „auf schnellstem Wege die Einleitung der Strafverfolgung zu ermöglichen“[78].

d)

Daß die vom Reichsgericht verkündete Lehre von der – zumindest überwiegend – prozeßrechtlichen Natur der Verjährung sich nach dem Ende der NS-Herrschaft endgültig etablieren konnte, lag nicht zuletzt daran, daß man sich bis 1953 auf die Existenz des § 66 Abs. 2 berufen konnte[79], der freilich, indem er die Durchbrechung bereits abgelaufener Verjährungsfristen in das Ermessen der Staatsanwaltschaft stellte, handgreiflichen rechtsstaalichen Bedenken unterlag.

Interessant ist die Begründung der Sachbearbeiter der Großen Strafrechtskommission für ihre – mit der Positionierung der Verjährungsvorschriften im Strafprozeßrecht zum Ausdruck gebrachte – Rezeption der Verfahrensrechtstheorie. Der Sprecher des Bundesjustizministeriums OLG-Rat *Goßrau* führte u.a. aus: „Auch uns erschien die Entscheidung des Reichsgerichts im 76. Band zunächst suspekt zu sein, weil sie sich zur rein verfahrensrechtlichen Behandlung dieses Instituts bekannte, hauptsächlich mit dem Ziel, ein solches rückwirkendes Gesetz auf einen Fall anwenden zu können,

---

Schuld, jemals untergehen. Wie die Volksgemeinschaft ewig ist, kann auch der Bruch des Rechtsfriedens dieser Gemeinschaft [...] nicht beseitigt werden“. (*Reimer*, Verjährung, *in*: Das kommende deutsche Strafrecht AT. 2. Auflage. Berlin 1936. S. 247).

77 *Bundesarchiv*, R 43 II (Reichskanzlei), Akte 1512a, Bl. 90.

78 Die Täter waren bereits „vorläufig in Haft genommen“. – Auf die problematische historische Dimension einer Aufhebung der Mordverjährung weisen auch *Eyrich*, ZRP 1979, 52, und *Maihofer*, ZRP 1979, 52, hin.

79 S. dazu *Karl Schäfer*, Niederschriften a.a.O. (Fußn. 45) S. 336: „Der § 2 wurde [...] in alter Fassung wieder hergestellt. Der § 66 Abs. 2 wurde aufgehoben. Die Nichtigkeitsbeschwerde ist geschwunden. Aber die Einbuße, die der Verjährungsgedanke an innerer Kraft (sc. durch die Rechtsprechung des RG und die NS-Gesetzgebung) erlitten hat, ist geblieben“.

in dem nach dem früheren Recht die Verfolgungsverjährung bereits vollendet war. Es hat uns jedoch beeindruckt, daß der Bundesgerichtshof dessen ungeachtet dem Reichsgericht ohne Einschränkung gefolgt ist"[80].

Rechtstheoretischer Hintergrund dieser Entwicklung ist die mit der Karriere des Zweckgedankens im Strafrecht einhergehende Politisierung des Strafrechts[81]. Diese ist nicht etwa parteipolitisch motiviert. Zwar wird man in Epochen konservativer Dominanz sowie in der Zeit des Nationalsozialismus wegen der zugrundeliegenden Sympathie für den „starken Staat" auch eine grundsätzliche Sympathie für die Lösung gesellschaftlicher Probleme durch Einsatz des Strafrechts erwarten können. Im politischen Alltag jedoch gibt es zunehmend einen Wettlauf aller politischen und ideologischen Gruppen um die Verteilung der längst nicht mehr knappen Ressource Strafrecht[82]. Daß die Aufhebung der Verjährung für Mord einmal durch die Nationalsozialisten, ein anderes mal unter Federführung eines sozialdemokratischen Justizministers in antifaschistischer Absicht erfolgte, bestätigt diesen Befund. Und so ist es denn auch durchaus symptomatisch, daß im Zusammenhang mit der Diskussion um die Weiterverfolgung von NS-Verbrechen nicht der *Maihofer*sche Vorschlag einer Differenzierung zwischen Mord und Völkermord[83] gewählt worden ist, sondern die Radikal- bzw. Totallösung über die generelle Aufhebung der Strafverfolgungs- und Strafvollstreckungsverjährung für Mord. Eine Wiedereinführung der Verjährung auch für Mord wäre ein begrüßenswertes Signal gegen diesen Trend. Daß diese Forderung auf Unverständnis der Politiker aller Schattierungen stoßen wird, muß angesichts der historischen Unaufgeklärtheit und der populistischen Hektik gegenwärtiger Kriminalpolitik freilich erwartet werden.

---

80 Es folgen Ausführungen zu Art. 103 Abs. 2 GG, die aber nicht der Begründung der Verfahrensrechtstheorie, sondern nur dem Nachweis dienen, daß diese dem Grundgesetz *nicht widerspreche*, a.a.O. S. 344. – Mit den im Text wiedergegebenen Ausführungen wurde vor allem Bezug genommen auf die Entscheidung BGHSt 2, 301; s. dazu *Max Lorenz*, Die Verjährung in der deutschen Strafgesetzgebung (1955), S. 23 ff.; *Bemmann* (o. Fußn. 72) S. 235 f. Auch das Bundesverfassungsgericht stellte sich bereits frühzeitig auf den Boden der prozeßrechtlichen Verjährungstheorie (BVfGE 1, 418 ff., hier 422 ff.).

81 Zu zwei Beispielen – Abschaffung des Schwurgerichts; Einführung des Tatbestandes der falschen uneidlichen Aussage – s. *Vormbaum*, Die Lex Emminger. Vorgeschichte, Inhalt und Auswirkungen (Schriften zur Rechtsgeschichte. 43) Berlin 1987, S. 109 ff.; *Ders*., Eid, Meineid und Falschaussage. Reformdiskussionen und Gesetzgebung seit 1870 (Münsterische Beiträge zur Rechtswissenschaft. 47), Berlin 1990, v.a. S. 190 ff. – Die Aussage im Text gilt für das 20. Jahrhundert. Frühere Epochen der Strafrechtsgeschichte haben mit rechtspolitischen Argumenten und mit Zweckargumenten auch straf*begrenzende* Forderungen begründet.

82 S. zuletzt *Wolfgang Naucke*, Die Grenze des Strafrechts. Eine Problemskizze in 7 Thesen, in: Archivium Juridicum Cracoviense XXVII/XXVIII (1994/95), S. 65 ff.

83 S.o. Fußn. 67.

2.

In *strafrechtstheoretischer* Sicht[84] war der eingangs erwähnte Aufsatz des sozialdemokratischen Justizministers aus dem Jahre 1979 ein Farbtupfer in einem kolossalen juristischen Schlachtengemälde; politisch bedeutete die Meinungsäußerung des ranghöchsten deutschen Rechtspolitikers hingegen den Abschluß einer Diskussion, die spätestens mit der Bundestagsdebatte vom 10. März Juni 1965 in ein intensives Stadium eingetreten war. Heute besitzt die Frage der Verfolgbarkeit von NS-Taten für eine Diskussion der Frage der Mordverjährung keine Bedeutung mehr[85], denn auch wenn es wieder zur Verjährbarkeit von Mord kommen sollte, könnten Fälle, in denen das Verfahren bereits in ein entscheidendes Stadium getreten ist, über das Ruhen der Verjährung oder über eine Übergangsvorschrift ausgenommen werden. Überlegungen zur Wiedereinführung der Verjährung bei Mord können somit auf allgemeiner Ebene angestellt werden.

Wie geschildert, hat die rechtshistorische Entwicklung dieses Jahrhunderts zu einer Zurückdrängung der materiellrechtlichen zugunsten der prozessualen Verjährungstheorie geführt[86]. Daß der materiellrechtlichen Theorie unsere Sympathie gehört, wird deutlich geworden sein. In der Sache können Elemente dieser Theorie bei rechtstheoretischen Überlegungen zur Mordverjährung eine Rolle spielen. Jedoch soll im folgenden nicht von der Dichotomie „materiellrechtlich/verfahrensrechtlich“, sondern von einem anderen Ansatz ausgegangen werden. Er erblickt die Hauptaufgabe der Strafrechtswissenschaft nicht darin, ein zweckgerecht zugespitztes Verfolgungs- bzw. Bekämpfungsinstrumentarium zu entwickeln, sondern darin, Maßnahmen staatlicher Strafrechtspolitik darauf zu befragen, ob ihnen unter den Gesichtspunkten der Gerechtigkeit, der Rechtssicherheit oder der Zweckmäßigkeit Bedenken entgegenstehen. Dieses reduktionistische Strafrechtsverständnis, das sich noch in der Begründung zum Vorentwurf von 1909 formuliert findet („Strafe bedeutet ein Übel, das, wenn die Interessen der Allgemeinheit seine Vermeidung gestatten, vermieden werden soll“), in einer heutigen Gesetzesinitiative aber geradezu anachronistisch wirken würde, eröffnet folgende Überlegungen zur Frage der Mordverjährung:

---

84 Die folgenden Überlegungen beschränken sich auf die Straf*verfolgungs*verjährung. Über die Straf*vollstreckungs*verjährung müßte – worauf *Günter Bemmann* (a.a.O. [Fußn. 72] S. 234) zu Recht hinweist – eine eigene Diskussion geführt werden.

85 Schon 1979 wies *Eyrich*, ZRP 1979, 50, darauf hin, daß „die Chancen, einen erst nach dem 31.12.1979 entdeckten NS-Täter noch auf die Anklagebank zu bringen, auch im Falle einer Aufhebung der Mordverjährung äußerst gering (seien)“.

86 Detaillierte Nachweise zu den Vertretern der verschiedenen Verjährungstheorien b. *Lorenz*, Die Verjährung im Strafrechte. Prag 1934, S. 31 ff.; *Ders.*, Die Verjährung in der deutschen Strafgesetzgebung (1955), passim, insb. S. 49 ff.; *Ders.*, GA 1966, 371 f.; *Bemmann* a.a.O. (Fußn. 72), S. 237 f.

a) Gerechtigkeit:

aa)

Als *ausgleichende oder materielle Gerechtigkeit* liefert *Gerechtigkeit* den Maßstab dafür, ob das Ob und die Höhe der Strafdrohung aus der tatbestandlich umschriebenen Tat angemessen begründet werden kann. Historisch drückt diese Erscheinungsform der Gerechtigkeit sich vor allem in der Kant/Feuerbach'schen Rechtsverletzungslehre aus[87]. Das mit der Rechtsverletzung in die Welt gesetzte Unrecht kann als objektiver Umstand freilich nicht wieder aus derselben geschafft werden. Dennoch hat die limitierende Wirkung des Gerechtigkeitskriteriums auch eine zeitliche Dimension. Sie manifestiert sich sowohl gesellschaftlich als auch individuell.

Gesellschaftlich geht es um die Abgrenzung von Gegenwart und Geschichte. Die jeweilige Gegenwart mit ihren unzähligen Konnotationen, Vorverständnissen, Zwischentönen und Tagesereignissen ist in ihrer Komplexität allenfalls Zeitgenossen der betreffenden Generation ganz verständlich. Die Späteren bedürfen der Geschichtswissenschaft zu ihrem Verständnis. Umgekehrt hat jede Generation ihre Tabus, blinden Flecken und Wahrnehmungssperren, die Späteren nur schwer zu vermitteln sind. Man versuche, heutigen Jugendlichen die Atmosphäre der Adenauer-Ära oder der Zeit um 1968 verständlich zu machen, oder man denke an den mitunter verzweifelten Hinweis der (aus heutiger Sicht) Großelterngeneration, man könne über die NS-Zeit nur mitreden, wenn man sie selber erlebt habe. Es wird – um zum Ausgangspunkt zurückzukehren – Richtern und Anklägern (aber auch Verteidigern) schwer werden, Geschichte gewordenen Vorgängen „gerecht zu werden"[88]. Denk- und Sprechgewohnheiten, Stile des Zusammenlebens und andere kulturelle und

---

87 Nachweise b. *Vormbaum*, ZStW 1995, 751. – Diese Lehre wurde zwar im Zeitalter der Romantik und Restauration als zu streng empfunden und mit der Ersetzung durch die Rechts*guts*verletzungslehre in ihrer kritischen Potenz abgemildert (und selbst die letztere ist durch die Strafgesetzgebung der letzten Jahrzehnte der Konturlosigkeit anheimgefallen). Da aber Mord zweifellos die klassische Form der Rechtsverletzung ist, kann hier von der Rechtsverletzungslehre ausgegangen werden.

88 Dies gilt natürlich in geringerem Umfang für Taten mit geringem Unrechtsgehalt und daher sehr kurzen Verjährungsfristen; aber selbst wenn man hier nicht im eigentlichen Sinne von einem Generationswechsel sprechen kann, so gilt das im Text Gesagte doch auch hier. Wer – wie der Verf. seit einiger Zeit an seinem Lehrstuhl – eine Zeitungsdokumentation zu rechts- und kriminalpolitischen Ereignissen unterhält, weiß, wie schnell selbst spektakuläre Vorgänge schon nach sehr kurzer Zeit in Vergessenheit geraten und damit zu Geschichte werden. – An der Staffelung der Verjährungsfristen nach der Höhe der Strafdrohungen erweist sich übrigens – worauf *Bockenförde*, ZStW 1979, 897, zu Recht hinweist – eine „materiellrechtliche Komponente der Verjährungsvorschriften".

soziale Attitüden wandeln sich kontinuierlich, und spätestens nach einer Generation hat sich ein qualitativer Sprung vollzogen[89].

Was für die Gesellschaft gilt, trifft auch auf das *Individuum* zu. Vom Kleinkind zum Jüngling, zum Erwachsenen und zum Greis vollziehen sich kontinuierlich Änderungen (nicht nur biologischer Art), und trotz der Dauer im Wechsel ist nach einer gewissen Zeitspanne der Mensch nur noch bedingt mit jenem identisch, der – beispielsweise – in früherer Zeit einen Mord begangen hat. Dies gilt auch für die Selbstwahrnehmung; der Erwachsene steht häufig verständnislos vor Verhaltensweisen seiner Jugendzeit; Eltern vergessen, daß sie „auch einmal jung gewesen sind"[90].

Diesen anthropologisch gewonnenen Einsichten kann sich das Recht, das für Menschen gelten soll, bei der Bewertung von Unrecht nicht entziehen. Historische Vorgänge unterliegen der moralischen Bewertung des Historikers, nicht mehr der rechtlichen des Richters. Die Wendung, daß „über eine Sache Gras gewachsen" sei, bringt treffend zum Ausdruck, daß die Störung der Rechtsordnung wieder beseitigt ist. Somit steht der Gesichtspunkt der Vergänglichkeit des Unrechts – besser: der Unrechts*relevanz* – bei der Verjährung im Vordergrund, nicht hingegen der Gesichtspunkt der Vergänglichkeit der Beweise, der durch die Anwendung des In-dubio-pro-reo-Satzes hinreichend berücksichtigt werden kann. Insoweit gilt aber für den Mord nichts anderes als für andere Straftaten; das Gesagte gilt hier sogar besonders, wenn man eine Verjährungsfrist zugrundelegt, die einer menschlichen Generationsfolge entspricht.

bb)

Diesem Postulat der ausgleichenden Gerechtigkeit zugunsten der Verjährbarkeit von Mord stehen aber möglicherweise Bedenken aus dem Gesichtspunkt der *austeilenden oder formellen Gerechtigkeit*, letztlich also des Gleichbehandlungsgrundsatzes gegenüber. Es ist zu fragen, ob Verjährung hier zu einer Ungleichbehandlung von

89 *Eyrich* (damals Justizminister von Baden-Württemberg), ZRP 1979, 53: „Ob es sinnvoll wäre, daß die Verfolgung eines Mordes aus Eifersucht, eines Raubmordes oder terroristischer Gewalttaten, die heute geschehen, noch von der nächsten Generation aufgenommen werden müßte, läßt sich füglich bezweifeln". – Inzwischen haben wir freilich erlebt, daß Stasi-Chef Erich Mielke wegen des Mordes an einem Polizisten verurteilt wurde, den er in den politischen Auseinandersetzung in der Endzeit der Weimarer Republik begangen hat – in einer Zeit also, die in einem zehnbändigen Handbuch der Deutschen Geschichte in Bd. 8 abzuhandeln wäre.

90 Die Einwände von *Vogel*, ZRP 1979, 3, gegen die Annahme eines Persönlichkeitswandels überzeugen nicht. Der Hinweis auf Art. 1 GG (ähnlich, aber vorsichtiger, *Schünemann*, JR 1979, 178) verfängt deshalb nicht, weil die Konstanz der Persönlichkeit – so sie denn, wofür freilich manches spricht, aus diesem Verfassungsartikel abzuleiten ist – als *normative* Annahme zum Schutze des Einzelnen konzipiert ist, nicht aber Regelungen verhindern soll, die sich aufgrund *anthropologischer* Annahmen zu seinen Gunsten auswirken.

vergleichbaren Fallgruppen führen würde. Einwände könnten aus der lebenslangen Freiheitsstrafe sowie aus der Unverjährbarkeit des Völkermordes resultieren.

Lebenslange Freiheitsstrafe: Es scheint dem Gleichbehandlungsgrundsatz zu widersprechen, daß der nicht gefaßte Mörder nach Ablauf einer gewissen Frist keine Verfolgung mehr zu gewärtigen haben soll, während der gefaßte und verurteilte Mörder auch nach Ablauf dieser Frist seine lebenslange Freiheitsstrafe verbüßen muß. Freilich ist schon die Fragestellung problematisch, denn die Verfolgungsverjährung gilt nicht (nur) dem Täter, sondern – wie auch der Gesetzeswortlaut ausweist – der Tat; die Konstellation, daß der Verdächtige zwar identifiziert ist, aber nicht gefaßt werden kann, bildet nur einen Ausschnitt der Gesamtproblematik. Historisch könnte ferner a limine eingewandt werden, daß sogar der wilhelminische Obrigkeitsstaat eine verhältnismäßig kurze Verjährungsfrist für Mord, und dies unter der Geltung der Todesstrafe, hinzunehmen bereit war. Aber auch wenn man dies alles beiseite läßt und sich auf den Vergleich der beiden Tätergruppen einläßt, greift der – sicherlich nicht leicht zu nehmende – Einwand aus der lebenslangen Freiheitsstrafe letztlich nicht durch. Diese ist zwar trotz § 57a StGB nach wie vor prinzipiell lebenslänglich; indes beinhaltet § 57a, wenn man ihn im Kontext der Rechtsprechung des Bundesverfassungsgerichts liest, der er seine Entstehung verdankt, nicht bloß die Möglichkeit einer vorzeitigen Entlassung, sondern er ist als Ausdruck des aus der Menschenwürde abgeleiteten Grundgedankens, daß auch der zu lebenslanger Freiheitsstrafe Verurteilte die Aussicht haben muß, irgendwann einmal wieder die Freiheit zu erlangen[91], obligatorisch[92]. Damit bildet die konsequente *Vollstreckung* der lebenslangen Freiheitsstrafe nicht nur faktisch, sondern auch rechtlich die Ausnahme. Setzt man die Verjährungsfrist für Mord etwa mit einem Generationensprung – also mit 25 bis 30 Jahren – an, so gelangt man zu einer Dauer, die selbst bei „besonderer Schwere der Schuld“ nur sehr selten von einem Verurteilten im Strafvollzug verbracht wird – und wenn es geschieht, nicht unter dem hier interessierenden Gesichtspunkt der Gerechtigkeit, sondern unter dem der Prävention[93]. – Das verbleibende Problem des Nebeneinander von verbüßter und nicht verbüßter Freiheitsstrafe ist kein spezielles

91 S. BVerfG, Urteil des 1. Senats vom 21. Juni 1977, BVfGE 45, 187; auch abgedruckt in: *Vormbaum* (Hrsg.), Texte zur Strafrechtstheorie der Neuzeit Bd. 2, S. 285 ff.

92 § 57a StGB: „Das Gericht setzt [...] aus, [...]“. – Insoweit hat sich, seit *Günter Bemmann* dieses Ungleichbehandlungs-Argument betont hat – a.a.O. (Fußn. 72), S. 246 – die Rechtslage entscheidend geändert.

93 Bei demjenigen, dessen Tat verjährt ist, bestehen im Hinblick auf Prävention zwei Möglichkeiten: Entweder ist er nicht einschlägig rückfällig geworden – dann ist er freilich in der günstigen Lage, das mangelnde Präventionsbedürfnis dartun zu können; oder er ist rückfällig geworden – dann hat wegen der *neuen* Tat eine neue Verjährungsfrist zu laufen begonnen, und die Präventionsfrage stellt sich (vorläufig) nicht.

Problem der Mordverjährung mehr, denn es gilt auch für die Verbüßung und Nichtverbüßung anderer langfristiger Freiheitsstrafen.

Hier wie dort gilt im übrigen, daß auch der nicht Verurteilte lange Jahre mit der drohenden Entdeckung leben muß – in einschlägigen Literatur- und Filmwerken, die statt der üblichen Kommissar-Perspektive die Perspektive des Täters einnehmen, kommt die Belastung, die dies bedeutet, zum Ausdruck.

Völkermord: Der deutsche Strafgesetzgeber hat ebenso wie viele andere Rechtsordnungen den Völkermord (§ 220a StGB) für unverjährbar erklärt (§ 7 Abs. 2 StGB). Läßt sich eine Wiedereinführung der Mordverjährung bewerkstelligen, ohne daß der Gleichbehandlungsgrundsatz auch dort die Verjährbarkeit forderte? Dies hängt davon ab, ob die unter aa) aufgeführten Gründe auch hier gelten. Was bei der ausgleichenden Gerechtigkeit zur *individuellen* Seite ausgeführt worden ist, gilt auch hier, denn auch diese Täter ändern sich mit dem Laufe der Zeit; die Nachkriegsgeschichte, in der einige der KZ-Täter sich bis zu ihrer Verhaftung in sozialen Berufen betätigt haben, beweist dies. Anders mag es hingegen um die *gesellschaftliche* Seite stehen. Das kollektive Gedächtnis verhält sich zum Völkermord sicherlich anders als zum Mord. Schon wegen der Häufung der Taten wird das gesellschaftliche Vergessen sich in größeren Zeiträumen vollziehen. Die für den Völkermord vorgeschlagene Bezeichnung „Menschheitsverbrechen“[94] versucht die – auch qualitative – Dimensionsverschiedenheit zwischen Völkermord und Mord einzufangen. Ob Gerechtigkeit die Unverjährbarkeit des Völkermordes geradezu fordert[95], bleibt dennoch zweifelhaft, kann hier aber offen bleiben, denn jedenfalls läßt sich eine unterschiedliche Behandlung von Mord und Völkermord plausibel machen[96].

b) Rechtssicherheit

Rechtssicherheit erweist sich im Strafrecht vor allem an der Randschärfe und Klarheit von strafbegründenden und strafschärfenden Normen. Kritik unter diesem Gesichtspunkt richtet sich daher vor allem gegen unbestimmte und damit den

---

94 *Karl Jaspers*, Der Spiegel v. 10. März 1965, S. 49; s. auch den Hinweis von *Maihofer*, ZRP 1979, Fußn. 19, auf das französische Gesetz vom 26. Dezember 1964, das die Verbrechen gegen die Menschlichkeit für „imprescriptible par leur nature“ erklärt.

95 So *Maihofer*, ZRP 1979, 83.

96 S. die eingehenden und überzeugenden Ausführungen von *Maihofer* a.a.O., vor allem dessen zutreffenden Hinweis, daß durch die Aufhebung der Verjährung für Mord der „wohlbegründete Wertunterschied“ zwischen Mord und Völkermord „eingeebnet“ werde; *Ders.*, Aus Politik und Zeitgeschichte 1965, H. 12. Der dagegen von *Lüderssen*, JZ 1979, 449 ff. erhobene Einwand, mit dieser Unterscheidung werde das Grauenhafte isoliert und der Alltag reingehalten, der „Völkermörder“ zum neuen Sündenbock gemacht, mag die gesellschaftliche Praxis zutreffend beschreiben, berücksichtigt aber m.E. zu wenig, daß dieser Mechanismus für die strafende Gesellschaft insgesamt charakteristisch ist und daß seine langfristige Zurückdrängung nur schrittweise gelingen dürfte; vgl. Lüderssens eigene Ausführungen auf S. 453.

Strafverfolgungsbehörden zu weite Spielräume einräumende Normen. Nun ist freilich die *Klarheit* der seit 1979 geltenden Regelung der Mordverjährung nicht zu bezweifeln; indes entspringt diese Klarheit einer Logik, die jener vergleichbar ist, die den Streit um die „große" und „kleine berichtigende Auslegung" des Unterschlagungstatbestandes dadurch lösen will, daß sie den fraglichen Passus einfach aus diesem Tatbestand streicht[97]. Bedeutsamer ist die zweite Komponente: die Unverjährbarkeit von Mord nimmt von den Strafverfolgungsbehörden den Druck, die Ermittlungen in einer angemessenen Zeit durchzuführen und damit möglichen Verdächtigen Rechtsklarheit zu verschaffen. Und es mag auch an den Hinweis von Robert von Hippel aus dem Jahre 1911 erinnert werden: Auch der Rechtsbrecher hat einen Anspruch auf Rechtssicherheit[98]; es muß eine Grenze geben, von der ab der Täter wissen kann, daß die mehr als ein Menschenalter zurückliegende Tat nicht mehr rechtlich vor ihm erstehen wird. Umso mehr muß dies für den bloß Tatverdächtigen gelten[99].

c) Zweckmäßigkeit

Zum Gesichtspunkt der Zweckmäßigkeit braucht an dieser Stelle nicht viel ausgeführt zu werden. Die Gründe, die von hier aus für die Verjährung überhaupt sprechen, gelten auch für die Mordverjährung: Individual- und generalpräventive Effekte verblassen; die Beweise, vor allem der Zeugenbeweis, verlieren mit zunehmendem Zeitabstand ihre Tauglichkeit. Der Justiz droht Überlastung, wenn alle einmal begangenen Taten bis zum Tode aller Tatverdächtigen weiterverfolgt werden müßten[100]. Die ohnehin schwierige Abgrenzung von (verjährter) Beihilfe und (Mit-) Täterschaft und die Behandlung der damit zusammenhängenden Folgefragen – man denke nur an § 28 StGB – gerät bei großem Zeitabstand ebenso leicht in die Nähe des Willkürlichen wie die Abgrenzung von (verjährtem) Totschlag und Mord[101]. So könnten denn unter diesem Gesichtspunkt allenfalls symbolische, von der Person des Täters weitgehend abstrahierende Überlegungen das Kalkül bestimmen. Einen Bür-

---

97 So der Entwurf eines 6. Strafrechtsreformgesetzes des Bundesjustizministeriums (letzte Fassung vom Februar 1997), der inzwischen vom Bundeskabinett verabschiedet worden ist.

98 S.o. b. Fußn. 22.

99 Nach *Eyrich*, ZRP 1979, 52, liegt „eine rechtsstaatliche Funktion der Verjährung gerade darin, daß sie den Rechtsunterworfenen davor schützt, noch nach Jahr und Tag mit einem Strafverdacht überzogen zu werden".

100 In diesem Gedanken erblickt *Günter Bemmann*, a.a.O. (Fußn. 72) S. 248, den Rechtsgrund für die Verjährung.

101 Dies war auch einer der Gründe dafür, daß der Sonderausschuß für die Strafrechtsreform sich noch im April 1969 nach eingehender Diskussion für die Beibehaltung der Verjährung bei Mord aussprach; s. BT-Drucksache V/4095, S. 43.

ger – auch einen straffällig gewordenen – in dieser Weise zum Instrument staatlicher Kriminalpolitik zu machen, ist indes eines Rechtsstaates unwürdig.

IV.

Fazit: Die Ausklammerung des Mordes aus der gesetzlichen Verjährungsregelung ist historisch dementiert und strafrechtstheoretisch bedenklich. *Mord sollte wieder verjähren*[102].

Nachbemerkung

Eine einschlägige Diskussion hat der Beitrag nicht auszulösen vermocht. Soweit der Bereich überhaupt öffentlich thematisiert wird, geht die Diskussion in die Gegenrichtung: So hat zu Beginn des Jahres 2008 die Justizministerin des Landes NRW Roswitha Müller-Piepenkötter, bis dahin nicht durch populistische Äußerungen zur Kriminalpolitik aufgefallen, die Forderung erhoben, die Verjährung auch bei Totschlag auszuschließen; sie erblickt in dem Nebeneinander der Unverjährbarkeit des Mordes und der Verjährbarkeit des Totschlages eine Ungerechtigkeit. Diese Argumentation birgt die Tendenz der Fortführung in sich – als nächstes wäre über die verjährungsrechtliche Ungleichbehandlung des Totschlages im Vergleich mit der Körperverletzung mit Todesfolge und anderen durch die Todesfolge (erfolgs-)qualifizierten Delikten nachzudenken.

Die bei Fnz. 85 und in Fußn. 85 formulierte Prognose, dass wegen des großen Zeitablaufs sich das Problem der Neueinleitung von Verfahren wegen NS-Verbrechen erledigt habe, hat sich als verfehlt erwiesen. 13 Jahre nach Veröffentlichung des Beitrages finden immer noch Verfahren gegen Tatverdächtige, die sich im neunten oder zehnten Lebensjahrzehnt befinden, statt; die Maßstäbe für die Verneinung der Verhandlungsfähigkeit haben sich drastisch verschoben – ein Preis an Rechtsstaatlichkeit, der für die Bewältigung der Vergangenheit entrichtet wird; s. dazu *Vormbaum*, Vergangenheitsbewältigung im Rechtsstaat, in: Festschrift für Knut Amelung zum 70. Geburtstag. 2009, S. 783 ff.

Der in Fußn. 97 erwähnte Entwurf des 6. Strafrechtsreformgesetzes ist 1998 Gesetz geworden und mit ihm die frühere „große berichtigende Auslegung“ des § 246 StGB – eine Änderung, die harmonischer Bestandteil dieses Gesetzes ist, mit dem sich erstmals ein Gesetz, das durchweg durch Kriminalisierungen gekennzeichnet ist, den Titel „Reformgesetz“ beigelegt hat.

102 Die technische Umsetzung kann für die Vollstreckungsverjährung durch die Streichung der Worte „und nach § 211 (Mord)“ in § 78 Abs. 2 StGB erfolgen.

7.

Zur strafrechtlichen Verantwortlichkeit von DDR-Richtern wegen Rechtsbeugung

(1993)

Anmerkungen zum Urteil des LG Berlin vom 17. August 1992

I. Die Entscheidung des LG Berlin

Das LG Berlin hatte darüber zu entscheiden, ob eine DDR-Arbeitsrichterin wegen Rechtsbeugung bestraft werden könne, weil sie die Klage eines Gewerkschaftsangestellten, dessen Arbeitsverhältnis – letztlich wegen seines Austritts aus der SED – gekündigt worden war, abgewiesen hat. Das Gericht hat die Richterin freigesprochen, nachdem es ihr Verhalten an § 244 des StGB der DDR gemessen und dessen Tatbestand als nicht erfüllt angesehen hat[1].

II. Problemstellung und Problemlösung

1. Die Problematik des Falles beginnt bereits bei der Frage, welches Recht den Maßstab für ein strafbares Verhalten der angeklagten Richterin abgibt. Strafgerichte der Bundesrepublik Deutschland (sowohl der alten wie auch der erweiterten) haben bundesdeutsches Recht (Landes- oder Bundesrecht) anzuwenden. Bundesdeutsches Recht *kann* auch Recht der sog. ehemaligen[2] DDR sein, dann nämlich, wenn dieses durch den Einigungsvertrag in bundesdeutsches Recht (Landes- oder partiales Bundesrecht) transformiert worden ist. So hätten denn auch die Tatbestände des StGB der DDR zumindest übergangsweise (für die Erledigung von sog. Altfällen, d.h. von Taten, die vor dem 3. Oktober 1990 begangen worden sind) in Bundesrecht überführt werden können; manche aktuelle Kontroverse wäre damit vermieden oder abgemildert worden.

Bekanntlich ist aber so nicht verfahren worden; vielmehr ist durch den Einigungsvertrag das StGB der DDR – mit Ausnahme einiger Einzelvorschriften – aufgehoben

---

1 Vgl. (515) 76 Js 1589/91 KLs (26/92), abgedr. in NJ 1993, 37 ff.

2 Das inzwischen gängige epitheton ornans „ehemalig“ scheint mir hier so überflüssig wie etwa in der Zusammensetzung „ehemaliges Drittes Reich“ oder „ehemaliges Kaiserreich“ – es sei denn, man verfolge mit der Verwendung weiterreichende politisch-symbolische (beispielsw. degradierende) Absichten (wie etwa *Robert M. W. Kempner*, der in Verhören ehemaliger [!] NS-Funktionäre stereotyp Hitler als „Ihr verstorbener Führer“ titulierte).

worden; es kann somit prinzipiell nicht mehr Grundlage für eine Aburteilung von Alttaten sein. An seine Stelle ist das StGB der Bundesrepublik Deutschland[3] getreten[4]. Kann dieses nun umstandslos auf Alttaten angewendet werden? Man denkt an die Regeln des § 2 StGB über das sog. intertemporale Strafrecht. § 2 Abs. 3 StGB ordnet für Fälle, in denen das einschlägige Strafgesetz zwischen der Beendigung der Tat und ihrer Aburteilung geändert worden ist, die Anwendung des *milderen* Gesetzes an. Allerdings ist diese Regelung auf Rechtsänderungen zugeschnitten, welche innerhalb der Rechtsordnung der Bundesrepublik Deutschland stattfinden, nicht hingegen auf die jetzt aktuelle Konstellation, in der das Strafrecht der Bundesrepublik an die Stelle des Strafrechts eines mit ihr vereinigten Staates getreten ist. Diese Lücke schließt jedoch Art. 315 EGStGB, der in Abs. 1 Satz 1 die Anwendung des § 2 StGB „auf vor dem Wirksamwerden des Beitritts in der Deutschen Demokratischen Republik begangene Taten“ anordnet[5].

Eine weiter reichende Bedeutung besitzt Art. 315 Abs. 1 S. 1 EGStGB nicht; insbesondere kann ihm nicht – wie es gelegentlich geschieht – die Bedeutung vindiziert werden, Tatbestände mit staatsbezogenem Regelungsgehalt in der Weise zu „modifizieren“, daß sie, obwohl auf Gegebenheiten der Bundesrepublik Deutschland zugeschnitten, nun auch auf vergleichbare „DDR-spezifische“ Gegebenheiten passen[6]. Gesetzessystematisch ist – wie gezeigt – eine solche Funktionsbestimmung für die Vorschrift nicht geboten; *gegen* sie spricht andererseits, daß die geforderte „Ähnlichkeitsprüfung“ bzw. „Vergleichbarkeitsprüfung“ mit dem Bestimmtheitsgebot in Kollision gerät und überdies, da sie für die Zeit vor dem Inkrafttreten des neuen Art. 315 EGStGB gelten soll, das Rückwirkungsverbot mißachtet.

2. Auch wenn das mildere Tatzeitgesetz – mit den Worten des § 2 Abs. 3 StGB – „anzuwenden“ ist, bleibt zu berücksichtigen, daß hier ein „an sich“ außer Kraft

---

3 Im folgenden stets nur „StGB“.

4 Art. 8 EinigungsV; vgl. auch die Anl. I und II (jeweils Kap. II, Sachg. C).

5 Die „Maßgabe“, mit der dies angeordnet wird, ist hier nicht von Bedeutung. – Die hier eingenommene Position kann als eingeschränkte Inlandstheorie bezeichnet und von der strengen Inlandstheorie einerseits, der Auslandstheorie andererseits unterschieden werden (vgl. näher *Samson*, NJW 1991, 335 ff.; StrVt 1992, 140 ff.). Die inzwischen nur noch vereinzelt (vgl. *Hruschka*, JZ 1992, 665) vertretene Auslandstheorie will DDR-Alttaten über § 7 Abs. 2 StGB erfassen, also in jedem Falle das bundesdeutsche Strafrecht anwenden, *wenn* die Tat zur Tatzeit in der DDR (und natürlich auch in der Bundesrepublik) mit Strafe bedroht gewesen ist. In meinem Aufsatz in StrVt 1991, 176 ff. habe ich in einem ersten Zugriff noch § 2 Abs. 3 und § 7 Abs. 2 StGB nebeneinander anzuwenden versucht. Die seitherige Diskussion hat mir gezeigt, daß dies wohl nicht aufrecht erhalten werden kann. Für das gestellte Problem kommt es freilich auf den Theorienstreit letztlich nicht an (s. noch u. Fußn. 18).

6 So aber das BG Dresden in der Frage der Fälschung von DDR-Wahlen und ihrer Erfassung durch § 107a StGB (Fall Berghofer), abgedr. in NStZ 1992, 438 (leider ohne Mitteilung des Sachverhalts) und NJ 1992, 363.

getretenes Gesetz der Beurteilung zugrundegelegt werden soll, welches seine Geltung aus der Existenz und Geltung eines neuen (strengeren) Gesetzes ableitet. Wäre nämlich das Tatzeitgesetz nicht durch ein neues ersetzt, sondern ersatzlos gestrichen worden, so würde sich ein Problem i.S.d. § 2 Abs. 3 StGB nicht stellen. Das neue Strafgesetz muß also ebenso wie das aufgehobene Gesetz das Verhalten der beschuldigten Person erfassen. Ist dies nicht der Fall, so fällt gleichsam akzessorisch auch die Möglichkeit einer Anwendung des milderen Tatzeitgesetzes weg, und die Folge ist Straflosigkeit. Nur dann also, wenn der Tatbestand des § 336 StGB das fragliche Verhalten bereits *zur Tatzeit* erfaßt hat[7], kann sich die Frage stellen, welche der beiden Regelungen „milder“ und daher anzuwenden ist[8]. Wenn das LG Berlin gleich zu Beginn seiner Entscheidungsgründe ausführt

> „Gem. § 2 Abs. 1 und 3 i.V.m. Art. 315 Abs. 1 S. 1 EGStGB war § 244 StGB der DDR als milderes Gesetz anzuwenden. Danach begeht eine Rechtsbeugung nur, wer wissentlich bei der Durchführung eines gerichtlichen Verfahrens als Richter gesetzwidrig zuungunsten eines Beteiligten entscheidet“,

dann geht es über einen entscheidenden Problempunkt hinweg und setzt stillschweigend voraus, was erst zu beweisen gewesen wäre[9].

Nun gibt es zweifellos Tatbestände des DDR-Strafrechts, bei denen die Anweisung des § 2 Abs. 3 StGB keine sonderlichen Schwierigkeiten aufwirft. Vor allem traditionelle Straftatbestände – Tötung, Körperverletzung, Freiheitsberaubung, Diebstahl, Raub u.a. – finden sich in beiden Kodifikationen und bereiten, wie beispielsweise in den sog. Mauerschützen-Fällen, allenfalls auf der *Rechtswidrigkeits*-Ebene Probleme. Was die Rechtsbeugung angeht, so scheinen Wortlaut und Wortsinn der beiden fraglichen Tatbestände (§ 336 StGB, § 244 StGB/DDR) einer solchen Operation ebenfalls keine Schwierigkeiten zu bereiten, denn sie wenden sich im Kern gegen denselben Täterkreis (Richter) und poenalisieren äußerlich vergleichbare Verhaltensweisen („Beugung des Rechts“ hier, „gesetzwidrige Entscheidung zuungunsten eines Beteiligten“ dort[10]) unter vergleichbaren Begleitumständen („bei der Leitung oder Entscheidung einer Rechtssache“ hier, „bei Durchführung eines gerichtlichen

---

7 Nicht: „auf dieses ‘anwendbar’ gewesen ist“.

8 Man kann auch *innerhalb* der Kategorien des § 2 Abs. 3 StGB zum selben Ergebnis gelangen: Erfaßt das neue Gesetz das fragliche Verhalten nicht, so ist es das denkbar *mildeste* Gesetz, weil es zur *Straflosigkeit* führt (so auch BGHSt 20, 116).

9 So verfährt aber offenbar auch die staatsanwaltschaftliche Praxis; sie hat es inzwischen mit einer „in die Tausende“ gehenden Zahl von Rechtsbeugungsverfahren zu tun; vgl. *Rautenberg/Burges*, DtZ 1993, 71 ff.

10 Die Übereinstimmung wird noch sinnfälliger, wenn man mit der zutreffenden h.M. das Tatbestandsmerkmal „Beugung des Rechts“ in das gleichbedeutende, aber operablere Merkmal „falsche Anwendung des Rechts“ umformuliert. Denn daß eine „gesetzwidrige Entscheidung“ (§ 244 StGB/DDR) eine „falsche Anwendung des Rechts“ voraussetzt, liegt auf der Hand.

Verfahrens" dort). Auch der ins Auge springende Unterschied, daß der DDR-Tatbestand Täterkreis und Tathandlung enger faßt als der bundesdeutsche Tatbestand, ist jedenfalls insoweit unwesentlich, wie *Richterinnen und Richter* als Tatpersonen in Betracht kommen.

3. Mit der Feststellung, daß beide Tatbestände die falsche Rechtsanwendung durch Richter unter Strafe stellen, ist das Problem aber noch nicht erschöpfend erörtert. Ein Kontrollbeispiel mag dies verdeutlichen: Würde sowohl das DDR-Strafrecht wie auch das bundesdeutsche Strafrecht jeweils einen Tatbestand enthalten, der die „Gefährdung der verfassungsmäßigen Ordnung" unter Strafe stellt, so würde wohl niemand die Forderung erheben, den bundesdeutschen Tatbestand auf Fälle anzuwenden, die vom DDR-Tatbestand erfaßt sind. Diese Evidenz hat gute Gründe:

- Der *methodologische* Grund: Die *Wortlaut*übereinstimmung (Homonymie) beider Tatbestände findet keine Entsprechung in einer *Wortsinn*übereinstimmung (Synonymie). Ein Merkmal „Staats- und Verfassungsordnung" im Strafrecht der DDR wäre vom Merkmal „Staats- und Verfassungsordnung" im bundesdeutschen Strafrecht inhaltlich so weit entfernt wie die Montur an der Badewanne vom Vogel auf dem Misthaufen.
- Der *kriminalpolitische* Grund: Dem bundesdeutschen Recht kann nicht zugemutet werden, die Staats- und Verfassungsordnung der DDR – jahrzehntelang als Gegenmodell geradezu identitätsstiftend für die demokratische Staats- und Verfassungsordnung der Bundesrepublik – post festum für strafrechtlich schützenswert zu erklären[11].
- Der *strafrechtstheoretische* Grund: Geschütztes Rechtsgut ist im einen Falle die Staats- und Rechtsordnung der DDR, im anderen Falle diejenige der Bundesrepublik Deutschland; beide Tatbestände müßten also zur vollen Erfassung ihres Inhalts um den Zusatz „der DDR" bzw. „der Bundesrepublik Deutschland" ergänzt werden. Die rückwirkende Eliminierung dieses Merkmals würde gegen den Grundsatz „nullum crimen sine lege" verstoßen.

Vor allem mit dem zuletzt genannten – strafrechtstheoretischen – Grund ist zugleich derjenige Punkt angesprochen, der das vorgestellte Tatbestandspaar von traditionellen Tatbeständen wie Tötung, Körperverletzung und Freiheitsberaubung unterscheidet: Diese Tatbestände dienen dem Schutz von Individualrechtsgütern, während die Staats- und Verfassungsordnung zu den überindividuellen Rechtsgütern (Kollektivrechtsgütern, Sozialrechtsgütern) zählt. Solche Rechtsgüter aber sind durchweg

11 Umso weniger, als dieser Schutz anderen – zweifellos demokratischen – Staats- und Verfassungsordnungen wie etwa denen Österreichs und der Schweiz ebenfalls unstreitig nicht zuteil wird.

auf die Rechtsordnung des jeweiligen Staates bzw. der jeweiligen nationalen Einzelrechtsordnung bezogen, und es ist daher auch nicht Aufgabe anderer Einzelrechtsordnungen, ihnen strafrechtlichen Schutz zu gewähren.

Man kann den entscheidenden Gedanken auch dahin formulieren, daß es sich bei den betreffenden Straftatbeständen um *akzessorische* Regelungen handelt, deren genauer Inhalt von den jeweiligen Spezialgesetzen des betreffenden Landes bestimmt wird. Zu weit freilich geht es, wenn man – wie es in der Literatur, z.B. von *Lorenz*[12], vertreten wird – die betreffenden bundesdeutschen Tatbestände, z.B. den Wahlfälschungstatbestand des § 107a StGB, als so inhaltsleer ansieht, daß sie alle entsprechenden Institutionen „nach dem Zuschnitt des jeweiligen staatsrechtlichen Systems" schützen[13]. Mit dieser Folgerung würden Akzessorietät und Blankettcharakter eines Gesetzes verwechselt[14]. Im übrigen würde ein Straftatbestand, der in diesem Bereich ausländische Rechtsgüter in seinen Schutzbereich einbezieht, den Verdacht einer Einmischung in innere Angelegenheiten fremder Staaten mit den Mitteln des deutschen Strafrechts erwecken, und er würde schließlich unbesehen Rechtsgüter schützen, die mit den betreffenden inländischen Rechtsgütern durch womöglich nichts als eine übereinstimmende Namensgebung verbunden sind.

4. Wie weit die Unterscheidung zwischen Individualschutztatbeständen und Kollektiv- bzw. Sozialschutztatbeständen die Beantwortung der Frage nach der „Vergleichbarkeit" eines DDR-Straftatbestandes und eines bundesdeutschen Straftatbestandes determiniert, ob m.a.W. *alle* Tatbestände mit überindividuellen Rechtsgütern zu den „unvergleichbaren" zählen und damit die Anwendung des § 2 Abs. 3 StGB ausschließen, muß im einzelnen ausgetestet werden. Vieles spricht jedenfalls dafür, die Unterscheidung so weit wie möglich zum Tragen zu bringen[15]. Für das Problem,

12 NStZ 1992, 425.

13 Ebenda.

14 Im Falle des § 107a StGB (Wahlfälschung) macht dies im übrigen auch der Tatbestand selber deutlich: Die Legaldefinition des § 108d StGB nimmt Bezug auf die Wahlen „ in Bund, Ländern und Gemeinden" (eine typisch bundesdeutsche Trias), auf die „Urwahlen in der Sozialversicherung" (eine Erscheinung der bundesdeutschen Sozialverfassung) und – als einzige ausländische bzw. überstaatliche Einrichtung – auf die Europawahl. – Gegen die Strafbarkeit von DDR-Wahlfälschungen *Arnold/Kühl*, NJ 1992, 476; *Liebig*, NStZ 1991, 375; *Samson*, StrVt 1992, 141; *Vormbaum*, StrVt 1991, 176.

15 S. im einzelnen auch *Vormbaum*, StrVt 1991, 179. – Der BGH hat im Btm-Einfuhrfall (NJW 1991, 2300) die Vergleichbarkeit bejaht, also die Einfuhr von Betäubungsmitteln in das damalige DDR-Gebiet als „Einfuhr von Betäubungsmitteln in den Geltungsbereich des BtmG" (also das Gebiet der Bundesrepublik!) angesehen; allerdings hat das Gericht in dieser Entscheidung noch offengelassen, ob dann, wenn „das Verbot der Einfuhr bestimmter Güter in besonderer Weise mit den Staatszielen oder den staatlich verfolgten Zwecken der DDR zusammenhing", anders zu entscheiden sei; es hat somit auf eine gewisse „Staatsnähe" des geschützten Rechtsgutes abgestellt. Inzwischen hat es aber im Falle der *Wahlfälschung* trotz of-

welches das LG Berlin beschäftigt hat und deshalb vorliegend interessiert, bedarf die Frage keiner abschließenden Klärung, denn die Rechtsbeugungstatbestände der Bundesrepublik und der DDR gehören jedenfalls zu denjenigen Tatbeständen, die den Schutz überindividueller, „nationaler" Rechtsgüter intendieren.

Zur Begründung nur dies: Geschütztes Rechtsgut des § 336 StGB ist – wie ich an anderer Stelle ausführlich diskutiert habe[16] – die Rechtspflege, präziser: das *Verfahrensziel von Rechtspflege*. Damit ist anderen in diesem Zusammenhang diskutierten Rechtsgutsansätzen eine Absage erteilt, vor allem einerseits der Auffassung, § 336 StGB schütze „das Recht" schlechthin, andererseits der Auffassung, die Vorschrift diene dem Schutz der jeweils streitbefangenen Interessen, vor allem also Individualinteressen[17]. Gegen jenen Ansatz spricht vor allem seine Randunschärfe sowie die rechtssystematische Fragwürdigkeit eines die gesamte Rechtsordnung schützenden Straftatbestandes; diesem Ansatz ist der Einwand entgegenzuhalten, daß die streitbefangenen Interessen durch spezielle Tatbestände hinreichend geschützt sind, sie eines „verdoppelten" Strafrechtsschutzes daher nicht bedürfen. Schützt aber § 336 StGB die „Rechtspflege", so kann es sich nur um die „Rechtspflege der Bundesrepublik Deutschland" handeln.

Daß das bundesdeutsche Strafrecht sich nicht berufen fühlt, die Belange außerdeutscher Rechtspflege zu schützen, ergibt sich auch aus § 5 Nr. 10 StGB; danach sind Taten nach §§ 153–156 StGB, welche im Ausland begangen werden, nur dann dem (bundes-)deutschen Strafrecht unterworfen, wenn sie im Rahmen eines Verfahrens erfolgen, das bei einer *deutschen* Stelle im *Inland* anhängig ist. Von der Rechtsbeugung ist gar in § 5 StGB überhaupt nicht die Rede.

Ein weiteres (allerdings eher rechtspolitisches als rechtsdogmatisches) Argument sei noch angefügt: Der vom LG Berlin zu entscheidende Fall betraf eine Konstellation, in der – die Tatbestandsmäßigkeit des Verhaltens nach DDR-Recht einmal unterstellt – die Rechtsbeugung konkret im Sinne der DDR-Staatsführung bzw. der SED erfolgte. Denkbar wäre freilich auch der umgekehrte Fall: Eine mit der DDR-Oppositionsbewegung sympathisierende Richterin hätte beispielsweise eine Entscheidung zu Lasten eines volkseigenen Betriebes und zugunsten eines oppositionellen Arbeitnehmers fällen gtkönnen, obwohl nach DDR-Recht die Kündigung wirksam war. Würde man – wie es das LG ja prinzipaliter tut – dieses Verhalten unter dem Gesichtspunkt der Rechtsbeugung beurteilen, so müßte auch in diesem

---

fenkundiger Staatsnähe die Vergleichbarkeit der Rechtsgüter des § 211 StGB/DDR und des § 107a StGB bejaht. (Urt. v. 26.11.1992, NJ 1993, 185).

16 *Vormbaum*, Der strafrechtliche Schutz des Strafurteils. Untersuchungen zum Strafrechtsschutz des strafprozessualen Verfahrenszieles. Berlin 1987, S. 332 f.

17 Ausführliche Diskussion dieser Auffassungen, ebd. S. 321 ff.

Falle ein Strafverfahren eröffnet werden. Eines geht eben nicht ohne das andere: Will man *hier* Strafbarkeit vermeiden, so darf man sie *dort* nicht fordern.

§ 336 StGB ist nach alledem im Verhältnis zu § 244 StGB/DDR nicht ein „geändertes“ Strafgesetz i.S.d. § 2 Abs. 3 StGB. Da andererseits § 244 StGB/DDR durch den Einigungsvertrag außer Kraft gesetzt worden ist, konnte die angeklagte Richterin schon aus diesem Grunde nicht wegen Rechtsbeugung bestraft werden[18].

III. Einwände

Die hier vertretene Auffassung wird Einwänden begegnen; ihr wird entgegengehalten werden: sie exekutiere strafjuristische Denkfiguren, die für bundesrepublikanische Alltagslagen entwickelt worden seien, an einer atypisch gelagerten einmaligen historischen Konstellation; Sie eximiere – zum zweiten mal in der jüngeren deutschen Geschichte – die Mächtigen, während sie kleine Diebe und Betrüger erfasse; sie privilegiere speziell im Bereich der Rechtsbeugung wieder einmal Richter gegenüber anderen Tätern. Diese Bedenken können zum Teil widerlegt, zum Teil gemildert werden.

1. Wer ein doktrinäres Festhalten an dogmatischen Konstruktionen bemängelt, müßte Kriterien nennen, an denen sich die geforderte „Flexibilisierung“ zu orientieren hätte. Allein die Unzufriedenheit mit dem gefundenen Ergebnis kann eine solche Forderung nicht wohl rechtfertigen[19]. Der Kritiker müßte auch berücksichtigen, daß die Kontinuität dogmatischer Positionen ähnliche rechtssichernde Funktion besitzt wie der Grundsatz nullum crimen sine lege in Form des Bestimmtheitsgebotes[20]. Zu bedenken sind auch die Erfahrungen der jüngeren Strafrechtsgeschichte, wonach derartige Flexibilisierungen, die übrigens durchweg – wie ja auch vorliegend – strafbarkeits*ausdehnend* wirken, anschließend – durchaus unflexibel – zu festen Bestandteilen der gesamten Dogmatik in (wieder) ruhigen Alltagslagen gefrieren[21]. Will man dieser Gefahr begegnen, so muß die Modifikation dogmatischer Figuren in einer Weise geschehen, die einserseits den *Besonderheiten* der aktuellen Lage ge-

18 Zum selben Ergebnis gelangt die sog. Auslandstheorie (s. Fußn. 5), denn auch sie setzt voraus, dass das fragliche Verhalten sich zur Tatzeit unter § 336 StGB hat subsumieren lassen. – Gegen den Vorschlag von *Günther*, ZStW 1991, 851, 858, das StGB/DDR über § 2 Abs. 4 StGB (als Zeitgesetz) anzuwenden, überzeugend *Samson*, StrVt 1992, 142 f.

19 Vgl. auch *Vormbaum*, StrVt 1991, 179 f.

20 Dieser Gedanke liegt auch – freilich mit umgekehrter Zielrichtung – der bekannten Entscheidung des BVerfG (BVfGE 26, 41) zur Verfassungsmäßigkeit des Tatbestandes des Groben Unfugs zugrunde.

21 Zahlreiche Belege für diese historische Aussage liefert die vorzügliche Monographie von *G. Pauli*, Die Rechtsprechung des Reichsgerichts in Strafsachen zwischen 1933 und 1945 und ihre Fortwirkung in der Rechtsprechung des Bundesgerichtshofes. Berlin, New York 1992.

recht wird, andererseits an *allgemeine* Strukturen der Sonderproblematik anknüpft und so das Abgleiten in eine Art „Maßnahme-Dogmatik" vermeidet.

Im Bereich der Rechtsbeugung kann daran gedacht werden, den Umstand zu berücksichtigen, daß Richter nicht nur nationales positives Recht, sondern (in begrenztem Umfang) auch übernationales und/oder überpositives Recht anzuwenden haben. Soweit diese Verpflichtung auch Richtern anderer Rechtsordnungen obliegt, könnte dann in der Tat ein Bereich umschrieben werden, in dem der bundesdeutsche Rechtsbeugungstatbestand sich mit „entsprechenden" Tatbeständen anderer Rechtsordnungen deckt, wo daher die Berufung auf eine „Nationalität" des geschützten Rechtsgutes „Rechtspflege" der Sachstruktur des Tatbestandes nicht mehr gerecht wird. Gerade der Rechtsbeugungstatbestand der DDR macht freilich die Schwierigkeiten einer solchen Operation deutlich, stellt er doch (nur) die „*gesetzwidrige* Entscheidung" unter Strafe und scheint damit die richterliche Bindung nur für DDR-Gesetze zu normieren[22]. So könnte denn der erste Flexibilisierungsschritt den zweiten herausfordern: In dem fraglichen Bereich müßte die Bindung des ausländischen Richters – hier: des DDR-Richters – ohne Rücksicht auf die konkrete Formulierung seines nationalen Rechtsbeugungstatbestandes oder unter entsprechender Interpretation dieses Tatbestandes[23] postuliert werden. Soll dieser zweite Schritt nicht zu einer Auflösung von Tatbestandsbindungen führen, muß diese Ausdehnung auf einen Bereich beschränkt werden, der entweder (wie inzwischen das sog. Völkerstrafrecht) völkerrechtlich positiviert ist oder – soweit auf naturrechtliche Kategorien zurückgegriffen wird – nicht nur argumentativ (also vor allem: rechtsphilosophisch) abgesichert ist, sondern sich auch auf einen weitgehenden Konsens im zivilisierten Denken stützen kann. Dies wird, soweit der gesicherte Bereich dessen, was unmittelbar nach 1945 eingekreist wurde[24], überschritten ist, nicht leicht festzustellen sein. Bei aller Reserve gegenüber dem Staats- und Rechtssystem der DDR sind exorbitante Menschenrechtsverstöße der Qualität von Auschwitz und Hadamar bislang nicht bekannt geworden. Eine Erweiterung des harten Kerns von Menschenrechtsverstößen mag zu diskutieren sein in den sog. Mauerschützen-Fällen[25], evtl. auch in Fällen von Zwangsadoptionen sowie im Umfeld der sog. Waldheim-Prozesse; außerhalb der DDR kommt eine Erstrek-

---

22 So auch das tragende Argument von Bemmann für die prinzipielle Straflosigkeit von DDR-Richtern wegen Rechtsbeugung, *G. Bemmann*, Zur Frage der Strafbarkeit des Judizierens gegen übergesetzliches Recht, in *Ders.* und *I. Manoledakis* (Hrsg.), Der Richter in Strafsachen. Griechisch-Deutsches Symposion Hagen 1992, Baden-Baden 1992, S. 157, 163.

23 So dürfte das Merkmal „gesetzwidrige Entscheidung" in § 244 StGB/DDR sich dahin interpretieren lassen, daß jede Entscheidung erfaßt ist, welche nicht im Einklang mit dem Recht steht.

24 Zu denken ist an die Maßstäbe des KontrollratsG Nr. 10, an die Grundsätze des Nürnberger Kriegsverbrecher-Tribunals, an die „Radbruch'sche Formel" und an § 220a StGB.

25 Mit denen freilich zu DDR-Zeiten kein DDR-Gericht befaßt gewesen ist.

kung auf Massenvergewaltigungen als Mittel der Politik in Betracht. In casu braucht dieser Gedankengang indes nicht fortgeführt zu werden, denn der vom LG Berlin entschiedene Fall erreicht derartige Dimensionen ersichtlich nicht.

2. Der hier vertretene Standpunkt privilegiert keineswegs generell die „Mächtigen“ gegenüber den „Bürgern“. Ohnehin ist zu bedenken, daß die einstmals in der DDR Mächtigen heute Bürger der Bundesrepublik sind und sich gegen strafrechtlichen Zugriff des Staates wehren wie andere Bürger[26]. Auch der Begriff des politisch „Mächtigen“ ist nicht so klar, wie die Suggestion des ersten Zugriffs es nahelegt; der vom LG Berlin entschiedene Fall zeigt, in welchen politischen Kraftfeldern die angeklagte Richterin sich zurechtfinden mußte; in dem vom *BG Dresden* (und inzwischen auch vom *BGH*) entschiedenen Wahlfälschungsfall[27] hatte sich der Dresdener Oberbürgermeister Berghofer erst nach Gegenvorstellungen und längerem Sträuben dem Wunsch der Mächtigen gefügt und die Wahlergebnisse manipuliert. Schon hier wird deutlich, daß es sich bei den in Rede stehenden Delikten nicht um solche handelt, die man umstandslos der Kriminalität der Mächtigen zuordnen könnte. Die oben entwickelten Gedankengänge gelten – konsequent durchgeführt – sogar für Deliktsarten, die voraussetzungsgemäß nur von „Bürgern“ gegenüber der Obrigkeit begangen werden können, wie z.B. Falschaussage vor Gericht, Widerstand gegen die Staatsgewalt und alle Staatsschutzdelikte, soweit sie von „Externen“ begangen werden.

3. In der speziellen Problematik der Rechtsbeugung schließlich muß noch nach den weiteren Konsequenzen der oben entwickelten Auffassung gefragt werden.

a) Die festgestellte Straflosigkeit betrifft zunächst nur die Rechtsbeugung *als solche*. Ob das Verhalten der Richterin einen *anderen* Straftatbestand erfüllt, bedarf spezieller Prüfung. Im gegebenen Falle war dies – soweit ersichtlich – nicht der Fall.

b) Die Möglichkeit der Bestrafung aus einem anderen Straftatbestand wäre freilich generell fraglich, wenn der Rechtsbeugungstatbestand eine sog. Sperrwirkung entfalten könnte, wenn also jedwede weitere strafrechtliche Verantwortlichkeit richterlichen Handelns von der Strafbarkeit wegen Rechtsbeugung abhinge. Diese Auffassung wird in der Tat für das Strafrecht der Bundesrepublik Deutschland von der wohl einhelligen Lehrmeinung vertreten. Nun ist (s. oben) der Rechtsbeugungstatbestand der Bundesrepublik auf DDR-Alttaten nicht anwendbar, und der Rechtsbeugungstatbestand der DDR ist mitsamt dem StGB der DDR aufgeho-

26 Ähnlich der Hinweis von *Lüderssen*, Der Staat geht unter, das Unrecht bleibt. Regierungskriminalität in der ehemaligen DDR, Frankfurt 1992, S. 67.

27 S. Fußn. 6 und 15.

ben worden. Ob damit auch eine Sperrwirkung des Rechtsbeugungstatbestandes der DDR weggefallen ist, hängt davon ab, ob für ihn eine solche Wirkung überhaupt bestanden hat[28]. Diese Frage müßte von Kennern des DDR-Strafrechts beantwortet werden. Im vom LG Berlin entschiedenen Fall kam es darauf – auch auf der Grundlage der hier vertretenen Auffassung – nicht an.

c) Sollte sich herausstellen, daß eine derartige Sperrwirkung dem Strafrecht der DDR nicht bekannt gewesen ist[29], so wäre der Zugriff auf andere Straftatbestände frei; allerdings müßte bei der Prüfung der Rechtswidrigkeit die Frage aufgeworfen werden, ob und inwieweit das Verhalten des betreffenden Richters durch das Recht der DDR gedeckt gewesen ist[30]. Hier beträte man gleichermaßen schlüpfriges wie vertrautes Gebiet – schlüpfrig, weil nun die Frage unausweichlich würde, welche Teile des DDR-Rechts angewendet, welche verworfen werden müssen; vertraut, weil hier ähnliche Probleme auftauchen wie bei anderen Tätern, vor allem bei den sog. Mauerschützen. In einem engeren Rahmen reproduziert sich hier also das zuvor (unter III. 1.) bereits angesprochene Problem[31].

---

28 Jedenfalls dann, wenn man dem DDR-Recht heute diejenige Auslegung gibt, wie sie zu DDR-Zeiten praktiziert worden ist. Zu den verschiedenen Möglichkeiten heutiger Interpretation des DDR-Rechts s. *Lüderssen*, a.a.O. (Fußn. 26), S. 59 ff. – Würde man das DDR-Recht nach Rechtsgrundsätzen der Bundesrepublik auslegen, so würde die Frage auftauchen, ob man in den Rechtsbeugungstatbestand der DDR die betreffende Sperrwirkung hineininterpretieren soll. Von selbst versteht sich diese Folgerung nicht, denn die Sperrwirkung soll der Stärkung der richterlichen Unabhängigkeit dienen; eine solche aber hat es in der DDR jedenfalls nicht im Sinne des bundesdeutschen Rechts gegeben. – Für die Richter der NS-Zeit habe ich in der bereits zitierten Abhandlung (Fußn. 16), S. 349 ff., dargetan, daß es möglich ist (inzwischen wohl besser: möglich *war*), ihre Taten strafrechtlich in gleicher Weise – jedenfalls tatbestandsmäßig – zu erfassen wie die von anderen NS-Tätern, ohne daß eine Sperrwirkung des Rechtsbeugungstatbestandes entgegenstand; vgl. auch *Dencker*, Die strafrechtliche Beurteilung von NS-Rechtsprechungsakten, in: Salje (Hrsg.), Recht und Unrecht im Nationalsozialismus, Münster 1985, S. 294 ff.

29 Davon geht *Bemmann*, a.a.O. (Fußn. 22), S. 164, aus.

30 Bemmann, Ebenda, will hier dem DDR-Richter „die Sperrwirkung des § 336 StGB zugute kommen“ lassen, um eine „unangebrachte Schlechterstellung“ gegenüber Richtern der Bundesrepublik zu vermeiden. Dies erscheint mir konstruktiv unbefriedigend und auch schwierig begründbar. Entfällt die Sperrwirkung des Rechtsbeugungstatbestandes der DDR erst einmal, so kommt Strafausschluss für tatbestandlich begangene andere Taten nur noch auf der Rechtswidrigkeits- oder Schuldebene *dieser Taten* in Betracht.

31 Grundlage aller Ausführungen im Text ist allerdings die Annahme, daß die Handhabung von Rechtsnormen der DDR auf Anordnung oder im Sinne der Staats- und Parteiführung gegen das von eben dieser Führung gesetzte Recht verstoßen haben könne. Ein extrem positivistischer Standpunkt wird dies bestreiten, während andererseits von einem naturrechtlichen Standpunkt her dem positiven DDR-Recht eigenständige Bedeutung allenfalls in einem naturrechtsneutralen Bereich zugestanden werden wird. An dem hier vertretenen Standpunkt eines „restriktiven Positivismus“ (*Lüderssen*) ist dennoch trotz der auch im obigen Text deutlich gewordenen Schwierigkeiten festzuhalten. Da hier kein Platz für eine angemessene Auseinandersetzung ist,

Nachbemerkung

Wie schon in Fußn. 15 u.ö. erwähnt, habe ich die Thematik in StVt 1991, 2300 in einen weiteren Rahmen gestellt; zu den Wahlfälschungen habe ich mich an etwas abgelegenerer Stelle geäußert: *Thomas Vormbaum*, Zur Strafbarkeit der Fälschung von DDR-Wahlen nach bundesdeutschem Recht; in: Jahrbuch 1994 der Gesellschaft der Freunde der Fernuniversität e.V. Hagen 1995. S. 79–96; beide Komplexe habe ich noch einmal aufgegriffen und insbesondere die Rechtsprechung des Bundesgerichtshofes zur Rechtsbeugung einbezogen in: *Thomas Vormbaum*, Der strafrechtliche Schutz von Institutionen der DDR durch das bundesdeutsche Strafrecht, in: Festschrift für Diether Posser zum 75. Geburtstag. Köln usw. 1997. S. 153–174.

Obligatorisch ist an dieser Stelle der Hinweis darauf, dass die justizielle Aufarbeitung der DDR-Vergangenheit von Klaus Marxen und Gerhard Werle in einer mehrbändigen repräsentativen Edition dokumentiert ist: *K. Marxen / G. Werle* (Hrsg.), Justiz und DDR-Unrecht. Dokumentation, 10 Bände. Berlin 2000–2009. Im Eigenverlag des Instituts für Kriminalwissenschaften der Humboldt-Universität zu Berlin und der Stiftung zur Aufarbeitung der SED-Diktatur ist ferner erschienen: *Klaus Marxen / Gerhard Werle / Petra Schäfter* (Hrsg.), Die Strafverfolgung von DDR-Unrecht. Fakten und Zahlen. 2007.

---

sei nur geltend gemacht, daß eine angemessene Beachtung des Grundsatzes nullum crimen sine lege bei gleichzeitiger Berücksichtigung unabdingbarer Gerechtigkeitsbelange von dieser Position aus am ehesten gewährleistet erscheint.

8.

Versuchte Beteiligung an der Falschaussage
– Zum Verhältnis der §§ 30 und 159 StGB –
(1986)

Der Beitrag geht folgenden Auslegungsproblemen des § 159 StGB nach: Ist die unterschiedlich weite Anwendung des § 30 auf den Meineid einerseits (§ 30 Abs. 1 und 2) und die uneidliche Falschaussage andererseits (nur § 30 Abs. 1) sachlich zu rechtfertigen? Kann das Nebeneinander von straflosem Versuch der uneidlichen Falschaussage und strafbarer versuchter Anstiftung zu dieser Tat plausibel gemacht werden? Wie ist die Anstiftungshandlung, welche zum Versuch der uneidlichen Falschaussage geführt hat, zu behandeln? Ist strafbare Teilnahme an den in § 159 erwähnten Verhaltensweisen möglich?

I. Problemstellung

Nach der bestehenden Gesetzeslage finden wegen des Verbrechenscharakters des Meineides die §§ 30, 31 StGB auf *§ 154 StGB* ohne weiteres Anwendung; die Strafbarkeit der versuchten Anstiftung, der versuchten Kettenanstiftung und weiterer Vorstufen der Beteiligung ist somit veranlaßt durch den formellen Aspekt des *Deliktscharakters* (vgl. § 12 Abs. 1 StGB), nicht durch *sachliche* Besonderheiten des Meineidtatbestandes. In diesem Zusammenhang tauchen daher auch keine Probleme auf, welche spezielle Überlegungen zur versuchten Beteiligung an (eidlicher oder uneidlicher) *Falschaussage* veranlassen könnten. Die Problembereiche „Falschaussage“ und „versuchte Beteiligung“ treten erst dadurch in ein besonderes Verhältnis, daß *§ 159 StGB* einen Teil der Regelungen der §§ 30, 31 StGB auf den Vergehenstatbestand des § 153 StGB[1] für entsprechend anwendbar erklärt. Bereits die Unvollständigkeit der Verweisung wirkt problematisch. Herangezogen werden nur die Bestimmungen über versuchte Anstiftung und versuchte Kettenanstiftung (§§ 30 Abs. 1, 31 Abs. 1 Ziff. 1), nicht hingegen die Bestimmungen über die Strafbarkeit *anderer* Vorstufen der Beteiligung (§§ 30 Abs. 2, 31 Abs. 2 Ziff. 2 und 3). Könnte man eine Einbeziehung des § 153 in die *gesamte* Regelung der §§ 30, 31 mit der Strukturverwandtschaft der §§ 153 und 154 StGB rechtfertigen (vor allem dann, wenn man der – zutreffenden – herrschenden Auffassung folgt, daß § 154 in seinem Hauptanwendungsbereich lex specialis zu § 153 sei[2], und außerdem die Bekräfti-

1 Ferner auf den Tatbestand des § 156 StGB. – Aus Vereinfachungsgründen wird im folgenden meist nur § 153 StGB erwähnt.

2 Dies kann hier nicht näher ausgeführt werden. Ausführlich *Vormbaum*, „Der strafrechtliche Schutz des Strafurteils“ (1987), (dort das 12. Kap.).

gung als Teil der Aussage selber ansieht[3]), so bedarf die fragmentarische Anordnung des § 159 einer näheren Begründung. Zu plausibilisieren ist ferner das Nebeneinander straflosen Haupttat-Versuchs und strafbaren Anstiftungs-Versuchs bei der falschen uneidlichen Aussage.

II. Das Nebeneinander von §§ 154, 30 StGB und §§ 153, 30 Abs. 1 StGB

Kann die unterschiedliche Ausdehnung der Strafbarkeit mit Unterschieden in Struktur, Unrechtsgehalt oder kriminalistischen Gegebenheiten der falschen uneidlichen Aussage und des Meineides erklärt werden?

Bereits die Fragestellung ist nicht unproblematisch, forscht sie doch nach einem gesetzgeberischen Motiv, das angesichts der in §§ 30, 31 angewandten Regelungstechnik an sich gar nicht vorausgesetzt werden kann, denn die Geltung dieser Vorschriften für den Meineid-Tatbestand folgt – wie erwähnt – nicht aus sachlogischen Erwägungen, welche auf die Eigenart des § 154 abstellen, sondern formal, gleichsam blindlings, aus dem Verbrechenscharakter des § 154. Dieses Bedenken löst sich jedoch auf, wenn man folgendes berücksichtigt. Historisch wie gesetzestechnisch betrachtet enthalten die §§ 159, 30 Abs. 1 eine der grundsätzlichen Regelung der §§ 30, 12 Abs. 1 „nachfolgende“ Regelung. Der Gesetzgeber des § 159 fand § 49a a.F., den Vorgänger des § 30, bereits vor. An dieser vorgefundenen Situation mußte sich die Entscheidung über die Setzung einer Vorschrift nach Art des § 159 ausrichten, also auch an der uneingeschränkten Einbeziehung des § 154 in die Erweiterungsvorschrift des § 49a, 30, unabhängig von deren Entstehungsgeschichte und gesetzgeberischer Motivation. Es ist daher nicht nur sachlich geboten, sondern auch methodologisch zulässig, die Regelungsinhalte der §§ 153, 159, 30 Abs. 1 einerseits, der §§ 154, 30, 12 Abs. 1 andererseits sachbezogen zu vergleichen und nach einer Erklärung für die differenzierende gesetzgeberische Entscheidung zu suchen.

Freilich ist der Hinweis auf die „historische Situation, die der Gesetzgeber des § 159 vorfand“, bereits eine dogmatische Stilisierung. *Konkret historisch*[4] hat sich die Normierung des § 159 heutiger Fassung in mehreren Etappen abgespielt. Ursprünglich war die Vorschrift als eigenständiger Tatbestand in der Funktion des damals

3 Wie vor.

4 Ausführlich zur Gesetzesgeschichte seit *Thomas Vormbaum*, Eid, Meineid und Falschaussage (1990).

noch nicht existierenden „Duchesne-Paragraphen" (§ 49a, 30)[5] konzipiert und damit auf Aussagedelikte – freilich nur auf die damals vorhandenen, nämlich Meineid und falsche eidesstattliche Versicherung – zugeschnitten. Seine heutige Bedeutung erhielt § 159 dadurch, daß einerseits der Meineidtatbestand seit Einführung der generellen und formalistischen Regelung des § 49a a.F.[6] aus seinem Anwendungsbereich praktisch herausfiel[7], andererseits der Regelungsgehalt des § 159 auf den 1943 neu eingeführten Vergehenstatbestand der falschen uneidlichen Aussage ausgedehnt wurde. Damit entstand das heutige Nebeneinander der sich als *sachlich* motiviert gebenden Regelung des § 159 und der einen *formellen* Maßstab anlegenden Regelung des § 49a, 30. Freilich wurde die Problematik dadurch verdeckt, daß § 159 den Meineid trotz der Regelung des § 49a noch erwähnte. Der nächste gesetzgeberische Eingriff – das 3. Strafrechtsänderungsgesetz (1953) – ließ dann aber die beiden erwähnten Problemfelder deutlich werden, indem es den Meineid-Tatbestand auch formell[8] aus der Spezialregelung des § 159 herausnahm und gleichzeitig die durch § 159 angeordnete Erweiterung des Anwendungsbereiches des § 49a a.F. auf die Fallgruppe der Versuchten Anstiftung[9] beschränkte. Daneben beseitigte es die Strafbarkeit der Versuchten uneidlichen Falschaussage.

Unter „historischer Situation" ist somit vor allem jener Rechtszustand zu verstehen, den der Gesetzgeber des Jahres 1953 vorfand.

Die *Gesetzesmaterialien* zum 3. Strafrechtsänderungsgesetz geben keinen Anhaltspunkt dafür, daß der Gesetzgeber die im Vergleich zu §§ 49a a.F., 154 geringere Reichweite des § 159 als Wertungsproblem gesehen hätte. Die Begründung des Bundestags-Rechtsausschusses[10] (welcher die Änderung anregte) beschränkt sich auf das Problem der fehlenden Strafbarkeit des Tatversuchs. Im Hinblick auf das hier zunächst abzuhandelnde Problem ist somit die dogmatische Bearbeitung allein auf den Gesetzes*text* verwiesen.

Vergleicht man die beiden Regelungen, so zeigt sich immerhin eine Wertproportionalität insoweit, als das strafbare Vorfeld des Meineides als des Tatbestandes mit dem schwereren Deliktscharakter weiter gefaßt ist als dasjenige des Vergehenstatbe-

5 Zur Geschichte s. *Busch*, Die Strafbarkeit der erfolglosen Teilnahme und die Geschichte des § 49a StGB. Marburg (jur. Diss.) 1964, S. 1–116; dort S. III–IV die Textstufen.

6 Im Jahre 1875 (s. RGBl. 1876, 25).

7 Dennoch wurde der Meineid bis 1943 in § 159 aufgeführt. Zur Frage, ob § 159 a.F. insoweit neben § 49a a.F. noch eigenständige Bedeutung besaß, s. *Olshausen*, StGB (8. Aufl. 1909), § 49a Anm. 19, § 159 Anm. 2 m. Nachw.

8 S. Fußn. 7.

9 Zur Versuchten Kettenanstiftung s. noch u. V.

10 Wie Fußn. 4.

standes der falschen uneidlichen Aussage. Freilich ist diese Proportionalität eine bloße formale, denn ihre Einzelelemente liegen auf verschiedenen gedanklichen Ebenen – einerseits der der *Schwere* des Unrechtsgehalts, andererseits der der zeitlich-sachlichen *Ausdehnung* des Strafbarkeitsbereiches. Immerhin ist diese Sichtweise dem Gesetz nicht fremd, denn eben diese Verbindung der beiden Ebenen macht die Regelungstechnik des § 30 StGB aus, die ja den (wenn auch formalisierten) qualitativen Gesichtspunkt des Deliktstyps mit dem quantitativen der Vorfeld-Kriminalisierung verbindet. *Insofern* ist die Beschränkung des § 159 auf Fälle Versuchter Anstiftung der Sichtweise des § 30 durchaus kongenial. Ob sie darüber hinaus auch *sachlich* zu rechtfertigen ist, kann aus dogmatischer Sicht kaum entschieden werden. Immerhin ist als Rechtfertigung sowohl denkbar, daß die Tattypen des § 30 *Abs. 2* regelmäßig über die Einbeziehung des § 154 erfaßbar sind, als auch, daß – gerade umgekehrt – Verhaltensweisen des § 30 Abs. 2 nur dann „greifbar“ werden, wenn sie die Konsequenz der Aussagebekräftigung einbeziehen. In beiden Fällen wäre eine Einbeziehung der Fälle des § 30 Abs. 2 in die Regelung des § 159 überflüssig und unzweckmäßig. Dies mag indes dahinstehen. Jedenfalls erweist sich nach alledem das Nebeneinander der beiden unterschiedlich weit ausgedehnten Regelungen keineswegs als sachwidrig oder als Wertungswiderspruch, sondern als im Rahmen der gesetzlichen Gesamtregelung plausibel.

III. Strafbarer Anstiftungsversuch neben straflosem Tatversuch

Den bisher diskutierten Bedenken gerade entgegengesetzt sind jene Bedenken, die aus dem Nebeneinander von strafbarem Anstiftungsversuch und straflosem Tatversuch bei falscher uneidlicher Aussage resultieren. Ging es vorher um die Berechtigung einer *Beschränkung* der Vorfeld-Strafbarkeit, so jetzt um die Berechtigung ihrer *Begründung*. Vergegenwärtigen wir uns auch insoweit die historischen Umstände der Entstehung dieser Gesetzeslage[11]. Im Gegensatz zur Bundesregierung (nach deren Vorlage die Strafbarkeit des Tatversuches bei § 153 zwar beseitigt, die Erstreckung des § 159 auf *alle* Fälle des § 49a a.F., 30 n.F. hingegen beibehalten werden sollte) sah der Rechtsausschuß des Bundestages die Notwendigkeit einer Harmonisierung beider Komplexe, betonte daher die grundsätzliche Straflosigkeit von Vorbereitungshandlungen, machte jedoch aus „kriminalpolitischen Gründen“ eben für die Versuchte Anstiftung eine Ausnahme. Wenngleich nähere Ausführungen zu diesen Gründen fehlen, sind die kriminalpolitischen Überlegungen doch sicherlich nicht aus der Luft gegriffen, lassen sich vielmehr auf soziologisch benennbare Eigenarten der Rechtspflege stützen. Gerichtsentscheidungen greifen in menschliche Lebensverhältnisse ein, und zwar durch verbindliche Prioritätsentschei-

11 Wie vor.

dungen über kontroverse Interessen. Jedes Verfahren der (streitigen und meist auch der freiwilligen) Gerichtsbarkeit setzt also begrifflich die Existenz von Interessenten an einem bestimmten Verfahrens*ausgang* voraus. Der stets existente „interessierte Dritte“[12] ist denn auch die personifizierte Gefahr für die Erreichung des Verfahrenszieles[13]. Als naheliegender Weg zur Beeinflussung des Verfahrensausgangs im Sinne der eigenen Interessen bietet sich die Einwirkung auf Aussagepersonen – in erster Linie auf Zeugen – an. Dies um so mehr, weil die Rechtspflege – und dies ist die zweite Besonderheit – in besonderem Maße auf Bekundungen von Aussagepersonen angewiesen ist. Der Personalbeweis, obwohl der unzuverlässigste, ist immer noch der praktisch wichtigste Beweis[14]. Das Neben- und Gegeneinander individueller und auch – vor allem im Strafverfahren – öffentlicher Interessen einerseits, Interesse der Rechtspflege an der Erreichung des Verfahrenszieles andererseits, dazu die Abhängigkeit der Rechtspflege vom besonders heiklen Personalbeweis und ihre daraus resultierende Verwundbarkeit – dies alles prädestiniert diesen sozialen Ort zum kriminalpolitischen Krisengebiet[15], denn daß die geschilderten Gefahren auch zahlenmäßig ins Gewicht fallen, ist nicht zu bezweifeln[16]. Zu den Schutzstrategien für die Rechtspflege gehört daher ein sachgerechter Zuschnitt der Strafdrohungen gegen Handlungen, die die Erreichung des Verfahrenszieles gefährden. Daß in diesem Zusammenhang auch die Poenalisierung des Vorfeldes der Falschaussage in Erwägung zu ziehen ist, folgt nicht nur aus der rechtssoziologisch beschriebenen Situation, sondern ist auch aus der Struktur des Rechtsgutes plausibel zu machen; denn da die Person, auf welche der „interessierte Dritte“ oder sein Agent einwirkt, als Zeuge oder Sachverständiger selber Rollenträger des Verfahrens ist, reicht die Tätigkeit des Einwirkenden – wenn auch nicht im streng rechtsguttheoretischen Sinne – bereits unmittelbar in das Verfahren hinein[17].

---

12 *Dreher*, JZ 1953, 425.

13 Näher zum „Verfahrensziel“ als geschütztem Rechtsgut der §§ 153, 154 StGB, 7. Kap., *Vormbaum*, Schutz des Strafurteils (Fußn. 2).

14 S. *E. Schneider*, Beweis und Beweiswürdigung (2. A. 1971), S. 135; *Peters*, Fehlerquellen im Strafprozeß Bd. 2 (1972), S. 50; zuletzt *Brenner*, Kriminalistik 1984, 490 ff.

15 *Bender*, StrVt 1982, 484, charakterisiert die Situation mit folgender Bemerkung: „Nirgends ist das Wort Lüge so verpönt wie vor Gericht. Jeder psychologisch Geschulte ahnt den Grund, und jeder erfahrene Richter sollte den Grund kennen: Nirgends wird so viel gelogen wie vor Gericht“.

16 Zu Einzelheiten vgl. *Peters*, Zeugenlüge und Prozeßausgang (1939), S. 3 ff.; *Ders.*, Fehlerquellen Bd. 2, S. 49 ff.

17 Es ist zwar prinzipiell richtig, daß vom *tatstrafrechtlichen* Standpunkt aus „die Strafbedürftigkeit eines Verhaltens primär nach dem Grad der für das geschützte Rechtsgut heraufbeschworenen Gefahr beurteilt werden muß“ (*Arzt/Weber*, Strafrecht BT, LH 3 [1978], S. 111); kriminalpolitische *und* kriminalistische Gesichtspunkte sind jedoch bei der Aktualisierung durch Gesetz zu berücksichtigen.

Läßt sich somit die Berechtigung der Regelung des § 159 als solcher plausibilisieren, so erregt die gleichzeitige *Straflosigkeit* der *Versuchten Täterschaft* Anstoß. Im Schrifttum wird dieses Nebeneinander überwiegend kritisiert. Man erblickt in ihm einen Widerspruch zur generellen Gleichstellung des Unrechtsgehalts von Täterschaft und Anstiftung und eine „ungerechtfertigte Konzession an die sog. Schuldteilnahmetheorie“[18].

Daß ein Wertungs*unterschied* im Sinne fehlender Wertungsproportionalität vorliegt, ist in der Tat nicht zu bezweifeln. Von einem Wertungs*widerspruch* wird man hingegen erst dann sprechen können, wenn alle für die Beurteilung der gesetzgeberischen Entscheidung wichtigen Faktoren berücksichtigt sind. Zu fragen ist daher, ob mit einigem Wohlwollen gegenüber dem Gesetzgeber sich vorliegend derartige Faktoren finden lassen.

Wenn der Gesetzgeber des Jahres 1953 die Strafbarkeit des Versuchs der falschen uneidlichen Aussage deswegen gestrichen hat, weil er sie für eine Überspannung der zeitlichen Vorverlagerung der Strafbarkeitsgrenze hielt, so hat offenbar die Erinnerung an den erst zehn Jahre zuvor beseitigten Rechtszustand eine Rolle gespielt, wonach die Strafbarkeitsschwelle überhaupt erst bei Beginn des Sprechens der Eidesformel erreicht war, also in der Regel – d.h. beim Nacheid – erst *nach* Abschluß der Aussage. Nachdem heute die Erinnerung an den alten Rechtszustand verblaßt ist und allgemein die Falschheit der Aussage als Schwerpunkt des Tatvorwurfes der Aussagedelikte akzeptiert wird, ist die Stringenz jenes Argumentes schwächer geworden.

Ist aber auf der Ebene reiner Unrechtsbewertung kein Anhaltspunkt für die Berechtigung der Ungleichbehandlung zu finden, so muß der Bereich kriminalistischer Praktikabilität in die Betrachtung einbezogen werden. Hier kommt als wichtiger Gesichtspunkt die „Greifbarkeit“ der Tatbestandserfüllung, d.h. die möglichst präzise *praktische* – nicht nur begriffliche – Evidenz des Täterverhaltens, in Betracht. Ein Vergleich der fraglichen beiden Verhaltensweisen ergibt insoweit folgendes:

Die Aussage des Zeugen oder Sachverständigen läßt als Sinneinheit in einer großen Anzahl der Fälle – wohl sogar in ihrer Mehrheit – eine Beurteilung der „Falschheit“ erst nach vollständiger Erstattung zu; nicht selten ermöglicht gar überhaupt erst der Vergleich mit anderen Aussagen diese Beurteilung. Bis zu ihrem Abschluß ist somit die Aussage bei aller (besonders im Zivilprozeß bestehenden) verfahrensrechtlichen Formalisierung „amorph“ in Umfang und Inhalt. Die Festlegung eines Zeitpunktes für das „unmittelbare Ansetzen“ i.S.d. § 22 StGB wäre kaum zu operationalisieren;

---

18 *Maurach/Schroeder*, BT/2 (6. A. 1981), S. 183; vgl. ferner *Blei*, JA 1971, 446; *Samson*, SK, § 159 Rdn. 1; *Lenckner*, Sch/Schr (21. A. 1982), § 159 Rdn. 2; a.A. *Willms*, LK, § 159 Rdn. 2.

die Gefahr willkürlicher Festlegung im Einzelfall wäre groß. Auch der Nachweis des Tatentschlusses würde vor Abschluß der Aussage Schwierigkeiten bereiten, da die Aussageperson kurzfristiges Vergessen oder angeblich noch beabsichtigte korrigierende Abrundung der Aussage geltend machen könnte[19]. Im übrigen kann es dem Interesse des Verfahrenszieles nur dienlich sein, wenn das Gericht die Aussageperson in einem noch straffreien Raum durch Rückfragen und Vorhalte auf den Weg der Wahrheit zurückführen kann. Andererseits ist es im Hinblick auf § 69 Abs. 1 S. 1 StPO zweckmäßig, das Gericht durch temporäre Vorenthaltung der Instrumente des materiellen Strafrechts anzuhalten, die Aussageperson „erst einmal ausreden zu lassen". Somit lassen sich plausible kriminalistische Gründe für die Straflosigkeit des Versuchs der falschen uneidlichen Aussage angeben. Es ist zu fragen, ob vergleichbare Gründe bei der Versuchten Anstiftung zur uneidlichen Falschaussage fehlen oder durch Gegengründe aufgewogen werden.

Wendet man mit der h.M.[20] konsequent Versuchsgrundsätze für die Feststellung des Tatbeginns nach §§ 159, 30 Abs. 1 StGB an, so beginnt das von § 30 Abs. 1 vorausgesetzte Verhalten mit dem „Unmittelbaren Ansetzen" zur Anstiftung, also spätestens mit dem *Beginn der Einwirkung* auf den Anzustiftenden[21]. Dieser Zeitpunkt ist nun zwar begrifflich leicht festzulegen, praktisch-kriminalistisch jedoch fast nie „greifbar". In diesem Stadium ist die Situation also derjenigen der noch nicht abgeschlossenen Aussage vergleichbar. Dennoch weist die Tathandlung des Anstiftenden einen erwähnenswerten Unterschied zur Situation des uneidlich falsch Aussagenden auf. Seiner Verhaltensweise – dem Einwirken auf einen anderen – wohnt notwendigerweise eine bestimmte Tendenz inne – eben die Tendenz zur Beeinflussung des Verhaltens des anderen in einer bestimmten Richtung. Nach der gesetzlich vorausgesetzten Struktur der §§ 159, 30 Abs. 1 beinhaltet diese Beeinflussungstendenz zweierlei. Dem Kommunikationspartner muß erstens übermittelt werden, daß er für die Erstattung einer *Aussage* vor Gericht gewonnen werden soll; ihm muß ferner, da ja gem. § 26 eine vorsätzliche Haupttat veranlaßt werden soll, die *Falschheit* der ihm angesonnenen Aussage übermittelt werden. Ist der zu Beeinflussende diesen beiden Einwirkungselementen ausgesetzt worden, hat er gar beide perzipiert, so ist das Täterverhalten formalisiert und greifbar. Vor allem am zuletzt genannten Element – der Explizierung der Falschheit der Aussage – fehlt es der vor Gericht erstatteten

---

19 *Schröder*, ZZP 1951, 219, charakterisiert den seit 1943 bestehenden Rechtszustand (zu welchem 1951 noch die Strafbarkeit der Versuchten uneidlichen Falschaussage gehörte) so: „Heute vollzieht sich der Eintritt in den Bereich des Strafbaren still und unmerklich".

20 S. z.B. BGHSt 8, 261; *Cramer*, Sch/Schr, § 30 Rdn 1 ff. Zur Reichweite der Versuchsgrundsätze bei Kollision mit dem Akzessorietätsprinzip s. noch sub III.

21 Nach h.M. sogar bereits eher; es soll nicht einmal darauf ankommen, ob die Erklärung den anderen erreicht; s. *Cramer*, Sch/Schr, § 30 Rdn. 11 m. Nachw.

Falschaussage naturgemäß, ja sie würde ihr die Falschheitsqualität gerade wieder nehmen[22]. Ein weiterer Unterschied besteht darin, daß bei der Tathandlung des § 153 der Zeitpunkt der Greifbarkeit des Versuchs – sieht man von exotischen Fallgestaltungen ab[23] – mit dem Zeitpunkt der Vollendung zusammenfällt. Hingegen weist die Tat nach §§ 159, 30 Abs. 1 auch noch nach dem Zeitpunkt der praktischen Greifbarkeit zahlreiche Anwendungsfälle auf, vor allem die Fälle der Ablehnung des Ansinnens durch den Angesprochenen oder dessen späteres Absehen von der Tatausführung.

Ob allerdings diese kriminalistisch relevanten Strukturunterschiede zwischen beiden Verhaltensweisen hinreichen, die unterschiedliche Poenalisierung plausibel zu machen, kann nicht dogmatisch stringent entschieden werden, ist daher eine Frage gesetzgeberischen Ermessens. Dies ist auch die einhellige Auffassung des Schrifttums, wenngleich die gesetzgeberische Entscheidung dort überwiegend als verfehlt angesehen wird, und an den Gesetzgeber appelliert wird, die „dogmatisch nicht richtig eingepaßte Bestimmung des § 159“[24] zu beseitigen.

IV. Versuchte Anstiftung und Anstiftung zum Versuch

Ob der Empfehlung des Schrifttums zu folgen ist, kann am besten entschieden werden, wenn die Konsequenzen der gesetzgeberischen Entscheidung überblickbar sind. Es ist daher zu prüfen, wie weit die Entscheidung für das Nebeneinander von straflosem Tatversuch und strafbarem Anstiftungsversuch trägt, und ob ihr mit anerkannten Mitteln der Interpretation ein Zuschnitt gegeben werden kann, der ärgste Friktionen meidet oder mildert. Wir beschränken die Prüfung auf das besonders umstrittene Problem der *Anstiftung zum Versuch der uneidlichen Falschaussage*. Hier stellt sich folgendes Problem:

Erreicht der Anstifter, daß der Haupttäter die falsche uneidliche Aussage (nur, aber immerhin) versucht, so liegt begrifflich ein Fall der Anstiftung zum Versuch vor, falls der Vorsatz des Anstifters auf die Vollendung der Haupttat gerichtet gewesen ist. Diese (erfolgreiche) Anstiftung ist jedoch, akzessorisch zur gesetzlich nicht erfaßten Haupttat, an sich straflos. Die Frage taucht auf, ob die Anstiftungshandlung

---

22 Eine ausdrücklich als „falsch“ bezeichnete Bekundung, welche ihrerseits inhaltlich nicht mit ihrem Gegenstand – der Wahrnehmung – übereinstimmt, ist nicht mit der stillschweigenden, die Differenz der „Komparenten“ erfüllenden Wahrheitsversicherung ausgestattet.

23 Zu denken ist vor allem an Fälle des Untauglichen Versuches; z.B. der Aussagende hält seine Aussage irrtümlich für falsch, oder er hält – was nach h.M. Untauglichen Versuch begründet – die vernehmende Stelle irrtümlich für zuständig.

24 *Blei*, JA 1971, 446; s. ferner die Nachweise in Fußn. 18.

stattdessen über §§ 159, 30 Abs. 1 als *Versuchte* Anstiftung zur Haupttat strafrechtlich erfaßt werden kann.

Die Behandlung dieser Fallkonstellation ist in Rechtsprechung und Literatur umstritten. Der wohl größere Teil des Schrifttums[25] hält es für die Konsequenz einer verfehlten[26], aber verbindlichen gesetzgeberischen Entscheidung, daß die sachlich „erfolgreiche", jedoch als solche nicht strafbare Anstiftung in den geschilderten Fällen als Versuchte Anstiftung zu bestrafen sei. Das Reichsgericht hat sich zur früheren, nicht auf die allgemeine Regelung des „Duchesne-Paragraphen" bezogenen Fassung des § 159 ebenfalls auf diesen Standpunkt gestellt[27]. Eine andere Auffassung vertritt der Bundesgerichtshof in seiner Entscheidung vom 2. Dezember 1970[28]. In einem Fall von Anstiftung zu einem untauglichen Versuch der falschen eidesstattlichen Versicherung (Unzuständigkeit der die Versicherung entgegennehmenden Behörde) hat er Straflosigkeit auch für den Fall bejaht, daß der Anstifter irrig von der Zuständigkeit der die Versicherung entgegenzunehmenden Behörde ausgegangen ist. Im Anschluß an diese Entscheidung hält die Gegenmeinung im Schrifttum die Anstiftung zu einem untauglichen Versuch der falschen eidesstattlichen Versicherung und der falschen uneidlichen Aussage für straflos[29]. Die darüber hinausgehende Auffassung, daß die Anstiftung zum Versuch der Tat nach § 153 (oder § 156) gänzlich aus dem Anwendungsbereich des § 159 auszuscheiden habe, findet sich nur vereinzelt[30].

Dogmatisch ausformuliert bieten sich zwei Modelle für die Festlegung der Reichweite des § 159 an. Das eine – man könnte es „Versuchs-Modell" nennen – geht von der konsequenten Geltung der Versuchsgrundsätze des § 22 StGB für die Versuchte

---

25 *Dreher*, MDR 1971, 410; *Dreher/Tröndle*, StGB (41. A. 1983), § 159 Rdn. 4; *Schröder*, JZ 1971, 564; *Lenckner*, Sch/Schr, § 159 Rdn. 2; *Rudolphi*, SK, § 159 Rdn. 3; *Tröndle*, GA 1973, 373; *Lackner*, StGB (15. A. 1983), § 159 Rdn. 3; *Bockelmann*, BT/3 (1980), S. 30; *Arzt/Weber*, LH 5 (1982), S. 111 f.

26 *Dreher*, MDR 1971, 410, bekennt sich freilich – auch unter Hinweis auf §§ 434, 435 E 1962 – zu der gesetzgeberischen Entscheidung. Zur Regelung des E 1962, s. *Vormbaum*, Eid. Meineid und Falschaussage (Fußn. 4), S. 150 ff.

27 RGSt 72, 80 ff.; 73, 312 ff. Im Hinblick auf § 156 bestand bereits von 1876 bis 1943 die heutige Problemlage, da erst 1943 der Versuch des § 156 poenalisiert wurde. Freilich war § 159 seinerzeit noch als selbständiger Unternehmenstatbestand konzipiert.

28 BGHSt 24, 38 = NJW 1971, 525 = JZ 1971, 563 = MDR 1971, 231.

29 *Blei*, JA 1971, 303 u. 446; *Ders.*, BT (12. A. 1983), S. 417; *Willms*, LK, § 159 Rdn. 1; *Preisendanz*, (30. A. 1978), StGB, § 159 Anm. 1; *Wessels*, BT-1 (8. A. 1984), § 17 V 2; *Jescheck*, AT (3. A. 1978), S. 573, Fußn. 13; *Krey*, BT/1 (4. A. 1979), S. 171; *Winters*, JuS 1977, 822 f.; *Eser*, Studienkurs Bd. 3 (1978), S. 205 (A 114).

30 Bei *Maurach/Schroeder*, BT/2, S. 182.

Anstiftung zur falschen uneidlichen Aussage[31] aus, läßt also für die Strafbarkeit aus § 159 das Vorliegen des vollständigen (Anstifter-)Vorsatzes sowie eines Verhaltens, welches gemessen am Inhalt dieses Vorsatzes als Unmittelbares Ansetzen zur Verwirklichung der *Anstiftung* darstellt, ausreichen. Diese Versuchte Anstiftung – so wird man dieses Modell wohl zu Ende denken müssen – ist in der Vollendeten Anstiftung „an sich" enthalten, bei deren strafrechtlicher Aktualisierung jedoch subsidiär. Das Gegenmodell – „Akzessorietäts-Modell" – will die Grenze zwischen vollendeter und versuchter Anstiftung im Rahmen des § 159 dort ziehen, wo sie auch bei § 30 Abs. 1 verläuft, denn diese Vorschrift legt die Grenze fest, die der Auflokkerung des Akzessorietätsprinzips gesetzt wird. Da § 30 Abs. 1 aber wegen des vorausgesetzten Verbrechenscharakters der angesonnenen Haupttat niemals auf Fälle anwendbar ist, in denen diese auch nur versucht worden ist, da dann bereits *vollendete* Anstiftung (zum Versuch) nach § 26 vorliegt, muß für § 159 dasselbe gelten. Diese sachlich bedingte Antithetik vermag der Gesichtspunkt der Untauglichkeit nicht angemessen zu erfassen. Er ist überdies – jedenfalls als Ausgangsüberlegung – problematisch, denn er würde – worauf Schröder zu Recht hinweist[32] – „einen unüberbrückbaren Widerspruch zu dem bedeuten, was für § 22 StGB heute allgemein anerkannt wird und was der BGH für den analogen Fall des § 30 StGB selbst für richtig erklärt hat"[33].

In der Tat ist weder in § 30 noch in § 159 ein Anhaltspunkt ersichtlich, der die Untauglichkeit der Haupttat zur Tatbestandserfüllung als Kriterium für eine Außerkraftsetzung der allgemeinen Versuchsgrundsätze legitimiert erscheinen lassen könnte[34]. Auch die erwähnte Entscheidung des Bundesgerichtshofes enthält Anhaltspunkte für eine Generalisierung der auf den entschiedenen Fall zugeschnittenen Entscheidungsgründe. Mehrfach stellt das Gericht auf die Straflosigkeit des Versuchs der Haupttat schlechthin ab. Für eine Verallgemeinerung spricht vor allem der abschließende Satz: „Es wäre [...] keine 'entsprechende' Anwendung des § 49a (a.F. = § 30 n.F.)

---

31 Die falsche eidesstattliche Versicherung ist im folgenden bei der Erwähnung des § 153 stets mitzudenken.

32 In der – ablehnenden – Anmerkung zur Entscheidung des BGH (Fußn. 28), JZ 1971, 564.

33 A.a.O. (Paragraphenzahlen aktualisiert); vgl. BGHSt 24, 40.

34 Ebenso fast wörtlich *Otto*, Grundkurs BT (1977), S. 449. Die entscheidende Antithetik wird ebenfalls deutlich herausgestellt bei *Dreher*, MDR 1971, 411 („Nicht weil der Versuch bei Verbrechen strafbar ist, ist es auch die untaugliche Vorbereitung bei § 49a, sondern deshalb, weil diese Vorbereitung als solche schon den Regeln des Untauglichen Versuchs unterliegt und als versuchte Anstiftung ein Versuchsdelikt im weiteren Sinne ist [...]") und bei *Schröder*, JZ 1971, 564 („Es geht also letztlich [...] um [...] die Frage, wie weit es sinnvoll ist, unter Verzicht auf das Erfordernis der Akzessorietät die erfolglose Teilnahme unter Strafe zu stellen [...]").

mehr, wenn die 'gelungene' Anstiftung zu einer als Eidesdelikt[35] nicht strafbaren Tat der Strafdrohung des § 159 unterstellt würde"[36]. Daß während der Zeit, als der Versuch der Taten nach § 153 und § 156 unter Strafe stand, „Versuchstaten [...] praktisch kaum anders als in der Form des Untauglichen Versuches vorkamen"[37], läßt die Begrenzung der Betrachtung auf Fälle der Anstiftung zu einer nach dem Anstiftungsinhalt untauglichen Haupttat auch als praktisch nicht geboten erscheinen. Eine andere Frage ist freilich, ob der Gesichtspunkt der Untauglichkeit *ergänzend* dann herangezogen werden muß, wenn sich nach getroffener Entscheidung für eines der beiden Modelle Widersprüche gerade aus dem Nebeneinander von Tauglichkeits- und Untauglichkeitsfällen ergeben sollten[38]. Zunächst aber hat die weitere Diskussion auf die Entscheidung zwischen den dargelegten Grundpositionen abzuzielen.

Wortlaut und Wortsinn des § 159 geben Anhaltspunkte für beide Auffassungen. Einerseits spricht § 159 seit dem Inkrafttreten des Zweiten Strafrechtsreformgesetzes in Überschrift und Text ausdrücklich vom „Versuch der Anstiftung" und legt damit die Herrschaft der Versuchsgrundsätze nahe. Andererseits spricht die Bezugnahme des § 159 auf § 30 Abs. 1 StGB dafür, dessen Reichweite auf § 159 zu übertragen. Freilich schreibt § 159 die „entsprechende" Anwendung des § 30 Abs. 1 vor und deutet damit die Möglichkeit sachlich berechtigter Modifikationen der Regelung des § 30 Abs. 1 an. Ob zu diesen zulässigen Modifikationen auch eine Erweiterung des Anwendungsbereiches des § 30 Abs. 1 auf Fälle der Anstiftung zum (straflosen) Versuch des § 153 zählt, oder ob durch das Merkmal „entsprechend" lediglich das für § 159 unpassende Merkmal „Verbrechen" eliminiert werden soll, läßt sich auf der Ebene reiner Wortsinn-Interpretation nicht entscheiden[39].

Für die *systematische Interpretation* ist von Bedeutung, wie weit eines der beiden Modelle – gemessen an der Regelung des § 30 Abs. 1 und unter Einbeziehung der Verweisungsnorm des § 159 – im Zusammenhang der gesetzlichen Regelung Vorrang beanspruchen kann. Als die aufgrund ihrer Stellung im Gesetz und aufgrund ihres Inhalts allgemeinere Norm hat § 30 Abs. 1 den Ausgangspunkt der Erörterung zu bilden. Die systematische Stellung des § 30 ist, wie Titel- und Paragraphen-Überschrift ausweisen[40], zwieschlächtig[41]. Einerseits dem Titel über Täterschaft und

35 Trotz der Einführung des Tatbestandes der falschen uneidlichen Aussage i. J. 1943 blieb die Bezeichnung „Eidesdelikte" für alle Aussagedelikte bis in die jüngste Vergangenheit üblich.

36 BGHSt 24, 40.

37 *Willms*, LK, § 159 Rdn. 1.

38 S. noch u. b. Fußn. 55 ff.

39 Anders anscheinend der BGH in der erwähnten Entscheidung; vgl. das Zitat b. Fußn. 36.

40 Dritter Teil im AT des StGB (§§ 25 ff.): „Täterschaft und Teilnahme"; § 30 StGB: „Versuch der Beteiligung".

41 So auch deutlich *Letzgus*, Vorstufen der Beteiligung (1972), S. 18.

Teilnahme inkorporiert, ist die Vorschrift andererseits innerhalb dieses Titels eher wie ein Amendment als wie ein organischer Bestandteil eingeordnet. Auch die Rechtsfolgenverweisung auf die Versuchsvorschriften (einschließlich des § 23 Abs. 3) und die Parallelführung der Rücktrittsvorschriften (§ 31) mit den allgemeinen Rücktrittsvorschriften (§ 24) zeigt ihre Zugehörigkeit zur Versuchsdogmatik an. Den beiden Bereichen sind auch die konkurrierenden Erklärungsmodelle entsprechend zugeordnet; das „Versuchs-Modell“ eben der Versuchsdogmatik, das „Akzessorietäts-Modell“ der Teilnahmedogmatik. Die Grenzlinie zwischen beiden Bereichen läßt sich präzise angeben. Sie verläuft zwischen denjenigen Fällen, in denen die Einflußnahme auf den potentiellen Täter zu versuchter oder vollendeter Haupttat geführt hat, und denjenigen Fällen, in denen die Haupttat nicht bis ins Versuchsstadium gelangt ist, sei es, daß der Angesprochene das Ansinnen nicht versteht, sei es, daß er es abweist, sei es, daß er bereits tatentschlossen gewesen ist oder das Vorhaben noch vor Versuchsbeginn aufgibt. Die Abgrenzung ergibt sich freilich nicht aus einer explizit problembezogenen Gesetzesbestimmung, sondern aus zwei (zumindest vordergründig) *formalen* gesetzgeberischen Anordnungen, nämlich erstens der Begrenzung des Geltungsbereiches des § 30 auf *Verbrechen* und zweitens der generellen Poenalisierung des Verbrechensversuches in § 23 Abs. 1 S. 1 Hs. 1.

Ob gesetzgeberische Weisheit oder List der Vernunft – jedenfalls ergibt die Anbindung des § 30 Abs. 1 StGB an § 12 Abs. 1 StGB im Zusammenspiel mit der ebenso formalisierten Regelung des § 23 Abs. 1 S. 1 Hs. 1 einen Normenkomplex, dessen Bestandteile ineinander passen, und der Friktionen, wie sie aus der Anbindung des § 159 an diesen Komplex resultieren, nicht eintreten läßt.

Da das nahtlose Ineinandergreifen der gesetzlichen Bestimmungen der §§ 23 und 30 eine jedenfalls objektiv konsistente (und überdies vernünftige) Regelung repräsentiert, kann schwerlich angenommen werden, daß die konkrete Abgrenzung zwischen versuchter und vollendeter Anstiftung, wie sie sich aus § 30 Abs. 1 ergibt, die Eingrenzung eines „an sich“ unbegrenzten Versuchsmodells sei. Ein diesem Regelungskomplex vorgelagertes „Ansich“ existiert nämlich nicht. § 30 stellt eine sowohl umfassende wie prinzipiell auch abschließende Regelung der von ihm erfaßten Materie „Versuchte Teilnahme“ auf – § 159 ist nur die *exceptio confirmans* dieser Regel. Zu dieser umfassenden und abschließenden Regelung gehört aber eben auch die Beschränkung auf Verbrechen. Dies übersieht Dreher[42], wenn er der Entscheidung des BGH entgegenhält, es sei im Rahmen des § 30 anerkanntermaßen gleichgültig, aus welchem Grund die Anstiftung erfolglos bleibe, entscheidend sei nur – wie immer beim Versuch – die Vorstellung des Täters und dessen unmittelbares Anset-

42 *Dreher*, JZ 1971, 410.

zen zur Realisierung dieser Vorstellung[43]. Dieser Grundsatz ist zwar – auch in seiner Allgemeinheit – für den Bereich des § 30 zutreffend und unumstritten[44]; er sagt indes für unser Problem nichts aus, denn die konkrete gesetzliche Regelung des § 30 Abs. 1 schließt Auswirkungen dieses Grundsatzes für den Fall der zum Versuch gediehenen Haupttat gerade aus. Für den Geltungsbereich des § 159 aber setzt die Berufung auf diesen Grundsatz das voraus, was sie erst zu beweisen hätte, daß nämlich eine Anstiftung, die zu einem (tauglichen oder untauglichen) Versuch der Haupttat geführt hat, *generell* – d.h. auch über die von § 30 Abs. 1 gezogene Grenze hinaus – als „erfolglos" apostrophiert werden könne.

Alles in allem ist somit die gesetzliche Regelung des § 30 Abs. 1 StGB nicht etwa die „Ausprägung" eines höherrangigen, „an sich" weiter reichenden Grundsatzes, sondern selber eine Grundsatznorm, die umfassend den Bereich der Akzessorietätslockerung zugleich konstituiert und begrenzt. Für eine Dominanz des Versuchsmodells über das Akzessorietätsmodell läßt sie sich nicht in Anspruch nehmen.

Zu prüfen bleibt jedoch, ob sich aus der systematisch an § 30 Abs. 1 angelehnten Verweisungsnorm des § 159 StGB eine Modifikation dieser Rechtslage und damit die Geltung des Versuchsmodells herleiten läßt. Daß § 159 ein Verhalten unter Strafe stellt, welches nach den für Vergehen allgemein geltenden Regeln als straflose Vorbereitungshandlung zu bewerten wäre, spricht dafür, die Vorschrift wegen ihres Ausnahmecharakters eng anzulegen[45]. Ansatzpunkt für eine enge Interpretation der Vorschrift ist die Auslegung des Merkmals „entsprechend" in der Weise, daß es nur die Funktion hat, das in § 30 Abs. 1 enthaltene Merkmal „Verbrechen" zu eliminieren, welches zur Selbstaufhebung des § 159 führen würde.

Für eine solche enge Auslegung sprechen noch zwei weitere Gründe. Der erste ergibt sich aus dem Wesen der Verweisungsnorm. Genau besehen ist die Anweisung zu „entsprechender" Anwendung einer Vorschrift nichts anderes als die Ermächti-

---

43 Drehers Ausführungen beziehen sich auf die alte Gesetzesfassung der §§ 48, 49a StGB a.F. Sie sind hier auf den Stand der heutigen Gesetzestexte fortgeschrieben.

44 Weil eben – *soweit § 30 Abs. 1 gilt* – Versuchsgrundsätze anzuwenden sind. Vgl. insoweit *Letzgus*, Vorstufen (o. Fußn. 41), S. 24 ff.; *Dreher*, GA 1954, 14; *Busch*, Erfolglose Teilnahme (o. Fußn. 5), S. 143.

45 Zum Grundsatz der *interpretatio stricta* von Ausnahmeregelungen s. u.a. *Larenz*, Methodenlehre (4. A. 1979), S. 329; *Engisch*, Einführung in das juristische Denken (6. A. 1975), S. 100 ff.; kritisch *F. Müller*, Juristische Methodik (1971), S. 151. – Selbst wenn die derzeitige Tendenz in der Methodenlehre auf eine differenzierte Betrachtung zielt, müßte der Grundsatz vorliegend, da es sich um eine „echte Durchbrechung des Grundprinzips" (s. *Larenz* a.a.O.) handelt, Anerkennung finden. – Der Ausnahmecharakter des § 159 bezieht sich sowohl auf die generelle Begrenzung des § 30 Abs. 1 auf Verbrechen wie auf die generelle Straflosigkeit von bloßen Vorbereitungshandlungen. § 159 beinhaltet somit eine gestufte Ausnahmeregelung.

gung zu *analoger* Gesetzesanwendung[46]. Gegen sie würden vorliegend prinzipielle Bedenken aus dem Grundsatz *nullum crimen sine lege* zwar selbst dann nicht zu erheben sein, wenn sie sich zu Lasten des Beschuldigten auswirken würde, denn sie ist hier vom Gesetzgeber selber angeordnet. Bietet sich jedoch für die Verweisungsnorm eine Interpretationsmöglichkeit an, welche die im Analogieschluß enthaltene *Ähnlichkeitsprüfung* (als das eigentlich „weiche" und damit gefährliche Element) auf ein unmittelbar verständigungsfähiges Merkmal begrenzt, so harmoniert eine solche Interpretation am besten dem Grundgedanken des strafrechtlichen Analogieverbotes und verdient daher den Vorzug. Der zweite Grund spielt bereits in den Bereich teleologischer Erwägungen hinüber. Wenn der Gesetzgeber in § 30 Abs. 1 den Bereich der Strafbarkeit versuchter Anstiftung auf Verbrechen begrenzt, so knüpft er damit nicht nur an ein formales, leicht ermittelbares Kriterium an, sondern trifft auch eine (wenngleich formalisierte) Wertentscheidung dahin, daß die Akzessorietätslockerung nur in Fällen besonderer Tatschwere eintreten soll. Wenn nun in § 159 aus kriminalpolitischen Gründen für die Tatbestände der §§ 153 und 156 eine im Bereich des Strafgesetzbuches[47] gänzlich singuläre Ausnahme von diesem Erfordernis gemacht wird[48], so spricht auch insoweit die Ausnahmestellung für strikte Interpretation der Norm.

Der Blickwinkel systematischer Auslegung ergibt somit mehr Argumente für die Straflosigkeit der fraglichen Fälle als für ihre Strafbarkeit.

Eine Auslegung aus *Sinn und Zweck* der Regelung stößt auf Schwierigkeiten, weil teleologische Erwägungen ohne konsistente Argumentationsgrundlage nur schwer zu plausiblen, kaum zu zwingenden Folgerungen führen können. An der Konsistenz der gesetzlichen Regelung aber mangelt es hier. Nur in engem Rahmen kann daher versucht werden, dem Gesetz einen Rest von Plausibilität zu entnehmen bzw. zu unterlegen. Auszuscheiden hat jedenfalls die Überlegung, daß ein Nebeneinander von straflosem Versuch und strafbarer Anstiftung im Hinblick auf dasselbe Delikt nicht hinnehmbar sei[49]. Die vorgegebene gesetzgeberische Entscheidung schließt diese

46 Vgl. *Larenz*, Methodenlehre, S. 197 f., 327.

47 Erweiterungen außerhalb des Strafgesetzbuches z.B. in §§ 28, 34 WStG (Verabredung zur Unbotmäßigkeit; Erfolgloses Verleiten zu einer rechtswidrigen Tat). Allerdings enthält § 28 WStG einen selbständigen Tatbestand, womit sich gewisse Modifikationen in der Auslegung gegenüber dem als Verweisungsvorschrift konzipierten § 159 ergeben; dazu noch weiter unten. § 34 WStG enthält in seinen wesentlichen Teilen eine wörtliche Wiederholung des Textes von § 30 Abs. 1 StGB.

48 Eine gewisse Parallele enthält § 111 Abs. 2 StGB, der aber einerseits ebenfalls als Sondertatbestand ausgestaltet ist, andererseits in der faktischen Erweiterung des Bereiches *erfolgreicher* Anstiftung (Abs. 1) eine besondere zusätzliche Funktion besitzt.

49 Hierauf weist *Schröder*, JZ 1971, 564, zu Recht hin.

Friktion als *Möglichkeit* ein. Überhaupt ist Strafbarkeit aus § 159[50] notwendig auf Fälle begrenzt, in denen Strafbarkeit der beeinflußten Person nicht besteht. Fraglich ist nur, ob auch die *hier* angesprochene Fallkonstellation von dieser Folge erfaßt wird. Insoweit werden nun freilich „die Friktionen [...] hermeneutisch unlösbar"[51]. Selbst bei Berücksichtigung der kriminalpolitischen Zielsetzung, welche der gesetzlichen Regelung zugrundeliegt, läßt das Gesetz keine bruchlose Interpretation zu – eine Folge des gesetzgeberischen Doppelbeschlusses, einerseits die Versuchte Haupttat für straflos zu erklären, andererseits die Versuchte Anstiftung zu eben dieser Tat zu poenalisieren. Entscheidet man sich nämlich für die Strafbarkeit der Beeinflussungshandlung, die bis zu einem Versuch der Haupttat geführt hat, so führt dies zu der bereits erörterten Verletzung des Akzessorietätsgrundsatzes; spricht man sich hingegen für die Straflosigkeit der betreffenden Beeinflussungshandlung aus, so entsteht ein anderer Bruch, denn nun steht jener Handelnde, dessen Beeinflussungshandlung *a limine* erfolglos geblieben (z.B. vom Empfänger nicht verstanden oder abgelehnt worden oder an einen *omnimodo facturus* gerichtet worden) ist oder aus anderen Gründen nicht einmal den Versuch der Haupttat ausgelöst hat, schlechter da als derjenige, dessen Beeinflussungshandlung zu einem Versuch der Haupttat geführt hat. Zwar könnte man unter Hinweis auf die erörterte kriminalpolitische Zielsetzung, die der Poenalisierung der Versuchten Anstiftung zu falschen uneidlichen Aussagen zugrunde liegt, den zuerst genannten Widerspruch als den eher hinzunehmenden ansehen, da eine Strafbarkeit der hier erörterten Fälle das Rechtsgut des § 153 (sowie des § 156) umfassender gegen Einflußnahmen interessierter Dritter schützt; dabei würde indessen der eine Teil der gesetzgeberischen Entscheidung des Jahres 1953 unzulässig isoliert; die Entscheidung für die Straflosigkeit der Versuchten Haupttat gehört ebenfalls zu dem damals normierten Regelungskomplex und muß in die Interpretation einbezogen werden. Da die Zielsetzungen der beiden Vorschriften nicht miteinander zu vereinbaren sind, andererseits jede der beiden Interpretationsmöglichkeiten ebenfalls zu widersprüchlichen Ergebnissen führt, ist vom Sinn und Zweck der gesetzlichen Regelung her keine interpretatorische Klärung der Problematik möglich.

Somit könnte allenfalls die *Entstehungsgeschichte* der gesetzlichen Regelung Erkenntnisse produzieren.

Die *konkreten* Begleitumstände der Entstehung geben keinen Aufschluß. Alles spricht dafür, daß der Rechtsausschuß des Bundestages – und ihm folgend das Ple-

---

50 Wie auch – was Schröder nicht berücksichtigt – die Anwendbarkeit des § 30 Abs. 1; denn in der hier problematischen Fallgruppe – Gedeihen der Haupttat bis zum Versuch – ist nicht § 30 Abs. 1, sondern § 26 anzuwenden.

51 *Maurach/Schroeder*, BT/2, S. 183.

num – sich der Widersprüchlichkeit der geschaffenen Regelung nicht bewußt war. Die Straflosigkeit von Vorbereitungshandlungen wurde prinzipiell als Konsequenz der beschlossenen Strafloserklärung der Versuchten Haupttat angesehen. Welche Vorstellung über den Anwendungsbereich der – einschränkenderweise strafbar belassenen – Versuchten Anstiftung die Mitglieder der gesetzgebenden Gremien beherrscht hat, ist nicht zu ermitteln.

Stellt man hingegen statt auf den Willen des historischen Gesetzgebers auf die historische Entwicklung der gesetzlichen Regelung ab, so spricht mehr für die Straflosigkeit der hier diskutierten Fälle als für ihre Subsumtion unter § 159. Auf diesen Gesichtspunkt stellt auch der Bundesgerichtshof in erster Linie ab[52]. Bis 1943 war § 159 als selbständiger Unternehmenstatbestand konzipiert. Trotz der dann erfolgten Umwandlung in eine auf § 49 a.F. bezogene Verweisungsnorm blieb die Vorschrift für unsere Fallkonstellation bis 1953 gänzlich ohne Bedeutung, denn während dieser Zeit war der Versuch der (1943 neu unter Strafe gestellten) falschen uneidlichen Aussage strafbar. Die Grenzlinien zwischen Vollendeter und Versuchter Anstiftung bei § 49a a.F. (= § 30 n.F.) und bei § 159 verliefen somit parallel. Daß der Gesetzgeber mit der Strafloserklärung des Versuchs der falschen uneidlichen Aussage den Anwendungsbereich des § 159 um die Fälle der bis dahin nach § 48 a.F. (= § 26 n.F.) StGB strafbaren Fälle hätte *erweitern* wollen, kann umso weniger angenommen werden, als er – in Konsequenz der Entscheidung für die Straflosigkeit des Versuches des § 153 – bei derselben Gelegenheit die Bezugnahme auf andere Vorbereitungshandlungen aus § 159 entfernte. Es kommt hinzu, daß erst zehn Jahre zuvor der selbständige Charakter des § 159, dem sich ein – wenn auch nicht zwingendes[53] – Argument für die Versuchslösung hätte entnehmen lassen, beseitigt worden war.

In einer Situation, die nur widersprüchliche Lösungen zuläßt, scheinen die besseren Argumente immer noch für die Akzessorietäts-Lösung zu sprechen. Zu ergänzen ist, daß diese Lösung auch als die rechtsstaatlichere erscheint. Zwar führt auch sie zu einer sachlich nicht einsichtigen Friktion, nämlich zu gleicher Behandlung des von vornherein erfolglosen Anstifters und desjenigen Anstifters, der eine – wenn auch straflose – Haupttat verursacht hat. Während aber die Widersprüchlichkeit des Gegenmodells auf einer Strafbarkeits*ausweitung* beruht, resultiert sie in jenem aus einer *Einengung* der Strafbarkeit. Es erscheint rechtsstaatlich noch am ehesten erträglich,

---

52 BGHSt 24, 39.

53 Die auf diesen Charakter des § 159 abstellende Argumentation des Reichsgerichts (s.o. Fußn. 27) war schon zu ihrer Zeit nicht unbestritten. S. die Nachweise in der Entscheidung des BGH (E 24, 39).

eine dogmatisch kaum aufzuhellende Dunkelheit des Gesetzes sich zugunsten des „Täters“ auswirken zu lassen.

Zu erwägen ist schließlich noch, ob den Fällen der erfolgreichen, aber straflosen Anstiftung zur Falschaussage[54] jene oben angesprochenen Fälle gleichgestellt werden sollen, in denen die Anstiftungshandlung – vom Anstifter unbemerkt – ihrem Inhalt nach *nur* zu einem untauglichen Versuch führen konnte[55]. Eine besondere Problematik kann freilich insoweit nur entstehen, falls es zu der den Untauglichen Versuch bildenden Tat nicht gekommen ist, denn andernfalls ist die Fallgruppe bereits mit unseren vorangegangenen Erörterungen erledigt. Für die Einbeziehung dieser Fälle spricht, daß der Erfolg, den sie ihrer Natur nach äußerstenfalls hätten herbeiführen können, eben jener ist, dessen Veranlassung zuvor für straflos befunden worden ist, während die anderen Fälle gescheiterter Anstiftungsversuche nicht wegen des Inhalts der Aufforderung, sondern wegen äußerer, akzidentieller Umstände nicht zu einem tauglichen oder einem – trotz tauglicher Anstiftungshandlung – untauglichen Versuch der Haupttat geführt haben. Die Fallgruppe verdient demnach mit der zuvor erörterten gleichbehandelt zu werden.

Die Schwierigkeiten der Interpretation des § 159, die Unmöglichkeit, bruchlose Lösung der einschlägigen Fälle zu erreichen, lassen die Kritik im Schrifttum und die Forderung nach Beseitigung oder Reform der „dem Normengefüge des Strafgesetzbuches schlecht eingepaßten“ Regelung berechtigt erscheinen. Die oben[56] eingeräumten kriminalpolitischen Vorteile der Regelung an sich vermögen die Mängel kaum wettzumachen.

V. Teilnahme

Ob am Verhalten nach § 159 abermals Teilnahme möglich ist, hängt zunächst davon ab, ob und wieweit man sie bei § 30 Abs. 1 für möglich hält; dort aber ist sie unzweifelhaft jedenfalls dann möglich, wenn sie selber Versuchte Anstiftung ist und damit nach der seit Inkrafttreten des 2. Strafrechtsreformgesetzes geltenden Textfassung („[...] oder zu ihm anzustiften“) unmittelbar unter § 30 Abs. 1 fällt[57]. Damit ist abweichend von § 49a a.F. die Versuchte Anstiftung zur Anstiftung (Versuchte „Kettenanstiftung“) ausdrücklich im Gesetzestext des § 30 Abs. 1 fixiert[58]. Abweichend

54 Vgl. Fußn. 31.

55 Nicht gemeint sind also jene Fälle, in denen eine an sich taugliche Anstiftungshandlung zu einem untauglichen Versuch führt.

56 S.o. b. Fußn. 17.

57 S. nur *Samson*, SK, § 30, Nr. 25.

58 Unter der Herrschaft des § 49a a.F. war die Einbeziehung der Kettenanstiftung str., entsprach jedoch der h.M.; s. die Nachweise b. *Cramer*, Sch/Schr, § 30 Rdn. 30.

hiervon verweist nun aber § 159 nur für den „Versuch der Anstiftung“ auf § 30 Abs. 1, erwähnt also nicht die Versuchte Kettenanstiftung. Lenckner[59] zieht hieraus zu Recht den Schluß, daß die Fälle der erfolglosen Anstiftung (z.B.: derjenige, der als Anstifter gewonnen werden soll, weist das Ansinnen ab), straflos zu bleiben haben. Schroeder[60] hält dem entgegen, daß § 159 den § 30 Abs. 1 insgesamt für entsprechend anwendbar erkläre. Er übersieht jedoch, daß die Wörter „Versuchte Anstiftung“ noch nicht die Verweisung auf die „entsprechende Anwendung“ enthalten, sondern dieser Verweisung vorgelagert sind. Sie setzen also den Tatbestand fest, *auf den* die Bestimmungen des § 30 Abs. 1 „entsprechend anwendbar“ sind. Satzbau und Wortsinn sind insoweit eindeutig. Es wäre dem Gesetzgeber ein leichtes gewesen, in § 159 den § 30 Abs. 1 unter Weglassung der Eingangsworte generell auf Taten nach § 153 und § 156 für entsprechend anwendbar zu erklären. Da dies nicht geschehen ist, würde die Einbeziehung der Versuchten Kettenanstiftung unzulässige Analogie zu Ungunsten des Täters bedeuten. Die Differenzierung ist angesichts der verglichen mit den Fällen des § 30 Abs. 1 generell geringeren Unrechtsschwere auch durchaus plausibel.

Zutreffend ist es hingegen, wenn Schroeder[61] in Übereinstimmung mit der überwiegenden Meinung[62] die Versuchte Anstiftung zur Beihilfe und die Anstiftung zur Versuchten Beihilfe für straflos ansieht. Dies folgt bereits für § 30 Abs. 1 einerseits aus dem seit 1975 geltenden Wortlaut, der zwar ausdrücklich die Versuchte Kettenanstiftung, nicht hingegen die erwähnten Fälle erfaßt[63], andererseits aus der Tatsache, daß die Beihilfe zur Versuchten Anstiftung und die Anstiftung zur Versuchten Beihilfe ihrem Wesen nach Fälle der – seit 1953 nicht mehr strafbaren – Versuchten Beihilfe sind[64].

Ob die danach als einzige Teilnahmeform noch in Betracht kommende Anstiftung zur Versuchten Anstiftung tatsächlich – wie es die ganz h.M. annimmt[65] – strafbar ist, hängt, wie erwähnt, davon ab, ob man die Möglichkeit strafbarer Teilnahme an Vorbereitungshandlungen prinzipiell bejaht. Mit Samson ist insoweit darauf abzuheben, daß § 30 eine Ausnahme von dem aus Gründen der Tatbestandsbestimmtheit wesentlichen Grundsatz der Akzessorietät darstellt und schon deshalb restriktiv zu interpretieren ist. Vor allem aber läßt sich § 30 „[...] nicht wie ein Tatbestand behan-

---

59 *Lenckner*, Sch/Schr, § 159 Rdn. 7.

60 *Maurach/Schroeder*, BT/2, S. 184.

61 A.a.O., S. 185.

62 Nachweise – auch über die Gegenmeinung – bei *Cramer*, Sch/Schr, § 30 Rdn. 49.

63 *Maurach/Schroeder*, a.a.O.

64 *Samson*, SK, § 30 Rdn. 25 m. Nachw.

65 *Dreher/Tröndle*, StGB, § 30 Rdn. 14; *Cramer*, Sch/Schr, § 30 Rdn. 50.

deln, der Akzessorietätsgrundsätzen genügt"[66]. Jedenfalls für § 159, der die in § 30 Abs. 1 zur Tatbestandsvariante verfestigte Versuchte Anstiftung zur Anstiftung nicht erfaßt, muß dieser Grundsatz zu der Konsequenz führen, daß die Anstiftung zur versuchten Anstiftung straflos bleibt.

VI. Zusammenfassung

Die Ergebnisse unserer Erörterung lassen sich in folgenden Thesen zusammenfassen:

1. Die (nach der bestehenden gesetzlichen Regelung) unterschiedlich weite Anwendbarkeit des § 30 auf den Meineid einerseits (§ 30 Abs. 1 *und* 2), auf die falsche uneidliche Aussage andererseits (nur § 30 Abs. 1), erscheint nicht zwingend, aber vertretbar.

2. Das Nebeneinander von straflosem Versuch der falschen uneidlichen Aussage und strafbarer Versuchter Anstiftung zu dieser Tat kann zwar nicht mit einer Differenz in der Unrechtsschwere beider Verhaltensweisen, wohl aber mit ihren unterschiedlichen kriminalistischen Bedingungen plausibel gemacht werden. Die beiden Teile der gesetzgeberischen Entscheidung sind daher je für sich konsistent und schon deshalb hinzunehmen.

3. Eine Anstiftungshandlung, welche zum (tauglichen oder untauglichen) Versuch der falschen uneidlichen Aussage geführt hat, ist, akzessorisch zur Straflosigkeit des Tatversuchs, nicht strafbar nach §§ 26, 153; sie ist aber auch nicht strafbar nach §§ 159, 30 Abs. 1, 153.

4. Straflos ist ferner – unabhängig davon, wie weit das Verhalten des Beeinflußten gediehen ist – jene Anstiftungshandlung, die nach ihrem Inhalt von vornherein nur zu einem untauglichen Versuch der falschen uneidlichen Aussage führen könnte.

5. Strafbare Teilnahme an dem in § 159 beschriebenen Verhalten ist nicht möglich; insbesondere ist die in § 30 Abs. 1 ausdrücklich erwähnte Versuchte Kettenanstiftung nicht nach § 159 übernommen.

6. Wegen unaufhebbarer Unstimmigkeiten beim Aufeinandertreffen der beiden erwähnten gesetzgeberischen Entscheidungen sollte § 159 – ungeachtet des zu 2. genannten Ergebnisses – gestrichen werden.

Nachbemerkung

Der Meinungsstand zu der behandelten Problematik hat sich seither ein wenig zu Lasten der hier und von der Rspr. vertretenen Auffassung verschoben. So hat *Hettinger*, Wessels/

66 *Samson*, a.a.O., Rdn. 26; anders die h.M.

Hettinger BT/1 § 17 Rnr. 781 die von *Wessels* vertretene zustimmende Auffassung aufgegeben. Im Leipziger Kommentar hat *Ruß* in der 11. Auflage (Rn. 1a) die in den Vorauflagen von Willms vertretene zustimmende Auffassung aufgegeben. Ruß beruft sich (unter Bezugnahme auf *Sch/Schr/Lenckner* Rn. 4) darauf, dass es im Interesse eines wirksamen Rechtsgüterschutzes geboten sei, jeden Versuch einer Zeugenbeeinflussung von vornherein zu unterbinden. Dieser *kriminalpolitischen* Argumentation ist auch im obigen Aufsatz ihr Recht eingeräumt worden; entscheidend ist aber die *rechtliche* Frage, wie der offenkundige innere Widerspruch der gesetzlichen Regelung aufgelöst werden kann. *Hettinger*, Wessels/Hettinger BT 1, 33. Aufl. (2009), Rn. 781, lehnt die im Aufsatz vertretene Auslegung, die er als „teleologische Reduktion" klassifiziert, als „unzulässige[n] Weg einer Korrektur des als falsch erachteten Gesetzes" ab. Inhaltlich verweist er auf die Äußerung von *Schroeder*, JZ 1971, 563, wonach die Begründung der Gegenauffassung „in Widerspruch zu dem [stehe], was im Rahmen des § 30 Abs. 1 allgemein anerkannt ist". Indes kann im Rahmen des § 30 Abs. 1 die erörterte Problematik, wie oben gezeigt, gar nicht auftreten.

9.

Frühzeitige und rechtzeitige Berichtigung falscher Angaben.
– Zugleich ein Beitrag zur Systematik der §§ 153, 158 StGB und zum Merkmal „uneidlich“ in § 153 StGB –
(1989)

In der Grundsatzentscheidung seines Großen Strafsenats vom 24. 10. 1955 (BGHSt. 8, 301) hat der BGH unter Zustimmung des strafrechtlichen Schrifttums seine bis dahin vertretene Auffassung aufgegeben, wonach falsche Angaben, die zwischen dem Ende der Vernehmung und dem Ende der Vereidigung berichtigt werden, auch keine Bestrafung aus § 153 StGB herbeiführen können. Die folgenden Überlegungen führen zu der Empfehlung, zum früheren Standpunkt der Rechtsprechung zurückzukehren.

I. Problemstellung

§ 158 StGB verleiht dem über eine Falschaussage befindenden Strafgericht die Befugnis, die Strafe wegen falscher uneidlicher Aussage oder wegen Meineides[1] nach seinem Ermessen zu mildern oder von Strafe abzusehen, wenn der Täter die falsche Angabe *rechtzeitig* berichtigt. Auf eine Berichtigung allerdings, die bereits *vor Beendigung der Aussage* erfolgt – im folgenden *frühzeitige* Berichtigung genannt –, ist nicht § 158 anzuwenden, sondern es tritt obligatorisch Straflosigkeit ein[2].

1. Bleibt die Aussage *unbeeidet*, so ist der Zeitpunkt der Beendigung der Falschaussage zugleich derjenige der Vollendung der Tathandlung des § 153 StGB. Beendet ist die Aussage prinzipiell dann, wenn die Vernehmung beendet ist. Dies ist – unter Übergehung von Randproblemen – dann der Fall, wenn sowohl der Vernehmende als auch die Aussageperson zu erkennen geben, daß sie weitere Bekundungen nicht mehr erwarten bzw. beabsichtigen. Dieser Zeitpunkt bildet somit die Grenze zwischen Frühzeitigkeit und Rechtzeitigkeit der Berichtigung falscher Angaben.

---

1 § 156, der in § 158 ebenfalls in Bezug genommen wird, hat für die nachfolgend behandelte Problematik keine Bedeutung.

2 Im Falle der *uneidlichen Aussage* ohne weiteres (angesichts der fehlenden Strafbarkeit des Versuchs), im Falle des *Meineides* bei – im allgemeinen anzunehmender – Freiwilligkeit des in der Berichtigung liegenden Rücktritts.

2. Fraglos und – wenigstens theoretisch[3] – eindeutig ist diese Grenzziehung freilich nur bei unbekräftigt gebliebener Falschaussage. Hingegen wird sie fragwürdig, wenn die Aussageperson nach Abschluß ihrer Bekundungen die Aussage bekräftigt (meistens also: *beeidet*). Unzweifelhaft – weil selbstverständlich – ist allerdings, daß eine Berichtigung, die *nach* erfolgter Beeidigung der Falschaussage erfolgt, nur noch die Rechtsfolge des § 158 aktivieren kann. Wie aber ist zu entscheiden, wenn die Berichtigung zwischen Aussageende und Bekräftigungsende erfolgt? Bleibt es hier bei der Zuweisung zum Anwendungsbereich des § 158, oder rückt die Grenzlinie an das Ende der Bekräftigung? Soll also dem Zeugen, der angesichts der bevorstehenden oder gerade stattfindenden Vereidigung die Berichtigung seiner falschen Angabe(n) erwägt, die Motivation hierzu durch die Aussicht auf obligatorische Straffreiheit oder durch die Aussicht auf (bloß) fakultative Strafmilderung oder -befreiung verstärkt werden? Die Rechtsprechung des Bundesgerichtshofes zu dieser Frage ist schwankend. Der 1. Senat des BGH hat in BGHSt 4, 172 die Auffassung vertreten, § 153 StGB sei nicht anwendbar, wenn eine Zeugenaussage mit dem Eid abschließe[4]; dies gelte auch dann, wenn die Aussage wissentlich falsch gewesen, aber vor der Eidesleistung richtiggestellt worden sei. In der bekannten Grundsatzentscheidung des Großen Senats in Strafsachen (BGHSt 8, 301) wird hingegen ausdrücklich – wenngleich wohl nur als obiter dictum – die Auffassung vertreten, nach dem Abschluß der uneidlichen Aussage könne die Berichtigung nur noch die Folge des § 158 hervorrufen, u. zw. auch dann, wenn der Zeuge, bevor er den Eid leiste, die unwahren Angaben berichtige und nunmehr eine *wahre* Aussage beschwöre[5].

Für die substantiierte Beantwortung der gestellten Frage ist es erforderlich, sich der Systematik der Aussagetatbestände und des rechtshistorischen Materials zu versichern.

II. Systematik der Aussagetatbestände

1. Die herrschende Auffassung

Betrachtet man allein den Gesetzeswortlaut der §§ 153 und 154, so stehen die beiden Tatbestände zwar in enger Nachbarschaft, nicht aber in einer systematischen Beziehung. § 153 pönalisiert die „uneidliche Falschaussage“, § 154 das „falsche Schwö-

---

3 Zu praktischen Einzelproblemen s. *Willms*, LK, § 153 Rdn. 11; *Lenckner/Schönke/Schröder*, § 153 Rdn. 8; *Rudolphi*, SK, § 153 Rdn. 7.

4 Ebenso der 4. Strafsenat in einer Entscheidung v. 24. 4. 1952, Az. 4 StR 918/51 (Hinweis in BGHSt 8, 310).

5 A.a.O., S. 314 f. Ebenso das Schrifttum: *Willms*, LK, § 154 Rdn. 13; *Lenckner/Schönke/Schröder*, § 153 Rdn. 16; *Rudolphi*, SK, § 153 Rdn. 10; *Lackner*, StGB, § 154 Anm. 8; *Dreher/Tröndle*, StGB, § 154 Rdn. 25.

ren". Insbesondere ist also nach unbezweifelbarem Wortsinn das Merkmal „uneidlich" Tatbestandsmerkmal des § 153. Zweifel an der Relevanz dieses Merkmals entstehen erst, wenn man mit der herrschenden Meinung *§ 154 StGB* parallel zu § 153 formuliert, so daß er die *eidliche Falschaussage* unter Strafe stellt[6], und wenn man hieraus – immer noch mit der herrschenden Meinung – weiter folgert, daß dort, wo die Anwendungsbereiche der §§ 153 und 154 sich überlagern – nämlich im Bereich falscher Aussagen von Zeugen und Sachverständigen –, § 154 qualifizierende *lex specialis* zu § 153 ist. Diese Auffassung widerspricht allerdings offenkundig dem sprachlichen Gehalt beider Tatbestände, denn „Eidlichkeit" ist fraglos nicht ein Spezialfall der „Uneidlichkeit", sondern deren genaues Gegenteil. Die herrschende Auffassung über das Verhältnis der beiden Tatbestände zueinander ist daher nur haltbar, wenn man das Merkmal „uneidlich" in § 153 vernachlässigt – „weginterpretiert". Diese Operation läßt sich – wie hier nicht weiter ausgeführt werden soll[7] – gut rechtfertigen. § 153 bedroht demnach *die Falschaussage*, § 154 *die bekräftigte Falschaussage*[8] mit Strafe.

2. Gesetzeswortlaut als Konstruktionsgrenze

Die nicht zu bezweifelnde Stringenz und Sachgerechtigkeit der h.M. darf nicht vergessen machen, daß die dargestellte Systematik auf einer doppelten Korrektur des Gesetzeswortlautes fußt: einerseits auf der Umformulierung des „falschen Schwörens" in die „bekräftigte Falschaussage" in § 154, andererseits auf der Eliminierung des Merkmals „uneidlich" in § 153. Die systematische Glättung der Aussagetatbestände findet aber ihre unabdingbare Grenze dort, wo sie sich nachteilig für den Beschuldigten auswirkt. Der „ursprüngliche" Wortlaut der §§ 153, 154 muß sich daher als Garantietatbestand i.S.v. Art. 103 Abs. 2 GG, § 1 StGB auch gegenüber dem umformulierten Wortlaut behaupten.

a) Was *§ 154 StGB* angeht, so läßt die Auffassung, der *Versuch* der bekräftigten Falschaussage beginne erst dann, wenn die Aussageperson mit dem Nachsprechen der Eidesformel bzw. mit dem Sprechen der Bekräftigung i.S.d. § 155 begonnen

---

6 *Rudolphi*, SK, Vor § 153 Rdn. 6; *Lenckner/Schönke/Schröder*, § 154 Rdn. 1; *Willms*, LK, § 154 Rdn. 1. Prinzipiell ebenso der BGH in seiner erwähnten Grundsatzentscheidung; BGHSt 8, 309: „Der Meineid ist – als Zeugen- und Sachverständigeneid – die durch die feierliche oder (!) sakrale Bekräftigung ausgezeichnete, erschwerte Falschaussage. *Die uneidliche Falschaussage des § 153 StGB ist das Grunddelikt*" (Hervorhebung im Original).

7 Ausführlich dazu *Vormbaum*, Der strafrechtliche Schutz des Strafurteils (1987), S. 190 ff.

8 Unter „bekräftigter Falschaussage" werden hier alle Falschaussagen verstanden, die mit dem Eid oder mit einer eidesgleichen Bekräftigung (§ 155 StGB) bekräftigt werden. Zur Terminologie s. *Vormbaum*, Der strafrechtliche Schutz des Strafurteils (1987), S. 182 f.

habe[9], sich am einfachsten aus der Garantiefunktion des „ursprünglichen“ Gesetzeswortlautes „falsch schwören“ ableiten, denn eine auf einen früheren Zeitpunkt abstellende Auffassung wäre mit diesem Wortlaut kaum zu vereinbaren.

Freilich kann dieses Ergebnis notfalls auch aus allgemeinen Grundsätzen der Versuchsdogmatik deduziert werden. Besteht nämlich eine Qualifikation in einer dem Grunddelikt nachfolgenden Handlung, so beginnt nach zutreffender Auffassung der Versuch des qualifizierten Delikts erst mit dem unmittelbaren Ansetzen zur Verwirklichung des qualifizierenden Umstandes[10]. Unumstritten ist dies freilich nicht[11], und ob die herrschende Auffassung vom Versuchsbeginn beim Meineid hieraus zwingend folgt, ist zweifelhaft, denn eine „unmittelbare Gefährdung des geschützten Handlungsobjektes“ bzw. „enge Verknüpfung mit der tatbestandlichen Ausführungshandlung“ (jeweils gemessen am Täterplan)[12] könnte notfalls auch in einem früheren Zeitpunkt angenommen werden. Die Gründung des Ergebnisses auf den „ursprünglichen“ Gesetzeswortlaut des § 154 erscheint daher solider.

b) Kernproblem unseres Themas ist die Wortlautkorrektur an *§ 153 StGB*. Wir wollen wissen, ob die Eliminierung des Merkmals „uneidlich“ zu einer Benachteiligung des Beschuldigten führen kann.

Der Tatbestand erwähnt die „un*eidliche*“ Falschaussage, bezieht also in die negatorische Bezugnahme nur den Eid, nicht aber die eidesgleichen Bekräftigungen i.S.v. § 155 ein. Stellt aber § 155 die eidesgleiche Bekräftigung dem Eid gleich, macht sie also anwendungstechnisch zum „Eid“, so muß die Negation „uneidlich“ sich auf diesen durch § 155 erweiterten Begriff des Eides beziehen. „Uneidliche Aussage“ i.S.d. § 153 StGB meint daher „unbekräftigte Aussage“[13].

---

9 Allgemeine Auffassung; s. nur BGHSt 1, 243; BGHSt 4, 176; *Rudolphi*, SK, § 154 Rdn. 11; *Willms*, LK, § 154 Rdn. 21; *Lenckner/Schönke/Schröder*, § 154 Rdn. 15; *Dreher/Tröndle*, StGB, § 154 Rdn. 11. – Beim *Voreid* beginnt die Tathandlung mit dem Beginn der nachfolgenden Falschaussage (Nachw. wie vor).

10 S. z.B. *Rudolphi*, SK, § 22 Rdn. 18; *Eser/Schönke/Schröder*, § 22 Rdn. 58; *Maurach/Gössel/Zipf*, AT/II (5. A.), S. 24 f. m. w. Nachw.; *Stree*, FS Peters (1974), S. 187 ff., mit umfangreichen Nachw. auch zur Gegenauffassung; zweifelnd *Lackner*, StGB (17. A.), § 22 Anm. 1 d.

11 Nach der (wohl nicht mehr herrschenden) Gegenauffassung (s. z.B. *OLG Hamm*, MDR 1976, 155; *Busch*, LK [9. A.], § 43 Rdn. 31; weitere Nachw. b. *Stree* a.a.O.) beginnt der Versuch des qualifizierten Delikts sowohl mit dem Ansetzen zur Verwirklichung des Grundtatbestandes als auch mit dem Ansetzen zur Verwirklichung eines erschwerenden Momentes.

12 Zu den genannten Kriterien für den Versuchsbeginn s. BGHSt 20, 150; BGHSt 22, 80; BGHSt 26, 201; BGHSt 31, 10; *Wessels*, AT (17. A.), § 14, II 2; Besprechung der jüngsten Rspr. b. *Sonnen/Hansen-Siedler*, JA 1988, 20 ff.

13 Zur Terminologie s. bereits Fußn. 8.

3. Entstehung des Problems

Wie aber konnte das Merkmal „uneidlich", wenn es doch einer geglückten Systematik der Aussagetatbestände im Wege steht, überhaupt in das Gesetz gelangen? Zwei Faktoren – ein redaktioneller und ein sachlicher – dürften die Erklärung liefern: Der heute als § 153 geführte Straftatbestand gelangte erst 1943 ins Strafgesetzbuch[14]. Die neue Vorschrift war zunächst als § 156a dem Meineid-Tatbestand[15] nachgeordnet; erst im Jahr darauf erhielten die Tatbestände des 9. Abschnitts ihre heutige Anordnung[16]. Im Kontext der zunächst getroffenen Regelung machte es durchaus Sinn, herauszustellen, daß neben dem (im vorangehenden Paragraphen normierten) Meineid auch die *un*eidliche Falschaussage unter Strafe gestellt sei – um so mehr, als dies bis dahin nicht der Fall gewesen war.

Der zweite – sachliche – Faktor: Die heute kaum noch angezweifelte Auffassung vom Verhältnis der §§ 153 und 154, die ihre Basis im Rechtspflegeschutz-Charakter beider Tatbestände hat, konnte sich erst im Gefolge der erwähnten Grundsatzentscheidung des Großen Strafsenats[17] endgültig durchsetzen[18]. 1943 besaß die Auffassung vom Meineid als einem Sakraldelikt oder Ehrverpfändungsdelikt noch eine starke Stellung, so daß die Gegenübersetzung von Meineid und uneidlicher Falschaussage dem Stand der Dogmatik angemessen sein mochte. Dennoch: Daß im Jahr darauf, als die endgültigen Standorte der beiden Tatbestände festgelegt wurden, im neuen § 153 das Merkmal „uneidlich" beibehalten wurde, ist insgesamt eher einem Redaktionsversehen als planender gesetzgeberischer Vernunft zu verdanken, zumal ausweislich der Gesetzesmaterialien die Verfasser der neuen Regelung vom Rechtspflegeschutz-Charakter des Meineidtatbestandes ausgingen[19].

---

14 Der Tatbestand der falschen uneidlichen Aussage wurde in seinem bis heute unverändert gebliebenen Kern durch die StrafrechtsangleichungsVO vom 29.5.1943 (RGBl. I, S. 339) in das Strafgesetzbuch eingefügt.

15 Der bei dieser Gelegenheit ebenfalls eine Umstrukturierung erfuhr. Dazu ausführlich *Vormbaum*, Eid, Meineid und Falschaussage (1990); vgl. auch *Willms*, LK, § 154 vor Rdn. 1; *W. Herrmann*, Die Reform der Aussagetatbestände (1973), S. 44 ff.; *Rietzsch*, GA (DStR) 1943, 105.

16 Durch die Zweite VO zur Durchführung der StrafrechtsangleichungsVO v. 20. 1. 1944 (RGBl. I, S. 41).

17 BGHSt 8, 301.

18 Selbst heute noch wird betont, daß die Interpretation der Aussagedelikte als Delikte gegen die Rechtspflege nicht ohne Rest aufgehe. Vgl. *Lenckner/Schönke/Schröder*, Vor § 153 Rdn. 2; zustimmend *Blei*, BT (11. A.), S. 359.

19 Dazu *Vormbaum*, Eid (wie Fußn. 15).

III. Lösung des Problems

1. Ableitung der herrschenden Meinung

Kehren wir mit den gewonnenen Einsichten zum Ausgangsproblem zurück, und fragen nach der strafrechtlichen Behandlung der Aussageperson, die ihre falsche(n) Angabe(n) zwischen dem Ende der Bekundungen und dem Ende der Aussagebekräftigung berichtigt. Daß der Täter hier nicht aus *§ 154* bestraft werden kann, unterliegt keinem Zweifel, denn seine Aussage ist zwar durch die Beeidigung zu einer eidlichen Aussage geworden, eine *Falsch*aussage kann aber nur dann zu einer *eidlichen Falsch*aussage werden, wenn die Falschheit bis zum Ende der Vereidigung andauert[20]. Fraglich ist hingegen, ob in Fällen, in denen § 154 trotz abgegebener Bekräftigung nicht eingreift, die Strafbarkeit nach *§ 153* bestehenbleibt.

Der Bundesgerichtshof hat – wie erwähnt – zunächst § 153 für unanwendbar erklärt[21], dann aber in der Grundsatzentscheidung des Großen Senats (BGHSt 8, 301) den Gegenstandpunkt bezogen. Lenckner[22] plausibilisiert diesen mit dem Hinweis, die Tatsache, daß eine falsche Aussage erstattet worden sei, werde auch nicht dadurch aus der Welt geschafft, daß später ein wahrer Eid geleistet werde. Der Große Senat selber führt aus, in diesen Fällen werde die falsche Aussage „nicht durch einen sie bekräftigenden Meineid aufgezehrt“. Dieser Einwand erscheint vor allem dann plausibel, wenn man das vom BGH zur Herrschaft gebrachte Verständnis vom Verhältnis der §§ 153 und 154 zugrunde legt, denn nach den Regeln allgemeiner Logik schließt die Nichtexistenz der Qualifikation (*differentia specifica*) die Bejahung des Grundtatbestandes (*genus proximum*) nicht aus[23].

---

20 BGHSt 8, 315.

21 BGHSt 4, 172.

22 *Schönke/Schröder*, § 153 Rdn. 9.

23 Freilich ist die Grundsatzentscheidung des BGH gerade in diesem Punkt keineswegs so eindeutig, wie ihre glatte Rezeption in Rechtsprechung und Lehre es erscheinen läßt. Nur zwei Beispiele: Bei der Beschreibung des Verhältnisses der Falschaussage nach § 153 zum Meineid nach § 154 wird zunächst ganz pointiert (nämlich: gesperrt gedruckt) *Spezialität* angenommen (a.a.O. S. 309); zwei Seiten später spricht das Gericht vom „*subsidiären* Charakter“ des § 153 gegenüber § 154 (a.a.O. S. 311), und weitere vier Seiten später ist die Rede von einer „Aufzehrung“ der falschen Aussage durch einen sie bekräftigenden Meineid, also von *Konsumtion* (a.a.O. S. 315). Und sicherlich ist es kein Ausdruck bestechender konstruktiver Konsistenz, wenn der BGH einerseits den Meineid als die durch den Eid ausgezeichnete erschwerte Falschaussage bezeichnet, andererseits aber „die Eidesleistung [...] niemals (als) ein(en) Teil der Aussage“ betrachtet sehen will (a.a.O. S. 310).

2. Gesetzeswortlaut als Konstruktionsgrenze

Zweifelhaft wird die geschilderte Auffassung, wenn man auf den („ursprünglichen") Garantietatbestand des § 153 StGB zurückgreift, denn mit dem Wortlaut des § 153 ist es schwerlich zu vereinbaren, wegen *uneidlicher* Falschaussage zu bestrafen, wenn doch die fragliche Aussage keine „uneidliche" geblieben, sondern zu einer „eidlichen" geworden ist. Die herrschende Auffassung über das Verhältnis der §§ 153 und 154, die an sich Zustimmung verdient, bedarf somit der Rückschneidung auf das durch den Gesetzeswortlaut Abgedeckte.

Daß der Große Strafsenat des BGH auf das sich aufdrängende Wortlautargument nicht eingeht, ist um so auffälliger, als die vorausgehende Rechtsprechung des BGH ihren gegenteiligen Standpunkt nicht nur auf andere Prinzipien, sondern auch auf den Gesetzeswortlaut gegründet hat. Bei BGHSt. 4, 176 f. heißt es ausdrücklich: „(Wenn) [...] die Vernehmung, bei der eine wissentliche falsche Zeugenaussage erstattet wurde, mit einem [...] Eid abschließt [...], entspricht es offensichtlich dem Gesetz, daß nur noch der Meineid bestraft wird. Eine 'uneidliche' Aussage im Sinne des § 153 liegt dann nicht mehr vor[...] . Das [...] Gesagte gilt aber auch dann entsprechend, wenn bei derselben Vernehmung einer wissentlich *falschen* Aussage ein *wahrer* Eid folgt[...] . Auch dann liegt keine 'uneidliche' Aussage mehr vor; die Voraussetzung des § 153 fehlt auch hier".

Unsere Überlegungen zum Wortlaut des § 153 StGB führen uns somit zu dem Ergebnis: *Eine Falschaussage, welche zwischen Aussageende und Bekräftigungsende berichtigt wird, ist „frühzeitig" berichtigt und damit straflos. § 158 gelangt nicht zur Anwendung.* Wortlautargumente haben es freilich traditionell schwer, sich gegen angebliche oder wirkliche Sachzwänge zu behaupten, zumal dann, wenn der Zeitgeist dahin tendiert, kriminalpolitische Erwägungen auch zum Nachteil des Beschuldigten in die Strafrechtsdogmatik ein- und dort die Wortlautgrenze überfluten zu lassen[24]. Es sei daher versucht, das mit Hilfe des Wortlautarguments gefundene Ergebnis zusätzlich abzustützen[25].

3. Entstehungsgeschichtliches Argument

Das Problem, die frühzeitige Berichtigung von der rechtzeitigen abzugrenzen, stellt sich seit dem Inkrafttreten des Reichsstrafgesetzbuches, zu dessen „Stamm-Normen" § 158 zählt. In der ursprünglichen Fassung konnte die Regelung sich freilich nur auf den *Meineid* beziehen; die Novellierung von 1943 dehnte sie auf den neuen Tatbe-

24 Dazu treffend die kritischen Bemerkungen von *Herzberg* über die 'Strafzweck-Lehre' beim Rücktritt vom Versuch, in: Lackner-FS (1987) S. 342.

25 Methodenkritisch betrachtet ist dieses Vorgehen freilich problematisch, denn im Strafrecht bedarf das Wortlautargument, wo es zugunsten des Beschuldigten wirkt, keiner Bestätigung durch weitere exegetische Überlegungen. Dennoch sind derartige Abstützungen in der Rechtsprechung üblich; vgl. nur BGHSt 22, 236 f. (zu § 223a StGB).

stand der falschen uneidlichen Aussage aus. Dessen Einfügung aber – dies war in allen Reformdiskussionen unstreitig – sollte die „Strafbarkeitslücken“ schließen, welche durch die Auflockerung des Grundsatzes der obligatorischen Vereidigung entstanden waren[26]. Deutliches Zeichen dieser begrenzten Zielsetzung ist die Beschränkung der Strafbarkeit falscher *uneidlicher* Aussagen auf Aussagen vor *eides*-abnahmeberechtigten Stellen. Dieser Beschränkungstendenz widerspräche es, wenn *eidliche* Aussagen strafbar würden, die von den Meineidtatbeständen der §§ 153, 154 StGB a.F. nicht erfaßt waren. Eidliche Aussagen waren aber vor 1943 nur strafbar, wenn die falsche Bekundung nicht vor (oder während) der (Nach-)Eidesleistung widerrufen wurde. Die referierte Auffassung, die dem Täter, welcher falsche Angaben zwischen Aussageende und Bekräftigungsende berichtigt, nur die Möglichkeit des § 158 eröffnet, würde daher den Strafbarkeitsbereich über das vom Gesetzgeber bezweckte Ausmaß erweitern.

4. Teleologisches Argument

Zweifel daran, daß die hier vertretene Auffassung kriminalpolitisch haltbar sei, sollen nicht mit dem Hinweis abgetan werden, die Auffassung sei immerhin schon einmal diejenige der höchstrichterlichen Rechtsprechung[27] gewesen.

Es sei vielmehr versucht, einige mögliche Einwände zu antizipieren und zu widerlegen.

a) Ein erster Einwand könnte lauten, es sei kriminalpolitisch unerträglich, eine bereits abgeschlossene vorsätzliche Falschaussage unter der genannten Voraussetzung kategorisch straffrei zu lassen; angemessener sei es, dem späteren Strafrichter die in Voraussetzungen und Folgen flexiblere Entscheidung nach § 158 zu überlassen. Jedoch: Bis 1943 – also in kriminalpolitisch gewiß nicht „zimperlicher“ Zeit – war sogar *jede* nichtbeeidete Falschaussage straflos; dann kann heute die hier vertretene

---

26 Dazu näher *Vormbaum*, Eid (o. Fußn. 15); aus den Materialien s. z.B. die Begründung zum StGB-Entwurf von 1925: „Durch die neue Strafdrohung soll nicht der Kreis der geschützten Behörden und Verfahrensarten erweitert, sondern lediglich die Strafbarkeit falscher Zeugen- und Sachverständigenaussagen von der Voraussetzung der Vereidigung unabhängig gemacht werden“ (Amtlicher Entwurf eines Allgemeinen Deutschen Strafgesetzbuchs. Veröffentlicht auf Anordnung des Reichsjustizministeriums. Berlin 1925. Begründung S. 88). – Der Gr.StrS des BGH führt selber aus (BGHSt 8, 311): „Sinn und Zweck der Strafdrohung des § 153 ist es, den Wert der uneidlichen Aussage als Beweismittel zu sichern. Es bestand nur das Bedürfnis, diejenigen falschen Aussagen bestrafen zu können, die unbeeidigt bleiben und deshalb bisher als solche nicht strafbar waren, nicht aber ein Bedürfnis für eine zusätzliche Strafbarkeit der schon vom Meineid-Tatbestand erfaßten Aussage“. Von hier aus wäre es nur ein kleiner Schritt zu der Einsicht gewesen, daß auch die vorliegend diskutierten Fälle nicht von der kriminalpolitischen *ratio* der Neuregelung erfaßt sind.

27 S.o. b) und in Fußn. 4.

Auffassung nicht wohl unerträglich geworden sein; überdies besitzt sie in § 310 StGB ein gesetzliches *congenium*. Und der kriminalpolitischen Funktion des § 154 StGB entspricht sie allemal, denn sie bietet dem Täter unter der Meineid-Strafdrohung den Anreiz, sich durch Berichtigung der falschen Bekundungen sogleich gänzlich Straffreiheit zu verschaffen. Gegen das seit 1943 bestehende Nebeneinander der beiden Aussagetatbestände ist eingewendet worden, der Meineid-Tatbestand könne seither nur noch abgeschwächte Präventionswirkung ausüben, da der Täter es häufig lieber darauf ankommen lassen werde, den Eid zu schwören, als durch eine Berichtigung der falschen Angabe(n) seine Straffälligkeit nach § 153 selber anzuzeigen[28]. Dieser Einwand würde durch die hier gegebene Interpretation entschärft. Sie wird auch nicht etwa beim rechtlich informierten Täter den Anreiz wecken, es „erst einmal zu versuchen", denn heute kann er nicht mehr sicher sein, daß ihm durch die Aufforderung zur Eidesleistung die Chance gegeben wird, sich mittels Berichtigung seiner falschen Bekundung obligatorische Straffreiheit zu verschaffen. Spätestens seit Einfügung von § 61 Ziff. 5 StPO[29] dürfte nämlich auch im Strafprozeß der – im Zivilprozeß längst bekannte – Zustand eingetreten sein, daß die Vereidigung von Aussagepersonen zu den Ausnahmen zählt[30]. Dort aber, wo es noch zur Vereidigung kommt – in der Regel also, wo es um Entscheidungen von besonderem Gewicht geht und/oder wo die Aussage von besonderer Bedeutung für den Ausgang des Verfahrens ist – ist es kriminalpolitisch geradezu geboten, die Präventivwirkung der Meineid-Strafdrohung möglichst effizient zu nutzen.

b) Ist aber die vorgeschlagene Interpretation nicht eben deswegen unerträglich, weil sie die Strafbarkeit der Falschaussage vom kaum vorausberechenbaren Umstand der nachfolgenden Eidesabnahme abhängig macht? Unzweifelhaft besteht hier ein Unsicherheitsfaktor, er ist aber kriminalpolitisch – wie gerade gezeigt – positiv zu bewerten. Auch die Gegenmeinung stellt ja die Entscheidung nach § 158 in das Ermessen eines Gerichts – und eröffnet diesem sogar eine gleitende Skala von Entscheidungsmöglichkeiten, während die hier vertretene Interpretation an die Ent-

---

28 So z.B. *Schröder*, ZZP 64 (1951), 216 ff., insb. S. 219, 226 ff. – A.a.O. S. 226: „Die Versicherung höchster Wahrhaftigkeit (sc.: durch den Eid) [...] gewinnt erst dann ihre letzte Eindringlichkeit und psychologische Wirksamkeit, wenn mit ihr die Schwelle zur Bestrafung falscher Aussagen verbunden ist [...] . Daraus ergibt sich die Forderung, das aus vielen Gründen problematische Nebeneinander von falscher uneidlicher Aussage und Meineid auf strafrechtlichem Gebiet zu beseitigen und wieder ein einziges Aussagedelikt in Form des Meineides zu schaffen"; oder: „Konsequente Ausgestaltung der uneidlichen Aussage als reines und einziges Rechtspflegedelikt".

29 Durch das 1. Gesetz zur Reform des Strafverfahrensrechts v. 9.12.1974 (RGBl. I, S. 3393), in Kraft seit dem 1.1.1975.

30 S. die Kritik von *Günter* an „der zur Regel werdenden Ausnahmevorschrift des § 61 Nr. 5 StPO", in: DRiZ 1978, 273.

scheidung über die Vereidigung zwingend die Straflosigkeit der zwischenzeitlich berichtigten Falschaussage anbindet.

c) Es mag auch eingewendet werden, es sei ungerecht und damit letztlich auch kriminalpolitisch bedenklich, wenn demjenigen, dessen Aussage ein – durch die spätere Beeidigung indiziertes – besonderes Gewicht besitze, die Berichtigung falscher Angaben mit Straffreiheit honoriert werde, während derjenige, dessen Aussage unbeeidet bleibe, sich mit der Aussicht auf eine milde Entscheidung nach § 158 StGB trösten müsse. Jedoch sind Friktionen dieser Art nicht selten die Folge kriminalpolitischer Entscheidungen, da diese nicht in erster Linie nach Gerechtigkeits-, sondern nach Zweckmäßigkeitsmaßstäben getroffen werden. Gleiches gilt für Entscheidungen, die sich an Art. 103 Abs. 2 GG, § 1 StGB orientieren, denn bekanntlich dient der Grundsatz nullum crimen sine lege nicht der Gerechtigkeit[31], sondern nimmt gerade umgekehrt ungerechte Ergebnisse sehend in Kauf – freilich stets zugunsten des Beschuldigten. Diese Einschränkung kann aber auch die hier vertretene Auffassung für sich reklamieren, denn sollte sie tatsächlich als ungerecht zu bezeichnen sein, dann doch nur *zugunsten* desjenigen, der seine Falschaussage vor dem Ende der Vereidigung berichtigt.

d) Weiter: So streng, wie es bei begriffsanalytischer Betrachtungsweise erscheinen mag, braucht die Grenze zwischen frühzeitiger und rechtzeitiger Berichtigung sich in der Praxis der diskutierten Fälle nicht auszunehmen. Es ist anerkannt, daß die (uneidliche) Aussage so lange unbeendet ist, wie der Vernehmende nicht *endgültig* zu erkennen gegeben hat, daß er von der Aussageperson keine Auskünfte mehr erwartet[32]. Der subjektive Einschlag in dieser Beschreibung ermöglicht es beispielsweise, den Hinweis auf einen unmittelbar bevorstehenden Beschluß über Vereidigung oder Nichtvereidigung als Aufforderung zu allfälligen weiteren, evtl. auch berichtigenden, Angaben zu interpretieren und eine sodann erfolgte Berichtigung als noch zur Aussage gehörig anzusehen. Die Berichtigung wäre somit eine frühzeitige, selbst wenn die Vereidigung dann doch unterbleibt. Ob unsere Lösung in der Praxis zu Unzuträglichkeiten führt, ist daher nicht nur ein Problem theoretischer Reflexion, sondern auch eine Frage (lebens)kluger Verhandlungsführung.

e) Schließlich noch: Ist die hier vertretene Auffassung auch in ihren sonstigen Auswirkungen tolerabel? Relevant sind alle Fälle, in denen der Täter auf seine Angaben vereidigt wird, eine Bestrafung wegen Meineides aber aus irgendeinem Grunde nicht

---

31 Zur gerechtigkeitsbegrenzenden Funktion des Art. 103 Abs. 2 GG s. *Dencker*, JuS 1979, 184. Als der Gerechtigkeit dienlich kann man die Vorschrift allenfalls in einem höheren, überwölbenden Sinne verstehen; vgl. *Grünwald*, in: Lüderssen/Sack, Abweichendes Verhalten I, S. 232 ff.

32 BGH, NJW 1960, 731.

erfolgen kann. Zu denken ist daran, daß die Anwendung des § 154 StGB an einem nur auf die Vereidigung bezogenen Irrtum scheitert. Hier würde es nach unserer Ausgangsüberlegung nicht einmal um die Abgrenzung zwischen frühzeitiger und rechtzeitiger Berichtigung gehen, sondern der Täter würde möglicherweise sogar straflos, obwohl er seine falsche(n) Angabe(n) nicht berichtigt hat. Indes wird in Fällen, in denen der Irrtum den *Unrechts*bereich betrifft, § 16 Abs. 2 StGB Abhilfe schaffen können. Als mögliche „Lücken" bleiben dann z.B. die Fälle, in denen der Täter in einem eidesbezogenen unvermeidbaren Verbotsirrtum gehandelt hat. Diese Lücken zu ertragen ist ein Opfer, welches dem Gesetzlichkeitsprinzip zu bringen um so leichter fallen müßte, als sie sich nur in seltenen Fällen auftun werden, bis 1943 schon einmal hingenommen wurden und Strafbarkeit wegen sonstiger Delikte (insb. nach §§ 258, 164 StGB) unberührt lassen.

IV. Resümee

Am Ende unserer Überlegungen steht damit ein ambivalentes Resümee: *Einerseits*: Der Gesetzgeber könnte – wie so oft – mit einem Federstrich durch das Wort „uneidlich" unser Hauptargument – das Wortlautargument – zu Makulatur machen, und er würde damit sogar eine systematische Terrainbereinigung herbeiführen. *Andererseits*: Der Federstrich will überlegt sein. Denn was historisch betrachtet als Redaktionsversehen erscheinen mag, erweist sich – wie so oft – bei exegetischer Betrachtung als ungewolltes Produkt nomothetischer Vernunft, das in der Rechtsanwendung beachtet zu werden verdient.

Nachbemerkung

Auf die aus dem Merkmal „uneidlich" sich ergebende Problematik wird nach wie vor im Schrifttum nicht eingegangen. Die Kommentarliteratur begnügt sich durchweg auch heute noch mit dem Hinweis, dass von einer vor oder während der Vereidigung erfolgenden Berichtigung die „vorhergehende uneidliche Aussage" unberührt bleibe.

10.

Falsche uneidliche Aussagen vor parlamentarischen Untersuchungsausschüssen.

– Zum neuen § 153 Abs. 2 StGB –

(2002)

Fast unbemerkt von der Öffentlichkeit ist dem Tatbestand der falschen uneidlichen Aussage, einem der als „klassisch" empfundenen Paragraphen des Strafgesetzbuches, ein neuer Absatz angefügt worden. Nach § 153 Abs. 2 StGB i.d.F. des UntersuchungsausschußG[1] steht

> „einer der in Absatz 1 genannten Stellen [...] ein Untersuchungsausschuss eines Gesetzgebungsorgans des Bundes oder eines Landes gleich".

Das Fehlen literarischer und politischer Begleitmusik zur Entstehung dieser Vorschrift überrascht umso mehr, als diese einerseits *politisch* Teil eines in der Öffentlichkeit durchaus mit Interesse verfolgten Gesetzgebungsvorhabens – des Untersuchungsausschußgesetzes – gewesen ist, andererseits sie *strafrechtlich* Fragen aufwerfen mußte, die in ihrer Entstehungsgeschichte nicht gestellt worden zu sein scheinen.

1. Gesetzgebungsgeschichte

Der Problematik des § 153 StGB, insb. seinem neuen Absatz, nähert man sich am besten auf einem zur Zeit nicht besonders hoch in Kurs stehenden Wege, nämlich dem der Rekapitulierung der Gesetzgebungsgeschichte des § 153 StGB:

Das *Reichsstrafgesetzbuch* kannte *keinen* Tatbestand der falschen uneidlichen Aussage. Ebenso wie bereits in den meisten Partikularstrafgesetzbüchern wurde die Strafbarkeitsschwelle erst mit der Beeidigung der falschen Aussage erreicht, also dann, wenn es „zum Schwur gekommen war"[2] – und zu ihm kam es jedenfalls im Strafprozeß so gut wie immer, und zwar bereits *vor* der Aussage, denn die 1879 in Kraft getretene Strafprozeßordnung sah obligatorisch den Voreid vor. Bereits bald

---

1 Gesetz zur Regelung des Rechts der Untersuchungsausschüsse des Deutschen Bundestags vom 19. 6. 2001, BGBl. I, S. 1142.

2 Die folgenden Ausführungen zur Gesetzgebungs- und Reformgeschichte stützen sich auf: *Vormbaum*, Eid, Meineid und Falschaussage. Reformdiskussion und Gesetzgebung seit 1870. Berlin 1990 (zit.: Eid); kurze Darstellung auch b. *Vormbaum*, NK StGB, Vor § 153, Rdn. 30, und § 153 Rdn. 2.

nach dem Inkrafttreten des Reichsstrafgesetzbuches (1870/71) und der großen Prozeßordnungen (1879) setzte von der prozeßrechtlichen Seite her die Diskussion darüber ein, ob an der obligatorischen Vereidigung jeder Beweisperson festgehalten werden solle. Die Argumente für eine Lockerung der Vereidigungspflicht waren vielfältig, teilweise heterogen. Eine Rolle spielte die Überlegung, daß der Eid durch seine obligatorische und damit zwangsläufig routinemäßige Abnahme profaniert werde; vom entgegengesetzten Ansatz her gelangte zum selben Ergebnis die Forderung nach Eliminierung des sakralen Elements aus den staatlichen Gerichtsverfahren. Neben diesen beiden Positionen, deren Bedürfnisse auch mit einer Ersetzung des religiösen Eides durch einen weltlichen Eid oder durch eine Ersetzung des Eides insgesamt durch eine weltliche Bekräftigung hätten befriedigt werden können, spielten Forderungen aus der Praxis nach einer Befreiung von als „umständlich" empfundenen Verfahrensprozeduren eine Rolle.

Die Forderung nach Zurückdrängung des Eides sah sich mit der Frage konfrontiert, wie der Wegfall des Eides als Mittel der Herbeiführung einer wahrheitsgemäßen Bekundung und der damit einhergehende Wegfall der Meineid-Strafdrohung kompensiert werden solle. Und so fand denn die Diskussion um die Zurückdrängung des Eides fast stets Hand in Hand mit derjenigen um die Einführung eines Straftatbestandes der falschen uneidlichen Aussage statt. Alle Reformentwürfe des ausgehenden Kaiserreiches und der Weimarer Republik sahen den neuen Tatbestand vor. Der erste *gesetzgeberische* Schritt allerdings geschah im Bereich des Prozeßrechts. Noch im Jahre 1933 setzte der NS-Gesetzgeber Pläne aus der Zeit der Weimarer Republik durch zwei Eidesnovellen[3] um. Die erste ließ für den Zivilprozeß die Vereidigung von Zeugen und Sachverständigen nur noch zu, wenn das Gericht sie mit Rücksicht auf die Bedeutung der Aussage oder zur Herbeiführung einer wahrheitsgemäßen Aussage für geboten erachtete[4]; die andere hielt für den Strafprozeß zwar grundsätzlich am Vereidigungszwang bei Zeugen fest, sah jedoch eine Reihe obligatorischer und fakultativer Ausnahmen vor und ersetzte den Voreid durch den Nacheid[5].

Allerdings zeigte das NS-Regime, das an sich mit dem Erlaß neuer Strafvorschriften nicht sonderlich zurückhaltend war, sich durchaus nicht rasch bereit, die mit der Zurückdrängung des Eides einhergehende Zurückdrängung der Meineid-Strafbarkeit durch die Einführung eines allgemeinen Falschaussage-Tatbestandes aufzufangen. Vielmehr lehnte die Strafrechtsreformkommission, deren Entwurf 1936 vorgelegt wurde, die Aufstellung eines solchen Tatbestandes ab – wenn auch nach kontrover-

---

3 Näher *Vormbaum*, Eid, S. 116 ff.

4 Gesetz zur Änderung des Verfahrens in bürgerlichen Rechtsstreitigkeiten vom 27. 10. 1933; RGBl. I, S. 780.

5 Gesetz zur Einschränkung der Eide im Strafverfahren vom 24. 11. 1933, RGBl. I, S. 1008.

ser Diskussion[6]. Sieht man von einigen ideologischen Schnörkeln – wie dem, daß es kein „kleines“ und „großes Ehrenwort“ geben dürfe – ab, so war es wohl eher das Ungewohnte eines solchen Straftatbestandes, das – unabhängig vom politischen Regime – das Zögern vor diesem Schritt erklärt. An den Gedanken, daß eine Falschaussage, die nicht durch den Eid bekräftigt worden ist, strafbar sein könne, mußte man sich erst gewöhnen. Das Reichsjustizministerium behalf sich damit, durch entsprechende Anweisungen an die Staatsanwaltschaften zu erreichen, daß im Strafprozeß von den Möglichkeiten des Absehens von der Vereidigung nur sparsam Gebrauch gemacht wurde.

Erst als mit dem kriegsbedingten Wunsch nach weiterer Vereinfachung des Strafverfahrens auch hier die Vereidigung von Zeugen in das Ermessen des Gerichts gestellt wurde[7], hielt man im Ministerium die Zeit des Handelns für gekommen. Äußerer Anlaß war zum einen der Wunsch nach einer Angleichung des österreichischen Strafrechts und des Strafrechts im „Altreich“, zum anderen der Wunsch, lange – auch schon vor 1933 – diskutierte Änderungspläne in einer einzigen Aktion umzusetzen. Die sog. Strafrechtsangleichungsverordnung von 1943[8], einer der Knotenpunkte der deutschen Strafgesetzgebung des 20. Jahrhunderts[9], glich die beiden Strafrechtsordnungen in wichtigen Punkten – grob gesagt – in der Weise an, daß sich die jeweils „straffreudigere“ Regelung durchsetzte. In Österreich aber war die nichtbeeidete Falschaussage schon seit langem strafbar gewesen.

Die Angleichungsverordnung positionierte den neuen Tatbestand *hinter* den Meineid-Tatbestand. Dieser Standort hinter der strafbaren *bekräftigten* Falschaussage macht verständlich, warum das Merkmal „uneidlich“ ausdrücklich in den neuen Tatbestand aufgenommen wurde. Durch die 2. Durchführungsverordnung zur Angleichungsverordnung[10] wurde der Tatbestand dann an die Spitze des neunten Abschnittes gestellt und auch die Abschnittsüberschrift entsprechend ergänzt. Das damit an sich überflüssig gewordene

---

6 Eingehend *Vormbaum*, Eid, S. 120 ff.

7 Durchführungsverordnung zur Strafrechtsangleichungsverordnung vom 29. Mai 1943, RGBl. I, S. 341.

8 Verordnung zur Angleichung des Strafrechts des Altreichs und der Alpen- und Donau-Reichsgaue vom 29. Mai 1943, RGBl. I, S. 339.

9 Daß sie weder im strafrechtlichen noch im rechtsgeschichtlichen Schrifttum die ihr angemessene Behandlung gefunden hat (s. aber immerhin *Werle*, Justiz-Strafrecht und polizeiliche Verbrechensbekämpfung im Dritten Reich, 1989, S. 426 ff.; *Vormbaum*, Eid, S. 136 ff.), erklärt sich nicht zuletzt aus der lückenhaften Quellenlage. Dem Verf. ist es trotz intensiver Recherche nicht gelungen, die einschlägige(n) Akte(n) des Reichsjustizministeriums aufzufinden. Sie dürfte(n) in den Wirren der letzten Kriegsmonate untergegangen sein. Einziger archivalischer Beleg bleibt daher die Gegenakte der Reichskanzlei (Bundesarchiv: R 43 II, 1512a), die freilich nur die interne Begründung des Justizministeriums und den Schriftwechsel der Reichskanzlei mit ihm enthält.

10 Zweite Verordnung zur Durchführung der Verordnung zur Angleichung des Strafrechts des Altreichs und der Alpen- und Donau-Reichsgaue vom 20. Januar 1944, RGBl. I, S. 41.

Merkmal „uneidlich" wurde bei dieser Gelegenheit nicht gestrichen. Die Annahme, § 153 StGB bilde den *Grundtatbestand* zum Qualifikationstatbestand des Meineides, erfährt dadurch seine zweite Einschränkung[11].

Obwohl nach 1945 die Möglichkeiten, im Strafprozeß von der Vereidigung abzusehen, vorübergehend wieder vermindert wurden[12], blieb es bei dem 1943 eingeführten Tatbestand.

Als „klassisch", wie er heute oft empfunden wird, kann der Tatbestand der falschen uneidlichen Aussage also nicht angesehen werden; und auch die aus der Praxis häufig zu hörende Behauptung, er sei unverzichtbar, ist durchaus fragwürdig (= des Befragens würdig)[13].

2. *Historische Prämisse: Keine Erweiterung der Strafbarkeit*

Die jahrzehntelangen Diskussionen um die Einführung eines Tatbestandes der falschen uneidlichen Aussage gingen von einer allseits akzeptierten *Prämisse* aus: Der neue Tatbestand sollte *nicht* zu einer *Erweiterung* strafbedrohten Verhaltens führen, sondern nur jene Fälle auffangen, die bis dahin als Fälle des Meineides strafbar gewesen waren und nur dadurch straflos wurden, daß von der neuen prozessualen Möglichkeit des Absehens von der Vereidigung Gebrauch gemacht wurde. Im großen und ganzen hat sich der Normgeber des Jahres 1943 an diese Direktive gehalten[14], indem er neben der Beschränkung auf Zeugen und Sachverständige die Strafbarkeit auf solche Falschaussagen beschränkte, die „vor einer zur eidlichen Vernehmung von Zeugen und Sachverständigen zuständigen Stelle" erstattet wer-

---

11 Die *erste* Einschränkung folgt daraus, daß § 154 den Täterkreis weiter zieht als § 153 StGB, der nur Zeugen und Sachverständige als Täter kennt. Für andere Personen, die falsch aussagen, vor allem für die Partei im Zivilprozeß, ist daher § 154 *Grundtatbestand.* – Die im Text erwähnte *zweite* Einschränkung wird freilich nur selten relevant; zu Einzelheiten s. *Vormbaum*, JR 1989, 133 ff.

12 Durch das Gesetz zur Wiederherstellung der Rechtseinheit auf dem Gebiete der Gerichtsverfassung, der bürgerlichen Rechtspflege, des Strafverfahrens und des Kostenrechts vom 12. 9. 1950, BGBl. I, S. 455; erst 1974 wurde durch § 61 Nr. 5 StPO des Ersten Gesetzes zur Reform des Strafverfahrens, BGBl. I, S. 3393, die Vereidigung von Zeugen weitgehend der Disposition der Verfahrensbeteiligten anheimgegeben.

13 Vorschläge zu einer Neuregelung der Aussagedelikte b. *Vormbaum*, Reform der Aussagetatbestände (§§ 153–163 StGB). Reformüberlegungen und Gesetzentwurf. Heidelberg 1992.

14 Freilich umfaßt der neue Tatbestand bis heute die Fälle, in denen Eidesverbote bestehen, eine Meineid-Strafbarkeit also schon damals nicht in Betracht kam, sondern die Falschaussage straflos bleiben mußte (s. aber § 157 Abs. 2); die damals ebenfalls eingeführte Strafbarkeit des Versuchs wurde 1953 wieder beseitigt. Die Sonderstellung des Meineids bei der versuchten Anstiftung (§ 159 RStGB), die inzwischen in der allgemeinen Regelung des § 30 aufgegangen ist, setzt sich in dem auf die falsche uneidliche Aussage bezogenen Unikum des heutigen § 159 StGB fort.

den. Die auf den ersten Blick irritierende Konstruktion, daß die Strafbarkeit der falschen *uneidlichen* Aussage an die Befugnis des Vernehmenden zur *Vereidigung* anknüpft, findet hier ihre Erklärung. Alle Diskussionen darüber, ob eine Stelle – beispielsweise die Staatsanwaltschaft – mit der Befugnis zur Vereidigung ausgestattet werden soll, haben seither stets zu berücksichtigen, daß die Ausstattung mit dieser Befugnis zur Folge hat, daß auch die *nicht beeidete*, letztlich also *jede* Falschaussage vor der betreffenden Stelle strafbar ist.

3. Sonstige Stellen

Die Entscheidung darüber, welche *sonstigen Stellen* neben den Gerichten mit der Befugnis zur Vereidigung und mit dem Privileg, daß auch falsche uneidliche Aussagen vor ihnen strafbar sind, ausgestattet werden sollen, liegt beim Gesetzgeber. Neben dieser *formalen* Seite hat die Ausstattung mit dieser Befugnis aber auch eine *materielle* Seite, die sich idealerweise in den betreffenden Normen niederschlagen sollte. Mit der Befugnis ausgestattet zu werden verdienen – neben den selbstverständlich einbezogenen und deshalb in § 153 StGB ausdrücklich erwähnten *Gerichten*[15] – Stellen, deren Tätigkeit mit *richterlicher Tätigkeit* vergleichbar oder auf sie bezogen ist, denn einerseits verdienen nur solche Stellen, als Destinatäre des Rechtspflegeschutzes angesehen zu werden, und andererseits folgt nur aus einem Ensemble solcher Stellen, daß die Vorschrift dem Rechtspflegeschutz dient[16].

Die gesetzlichen Regelungen, in denen außergerichtlichen Stellen die Befugnis zur Vereidigung zugesprochen wird, bestätigen dies. Zu erwähnen sind insoweit: Konsularbeamte, Notare, Disziplinarbehörden sowie – mit besonderer praktischer Bedeutung – Prüfstellen und Patentabteilungen des Bundespatentamtes[17]. Alle genannten Stellen üben in dem Bereich, auf den sich ihre Vereidigungsbefugnis bezieht, richterähnliche oder rechtsprechungsbezogene Tätigkeit aus; es handelt sich

---

15 Dies bedeutet allerdings nicht, daß ein Gericht stets zur Abnahme von Eiden befugt sei; Voraussetzung ist auch hier stets, daß die Abnahme des Eides in dem betreffenden Verfahren zulässig ist; Nachweise b. *Vormbaum*, Der strafrechtliche Schutz des Strafurteils, Berlin 1987. S. 151.

16 Diese Argumentation ist zweifellos zirkulär. Läßt man sich aber auf das herrschende Theorem, daß Strafrecht dem Rechtsgüterschutz diene, ein, so sind *petitiones principii* dieser Art unvermeidlich, wenn man, wie es spätestens seit *Binding* üblich geworden ist (*Binding*, Die Normen und ihre Übertretung, Bd. 1.1 [1872], S. 188 ff.) – dem Gesetzgeber nicht nur die Setzung der Norm, sondern auch die Bestimmung des geschützten Rechtsgutes zuweist; s. auch *Vormbaum*, NK StGB, Vor § 153, Rdn. 17 ff.

17 Einzelheiten und einschlägige Rechtsvorschriften b. *Vormbaum*, Schutz (Fußn. 15), S. 155 ff.; *Ders*., NK StGB, § 153, Rdn. 47 ff.

insgesamt um Stellen, denen „auf Grund ihrer Unvorgenommenheit [...] das Recht anvertraut ist, Auskunftspersonen eidlich zu vernehmen“[18].

4. Parlamentarische Untersuchungsausschüsse als „sonstige Stellen“?

Ob auch uneidliche Aussagen vor *parlamentarischen Untersuchungsausschüssen* des Bundestages und der Länderparlamente strafbar seien, hing demnach jedenfalls bis zum Inkrafttreten des neuen § 153 Abs. 2 StGB davon ab, ob diesen die Befugnis zur *eidlichen* Vernehmung von Zeugen und Sachverständigen zustand.

a) Im *Schrifttum* wurde diese Befugnis überwiegend angenommen, freilich als problematisch angesehen[19]. Art. 44 GG, der anordnet, daß „auf Beweiserhebungen [...] die Vorschriften über den Strafprozeß sinngemäß Anwendung [finden]“, schien die einwandfreie Grundlage für eine solche Annahme zu liefern. Indes waren die Bedenken gegen diese Auffassung gut begründet, und dies um so mehr, als die Bezugnahme des Art. 44 GG recht pauschal ist und auch die h.M. aus ihr keineswegs eine globale Anwendbarkeit der Vorschriften über den Strafprozeß entnahm. So sollte den Untersuchungsausschüssen nach ganz überwiegender Auffassung kein Verhaftungs-, Durchsuchungs- oder Beschlagnahmerecht zustehen[20], und das Grundgesetz selber erklärt in Art. 44 Abs. 2 S. 1 Eingriffe in das Brief-, Post- und Fernmeldegeheimnis für unzulässig.

b) Akzeptiert man die oben erläuterten Maßstäbe für die Erteilung einer Vereidigungsbefungis, so erscheint eine Heranziehung der „Vorschriften über den Strafprozeß“ auch insoweit als *verfehlt*: Untersuchungsausschüsse fügen sich nicht in die Reihe der aufgeführten Stellen ein, denen vom Gesetz die Vereidigungsbefungis übertragen ist. Die Stellung der Mitglieder ist nicht derjenigen von Richtern vergleichbar[21]. Untersuchungsausschüsse sind auch nicht der Gerichtsbarkeit funktional zugeordnet, also auch nicht in einem formalen Sinne Bestandteile von „Rechtspflege“. Ihre Beschlüsse orientieren sich nicht an Rechtsregeln; sie beruhen auf politischen, nicht auf rechtlichen Bewertungen[22]. Untersuchungsausschüsse sind also keine Gremien, die sich objektiv zu ihrem Untersuchungsgegenstand verhalten. Dies kann ohne politikfeindliche Polemik festgestellt werden, denn das Austragen von Meinungsunterschiedenheiten und der Abschluß des Verfahrens durch Mehrheitsent-

---

18 *Kohlrausch/Lange*, StGB. 43. Aufl. Berlin 1961. § 153 Anm. III.

19 Nachweise b. *Vormbaum*, Schutz (Fußn. 15), S. 162 ff.

20 Näher *Vormbaum*, Schutz, S. 163.

21 Näher zu diesem Kriterium *Vormbaum*, Schutz, S. 162.

22 *Klaus Stern*, Das Staatsrecht der Bundesrepublik Deutschland. Bd. II München 1980. S. 106.

scheidung, also mit Legitimitäts- statt mit Richtigkeitsanspruch, gehört zum Wesen der Politik, jedenfalls in der Demokratie[23]. Nahezu jede Pressemeldung über die Tätigkeit parlamentarischer Untersuchungsausschüsse bestätigt aufs neue, daß die politischen Konstellationen des Parlamentsplenums sich in diesen fortsetzen. Bei allem Parteienstreit, mit dem diese Vorgänge – vor allem in den Medien – umrankt zu werden pflegen[24], sind sie Ausdruck legitimen politischen Verhaltens, aber eben nicht dessen, was „Rechtspflege" ausmacht. Das ist auch von Politkern in der Vergangenheit so gesehen worden. Bereits in den Siebzigerjahren hat die Enquêtekommission „Verfassungsreform" des Bundestages in ihrem Schlußbericht die Unverträglicheit der Vereidigungsbefugnis mit dem politischen Charakter der Untersuchungsausschüsse zum Ausdruck gebracht. Sie geht von der Feststellung aus, daß ein parlamentarisches Untersuchungsverfahren „kein gerichtsähnliches Verfahren [sei], sondern der Aufklärung von Sachverhalten mit parlamentarischen Mitteln zum Zwecke einer politischen Bewertung dien[e]"[25]. Ausdrücklich empfiehlt sie, „von dem Recht zur Vereidigung Abstand zu nehmen"[26].

c) Auch die Untersuchungsausschüsse selber haben von der ihnen seitens der h.M. zugestandenen Vereidigungsbefungis *so gut wie nie Gebrauch gemacht*[27]. Freilich kommt es auf das faktische *Gebrauchmachen* von der Vereidigungsbefugnis auch nicht an, solange nur an ihrem *Bestehen* festgehalten wird, denn die wichtigste Folge dieses Bestehens ist nicht etwa die mit ihm verbundene Meineid-Strafdrohung, sondern die Strafbarkeit der falschen *uneidlichen* Aussage. Gerade dieser Strafrechtsschutz ist es, der – wie sowohl die Gesetzgebungsgeschichte als auch die Analyse der Struktur der gesetzlich geregelten Vereidigungsbefugnisse zeigen – der *Rechtspflege* vorbehalten bleiben soll.

---

23 Daß dahinter das Vertrauen steht, die Mehrheit werde in der Menge der Fälle schon das Richtige treffen, zumal dann, wenn sie sich zur Einstimmigkeit verstärkt, ist eine andere, demokratietheoretisch zu diskutierende Frage.

24 Und zu jenen semantischen Abnutzungsschlachten führen, die vom Publikum meistens mit Mißvergnügen zur Kenntnis genommen werden, so, wenn das – gewiß politisch und moralisch verwerfliche – Verhalten des Altbundeskanzlers, ehrenwörtlich die Nichtaufdeckung einer Gesetzesverletzung zu versprechen, gleich als „Verfassungsbruch" bezeichnet wird (dazu *Isensee*, JJZG 1 [1999/2000], S. 498 ff.) oder wenn der CDU-Obmann im Spenden-Untersuchungsausschuß, *Andreas Schmidt* (Mülheim), das – rechtlich wohl fehlerhafte – Vorhaben, die Zeugen *Kohl* und *Koch* zu vereidigen, als „politisch motivierten Rechtsbruch" bezeichnet (Presseerklärung der CDU/CSU-Fraktion im Deutschen Bundestags vom 18. Oktober 2001 (im Internet unter http://www.presseportal.de/pm/7846/292283/cdu_csu_bundestagsfraktion/).

25 Schlußbericht der Enquête-Kommission Verfassungsreform des Bundestages; zitiert nach Heft 3/1976 der vom Presse- und Informationszentrum des Bundestages herausgegebenen Schriftenreihe „Zur Sache", hier S. 25.

26 A.a.O., S. 26.

27 Nach Mitteilung des Abgeordneten *Schmidt* (CDU) (wie Fußn. 24) seit Bestehen der Bundesrepublik insgesamt zweimal.

d) Die Vorenthaltung der Vereidigungsbefugnis und damit des strafrechtlichen Schutzes aus § 153 StGB folgt auch aus *Sinn und Zweck* der in Art. 44 GG ausgesprochenen Verweisung auf die Vorschriften über den Strafprozeß: Die strafprozeßrechtlichen Vorschriften in ihrer Gesamtheit bilden nicht etwa nur ein Ensemble solcher Normen, die garantieren sollen, daß der Ablauf des Verfahrens sich in geordneten Bahnen vollzieht; einen beachtlichen Anteil dieses Ensembles bilden vielmehr Normen, die unter *diesem* Gesichtspunkt als „dysfunktional" bezeichnet werden müßten; hier ist vor allem an diejenigen Vorschriften zu denken, die als „angewandtes Verfassungsrecht" die Rechte des beschuldigten Bürgers gegen den strafverfolgenden Staat sichern sollen. Die „Vorschriften über den Strafprozeß" sind also ambivalent. Wenn Art. 44 GG auf sie Bezug nimmt, so erstreckt sich diese Bezugnahme zunächst auf *beide* Elemente des Normenensembles. Art. 44 Abs. 2 S. 1 GG bringt aber bereits die Besorgnis des Verfassungsgebers über die Möglichkeit einer zu extensiven Anwendung der strafprozessualen Vorschriften zum Ausdruck. Methodologisch könnte hieraus zwar der Umkehrschluß gezogen werden, daß alle anderen prozessualen Befugnisse den Untersuchungsausschüssen zustehen sollen; näher liegt jedoch die Interpretation, daß der Verfassungsartikel mit seiner Bezugnahme nicht in erster Linie die Aufklärungsinstrumente der Ausschüsse schärfen, sondern den Bürgerschutz gegenüber staatlichen Institutionen stärken will[28] – ein Schutz, der gegenüber Untersuchungsausschüssen noch nötiger ist als gegenüber Gerichten, denn anders als dort gerät der Bürger als Auskunftsperson vor Untersuchungsausschüssen leicht in die Gefahr, zum Gegenstand parteipolitischer Auseinandersetzung zu werden.

e) Auch der *Politik* bringt die Vereidigungsbefugnis von Untersuchungsausschüssen und die mit ihr verbundene Anwendbarkeit des § 153 StGB keine Vorteile. Seit den Siebzigerjahren ist eine Tendenz sichtbar, die politische Auseinandersetzung mit strafrechtlichen Vorwürfen wegen falscher uneidlicher Aussage anzureichern. Auffällig ist, daß die Einschaltung der Strafjustiz wegen falscher Bekundungen von Auskunftspersonen vor parlamentarischen Untersuchungsausschüssen überwiegend von aktiven Politikern oder deren Umfeld gegenüber aktiven Politikern der Gegenseite oder deren Umfeld betrieben wird. Eine solche Kriminalisierung der politischen Auseinandersetzung ist weder der Politik noch der Justiz zuträglich. Da kriminelle Machenschaften in allen Lebensbereichen, also auch im Bereich der Politik vorkommen, sollen sie selbstverständlich dort wie überall verfolgt werden. Problematisch ist es jedoch, wenn sich die Politik im Definitionswege das Mittel der Kriminalisierung selber schafft. Beschädigt wird durch solche Verfahren oft aber

28 Hierfür spricht auch, daß die h.M., wie erwähnt, den angesprochenen Umkehrschluß nicht gezogen hat, sondern über die Fälle des Art. 44 Abs. 2 S. 1 GG hinaus noch weitere Zwangsbefugnisse den Untersuchungsausschüssen abgesprochen hat.

auch die Justiz. Entschließt sie sich, unter – meistens zutreffender – Anwendung des Zweifelssatzes (vor allem im subjektiven Bereich) das Verfahren einzustellen, so setzt sie sich vor allem dann, wenn der Beschuldigte einer in dem betreffenden Bundesland regierenden Partei angehört, dem – meistens unberechtigten – Verdacht politisch motivierter Schonung von Politikern aus. Justizbeschimpfungen („Todesschwadronen") und öffentliche Vorverurteilungen und -freisprüche („black out") gehören zur unschönen Begleitmusik solcher Verfahren.

Politisches Aufklärungsinteresse verlangt weder die Strafdrohung noch die Einschaltung der Strafjustiz. Psychologisch ist es leicht nachvollziehbar, daß Parlamentarier sich jene Hilfsmittel der Aufklärung wünschen, die auch der Justiz zur Verfügung stehen, und daß sie sich diesen Wunsch dann im Wege der Gesetzgebung auch selbst erfüllen. Politische Interessen – parteipolitische und sonstige politische – sollten jedoch durch politische Mittel realisiert werden. Die aktuelle politische Szene erweist die Wirksamkeit dieser Forderung: Die öffentliche Diskussion des Vorgehens des Altbundeskanzlers, mit seinem Ehrenwort einen Gesetzesbruch zu decken, dürfte seiner Partei mehr geschadet haben als eine (sachlich übrigens fragwürdige) Verurteilung wegen Untreue[29] oder eine (sachlich ebenfalls fragwürdige) Verurteilung wegen falscher uneidlicher Aussage (durch Unterlassen?). Das sieht auch seine eigene Partei so, die ihn veranlaßt hat, den Ehrenvorsitz niederzulegen. Daß solche politischen Wirkungen nach einiger Zeit wieder abflauen, begünstigt zwar Politiker mit der Fähigkeit des „Aussitzens"; indes sind Sanktionen der Wähler gerade im föderalen System der Bundesrepublik mit seinen zahlreichen Wahlen meistens kurzfristig möglich.

5. Die gesetzliche Regelung

Daß das neue Gesetz über parlamentarische Untersuchungsausschüsse die globale Bezugnahme des Art. 44 Abs. 1 GG endlich durch eine detaillierte *gesetzliche Regelung* ersetzt, ist *zu begrüßen*. Zu begrüßen ist nach dem oben Ausgeführten ferner, daß bei den Beratungen des neuen Untersuchungsausschußgesetzes darauf verzichtet worden ist, den Untersuchungsausschüssen die Befugnis zur Vereidigung von Auskunftspersonen zu geben und der Bundestag als Gesetzgeber dieser Empfehlung des federführenden Ausschusses[30] gefolgt ist.

Nun hat allerdings der Gesetzgeber es bei diesem Verzicht nicht bewenden lassen, sondern hat den parlamentarischen Untersuchungsausschüssen das, was er ihnen mit der einen Hand genommen bzw. vorenthalten hat, mit der anderen Hand dann doch

---

29 Ebenso fragwürdig ist freilich, auf welche Weise die Justiz das Strafverfahren gegen *Kohl* wegen Untreue beendet hat; s. dazu *Beulke/Fahl*, NStZ 2001, 426 (wieder abgedruckt in: Jahrbuch der Juristischen Zeitgeschichte, JJZG 3 [2001/2002], S. 449 ff.); *Naucke*, JJZG 2 (2000/2001), S. 722 ff.; *Hennis*, JJZG 2 (2000/2001), S. 725 ff.; *Vormbaum*, JJZG 2 (2000/ 2001), S. 728 ff.

30 Des Ausschusses für Wahlprüfung, Immunität und Geschäftsordnung (1. Ausschuß); BT-Drucksache 14/5790 vom 4. April 2001.

gegeben. Besteht die wichtigste Folge der Vereidigungsbefugnis darin, daß die falsche *uneidliche* Aussage strafbedroht ist, so ist durch den neuen § 153 Abs. 2 StGB eben diese Wirkung aufrecht erhalten worden. Diese Konsequenz ist auch durchaus angestrebt worden. In der Begründung der Beschlußempfehlung heißt es nämlich:

> „Da auf eine Bestimmung über die mögliche Vereidigung eines Zeugen durch den Untersuchungsausschuß verzichtet worden ist, mußte [! – T.V.] die Strafvorschrift über die falsche uneidliche Aussage (§ 153 StGB) angepaßt werden“[31].

Damit werden nicht nur die *politisch* unerfreulichen Tendenzen zu wechselseitigen Kriminalisierungsversuchen und zur damit verbundenen Instrumentalisierung der Justiz ihre Fortsetzung finden, sondern es ist auch die *rechtlich* fragwürdige Erweiterung eines Rechtspflegeschutz-Tatbestandes in einen ihm wesensfremden Bereich hinein aufrecht erhalten worden.

6. Fazit

Daß von der Vereidigungsbefugnis der Untersuchungsausschüsse abgesehen worden ist, ist ein Schritt in die richtige Richtung. Jedoch wird der sachliche Kern, der in dieser Entscheidung enthalten sein müßte, wegen der gleichzeitigen Einfügung des § 153 Abs. 2 StGB in das Strafgesetzbuch verfehlt. Dieser Kern ergibt sich aus der Betrachtung der Gesetzgebungsgeschichte sowie aus der rechtstheoretischen Einsicht, daß Untersuchungsausschüsse keine Rechtspflegeorgane sind und daher auch nicht mit den spezifischen Instrumentarien der Rechtspflege ausgestattet werden sollten. Freilich ist der Gesetzgeber nicht verpflichtet, sich strafrechtstheoretischen Einsichten zu öffnen[32]; daher bleibt nur die Möglichkeit eines Appells: Da, gemessen an den unterschiedlichen Gesetzmäßigkeiten von Recht und Politik und an der inneren Gesetzmäßigkeit der Aussagedelikte die neue Regelung eine Grenzüberschreitung der Politik bedeutet, sollte der Gesetzgeber die Einsicht in die Verfehltheit dieser Regelung und die Bereitschaft zum *political self restraint* aufbringen und § 153 Abs. 2 StGB wieder streichen. Er könnte damit zugleich ein wenig den Eindruck mildern, daß seine strafrechtspolitische Phantasie sich nur noch in strafgesetzlichen „Kampf“-Maßnahmen, nicht aber mehr in einer kritischen Überprüfung

---

31 BT-Drucksache 14/5790, S. 21.

32 Zum Verhältnis von demokratischer Entscheidungsprozedur und strafrechtswissenschaftlicher Argumentation neuerdings eingehend: *Masssimo Donini*, in: Rivista Italiana di diritto e procedura penale 2001, 27 ff.; deutsche Übersetzung unter dem Titel „Demokratische und wissenschaftliche Methode einer Verbindung von Strafrecht und Politik“ in: JJZG 2 (2001/2002), S. 348–378.

des strafgesetzlichen Normenbestandes auf seine Gerechtigkeit, Zweckmäßigkeit und Rechtsstaatlichkeit[33] niederschlägt.

Nachbemerkung

Der 2002 eingeführte § 153 Abs. 2 ist inzwischen ohne inhaltliche Änderungen nach § 162 Abs. 2 umgestellt worden. (Zur redaktionellen Neuordnung der Aussagedelikte im Jahre 2008 s. den folgenden Aufsatz). Kritisch zum Inhalt der Regelung auch *Fischer*, StGB, 56. Aufl., Rn. 9a.

---

33 Zu dieser dreifachen Voraussetzung eines rechtsstaatlich-liberalen Strafrechts s. *Vormbaum*, Zeitschr. f. d. gesamte Strafrechtswissenschaft 1995, 734 ff., hier 745 ff.

11.

Neues und Altes zu den Aussagedelikten

(2009)

I. Neues

1. Ende der Ruhe

Die Liste der Änderungen des Strafgesetzbuchs – es sind seit 1870, dem Jahr seiner Verabschiedung, bis zum Ende des Jahres 2008 nicht weniger als 230[1] – zeigt, dass der 9. Abschnitt des Besonderen Teils (von unbedeutenden Kleinständerungen abgesehen) zwei kurze Phasen von Änderungen erfahren hat: Nach über 70 Jahren der Ruhe wurde 1943/44 durch die sog. *Strafrechtsangleichungs-Verordnung* und ihre Durchführungsverordnungen nebst einigen weiteren Veränderungen der Tatbestand der falschen uneidlichen Aussage eingefügt. Es folgte eine erneute Phase der Ruhe von ca. 60 Jahren, bis im Jahre 2001 § 153 StGB um einen zweiten Absatz erweitert wurde. Bereits wenige Jahre später hat nun der Gesetzgeber erneut eingegriffen und durch das *Gesetz zur Umsetzung des Rahmenbeschlusses des Rates der Europäischen Union zur Bekämpfung der sexuellen Ausbeutung von Kindern und der Kinderpornographie* vom 31. Oktober 2008 (in Kraft getreten am 5. November 2008) § 153 Abs. 2 wieder gestrichen und seinen Inhalt als Absatz 2 dem wieder erstandenen[2] § 162 StGB integriert, der in Absatz 1 Falschaussagen in Verfahren vor internationalen Gerichten, die durch einen für die Bundesrepublik verbindlichen Rechtsakt errichtet sind, nunmehr ausdrücklich unter Strafe stellt[3]. Eine weitere Veränderung betrifft § 163 StGB, der ohne inhaltliche Änderung zu § 161 wurde,

---

1 Davon seit 1945, also in weniger als einer „Halbzeit", ca. 170 und seit 1990, also seit der Wiedervereinigung und damit im letzten Siebtel der bisherigen Existenz des Gesetzbuches, ca. 70.

2 162 StGB a.F., aufgehoben durch das Dritte Strafrechtsänderungsgesetz vom 4. August 1953, zuvor seit dem Inkrafttreten des RStGB unverändert, hatte für zwei spezielle Fallgruppen – die durch „eidliches Angelöbnis bestellte Sicherheit" und für das „in einem Offenbarungseide gegebene Versprechen" – die Strafbarkeit von promissorischen Eiden beibehalten. Die Vorschrift wurde bereits früh als obsolet angesehen und hatte „in der Rechtsanwendung fast gar keine Bedeutung erlangt", *Olshausen/Freiesleben*, StGB, 12. Aufl. 1942, Anm. zu § 162.

3 Nach zutreffender Auffassung war dies bereits vorher der Fall gewesen; vgl. *Vormbaum*, NK-StB, vor § 153 Rdn. 32 m. Nachw.

wodurch eine bislang vakante Gesetzesposition[4] gegen eine andere ausgetauscht wurde.

2. Redaktionelles

Im allgemeinen soll man sich bei rein redaktionellen Fragen nicht allzu lange aufhalten. Einige Worte zur Verlagerung des Tatbestandes des fahrlässigen Falscheides und der falschen eidesstattlichen Versicherung, der sich seit Erlass des Strafgesetzbuches, also seit fast 140 Jahren, der Schonung durch den Gesetzgeber erfreut hatte, seien jedoch gestattet. Wer als Kommentator von Vorschriften des Strafgesetzbuches tätig ist, weiß, was ein solcher Federstrich des Gesetzgebers an Folgewirkungen nach sich zieht[5] – auch wenn diese sich heutzutage bei einer einzigen Umstellung, wie sie hier in Rede steht, mit einem Such- und Ersetzbefehl (vorsichtshalber mit Bestätigung!) verhältnismäßig einfach bewältigen lassen. Und wenn er sich über die Jahre hinweg wiederholt mit der Materie befasst hat, macht er die betrübliche Feststellung, dass das, was er zu Papier gebracht hat, schon von der nächsten Studenten- und Wissenschaftlergeneration erst im zweiten Anlauf verstanden werden wird – auch wenn es deshalb nicht schon zu jener Makulatur geworden ist, zu der nach Julius von Kirchmanns Diktum aus dem Jahre 1848 drei berichtigende Federstriche des Gesetzgebers ganze juristische Bibliotheken werden lassen[6].

Zur Begründung für die Verschiebung des Fahrlässigkeits-Tatbestandes heißt es in den Gesetzesmaterialien, die neue Regelung (Absatz 1) und die dorthin verschobene Regelung (Absatz 2) des § 162 sollten auch die fahrlässigen Begehung erfassen, weshalb diese vor § 162 positioniert sein müsse[7]. Inwieweit die sachliche Voraussetzung dieser Aussage überzeugend ist, ist noch zu erörtern. Ob die daraus gezogene technisch-redaktionelle Konsequenz zwingend ist oder zumindest die angedeuteten „Kosten" rechtfertigt, erscheint jedenfalls zweifelhaft.

---

4 § 161 in der Fassung des RStGB, aufgehoben durch das 1. Strafrechtsreformgesetz vom 25. Juni 1969, hatte für jede Verurteilung wegen Meineides zwingend die Aberkennung der bürgerlichen Ehrenrechte und der Eidesunfähigkeit angeordnet; näher *Vormbaum*, NK-StGB, 1. Auflage (Loseblatt-Ausg.), Hinweis zu § 161.

5 Der Verf. traf 1999 auf dem Weg zu einer Tagung einen bekannten Kommentator des (gesamten) Strafgesetzbuches; dieser klagte, dass allein die unnötigen Paragraphenänderungen, welche das 6. sog. Strafrechtsreformgesetz neben zahlreichen inhaltlichen Änderungen mit sich gebracht hatte, zu einer Änderung von Querverweisungen in einem fünfstelligen Zahlenbereich geführt habe.

6 *Julius von Kirchmann*, Die Werthlosigkeit der Jurisprudenz als Wissenschaft (1848). Neudruck Darmstadt 1973, S. 25.

7 Bundesrats-Drucksache 625/06 vom 1. September 2006, S. 7.

3. Overprotection

§ 162, der seit der Streichung des Tatbestandes des falschen Eidesversprechens unbesetzt gewesen war, enthält seit dem Inkrafttreten des Gesetzes vom 31. Oktober 2008 zwei Erweiterungs-Tatbestände. Absatz 1 erweitert die Anwendbarkeit der §§ 153 bis 161 auf Falschaussagen vor bestimmten internationalen und supranationalen Gerichten; *Absatz 2* erweitert den Anwendungsbereich des § 153 und seiner Folgevorschriften auf Falschaussagen vor (parlamentarischen) Untersuchungsausschüssen. Während auf Absatz 2 hier nicht noch einmal eingegangen zu werden braucht[8], weist Absatz 1 Merkwürdigkeiten auf:

a) Absatz 1 stellt nunmehr (sowohl vorsätzliche als auch – im Rahmen des § 161 – fahrlässige, sowohl uneidliche als auch eidliche) Falschaussagen in Verfahren vor internationalen Gerichten, deren Errichtung für die Bundesrepublik verbindlich ist, unter Strafe. Auch bisher schon waren Falschaussagen vor diesen Gerichten dann durch § 153 erfasst, wenn die entsprechende Ausdehnung des nationalen Strafrechts ausdrücklich völkerrechtsvertraglich vereinbart war.

Konkreter Auslöser für die Einfügung der Vorschrift war Art. 70 Abs. 4 lit. a des Römischen Statuts, aus dem sich die Verpflichtung ergibt, vorsätzliche im Inland oder durch einen deutschen Staatsangehörigen im Ausland begangene Falschaussagen in einem beim *Internationalen Strafgerichtshof* anhängigen Verfahren unter Strafe zu stellen.

Nach Art. 70 Abs. 1 des Römischen Statuts erstreckt sich die Gerichtsbarkeit des Internationalen Strafgerichtshofes – neben den eigentlichen völkerstrafrechtlichen Taten – auf einige Straftaten, die sich gegen seine eigene Rechtspflege wenden, wenn sie vorsätzlich verübt worden sind; zu ihnen gehört nach lit. a die Falschaussage, „wenn nach Art. 69 Abs. 1[9] die Verpflichtung bestand, die Wahrheit zu sagen". Dass § 162 Abs.1 nunmehr auch den *fahrlässigen Falscheid* vor dem IStGH, den dieser selbst nicht sanktionieren kann[10], unter Strafe stellt (dies war ja der erklärte Sinn der Umsetzung des § 163 a.F. nach § 161), erscheint nicht nur deshalb unangebracht, weil dem IStGH selbst die Sanktionierung dieses Verhaltens ausdrücklich vorenthalten worden ist, sondern vor allem auch deshalb, weil der Mehrzahl der nationalen Rechte der Tatbestand des fahrlässigen Falscheides ohnehin unbekannt ist und damit nun der Fall eintreten kann, dass von mehreren Zeugen, die vor dem

---

8 S. dazu *Vormbaum*, Die falsche uneidliche Aussage vor parlamentarischen Untersuchungsausschüssen, in: JZ 2002, 166 ff.

9 Art. 69 Abs. 1 IStGH-Statut: „Vor seiner Aussage verpflichtet sich jeder Zeuge in Übereinstimmung mit der Verfahrens- und Beweisordnung, in seinem Zeugnis die Wahrheit zu sagen".

10 *Arndt Sinn*, Die Einbeziehung der internationalen Rechtspflege in den Anwendungsbereich der Aussagedelikte, in: NJW 2008, 3526 ff., 3529.

IStGH fahrlässig falsch schwören, je nach Nationalität die einen strafbar sind, die anderen straflos bleiben. Wie schon so häufig in der letzten Zeit hat die Bundesrepublik sich hier in der Umsetzung inter- und supranationaler Strafverpflichtungen als besonders eifrig erwiesen, denn eine Verpflichtung zur Pönalisierung der fahrlässigen Falschaussagen vor dem IStGH war ja in Art. 70 Abs. 4 lit. a nicht enthalten.

b) Ähnliches gilt für die Strafbarkeit von Falschaussagen vor dem nunmehr durch § 162 zweifellos erfassten Europäischen Gerichtshof. Die Streitfrage, ob der Text des Art. 30 der EuGH Satzung, der nur von „Eidesverletzungen" spricht, die Strafbarkeit falscher *uneidlicher* Aussagen ausschließt[11], hat sich damit erledigt und ist ihm Sinne der extensiveren Strafbarkeit entschieden worden.

c) Das strafrechtliche *overprotecting* der internationalen Strafgerichtsbarkeit besitzt aber noch eine weitere Facette. Falschaussagen in Verfahren der deutschen Gerichtsbarkeit sind, wenn der Tatort im Ausland liegt, nach § 5 Nr. 10 StGB nur im Rahmen der §§ 153 bis § 155 strafbar. Indem nun § 162 n.F. für die in ihm genannten Verfahren der supra- und internationalen Gerichtsbarkeit *alle* Taten nach §§ 153 bis 161 n.F., also auch Fahrlässigkeitstaten (und Taten nach §§ 159, 160) einbezieht, ist die deutsche Gerichtsbarkeit bei Auslandstaten in geringerem Umfang geschützt als die internationale Gerichtsbarkeit. Dieser Widerspruch ist auf der Grundlage der bestehenden Gesetzeslage nicht zu beheben[12].

Zu prognostizieren, wie eine Behebung der aufgezeigten Widersprüche durch den Gesetzgeber, falls er sie bemerkt, aussehen wird, fällt dem, der die Strafgesetzgebung der vergangenen 20 Jahre im Auge hat, nicht schwer: Da für Entkriminalisierungen offenbar nur noch das Bundesverfassungsgericht zuständig ist, wird die Lösung nicht in einer Rücknahme der überzogenen Strafdrohungen bestehen, sondern in deren konsequenter Ausdehnung.

II. Altes neu betrachtet

1. Sitz des Problems (§ 160 StGB)

Nach den jüngsten Änderungen gibt es im 9. Abschnitt des Strafgesetzbuches neben § 156 nur noch einen Paragraphen[13], der den Lauf der Zeiten seit 1870 inhaltlich (nahezu) unversehrt überstanden hat: den Tatbestand der „Verleitung zur Falschaus-

---

11 Näher *Moritz Vormbaum*, Schutz der Rechtsgüter von EU-Staaten durch das deutsche Strafrecht. Münster 2005, S. 150 ff.

12 Kritisch auch *Sinn*, NJW 2008, 3528.

13 S. die chronologischen und systematischen Nachweise b. *Vormbaum/Welp (Hrsg.)*, Das Strafgesetzbuch. Sammlung der Änderungsgesetze und Neubekanntmachungen. Supplement Bd. III. Berlin 2007, S. 237 ff., 269.

sage“ (§ 160 StGB). In seiner Funktion und Struktur – Vertatbestandlichung der an sich nicht als möglich angesehenen mittelbaren Täterschaft – ist er zwar kein Unicum, aber doch eine Seltenheit im Strafgesetzbuch[14], und in seiner Geschichte und Sanktion weist er einige Merkwürdigkeiten auf – beruht doch seine Entstehung möglicherweise auf einem Missverständnis[15] und sind doch seine Strafdrohungen, die sich von denen der Referenztatbestände in §§ 153, 154, 156 eklatant unterscheiden[16], schon des öfteren Gegenstand des Nachdenkens und der Kritik gewesen[17]. Diese historischen und sanktionsrechtlichen Probleme sollen im folgenden nur dort angesprochen werden, wo das Problem, das der Verfasser überdenken[18] will, den Rückgriff auf sie erfordert.

2. Gegenstand des Problems (§ 160 Abs. 2)

Gegenstand dieses Problems ist der zweite Absatz des § 160, der den Versuch der Tat nach Absatz 1 unter Strafe stellt. § 160 Abs. 1, eine Neuschöpfung des Gesetzgebers des Reichsstrafgesetzbuches[19], bedroht denjenigen mit Strafe, der „einen anderen zur Ableistung eines falschen Eides [...], zur Ableistung einer falschen Versicherung an Eides Statt oder [...] zur Ableistung einer falschen uneidlichen

---

14 Für einen Teilbereich des Urkundenstrafrechts erfüllt bekanntlich § 271 StGB eine ähnliche Funktion, indem er die als an sich nicht möglich angesehene mittelbare Täterschaft vertatbestandlicht.

15 Dazu näher *Vormbaum*, Eid, Meineid und Falschaussage. Reformdiskussion und Gesetzgebung seit 1870. Berlin 1990, S. 34 ff.

16 Der Sprung (nach unten) beträgt gegenüber § 154 Freiheitsstrafe bis zu zwei Jahren oder Geldstrafe statt Freiheitsstrafe nicht unter einem Jahr (bis zu 15 Jahren), gegenüber § 153 Freiheitsstrafe bis zu sechs Monaten oder Geldstrafe bis zu 180 Tagessätzen statt Freiheitsstrafe von drei Monaten bis zu fünf Jahren, gegenüber § 156 Freiheitsstrafe bis zu sechs Monaten oder Geldstrafe bis zu 180 Tagessätzen statt Freiheitsstrafe bis zu drei Jahren. Da nach § 26 die Strafdrohung der Anstifter gleich einem Täter bestraft wird, ändert sich an den Proportionen auch dann nichts, wenn man den Vergleich statt auf die mittelbare Täterschaft auf die Anstiftung bezieht.

17 S. zuletzt zusammenfassend *Henning Ernst Müller*, Falsche Zeugenaussage und Beteiligungslehre. Tübingen 2000, S. 377 ff.

18 Zu seiner bisherigen Auffassung s. *Vormbaum*, Der strafrechtliche Schutz des Strafurteils. (Münsterische Beiträge zur Rechtswissenschaft. 22). Berlin 1987, S. 299 ff.; s. auch *Ders.*, Nomos-Kommentar StGB, 3. Aufl. 2009, § 160.

19 Zu früheren Versuchen zur Schaffung eines entsprechenden Tatbestandes s. *A.S. Schultze*, Verleitung S. 3 ff.; näher zur Entstehung des § 160 RStGB *Vormbaum*, Eid, 3. Kap.; *Stooß*, in: Vergleichende Darstellung des Deutschen und Ausländischen Strafrechts. Berlin 1906, BT/3 S. 307 ff.; s. auch *Voigt*, GA 1880, 220 ff.; *Gallas*, FS Engisch, S. 602 ff. – In der weiteren Geschichte des § 160 fehlen tiefgreifende Änderungen, wenn man von der Einbeziehung des neu geschaffenen Tatbestandes der falschen uneidlichen Aussage durch die StrafrechtsangleichungsVO vom 29. Mai 1943 (RGBl. I, S. 339; vgl. *Vormbaum*, Nomos-Kommentar StGB, 3. Aufl. 2009, § 153 Rdn. 2) absieht.

Aussage verleitet“[20]. Sieht man zunächst von Einzelheiten dieses Tatbestandes ab, so besteht, sollte man meinen, kein Problem: Warum soll nicht schulmäßig der subjektive Tatbestand und das unmittelbare Ansetzen zur Tat festgestellt werden, wie es § 22 StGB vorsieht? In der Tat stellt sich für normal gelagerte Fälle insoweit auch kein besonderes Problem. Wer sich vorgestellt hat, einen anderen, wie vom Gesetz vorgesehen, zu „verleiten“, und im Hinblick hierauf zur Verwirklichung des Tatbestandes unmittelbar angesetzt hat, hat den Tatbestand der versuchten Tat nach § 160 Abs. 1, 2 erfüllt.

3. Inhalt des Problems

Problematisch und streitig sind hingegen die Fälle, in denen der Verleitende sich falsche Vorstellungen über die subjektive Seite des Handelns des von ihm Verleiteten gemacht hat. Hier zeigt sich eine Besonderheit des § 160: Er enthält in seinem objektiven Tatbestand ein *subjektives* Element – freilich nicht in der Weise, dass ein Element des subjektiven Tatbestandes in den objektiven Tatbestand eingekapselt wäre (wie dies spiegelbildlich beim Diebstahlstatbestand mit der objektiven Rechtswidrigkeit der beabsichtigten Zueignung der Fall ist), sondern in der Weise, dass die Vorstellung einer dritten Person objektives Tatbestandsmerkmal ist (wie dies auch bei den Teilnahmehandlungen nach §§ 26 und 27 der Fall ist)[21].

Die völlige Parallelisierung zu den §§ 26, 27 setzt freilich bereits voraus, dass § 160 nicht etwa alle Fälle der (nach zutreffender h.M. bei den Aussagedelikten nicht möglichen[22]) mittelbaren Täterschaft erfasst, sondern nur jene Fälle, in denen der

---

20 Die Reihenfolge der drei Begehungsweisen entspricht nicht der aus den Strafdrohungen der §§ 153 bis 156 hervorgehenden Hierarchie, denn die Strafdrohung des § 156 liegt unter derjenigen des § 153 (zu den Gründen s. *Vormbaum*, Schutz des Strafurteils, S. 225 ff.); die Erklärung dürfte darin zu suchen sein, dass die falsche uneidliche Aussage bei ihrer Einführung im Jahre 1943 zunächst *nach* der falschen eidesstattlichen Versicherung als § 156a eingeordnet war und erst später ihren Platz an der Spitze des Abschnitts gefunden hat (näher *Vormbaum*, Eid, Meineid und Falschaussage, S. 138 ff.). Dass der Gesetzgeber die Strafdrohungen für die Verleitung zur falschen eidesstattlichen Versicherung und derjenigen zur falschen uneidlichen Aussage nicht differenziert hat, lässt sich kriminalpolitisch erklären (näher *Vormbaum*, Schutz des Strafurteils, S. 296 f.).

21 Aus der Sicht der Dogmatik des Allgemeinen Teils bildet dies (anders als der umgekehrte Fall beim Diebstahl) keine Besonderheit, denn die Unterscheidung zwischen objektivem Tatbestand und subjektivem Tatbestand bezieht sich nicht auf *alle* objektiven bzw. subjektiven Elemente, welche im Zusammenhang einer Tat auftauchen, sondern ist relational, d.h. perspektivisch auf den *Täter* bezogen; was für *diesen* objektiv bzw. subjektiv ist, ist Gegenstand des objektiven bzw. subjektiven Tatbestandes.

22 S. die Nachweise b. *Vormbaum*, NK, § 160 Rdn. 11; *H.E. Müller*, Falsche Zeugenaussage, S. 124 ff., der selber (S. 150) die Auffassung vertritt, dass der Verleiter „nicht wegen (mittelbarer) täterschaftlicher Falschaussage, sondern wegen Fälschung eines Beweismittels“ strafbar sei.

Verleitete „gutgläubig" ist, also undolos handelt. Hiervon gehen jedoch letztlich alle in Rechtsprechung und Schrifttum vertretenen Auffassungen – teils aus (unterschiedlichen) inhaltlichen, teils aus Konkurrenzgründen – aus[23], weshalb dieser Frage hier nicht weiter nachgegangen werden soll.

Von den möglichen Konstellationen – irrtümlich Annahme vorsätzlichen Handelns des Verleiteten und irrtümlich Annahme unvorsätzlichen Handelns des Verleiteten – soll hier nur die zweite behandelt werden[24], denn nur sie ist im Ansatz ein Problem des § 160, während die erste nach zutreffender Auffassung nur ein Problem der §§ 26 und 30 Abs. 1 bildet.

4. Lösungsvorschläge

Dazu, wie derjenige zu behandeln ist, der einen anderen zu einer unvorsätzlichen Falschaussage veranlassen will, ihn in Wirklichkeit aber zu einer vorsätzlichen Falschaussage veranlasst, werden drei Auffassungen vertreten[25]:

a) Der Bundesgerichtshof und ein Teil des Schrifttums[26] gelangen zu einer Bestrafung wegen vollendeter Tat nach § 160 Abs. 1. Derjenige, der „mehr" bewirkt habe, als er gewollt habe – nämlich eine vorsätzliche Falschaussage statt einer unvorsätzlichen Falschaussage –, dürfe dafür nicht auch noch besser gestellt werden. Strafbarkeit aus § 160 besteht somit stets dann, wenn der Veranlassende sich die Gutgläubigkeit des Veranlassten vorgestellt hat; dieses Vorstellungsbild stellt zugleich das Abgrenzungskriterium zur Anstiftung dar, bei der der Anstiftende sich die vorsätzliche Handlung des Angestifteten vorstellt.

b) Zum selben Ergebnis gelangt *Hruschka*[27] mit einer Konstruktion, die den Nachteil der zuvor referierten Lösung, dass der subjektive Tatbestand umfangreicher ist als der objektive Tatbestand, vermeiden soll. Nach Hruschka ist § 160 nicht nur ein Ergänzungstatbestand, der die Lücke der an sich nicht möglichen mittelbaren Täterschaft schließen soll, sondern ein Grundtatbestand für alle Fälle, in denen eine Person vorsätzlich zur Urheberin der (vorsätzlichen oder unvorsätzlichen) Falschaussage einer anderen Person wird. Kommt es auf das Vorstellungsbild des Verleiteten nicht

---

23 Vgl. *Müller*, Falsche Zeugenaussage, S. 377 ff.

24 Die erste Konstellation führt nach zutreffender Auffassung zur Anwendung der §§ 159, 30 Abs. 1 StGB; vgl. *Müller*, Falsche Zeugenaussage, S. 389 ff.

25 Übersichtlich gegliedert und transparent dargestellt b. *H.E. Müller*, Falsche Zeugenaussage, S. 385 f.

26 S. die Nachweise b. *Müller*, a.a.O., Fußn. 56; *Vormbaum*, NK, § 160 Rdn. 23.

27 *Hruschka*, Anstiftung zum Meineid und Verleitung zum Falscheid, in: JZ 1967, 210 ff.; dieser Auffassung hat sich bisher auch der Verfasser angeschlossen, vgl. *Vormbaum*, Schutz des Strafurteils, S. 300; *Ders.*, NK, § 160 Rdn. 12, 25.

an, so braucht sich darauf konsequent auch der Vorsatz des Verleitenden nicht zu beziehen. Das Verhältnis zu benachbarten Tatbeständen der §§ 26, 30 Abs. 1, 159 regelt sich nicht auf der Tatbestands-, sondern auf der Konkurrenzebene; als Grundtatbestand tritt daher § 160 hinter diesen Tatbeständen zurück.

c) Nach einer früher vom Reichsgericht und auch heute noch von beachtlichen Stimmen im Schrifttum vertretenen Auffassung[28] wirft die hier betrachtete Fallkonstellation keine besonderen Probleme auf. Es liegt ein Versuch der Tat nach § 160 Abs. 1 vor, der nach § 160 Abs. 2, 23 strafbar ist. Abgesehen davon, dass die Entstehungsgeschichte der Vorschrift zeige, dass mit „Falscheid" nur ein unvorsätzlicher Eid gemeint sei, bilde die irrtümliche Veranlassung einer vorsätzlichen Handlung keineswegs ein „Mehr" gegenüber der intendierten Veranlassung einer unvorsätzlichen Handlung[29]; auch sei § 160 kein Sonderfall der Anstiftung, sondern ein eigenständiger Tatbestand.

5. Stellungnahme

Die an den beiden zuerst geschilderten Positionen geübte Kritik überzeugt.

a) Die Argumentation des Bundesgerichtshofes läuft letztlich auf ein *argumentum a minore ad maius* hinaus: Wenn schon für die Herbeiführung der unvorsätzlichen Falschaussage Vollendungsstrafbarkeit eintrete, müsse dies erst recht für die Herbeiführung einer vorsätzlichen Aussage gelten.

aa) Ein dogmatisch fundiertes Argument ist dies nicht; das *argumentum a minore ad maius* gehört zum Arsenal jener Argumentationsfiguren, mit denen der Grundsatz *nullum crimen sine lege* ausgehebelt werden soll; wie alle diese Argumentationsfiguren setzt er auf Suggestivwirkung, und wie meistens resultiert die Suggestion aus kriminalpolitischen Erwägungen, sie sich hinter Gerechtigkeitsargumenten verschanzen. Nicht nur die Entstehungsgeschichte des Gesetzes, sondern auch die unbefangene Betrachtung des Wortsinns zeigen, dass der Gesetzgeber unter „Falscheid" den Gegensatz zum Meineid als einer „Meintat" ausdrücken wollte, also die unvorsätzliche Falschaussage vor Augen hatte und diese zum Gesetzeswortlaut erhoben hat.

bb) Darüber hinaus ist die Annahme eines vom Veranlassenden erreichten „Mehr" weder kriminalpolitisch noch dogmatisch zutreffend.

---

28 *RGSt* 11, 418, 420; zum Schrifttum s. die Nachweise b. *Müller*, Falsche Zeugenaussage, S. 386, Fußn. 63; *Vormbaum*, Schutz des Strafurteils, S. 300, Fußn. 86; *Ders.*, NK, § 160 Rdn. 22.

29 *Gallas*, Verleitung zum Falscheid, in: FS Engisch (1960), S. 600 ff., 612 f.

Kriminalpolitisch ist bereits zweifelhaft, ob derjenige, der eine unvorsätzliche Falschaussage herbeiführt, die durch die §§ 153 ff. geschützten *Rechtsgüter* intensiver oder weniger intensiv *beeinträchtigt* als die nach jenen Straftatbeständen strafbaren Täter. In der Praxis können beide Folgen eintreten. Denkt man an den hauptsächlichen Anwendungsfall des § 160 – der Verleitete sagt unvorsätzlich falsch aus – so kann die Beeinträchtigung des Verfahrenszieles deshalb geringer sein, weil dem Aussagenden an der Falschheit der Aussage nichts liegt und er durch Hinweise auf widersprüchliche Bekundungen zur Besinnung gebracht werden kann; andererseits kann aber auch eine intensivere Beeinträchtigung eintreten, weil der Aussagende wegen seiner Gutgläubigkeit keine Anzeichen von Unsicherheit und Aufgeregtheit von sich gibt, so dass diese Indikatoren für Unwahrheit wegfallen. Daher kann auch nicht gesagt werden, dass derjenige, der eine vorsätzliche Falschaussage herbeiführt, das Rechtsgut stärker gefährde und damit ein „Mehr" herbeiführe als derjenige, der den Aussagenden zu einer unvorsätzlichen Aussage verleitet.

Die Auffassung des BGH macht überdies die Abgrenzung zweier objektiver Tatbestände – Anstiftung zur Falschaussage (§§ 26, 153 ff.) und Verleitung zur Falschaussage (§ 160) – letztlich von der Vorstellung des Handelnden über die Vorstellung des Veranlassten abhängig und verlässt damit nicht nur gesicherte Errungenschaften der *Straftatlehre*, sondern auch gesetzliche Bahnen, denn wenn § 15 von „vorsätzlichem Verhalten" spricht, so setzt er das (objektive) Verhalten als Gegenstand des Adjektivs „vorsätzlich" bereits voraus; noch deutlicher macht § 16 klar, dass die Tatumstände Gegenstand der Kenntnis des Täters sind und diese Kenntnis nicht Voraussetzung für die Erfüllung der Tatumstände sein kann.

Auch aus der Sicht der *Beteiligungsdogmatik* erheben sich gegen die Argumentation des BGH Bedenken: Eine zwar nicht zweifelsfreie[30], aber wohl herrschende[31] Auffassung meint, dass derjenige, der sich wegen vermeintlicher Gutgläubigkeit des Tatmittlers irrig für einen mittelbaren Täter hält, wegen Anstiftung zu bestrafen sei, wenn der Tatmittler vorsätzlich handelt – und zwar deshalb, weil die Anstiftung als Minus (!) in der Täterschaft enthalten sei. Angesichts der eklatant unterschiedlichen Strafrahmen der §§ 26, 153 ff. und des § 160 kann nun freilich von einem Minus nicht die Rede sein – und so wird das *argumentum a maiore ad minus* in ein *argumentum a minore ad maius* verwandelt. Grund ist letztlich auch hierfür die geringe Strafdrohung des § 160. Diese jedoch ist eine vom Gesetzgeber getroffene Entscheidung, die nicht durch kriminalpolitische Erwägungen – ob sie nun dogmatisch verbrämt sind oder nicht – überspielt werden darf. Zu Recht bemerkt *Müller*, dass es

---

30 *Müller*, Falsche Zeugenaussage, S. 387.

31 Nachweise, auch zur Kritik, b. *Müller*, a.a.O., Fußn. 71.

„methodisch nicht überzeugen [kann], dogmatische Grundprinzipien aus Strafwürdigkeitserwägungen zu verlassen“[32].

b) Besser abgesichert erscheint die Konstruktion von *Hruschka*, die in § 160 einen Tatbestand erblickt, der jedes Verhalten erfasst, durch das ein anderer veranlasst wird, vorsätzlich oder unvorsätzlich eine falsche uneidliche Aussage, einen Falscheid oder eine falsche Versicherung an Eides Statt zu erstatten; soweit allerdings andere Vorschriften, insbesondere diejenigen über erfolgreiche Anstiftung (nach § 26) und versuchte Anstiftung (für § 154 nach § 30, für § 153 und § 156 nach §§ 30, 159), eingreifen, soll die Vorschrift subsidiär sein. Sie wird daher regelmäßig nur in denjenigen Fällen aktuell, in denen der Täter einen anderen zu unvorsätzlicher Aussage hat veranlassen *wollen*. Es ist nicht zu leugnen, dass die konstruktive Virtuosität dieser Konstruktion eine – auch „rechtsästhetische“ – Faszination ausübt; doch stehen dieser Faszination, der auch der Verfasser dieses Beitrages bei früherer Gelegenheit erlegen ist[33], gewichtige Bedenken entgegen.

aa) Die Konstruktion widerspricht, wie an anderer Stelle dargetan[34], dem Willen des Gesetzgebers von 1870, was zwar nach der überwiegenden Auffassung, die der objektiven Auslegungsmethode folgt, letztlich kein durchschlagender Einwand ist, jedoch besonderen Argumentationsaufwand für entgegenstehende Auffassungen fordert.

bb) Ein weiteres Bedenken folgt aus der punktuellen Wiederbelebung der Figur der „Urheberschaft“ im Rahmen einer durch die abschließende Gliederung von Täterschaft, Anstiftung und Beihilfe geprägten Rechtsordnung. Hier ist die rechtsstaatlichen Funktion von Strafrechtsdogmatik angesprochen. Durch sie wird auf einer Ebene stärkerer Konkretion die Funktion des Bestimmtheitsgrundsatzes, der auf der Ebene des Gesetzes gilt, wiederholt. Zwar nicht für den lesekundigen (und gebildeten) Rechtsgenossen bestimmt, den sich Feuerbach bei seiner psychologischen Zwangstheorie vorgestellt haben mag, wohl aber für die *scientific comunity* der Strafrechtswissenschaftler (und Strafrichter)[35], entzieht sie die Interpretation von Strafrechtsnormen einer beliebigen unvermittelten Applikation auf den Einzelfall. Die Verlässlichkeit und Berechenbarkeit der Interpretation erhält dadurch eine Garantie, die über die Garantiefunktion des gesetzlichen Tatbestandes hinausgeht, welche durch den immer nachlässigeren Umgang des Gesetzgebers mit dem Bestimmtheitsgrundsatzes ohnehin viel von ihrer Wirkung eingebüßt hat.

---

32 *Müller*, a.a.O., S. 387.

33 S.o. Fußn. 27.

34 *Vormbaum*, Schutz des Strafurteils, S. 301; *Ders*., Eid, S. 32 ff.

35 Und – als „Rückmeldung“ – für den Gesetzgeber.

Dies schließt freilich Änderungen in dogmatischen Auffassungen so wenig aus, wie der Bestimmtheitsgrundsatz Änderungen des Gesetzes ausschließt. Doch besteht die „Garantiefunktion" von Dogmatik in ihrer konsequenten Durchführung. Es mögen Aufspaltungen dogmatischer Figuren sich als erforderlich erweisen, weil bei einheitlicher Exekution einer Figur untragbare Ergebnisse auftreten; dies gehört zum Alltag strafrechtsdogmatischer Tätigkeit. Problematisch erscheint jedoch der Versuch, eine dogmatische Konstruktion, die um des unbefriedigenden Ergebnisse in einer einzelnen Konstellation willen die Strafrechtsdogmatik oder Teile von ihr gleich außer Kraft setzt bzw. ersetzt. Die angesprochene Garantiefunktion der Dogmatik dient auch dazu, die allgemeine Rationalität der Konstruktion gegen Gerechtigkeitsempfindungen im Einzelfall zu immunisieren – jedenfalls dort, wo dieses Empfinden sich, wie meistens, in Strafbedürfnissen artikuliert (denn eben dieses – Strafbedürfnisse rational zu kontrollieren – ist eine der Hauptaufgaben nicht nur des Grundsatzes *nullum crimen sine lege*, sondern auch der Strafrechtsdogmatik). Das es sich im konkreten Fall in einer „Ausnahmekonstruktion" – der „Urheberschaft" – geltend macht, die historisch allgemein als überwunden angesehen wird, ist an sich unerheblich, macht das Problematische dieser Konstruktion aber besonders manifest.

cc) Die Kritik gilt naturgemäß in noch stärkerem Maße aus der Sicht einer Dogmatik, die sich von vornherein als „negative" bzw. „Strafbefreiungsdogmatik" versteht, also die Aufgabe des Straf*rechts* darin erblickt, staatlichem *Strafen* Grenzen zu setzen[36]. Prüft sie jede Strafnorm und deren Interpretation darauf, ob alle Elemente der Rechtsidee – Gerechtigkeit, Rechtssicherheit und Zweckmäßigkeit – berücksichtigt sind, so ist vor allem im Hinblick auf das zweite Element, die *Rechtssicherheit*, die diskutierte Auffassung problematisch, denn sie durchbricht die gesicherte und verlässliche dogmatische Struktur, um ein als „befriedigend" angesehenes (höheres) Strafmaß zu ermöglichen. Dass die Bestrafung des Täters in den fraglichen Fällen auch aus Gründen der *Gerechtigkeit* nicht geboten ist, wurde bereits gezeigt. Schließlich erscheint das Ergebnis einer Vollendungsstrafbarkeit auch nicht als Gebot der *Zweckmäßigkeit* – jedenfalls nicht auf der Grundlage des geltenden Rechts, denn da § 23 Abs. 2 für den Versuch eine (nur) fakultative Strafmilderung eröffnet, kann in extremen Fällen das Strafmaß demjenigen der vollendeten Tat angenähert werden und es u.U. sogar erreichen. Der bloße Wunsch, den Täter als „Vollendungs-Täter" zu „labeln", ist kein Grund, vom vorgezeichneten dogmatischen Weg abzuweichen.

---

36 Begründer dieser Auffassung ist *Wolfgang Naucke*, dem sich der Verf. bei mehreren Gelegenheiten angeschlossen hat; s. die Nachweise b. *Vormbaum*, Einführung in die moderne Strafrechtsgeschichte. Heidelberg 2008, S. 273 f.

c) Nach alledem empfiehlt es sich, zur ursprünglichen Auffassung des Reichsgerichts zurückzukehren: Wer einen anderen zu einer unvorsätzlichen Falschaussage verleiten will, jedoch erreicht, dass dieser vorsätzlich aussagt, erfüllt den Tatbestand der *versuchten* Verleitung zur Falschaussage.

6. Schluss

Unberührt von den vorhergehenden Ausführungen bleibt die Frage, ob es sich empfiehlt, § 160 StGB zu streichen. Seine praktische Relevanz ist – strukturell bedingt[37] – gering. Die Kriminalstatistik, die für die Jahre 1998, 2000, 2002, 2004 und 2006 Verurteiltenzahlen in Höhe von 12, 19, 4, 7 und 2 ausweist[38], belegt dies. Doch Entkriminalisierung wird derzeit nicht als zum Beruf von Gesetzgebung und Rechtswissenschaft gehörend angesehen

37 *Vormbaum*, NK, § 160 Rdn. 8.

38 *Vormbaum*, NK, § 160 Rdn. 28.

12.

Die strafrechtliche Beurteilung des Scheckkartenmißbrauchs

– OLG Köln, NJW 1978, 713 –

(1981)

Der Angeklagte (*A*) unterhielt bei verschiedenen Kreditinstituten im Bundesgebiet Giro-Konten, für die er Eurocheque-Karten und Eurocheque-Formulare besaß. Im Herbst 1973 hatte er etwa 200 solcher Scheckformulare gehortet, die auf verschiedene Konten lauteten. Vom Oktober 1973 bis zum Jahresschluß löste er aufgrund eines einheitlich gefaßten Planes unter Vorlage der dazugehörigen Eurocheque-Karten Eurocheque-Formulare bei verschiedenen ausländischen Banken ein, obwohl er wußte, daß seine Konten keine Deckung aufwiesen und keine Überziehungskredite bestanden. Die Schecks wurden den einlösenden Banken jeweils durch die bezogenen Kreditinstitute honoriert. Dadurch entstand in drei Banken ein Schaden von insgesamt 35462,80 DM.

Das *Schöffengericht* hat den *A* wegen fortgesetzter Untreue (§ 266) verurteilt. Die hiergegen eingelegte Revision des *A* hat das OLG zurückgewiesen, den Schuldausspruch jedoch dahin geändert, daß *A* nicht wegen fortgesetzter Untreue, sondern wegen fortgesetzten Betruges verurteilt werde. Damit hat das OLG – unter Aufgabe seiner eigenen bisherigen Rechtsauffassung[1] – sich der Auffassung des BGH[2] angeschlossen, wonach der sog. „Scheckkartenmißbrauch" nicht nach § 266, sondern nach § 263 zu beurteilen sei.

I. Das Problem

Die Scheck-Karte – später Eurocheque-Karte (EC-Karte) – wurde von den Kreditinstituten in der Bundesrepublik Deutschland 1968 eingeführt[3]. Nach den Bedingungen für EC-Karten[4] garantiert das bezogene Kreditinstitut jedem Schecknehmer die Zahlung eines auf seinen EC-Vordrucken ausgestellten Schecks bis zu einem Betrag von 300 DM[5]; die Honorierung erfolgt also unabhängig davon, ob der Scheckaussteller im Innenverhältnis zum bezogenen Kreditinstitut zur Begebung des Schecks berechtigt ist, mithin auch dann, wenn das Konto keine Deckung aufweist und ein Überziehungskredit nicht vereinbart bzw. bereits ausgeschöpft ist. Die Hingabe solcher ungedeckter, von der bezogenen Bank jedoch garantierter Scheckkarten-Schecks wird üblicherweise als „*Scheckkartenmißbrauch*" bezeichnet. *Nicht* hierher

1 Urt. v. 25. 4. 1972 – Ss 28/72 (unveröffentlicht).

2 BGHSt 24, 386 = NJW 1972, 1904 = JZ 1972, 306 = MDR 1972, 963 = JR 1973, 116.

3 S. zum Folgenden *Otto*, Bargeldloser Zahlungsverkehr und StrafR, 1978, S. 93 ff.

4 I.d.F. v. 1. 4. 1977; in den hier relevanten Teilen wiedergegeben v. *Otto* (o. Fußn. 3).

5 Nr. 4 I der Bedingungen.

gehören also die Fälle der *Scheckfälschung*, der unbefugten Verwendung *fremder* Schecks und des *kriminellen Erwerbs* von Scheckkarten oder Scheckkartenschecks.

Während die letzteren Fälle der strafrechtlichen Erfassung in der Regel keine Probleme bereiten[6], ist die Beurteilung des Scheckkartenmißbrauchs lebhaft umstritten. In Rechtslehre und Rechtsprechung wurde die Problematik zunächst nahezu ausschließlich unter dem Gesichtspunkt der *Untreue* diskutiert; überwiegend wurde die erste Tatbestandsvariante des § 266, der sog. *Mißbrauchstatbestand*, für einschlägig gehalten[7], mitunter aber auch der sog. *Treubruchtatbestand* des § 266 in die Überlegungen einbezogen[8]; zunehmend Anhänger gewann auch die Auffassung, daß § 266 in keiner seiner beiden Tatbestandsformen erfüllt sei, der Scheckkartenmißbrauch mithin straflos zu bleiben habe, solange der Gesetzgeber die Strafbarkeitslücke nicht schließe[9]. Seit der „überraschenden Entscheidung" des BGH[10], dessen Auffassung sich nun auch das OLG Köln angeschlossen hat, ist die Frage der Betrugsstrafbarkeit in den Mittelpunkt des Interesses gerückt (s. III).

II. Untreue (§ 266)

Die Dogmatik der Untreue hat durch die Diskussion um die Rechtsnatur des Scheckkartenmißbrauchs wesentliche Impulse erfahren. Vor allem das gegenseitige Verhältnis der beiden in § 266 zusammengefaßten Tatbestände der Untreue ist in seinen Voraussetzungen und Konsequenzen anhand der hier behandelten Problematik exemplarisch diskutiert worden[11].

1. Der Mißbrauchstatbestand

Der *Mißbrauchstatbestand* setzt voraus, daß der Täter eine ihm eingeräumte „*Befugnis*, über fremdes Vermögen zu verfügen oder einen anderen zu verpflichten" *mißbraucht* hat. Streitig ist, ob darüber hinaus eine Vermögensbetreuungspflicht des Täters gegenüber dem Geschädigten bestanden haben muß.

---

6 S. die Zusammenstellung bei *Zahrnt*, NJW 1972, 277.

7 LG Dortmund, NJW 1971, 65; OLG Hamm, NJW 1972, 298 ff.; OLG Köln (o. Fußn. 1); Nachw. über das Schrifttum bei *Otto* (o. Fußn. 3), S. 96 Fußn. 7.

8 S. z.B. *D. Meyer*, JuS 1973, 216; OLG Hamm, NJW 1972, 298.

9 S. z.B. *Vonnahme*, NJW 1971, 443; *Sennekamp*, MDR 1971, 638; *Zahrnt*, NJW 1972, 1095; *Seebode*, JR 1973, 120; *Gössel*, MDR 1973, 177; *Ders.*, JR 1978, 473.

10 *Seebode*, JR 1973, 117; *D. Meyer*, JuS 1973, 214.

11 S. die Nachweise bei *Otto* (o. Fußn. 3), S. 96 Fußn. 11, 12.

a) Die Zahlungsgarantie des Kreditinstituts, welches die EC-Karte ausgegeben hat[12], ist Bestandteil eines zwischen dem Nehmer des Schecks und dem Kreditinstitut zustandekommenden *Garantievertrages*, der das letztere zur Einlösung des Schecks verpflichtet[13]. Der Aussteller ist in das Zustandekommen dieses Vertrages zweifellos involviert. Fraglich ist jedoch, ob er es ist, der die „Verpflichtung“ der Bank rechtsverbindlich begründet. Kriterium für die Beantwortung dieser Frage ist nach *herkömmlicher Auffassung*, ob der Aussteller bei Begebung des Schecks den Garantievertrag als rechtsgeschäftlicher *Vertreter* der Bank abschließt (dann Verpflichtungsbefugnis), oder ob er lediglich als *Bote* der Bank deren Willenserklärung überbringt (dann keine Verpflichtungsbefugnis)[14]. Nach der *Gegenauffassung* soll es auf diese zivilrechtliche Frage nicht ankommen, vielmehr die betreffende Befugnis bereits deshalb anzunehmen sein, weil dem Scheckkarteninhaber „mit Aushändigung der Scheckkarte eine Rechtsmacht eingeräumt (werde), durch deren Gebrauch er die Bank wirksam zum Einstehen gegenüber Dritten verpflichten“ könne[15]. Die zuerst genannte Auffassung verdient Zustimmung[16]. Seinen eigenständigen Charakter gegenüber dem Treubruchtatbestand erhält der Mißbrauchstatbestand dadurch, daß er Bezug nimmt auf eine außerstrafrechtlich – in der Mehrzahl der Fälle zivilrechtlich („Rechtsgeschäft“) – normierte „Verfügungs- oder Verpflichtungsbefugnis“. Er ist somit in seinem Kern durch die Verwendung präziser, an der Terminologie des Zivilrechts geschärfter *Rechtsbegriffe* charakterisiert. Hingegen weist der Treubruchtatbestand, der generell auf die „Pflicht, fremde Vermögensinteressen wahrzunehmen“ Bezug nimmt und als Grundlage dieser Verpflichtung auch ein „Treueverhältnis“ genügen läßt, Tatbestandsmerkmale auf, die mehr an den *fakti-*

---

12 S. Nr. 4 der Bedingungen für EC-Karten (o. Fußn. 5).

13 S. z.B. OLG Hamm, NJW 1972, 298 f.; *Krey*, StrafR BT 2, 4. Aufl. (1978), S. 172; *Gössel*, JR 1978, 473.

14 S. z.B. LG Dortmund, NJW 1971, 65; OLG Hamm, NJW 1972, 298; *Hübner*, in: LK, 9. Aufl. (1973), § 266 Rdn. 22; *Schaudwet*, NJW 1968, 9; *Vonnahme*, NJW 1971, 443; *Sennekamp*, MDR 1971, 638; *Zahrnt*, NJW 1972, 277; *Gössel*, JR 1978, 473; *Heimann-Trosien*, JZ 1976, 549.

15 *Eser*, StrafR 4, 2. Aufl. (1976), S. 186; ebenso z.B. *Blei*, JA 1971, 305; *Bringewat*, GA 1973, 364; *Schröder*, JZ 1972, 708; *Cramer*, in: Schönke-Schröder, StGB, 19. Aufl. (1978), § 266, Rdn. 4, 11; *Krey*, BT 2 (o. Fußn. 13), S. 172; *D. Meyer*, JuS 1973, 215.

16 Das OLG Köln nimmt zu dieser Frage nicht Stellung, sondern stößt unmittelbar zu der weiteren Frage vor, ob der Mißbrauchstatbestand – ebenso wie der Treubruchtatbestand – eine Vermögensbetreuungspflicht des Täters voraussetze und ob bejahendenfalls eine solche Vermögensbetreuungspflicht des Scheckkarteninhabers gegenüber dem bezogenen Kreditinstitut anzunehmen sei. Dieses Vorgehen ist zwar methodisch möglich, da zwischen den beiden Problembereichen des Mißbrauchstatbestandes kein Verhältnis logischer Vor- und Nachrangigkeit besteht; das Vorgehen des OLG zwingt jedoch zu einer Stellungnahme zu der allgemeinen Problematik des Verhältnisses der beiden Untreue-Tatbestände zueinander; dieser Stellungnahme bedarf es bei Zugrundelegung der hier vertretenen Auffassung nicht.

schen Gegebenheiten orientiert sind und eigenständige strafrechtliche Wertungen erfordern[17]. Der Charakter des Mißbrauchstatbestandes fordert daher, die Tatbestandsmerkmale „Verfügungsbefugnis“ und „Verpflichtungsbefugnis“ in ihrer rechtsdogmatisch präzisen Bedeutung zu interpretieren; im Hinblick auf die hier behandelte Problematik bedeutet dies: Voraussetzung für die Anwendung des Mißbrauchstatbestandes auf die mißbräuchliche Verwendung von Scheckkarten-Schecks ist, daß der Scheckaussteller selber das bezogene Kreditinstitut wirksam verpflichtet, er also als bevollmächtigter *Vertreter* des Kreditinstituts auftritt; die Anwendung dieses Tatbestandes scheidet hingegen aus, wenn der Scheckaussteller bloß eine Verpflichtungserklärung der Bank überbringt, also als *Bote* auftritt.

Die Bedenken, welche gegen diese Erhebung der Dichotomie „Bote-Stellvertreter“ zum Kriterium für das Bestehen einer Verpflichtungsbefugnis vorgebracht werden, vermögen nicht zu überzeugen. Insbesondere kann nicht anerkannt werden, daß es sich hier um einen „Rückfall in überholtes begriffsjuristisches Denken“ handele[18]. Soweit dieser Einwand ein tiefwurzelndes, generell berechtigtes Mißtrauen gegenüber der Begriffsjurisprudenz des 19. Jahrhunderts aktualisiert, geht er deshalb fehl, weil die Kritik an jener rechtswissenschaftlichen Richtung sich gegen die Ablösung der Rechtsbegriffe von ihrer realen Basis, gegen die Aufhebung der Dialektik von Rechtsbegriff und Rechtsstoff richtet; davon kann vorliegend keine Rede sein, denn die Begriffe „Bote“ und „Stellvertreter“ fangen durchaus unterschiedliche soziale Vorgänge ein, sind sachlogischer Interpretation zugänglich und ermöglichen andererseits gerade in Grenzfällen eine rational überprüfbare Subsumtion. Soweit der Einwand die Übertragung zivilrechtlicher Begriffe in die Auslegung eines Straftatbestandes monieren will, hat er aus den bereits dargelegten Erwägungen das Gesetz selber gegen sich. Daß im übrigen die Verwendung zivilrechtlicher Begriffe im Strafrecht für sich noch nicht die abqualifizierende Charakterisierung als „überholtes begriffsjuristisches Denken“ rechtfertigen kann, liegt auf der Hand.

Für die Vertreterstellung des Scheckausstellers wird geltend gemacht, es bleibe seiner Entscheidung überlassen, ob überhaupt und in welcher Höhe die Verpflichtung der Bank gegenüber dem Schecknehmer aus dem Garantievertrag entstehen solle[19]. Dieser Hinweis erscheint jedoch nicht stichhaltig, denn die Gestaltungsmöglichkeit des Kunden bezieht sich ausschließlich auf den Scheck*begebungs*vertrag. Was die *Verpflichtung* der Bank angeht, so ist entscheidend, daß die heute allenthalben akzeptierte Verwendung von Euroschecks als Zahlungsmittel gerade darauf

17 Diese Charakterisierung der beiden Untreue-Tatbestände gilt unabhängig davon, ob man den Mißbrauchstatbestand als Sonderfall des Treubruchtatbestandes ansieht oder ob man beiden Tatbeständen eigene Anwendungsbereiche zuweist.

18 So aber *Krey*, BT 2, S. 172.

19 So z.B. *Bringewat*, GA 1973, 363; OLG Hamm, NJW 1972, 298.

beruht, daß der Geschäftspartner nicht auf möglicherweise zweifelhafte Erklärungen des Scheckausstellers angewiesen ist, sondern sich an eine nur von der Bank herrührende Erklärung halten kann, die der Aussteller nicht beeinflußt und nicht einmal beeinflussen kann, die er mithin nur als *Bote* überbringt[20]. Da es demnach an der Erfüllung des Tatbestandsmerkmals „Verpflichtungsbefugnis" fehlt, ist § 266 in der Fassung des Mißbrauchstatbestandes auf den Scheckkartenmißbrauch nicht anwendbar.

Folgt man hingegen der Auffassung, daß die Verpflichtungsbefugnis des Scheckausstellers ohne Rücksicht auf dessen Qualifizierung als Bote oder Vertreter zu bejahen sei, oder erkennt man diese Unterscheidung zwar als Kriterium an, folgt dann jedoch der Vertreter-Theorie[21], so sind die nachfolgenden weiteren Überlegungen anzustellen:

b) Der *Mißbrauch* der Verpflichtungsbefugnis ist dann zu bejahen, denn es liegt die typische Divergenz zwischen rechtlichem „Können" im Außenverhältnis (zum Schecknehmer) und rechtlichem „Dürfen" im Innenverhältnis (zur bezogenen Bank)[22] vor. Diese nutzt der Täter aus.

c) Ob auch der Mißbrauchstatbestand – ebenso wie zweifellos der Treubruchtatbestand – das Bestehen einer *Vermögensbetreuungspflicht* des Täters gegenüber dem Geschädigten verlangt, ist eine heftig umstrittene Frage, welche gerade an der Problematik des Scheckkartenmißbrauchs intensiv diskutiert wird. Die wichtigste Auswirkung dieser Streitfrage betrifft das Verhältnis der beiden Formen der Untreue zueinander: Nimmt man an, daß *beide* die Existenz einer Vermögensbetreuungspflicht voraussetzen, so ist der Mißbrauchstatbestand bloß ein „ausgestanzter Unterfall" des Treubruchtatbestandes[23]; fordert hingegen *nur der Treubruchtatbestand* eine Vermögensbetreuungspflicht, so haben beide Tatbestände eigene Anwendungsbereiche, die sich allenfalls bisweilen überschneiden. Das OLG Köln hat sich der Auffassung des BGH[24] und der inzwischen wohl herrschenden Auffassung angeschlossen, das Erfordernis der Vermögensbetreuungspflicht sei an *beide* Untreuetatbestände zu stellen[25]. Diese Auffassung verdient Zustimmung.

---

20 Ebenso z.B. *Gössel*, JR 1978, 473; *Zahrnt* NJW 1972, 1095; Vonnahme, NJW 1971, 444; ausführlich *Sennekamp*, MDR 1971, 639.

21 So z.B. LG Dortmund, NJW 1971, 65; OLG Hamm, NJW 1972, 298; *Schaudwet*, NJW 1968, 9, 11; *Heimann-Trosien*, JZ 1976, 549.

22 S. nur *Hübner*, in: LK, § 266 Rdn. 38.

23 *Hübner*, in: LK Rdn. 4; s. auch *Eser*, StrafR 4 (o. Fußn. 15), S. 183 m. Nachw.

24 BGHSt 24, 386.

25 *Bejahend* das OLG Köln; ferner u.a. BGHSt 24, 386; *Gössel*, JR 1978, 473; *Hübner*, JZ 1973, 407; *Wessels*, StrafR BT 2, 3. Aufl. (1979), S. 114; *Krey*, BT 2 (o. Fußn. 13) S. 172; *Dunkel*,

Ausgangspunkt der Überlegungen müssen *Wortsinn und Satzaufbau* des § 266 sein. Die Gesamtregelung des Absatz 1 setzt sich aus einem *alternativen* Teil, der die je separaten Voraussetzungen des Mißbrauchs- und des Treubruchtatbestandes enthält, sowie einem weiteren Teil zusammen. Unbestritten ist, daß der prädikative Kern dieses durch die Konjunktion „und" mit dem alternativen Teil verbundenen Nebensatzes, nämlich die *Nachteilszufügung*, *beiden* Gliedern des alternativen Teils anzufügen, also *kumulativ* aufzufassen ist; streitig ist hingegen, ob dies auch für den Relativsatz „dessen Vermögensinteressen er zu betreuen hat" gilt. Hat man sich allerdings einmal für den kumulativen Charakter des Kerns des zweiten Tatbestandsabschnittes entschieden, so ist es eine kaum noch plausible Konsequenz, den von diesem gemeinsamen Nebensatz abhängigen Relativsatz nur auf eines der beiden Glieder des Alternativteils zu beziehen. Vom Satzaufbau her bietet sich vielmehr nur an, den *gesamten* letzten Teil des § 266 I entweder nur auf den Treubruchtatbestand zu beziehen oder auf beide Glieder des Alternativteils. Da die zuerst genannte Konsequenz nirgends vertreten wird, spricht der *Satzaufbau* des § 266 I für die Annahme einer Vermögensbetreuungspflicht auch beim Mißbrauchstatbestand[26].

Hingegen führt die Betrachtung des *Wortsinns* der Vorschrift nicht zu solch eindeutigem Ergebnis, denn die Fassung des Relativsatzes läßt auch die Deutung zu, daß mit ihm eine Bezugnahme auf die vorher erfolgte Erwähnung der „Wahrnehmung fremder Vermögensinteressen" im Treubruchtatbestand beabsichtigt sei[27]. Zwingend ist dieser Schluß freilich nicht. Deshalb ergeben syntaktische Interpretation und Verbalinterpretation insgesamt ein Überwiegen jener Elemente, die für das Erfordernis der Vermögensbetreuungspflicht im Rahmen des Mißbrauchstatbestandes sprechen[28].

Auch die *Vor- und Entstehungsgeschichte* der heute geltenden Untreue-Regelung spricht nicht gegen diese Annahme, sondern legt sie sogar nahe, wie die Untersuchungen von *Dunkel*[29] ergeben haben, auf welche hier nur verwiesen werden kann.

Erfordernis und Ausgestaltung des Merkmals „Vermögensbetreuungspflicht" im Rahmen des Mißbrauchstatbestandes der Untreue, 1976, passim; *Ders.*, GA 1977, 330 ff. *Ablehnend* u.a.: OLG Hamm, NJW 1972, 298; *Schröder*, JZ 1972, 708. – Zu Unrecht wird bei *Eser*, StrafR 4 (o. Fußn. 15), S. 186, zu dieser Gruppe auch *Lackner* gerechnet. Dieser vertritt vielmehr die Gegenauffassung (s. StGB, 12. Aufl. [1978], § 266 Anm. 3b).

26 Ähnlich *Hübner*, JZ 1973, 407; *Ders.*, in: LK § 266 Rdn. 4 f.; *Dunkel*, (o. Fußn. 25), S. 36 f.; *Ders.*, GA 1977, 331.

27 So z.B. *Heimann-Trosien*, JZ 1976, 550.

28 So auch das OLG Köln; ebenso z.B. BGHSt 24, 386; OLG Hamm, NJW 1977, 1834; *Hübner*, JZ 1973, 407; *Dunkel*, GA 1977, 340; *Gössel*, JR 1978, 473.

29 *Dunkel* (o. Fußn. 25), S. 49 ff.; zusammenfassend *Ders.*, GA 1977, 332 f. Die entstehungsgeschichtlichen Erwägungen von *Heimann-Trosien*, JZ 1976, 550, die zum entgegengesetzten Ergebnis gelangen, sind dadurch widerlegt.

Das Ergebnis wird auch durch *teleologische Erwägungen* bestätigt. Beide Tatbestände des § 266 unterliegen derselben Strafdrohung von bis zu 5 Jahren Freiheitsentzug. Der bloße Umstand, daß der Täter eine überschießende Außenbefugnis mißbraucht hat, kann nicht schon ohne weiteres dieselbe Unrechtsschwere begründen wie die Verwirklichung des Treubruchtatbestandes, der die Verletzung einer – zudem nach einhelliger Auffassung *zentralen* – Vermögensbetreuungspflicht voraussetzt[30].

Bejaht man somit auch für den Mißbrauchstatbestand das Erfordernis einer Vermögensbetreuungspflicht, so fragt sich weiter, ob diese Pflicht *denselben Inhalt* wie im Rahmen des Treubruchtatbestandes haben muß. Da der Treubruchtatbestand wegen seiner großen Weite rechtsstaatlichen Bedenken begegnet, stellen Rechtsprechung und Schrifttum an die Vermögensbetreuungspflicht die Anforderung, sie müsse „eine nicht ganz untergeordnete oder rein mechanische Tätigkeit" darstellen und zudem „wesentliche, nicht nur beiläufige Vertragspflicht" sein[31]. In der Literatur wird nun mitunter die Auffassung vertreten, hinsichtlich des Mißbrauchstatbestandes seien an das Vorliegen des Betreuungsverhältnisses weniger strenge Anforderungen zu stellen als im Rahmen des Treubruchtatbestandes; es solle bereits „genügen, daß das betroffene Vermögen dem Täter gleichsam 'in die Hand gegeben' und damit 'anvertraut' (sei)"[32]. Eine unterschiedliche Interpretation des Merkmals „Vermögensbetreuungspflicht" in den beiden Tatbestandsvarianten des § 266 begegnet aber zumindest dann Bedenken, wenn man an dieses Erfordernis im Rahmen des Mißbrauchstatbestandes *generell* geringere Anforderungen stellt als im Rahmen des Treubruchtatbestandes. Richtig ist freilich, daß der Mißbrauchstatbestand, der schärfere Konturen aufweist als der Treubruchtatbestand, in zahlreichen Fällen bereits bei Vorliegen seiner sonstigen Voraussetzungen die Bejahung selbst einer streng definierten Vermögensbetreuungspflicht erleichtern wird. Gegen die *generelle* Lockerung der Anforderungen spricht aber vor allem, daß eine solche Differenzierung keine Stütze im Gesetzeswortlaut findet, vielmehr der Aufbau des Tatbestandes und insbesondere die für beide Tatbestandsvarianten gleich hohe Strafdrohung eine Gleichbehandlung nahelegen[33].

---

30 *Dunkel* a.a.O. (Fußn. 25).

31 S. z.B. *Cramer*, in: Schönke-Schröder, § 266 Rdn. 21; *Krey*, BT 2 (o. Fußn. 13), S. 173, jeweils m. w. Nachw.

32 So *Eser*, StrafR 4 (o. Fußn. 15), S. 187; s. ferner *Schröder*, JZ 1972, 708; *Bringewat*, GA 1973, 364; *Heimann-Trosien*, JZ 1976, 550 f.; differenzierend *Wessels*, BT 2 (o. Fußn. 13), S. 115, wonach die Anforderungen an die Intensität der Vermögensbetreuungspflicht „für den schärfer umrissenen Mißbrauchstatbestand im *Einzelfall* weniger streng sein (können) als innerhalb des wegen seiner Weite bedenklichen Treubruchtatbestandes [...]".

33 S. *Dunkel*, (o. Fußn. 25), S. 213; *Ders.*, GA 1977, 335; *Gössel*, JR 1978, 473.

Zu erwägen ist allenfalls, ob angesichts der ansonsten klaren Strukturen des Mißbrauchstatbestandes das Merkmal „Vermögensbetreuungspflicht" ohne die Heranziehung der von der h.M. beim Treubruchtatbestand aufgestellten strengen Anforderungen[34] interpretiert werden kann. Auch in diesem Fall müßte aber dem zugrundeliegenden Rechtsgeschäft zu entnehmen sein, daß eine Verpflichtung des Täters gegenüber dem Geschädigten bestanden hat, welche über dasjenige hinausgeht, was im Rahmen der für alle kommerziellen Verträge charakteristischen wechselseitigen Realisierung eigennütziger Ziele üblicherweise an fremdnütziger Leistung erbracht wird. Daran fehlt es – wie das OLG zutreffend ausführt – im Verhältnis zwischen dem Kreditinstitut und dem Scheckkarten-Inhaber: Freilich haben die Kreditinstitute ein massives Interesse an der Verbreitung des Scheckkartenverkehrs; hingewiesen sei nur auf die Konkurrenz der Kreditkarten (Diner's Club, American Express u.a.), welche auslösendes Moment für die Einführung der Scheckkarte gewesen ist, ferner an die Möglichkeit der Abschöpfung von Bearbeitungsgebühren und an die durch die Zunahme des bargeldlosen Verkehrs bedingte Erhöhung des sog. „Bodensatzes" bei gleichzeitig vergleichsweise niedrigem Zinssatz für Girokontenguthaben.

Dieses Interesse der Banken an der Aufrechterhaltung und Ausweitung des Scheckkartenverkehrs vermag jedoch noch nicht die Annahme zu begründen, der Scheckkartenkunde übernehme eine *Pflicht zur Betreuung* eben dieser Vermögensinteressen[35]. Eine solche Annahme müßte der der Aushändigung der Scheckkarte zugrunde liegenden Vereinbarung zwischen Kreditinstitut und Scheckkarteninhaber entnommen werden können. Das Gegenteil ist in der Regel der Fall. Die Vereinbarung über die Ausstellung und Aushändigung der Scheckkarte bildet meistens bereits einen Bestandteil des Vertrages über die Eröffnung des Girokontos. Dieser aber begründet lediglich eine Vermögensbetreuungspflicht der Bank gegenüber dem Kunden, nicht hingegen verpflichtet sie diesen, die Vermögensinteressen der ausgebenden Bank wahrzunehmen[36]. Auch der Hinweis in den Scheckkartenbedingungen, der Kunde dürfe „Verfügungen nur im Rahmen des Guthabens oder vorher eingeräumten Kredits vornehmen", führt zu keinem anderen Ergebnis; diese Verpflichtung ist nichts weiter als die ohnehin selbstverständliche Pflicht zur Vertragstreue[37]; die bloße Wiederholung dieser Pflicht im Vertragstext vermag noch nicht die Charakterisierung als Vermögensbetreuungsverhältnis zu konstituieren. Hingegen spricht Ziff. 6

34 S. bei Fußn. 31.

35 So aber wohl z.B. *D. Meyer*, JuS 1973, 216; wohl auch *Krey*, BT 2 (o. Fußn. 13) S. 173 f.

36 So auch das OLG Köln; ebenso z.B. BGHSt 24, 386; *Hübner*, JZ 1973, 407, 412; *Dunkel*, GA 1977, 340; *Gössel*, JR 1978, 473.

37 BGHSt 24, 387 f.; *Hübner*, in: LK § 266 Rdn. 22; *Ders.*, JZ 1973, 411; *Lackner*, StGB, 12. Aufl. (1978) § 266 Anm. 3b; *Zahrnt*, NJW 1972, 1096; – a.A. z.B. *Krey*, BT 2 (o. Fußn. 13), S. 174 m. w. Nachw.

der Scheckkartenbedingungen, wonach die EC-Karte im Interesse *des Kunden* ausgestellt und ausgehändigt wird, gegen die Annahme einer Vermögensbetreuungspflicht des letzteren[38]. Eine Vermögensbetreuungspflicht des Scheckkarteninhabers gegenüber dem bezogenen Kreditinstitut besteht daher nicht.

Nach der hier vertretenen Auffassung scheitert somit die Anwendbarkeit des Mißbrauchstatbestandes in erster Linie am Fehlen der „Verpflichtungsbefugnis", in zweiter Linie – in Übereinstimmung mit der Auffassung des OLG Köln – am Fehlen der auch für den Mißbrauchstatbestand zu fordernden „Vermögensbetreuungspflicht".

2. Treubruchtatbestand

Hat man – wie zuvor in zweiter Linie geschehen – die Anwendbarkeit des Mißbrauchstatbestandes deshalb verneint, weil eine Vermögensbetreuungspflicht nicht besteht, so kommt auch eine Subsumtion des Scheckkartenmißbrauchs unter den Treubruchtatbestand nicht mehr in Betracht[39]. Im Ergebnis ist daher den Ausführungen des OLG Köln, soweit sie sich auf § 266 beziehen, zuzustimmen.

III. Betrug (§ 263)

Hat sich der BGH mit seiner Auffassung, daß der Scheckkartenmißbrauch nicht unter einen der *Untreue*tatbestände falle, weitgehend durchgesetzt[40], so hat die Qualifizierung dieses Verhaltens als *Betrug*, die sich jetzt auch das OLG Köln zu eigen gemacht hat, im Schrifttum überwiegend Ablehnung gefunden[41]. Zweifel an dieser Rechtsauffassung werden bei nahezu allen Tatbestandsmerkmalen angemeldet. Freilich sind im Einzelfall unterschiedliche Gestaltungen denkbar, so daß vor-

---

38 So auch das OLG Köln, Text der Bedingungen bei *Otto* (o. Fußn. 3).

39 Nach Ansicht des OLG Hamm (NJW 1972, 1095) ist bei Annahme der Vertreter-Stellung des Ausstellers der *Mißbrauchs-*, bei Annahme der Boten-Stellung der *Treubruch*tatbestand erfüllt; das Gericht geht jedoch von der Prämisse aus, daß der Mißbrauchstatbestand keine Vermögensbetreuungspflicht fordere.

40 S. die Nachweise pro und contra im Urteil des OLG Köln (NJW 1978, 714).

41 *Ablehnend* z.B. *Blei*, JA 1972, 791; *Seebode*, JR 1973, 118; *Schröder*, JZ 1972, 709; *D. Meyer*, JuS 1973, 214 f.; *Sennekamp*, BB 1973, 1007; *Groß*, NJW 1973, 600; *Cramer*, in: Schönke-Schröder § 263, Rdn. 29, 50. *Differenzierend*, jedoch für den Normalfall ebenfalls ablehnend z.B. *Heimann-Trosien*, JZ 1976, 552; *Gössel*, MDR 1973, 177; *Ders.*, JR 1978, 469; *Otto* (o. Fußn. 3), S. 100; *Maurach-Schroeder*, StrafR BT 1, 6. Aufl. (1977), S. 409; *Lackner*, in: LK, § 263 Rdn. 77.

schnelle Verallgemeinerungen unangebracht sind[42]. Für den mutmaßlichen Regelfall ist indes den Kritikern beizupflichten.

1. Täuschung und Irrtum

Problematisch ist bereits die Erfüllung des Tatbestandsmerkmals „Täuschung". Da der Scheckaussteller in aller Regel keine ausdrücklichen Erklärungen über seine Berechtigung zur Scheckbegebung abgeben wird, kommt eine Vorspiegelung dieser Tatsache allenfalls in der Form *konkludenten Verhaltens* in Betracht. Das OLG Köln geht in Übereinstimmung mit der wohl h.M.[43] davon aus, mit Ausstellung und Begebung des Scheckkarten-Schecks[44] werde konkludent vorgespiegelt, der Scheck sei durch Guthaben oder Kredit gedeckt.

Freilich ist nicht unstreitig, nach welchen Kriterien eine Täuschung durch konkludentes Verhalten im Rahmen des Betrugstatbestandes zu beurteilen sei[45]. Während von der wohl überwiegenden Auffassung darauf abgestellt wird, ob die Auslegung des Verhaltens des Täters einen Erklärungswert in der fraglichen Richtung ergebe, hält die vor allem von Lackner[46] vertretene Gegenauffassung für ausschlaggebend, ob die Verkehrsanschauung das Verhalten nach Treu und Glauben in einer gewissen Weise *deuten dürfe*; hierdurch will sie eine angemessene Risikoverteilung zwischen den Beteiligten erreichen[47]. Für diese Auffassung spricht, daß sie die in diesem Bereich ohnehin unumgänglichen Wertungen offen als solche ausweist, während die von der h.M. geforderte Auslegung mangels konturierter Kriterien in eine kaum noch übersehbare Kasuistik ausgemündet ist[48].

Beiden Auffassungen gemeinsam ist die Erkenntnis, daß die Täuschungsproblematik hier nicht – wie bei der ausdrücklichen Täuschung – losgelöst von der Irrtumspro-

42 Hierauf weist besonders nachdrücklich *Heimann-Trosien* hin (JZ 1976, 551 f.), dessen Beispiele für abweichende Fallgestaltungen (a.a.O. S. 552) aber wohl doch seltene Ausnahmefälle betreffen.

43 BGHSt 24, 389; *Seebode*, JR 1973, 118; *Heimann-Trosien*, JZ 1976, 551; *Gössel*, MDR 1973, 177; *Ders.*, JR 1978, 470; *Groß*, NJW 1973, 600.

44 Die Hingabe ungedeckter *nichtgarantierter* Schecks ist unstr. als Betrug zu qualifizieren; s. die Nachw. bei *Samson*, StrafR II, 2. Aufl. (1978), S. 211.

45 Übersicht über den Meinungsstand bei *Samson*, StrafR II (o. Fußn. 44), S. 189 ff.; *Ders.*, in: SK StGB, 1978, § 263, Rdn. 25 ff.

46 *Lackner*, in: LK, § 263 Rdn. 44.

47 Zustimmend z.B. *Cramer*, in: Schönke-Schröder, § 263 Rdn. 14 (anders die 18. Aufl.).

48 S. die Nachweise bei *Cramer*, in: Schönke-Schröder, § 263 Rdn. 16 f.; *Samson*, in: SK StGB, § 263 Rdn. 28 ff.

blematik behandelt werden kann[49]. Für die h.M. folgt dies daraus, daß die für die Ermittlung des Erklärungswertes erforderliche *Deutung* des Täterverhaltens aus der Sicht des (typisierten) Erklärungsempfängers erfolgen muß; demnach ist zu fragen, ob der rechtsgeschäftliche Verkehr dem Verhalten des Täters – hier: des Scheckausstellers – üblicherweise einen bestimmten Erklärungswert – hier: die Behauptung, das Konto weise Deckung auf oder es bestehe ein Überziehungskredit – beimißt[50]. Die Gegenauffassung, die darauf abstellt, ob dem Verhalten des Täters ein solcher Erklärungswert *unterstellt* werden kann, fragt zunächst, ob im Kommunikationspartner *tatsächlich* eine irrtümliche Vorstellung hervorgerufen worden ist[51]; als Zwischenschritt ist auch hier zunächst festzustellen, ob durch die Verhaltensweise des Täters eine derartige Vorstellung *üblicherweise* erweckt wird[52]. Diese Frage muß daher nach beiden Auffassungen als erste beantwortet werden. *Bejahendenfalls* wäre für die h.M. die Frage nach der konkludenten Täuschung mitbejaht; für die Gegenmeinung wäre noch zu klären, ob im konkreten Fall ein Irrtum eingetreten ist *und* ob die Risikoverteilung in der Weise zu erfolgen hat, daß dem Verhalten des Täters der ihm vom Kommunikationspartner beigelegte Erklärungswert *unterstellt* werden kann. *Verneinendenfalls* fehlt es nach beiden Auffassungen an der Täuschungshandlung[53].

Die Annahme, daß der Nehmer des EC sich im Regelfalle *keine* Gedanken über die Berechtigung des Ausstellers machen werde, mithin auch nicht einem diesbezüglichen Irrtum erliegen könne, stützt sich auf die von dem bezogenen Kreditinstitut abgegebene Einlösungsgarantie. Diese – so wird geltend gemacht – enthebe den Scheckempfänger der Notwendigkeit, die Berechtigung des Ausstellers zu beurteilen[54]. Die Gegenauffassung nimmt Bezug auf einige von der höchstrichterlichen Rechtsprechung im Zivilrecht herausgearbeitete Einschränkungen der Garantie-

---

49 Im Urteil des OLG Köln geschieht dies; es ist aber deutlich, daß die zur Irrtumsproblematik angestellten Überlegungen inhaltlich eine Wiederholung der zur *Täuschung* gemachten Ausführungen darstellen.

50 *Samson*, StrafR II, (o. Fußn. 45), S. 210.

51 Nur so kann sie eine greifbare Abgrenzung zu der – ebenfalls normativ zu beurteilenden – Täuschung durch *Unterlassen gebotener Aufklärung* erzielen. Entscheidend für die Abgrenzung soll sein, ob das Schweigen eine „positive Wirkung auf die Vorstellungen des Kommunikationspartners ausübt" (*Lackner*, in: LK, § 263 Rdn. 52; ähnlich *Cramer*, in: Schönke-Schröder, § 263 Rdn. 18).

52 *Samson*, StrafR II (o. Fußn. 45), S. 210.

53 Nach der h.M., weil Auslegung des Verhaltens keinen Erklärungswert ergibt, nach der Gegenauffassung, weil es an der für die konkludente Täuschungshandlung erforderlichen Irrtumserregung fehlt; anders wäre nach dieser Auffassung allerdings dann die Lage, wenn eine von der üblichen Fallkonstellation abweichende Situation bestünde.

54 S. die Nachweise im Urteil des OLG Köln (NJW 1978, 714) und bei *Cramer*, in: Schönke-Schröder, § 263 Rdn. 50.

pflicht. So hat der BGH daran erinnert, daß bei *positiver Kenntnis* des Nehmers von der Nichtberechtigung des Ausstellers die Einlösungspflicht entfalle[55]. Dieser Umstand legt freilich Reflexionen des Schecknehmers über die Berechtigung des Ausstellers kaum nahe; eher weist er in die Gegenrichtung, denn es liegt im Interesse des Schecknehmers, solche bedrohliche Kenntnis möglichst nicht zu gewinnen, sich daher auch keine entsprechenden Gedanken zu machen. Das OLG Köln geht nun freilich einen Schritt weiter und macht unter Hinweis auf die Entscheidung BGHZ 64, 79 geltend, die Einlösungspflicht der bezogenen Bank entfalle bereits dann, wenn der Schecknehmer die fehlende Innenbefugnis des Ausstellers *grobfahrlässig verkannt* habe; daher sei es für den Nehmer geboten, sein Augenmerk auf etwaige Anhaltspunkte für eine Nichtbefugnis zu richten[56]. Auch dieser Hinweis vermag aus mehreren Gründen nicht zu überzeugen.

Fraglich ist bereits, ob die in Anspruch genommene zivilrechtliche Entscheidung des BGH einschlägig ist; sie bezieht sich nämlich ausdrücklich auf die Ausnahmefälle einer zwar faktisch möglichen, jedoch „zweckwidrig ungewollte(n)“ Ausnutzung einer Scheckkartengarantie zur Sicherung eines Darlehens[57]; auf diese Fälle, in denen der Scheck entgegen der Intention des Scheckgesetzes[58] als *Kredit*mittel benutzt wird, ist sie begrenzt. Als Normalfall der Begebung von EC muß jedoch die zweckgerechte Verwendung des Schecks als *Zahlungs*mittel angenommen werden.

Die Folgerungen für das Vorstellungsbild des durchschnittlichen Schecknehmers, welche das OLG aus der Entscheidung zieht, sind aber selbst dann zu weitgehend, wenn man den Aussagewert des Urteils auf *alle* Fälle der Begebung von Scheckkartenschecks erstreckt. Schon die Vorstellung, dem durchschnittlichen Schecknehmer sei die einschlägige zivilrechtliche Rechtsprechung geläufig und beeinflusse sein Vorstellungsbild, ist eine „Fiktion, die im Strafrecht keinen Platz hat“[59]. Auch sachlich bestehen Bedenken gegen die Verknüpfung der Tatsachenfrage nach dem Vorstellungsbild des Schecknehmers mit der normativen Frage nach der groben

55 So BGHSt 24, 389.

56 Ähnlich – wenn auch nicht für den Regelfall – *Heimann-Trosien*, JZ 1976, 552.

57 *Gössel*, JR 1978, 470; s. auch BGHZ 64, 84.

58 Vgl. Art. 4, 15 III, 25 II, 28 I, 29 ScheckG.

59 *Heimann-Trosien*, JZ 1976, 552; ebenso *Gössel*, JR 1978, 470; *Krey*, BT 2 (o. Fußn. 13), S. 174. – Dieses Ergebnis gilt selbst dann, wenn man entgegen der h.M. bei unberechtigter Sparkassenbuchvorlage einen Irrtum des Schalterangestellten trotz § 808 BGB bejaht: Bankangestellte, welche an den Überbringer eines Sparkassenbuches leisten, sind – anders als die Masse der EC-Nehmer – über die Rechtslage (insbes. über die einschlägige Zivilrechtsprechung; s. vor allem BGHZ 28, 368) i.d.R. informiert. Es ist übrigens Zufall, daß in den Scheckkarten-Entscheidungen des BGH und des OLG Köln die Schecks von *Banken* angenommen wurden; s. *Arzt*, StrafR BT, Lehrh. 3, 1978, S. 160 Fußn. 18.

Fahrlässigkeit des Nehmers[60]. Die Vorstellung des letzteren sagt über seine Fahrlässigkeit nichts aus, denn der Fahrlässigkeitsvorwurf kann sowohl an eine Vorstellung wie auch an eine Nicht-Vorstellung geknüpft werden[61].

Weiter ist zu berücksichtigen, daß der Maßstab der „groben Fahrlässigkeit" hohe Anforderungen stellt. Man wird verlangen müssen, daß sich die Verdachtsmomente geradezu aufdrängen, zumindest aber, daß die Umstände „den Schluß auf einen unbefugten Gebrauch der Scheckkarte [...] sehr nahe(legen)"[62]. Solche aufdringlichen Anzeichen heben sich so deutlich aus der Alltagsroutine ab, daß ihre Wahrnehmung eine besondere Wahrnehmungsbereitschaft des Schecknehmers nicht erfordert.

Was nun das tatsächliche „Durchschnittsmaß" an Sorgfaltsaufwendung angeht, so kann angesichts einer Anzahl von 9,45 Millionen Scheckkarten in der Bundesrepublik (im Jahre 1976)[63] davon ausgegangen werden, daß für die Masse der am Wirtschaftsverkehr Beteiligten der EC dieselbe Akzeptanz genießt wie eine Banknote[64]. Zuzugeben ist freilich, daß die bei der Scheckbegebung üblichen Sicherheitsvorkehrungen (Vergleich der Unterschrift des Ausstellers mit derjenigen auf der Scheckkarte; Beachtung der Gültigkeits-Jahreszahl; Überprüfung der Kontrollnummer auf der Rückseite des EC) ein gewisses „Grund-Mißtrauen" wachhalten werden. Etwaige Überlegungen, die der Schecknehmer aufgrund dieses Mißtrauens anstellt, haben jedoch nicht die von den Befürwortern der Betrugsstrafbarkeit angenommene Zielrichtung; sie beziehen sich nämlich *nicht* auf die *Deckung des bezogenen Kontos* sondern auf die *Identität des Ausstellers*; die Kontrollmaßnahmen sollen daher auch nicht gegen *Scheckkartenmißbrauch* in dem hier verstandenen Sinne, sondern gegen *Scheckfälschungen* und ähnliche Manipulationen sichern; das Eingreifen der Einlösungsgarantie als solcher wird durch sie nicht in Zweifel gezogen.

Für den Normalfall der EC-Begebung kann somit davon ausgegangen werden, daß der Schecknehmer sich keine Vorstellung über die Berechtigung des Scheckausstel-

---

60 „Daß sich der Schecknehmer nach der Rechtslage Gedanken hätte machen müssen, kann die Tatsache nicht ersetzen, daß er es nicht getan hat"; *Heimann-Trosien*, JZ 1976, 552.

61 So *Samson*, StrafR II (o. Fußn. 45), S. 213, für die entsprechende Problematik bei Legitimationspapieren.

62 So lagen die Verhältnisse auch in der vom OLG herangezogenen zivilrechtlichen Entscheidung des BGH; s. die – insoweit in der amtlichen Sammlung nicht wiedergegebenen – Urteilsgründe in NJW 1975, 1169; ferner *D. Meyer*, JuS 1973, 214, der hier einen „mit an Sicherheit grenzender Wahrscheinlichkeit begründeten Verdacht" fordert.

63 Zahlenangabe nach *Otto* (o. Fußn. 3), S. 100 Fußn. 27.

64 Ähnlich *Heimann-Trosien*, JZ 1976, 552. Wegen dieser Ähnlichkeit mit der Einlösungsgarantie der Bundesbank für Banknoten ist die Vereinbarkeit des Scheckkartensystems mit währungsrechtlichen Grundsätzen diskutiert (wenn auch letztlich stets bejaht) worden; s. die Nachweise bei *Zöllner*, Betr. 1968, 563, Fußn. 49.

lers zur Belastung des Kontos macht. Damit fehlt es nach dem oben Ausgeführten bereits an einer Täuschungshandlung des Scheckausstellers[65].

2. Vermögensschädigende Verfügung

Ob der Schecknehmer dadurch, daß seine Annahme des Schecks die Zahlungsgarantie der bezogenen Bank aktualisiert, über das Vermögen der letzteren *verfügt*, ist eine ebenfalls umstrittene Frage. Der BGH[66] und, ihm folgend, das OLG Köln[67] und die Mehrheit im Schrifttum[68] bejahen diese Frage; die Gegenauffassung verweist darauf, daß die Annahme eines „Dreiecksbetruges" voraussetze, daß der Getäuschte zu dem Vermögen des Geschädigten in einem besonderen Verhältnis stehe. In der Tat ist anerkannt, daß nicht jede Schädigung, die der Getäuschte aufgrund seines Irrtums bei einem Dritten auslöst, das ungeschriebene Tatbestandsmerkmal „Vermögensverfügung" erfüllt[69].

Ob freilich der von Schröder betonte Gesichtspunkt, daß die Einwirkungsmöglichkeit des Getäuschten auf das Vermögen des Geschädigten bereits *vor* der Verfügung bestanden haben müsse, tragfähig ist, erscheint zweifelhaft; anders als in dem von ihm zum Vergleich herangezogenen Fall des *gutgläubigen Eigentumserwerbs* nach § 932 BGB werden sich nämlich in der Mehrzahl der fraglichen Fälle zivilrechtliche Konstruktionen finden lassen, die vor die eigentliche Verfügung ein „Vorfeld" legen, und so die Bejahung dieses Merkmals fast immer ermöglichen – zu denken ist an *culpa in contrahendo*, aber auch an die den Verfügungsgeschäften in aller Regel vorangehenden schuldrechtlichen Vereinbarungen[70]. Dennoch ist – unabhängig von diesem zeitlichen Gesichtspunkt – fraglich, ob das Verhältnis des Schecknehmers zur bezogenen Bank jene „Nähe" aufweist, die für eine sachgerechte Eingrenzung der Betrugsstrafbarkeit erforderlich ist.

Fraglich ist bereits, ob ein unbefangenes Verständnis des Begriffs „Verfügung" die Subsumtion des Verhaltens des gutgläubigen Schecknehmers unter ihn erlaubt. Der

---

65 Nur Irrtum, nicht aber Täuschung verneinen u.a. Groß, NJW 1973, 600; *Gössel*, MDR 1973, 177; *Ders.*, JR 1978, 471; *Sennekamp*, BB 1973, 1007; *D. M*eyer, JuS 1973, 216.

66 BGHSt 24, 389.

67 NJW 1978, 714.

68 S. z.B. *Seebode*, JR 1973, 119; *Gössel*, MDR 1973, 177; *Maurach-Schroeder*, BT 2 (o. Fußn. 41), S. 413; *Otto* (o. Fußn. 3), S. 97; *Zahrnt*, NJW 1973, 64; BGHSt 24, 389.

69 S. z.B. *Schröder*, JZ 1972, 709; *Ders.*, ZStW 60, 67 ff.; *Cramer*, in: Schönke-Schröder, § 263 Rdn. 66. – Mitunter wird bereits die Kausalität zwischen Irrtum und Verfügung verneint; s. z.B. *Seebode*, JR 1973, 119; *Sennekamp*, BB 1973, 1008; *Otto* (o. Fußn. 3), S. 99 ff.

70 Auf die letzteren berufen sich daher auch diejenigen, die vorliegend die *vorherige* Einwirkungsmöglichkeit bejahen, s. z.B. *Seebode*, JR 1973, 119; *Lackner*, in: LK, § 263 Rdn. 102; wohl auch *Gössel*, MDR 1973, 178.

Schecknehmer verfügt in erster Linie über sein *eigenes* Vermögen in Form der vertraglichen Gegenleistung. Die bei der bezogenen Bank ausgelöste Zahlungspflicht ist nur ein *Reflex* dieser Vermögensverfügung.

Was die „Nähe zum Opfervermögen"[71] anlangt, so kann zwar der Schecknehmer besser als der Aussteller auf das Vermögen der bezogenen Bank einwirken; jedoch vermag diese Position die besagte „Nähe" kaum zu begründen, denn sie steht – insoweit der Position des gutgläubigen Eigentumserwerbers vergleichbar – grundsätzlich jedermann (mit Ausnahme des Täters) offen[72]. Zu berücksichtigen ist ferner, daß die allgemein anerkannten Fälle des „Dreiecksbetruges" Konstellationen darstellen, in denen der Verfügende entweder zum Dritten in einem wirtschaftlich-sozialen „Zugehörigkeitsverhältnis" steht, das ihm den Zugriff auf dessen Vermögen gestattet[73], oder in denen er kraft öffentlicher Autorität auch gegen den aktuellen Willen des Dritten auf dessen Vermögen zugreifen darf[74]. An einer derartigen sozialen, wirtschaftlichen oder gesetzlichen Bindung des Geschädigten an den Verfügenden fehlt es jedoch in den hier behandelten Fällen. Nähere Beziehungen bestehen nicht zwischen der Bank und dem – ihr in der Regel völlig unbekannten – *Schecknehmer*, sondern allenfalls zwischen ihr und dem *Aussteller*. Zwar löst der Schecknehmer durch das Akzeptieren des Schecks die Rückzahlungspflicht der Bank aus; diese Pflicht der Bank entsteht aber *ihm selber* gegenüber; sie beruht also nicht auf einer Zuordnung des Nehmers zur Sphäre der Bank, sondern weist ihn in einem doppelten Sprachsinne als „Kontrahenten" der letzteren aus.

3. Subjektiver Tatbestand

Unterstellt man die Erfüllung des objektiven Tatbestandes, so wird die Feststellung des Betrugs*vorsatze*s in der vorliegenden Fallkonstellation im allgemeinen keine Schwierigkeiten bereiten. Hingegen wirft das subjektive Tatbestandsmerkmal der *„Vorteilsverschaffungsabsicht"* Probleme auf. Es entspricht allgemeiner Auffassung, daß nicht jede den objektiven Tatbestand des Betruges erfüllende Schädigung eines anderen, die der Täter in Bereicherungsabsicht herbeiführt, schon die Betrugsstrafbarkeit auslöst. Erforderlich ist vielmehr eine besondere Verknüpfung zwischen eingetretenem Vermögensschaden und angestrebtem Vermögensvorteil. Ob diese – mit der Bezeichnung „Stoffgleichheit" nur ungenügend charakterisierte[75] – enge

71 *Samson*, in: SK StGB, § 263 Rdn. 98; weitere Umschreibungen bei *Seebode*, JR 1973, 119.

72 *Samson*, in: SK StGB, § 263 Rdn. 98.

73 Z.B. Angehörigenverhältnis, Arbeitsverhältnis, sonstiges Vertragsverhältnis, welches den unmittelbaren Besitz verschafft; s. die Nachweise bei *Lackner*, in: LK, § 263 Rdn. 99 ff.

74 Z.B. Richter, Rechtspfleger, Gerichtsvollzieher, Konkursverwalter; s. die Nachw. bei *Lackner*, in: LK, § 263 Rdn. 98, 300 ff.

75 S. nur *Samson*, in SK StGB, § 263 Rdn. 188; *Lackner*, in: LK § 263 Rdn. 265.

Beziehung beim Scheckkartenmißbrauch besteht, ist fraglich, denn der Vermögensvorteil, den der Scheckaussteller in Form der *Gegenleistung des Schecknehmers* erstrebt, beruht auf einem anderen Vorgang als der bei der Bank eintretende Schaden[76]. Freilich verlangt „Stoffgleichheit“ nicht, daß Vermögensschaden und angestrebter Vermögensvorteil auf dasselbe Vermögensobjekt bezogen sein müssen; hiergegen spricht schon die nach h.M. vorzunehmende individuelle Schadensberechnung[77]. Fraglich ist jedoch, ob auch dann, wenn wie hier Schaden und Vorteil nicht nur auf unterschiedliche Vermögens*objekte* bezogen sind, sondern darüber hinaus auf unterschiedlichen Vermögens*verfügungen* beruhen, Stoffgleichheit noch bejaht werden kann[78].

Das OLG Köln nimmt dies im Anschluß an Lackner[79] an und verweist auf die im Rahmen der Feststellung des Vermögens*schadens* anerkannte Möglichkeit der Kompensation. Es bedeute einen Wertungswiderspruch, wenn das Gesetz einerseits anerkenne, daß der Vermögens*schaden* durch zufließende Vermögenswerte kompensiert werden könne, andererseits aber nicht zulasse, daß „unter solchen Umständen der *Vorteil* auf Kosten des ausgleichenden Vermögens gewonnen“ werden könne[80]. Dieser Hinweis trifft jedoch nicht das Problem, denn damit, daß die Möglichkeit der Kompensation auch bei der Feststellung des Vermögens*vorteils* anerkannt wird, ist noch nichts darüber ausgesagt, wie die *Verknüpfung* der zu saldierenden Vermögensobjekte beschaffen sein muß[81].

Läßt man als „Vermittlungszusammenhang“ eine „*materielle* Schadensvermittlung“ ausreichen, so entscheidet über die Stoffgleichheit eine „rechtliche Wertung des Gesamtvorgangs“[82]; fordert man hingegen eine „*formelle* Schadensvermittlung“ über eine gemeinsame Vermögensverfügung, so läßt sich die Entscheidung über das Vorliegen dieses Tatbestandsmerkmals anhand eines in der Regel eindeutig zu ermittelnden (und vorliegend nicht erfüllten) Kriteriums treffen, welches überdies auch

76 Die Stoffgleichheit wird vorliegend abgelehnt u.a. von *D. Meyer*, JuS 1973, 214; *Sennekamp*, MDR 1971, 638; *Zahrnt*, NJW 1972, 277; *Ders.*, NJW 1973, 63; *Gössel*, MDR 1973, 177; *Ders.*, JR 1978, 472; bejaht wird sie u.a. von *Bringewat*, GA 1973, 358; *Lackner*, in: LK, § 263 Rdn. 262.

77 *Lackner*, in: LK, § 263 Rdn. 265.

78 In der Regel wird der Scheckkarteninhaber den Scheck als Gegenleistung für eine Warenlieferung oder für eine Befreiung von einer Verbindlichkeit begeben; s. auch bereits Fußn. 59.

79 *Lackner*, in: LK, § 263 Rdn. 265.

80 *Otto* (o. Fußn. 3), S. 99, begründet die Stoffgleichheit damit, daß „der tatsächliche Austausch der Objekte [...] bei rechtlicher Bewertung des Gesamtvorgangs vernachlässigt werden (könne)“; selbst wenn man dies akzeptiert, so ist doch die weitere Formulierung (a.a.O.), „Vorteil und Schaden (hätten) in derselben Vermögensverfügung ihren Grund“ kaum ausreichend.

81 S. *Gössel*, JR 1978, 472.

82 *Otto* (o. Fußn. 3), S. 99; ähnlich *Lackner*, in: LK § 263 Rdn. 265.

sonst von der h.M. für erforderlich erachtet wird[83]. Läßt man sich dennoch auf die „Wertung des Gesamtvorgangs“ ein, so wird erneut als entscheidender Gesichtspunkt auftauchen, ob der Schecknehmer, der dem Täter den Vermögensvorteil verschafft, der „Sphäre“ des Geschädigten zuzuordnen sei.

Nur bei Bejahung einer solchen Zuordnung des Getäuschten zur Sphäre des Geschädigten kann trotz Fehlens des gemeinsamen Vermögensobjekts wie auch einer gemeinsamen Vermögensverfügung ein *unmittelbarer* Vermögenstransfer aus der Sphäre der geschädigten Bank in diejenige des Täters angenommen werden. Freilich bestehen gegen eine solche „Zuordnung“ im Rahmen des Scheckkartenmißbrauchs die bereits bei der Diskussion der vermögensschädigenden Verfügung geäußerten Bedenken[84].

Nach alledem erfüllt der Scheckkartenmißbrauch im Regelfall auch nicht die Voraussetzungen des Betrugstatbestandes[85].

IV. Kontrolle

Die Auffassung, daß der Scheckkartenmißbrauch im Regelfall weder als Untreue noch als Betrug zu klassifizieren sei, provoziert die Frage nach ihrer kriminalpolitischen Haltbarkeit. Die Vertreter dieser Auffassung sehen sich denn auch durchweg veranlaßt, zu dieser Frage Stellung zu nehmen. Die Antwort lautet gewöhnlich, das Ergebnis sei in der Tat unbefriedigend, jedoch sei es mit Rücksicht auf den Grundsatz *nullum crimen sine lege* Aufgabe des *Gesetzgebers*, die Strafbarkeitslücke zu schließen[86]. Hinter dieser plakativen Forderung verbergen sich indes mehrere Probleme, die hier größtenteils nur angedeutet werden können:

1. Bevor die Forderung nach einer Intervention des Gesetzgebers erhoben wird, muß die methodische Frage beantwortet werden, ob das angeblich unbefriedigende Ergebnis im Rahmen der *Rechtsdogmatik* korrigierbar ist, ob m.a.W. die vermeintlich größere kriminalpolitische Adäquanz der Gegenmeinung auch die rechtsdogmatische Vorzugswürdigkeit der letzteren zu begründen vermag. Hier wäre eine Reihe von

---

83 S. die Nachweise bei *Gössel*, MDR 1973, 178 (Fußn. 24); JR 1978, 472.

84 Das OLG Köln behandelt das Problem der „Stoffgleichheit“ bereits bei der Untersuchung der Vermögensverfügung, ohne allerdings dieses – im Ergebnis vertretbare – Vorgehen zu begründen.

85 Zur Möglichkeit einer Strafbarkeit wegen Betrugs*versuchs*, auf die hier nicht näher eingegangen werden kann, s. *Samson*, StrafR II, (o. Fußn. 45) S. 213 ff.

86 S. z.B. *Maurach-Gössel*, Fälle und Lösungen, 2. Aufl. (1973), S. 48; *Gössel*, MDR 1973, 179; *Ders*., JR 1978, 473; *Sennekamp*, BB 1973, 1005; *Dunkel*, GA 1977, 340. – Den entgegengesetzten Standpunkt nimmt *Arzt* (BT 3, S. 160) ein, der die Betrugsstrafbarkeit de lege lata bejaht, dieses Ergebnis aber für rechtspolitisch unerwünscht ansieht.

Anschlußfragen zu klären, welche vor allem das Verhältnis zwischen Strafrechtsdogmatik und Kriminalpolitik betreffen, denen hier allerdings nicht weiter nachgegangen werden kann[87].

2. Zu erörtern wäre weiterhin, ob die hier vertretene Auslegung *verfassungsrechtlich geboten* ist (Art. 103 II GG), so daß interpretativen Veränderungen eine normative Grenze gesetzt wäre. Im Ergebnis dürfte diese Frage aus den von *Bringewat* dargelegten Gründen[88] zu verneinen sein, so daß der Grundsatz nullum crimen sine lege nicht heranzuziehen ist.

3. Die Funktionsaufteilung zwischen Legislation einerseits, Interpretation bestehender Normen andererseits, resultiert freilich auch im Strafrecht nicht nur aus dem verfassungsrechtlich aufgestellten Erfordernis der Gesetzesform; sie bestimmt sich innerhalb dieses durch das Grundgesetz gezogenen Rahmens auch nach Gesichtspunkten kriminalpolitischer wie allgemein rechtspolitischer Opportunität. So wie es einerseits zweckmäßig sein kann, soziale Entwicklungen mit behutsamer „Metamorphose" der Interpretation bestehender Normen statt mit dem Radikalmittel gesetzlicher Neuregelung aufzufangen[89], kann es andererseits aus Gründen interpretativer Kontinuität, letztlich also der Rechtssicherheit, geboten erscheinen, einen Ausschnitt eines Problembereiches spezialgesetzlich zu normieren, um so dem Zwang zu entgehen, die gefestigte Interpretation der an sich einschlägigen allgemeinen Norm wegen eines in einem Teilbereich aufgetretenen kriminalpolitischen Bedürfnisses zur Disposition stellen zu müssen. Die Stetigkeit der Interpretation könnte also mit der Amputation eines Teils des Anwendungsbereichs der Norm erkauft werden. Eher dieser Gesichtspunkt als der aus dem Gesetzlichkeitsprinzip folgende Gesichtspunkt des Analogieverbots mag es nahelegen, die *gesetzliche* Normierung der Strafbarkeit des Scheckkartenmißbrauchs zu fordern. Ob freilich die Stetigkeit der rechtsdogmatischen Interpretation der §§ 263, 266 tatsächlich durch eine strafbarkeitsbejahende Interpretation beim Scheckkartenmißbrauch gefährdet ist, ist eine vorab zu erörternde Frage, der hier indes nicht weiter nachgegangen werden soll.

4. Falls man sie bejaht, so bleibt als *materiell-kriminalpolitisches* Problem, ob die Bedenken gegen die Straflosigkeit des Scheckkartenmißbrauchs wirklich durchgreifen, der Ruf nach dem Strafgesetzgeber also sachlich gerechtfertigt ist. Von den Befürwortern wird geltend gemacht, daß der Erhalt des Zahlungssystems „Scheck-

---

87 Nicht unproblematisch ist z.B. die von *Heimann-Trosien* (JZ 1976, 550) im vorliegenden Zusammenhang geäußerte Auffassung, es sei „auch ein Abweichen von der Dogmatik in Kauf zu nehmen, wenn nur auf diese Weise ein Ergebnis zu erzielen (sei), das den Anforderungen der Rechtsordnung gerecht wird [...]".

88 *Bringewat*, GA 1973, 365.

89 Zu einer strukturell ähnlich gelagerten rechtspolitischen Problematik – (Elterliches Züchtigungsrecht) – s. *Vormbaum*, RdJB 1977, 373, 380.

karten-Scheckverkehr“ „im Interesse der unmittelbar Beteiligten und auch im Interesse der Volkswirtschaft“ liege[90]. Selbst wenn man diese – keineswegs unangreifbare – Wertung akzeptiert, ist damit noch nicht die *Straf*würdigkeit des Scheckkartenmißbrauchs dargetan; vielmehr müßte begründet werden, ob die erwähnten Interessen gerade der Strafdrohung als der *ultima ratio* staatlichen Rechtsgüterschutzes bedürfen. Dies ist zu bezweifeln:

a) Bei sachgerechtem Vorgehen der ausgebenden Kreditinstitute kann die *Fallzahl* der Hingabe ungedeckter Scheckkarten-Schecks stark begrenzt werden. Wird vor der Ausgabe der *Scheckkarte* eine gründliche Überprüfung der Bonität des Bankkunden vorgenommen, so kann der Kreis der Karteninhaber – abgesehen von Fällen krimineller (z.B. betrügerischer) Beeinflussung der Scheckkartenausgabe – auf jene Kunden begrenzt werden, die im Augenblick des Erwerbs der Karte die Gewähr für eine ordnungsgemäße Handhabung dieses Zahlungssystems bieten. Diese Kontrolle kann gegebenenfalls anläßlich der turnusmäßigen Erneuerung der Scheckkarte wiederholt werden. Weitere Kontrollmöglichkeiten bestehen anläßlich der Aushändigung von *Euroschecks*. – Es widerspricht rationaler Kriminalpolitik, die Folgen nachlässiger Handhabung dieser Kontrollmöglichkeiten „der Gesellschaft – in Form der Inanspruchnahme des Strafverfolgungsapparates – aufzubürden“[91].

b) Begrenzbar – und bereits heute weitgehend begrenzt – ist auch die *Schadenshöhe*: Die Ausgabe von EC ist in verhältnismäßig niedrigen Mengen kontingentiert – in der Regel werden jeweils 25 EC, häufig sogar nur jeweils 10 EC ausgegeben. Der Dispositionsrahmen des Scheckkartenkunden ist damit auf 7500 DM bzw. 3000 DM begrenzt. Ausfälle in dieser Höhe gehören im Bankgeschäft eher zu den Bagatellen[92].

c) Kriminalpolitisch bedeutsam ist schließlich auch, daß die Zahl der *strafrechtlich unerfaßten Fälle* ohnehin verhältnismäßig niedrig liegen dürfte[93]. Der Schwerpunkt der Unkorrektheiten im Bereich des Scheckkartenverkehrs dürfte kaum bei den Fällen der Begebung ungedeckter, jedoch korrekt erworbener EC liegen; vielmehr werden der Begebung ungedeckter Schecks in aller Regel kriminelle Handlungsweisen beim

---

90 *Otto* (o. Fußn. 3), S. 95.

91 *Arzt*, BT 3, S. 160.

92 Zu berücksichtigen ist auch, daß die Kreditinstitute das Risiko dieser Verluste im Interesse eines größeren Vorteils bewußt in Kauf nehmen; vgl. *Zahrnt*, NJW 1973, 63; *Seebode*, JR 1973, 120.

93 Nachweise darüber, daß „eine nennenswerte Kriminalität durch Mißbrauch der Scheckkarte bislang (d.h. bis 1973) nicht beobachtet worden ist“, bei *Sennekamp*, BB 1973, 1005 Fußn. 1. Daß die *Einzel*schäden meist beachtlich sind, liegt vor allem an der Vernachlässigung der zuvor erwähnten Kontrollmöglichkeiten: Beispielsweise besaß der vom OLG Köln verurteilte Täter ca. 200 Schecks; in der Entscheidung BGHSt 24, 386 ging es um den Mißbrauch von 236 EC!

Erwerb der Scheckkarte oder der EC vorangehen. Bei Ausschöpfung der unter a) und b) genannten Kontrollmöglichkeiten bleiben demnach letztlich nur diejenigen Fälle strafrechtlich unerfaßt, in denen der Täter zwischen dem (korrekten) Erwerb des letzten Scheckkontingents und der Begebung der Schecks seine „Bonität" eingebüßt hat. Angesichts ihrer Seltenheit und ihres relativ geringen Gewichts vermögen diese Fälle von Straflosigkeit die Notwendigkeit einer generellen Poenalisierung des Scheckkartenmißbrauchs nicht zu begründen.

Als Ergebnis ist daher festzuhalten, daß der Scheckkartenmißbrauch nach geltendem Recht regelmäßig straflos ist. Dieser Rechtszustand braucht nicht geändert zu werden[94].

Nachbemerkung

Euroschecks und andere Scheckkarten-Schecks werden inzwischen nicht mehr ausgegeben. Soweit die Abbuchung elektronisch erfolgt, kann die Deckung automatisch überprüft werden; soweit die Scheckkarte im Rahmen eines Lastschrift-Einzugsverfahrens verwendet wird, bleibt das im Aufsatz behandelte Problem bestehen. Allerdings hat die praktische Relevanz der Thematik sich auch mit der Einführung des § 266b StGB im Jahre 1986 durch das 2. WiKG (BGBl. I, 721) drastisch reduziert. Dem Trend der Kriminalpolitik der letzten Jahrzehnte folgend hat der Gesetzgeber sich also auch hier für die Kriminalisierungslösung entschieden. Immerhin behält die Problematik auf der Konkurrenzebene Bedeutung (s. dazu *Ulrich Weber*, Konkurrenzprobleme bei der strafrechtlichen Erfassung der Euroscheck- und Euroscheckkartenkriminalität durch das 2. WiKG, in: Fschr. für G. Küchenhoff (1987), S. 485 ff.). Im übrigen dürften, wie die Rezeption des Aufsatzes in den Kommentaren zeigt, die Ausführungen zur Untreue und zum Betrug auch weiterhin ebenso von Interesse sein wie die abschließend angestellten Überlegungen zur Einführung von Spezialtatbeständen.

94 Ebenso neuerdings *Schubarth*, ZStW 1980, 97.

13.

Strafvereitelung auf Zeit – ein zeitloses Thema[1]

(2007)

Schutzrichtung des § 258 Abs. 1 StGB – dies wird hier vorausgesetzt – ist die Strafrechtspflege; geschütztes Rechtsgut des Tatbestandes ist die Erreichung des Verfahrenszieles. Verfahrensziel des Strafverfahrens ist generell die ordnungsgemäße instanzabschließende Entscheidung. Ordnungsgemäß ist die instanzabschließende Entscheidung, wenn sie auf einem Verfahren beruht, in dem die Verfahrensbeteiligten ihre vom Gesetz ausgesprochenen Rollenerwartungen erfüllt haben. Durch § 258 Abs. 1 StGB erfaßt ist allerdings nur diejenige ordnungsgemäße instanzabschließende Entscheidung, die dem materiellen Strafrecht entspricht[2].

I. Problem

Das Problem der „Strafvereitelung auf Zeit" betrifft den *Taterfolg* des § 258 Abs. 1 StGB. Dieser ist ohne weiteres eingetreten, wenn der Vortäter zu Unrecht freigesprochen worden ist oder eine das Verfahren vorzeitig beendende Beschluß-Entscheidung[3] ergangen ist. Zweifelhaft und streitig ist hingegen, ob auch

---

1 Der *Verf.* hat sich mit dem Problem der Strafvereitelung auf Zeit in seiner Habilitationsschrift „Der strafrechtliche Schutz des Strafurteils" (Berlin 1987) befaßt und dort – mit einer gewissen Einschränkung – den Standpunkt unterstützt, daß die Strafbarkeit einer „Strafvereitelung durch Verzögerung der Bestrafung oder Maßnahmenverhängung" nicht begründet werden könne. Da seine damaligen Ausführungen nur eines unter vielen Problemen in einem umfangreichen Werk betrafen, sind sie nur wenig zur Kenntnis genommen worden; da überdies inzwischen einige Stellungnahmen, insbesondere die vorzügliche Monographie von *Petra Wappler*, Der Erfolg der Strafvereitelung (§ 258 Abs. 1 StGB). Berlin 1998, zur Thematik (und im Falle von *Wappler* auch zur Position des *Verf.*) erschienen sind, greift der *Verf.* seine damaligen Ausführungen noch einmal auf und bezieht das inzwischen erschienene Schrifttum ein.

2 Zur Begründung dieser Aussagen s. *Vormbaum* (Fußn. 1), S. 386 ff., 392 f. – Zur Unterscheidung von „Schutzzweck" und „Rechtsgut" ebd., S. 70; zustimmend für die Aussagedelikte *H. E. Müller*, Falsche Zeugenaussage und Beteiligungslehre, 1999, S. 55. – Zum geschützten Rechtsgut gleicher Auffassung (freilich ohne die Unterteilung in Schutzrichtung und geschütztes Rechtsgut) die wohl h.M. (in der Rspr. zuletzt BGHSt 45, 101). Anders *F.-C. Schroeder*, der die Strafvereitelung der von ihm angenommenen Deliktsgruppe der „Straftaten gegen das Strafrecht" zuordnet; *Maurach/Schroeder/Maiwald*, Strafrecht Besonderer Teil, Teilbd. 2, 9. Aufl. 2005, § 100 I 3 (S. 487, Rdn. 5); *Schroeder*, Die Straftaten gegen das Strafrecht, 1985.

3 Denn diese bedeutet, weil Bestrafung nur durch Urteil erfolgen darf, stets eine Besserstellung des Vortat-Beschuldigten gegenüber einem bestrafenden Urteil, also auch etwa dann, wenn eine Entscheidung nach § 153a StPO ergeht.

eine *Verzögerung* der Verurteilung als Strafvereitelungserfolg angesehen werden kann. Von der h.M. im Schrifttum wird unter Berufung auf die höchstrichterliche Rechtsprechung die Möglichkeit einer solchen „Strafvereitelung auf Zeit“[4] bejaht[5], überwiegend freilich mit der Einschränkung, die Verzögerung der Verurteilung müsse *für geraume Zeit* erfolgt sein[6]. Ein Ansatz zur Konkretisierung des Begriffs „geraume Zeit“ ist bislang nicht entwickelt worden. Dies ist der Grund dafür, daß sich in letzter Zeit die Stimmen mehren, die die Möglichkeit einer „Strafvereitelung auf Zeit“ bestreiten[7], eine andere Konsequenz ziehen diejenigen, die sogar einen Verzicht auf das Kriterium „geraume Zeit“ fordern[8].

II. Voraussetzungen

Unstreitig verlangt § 258 Abs. 1 StGB, daß die rechtswidrige *Vortat* tatsächlich begangen worden ist, und zwar von der durch die fragliche Handlung begünstigten Person – dem „Vortäter“[9]. Ob dieses Erfordernis unmittelbar aus dem Gesetzeswortlaut folgt, mag dahinstehen; jedenfalls ergibt es sich aus dem Zweck der Vorschrift, denn § 258 Abs. 1 StGB schützt unstreitig nur die materiell richtige Entscheidung.

Voraussetzung für die Anwendbarkeit des § 258 Abs. 1 StGB ist somit, daß die Vortat entweder – bei der Vereitelung von Bestrafung – strafbar ist oder – bei Vereitelung von Maßnahmeverhängung (§ 11 Abs. 1 Nr. 8 StGB) – daß sie rechtswidrig

---

4 Die schlagwortartige Bezeichnung des Problems stammt wohl von *Samson* (vgl. JA 1982, 181). Präziser, aber umständlicher ist die Bezeichnung „Strafvereitelung durch Verzögerung der Bestrafung oder Maßnahmenverhängung“ (vgl. *Rudolphi*, JuS 1979, 859).

5 Im Schrifttum LK-*Ruß*, StGB, 11. Aufl., Stand: 1/1994, § 258 Rdn. 10; *Lackner/Kühl*, StGB, 25. Aufl. 2004, § 258 Rdn. 4; S/S-*Stree*, StGB, 27. Aufl. 2006, § 258 Rdn. 16; *Ders.*, JuS 1976, 140; *Tröndle/Fischer*, StGB, 53. Aufl. 2006, § 258 Rdn. 5; *Lenckner*, Zum Tatbestand der Strafvereitelung, GedS Schröder, 1978, S. 342; *Rudolphi*, JuS 1979, 859 ff.; *Blei*, JA 1976, 309; *Maurach/Schroeder/Maiwald* (Fußn. 2), S. 323 f.; *Wessels/Hettinger*, Strafrecht, Besonderer Teil Bd. 1, 30. Aufl. 2006, Rdn. 726; zur Rspr. s. den Hinweis in Fußn. 14.

6 S. die in der vorigen Fußn. Genannten außer *Lenckner* und *Rudolphi*.

7 Schon seit langem SK-StGB-*Samson*, Stand: 9/1986, § 258 Rdn. 25 ff.; *Ders.*, JA 1982, 181 ff.; ferner neuerdings *Petra Wappler*, Erfolg (Fußn. 1); SK-StGB-*Hoyer*, Stand 8/2001, § 258 Rdn. 17; NK-*Altenhain*, StGB, 2. Aufl. 2005, Rdn. 51; auch *Wessels/Hettinger*, BT/1, Rdn. 726 hält die gegen die h.M. vorgebrachte Begründung von *Wappler* für „beachtlich“.

8 Abgelehnt wird das einschränkende Merkmal der „geraumen Zeit“ von *Lenckner*, GedS Schröder (Fußn. 5), S. 342 ff., und *Rudolphi*, JuS 1979, 860 ff.

9 MK-*Cramer*, StGB, 2003, § 258 Rdn. 24; S/S-*Stree* (Fußn. 5), § 258 Rdn. 3; LK-*Ruß* (Fußn. 5), § 258 Rdn. 6; SK-StGB-*Samson* (Fußn. 7), § 258 Rdn. 12; SK-StGB-*Hoyer* (Fußn. 7), § 258 Rdn. 13 ff.; *Tröndle/Fischer* (Fußn. 5), § 258 Rdn. 2; *Lackner/Kühl* (Fußn. 5), § 258 Rdn. 2; *Wessels/Hettinger* (Fußn. 5), Rdn. 721; *Krey/Heinrich*, Strafrecht, Besonderer Teil Bd. 1, 13. Aufl. 2005, Rdn. 615; *Schmidhäuser*, Strafrecht BT, 23/27 (S. 220).

ist und die Voraussetzungen der Maßnahmeverhängung vorliegen[10]. Ferner muß zur Zeit der Vereitelungshandlung rechtlich die Möglichkeit bestanden haben, die Vortat in einem Strafverfahren ordnungsgemäß abzuurteilen. An dieser Voraussetzung fehlt es, wenn ein endgültiges Verfolgungshindernis vorliegt[11] oder wenn die Verurteilung mit prozeßordnungsgemäßen Mitteln nicht hätte herbeigeführt werden können. Der letzte Hinweis reicht bereits in die Problematik der *Kausalität* hinein. Diese ist eine der schwierigsten für die praktische Handhabung des Strafvereitelungstatbestandes[12]. Indes ist sie der Problematik der „Strafvereitelung auf Zeit" nicht vorgelagert, sondern mit ihr verschlungen, denn die Frage nach der Kausalität eines Beitrages für den Taterfolg hängt von der Bestimmung des letzteren ab.

III. Meinungsstand

Die herrschende Auffassung im Schrifttum, welche die Möglichkeit einer Strafvereitelung auf Zeit (mit der Beschränkung auf Verzögerung um *geraume* Zeit) bejaht, stützt sich in erster Linie auf die ständige höchstrichterliche Rechtsprechung, die – abgesehen von zwei Reichsgerichtsentscheidungen – eine Begründung für diese Auffassung nicht liefert, dort aber, wo sie sie liefert, sich auf einen nicht mehr geltenden Rechtszustand bezieht[13].

Auf der Grundlage des seit dem 1. Januar 1975 bestehenden Rechtszustandes liegen bislang erst wenige Entscheidungen vor. In der Entscheidung des OLG Stuttgart vom 17. Mai 1976, von der indes nur der Leitsatz veröffentlicht ist[14], wird „Entziehen" i.S.d. §§ 257 Abs. 1, 346 StGB a.F. gleichgesetzt mit „Vereiteln" i.S.d. § 258 Abs. 1 n.F.[15], und die Tatbestandserfüllung für den Fall bejaht, daß „einem aus der Untersuchungshaft entflohenen Straftäter durch Bereitstellung eines Fahrzeuges die weitere Flucht ins Ausland ermöglicht" wird, auch wenn der Flüchtige etwa zehn Tage später freiwillig zurückkehrt. Die Entscheidung des Bundesgerichtshofes vom

---

10 Unstr.; s. die in Fußn. 9 Genannten.

11 Z.B. Verjährung, Amnestie, grds. auch rechtskräftige Verurteilung; vgl. S/S-*Stree* (Fußn. 5), § 258 Rdn. 3; *Tröndle/Fischer* (Fußn. 5), § 258 Rdn. 3; SK-StGB-*Samson* (Fußn. 7), § 258 Rdn. 12; SK-StGB-*Hoyer* (Fußn. 7), § 258 Rdn. 12; *Lackner/Kühl* (Fußn. 5), § 258 Anm. 4; LK-*Ruß* (Fußn. 5), § 258 Rdn. 4.

12 Vgl. dazu z.B. *Lenckner*, GedS Schröder (Fußn. 5), S. 347 ff.

13 Für die Rechtsprechung bis in die Mitte der 80er Jahre und ihre eingehende Diskussion verweise ich auf meine in Fußn. 1 genannte Schrift; seither hinzugekommen sind an höchstrichterlichen Entscheidungen vor allem BGH, wistra 1995, 143 und BGHSt 45, 100; beide enthalten keine Begründung.

14 NJW 1976, 2084.

15 „[...] entzieht ihn der Bestrafung (§ 257 Abs. 1 StGB a.F.) bzw. vereitelt sie (§ 258 Abs. 1 StGB n.F.)".

25. Februar 1981 – ebenfalls nur als Leitsatz mitgeteilt[16] – wiederholt ohne nähere Präzisierung (und unter Weiterverwendung des Terminus „Entziehen“) die Formel von der „geraumen Zeit“. Auch im Urteil des BGH vom 26. Mai 1983[17] wird „Vereiteln“ mit „Entziehen“ gleichgesetzt; die Verzögerung der Verhaftung des Vortäters um acht Tage wird als nicht tatbestandsmäßig angesehen – allerdings deshalb, weil „der Beschuldigte [...] nach dem üblichen Geschäftsgang auch ohne diese Verzögerung jedenfalls nicht geraume Zeit vorher verurteilt worden (wäre)“. Damit bleibt der Begriff „geraume Zeit“ unerläutert, insb. wird nicht klar, ob eine achttägige Verzögerung *der Verurteilung* vom BGH als hinreichend angesehen worden wäre. In seiner Entscheidung vom 4. August 1984[18] betont der BGH erneut – wiederum unter Verwendung des Wortes „Entziehen“ –, daß eine Verzögerung der Verurteilung für „geraume Zeit“ den Tatbestand erfülle, ist allerdings einer näheren Bestimmung enthoben, weil in dem zu entscheidenden Fall nicht einmal die Verzögerung der *Verhaftung* des Vortäters durch das Täterverhalten mit hinreichender Sicherheit hat festgestellt werden können; in der Entscheidung des 2. Senats des BGH aus dem Jahr 1999 schließlich wird als Begründung nur noch der obligate Hinweis auf den meistbenutzten StGB-Kommentar angebracht[19]. Eine Analyse dieser Rechtsprechung fördert folgende Einsichten zutage:

(1) Höchstrichterliche Entscheidungen, die auf der Grundlage der heutigen Gesetzesfassung eine Begründung für die Strafbarkeit der „Strafvereitelung auf Zeit“ liefern, liegen nicht vor[20].

(2) Die als Korrektiv gedachte Beschränkung auf Verzögerungen „um geraume Zeit“ wird weder begründet noch auch nur ansatzweise operationalisiert[21]. Nur zwei Entscheidungen sehen sich überhaupt zu einer genaueren Stellungnahme genötigt. In der einen wird bei Verzögerung der Strafanzeige um ca. sechs Tage durch einen Polizeibeamten das (frühere) Merkmal „Entziehen“ verneint[22], in der anderen bei Förderung eines zehntägigen Entweichens aus der U-Haft das Merkmal „Vereiteln“ bejaht[23].

---

16 Mitgeteilt b. *Holtz*, MDR 1981, 631.

17 JR 1985, 24 ff.

18 NJW 1984, 135 f.

19 BGHSt 45, 100.

20 Dies gilt auch für BGH, JR 1985, 25, denn dort wird lediglich auf die amtliche Begründung hingewiesen. – S. auch die Einschätzung von NK-*Altenhain* (Fußn. 7), § 258 Rdn. 48: „Bisher ist aber nicht gelungen, zu klären, was hierunter [sc. der geraumen Zeit] zu verstehen ist“.

21 So auch die Bewertung von *Lenckner*, GedS Schröder (Fußn. 5), S. 43.

22 BGH, NJW 1959, 495.

23 OLG Stuttgart, NJW 1976, 2084.

(3) Unklar blieb jahrelang der *Bezugspunkt* der Verzögerung. Neben der Forderung nach Verzögerung der *Bestrafung*[24] ist häufig von der zeitweisen Nichtverwirklichung des *staatlichen Strafanspruches*[25], von der Verzögerung der *Strafverfolgung*[26], in einem Fall auch von der Verzögerung der *Ermittlung der Täter*[27] die Rede. Gerade die beiden „kritischen" Entscheidungen[28] sind in dieser Hinsicht oszillierend. Ob in der Entscheidung des OLG Stuttgart[29] die zehntägige Unterbrechung der Untersuchungshaft bereits als solche zur Erfüllung des Tatbestandsmerkmals „Vereiteln" als hinreichend angesehen oder eine entsprechende Verzögerung des Strafurteils festgestellt worden ist, bleibt wegen der Nichtveröffentlichung der Entscheidungsgründe unklar; die Formulierung des veröffentlichten Leitsatzes deutet eher in jene als in diese Richtung. In der Entscheidung des Bundesgerichtshofes von 1958[30] bleibt ebenfalls offen, ob der Bagatellcharakter der Handlung aus der (bloß) siebentägigen Dauer der Verzögerung der Diensthandlung, aus der Fortführung der polizeilichen Ermittlungen während dieser Zeit oder aus der fehlenden bzw. nur minimalen Verschiebung des Urteilszeitpunktes folgt. Angesichts der Gesetzesfassung, welche früher verlangte, daß der Vortäter der *Bestrafung* entzogen werde, und heute verlangt, daß die *Bestrafung* des Vortäters vereitelt werde, ist diese Vagheit der Judikate recht problematisch[31]. Erst verhältnismäßig spät[32] hat der BGH die Beziehung der Tathandlung zum Verfahrensziel deutlich herausgestellt. In einer dieser Entscheidungen war die Frage nach dem Eintritt einer *Urteilsverzögerung* zu beantworten[33] – und bezeichnenderweise konnte sie nicht mit hinreichender Sicherheit bejaht werden.

Auch im Schrifttum wird die Bejahung der Möglichkeit einer Strafverteilung auf (geraume) Zeit im allgemeinen nicht näher begründet. Bemühungen in diese Richtung finden sich nur in zwei Aufsätzen von *Lenckner* und *Rudolphi*[34], die freilich gleichzeitig das Korrektiv „geraume Zeit" skeptisch beurteilen. *Lenckner* sieht den Strafvereitelungserfolg ohne weiteres als erfüllt an, „wenn die Begünstigungshandlung zur Einstellung des Verfahrens gegen den Täter oder zu dessen Freispruch

24 OLG Stuttgart (Fußn. 23); ferner RGSt 70, 254; in beiden Fällen freilich nur als Gesetzeszitat.

25 RGSt 70, 254; BGH, NJW 1954, 282; BGHSt 15, 21.

26 RGSt 74, 178 ff.; BGH, NJW 1954, 282; BGH, NJW 1959, 495.

27 BGH, NJW 1959, 495.

28 BGH, NJW 1959, 494 f., einerseits; OLG Stuttgart, NJW 1976, 2084, andererseits.

29 OLG Stuttgart (Fußn. 28).

30 BGH (Fußn. 28).

31 Dazu noch u. b. Fußn. 71 ff.

32 BGH b. *Holtz*, MDR 1981, 631; BGH, NJW 1984, 135 f.

33 BGH, JR 1985, 25.

34 *Lenckner*, GedS Schröder (Fußn. 5), S. 339 ff.; *Rudolphi*, JuS 1979, 860 ff.

geführt hat", und zwar auch dann, wenn die Strafverfolgung später wieder aufgenommen bzw. das freisprechende Urteil später wieder aufgehoben worden ist[35]. Im übrigen will er „jede, d.h. auch die nicht eine 'geraume Zeit' dauernde Verzögerung" ausreichen lassen, sofern es sich nicht offensichtlich um eine quantité négligeable handelt und sofern sie nicht auf zulässige Prozeßhandlungen der Verfahrensbeteiligten zurückzuführen oder sonst durch die ordnungsgemäße Erledigung des Verfahrens bedingt ist[36]. Anders als *Lenckner* stellt *Rudolphi* grundlegende, rechtsgutbezogene Erwägungen an. Auf sie ist später noch einzugehen.

Die Problematik wirft Fragen auf verschiedenen Ebenen auf[37]. Zu den beiden wichtigsten – Wortlautgrenze und Rechtsgutsbezug – sollen im folgenden einige Aspekte erörtert werden, die nach Ansicht des *Verfassers* für die Auffassung sprechen, daß die Möglichkeit einer „Strafvereitelung auf Zeit" abzulehnen sei.

IV. Wortlautgrenze

Geht man vom *Wortlaut* (besser: Wortsinn) des Tatbestandsmerkmals „Vereiteln" aus und versteht es in der streng philologischen Bedeutung von „Dafür sorgen, daß etwas scheitert oder nicht verwirklicht wird"[38], so liegt eine Ablehnung der „Strafvereitelung auf Zeit" näher als ihre Bejahung – dies umso mehr, als der Gesetzeswortlaut auf der *zeitlichen* Ebene (anders als auf der den *Urteilsinhalt* betreffenden Ebene: „ganz oder teilweise") keine Klarstellung (etwa durch die Worte: „auf Dauer oder zeitweise") trifft. Die konkreten Anforderungen an eine Vereitelungshandlung hängen von der Struktur dessen, was vereitelt wird, ab. Dies ist in § 258 Abs. 1 StGB die „Bestrafung usw." Nur dann also, wenn diese – obwohl „dem Strafgesetz gemäß" auszusprechen – ganz oder teilweise *nicht* erfolgt ist, kann bei strenger Wortinterpretation von „Vereiteln" geredet werden[39].

---

35 *Lenckner*, GedS Schröder (Fußn. 5), S. 344 f.

36 *Lenckner*, GedS Schröder (Fußn. 5), S. 346.

37 Aus Platzgründen verzichte ich auf Ausführungen zur Entstehungsgeschichte. Sie dürfte für keine der vertretenen Auffassungen ergiebig sein. Die Möglichkeit einer Vereitelung auf Zeit ist in den jahrzehntelangen Reformdiskussionen sowohl bejaht als auch (wohl häufiger) verneint worden. Näheres b. *Wappler*, Erfolg (Fußn. 1), S. 38 ff.

38 *Duden-Bedeutungswörterbuch* (Mannheim 1970), Stichwort „vereiteln"; vgl. idelkeit = Nichtigkeit; seit dem 18. Jahrh. in der Bedeutung „wirkungslos, zunichte machen".

39 Auch bei *Maurach/Schroeder/Maiwald* (Fußn. 2), § 100 Rdn. 15, wird eingeräumt, daß der Begriff „Vereiteln" ein „Endgültigkeitselement" enthalte; die Verwendung des Begriffes sei indes ein „offensichtliches Redaktionsversehen [...], das – wenn auch mit Bedenken – entsprechend korrigiert werden" dürfe. Ich halte die Schwelle für ein Argumentieren mit „Redaktionsversehen" – wenn man sie im Zusammenhang mit dem Grundsatz *nullum crimen sine lege* überhaupt als zulässig ansieht – damit als zu niedrig angesetzt.

Nun soll Auslegung aber auch im Strafrecht die Grenze des streng philologisch bzw. etymologisch ermittelten Wortsinns überschreiten dürfen, so lange der „noch mögliche“ Wortsinn respektiert wird. Es fragt sich freilich, wie dieser noch „mögliche Wortsinn“[40] denn bestimmt werden kann. Gewiß gibt es neben dem unstreitigen „Begriffskern“ den „Begriffshof“. Aber selbst wenn man sich darauf einläßt, diesen oder einen Teil von ihm in den Tatbestandsbereich einzubeziehen, muß er doch um so schmaler gehalten werden, je eindeutiger und unbezweifelter die Ergebnisse sind, die aus der philologisch-etymologischen Analyse folgen. Ginge man anders vor, so öffnete man das Tor für einen zirkulären Prozeß, in dem eine nur hartnäckig genug vertretene „h.M.“ letztlich die von ihr vertretene Auslegung irgendwann als Sprachgebrauch und damit als den „möglichen Wortsinn“ beachtend ausgeben kann. Dies ist nicht nur eine „abstrakte“ Befürchtung, denn das, was Worte an Bedeutung transportieren, ist auch „Gewöhnungssache“[41]. Und so mag es denn sein, daß im Kreise der mit dem Strafrecht täglich Umgehenden die Vorstellung Fuß gefaßt hat, man könne etwas „vereiteln“, indem man es „verzögert“. Dies allein kann aber nicht ausreichen, um dem Grundsatz nullum crimen sine lege Genüge zu tun. Mag man die *Feuerbachsche* Kopfgeburt des Rechtsgenossen, der die geplante Tat vorher im Gesetzbuch abgleicht, für lebensfremd halten; als gedankliches Konstrukt und als Prüfungsmaßstab sollte sie schon Geltung beanspruchen[42].

Es ist also der gewöhnliche Sprachgenosse, auf dessen Verständnis es ankommt. Da man freilich nicht zu allen streitigen Wortlautinterpretationen Volksbefragungen veranstalten kann und auch private Erfahrungen sich nicht hochrechnen lassen[43], ist wichtigster Indikator für den von der Sprachgemeinschaft anerkannten noch möglichen Wortsinn die Aussage der beruflich mit diesem Sprachgebrauch Befaßten (Jedenfalls ist sie ein sichererer Indikator als diejenige der Strafrechtsinterpreten).

---

40 Zum „möglichen Wortsinn“ als äußerster Grenze der Auslegung s. *Wessels/Beulke*, Strafrecht, Allgemeiner Teil, 36. Auflage 2006, Rdn. 57, und S/S-*Eser* (Fußn. 5), § 1 Rdn. 40 a f., jeweils m. Nachw.

41 Jeder Angehörige der mittleren oder älteren Generation weiß beispielsweise, welche (erweiternde) Bedeutungsverschiebung das vor einigen Jahrzehnten noch auf den sexuellen Bereich beschränkte Wort „geil“ erlebt hat. – Daß solche Vorgänge auch bewußt initiiert werden können, zeigt der Bereich der politischen Propaganda.

42 Schlimm genug, daß die – vom BVerfG bestätigte – Auffassung, eine ständige höchstrichterliche Rechtsprechung vermöge eine mangelnde gesetzgeberische Beachtung des Nullum-crimen-Grundsatzes zu heilen, von dem *Feuerbachschen* Repräsentanten nicht nur erwartet, daß er mit dem Strafgesetzbuch in der Tasche unterwegs ist, sondern daß er auch noch eine Schubkarre mit den Reichsgerichts-, Bundesgerichtshofs- und Bundesverfassungsgerichts-Entscheidungen vor sich her schiebt. Immerhin mildert die CD-Technik dieses Problem auf technischer Ebene.

43 Deshalb sei auch nur in der Fußnote angemerkt, daß die privaten Umfragen des Verf. einen deutlichen Trend gegen die h.M. erkennen lassen.

Insofern aber haben die sorgfältigen und eingehenden Recherchen von *Wappler* eine einhellige, der h.M. widersprechende Auffassung der einschlägigen Fachliteratur zutage gefördert[44].

Daraus folgt, daß der streng etymologisch-philologische Wortsinn in diesem Falle mit dem „möglichen Wortsinn" identisch ist. Die Auslegung der h.M. scheitert daher bereits an der Wortlautgrenze[45]. Ob sie „bloß" einen Verstoß gegen das Analogieverbot darstellt oder ob sie darüber hinaus noch dem Tatbestand eine Auslegung gibt, der diesen auch noch gegen das Bestimmtheitsgebot verstoßen läßt[46], soll hier nicht weiter untersucht werden.

V. Rechtsgutsbezug

Zweifelhaft erscheinen auch die Überlegungen zum geschützten Rechtsgut, mit denen die h.M. ihr Ergebnis stützt. Da im Rahmen dieses Beitrages allerdings nicht die (umstrittene) Frage nach dem durch § 258 Abs. 1 StGB geschützten Rechtsgut angemessen diskutiert werden kann[47], sollen im folgenden nur noch einige Erörterungen angeschlossen werden, die von der Beantwortung der grundsätzlichen Frage nicht abhängen. Insoweit ist nunmehr, wie angekündigt, auf die Argumentation von *Rudolphi* einzugehen.

Rudolphi bemängelt wie *Lenckner* am Kriterium der „geraumen Zeit" die mangelnde Operabilität und räumt ein, daß die Verwendung eines solchen „nicht aus sich heraus konkretisierbaren" Begriffes zur Umschreibung eines strafbaren Verhaltens „eindeutig gegen den Nulla-poena-Satz des Art. 103 GG" verstoße[48]; da er aber eine

---

44 *Wappler*, Erfolg (Fußn. 1), S. 170.

45 Meine früher (vgl. [Fußn. 1], S. 403) vertretene Auffassung gebe ich auf.

46 So SK-StGB-*Hoyer* (Fußn. 7), § 258 Rdn. 14; NK-*Altenhain* (Fußn. 7), § 258 Rdn. 49.

47 Mit den meisten der bis heute vertretenen Auffassungen habe ich mich in der in Fußn. 1 genannten Schrift (S. 386) auseinandergesetzt. Den eigenen Standpunkt habe ich diesem Beitrag vorangestellt. Nur auf einen Punkt möchte ich kurz eingehen. Wenn NK-*Altenhain*, § 258 Rdn. 3, der als Rechtsgut den „staatlichen Strafanspruch" ansieht, gegen die h.M. einwendet, die Rechtspflege könne, da § 258 nur das *sachlich richtige* Urteil schütze, nicht Destinatär des Schutzes sein, denn sie selbst sei nicht Inhaberin des Strafanspruchs, so erscheint mir dies nicht nur zirkulär, sondern es sprechen m.E. auch (Rück-)Einwände dagegen. Zum einen kann der staatliche Strafanspruch sich nicht „schlankweg" realisieren, sondern nur *im* Verfahren, *durch* Verfahren und unter den Bedingungen des Verfahrens, so daß im Strafverfahren „Verfahrensschutz" auch (jedenfalls vermittelt) „Strafanspruchsschutz" bedeuten kann; zum anderen sind, was häufig übersehen wird, Rechtsgutüberlegungen für sich allein weder zur Legitimation noch zur Auslegung eines Tatbestandes ein hinreichendes Kriterium; weitere Einschränkungen können sich aus dem Gesetz ergeben; s. dazu sogleich im Text zur Auffassung von *Rudolphi*.

48 *Rudolphi*, JuS 1979, 860.

völlige Ausklammerung der Strafvereitelung auf Zeit aus der Taterfolgsbeschreibung des § 258 Abs. 1 StGB für kriminalpolitisch verfehlt hält, sucht er nach anderen Auswahlkriterien für tatbestandsmäßige Verzögerungen. Hierzu greift er zum einen zurück auf das Schutzgut des § 258 Abs. 1 StGB, welches er für die Strafvereitelung i.e.S.[49] in der „Funktion der Strafrechtspflege" erblickt, „durch die [...] Bestrafung des Täters generalpräventiv die von ihm verletzte Verhaltensnorm und damit zugleich den entsprechenden rechtlichen Handlungswert zu bekräftigen sowie spezialpräventiv den Täter zu bessern und die Gesellschaft – soweit erforderlich – vor ihm zu schützen"[50]. Hieraus folgert *Rudolphi* – wie *Lenckner* –, daß grundsätzlich „jede Verzögerung der gesetzmäßigen Bestrafung, sofern sie nicht auf einem prozessual zulässigen Verhalten beruht, dem Tatbestand des § 258 unterfällt, weil sie der Bestrafung stets einen – wenn auch geringen – Teil der ihr nach dem Gesetz obliegenden präventiven Wirkung nimmt".[51] Auch *Rudolphi* will daher lediglich geringfügige Verzögerungen nach dem Grundsatz *minima non curat praetor* ausklammern[52]. Diese Ableitung von *Rudolphi* ist voraussetzungsreicher als sie sich gibt.

Behauptungen über Präventionswirkungen besitzen empirischen Charakter, können also, streng genommen, nicht ohne entsprechenden Nachweis aufgestellt werden. Dies ist freilich ein allgemeines Problem, und man mag einwenden, daß die Präventionswirkung, ähnlich wie beispielsweise die Willensfreiheit, als *raison d'être* des Strafrechts vom Gesetz vorgegeben und damit zu unterstellen sei. Gesteht man dies um des Argumentes willen einmal zu, so bleibt doch zum einen die Frage, ob die unbefragte Annahme einer faktischen Präventionswirkung (bzw. ihrer Beeinträchtigung) in Einzelfällen oder – wie hier – in bestimmten Fallkonstellationen ohne weiteres „fortgeschrieben" werden kann, da es in ihnen ja gerade darum geht, ob sie konkret beeinträchtigt worden ist. Aber auch straftheoretisch müßte begründet werden, warum die verspätete Bestrafung ohne weiteres zu einer Beeinträchtigung der Präventionswirkung führt, ob also nur die „rechtzeitige" Bestrafung, die ja durchaus nicht immer, sogar eher selten, eine „rasche" Bestrafung ist, uneingeschränkte Präventionswirkung ausübt. Dies wird im Schrifttum mit guten Gründen verneint. Bevor hierauf eingegangen wird, sei noch ein ergänzendes Argument von *Rudolphi* dargestellt.

„Eine zweite, dem § 258 obliegende Schutzaufgabe" sei im Anschluß an eine Untersuchung von *Miehe* darin zu erblicken, „potentielle Delinquenten dadurch von

---

49 Also bei der Vereitelung der *Bestrafung*.

50 *Rudolphi*, JuS 1979, 861.

51 S. auch sogleich die Einwände von *Samson*.

52 Fußn. 50.

Straftaten abzuhalten, daß anderen Personen untersagt wird, ihnen nach Tatbegehung mit dem Ziel der Strafvereitelung Beistand zu leisten". Aus dieser „zusätzlichen Zielrichtung" des § 258 StGB folge, daß von der Vorschrift „nur solche dem Täter nach der Tatbegehung gewährte Hilfen erfaßt werden, die im Falle ihres Erlaubtseins die Begehung von Straftaten begünstigen würden". Dies seien jene Begünstigungshandlungen, die für den Vortäter „durch eine Einwirkung auf potentielle Begünstiger bezweckbar [seien]", d.h. solche, durch deren Leistung sich der Helfende mit ihm solidarisiere. Dies läuft, wie *Rudolphis* Schlußfolgerung deutlich macht, auf eine Differenzierung im *subjektiven* Bereich hinaus: „Ist die Verzögerung der gesetzmäßigen Bestrafung nur die (nicht beabsichtigte) sichere Nebenfolge des Täterverhaltens, so liegt darin eine Strafvereitelung allein dann, wenn dem Täter „diese sichere Nebenfolge auch erwünscht ist".

Samson hält der Argumentation von *Rudolphi* entgegen, sie führe dazu, daß „in objektiver Hinsicht völlig identische Handlungen je nach der inneren Einstellung des Täters strafbar oder straflos gestellt" würden, „beim 'sicheren Wissen' entgegen dem klaren Wortlaut sogar von dem reinen Gesinnungsmoment des Erwünschtseins abhängig gemacht" würden[53]. Auch werde das Bestreben des Gesetzgebers, die Strafvereitelung als echtes Erfolgsdelikt auszugestalten, seinerseits vereitelt. Ferner bemängelt *Samson* praktische Schwierigkeiten sowie fehlende Strafbedürftigkeit: Die nicht unbeträchtlichen Schwierigkeiten der Feststellung der (hypothetischen) Kausalität würden noch vergrößert; vor allem bei Handlungen im Ermittlungsverfahren sei es fast immer gänzlich unmöglich, festzustellen, ob ein Urteil ohne die Vereitelungshandlung früher ergangen wäre[54]; die generalpräventive Funktion des Verfahrens versage angesichts ohnehin vorhandener zahlreicher Imponderabilien keineswegs schon deshalb, weil das Urteil nicht zu einem fixierten Zeitpunkt gefällt worden sei[55].

Dem ist zuzustimmen. Jedenfalls kann nicht auf dem von *Rudolphi* beschrittenen Weg jede Verurteilungsverzögerung unbesehen als Rechtsgutsbeeinträchtigung dingfest gemacht werden. Es müßte vielmehr ein Zusammenhang zwischen der Dauer der Verzögerung und der durch die Verzögerung bedingten Rechtsgutsbeeinträchtigung dargetan werden. Ein entsprechender Versuch ist bislang nicht unternommen worden; insbesondere eine Konturierung des Begriffs „geraume Zeit" ist auf dieser Ebene nicht gelungen. Vieles spricht auch dafür, daß ein solcher Versuch zum Scheitern verurteilt wäre. *Samson* weist zu Recht darauf hin, daß es keinen festen und zu Beginn des Ermittlungsverfahrens auch nur vorhersehbaren Zeitpunkt

---

53 SK-StGB-*Samson* (Fußn. 7), § 258 Rdn. 29b; *Ders.*, JA 1982, 181 ff.

54 SK-StGB-*Samson* (Fußn. 7), § 258 Rdn. 28.

55 SK-StGB-*Samson* (Fußn. 7), § 258 Rdn. 29c; s. auch *Wappler*, Erfolg (Fußn. 1), S. 121 ff.

gibt, zu dem das Urteil bei ungestörtem Verfahrensablauf gefällt werden wird. Der Lauf des Strafverfahrens ist in zeitlicher Hinsicht von so vielen Zufällen abhängig, daß nicht gesagt werden kann, daß die generalpräventive Wirkung des Verfahrens versagen müsse, wenn das Urteil nicht zu einem bestimmten Zeitpunkt gefällt wird[56]. Auf dieser Ebene vermag auch eine Rezeption der von *Miehe* begründeten und von *Lenckner* und *Rudolphi* in die Dogmatik des § 258 Abs. 1 StGB übersetzten Solidarisierungsthese nicht weiterzuhelfen. *Rudolphi* verwendet sie auch keineswegs zur Gewinnung einer rechtsgutsbezogenen Konkretisierung des *Zeitmoments* der Strafvereitelung auf Zeit, sondern als *sachliche* Eingrenzungsmöglichkeit für die durch keine[57] zeitliche Komponente beschränkte Strafbarkeit der Verurteilungsverzögerung. Daß die These in *dieser* Funktion auf Bedenken stößt, wurde bereits erwähnt[58].

Nach alledem vermag die – für § 258 Abs. 1 StGB hier ohnedies nicht geteilte – Lehre vom Schutz des staatlichen Strafanspruches bzw. vom Schutz der Strafzwecke die Möglichkeit einer Strafvereitelung auf Zeit nicht zu plausibilisieren.

Zweifelhaft erscheint mir an der Argumentation von *Rudolphi* weiter, daß Bedenken gegen die hinreichende Bestimmtheit einer Vorschrift oder Auslegung dadurch behoben werden sollen, daß unter Berufung auf das geschützte Rechtsgut eine *noch weitere* Auslegung angenommen wird, nur weil sie grammatikalisch (nicht etymologisch) präziser ist. Gewiß spricht – wie auch die widersprüchlichen Ergebnisse der Rechtsprechung zeigen – manches gegen das Kriterium der „geraumen Zeit“. Immerhin ist ihm aber doch zugute zu halten, daß es dem Bemühen entspringt, eine allgemein als zu weit angesehene Strafvorschrift zu reduzieren. Kann freilich der Teufel nur durch Beelzebub ausgetrieben werden, so sollte man sich mit keinem von beiden einlassen.

Besonders problematisch erscheint mir aber, daß das durch den Tatbestand geschützte Rechtsgut herangezogen wird, um eine möglichst weite Auslegung des Tatbestandes zu legitimieren[59]. Dies liefert nicht nur einen ernüchternden Beitrag zu dem Streit über die strafrechtsbegrenzende Potenz des Rechtsgüterschutzgedankens,

---

56 *Samson*, JA 1982, 183.

57 Außer in Bagatellfällen (Fällen der quantité négligeable).

58 S.o. b. Fußn. 55. – Unklar bleibt auch, in welchem Verhältnis die Solidarisierungsthese von *Miehe*, *Lenckner* (GedS Schröder [Fußn. 5], S. 535) und *Rudolphi* zum Rechtsgutelement steht.

59 Das nachfolgend artikulierte Bedenken gilt auch gegenüber der Position von MK-*Cramer* (Fußn. 9), § 258 Rdn. 24: „Die vom Wortlaut gedeckte Einbeziehung einer (strafzweckwidrigen) *Zeitverzögerung* bei der Bestrafung oder Anordnung einer Maßnahme rechtfertigt sich dabei mit dem Schutzzweck der Norm“. Auch diese Figur (die hier offenbar funktionsgleich mit dem geschützten Rechtsgut eingeführt wird), verdankt ihre Entwicklung (vor allem im Bereich der Fahrlässigkeitstatbestände) dem Bestreben um *Einschränkung* der Strafbarkeit, während sie hier zu deren Erweiterung herangezogen wird.

sondern bedeutet auch – „systemimmanent" – einen problematischen Umgang mit diesem Instrument, denn am Anfang der Auslegung muss nicht das *Rechtsgut*, sondern das jeweilige *Tatbestandsmerkmal*, stehen, hier also das „Vereiteln". Wer seinen Ausgangspunkt beim Rechtsgut nimmt, läuft Gefahr, den Tatbestand auch dort an dieses anzupassen, wo es – was leicht geschehen kann – über die Wortlautgrenze hinausführt. Dies gilt übrigens unabhängig davon, ob man dem Rechtsgüterschutzgedanken eine limitierende Funktion beimißt oder in ihm bloß ein methodisches Auslegungshilfsmittel sieht[60]. Selbst wenn man ersteres annimmt, ist mit der Ermittlung des geschützten Rechtsgutes nicht die Grenzlinie der Auslegung beschrieben, denn der Gesetzgeber muß nicht alles für strafbar erklären, was als Rechtsgut definiert werden kann; die Rechtsgutsgrenze beschreibt allenfalls das, was er *äußerstenfalls* unter Strafe stellen kann, und kann damit einen Ansatzpunkt für eine teleologische *Reduktion* liefern. Zunächst aber ist der Tatbestandswortlaut Gegenstand der Auslegung; und es gibt gute Gründe für den Gesetzgeber wie für den Auslegenden, hinter der durch das geschützte Rechtsgut gezogenen Grenze zurückzubleiben.

Für den Gesetzgeber gehört zu diesen Gründen beispielsweise das Ultima-ratio-Prinzip, das ihn dazu veranlassen kann, die Herbeiführung eines rechtlich mißbilligten Erfolges nur bei besonders gefährlichen oder mißbilligten Begehungsweisen unter Strafe zu stellen[61]. So ist die Vermögensschädigung im allgemeinen nur dann unter Strafe gestellt, wenn sie durch Täuschung (z.B. Betrug) oder durch Zwang (z.B. Erpressung) oder durch Missbrauch einer Vertrauensstellung (z.B. Untreue) geschieht. Die Gründe für einen Verzicht auf Ausschöpfung des durch das Rechtsgut gezogenen Rahmens können allen Aspekten der Rechtsidee entnommen werden: Resultiert der Ultima-ratio-Gedanke unter dem Aspekt der Strafwürdigkeit aus dem Gedanken der *Gerechtigkeit*, so speist er sich unter dem Aspekt der Strafbedürftigkeit aus dem Gedanken der *Zweckmäßigkeit*. Aber auch der Aspekt der *Rechtssicherheit* kann seine Einschränkung fordern. Ein Tatbestand, der bei „Ausschöpfung" des vom geschützten Rechtsgut gesetzten Rahmens den Gesetzlichkeitsgrundsatz tangieren würde, muß auf ein Ausmaß reduziert werden, das diesem Grundsatz gerecht wird; und was in dieser Hinsicht für den Gesetzgeber gilt, muß auch für den Rechtsanwender gelten. Dieser muß daher unter mehreren Auslegungsmöglichkeiten derjenigen den Vorzug geben, die dem Grundsatz *nullum crimen sine lege* gerecht

---

60 Dazu zuletzt *Amelung*, Der Begriff des Rechtsguts in der Lehre vom strafrechtlichen Rechtsgüterschutz, in: Hefendehl/v. Hirsch/Wohlers (Hrsg.), Die Rechtsgutstheorie. Legitimationsbasis des Strafrechts oder dogmatisches Glasperlenspiel? 2003, S. 155 ff.

61 Dazu und zu anderen zusätzlichen Legitimationselementen neben dem Rechtsgut: *Gregor Stächelin*, Strafgesetzgebung im Verfassungsstaat, 1997, insb. S. 90 ff.

wird[62]. Rechtsgutsargumente können einer solchen Einschränkung nicht entgegengehalten werden.

Ankündigungsgemäß soll hier nicht auf den grundsätzlichen Meinungsstreit um das geschützte Rechtsgut des § 258 StGB eingegangen werden. Erwähnt sei deshalb nur, daß der gerade erörterte Gesichtspunkt auch für die eingangs formulierte Rechtsgutauffassung zu § 258 StGB gilt. Der Gesetzgeber kann das Rechtsgut „Rechtspflege“ aufgrund rechtsguttranszendenter Erwägungen auf den Schutz der „richtigen Entscheidung“ einschränken. Dies hat er in § 258 StGB getan.

62 S. zu einem ähnlichen Problem (§ 159 StGB) *Vormbaum*, GA 1986, 353 ff. (hier S. 364).

14.

Probleme der Gläubigerbegünstigung

– Zur Auslegung des § 283c StGB –

(1981)

Durch das Erste Gesetz zur Bekämpfung der Wirtschaftskriminalität (1. WiKG) vom 29. 7. 1976, in Kraft getreten am 1. 8. 1976, sind die Vorschriften des Konkursstrafrechts, welche seit fast 100 Jahren Bestandteile der Konkursordnung gewesen waren, wieder dem Strafgesetzbuch inkorporiert und gleichzeitig z.T. wesentlich neu formuliert worden. Im Schrifttum hat seither der wichtigste Tatbestand des Konkursstrafrechts, der Bankrott (§ 283), mitsamt seinen Änderungen die gebührende Aufmerksamkeit gefunden[1]; auch das in den einzelnen konkursstrafrechtlichen Tatbeständen unterschiedlich ausgestaltete Merkmal der „Krise“ sowie die allen gemeinsame objektive Bedingung der Strafbarkeit[2] sind verschiedentlich erörtert und analysiert worden. Kaum Beachtung hat hingegen § 283c – die „Gläubigerbegünstigung“ (früher auch „Gratifikation“ genannt) – gefunden. Dieses Schattendasein in einigen ausgewählten Punkten aufzuhellen, ist Aufgabe der folgenden Ausführungen. Nach einem Rückblick auf die Gesetzgebungsgeschichte (A) werden einige dogmatische Probleme der einzelnen Tatbestandsmerkmale (B), des Verhältnisses zu anderen Tatbeständen des Konkursstrafrechts (C) sowie der Täterschaft und Teilnahme (D) aufgeworfen. Vollständigkeit konnte nicht angestrebt werden.

A) Zur Gesetzgebungsgeschichte

Mit der Wiederaufnahme des Konkursstrafrechts in das Strafgesetzbuch hat eine lange und wechselvolle Gesetzgebungsgeschichte ihr vorläufiges Ende gefunden.

Das preußische Allgemeine Landrecht von 1794 (ALR)[3] enthielt in seinem Strafrechtstitel (= Titel 20 des II. Teils) umfangreiche Vorschriften gegen den „Bankeut“[4]. Sie umfaßten in der dem Gesetz eigenen Ausführlichkeit nicht weniger als

1 Nachweise bei *Stree*, Schönke/Schröder, StGB, 20. Aufl. (1980), vor § 283; ferner *Tiedemann*, NJW 1979, 777; *Heinz*, GA 1977, 193, 216 ff.; *Blei*, JA 1976, 210 ff.; s. auch den 2. Abschnitt im BT des Alternativ-Entwurfs (dazu noch Anm. 17). – Zum neuen § 283b *Dreher*, MDR 1978, 724, sowie neuerdings BGH JR 1979, 512 m. Anm. *Schlüchter*.

2 Zur „Krise“ allgemein *Schlüchter*, MDR 1978, 265 und 977; speziell zur Überschuldung *Tiedemann*, Schröder-Gedächtnisschrift (1978), S. 289 ff.; *Hoffmann*, MDR 1979, 93. – Zu der (nachfolgend ausgeklammerten) Problematik der objektiven Bedingung der Strafbarkeit (§§ 283 Abs. 6, 283c Abs. 3) grundlegend *Tiedemann*, Wirtschaftsstrafrecht und Wirtschaftskriminalität I (1976), S. 232 ff.

3 Textausgabe mit einer Einführung von *Hans Hattenhauer* und einer Bibliographie von *Günter Bernert*. 1970.

4 2. Teil, Titel 20, §§ 1452 ff.

36 Paragraphen[5], darunter auch eine Vorschrift, welche als Ausgangspunkt der zum heutigen § 283c führenden Entwicklung angesehen werden kann:

> „Wer bey Behandlung der Gläubiger einen derselben, welcher kein vorzügliches Recht hat, vor den übrigen begünstigt, hat schon dafür eine sechswöchentliche bis dreymonatliche Zuchthausstrafe verwirkt" (§ 1478 a.a.O.).

Offenbar füllte diese Vorschrift, wie ihr Wortlaut („[...] schon dafür [...]") ausweist, bloß etwa auftretende Lücken der Bankrott-Tatbestände aus, beanspruchte aber nicht selbständige Bedeutung im Kanon jener Tatbestände. In der Regel war die betreffende Konstellation von § 1454 ALR II 20 mit erfaßt:

> „Wer [...] die zur Bezahlung richtiger Schulden vorhandene obgleich unzureichende Masse schmälert [...]"[6].

Anders als das ALR beschränkte sich das *preußische Strafgesetzbuch von 1851*, welches die Strafvorschriften des ALR ersetzte, nach französischem Vorbild[7] auf die Pönalisierung von Bankrotthandlungen der „Handelsleute, Schiffsreeder und Fabrikbesitzer"[8]. Eine besondere Regelung der Gläubigerbegünstigung enthielt das Gesetz in seinen einschlägigen Vorschriften, die auf sechs Paragraphen zusammengeschmolzen waren, nicht mehr. Allerdings war dieser Komplex durch § 259 Abs. 1 Nr. 1 erfaßbar, welcher Kaufleute mit Zuchthausstrafe bis zu 15 Jahren bedrohte,

> „wenn [...] sie ihr Vermögen ganz oder theilweise verheimlicht oder bei Seite geschafft haben".

Die *preußische Konkursordnung von 1855* bedrohte in § 308 Kaufleute, welche ihre Zahlungen eingestellt hatten, und deren Erben mit Gefängnis bis zu einem Jahr, wenn sie

> „nach erfolgter Zahlungseinstellung einen Gläubiger zum Nachteil der übrigen Gläubiger befriedigen oder begünstigen".

Daneben drohte das Gesetz in § 309 dieselbe Strafe sowie fakultativ die Untersagung der Ausübung der bürgerlichen Ehrenrechte jenem Gläubiger an,

> „welcher nach erlangter Kenntnis von der Zahlungseinstellung zu seiner Begünstigung und zum Nachtheil der übrigen Gläubiger einen besonderen Vertrag mit dem Gemeinschuldner oder dessen Erben eingeht [...]".

---

5 §§ 1452–1487 ALR II 20.

6 Evtl. auch von § 1452 a.a.O.: „(Wer) sein Vermögen verheimlicht, um seine Gläubiger zu hintergehen".

7 *Temme*, Glossen zum Strafgesetzbuch für die preußischen Staaten (Breslau 1853), Vorbem. zu § 259.

8 259–261 pr. StGB. § 262 enthielt eine besondere Strafdrohung gegen „Mäkler und Notarien, die Handelsgeschäfte betreiben".

Diese Vorschriften fanden gem. §§ 340, 341 mit kleineren sachbedingten Modifikationen auf entsprechende Taten im Konkurs von Nichtkaufleuten ebenfalls Anwendung. § 308, ein weiterer Vorläufer des heutigen Tatbestandes der Gläubigerbegünstigung, war nicht mehr (wie noch § 1478 ALR II 20) Lückenfüller der anderen Konkursstraftatbestände, sondern besaß Vorrang vor der (dem heutigen § 283 Abs. 1 Nr. 1 StGB entsprechenden) Strafbestimmung des § 259 Abs. 1 Nr. 1 des preußischen StGB[9], welche Zuchthausstrafe bis zu 15 Jahren androhte. Diese massive Privilegierung der Gläubigerbegünstigung gegenüber dem strafbaren „Beiseiteschaffen des Vermögens" war Ausdruck einer damals häufig vertretenen Auffassung, welche die Strafdrohungen gegen dieses Schuldnerverhalten als zu hart bezeichnete[10], zum Teil sogar seine Strafwürdigkeit bestritt[11].

Das *norddeutsche, dann Reichs-Strafgesetzbuch* übernahm nur die im preußischen StGB enthaltenen Bankrottatbestände, regelte also die strafrechtliche Seite des *nichtkaufmännischen* Konkurses nicht; auch enthielt es weder einen Tatbestand der Gläubigerbegünstigung noch eine Strafdrohung gegen die entsprechende Gläubigerhandlung. Freilich sprach das Einführungsgesetz in § 2 Abs. 3 einen besonderen Vorbehalt zugunsten der landesrechtlichen Konkurs-Strafbestimmungen aus; wegen ihrer unklaren Wortwahl sorgte diese Vorschrift jedoch für lebhafte exegetische Kontroversen[12].

Die *Reichs-Konkursordnung von 1877*, in Kraft getreten 1879[13], beseitigte diese Streitfragen. Der 1875 vorgelegte Entwurf[14] vereinigte in einem eigenen dritten Buch sämtliche konkursrechtlichen Strafbestimmungen. Maßgebend dafür war der Wunsch, „zur leichten Verständlichkeit und Übersichtlichkeit des Rechts das Zusammengehörige auch äußerlich zusammenzuhalten". Neben der Erweiterung der Bestimmungen auf *alle* „Schuldner, welche ihre Zahlungen eingestellt haben, oder über deren Vermögen das Konkursverfahren eröffnet worden ist", enthielt der Entwurf einige, vermutlich durch die Erfahrungen der „Gründerjahre" bedingte Verschärfungen der bisherigen Bankrottatbestände sowie in § 211 einen Tatbestand der

9 *Oppenhoff*, Das Strafgesetzbuch f. d. preußischen Staaten nebst dem Gesetze und den Verordnungen über die Einführung desselben (5. Aufl. Berlin 1867), Anm. 41 zu § 259; aus der Rspr.: Entsch. des Obertribunals v. 3. Oktober 1861, GA 10 (1862), 62.

10 Vgl. den Hinweis b. *Hahn* (u. Anm. 14), S. 406, auf Kritik aus der Praxis.

11 S. z.B. *Goltdammer*, GA 14 (1866), 539.

12 Zum ganzen *L. Haller*, Das Verhältnis des Deutschen Strafgesetzbuches zu den landesgesetzlichen Strafbestimmungen über den Concurs (Hamburg 1871).

13 Zur Entstehungsgeschichte neuerdings *Thieme*, in: Uhlenbruck u.a. (Hrsg.), Einhundert Jahre Konkursordnung 1877–1977 (1977), S. 35 ff.

14 Die folgenden Zitate nach *C. Hahn*, Die gesamten Materialien zu den Reichs-Justizgesetzen. Vierter Band. Materialien zur Konkursordnung und zu dem Einführungsgesetz zu derselben (Berlin 1881), S. 403 ff. Der Entwurf findet sich a.a.O. S. 4 ff.

Gläubigerbegünstigung, dessen Formulierung sich an die Anfechtungsvorschriften der KO anschloß und dessen Inhalt an den §§ 308, 309 und 340, 341 der preuß. KO sowie an den Regelungen des Hamburger Kriminalgesetzbuches orientiert war:

> „Schuldner, welche ihre Zahlungen eingestellt haben, oder über deren Vermögen das Konkursverfahren eröffnet worden ist, werden mit Gefängnis bis zu zwei Jahren bestraft, wenn sie, obwohl sie ihre Zahlungsunfähigkeit kannten, einem Gläubiger in der Absicht, ihn vor den übrigen Gläubigern zu begünstigen, eine Sicherheit oder Befriedigung gewährt haben, welche derselbe nicht oder nicht zu der Zeit zu beanspruchen hatte."

Die Aufnahme der Gläubigerbegünstigung in den Kanon der Strafvorschriften wurde für notwendig erachtet, weil die allgemeinen Bestimmungen des Strafrechts über Betrug und Unterschlagung nicht ausreichten. Die Aufstellung einer Strafdrohung gegen Gläubiger nach Art der §§ 309, 341 der preuß. KO wurde hingegen abgelehnt. Der Gläubiger verfolge sein Recht; verletze er dabei den Konkursanspruch der übrigen, so könne er wohl zivilrechtlich unwirksam handeln, aber nicht bestraft werden[15]. Der Text der Vorlage ging unverändert in das Gesetz ein.

Anläßlich der Novellierung der KO und anderer Gesetze im Rahmen der Einführung des BGB wurde dem Tatbestand der Gläubigerbegünstigung – nunmehr § 241 KO – ein neuer Absatz beigefügt, der für minder schwere Fälle die Verhängung von Geldstrafe anstelle von Freiheitsstrafe ermöglichte. Das 1. Strafrechtsreformgesetz von 1969[16] machte diesen Zusatz entbehrlich, indem es bereits im Ausgangstatbestand Geldstrafe anstelle von Freiheitsstrafe zuließ. Im übrigen blieben Wortlaut und Regelungsort des Gläubigerbegünstigungs-Tatbestands bis zum Inkrafttreten des 1. WiKG am 1. August 1976 unverändert[17]. Das 1. WiKG brachte die Rückführung des Konkursstrafrechts in das Strafgesetzbuch. Hierfür war der Gesichtspunkt ausschlaggebend, „daß solche Tatbestände, die von allgemeiner Bedeutung sind und einen schwerwiegenden Unrechtsgehalt haben, grundsätzlich in das Strafgesetzbuch aufgenommen werden sollten"[18]. Während die Bankrottatbestände wesentliche Än-

---

15 S. noch u. D) II. 2.

16 BGBl. I, S. 645.

17 Die heutige Fassung des § 283c ist bereits wörtlich in § 274 E 62 enthalten; sie wurde zunächst vom Entwurf des EGStGB in § 283e übernommen und überstand dann auch unverändert das Gesetzgebungsverfahren des 1. WiKG. Der einschlägige Abschnitt des Alternativentwurfes (Anm. 1), erst nach Inkrafttreten des 1. WiKG veröffentlicht, verzichtet auf einen besonderen Tatbestand der Gläubigerbegünstigung, weil einerseits der Zeitpunkt der Zahlungsunfähigkeit keine einsichtige Grenze für das Einsetzen der Strafbarkeit derartiger Handlungen sei, andererseits eine generelle Privilegierung der betreffenden Verhaltensweise nicht gerechtfertigt sei (Vorbemerkung vor § 192 AE).

18 Begründung der Regierungsvorlage, BT-Drucksache 7/3441, S. 34. Daneben war die Erwägung maßgebend., daß die Strafvorschriften der KO nicht nur bei einem Konkurs-, sondern auch bei einem Vergleichsverfahren zur Abwendung des Konkurses praktisch bedeutsam sind;

derungen erfuhren, welche einerseits ihre Effizienz erhöhen, andererseits aber auch dem Schuldgedanken angemessenere Berücksichtigung sichern sollten, erfuhr der Tatbestand der Gläubigerbegünstigung nur geringfügige inhaltliche Änderungen. Neben Anpassung der Fälle der objektiven Bedingung der Strafbarkeit an diejenigen der Bankrottatbestände steht die Umwandlung des bislang kupierten Erfolgsdelikts in ein echtes Erfolgsdelikt. Die hierdurch bewirkte Einengung des Bereichs der Vollendungsstrafbarkeit ist durch die neu eingeführte Strafbarkeit des Versuchs kompensiert worden.

B) Tatbestandsmerkmale

I. Schuldnereigenschaft

Seit der Neufassung des Tatbestandes ist die Schuldnereigenschaft des Täters zwar nicht mehr, wie noch in § 241 KO a.F., geschriebenes Tatbestandsmerkmal; sie ist jedoch nach wie vor selbstverständliche Voraussetzung der Erfüllung des objektiven Tatbestandes[19].

II. Zahlungsunfähigkeit

Die Zahlungsunfähigkeit des Täters ist objektives Tatbestandsmerkmal des § 283c, denn auf sie muß sich nach der ausdrücklichen Bestimmung des Gesetzes der Vorsatz beziehen. Zahlungsunfähig ist, wer mangels der erforderlichen Mittel andauernd außerstande ist, *alle* fälligen Geldschulden zu begleichen. Daß der Schuldner einzelne der fälligen Verbindlichkeiten noch erfüllen kann, steht der Annahme der Zahlungsunfähigkeit somit nicht entgegen[20].

---

vgl. § 283d Abs. 1 Nr. 2. – Der Widerspruch zur Begründung für die Überführung der konkursstrafrechtlichen Bestimmungen in die KO liegt auf der Hand. Zu der Streitfrage, ob die Einordnung von Straftatbeständen im BT des StGB oder im sog. Nebenstrafrecht eine mehr als nur redaktionelle Entscheidung sei, s. *Tiedemann*, Tatbestandsfunktionen im Nebenstrafrecht (1969), S. 63 ff. m. Nachw. Zur Wiedereingliederung der Konkurstatbestände in das StGB *Schöne*, JZ 1973, 446; *Tiedemann*, Schröder-Gedächtnisschrift (1978), S. 289.

19 Vgl. den Wortlaut der Bestimmung: „Wer in Kenntnis *seiner* Zahlungsunfähigkeit [...]". – Ausdrücklich *Tiedemann*, NJW 1977, 777, 779.

20 *Stree*, Schönke/Schröder, § 283, Rdn. 52; ebenso *Dreher/Tröndle*, Vor § 283, Rdn. 10; RG JW 1934, 843; *Klug*, in: *Jaeger*, KO, Bd. II 2 (8. Aufl. 1973), § 241, Rdn. 2.

III. Gewährung einer Sicherheit oder Befriedigung an einen Gläubiger

1. Gläubigerstellung

§ 283c verlangt ferner, daß der Schuldner einem *Gläubiger* eine *Sicherheit oder Befriedigung gewährt* hat. Mutet das Merkmal „Gläubiger" zunächst unproblematisch an, so gelingt doch seine exakte Bestimmung durchaus nicht im ersten Zugriff; sie ist aber um so notwendiger, als es sich um das für die Typik des § 283c zentrale Tatbestandsmerkmal handelt.

a) Sieht man, dem Zivilrecht folgend, denjenigen als Gläubiger an, der aus Vertrag oder Gesetz einen schuldrechtlichen Anspruch gegen einen anderen besitzt, so erfaßt § 283c nahezu jede fremdnützige Manipulationshandlung des Schuldners, denn daß eine Sicherheit oder Befriedigung gewährt wird, ohne daß ein entsprechender schuldrechtlicher Anspruch des Leistungsempfängers wenigstens gleichzeitig mit der Leistung begründet worden ist, dürfte, zumal im Geschäftsleben, die seltene Ausnahme sein. Ein so weit gefaßtes Verständnis des Gläubigerbegriffes entspricht jedoch nicht der Intention und systematischen Stellung des § 283c. Auf diese ist daher, soweit erforderlich, hier bereits einzugehen. § 283c ist im Zusammenhang der Tatbestände des Konkursstrafrechts Privilegierungstatbestand zu § 283, insbes. zu § 283 Abs. 1 Nr. 1. Der im Vergleich mit jener Vorschrift niedrigere Strafrahmen erklärt sich u.a. daraus, daß der Schuldner durch die unerlaubte Vermögensverschiebung zwar die *gleichmäßige* Befriedigung der Gläubiger *(par condicio creditorum)* vereitelt, nicht jedoch die Gläubiger in ihrer Gesamtheit (als *corpus creditorum*) schädigt. Die Anwendung des § 283c setzt somit voraus, daß die fragliche Vermögenstransaktion zwischen dem Schuldner und einem seiner *Gläubiger*[21] stattgefunden hat; andererseits ist in diesen Fällen auch *stets* die Anwendung des schärferen § 283 ausgeschlossen. Wollte man nun jeden Vertragspartner des Schuldners, auch denjenigen, der erst in unmittelbarem Zusammenhang mit der ihm gewährten Sicherheit oder Befriedigung die zugehörige obligatorische Forderung erwirbt, als „Gläubiger" i.S.d. § 283c ansehen, würde dieses Tatbestandsmerkmal seine Abgrenzungsfunktion gegenüber § 283 Abs. 1 Nr. 1 weitgehend einbüßen, denn bei solchem Verständnis bliebe für die letztgenannte Vorschrift insoweit kaum noch ein Anwendungsbereich. Schließlich deutet auch, wie bereits das Reichsgericht ausgeführt hat,

---

21 Begünstigter Gläubiger kann nicht nur ein Konkursgläubiger sein, sondern auch ein Absonderungsberechtigter oder ein Massegläubiger; s. *Dreher/Tröndle*, § 283c Rdn. 5 m. Nachw. – Mit der Frage, ob der Gläubiger auch mit dem (nach § 14 Abs. 1 als „Schuldner" zu behandelnden) Täter personengleich sein kann, befaßt sich BGH, NJW 1969, 1494. S. zu diesem Urteil die berechtigte Kritik von *Renkl*, JuS 1973, 613.

der Wortlaut des § 283c darauf hin, daß „derjenige, der die Sicherheit oder Befriedigung empfängt, zur Zeit dieses Empfanges bereits Gläubiger *sein* muß“[22].

Mit dieser Einsicht ist freilich noch kein Maßstab dafür gewonnen, welche Anforderungen *positiv* an die Gläubigereigenschaft bzw. an den für ihre Entstehung relevanten Zeitpunkt zu stellen sind. Sucht man auf dem vom Zeitpunkt der Leistungserbringung in die Vergangenheit reichenden Zeitkontinuum nach einer Orientierungsmarke, so bietet sich der Zeitpunkt des Krisenbeginns, im Bereich des § 283c also i.d.R. der *Zeitpunkt des Eintritts der Zahlungsunfähigkeit* an. Für ihn spricht neben seiner verhältnismäßig klaren Fixierbarkeit vor allem die Tatsache, daß ein anderer Maßstab für einen „Mindestabstand“ zwischen dem die Gläubigerstellung begründenden Verpflichtungsgeschäft und dem Erfüllungs- oder Sicherungsgeschäft nicht sichtbar ist. Der Wortlaut des § 283c bestärkt diese Annahme, denn indem er das Vorliegen der Zahlungsunfähigkeit voraussetzt, läßt er den Schluß zu, daß bei deren Eintritt die Gläubigerstellung bereits begründet sein müsse. Als materielle Erwägung tritt schließlich noch hinzu, daß durch diese Grenzziehung Manipulationen des zahlungsunfähig gewordenen Schuldners verhindert werden, die zu einer unangebrachten Ausschaltung der härteren Strafdrohung aus § 283 Abs. 1 Nr. 1 und 4 führen könnten[23]. Mag es wirtschaftlicher Rationalität entsprechen, wenn sich der Schuldner auch noch nach bemerkter Zahlungsunfähigkeit um neue Kreditgeber bemüht, um den Konkurs in letzter Stunde abzuwenden, so ist es doch andererseits angebracht, das Eingehen neuer Verbindlichkeiten in diesem kritischen Zeitraum mit dem Risiko der Bestrafung aus § 283 Abs. 1 Nr. 1 zu behaften: Gelingt dem Schuldner die Abwendung des Konkurses, so entfällt wegen des Fehlens der objektiven Bedingung der Strafbarkeit (s. §§ 283 Abs. 6, 283c Abs. 3) ohnehin jede Konkursstrafbarkeit; gelingt die Sanierung nicht, so erfolgt Bestrafung aus § 283 Abs. 1 Nr. 1, falls der Schuldner sich nicht für seine (meistens Sicherheits-) Leistung eine adäquate Gegenleistung hat gewähren lassen.

Gläubiger i.S.d. § 283c kann daher grundsätzlich nur derjenige sein, der vor Eintritt der Zahlungsunfähigkeit einen Anspruch gegen den Schuldner erworben hat.

---

22 RGSt 35, 128; noch deutlicher bereits für das preußische Recht das Obertribunal (b. *Oppenhoff*, Entsch. d. OTr. Bd. 19, S. 153, 155): „Nur diejenige Zuwendung ist als Begünstigung eines Gläubigers anzusehen, welche der Gemeinschuldner an jemanden macht, der schon vorher sein Gläubiger war, nicht aber diejenige, welche er auf Grund eines erst jetzt abgeschlossenen zweiseitigen Vertrages an den Mitkontrahenten macht und gegen welche dieser erst sein Gläubiger wird.“

23 Soweit ersichtlich, gehen auf die positive Bestimmung des fraglichen Zeitpunktes nur *Olshausen/Zweigert*, StGB (8. Aufl. 1910) Bd. 2, Note 6 zu § 241 KO, ein, und gelangen vor allem auf Grund des zuletzt genannten Mißbrauchargumentes zu dem hier vertretenen Ergebnis.

Gem. § 209 KO findet für Kommanditgesellschaften auf Aktien sowie für offene Handelsgesellschaften und Kommanditgesellschaften, die keine natürliche Person als persönlich haftenden Gesellschafter haben, das Konkursverfahren auch bei *Überschuldung* statt; daher kommt bei Personen, denen gem. § 14 Abs. 1 die persönlichen strafbegründenden Merkmale dieser Personengesellschaften zugerechnet werden, auch dieser (in der Regel zeitlich *vor* der Zahlungsunfähigkeit liegende[24]) Zeitpunkt als Einschnitt in Betracht. Wegen der eindeutigen Fassung des § 283c, wonach die Kenntnis der *Zahlungsunfähigkeit* vorausgesetzt wird[25], kann aber diese Vorverlegung nur mit Einschränkungen geschehen; erfolgt daher in den Fällen des § 209 KO die Gewährung der Sicherheit oder Befriedigung *vor* Eintritt der Zahlungsunfähigkeit, so ist der Tatbestand des § 283c[26] nicht erfüllt, und zwar selbst dann nicht, wenn das Verpflichtungsgeschäft *vor* und das Erfüllungsgeschäft *nach* Eintritt der Überschuldung durchgeführt worden ist. Im Folgenden bleiben die Fälle des § 209 KO unberücksichtigt.

Bei Gewährung einer *Sicherheit* ist allerdings eine Einschränkung angebracht; da die Sicherheit stets in Beziehung zu dem zu sichernden Anspruch steht, ist insoweit die Gläubigerstellung auch dann vorhanden, wenn im Zeitpunkt des Eintritts der Zahlungsunfähigkeit kein Anspruch auf die Stellung einer *Sicherheit*, wohl aber ein *Befriedigungs*anspruch bestand[27]; eine Trennung zwischen der Stellung als Gläubiger einer Befriedigungsleistung und derjenigen als Gläubiger einer Sicherheitsleistung ist also nicht vorzunehmen[28].

b) Nicht nur in *zeitlicher*, sondern auch in *quantitativer* Hinsicht bedarf der Gläubigerbegriff der Präzisierung: Er reicht nur so weit, wie „an sich“ der obligatorische Anspruch reicht. Hat der Schuldner dem Anspruchsberechtigten *mehr* geleistet als dieser zu fordern hatte, so hat er in Höhe der Differenz nicht an einen „Gläubiger“ i.S.d. § 283c geleistet.

---

24 Zum Verhältnis von Überschuldung und Zahlungsunfähigkeit eingehend *Schlüchter*, Der Grenzbereich zwischen Bankrottdelikten und unternehmerischen Fehlentscheidungen (1977), S. 78 ff.

25 Vgl. auch die anders lautenden zeitlichen Voraussetzungen des § 283: „Wer bei *Überschuldung* oder bei *drohender oder eingetretener* Zahlungsunfähigkeit [...]”.

26 Auch nicht derjenige des § 283 Abs. 1 Nr. 1; s.u. C) II. 3.

27 Freilich handelt es sich dann stets um eine Sicherheit, die der Gläubiger „nicht zu beanspruchen” hat, die also „inkongruent” ist (s.u. B) IV. 2.); die Feststellung der Gläubigereigenschaft hat jedoch Bedeutung für die Abgrenzung zu § 283 Abs. 1 Nr. 1.

28 Dies ist von der Rspr. stillschweigend anerkannt worden, indem diese die Leistung einer Sicherheit, auf die keinerlei schuldrechtlicher Anspruch bestand, als „nicht in der Art” zu beanspruchende Leistung charakterisiert hat; s. z.B. BGH b. *Holtz*, MDR 1979, 457.

c) Ist das Verpflichtungsgeschäft nicht wirksam zustande gekommen, so ist auch keine Gläubigerstellung begründet worden. Der objektive Tatbestand des § 283c ist nicht erfüllt[29].

2. Gewährung der Sicherheit oder Befriedigung

a) Dem Gläubiger muß eine Sicherheit oder Befriedigung[30] gewährt worden sein. Dies setzt bei funktionsgerechter Interpretation voraus, daß die Leistung dem Gläubiger *als solchem*, d.h. *in seiner Gläubigereigenschaft* gewährt worden ist; eine zufällige Koinzidenz der Gläubigereigenschaft mit der Eigenschaft als Leistungsempfänger reicht somit nicht aus[31].

b) Ist aber die Leistung dem Empfänger in seiner Gläubigereigenschaft gewährt worden, so wird sie sich in aller Regel als ein den obligatorischen Anspruch befriedigendes oder sicherndes Verfügungsgeschäft – sei es in Form einer dinglichen Verfügung oder einer Forderungsabtretung – darstellen[32]. Fraglich ist nun, ob (und gegebenenfalls wie weit) Mängel dieses Verfügungsgeschäfts die Anwendbarkeit des § 283c hindern.

Im Schrifttum wird vereinzelt die Auffassung vertreten, eine „nichtige“ Einigung könne nicht zur Gewährung einer Sicherheit oder Befriedigung i.S.d. § 283c führen[33]. Die Mehrheit steht hingegen auf dem Standpunkt, daß auch ein unwirksamer Vertrag die Voraussetzungen des § 283c erfülle, wenn er nur tatsächlich zur Begünstigung des Gläubigers führe[34]. Das Reichsgericht[35] hat ausgeführt, eine gegenüber den anderen Gläubigern günstigere Rechtsstellung könne der betreffende Gläubiger – zumindest in der Tatbestandsvariante „Gewähren einer *Sicherheit*“ – auch durch „einen im Ergebnis unwirksamen Vertrag“ erlangen, so daß es auf eine Nichtigkeit des Vertrages – in dem zu entscheidenden Falle ging es um eine solche aus § 138 BGB –

---

29 In Irrtumsfällen kommt eine Korrektur über § 16 Abs. 2 in Betracht.

30 Im Folgenden auch als „Leistung” zusammengefaßt.

31 *Faktisch* wird sich das Vorliegen dieses Merkmals nur auf der *subjektiven* Tatseite niederschlagen, da es keine eigentliche objektive „Gegebenheit” ist; s. noch u. B) VI. 3.

32 Nach h.M. (s. *Dreher/Tröndle*, § 283c, Rdn. 6 m. Nachw.) muß der bevorzugte Gläubiger bei dem „Gewähren” durch Annahme mitwirken. Für die Gegenauffassung (s. z.B. *Stree*, Schönke/Schröder, § 283c Rdn. 6) ist ausschlaggebend, ob „die Zuwendung in das Vermögen des Gläubigers übergegangen ist”. Im allgemeinen wird ein Unterschied kaum bestehen, da der Gläubiger nach Kenntnisnahme z.B. von einer Überweisung auf sein Konto die darin liegende Realofferte annehmen wird. Der *Erklärung* der Annahme bedarf es hier gem. § 151 BGB nicht. Im folgenden wird vom Normalfall der konsensuellen Verfügung ausgegangen.

33 So *Stree*, Schönke/Schröder, § 283c, Rdn. 4 für den Fall der nichtigen Sicherungsübereignung.

34 *Dreher/Tröndle*, § 283c, Rdn. 7.

35 RG JW 1934, 1289.

nicht ankomme. Der Bundesgerichtshof hingegen hat die Gewährung einer Sicherheit in einem Fall verneint, in dem die Sicherungsübereignung mangels Bestimmtheit der übereigneten Gegenstände rechtlich unwirksam war[36]. Ein Widerspruch zwischen beiden Entscheidungen besteht entgegen erstem Anschein nicht, denn sie betreffen zwei unterschiedliche Formen der Nichtigkeit des Verfügungsgeschäfts. Die Entscheidung des BGH hatte es – anders als diejenige des RG – mit einem *Einigungs*mangel zu tun. Diesen Unterschied hat der BGH selber herausgestellt und für den Fall der Nichtigkeit aus § 138 BGB ausdrücklich der erwähnten Entscheidung des RG zugestimmt[37].

Daß die Bejahung des Tatbestandsmerkmals „Gewähren einer Sicherheit oder Befriedigung" jedenfalls prinzipiell nicht die Rechtsbeständigkeit der Verfügung voraussetzt, ergibt sich aus folgender Überlegung: § 283c verfolgt einen Schutzzweck wie auch eine Privilegierungsabsicht. Die letztere resultiert aus dem herabgesetzten Unrechts- und Schuldgehalt der Tat, der vor allem darin zum Ausdruck kommt, daß die Tat sich nicht gegen die Gesamtheit der Gläubiger richtet, sondern nur die gleichmäßige Verteilung der Masse gefährdet. Dieser Privilegierungsgedanke setzt sich (mit der Folge des gegenüber § 283 Abs. 1 Nr. 1 herabgesetzten Strafrahmens) bereits dann durch, wenn der Täter zugunsten eines *Gläubigers als solchen* (wirksam oder unwirksam) verfügt hat. Die übrigen Tatbestandsmerkmale des § 283c tragen hingegen dem *Schutzzweck* der Vorschrift Rechnung, der in der gleichmäßigen Verteilung der Konkursmasse[38] begründet ist; nur noch an diesem Zweck, nicht mehr am Gedanken der Privilegierung, dem bereits hinreichend Rechnung getragen ist, braucht sich daher die Auslegung der weiteren Tatbestandsmerkmale zu orientieren. So gesehen, besteht kein Anlaß, die Anwendung der Vorschrift auf jene Fälle zu beschränken, in denen der Täter dem Gläubiger eine *rechtlich wirksame* Leistung erbracht hat, denn die gleichmäßige Befriedigung der Gläubiger kann durch rechtlich unwirksame Verfügungen in gleicher Weise gefährdet werden wie durch rechtswirksame Geschäfte. Daß es nicht in der Absicht des § 283c liegt, die volle Strafdrohung[39] auf rechtswirksame Geschäfte zu beschränken, wird einmal daraus deutlich, daß die hier relevanten Geschäfte durchweg nach §§ 29, 30 Nr. 2 KO „als den Konkursgläubigern gegenüber unwirksam angefochten werden (können)", typischerweise also rechtlich unbeständige Verfügungen beinhalten; zum andern würde die Beschränkung des Geltungsbereiches des § 283c auf rechtswirksame Verfügungen zur Folge haben, daß bei Unwirksamkeit der Verfügung – etwa wegen Sittenwidrig-

36 BGH, 5 StR 620/55 b. *Herlan*, GA 1958, 48.

37 Ebenda.

38 S. zuletzt BGHSt 8, 55.

39 Also nicht diejenige für den Versuch.

keit oder wegen Verstoßes gegen ein gesetzliches Verbot – der Täter allenfalls wegen versuchter Gläubigerbegünstigung bestraft werden könnte. Dieses Ergebnis erscheint angesichts des durchaus nicht geringeren Unrechts- und Schuldgehaltes dieser Handlungen nicht eben plausibel. Da es ohne Überschreitung der durch den Gesetzeswortlaut gezogenen Auslegungsgrenze vermieden werden kann, verdient die Gegenauffassung den Vorzug.

Voraussetzung auch für die Bejahung des so aufgefaßten Merkmals „Gewährung einer Sicherheit oder Befriedigung" ist freilich, daß sich die vom Schuldner vorgenommene Verfügung tatsächlich als Erbringung einer Leistung darstellt. Hier nun hat die erwähnte Entscheidung des BGH den ausschlaggebenden Gesichtspunkt herausgestellt; eine Verfügung nämlich, die bereits eines klar konturierten Objektes ermangelt und aus diesem Grunde nichtig (besser: gar nicht zustande gekommen) ist, unterscheidet sich grundlegend von jener, in der die Nichtigkeit an den Verstoß gegen ein gesetzliches Verbot oder die guten Sitten, an die Geschäftsunfähigkeit des Gläubigers[40] oder an die erfolgte Anfechtung nach § 30 Nr. 2 KO anknüpft. Wird nämlich hier einem sich phänomenologisch als „Verfügung" darstellenden Vorgang rechtliche Anerkennung versagt, so mangelt es dort bereits an der äußerlichen wahrnehmbaren Kontur, welche Anknüpfungspunkt für eine faktische Wirkung sein könnte; die Nichtigkeit ist nur Folgerung aus diesem Defekt im faktischen Bereich. Ein solcher Vorgang kann auch die gleichmäßige Verteilung der Masse nicht ernsthaft gefährden[41]. Konstruktiv ist ferner zu berücksichtigen, daß das nachfolgend zu erörternde Tatbestandsmerkmal „Inkongruente Deckung" einen streng formalen Vergleich zwischen Verpflichtungs- und Verfügungsgeschäft verlangt; dieser kann bei Unbestimmtheit des Verfügungsgegenstandes nicht angestellt werden.

Als Ergebnis kann daher in Übereinstimmung mit dem BGH festgestellt werden: Die rechtliche Unwirksamkeit des die Sicherheit oder Befriedigung[42] bezweckenden

---

40 In der Regel wird bei diesem – ohnehin peripheren – Fall bereits das Verpflichtungsgeschäft unwirksam sein, so daß schon die Gläubigerstellung des Leistungsempfängers fehlt (zu Irrtumsfragen u. C) III.); Geschäftsunfähigkeit des Schuldners wird i.d.R. auch Schuldunfähigkeit nach § 20 bedeuten.

41 Für *dingliche* Verfügungsgeschäfte gilt dies besonders, da dort regelmäßig in diesen Fällen ein Übergabesurrogat vereinbart sein wird, so daß der Schuldner im unmittelbaren Besitz der fraglichen Sache bleibt. – Von dem hier behandelten Fall zu unterscheiden ist der Fall der Unbestimmtheit der Sicherungs*zusage*.

42 Die Einschränkung des BGH auf die Fälle der Sicherungsübereignung braucht bei der Auslegung nicht berücksichtigt zu werden; faktisch ergibt sie sich regelmäßig von selbst, da in dem hier interessierenden Bereich Vereinbarungen von Übergabesurrogaten – und bei ihnen in erster Linie kommt Unbestimmtheit in Betracht – typische Erscheinungsformen der Sicherungsgeschäfte sind.

Geschäftes hindert die Anwendbarkeit des § 283c nicht, es sei denn, daß die Unwirksamkeit auf der Unbestimmtheit des Einigungsgegenstandes beruht.

IV. Inkongruente Deckung

§ 283c verlangt weiterhin, daß dem Gläubiger auf die ihm vom Täter gewährte Sicherheit oder Befriedigung ein Anspruch nicht oder nicht in der Art oder nicht zu der Zeit zustand.

1. Das Verhältnis zu § 30 Nr. 2 KO

Diese Problematik, üblicherweise mit dem Begriff „Inkongruente Deckung" gekennzeichnet, taucht nicht nur im Rahmen des § 283c StGB auf, sondern auch im Rahmen des § 30 Nr. 2 KO. Nach dieser Vorschrift unterliegen nämlich der *Konkursanfechtung*

> „die nach der Zahlungseinstellung oder nach dem Antrag auf Eröffnung des Verfahrens oder in den letzten zehn Tagen vor der Zahlungseinstellung oder dem Eröffnungsantrage erfolgten Rechtshandlungen, welche *einem Konkursgläubiger eine Sicherung oder Befriedigung gewähren, die er nicht oder nicht in der Art oder nicht in der Zeit zu beanspruchen hatte*, sofern er nicht beweist, daß ihm zur Zeit der Handlung weder die Zahlungseinstellung und der Eröffnungsantrag, noch eine Absicht des Gemeinschuldners, ihn vor den übrigen Gläubigern zu begünstigen, bekannt war".

Der überwiegende Teil der Judikatur zur Frage der „Inkongruenten Deckung" basiert auf dieser Vorschrift; es wird daher zu klären sein, ob die dort herausgearbeiteten Grundsätze zur Frage der „Inkongruenten Deckung" auf die Auslegung des § 283c übertragbar sind oder ob sie auf strafrechtsfremden Erwägungen beruhen, § 283c also die Entwicklung selbständiger, den strafrechtlichen Bedürfnissen angepaßter Auslegungsmaßstäbe erfordert.

Indem § 30 Nr. 2 KO die in ihm aufgeführten Rechtsgeschäfte für anfechtbar, nicht jedoch für nichtig erklärt, trägt er dem Umstand Rechnung, daß es sich bei diesen Rechtsgeschäften um solche handelt, deren Tätigung im Rahmen der unternehmerischen Dispositionsfreiheit an sich zulässig, häufig sogar üblich und geboten ist. Nach Eintritt der Krisensituation fordert freilich das Interesse der Konkursgläubiger an einer möglichst gleichmäßigen Verteilung der Masse eine Beschränkung dieser Freiheit. Das Gesetz hat in § 30 Nr. 2 KO ein formales Kriterium für die Herbeiführung eines Interessenausgleichs aufgestellt: Anfechtbar sind jene Geschäfte, die nicht genau mit den entsprechenden (vor Beginn der im Gesetz definierten Krisensituation abgeschlossenen) Verpflichtungsgeschäften übereinstimmen, mit ihnen also *nicht kongruent* sind. Die von Lehre und Rechtsprechung im Rahmen des § 30 Nr. 2 KO entwickelten Begriffe „Kongruente Deckung" und „Inkongruente Deckung" meinen also nicht die (wie immer verstandene) Ausgewogenheit bzw. Unausgewogenheit von Leistung und Gegenleistung (– dieses Problem des „Vollwertigen Äquivalents" taucht erst beim Tatbestandsmerkmal „Begünstigung eines Gläubigers" auf –); gemeint ist vielmehr die einem buchstabengetreuen Verständnis des Gesetzeswortlautes entsprechende *Deckungsgleichheit* zwischen Verpflichtungs- und Erfüllungsgeschäft.

Einige Beispiele mögen dies verdeutlichen:

Unter Berufung darauf, daß Pfandrecht (auch Pfändungspfandrecht!) und Sicherungseigentum, die den Anspruch des Gläubigers *sichern*, von der geschuldeten *Erfüllungs*leistung abweichen, wird ihre Bestellung vom Bundesgerichtshof[43] der Anfechtung nach § 30 Nr. 2 KO unterworfen, wenn nicht auf die Bestellung gerade dieser Rechte ein unanfechtbarer Anspruch vor Beginn der Krisenlage begründet worden ist. Zur Begründung wird ausgeführt, der Befriedigungsanspruch allein begründe noch keinen Anspruch auf Sicherung; die Sicherung sei auch keineswegs im Verhältnis zur Befriedigung ein Minus, sondern etwas *anderes*; daher habe der Gläubiger mit der Sicherung eine Leistung empfangen, die er „nicht in der Art" zu beanspruchen habe[44].

Illustrativ sind auch die folgenden Ausführungen des BGH[45]: „Hat eine Bank nach ihren Allgemeinen Geschäftsbedingungen ihren Kunden gegenüber jederzeit Anspruch auf die Bestellung oder Verstärkung bankmäßiger Sicherheiten für alle Verbindlichkeiten, dann stellt eine Grundschuld, die ihr auf Grund dieser Bedingungen von dem Gemeinschuldner innerhalb der nach § 30 Nr. 2 KO maßgebenden Zeit bestellt worden ist, eine inkongruente Deckung im Sinne dieser Vorschrift dar." Die besagte Regelung der Allgemeinen Geschäftsbedingungen sei so weit gefaßt, daß sie auch noch die Bestellung anderer Sicherheiten als gerade der Grundschuld zulasse. Verpflichtungsgeschäft und Erfüllungsgeschäft seien nicht kongruent, da die Bank „nur einen Anspruch auf die Bestellung der Sicherheit schlechthin" gehabt habe[46].

Diese Beispiele aus der Rechtsprechung, die im Schrifttum überwiegend Zustimmung gefunden haben[47], verdeutlichen die buchstabengetreue Auslegung des

---

43 BGHZ 34, 254, 258 ff. (m. Nachw.); s. auch BGH b. *Holtz*, MDR 1979, 457 (strafr. Entsch.); zur Rezeption der konkursrechtlichen Auslegung durch die strafrechtliche Judikatur und Literatur sogleich anschließend.

44 BGH b. *Holtz*, MDR 1979, 457.

45 BGHZ 33, 389.

46 A.a.O. S. 394; gegen den Widerspruch von *Scholz*, NJW 1961, 2006, bestätigt in NJW 1969, 1718.

47 S. z.B. *Lent*. In: Jaeger, KO (8. Aufl. 1955) Bd. I, § 30, Rdn. 51; *Schönke/Baur*, Zwangsvollstreckungs-, Konkurs- und Vergleichsrecht (9. Aufl. 1974), S. 338 f.; *Lent/Jauernig*, Zwangsvollstreckungs- und Konkursrecht (13. Aufl. 1975), S. 178; *Böhle-Stamschräder*, KO

§ 30 Nr. 2 KO beim Merkmal „Inkongruente Deckung". Die strafrechtliche Judikatur hat dieses Verhältnis ohne weiteres auf die Auslegung dieses Merkmals im Rahmen des Tatbestandes der Gläubigerbegünstigung übertragen.

Die parallele Interpretation von § 30 Nr. 2 KO und § 283c StGB (bzw. § 241 KO a.F.) zeigt folgendes Zitat aus der Rechtsprechung des BGH zu § 241 KO a.F.: „Gibt der Schuldner dem Gläubiger statt der geschuldeten Barzahlung einen Kundenscheck, so liegt darin – anders als in der Hingabe eines eigenen Schecks [...] – eine inkongruente Deckung"[48].

Das strafrechtliche Schrifttum ist der Rechtsprechung stillschweigend gefolgt[49]. Im Ergebnis ist dieser Auffassung zuzustimmen; sie ist jedoch keineswegs so selbstverständlich, wie ihre diskussionslose Übernahme im strafrechtlichen Schrifttum dies vermuten lassen könnte; vielmehr bedarf sie einer näheren Diskussion und Begründung. Voraussetzung hierfür ist eine Bestandsaufnahme der Gemeinsamkeiten und Unterschiede beider Vorschriften sowie eine Gewichtung dieser Faktoren.

a) *Gemeinsamkeiten*:

- Beide Vorschriften haben, was das Erfordernis der inkongruenten Deckung angeht, einen identischen Gesetzeswortlaut.
- Beide Vorschriften setzen die Vornahme eines Rechtsgeschäftes während eines wirtschaftlichen Krisenzeitraums voraus.
- Beide Vorschriften bezwecken die Sanktionierung eines außerhalb der wirtschaftlichen Krisensituation ohne weiteres zulässigen Geschäfts.
- Beide Vorschriften sollen eine gleichmäßige Verteilung der Konkursmasse sicherstellen[50].

b) *Unterschiede*:

- Unterschiedlich ist naturgemäß die Sanktionsart beider Vorschriften, nämlich *Anfechtbarkeit* (nicht: Nichtigkeit!) des Erfüllungsgeschäftes in § 30 Nr. 2 KO, *Kriminalstrafe* in § 283c.

(12. Aufl. 1976), § 30 Anm. 2 b; *Kuhn*, WM 1969, 950. Ausführlich zum ganzen Fragenkreis *Canaris*, KO-Fschr. (Anm. 13), S. 80 ff.

48 BGHSt 16, 279.

49 S. z.B. *Dreher/Tröndle*, § 283c, Rdn. 5; *Stree*, Schönke/Schröder, § 283c, Rdn. 8.

50 Zumindest *auch*; s. zum Schutzzweck der Konkurs-Straftatbestände, insb. des § 283c, noch die Nachweise u. Anm. 96.

- Unterschiedlich ist auch der *Sanktionsadressat*, denn die in § 30 Nr. 2 KO ausgesprochene Sanktion trifft – zumindest in erster Linie – den Gläubiger als den Leistungsempfänger, während § 283c eine Strafdrohung gegen den Gemeinschuldner aufstellt.
- Bestrafung aus § 283c kann nur erfolgen, wenn der volle subjektive Tatbestand erfüllt ist und der Täter mit Unrechtsbewußtsein oder in vermeidbarem Verbotsirrtum gehandelt hat; hingegen stellt § 30 Nr. 2 KO eine Beweisumkehrung auf, die sich materiell in der Praxis als weitgehender Wegfall subjektiver Sanktionsvoraussetzungen darstellt[51].
- Die in der KO eröffneten Anfechtungsmöglichkeiten beschränken sich nicht auf die hier erörterten Fälle, sondern umfassen auch noch die in § 30 Nr. 1 und in §§ 31, 32 KO genannten Fallgruppen. Hingegen bezieht sich die strafrechtliche Erfassung der Gläubigerbegünstigung nur auf die in § 30 Nr. 2 KO/§ 283c erwähnten Geschäfte.
- Der zeitliche Geltungsbereich des § 30 Nr. 2 KO setzt 10 Tage vor der Zahlungseinstellung oder der Konkurseröffnung ein; § 283c erfaßt den Zeitraum ab Eintritt der Zahlungsunfähigkeit (Zahlungseinstellung und Konkurseröffnung sind objektive Bedingungen der Strafbarkeit).

c) Gewichtung

Stärkstes Argument für die parallele Interpretation ist der insoweit identische Wortlaut beider Vorschriften, die überdies ursprünglich Bestandteile desselben Gesetzes gewesen sind. Zwar kann auch innerhalb eines Gesetzes derselbe Begriff an verschiedenen Stellen unterschiedliche Interpretationen erfahren[52]; hierfür bedarf es jedoch eines besonderen Grundes. Er ist vor allem dann gegeben, wenn die beiden wortidentischen Normen an ihrem jeweiligen Regelungsort eine *unterschiedliche* rechtspolitische *Zielsetzung* verfolgen. Dies ist indes bei den hier zu erörternden Vorschriften – § 30 Nr. 2 KO und § 283c StGB – nicht der Fall. Zielsetzung beider Vorschriften ist die gesetzgeberische Lösung eines Interessenkonflikts. Einerseits soll dem in wirtschaftliche Schwierigkeiten geratenen Schuldner nicht die Fortsetzung seines Geschäftsbetriebes und damit die Möglichkeit zur Sanierung des Unternehmens verbaut werden; vor allem muß er auch weiterhin Verbindlichkeiten begleichen dürfen, denn dies ist ein wesentlicher Ausweis wirtschaftlicher Solidität. Andererseits soll aber der naheliegenden Gefahr begegnet werden, daß der Schuld-

---

51 *Schönke/Baur* S. 337; *Lent/Jauernig* S. 177.

52 Beispiele b. *Larenz*, Methodenlehre der Rechtswissenschaft (3. Aufl. 1975), S. 308; für das Strafrecht b. *Stratenwerth*, ZStW 76 (1964), 672 f.

ner seine fortbestehende Dispositionsbefugnis dazu benutzt, einen Gläubiger auf Kosten der anderen zu bevorzugen und so die gleichmäßige Verteilung der Konkursmasse zu vereiteln. Ein Ausgleich kann – abgesehen von den Fällen der Absichtsanfechtung (§ 31 KO), der Schenkungsanfechtung (§ 32 KO) und der „Kenntnis-Anfechtung“ (§ 30 Nr. 1 KO) – am besten dadurch herbeigeführt werden, daß der Schuldner vermögensmindernde Verfügungen nur noch soweit treffen darf, als er damit „seine Schulden bezahlt“, und die Einhaltung dieser Bedingung nach einem strengen Kriterium beurteilt wird. Ein anderes Kriterium als das der formalen Deckungsgleichheit ist aber schwer vorstellbar.

Freilich ist nicht zu verkennen, daß bei einer Ausrichtung der strafrechtlichen Tatbestandsauslegung an diesem Kriterium Schwierigkeiten aus der spezifischen Struktur strafrechtlicher Normen und ihrer kriminalpolitischen Funktion erwachsen. § 30 Nr. 2 KO bezweckt vor allem die Festlegung einer einsichtigen Grenzlinie zwischen divergierenden Interessenbereichen; § 283c hingegen beinhaltet als Strafnorm die Poenalisierung eines als sozialethisch verwerflich angesehenen Verhaltens; die Erfüllung seiner kriminalpolitischen Funktion, welche die Schaffung einer Gegenmotivation beim potentiellen Täter – hier also: bei dem in eine wirtschaftliche Krise geratenen Unternehmer – einschließt, setzt voraus, daß die Sanktionsnorm wenigstens in ihrem Kernbereich plastisch formuliert und der sachlogischen Struktur der Regelungsmaterie angepaßt ist. Daher muß gewährleistet sein, daß die Masse der in Betracht kommenden Fälle sich im Kernbereich des Tatbestandes häuft, Grenzfälle mithin Ausnahmecharakter tragen[53]. Diesem kriminalpolitischen Anliegen, welches in erster Linie bei der Norm*setzung* Beachtung verdient, muß auch die Auslegung, d.h. die Norm*konkretisierung* Rechnung tragen. Prüft man die gesicherte Auslegung des Merkmals „Inkongruente Deckung“ in § 30 Nr. 1 KO, so bestehen an der Erfüllung dieser kriminalpolitischen Forderung Zweifel, denn die enge Nachbarschaft zwischen unanfechtbaren und rechtlich verpönten Rechtshandlungen gehört, wie die oben angeführten Beispiele mit ihren häufig willkürlich anmutenden Ergebnissen zeigen, zu den typischen Erscheinungen der so interpretierten Norm.

Bei näherem Hinsehen zeigt sich freilich, daß die unter b) aufgeführten Unterscheidungsmerkmale dem unterschiedlichen Charakter der beiden Normen bereits weitgehend Rechnung tragen. Daß beide Vorschriften sich an je unterschiedliche *Sanktionsadressaten* wenden, entspricht einer zweckmäßigen Aufgabenverteilung zwischen Konkursrecht und Strafrecht und einem funktionsgerechten Einsatz ihrer jeweiligen Sanktionsarten. Der begünstigte Gläubiger wird durch die Anfechtbarkeit des ihn begünstigenden Rechtsgeschäfts sanktioniert; diese Sanktion kann gegen den Gemeinschuldner, der in der Regel keinen unmittelbaren Vorteil aus diesem Ge-

53 Dazu *Noll*, Gesetzgebungslehre (1973), S. 184 f.

schäft zieht, nicht eingesetzt werden; ihm gegenüber ist daher die Strafdrohung als einziges noch verbleibendes Abschreckungsmittel angebracht. Andererseits darf nach rechtsstaatlichen Grundsätzen die Bestrafung nur erfolgen, wenn der Täter *Bewußtsein der Tatumstände und des Unrechts* der Tat besessen hat, während diese Voraussetzungen bei konkursrechtlichen Sanktionen mitunter fehlen können oder – wie in § 30 Nr. 2 KO – ihre Erfüllung durch eine Beweisvermutung unterstellt werden kann. Dieser Unterschied wird noch deutlicher, wenn man berücksichtigt, daß der *zeitliche Anwendungsbereich* des § 30 Nr. 2 KO 10 Tage vor Zahlungseinstellung oder Eröffnungsantrag einsetzt (also in einem erst nachträglich feststellbaren Zeitpunkt), während die Anwendbarkeit des § 283c bei Handlungen nach Eintritt der Zahlungsunfähigkeit – also einem für den Täter manifesten Zeitpunkt – beginnt. Hier ist weiterhin zu beachten, daß *neben* den in § 30 Nr. 2 KO aufgestellten Anfechtungsgründen *weitere* in §§ 30 Nr. 1, 31 und 32 KO erscheinen[54], während § 283c sich auf die mit § 30 Nr. 2 KO gleichgeschalteten Fälle beschränkt, so daß seine Sanktionsdrohung nur die als gravierend anzusehenden Fälle dieses Komplexes erfaßt.

Die Unbedenklichkeit der parallelen Interpretation ergibt sich schließlich noch aus einer weiteren Überlegung: Der Schwerpunkt des strafrechtlichen Vorwurfs in § 283c richtet sich gegen die *Erbringung einer Leistung an einen Gläubiger.* Von diesem Blickwinkel aus stellt sich das *Erfordernis inkongruenter Deckung* als zusätzliches und damit *limitatives Merkmal* dar. Nicht jede Leistung an einen Gläubiger erfüllt also den Tatbestand des § 283c, auch nicht *jede* Leistung, die mit einer Begünstigung dieses Gläubigers vor den anderen Gläubigern einhergeht, sondern nur jene Leistung, die sich auch als inkongruente Deckung darstellt. Faßt man die Funktion des Merkmals in dieser Weise auf, erübrigt sich eine von § 30 Nr. 2 KO abweichende Interpretation. Die Abgrenzungsschwierigkeiten als solche stehen nicht entgegen; sie liegen in der Regelungsmaterie selber begründet. Ein rechtsstaatliches Gegengewicht wird dadurch gelegt, daß der Täter die Subsumtion seines Verhaltens unter das normative Tatbestandsmerkmal „Inkongruente Deckung" zumindest im Wege einer „Parallelwertung in der Laiensphäre" vollzogen haben muß.

Das im gemeinsamen Gesetzeswortlaut liegende Indiz für eine gleichmäßige Interpretation des Merkmals ist somit nicht widerlegt. „Inkongruente Deckung" bedeutet also in § 283c, ebenso wie in § 30 Nr. 2 KO, daß die dem betreffenden Gläubiger während der Krisenzeit gewährte Sicherheit oder Befriedigung *nicht deckungsgleich*

---

54 § 30 Nr. 2 KO ist gegenüber § 31 KO nicht lex specialis, schließt also eine Anfechtung nach § 31 nicht aus; s. BGHZ 58, 245; BGH NJW 1976, 1404; *Menzel/Kuhn/Uhlenbrock*, KO, § 31, Rdn. 62.

mit einem vor Eintritt der Zahlungsunfähigkeit eingegangenen Verpflichtungsgeschäft ist.

2. Erscheinungsformen der Inkongruenz

a) Widersprüchlich scheint der erste der gesetzlich genannten Fälle der Inkongruenz zu sein. Wie kann, wer eine Leistung *nicht zu beanspruchen* hat, „Gläubiger" sein? Nicht gemeint sein können mit dieser Formulierung offenbar jene Fälle, in denen der Leistungsempfänger *keinerlei* Anspruch oder nur einen Anspruch auf eine *geringere Leistung* besitzt. In diesen Fällen ist er daher gar nicht bzw. nicht hinsichtlich des Differenzbetrages Gläubiger i.S.d. § 283c geworden. Gemeint sind vielmehr solche Ansprüche, die zwar entstanden sind, denen jedoch Gegenrechte entgegenstehen; hierzu zählen vor allem Leistungsverweigerungsrechte, Anfechtbarkeit des Vertrages nach §§ 119 ff. BGB und Verjährung des Anspruches[55]. Nicht jedoch gehört hierher die Anfechtung nach § 30 Nr. 2 KO, denn ihre Berücksichtigung liefe angesichts der insoweit identischen Tatbestandsvoraussetzungen des § 283c auf eine *petitio principii* hinaus[56].

b) *Nicht zu der Zeit zu beanspruchende* Leistungen sind solche, welche vor Fälligkeit oder vor Eintritt einer aufschiebenden Bedingung erbracht werden[57]. Wie bei der „nicht zu beanspruchenden" Leistung gilt auch hier, daß eine Leistung, die über den Bereich des „an sich" zu Beanspruchenden hinausgeht, nicht an den Gläubiger als solchen erbracht ist, daher auch nicht in den Anwendungsbereich des 283c fällt, sondern gegebenenfalls nach § 283 Abs. 1 Nr. 1 zu beurteilen ist.

c) Betreffen die beiden bisher genannten Fallgruppen Leistungen, welche morphologisch dem schuldrechtlichen Anspruch des Leistungsempfängers immerhin entsprechen, aus äußerlichen Gründen aber nicht rechtsbeständig sind, so trifft auf die (im Gesetz an zweiter Stelle genannte) Fallgruppe der *nicht in der Art zu beanspruchenden* Leistung die bildhafte Vorstellung von der fehlenden Deckungsgleichheit voll zu. Wichtig ist auch hier die Abgrenzung zu den Anwendungsfällen des § 283 Abs. 1 Nr. 1. Die *Mehrleistung* muß in dieser Fallgruppe rein *wertmäßig* festgestellt werden, während sie in den beiden vorigen Fallgruppen durch ihr Hinausragen über die morphologisch bestimmbare Grenze des „an sich" bestehenden Anspruches bestimmt werden konnte. Geht also die gewährte, „nicht in der Art zu beanspruchende" Sicherheit oder Befriedigung *wertmäßig* über den schuldrechtlichen Anspruch hinaus, so ist sie nicht an einen Gläubiger i.S.d. § 283c geleistet worden; § 283c findet daher insoweit keine Anwendung, entfaltet insbesondere keine Sperrwirkung

---

55 S. nur *Stree*, Schönke/Schröder, § 283c Rdn. 9; *Dreher/Tröndle*, § 283c, Rdn. 9.

56 So bereits das preuß. Obertribunal (zu § 308 der preuß. KO), GA 9 (1861), 122 ff.

57 *Stree* a.a.O. Rdn. 11; *Dreher/Tröndle* Rdn. 8.

gegenüber § 283 Abs. 1 Nr. 1. Zu beachten ist freilich die bereits erörterte Ausnahme für die *Sicherheitsbestellung*. Insoweit genügt es, daß der Empfänger Gläubiger des *Erfüllungs*anspruches war; die ohne schuldrechtlichen Sicherungsvertrag gewährte Sicherheit ist daher zwar eine „nicht in der Art zu beanspruchende Leistung", sie bleibt aber immerhin im Anwendungsbereich des § 283c, es sei denn, daß der Wert der gewährten Sicherheit denjenigen des Erfüllungsanspruchs übersteigt.

3. Zur Problematik von Nr. 19 Abs. 1 der Allgemeinen Geschäftsbedingungen der Banken

Der oben gewonnene Maßstab für die Bestimmung der inkongruenten Deckung dürfte in der Lage sein, für die Masse der Problemkonstellationen *eindeutige* Ergebnisse zu produzieren. Daß aber in Bereichen, die in der Praxis großes Gewicht besitzen, Fragen offenbleiben, zeigt sich am Beispiel von Nr. 19 Abs. 1 der Allgemeinen Geschäftsbedingungen der Banken (ABB)[58]. Die Regelung lautet:

> „Die Bank hat ihren Kunden gegenüber jederzeit Anspruch auf Bestellung oder Verstärkung bankmäßiger Sicherheiten für alle Verbindlichkeiten, seien sie bedingt oder befristet."

Privatrechtlich organisierte Kreditinstitute (mit Ausnahme der Volksbanken und ländlichen Kreditgenossenschaften) sind in der Regel nur zu Abschlüssen auf Grundlage der ABB bereit[59]. Drängt nun eine Bank ihren Kreditnehmer bei bemerkter wirtschaftlicher Unsicherheit auf Stellung von weiteren Sicherheiten und kommt der Schuldner diesem Begehren nach, so fragt sich, ob die Bank die so gewährte Sicherheit „nicht in der Art" zu beanspruchen gehabt hat.

Nach dem soeben entwickelten Verständnis des Begriffs „Inkongruente Deckung" muß die Kongruenz in solchen Fällen verneint werden, denn der Begriff „Bestellung bankmäßiger Sicherheiten" reicht weiter als der Begriff „Bestellung der bankmäßigen Sicherheit der Art X". Es ist daher auch anerkannt, daß Nr. 19 Abs. 1 ABB wegen seiner weiten Fassung häufig nicht gegen Anfechtungen nach § 30 Nr. 2 KO schützt[60]. Oft werden sich allerdings die Möglichkeiten des Schuldners zur Bestellung bankmäßiger Sicherheiten auf ein einziges Sicherungsobjekt beschränken, oder es wird, falls mehrere Sicherungsobjekte vorhanden sind, deren Gesamtwert hinter

---

58 *Baumbach/Duden*, HGB (22. Aufl. 1977), § 406 Anh. II, Vorbemerkung.

59 *Heymann/Kötter*, HGB (21. Aufl. 1971), § 346, Anm. 5.

60 Die höchstrichterliche Rspr. hat bislang i.R.d. Nr. 19 Abs. I ABB stets Inkongruenz angenommen; s. z.B. das bereits zitierte Urteil BGHZ 33, 389; ferner BGH NJW 1969, 1718 = WM 1969, 950. Daß der *Erfüllungs*anspruch, selbst wenn er fällig ist, die Kongruenz nicht zu begründen vermag, wurde bereits erwähnt (s. Anm. 27).

dem Wert der Deckungslücke zurückbleiben[61]. Betrachtet man zunächst den erstgenannten Fall, so fragt sich, ob hier der Gesichtspunkt der *Konkretisierung* zu einer Bejahung der Kongruenz zwischen der Verpflichtung aus Nr. 19 Abs. 1 ABB und der geleisteten Sicherheit führen kann. Dafür spricht folgende Erwägung:

Die buchstabengetreue Auslegung des Begriffs „Kongruenz" kann ihre Berechtigung aus dessen quasi-geometrischer Natur ableiten. Dies bedeutet aber nicht, daß vom *Inhalt* des Begriffs abgesehen werden dürfte. Wenn die Rechtsprechung z.B. die Kongruenz zwischen der in Nr. 19 Abs. 1 ABB bezeichneten Sicherheitsleistung und der Bestellung einer Grundschuld verneint hat[62], so deshalb zu Recht, weil der *Inhalt* des Begriffes „Bankmäßige Sicherheit" auch im konkreten Fall ein anderer war als derjenige des Begriffes „Grundschuld". Würde jedoch auch dann, wenn sich die in Betracht kommenden Sicherungsmöglichkeiten auf ein einziges Objekt reduzieren, an der Annahme der Inkongruenz festgehalten, so würden nicht mehr *Begriffe*, sondern bloße *Namen* miteinander verglichen. Eine Schuld, die nach dem Vertragswortlaut sich als Gattungsschuld darstellt, verliert diesen Charakter, wenn sie sich kraft Faktizität konkretisiert; was von ihrem Charakter als Gattungsschuld bleibt, ist das sprachliche Etikett. Aus ihm können keine rechtlich relevanten Ableitungen vorgenommen werden. Der Inhalt des Begriffes „Bankmäßige Sicherheiten" muß daher anhand der jeweils überhaupt vorhandenen und als Sicherungsobjekte in Betracht kommenden Vermögensbestandteile festgestellt werden; er verändert sich also mit der wirtschaftlichen Lage des Bankkunden. Ist dieser nur noch zur Stellung einer einzigen Sicherheit in der Lage, so deckt sich der Inhalt des Begriffs „Bankmäßige Sicherheit" mit dem des betreffenden Sicherungsobjekts; die Kongruenz ist daher in diesem Falle zu bejahen[63].

Nichts anderes kann gelten, wenn dem Schuldner zwar noch mehrere Sicherungsobjekte zur Verfügung stehen, ihr Gesamtwert jedoch hinter dem Wert der von der Bank nach Nr. 19 Abs. 1 ABB zu beanspruchenden Sicherungen zurückbleibt, denn die Problemstruktur ist die gleiche wie in der zuvor erörterten Konstellation. Akzeptiert man dies, so kann es des weiteren auch nicht darauf ankommen, ob der Schuldner in dieser Lage *alle* ihm verbliebenen Objekte zur Sicherheit geleistet hat oder nur einen Teil von ihnen; denn daß er weniger geleistet hat als er straflos hätte leisten dürfen, kann nicht strafbegründend gegen ihn gewendet werden[64].

---

61 Dies um so eher, als die hier betrachtete Lage nach § 283c Zahlungsunfähigkeit des Schuldners voraussetzt.

62 S.o. b. Anm. 45.

63 Im Ergebnis ebenso *Canaris*, Bankvertragsrecht (1977), Anm. 1305.

64 Dies muß auch deshalb gelten, weil sich mehrere Sicherungsobjekte oft zu einem Artbegriff zusammenfassen lassen, z.B. „Warenlager", „Kundenforderungen".

Naheliegend ist freilich der rechtspolitische Einwand, daß die Zulassung eines solchen „Hineinwachsens in die Kongruenz" die frühzeitige Vereinbarung sehr weit gefaßter Sicherungsverpflichtungen provozieren und so die Umgehung des Verbots der Gewährung inkongruenter Deckung fördern würde. Diese Gefahr ist indes geringer als sie sich prima facie darstellt. Die inkongruente Deckung muß einem *Gläubiger* gewährt worden sein. Gläubiger i.S.d. § 283c ist aber nur derjenige, dessen Anspruch bereits *vor* dem Zeitpunkt des Krisenbeginns entstanden ist[65]. Daher muß bei der Prüfung der Kongruenz das Erfüllungsgeschäft mit dem *vor Eintritt der Zahlungsunfähigkeit* entstandenen Anspruch verglichen werden. Dieser Vergleich kann auch bei Anerkennung der Konkretisierungsmöglichkeit nur dann zu einer Bejahung der Kongruenz führen, wenn die Konkretisierung bereits *vor* Eintritt der Zahlungsunfähigkeit erfolgt war. Trat dieser Zustand hingegen erst später ein, besaß also der Schuldner im fraglichen Zeitpunkt noch Sicherungswerte, die die Sicherungslücke der Bank überstiegen, so hat die Konkretisierung des Rechts aus Nr. 19 Abs. 1 ABB nicht rechtzeitig stattgefunden. Nr. 19 Abs. 1 ABB befreit somit bloß vom Erfordernis konkreter Bezeichnung des Sicherungsobjekts, nicht jedoch von den zeitlichen und sachlichen Anforderungen kongruenter Deckung[66].

V. Begünstigung eines Gläubigers

Durch das 1. WiKG ist § 283c, was das Merkmal „Begünstigung eines Gläubigers vor den übrigen Gläubigern" angeht, in ein Erfolgsdelikt umgestaltet worden[67]. Diese Umgestaltung erschien sinnvoll, „weil der Erfolg der Handlung für die Beurteilung von Unrecht und Schuld durchaus wesentlich ist"[68].

---

65 S.o. B) III. 1. a).

66 Dieses zunächst aus formalen Überlegungen gewonnene Ergebnis erweist sich bei näherem Hinsehen auch wirtschaftlich als vernünftig; tritt nämlich die „Konkretisierung" erst nach Krisenbeginn ein, so ist die Lage der Bank nicht anders zu beurteilen als diejenige eines anderen Konkursgläubigers, der durch den Konkurseintritt in seinen Ansprüchen verkürzt wird. Hingegen entspricht bei Konkretisierung *vor* Krisenbeginn die Lage der Bank derjenigen eines Gläubigers, der die wirtschaftliche Unsicherheit des Schuldners noch vor Eintritt der Zahlungsunfähigkeit bemerkt und sich um Sicherung für seine Forderungen bemüht. Daß der letztere besser behandelt wird, entspricht der Grundstruktur des Konkursrechts. – Für den Fall, daß die Sicherungszusage zu unbestimmt war, hat BGH, MDR 1968, 664 inkongruente Dekkung angenommen.

67 Ein Widerspruch zu § 30 Nr. 2 dürfte darin der Sache nach kaum liegen, da die eingetretene Begünstigung von der dort aufgestellten Beweisvermutung mit umfaßt ist; s. z.B. *Schönke/Baur*, Zwangsvollstreckungs-, Konkurs- und Vergleichsrecht (9. Aufl. 1974), S. 337; *Lent/Jauernig*, Zwangsvollstreckungs- und Konkursrecht, (13. Aufl. 1975), S. 174; *Lent*, in: Jaeger, KO, § 30 Rdn. 59.

68 So die Regierungsbegründung; s. BT-Drucksache 7/3441, S. 38 f.

Im Schrifttum wird das Merkmal durchweg sehr knapp abgehandelt[69], zum Teil gar nicht als eigenes Tatbestandsmerkmal aufgeführt[70]. Daß diese Vernachlässigung unangemessen ist, zeigt schon der Umstand, daß die „einzige sachlich ins Gewicht fallende Änderung“[71], die der Tatbestand durch das 1. WiKG erfahren hat, gerade das Merkmal „Begünstigung“ betrifft. Reichweite und Beschaffenheit des Merkmals sind freilich problematisch. Mit der von der h.M. zugrunde gelegten Formulierung, der betreffende Gläubiger müsse „auf Kosten der übrigen Gläubiger einen Vorteil erlangt haben“[72], ist diese Problematik nicht hinreichend erfaßt. „Begünstigung“ setzt voraus, daß eine Person „günstiger“ gestellt wird. Eine Besserstellung kann einmal in der Weise gemessen werden, daß die derzeitige Lage mit derjenigen vor der Erbringung der Leistung verglichen wird (historisch-faktischer Vergleich); verglichen werden kann die derzeitige Lage aber auch mit derjenigen, die ohne Erbringung der Leistung jetzt bestehen würde (kontemporär-hypothetischer Vergleich). Neben dieser sachlichen ist noch eine personelle Komponente zu beachten. Verglichen werden kann die Lage des bevorzugten Gläubigers mit seiner jeweils *eigenen* Lage; möglich ist aber auch ein Vergleich mit der Lage der *anderen* Gläubiger sowie ein Vergleich der Lage der anderen Gläubiger mit ihrer eigenen früheren bzw. hypothetischen jetzigen Lage.

Legt man zunächst den historisch-faktischen Maßstab zugrunde, so behält das Merkmal „Begünstigung“ keinen eigenen Regelungsbereich. Ist nämlich die vorrangige Frage, ob an den betreffenden Gläubiger eine Leistung erbracht worden sei, bejaht, so ist Besserstellung dieses Gläubigers im Vergleich mit seiner *eigenen* früheren Lage allemal gegeben. Auch die Heranziehung der Lage der *anderen* Gläubiger ergibt nichts anderes; die Erbringung einer Leistung – sogar die (gesetzlich zulässige) Erbringung einer in einer *kongruenten* Deckung bestehenden Leistung – an einen Gläubiger bringt den anderen Gläubigern nämlich stets eine Verschlechterung ihrer Lage, da die Zuwendung an den bevorzugten Gläubiger die bisher für die Verteilung an die anderen Gläubiger zur Verfügung stehende Masse weiter verringert. Zwar wird ein endgültiger Vermögensschaden häufig nicht eintreten, weil die inkriminierte Handlung durch die fast immer mögliche Anfechtung nach § 30 Nr. 2 KO ihrer rechtlichen Wirksamkeit wieder entkleidet werden kann. Dies zeigt aber gerade, daß eine *Gefährdung* des Vermögens der anderen Gläubiger als ausreichend angesehen werden muß – um so mehr, als auch rechtlich unwirksame Verfügungen

69 S. z.B. *Stree*, Schönke/Schröder, § 283c Rdn. 13; *Samson*, SK StGB, Rdn. 11; *Lackner*, StGB, § 283c Anm. 4; *Preisendanz*, StGB, § 283c, Anm. 3 g.

70 S. z.B. *Dreher/Tröndle*, § 283c, Rdn. 10, wo das Merkmal nur im Vorsatzbereich aufgegriffen wird.

71 So der Regierungsentwurf (a.a.O. S. 38).

72 *Stree* a.a.O.; ähnlich *Lackner* a.a.O.; *Samson* a.a.O.

von der h.M. zu Recht als Leistungserbringung i.S.d. § 283c angesehen werden. Diese Gefährdung der Rechtsposition der übrigen Gläubiger ist aber bloß die Kehrseite der beschriebenen Besserstellung des Leistungsempfängers. Sie vermag daher ebensowenig wie jene einen Maßstab für eine dem Leistungsempfänger erwachsene *Begünstigung* aufzuzeigen. Hingegen vermag der *kontemporär-hypothetische Vergleichsmaßstab* einen eigenen Regelungsbereich für das Begünstigungsmerkmal des § 283c sicherzustellen. Es sind nämlich Fälle denkbar, in denen ein Vergleich mit der Lage, die ohne Erbringung der Leistung bestehen würde, keine Begünstigung des Leistungsempfängers ergibt.

Hierher gehören in erster Linie die Fälle, in denen dem Vermögen des Schuldners vor erbrachter Leistung oder zumindest Zug um Zug[73] eine gleichwertige Gegenleistung zugeflossen ist[74]. Des weiteren ist die (freilich periphere) Fallgruppe erfaßt, in der der Schuldner *allen* Gläubigern proportional gleichmäßig eine inkongruente Deckung verschafft, ihnen beispielsweise Sicherheiten für ihre Befriedigungsansprüche einräumt[75]. Schließlich ist noch an Fälle zu denken, in denen die durch die Leistung bewirkte Besserstellung des Leistungsempfängers sich bei Nichterbringung der Leistung ebenfalls eingestellt hätte. Dies wird beispielsweise dort der Fall sein, wo der Schuldner seiner (Haus-)Bank, bei der er ein Kontokorrent-Konto unterhält, inkongruente Deckung dadurch verschafft, daß er ihr Kundenforderungen abtritt. Zieht die Bank die Forderungen bei Fälligkeit ein und verwendet diese, wie es der Abtretungsvertrag regelmäßig vorsehen wird, zur Rückführung von Überziehungen auf dem Kontokorrent-Konto, so ergibt jedenfalls dann, wenn die Begleichung der Forderungen ohnehin durch Zahlung auf dieses Konto erfolgt wäre, der Vergleich mit der bei Nichtgewährung der inkongruenten Deckung[76] eingetretenen Geschäftslage keine rechnerische Differenz[77]. Die Forderung mag, von einer Bank geltend gemacht, höhere Realisierungsaussicht bekommen haben, als sie in der Hand des (späteren) Gemeinschuldners besessen hätte; dieser Unterschied betrifft jedoch nur die – rechtlich nicht erfaßbare – Zahlungswilligkeit der Forderungsschuldner, ändert hingegen nicht die rechtliche Qualität der Forderungen selber. Erst nach erfolgter

---

73 Ablehnend *Canaris*, KO-Fschr. (Anm. 13), S. 83; s. aber RGZ 100, 62, 64; BGH WM 1977, 255.

74 Zum sog. Bardeckungs-Erfordernis s. *Canaris* a.a.O. m. Nachw.

75 Es mag bereits fraglich sein, ob dieser Fall überhaupt von der Falltypik des § 283c erfaßt ist, welche die Gewährung einer Sicherheit oder Befriedigung an *einen* Gläubiger voraussetzt. Streng genommen findet die Konstellation jedoch ihren dogmatisch angemessenen Ausdruck in der Ablehnung der Erfüllung des Merkmals „Begünstigung".

76 Die Inkongruenz besteht hier darin, daß die *Sicherung* „nicht zu beanspruchen" ist.

77 Dies gilt sowohl für die Rechtsposition der Bank als bevorzugter Gläubigerin wie auch für diejenige der anderen Gläubiger. Somit korrespondieren in der Tat die Rechtspositionen beider.

Konkurseröffnung ergibt der Vergleich der beiden Situationen einen für § 283c relevanten Unterschied; denn da mit Konkurseröffnung das Kontokorrentverhältnis erlischt[78], wären Zahlungen, die nach diesem Zeitpunkt auf das Konto des Gemeinschuldners eingegangen sind, normalerweise Teil der Konkursmasse geworden, während sie nun dem Vermögen der Bank zufließen. *Vor* der Eröffnung jedoch wird durch die Einziehung der Forderungen nur ein Zustand herbeigeführt, der auch ohne die Abtretung erreicht worden wäre; es fehlt daher an einer Begünstigung.

VI. Subjektiver Tatbestand

Mangels einer § 283 Abs. 4 und 5 entsprechenden Vorschrift ist die Tat nach § 283c nur bei *vorsätzlicher* Begehung strafbar.

1. Im Hinblick auf die *Zahlungsunfähigkeit* verlangt das Gesetz ausdrücklich „Kenntnis", also dolus directus 2. Grades.

2. Wegen des engen Zusammenhanges der Zahlungsunfähigkeit mit der *Schuldnereigenschaft* gilt für die letztere ebenfalls dieses Vorsatzerfordernis.

3. Gleiches muß für die *Gläubigereigenschaft* des Leistungsempfängers gelten. Hier ist allerdings eine Präzisierung erforderlich. Wie bereits bei der Behandlung der objektiven Tatbestandsmerkmale erwähnt wurde, setzt ein funktionsgerechtes Verständnis der „Gewährung einer Sicherheit oder Befriedigung an einen Gläubiger" voraus, daß die Leistung an einen Gläubiger *als solchen*, also gerade an ihn in seiner Gläubigereigenschaft erbracht worden ist. Die Erfüllung dieser Forderung ist freilich objektiv kaum feststellbar; soweit überhaupt äußere Anhaltspunkte vorliegen – ausdrückliche Erklärung, Angabe der Rechnungsnummer auf der Zahlungsanweisung o.ä. –, sind sie nur Indizien für die *Willensrichtung* des Schuldners. Man wird daher die *Anforderung, daß die Leistung an einen Gläubiger als solchen erbracht worden sein muß*, richtigerweise als ein neben dem Vorsatz stehendes *sonstiges subjektives Tatbestandsmerkmal*, § 283c somit als Delikt mit „überschießender Innentendenz" anzusehen haben. Neben der Kenntnis von der Gläubigereigenschaft des Leistungsempfängers verlangt somit der subjektive Tatbestand des § 283c, daß der Täter mindestens für möglich gehalten hat und billigend in Kauf genommen hat, mit seiner Leistung den Anspruch des Gläubigers zu sichern oder zum Erlöschen zu bringen.

4. Hinsichtlich des Tatbestandsmerkmals *Begünstigung* fordert § 283c „Wissentlichkeit" oder „Absicht"; eine der Formen des dolus directus muß daher erfüllt sein. Hinsichtlich des Tatbestandsmerkmals „Inkongruente Deckung" hingegen verlangt

---

78 *Schlegelberger/Hefermehl*, HGB, Bd. 4 (5. Aufl. 1976), § 355, Rdn. 98; *Heymann/Kötter*, HGB (4. Aufl. 1971), § 355, Anm. 7; *Baumbach/Duden*, HGB (22. Aufl. 1977), § 357, Anm. 9 A.

das Gesetz keine bestimmte Vorsatzform, nach allgemeinen Grundsätzen würde somit Eventualvorsatz ausreichen[79]. Mit Dreher/Tröndle[80] ist jedoch davon auszugehen, daß die subjektiven Seiten der Tatbestandsmerkmale „Inkongruente Deckung" und „Begünstigung" in einem funktionalen Zusammenhang stehen: Hat der Täter die *Begünstigung absichtlich* herbeigeführt, so genügt es, wenn er im Hinblick auf die *inkongruente Deckung Eventualvorsatz* besessen hat; hat er hingegen *wissentlich*, nicht jedoch absichtlich den betreffenden Gläubiger *begünstigt*, so muß er auch die *inkongruente Deckung wissentlich* erfaßt haben.

C) Konkurrenz- und Irrtumsfragen

I. Das Verhältnis des § 283c zu § 283 Abs. 1 Nr. 1

Auch nach Aufnahme der Gläubigerbegünstigung in den Kanon der Straftatbestände des Reichsrechts durch § 241 KO a.F. war das systematische Verhältnis dieses Delikts zu den anderen Tatbeständen des Konkursstrafrechts keineswegs immer unumstritten. Im Vordergrund der bis in die vierziger Jahre andauernden Meinungsverschiedenheiten stand das konstruktive Problem, ob die Gläubigerbegünstigung ein „selbständiges Delikt" sei[81] oder bloß ein privilegierter Fall des Bankrotts nach § 239 KO a.F., insb. von dessen in Abs. 1 formulierter Tatmodalität, welche in ihrem Kern in den heutigen § 283 Abs. 1 Nr. 1 eingegangen ist. Sie bedroht jenen Schuldner mit Strafe, der „bei Überschuldung oder bei drohender oder eingetretener Zahlungsunfähigkeit Bestandteile seines Vermögens, die im Falle der Konkurseröffnung zur Konkursmasse gehören, beiseite schafft [...]".

Die Rechtsprechung[82] und die Mehrheit im Schrifttum[83] vertraten stets den zuletzt genannten Standpunkt. Wer einem Gläubiger eine inkongruente Deckung verschaffe, schädige die Rechte der Gesamtheit der übrigen Gläubiger und vermindere damit das zu ihrer Befriedigung vorhandene Vermögen[84]. Demnach stelle sich das Vergehen der Gläubigerbegünstigung „seinem Wesen nach nur als ein mit Rücksicht auf das subjektive Verschulden des Täters geringer strafbarer Fall des betrüglichen Bank-

---

79 So auch die wohl h.M.; s. z.B. *Stree*, Schönke/Schröder, § 283c, Rdn. 16.

80 *Dreher/Tröndle*, § 283c, Rdn. 10.

81 S. z.B. *Hälschner*, Das gemeine Deutsche Strafrecht Bd. II 1 (Bonn 1884), S. 422; *v. Liszt*, Lehrbuch des Deutschen Strafrechts (10. Aufl. 1900), S. 450; *Franck*, StGB, bis zur letzten (18.) Aufl. (1931), § 241 KO, Anm. I; heute noch *Renkl*, JuS 1973, 612. – Die folgenden Überlegungen beschränken sich auf das Verhältnis des § 283c zu § 283 Abs. 1 Nr. 1.

82 S. z.B. RGSt 4, 95.

83 S. z.B. *Olshausen/Zweigert*, StGB (8. Aufl. 1910), Bd. 2, S. 1545 (N. 1 zu § 241 KO); *Binding*, Lehrbuch BT Bd. 1, S. 442.

84 *Olshausen* a.a.O.

rotts dar [...]“[85]. Die Gegenauffassung im Schrifttum machte geltend, die in der Zahlung liegende Veräußerung könne nicht als ein Beiseiteschaffen von Vermögensstücken angesehen werden; auch führe die h.M. zu der unsinnigen Konsequenz, daß die *vor* Eintritt der Zahlungsunfähigkeit erfolgende Gläubigerbegünstigung als betrüglicher Bankrott nach § 239 Abs. 1 Nr. 1 KO (a.F.) strafbar sei[86]. Schließlich sei auch fraglich, ob die altruistische Absicht, einen Gläubiger zu bevorzugen, der rein egoistischen Absicht der Gläubigerbenachteiligung untergeordnet werden könne. Daher sei die Gläubigerbegünstigung selbständiges Delikt[87].

Das *logische* Verhältnis der beiden Tatbestände zueinander kann heute als geklärt angesehen werden. Seit nämlich nicht mehr streitig ist, daß unter „Beiseiteschaffen“ i.S.d. § 283 Abs. 1 Nr. 1 jede Handlung zu verstehen ist, durch die ein Vermögensbestandteil durch räumliches Verschieben *oder durch Veränderung der rechtlichen Lage* dem Zugriff der Gläubiger entzogen wird[88], seit andererseits im Rahmen des § 283c auch rechtsunwirksame Verfügungen als prinzipiell zur Tatbestandserfüllung geeignet angesehen werden und seit schließlich der zeitliche Anwendungsbereich des § 283 Abs. 1 Nr. 1 jenen des § 283c stets mitumfaßt[89], erfüllt bereits dem Wortlaut nach jeder Anwendungsfall des § 283c die Tatbestandsvoraussetzungen des § 283 Abs. 1 Nr. 1 in der Tatmodalität des „Beiseiteschaffens“[90]; § 283c ist damit privilegierende lex specialis gegenüber § 283 Abs. 1[91].

Das Verhältnis zwischen beiden Tatbeständen entweder als das einer Tatbestandsmodifikation zum Grundtatbestand oder als das von eigenständigen Delikten aufzufassen, trägt zur Analyse der Problematik wenig bei. Die Kritik an der Rechtsfigur des *delictum sui generis* rügt, daß dieser Begriff allenfalls Ordnungsfunktion erfüllen, nicht aber Erklärungswert beanspruchen könne[92]. Mag vieles in diesem Bereich noch ungeklärt und umstritten sein[93]; feststehen dürfte inzwischen, daß die Konsta-

---

85 RGSt 36, 349.

86 *Franck* (Anm. 81) m.w.N. dazu, daß diese Auffassung bei funktionsgerechter Auslegung des Tatbestandsmerkmals „Gläubiger” unabhängig von der Beantwortung der Eigenständigkeitsfrage *nicht* zutrifft, s.o. B) III. 1. a).

87 *Franck* a.a.O.

88 S. z.B. *Stree*, Schönke/Schröder, § 283, Rdn. 4; *Dreher/Tröndle*, § 283, Rdn. 4; RGSt 64, 140.

89 Vgl. die weiter gefaßte Definition der Krisensituation (insb. die Einbeziehung der „drohenden” Zahlungsunfähigkeit) in § 283 gegenüber § 283c.

90 Die anderen Tatmodalitäten spielen für das Verhältnis zu § 283c keine Rolle.

91 Dies gilt umso mehr, als § 283 Abs. 1 Nr. 1 – anders als sein Vorgänger – nicht mehr die Gläubigerbenachteiligungsabsicht als subjektives Tatbestandsmerkmal aufweist.

92 *Haffke*, JuS 1973, 402 ff., 407; *V. Hassemer*, Delictum sui generis (1974), insb. S. 95 ff.

93 Für die weitere Verwendung des Begriffs *Maurach*, Materialien zur Strafrechtsreform Bd. 1 (1954), S. 249 ff.; *Stree*, Schönke/Schröder, Vor § 38, Rdn. 59.

tierung eines Eigenständigkeitsverhältnisses keine Erklärungsfunktion für *alle* auftauchenden Folgeprobleme beanspruchen kann, insbesondere also nicht die in den jeweiligen Teilproblembereichen erforderlichen Wertungen ersetzen kann[94]. So verspricht die Ermittlung, ob § 283 Abs. 1 Nr. 1 und § 283c in einem Eigenständigkeitsverhältnis stehen, keinen Erkenntnisgewinn[95]. Die Frage ist allenfalls im Detailbereich jeweils neu aufzuwerfen.

Die Frage nach dem Grund der Privilegierung bedarf freilich der Beantwortung; denn nur die Analyse der zugrunde liegenden gesetzgeberischen Wertentscheidungen ermöglicht plausible Folgerungen für die Beantwortung von Grenzfragen im Konkurrenz- und Irrtumsbereich.

Mit der Poenalisierung des „Beiseiteschaffens" bezweckt § 283 Abs. 1 Nr. 1 – jedenfalls in erster Linie[96] – den Schutz der Gläubiger gegen eine Gefährdung oder Vereitelung ihrer Quotenansprüche[97]. Erbringt aber der Schuldner eine Leistung an einen der Gläubiger, so bewirkt er materiell[98] nicht eine Verkürzung des zu verteilenden Betrages, sondern vereitelt nur dessen proportional gleichmäßige Verteilung (*par condicio creditorum*). Das Verbleiben des betreffenden Vermögensbestandteils bei einem Mitglied des *corpus creditorum* dient dem Gesetzgeber offensichtlich als Indiz für reduziertes Unrecht der Täterhandlung[99]. In der Tat ist die von § 283c vorausgesetzte Handlung in wirtschaftlich normalen Situationen ein auch bei betriebswirtschaftlicher Betrachtung nicht unangemessenes Verhalten. Das in § 283 Abs. 1 Nr. 1 umschriebene Verhalten stellt hingegen einen vom üblichen Geschäftsgebaren unschwer abgrenzbaren Handlungstypus dar, der dem Bereich des wirtschaftsethisch Verpönten eindeutiger zugeordnet ist als die in § 283c erfaßte Verhaltensweise. Hiermit ist bereits ein Anknüpfungspunkt an einen weiteren Grund für die in § 283c ausgesprochene Privilegierung gewonnen. Neben dem reduzierten Unrechtsgehalt weist nämlich die Gläubigerbegünstigung gegenüber der Tat nach § 283 Abs. 1 Nr. 1 auch ein geringeres Maß an Schuld auf. Die Motivation des Täters ist in den Fällen des § 283c in der Regel uneigennützig; der Täter will einen

---

94 *Haffke*, JuS 1973, 406.

95 Die von *Olshausen/Zweigert* a.a.O. N. 1 aufgezeigten Konsequenzen aus der Beantwortung der Frage sind nach der in § 283c Abs. 3 durchgeführten Harmonisierung der objektiven Bedingung der Strafbarkeit obsolet geworden.

96 Daneben sollen auch überindividuelle Belange geschützt sein, wie z.B. die Gesamtwirtschaft (*Stree*, Schönke/Schröder, Vor § 283, Rdn. 2) oder die Funktionsfähigkeit der Kreditwirtschaft (*Tiedemann*, ZRP 1975, 133). Kritisch zu einer solchen weitergehenden Schutzfunktion *Maurach/Schroeder*, Strafrecht BT 1 (6. Aufl. 1977), S. 373.

97 *Stree*, a.a.O.

98 Formell wird freilich die Konkursmasse als solche geschmälert.

99 In der alten Gesetzesfassung kam dieser Unterschied noch sinnfälliger zum Ausdruck (vgl. Anm. 91).

Gläubiger vor den anderen bevorzugen, nicht jedoch sich selber einen Vorteil verschaffen. Hingegen setzen die verbleibenden Fälle des § 283 Abs. 1 Nr. 1 voraus, daß der Täter sämtlichen Gläubigern Vermögensbestandteile entzieht; dies wird im allgemeinen geschehen, weil er sich – sei es mittelbar, sei es auf Umwegen – persönlich absichern will.

Ausnahmen sind freilich in beiden Richtungen denkbar. Derjenige, der Vermögensstücke beiseiteschafft, um sie einer caritativen Einrichtung als Spende zukommen zu lassen, handelt in der Regel ebensowenig egoistisch, wie jener Schuldner altruistisch handelt, der als vertretungsberechtigter Gesellschafter einer GmbH (§ 14 Abs. 1 Nr. 1) einen Gläubiger dieser Gesellschaft befriedigt, um sich selber von einer diesem Gläubiger gegenüber eingegangenen selbstschuldnerischen Bürgschaft zu befreien[100]. Diesen Ausnahmefällen trägt indessen weder § 283 Abs. 1 Nr. 1 noch § 283c Rechnung. Ihr besonderer Charakter kann daher nur bei der Strafzumessung Berücksichtigung finden[101]. Sind alle Tatbestandsmerkmale des § 283c erfüllt, bedarf es keines weiteren Nachweises der altruistischen Motivation im Einzelfall.

Nicht jedes Tatbestandsmerkmal des Privilegierungstatbestandes muß aber auch Träger des Privilegierungsgedankens sein; die Nichterfüllung eines Tatbestandsmerkmals des Privilegierungstatbestandes braucht also nicht schon zum Rückgriff auf den allgemeinen Tatbestand zu führen. Wer z.B. einem Gläubiger eine *kongruente* Deckung verschafft, wird nicht etwa aus § 283 Abs. 1 Nr. 1 bestraft, sondern ist straflos. Entscheidend ist, daß ein *Tatbestandskern* des Privilegierungstatbestandes erfüllt ist, in dem der Privilegierungsgedanke seinen gesetzlichen Niederschlag gefunden hat[102]. Es muß daher gefragt werden, in welchen Tatbestandsmerkmalen des § 283c die beiden oben festgestellten Privilegierungsgründe ihre Normierung gefunden haben.

1. Daß nicht die Befriedigung der Gläubigerschaft insgesamt, sondern nur die *gleichmäßige Verteilung* der Konkursmasse gefährdet oder vereitelt wird, findet tatbestandsmäßigen Ausdruck darin, daß der Empfänger der Leistung zur Tatzeit *Gläubiger* des Täters im bereits präzisierten Sinne[103] gewesen sein muß. Die erbrachte Leistung wird regelmäßig in der von § 283c des weiteren geforderten *Gewährung einer Sicherheit oder Befriedigung* bestehen; entscheidendes Privilegierungsmerkmal des § 283c ist dieses Merkmal indes nicht, denn auch wenn z.B. eine nichtige Leistung

---

100 Ein derartiger Sachverhalt liegt der (unveröffentlichten) Entscheidung des LG Bochum v. 30. 9. 1977 (35 KLs 4/75) zugrunde; vgl. Bl. 13.

101 Die Strafzumessung hat also u.a. zu berücksichtigen, ob der Täter des § 283 Abs. 1 Nr. 1 evtl. aus altruistischen, derjenige des § 283c evtl. aus nicht-altruistischen Motiven gehandelt hat.

102 So sinngemäß auch *Dreher/Tröndle*, § 283c, Rdn. 2.

103 S.o. B) III. 1.

im Einzelfall ausnahmsweise keine Gewährung einer Sicherheit oder Befriedigung darstellt, bewegt sich der Täter, was die Gefährdungsrichtung seiner Handlung angeht, im Anwendungsbereich des § 283c, da seine Leistung einem der Gläubiger erbracht wird.

2. Die *altruistische Motivation* des Täters hat, wie erwähnt, im Tatbestand des § 283c nicht explizit Ausdruck gefunden und ist überdies nicht individuell, sondern nur typisiert festzustellen. Es kann daher hier nur gefragt werden, welchem Tatbestandsmerkmal des § 283c indizielle Eignung für die Uneigennützigkeit beizumessen ist. Dies gilt zum einen für die (ohnehin nach § 15 obligatorische) Erfüllung des Vorsatzerfordernisses dahin, daß der Täter gewußt hat, daß er einen seiner Gläubiger sicherte oder befriedigte. Als weiteres tatbestandliches Indiz muß insoweit hinzukommen, daß der Täter die Leistung dem Gläubiger *als solchem* erbracht hat.

Dieses Element bildet die Klammer zwischen den beiden Privilegierungsgründen des § 283c, denn wer einem Gläubiger eine unentgeltliche Verfügung zuwendet, die nicht der Befriedigung oder Sicherung des Anspruches dienen soll, hat vielleicht ebenfalls die Vermutung uneigennützigen Handelns auf seiner Seite; diese Vermutung ist jedoch nicht aus der dem § 283c zugrunde liegenden Falltypik abgeleitet[104]. Um sicherzustellen, daß nur die dem § 283c gemäße Vermutung zur Anwendung der Privilegierungsvorschrift führt, ist daher vorauszusetzen, daß der Täter zumindest für möglich gehalten und billigend in Kauf genommen hat, daß mit der Leistung der Anspruch des Gläubigers gesichert oder zum Erlöschen gebracht werde.

§ 283c schließt also unabhängig davon, ob seine weiteren Tatbestandsmerkmale erfüllt sind, die Anwendung des § 283 Abs. 1 Nr. 1 immer dann aus, wenn der Täter einem seiner Gläubiger eine Leistung erbracht hat und sich dabei bewußt war, diese Leistung an den Gläubiger als solchen zu erbringen. Bezieht man noch ein, was oben zur zeitlichen und quantitativen Präzisierung des Gläubigerbegriffes ausgeführt worden ist, so ergeben sich für die wichtigsten Konkurrenz- und Irrtumsfragen im einzelnen folgende Konsequenzen:

II. Konkurrenzfragen

1. Hat der Gläubiger die Forderung *vor* Eintritt der Zahlungsunfähigkeit des Schuldners erlangt und erhält er hierfür *nach* Eintritt der Zahlungsunfähigkeit eine *kongruente* Deckung, so ist der Schuldner straflos.

2. Hat der Gläubiger die Forderung *vor* Eintritt der Zahlungsunfähigkeit erlangt und erhält er *nach* Eintritt der Zahlungsunfähigkeit eine *inkongruente* Deckung, so rich-

---

104 Die Möglichkeit ihrer Berücksichtigung bei der Strafzumessung im Rahmen des § 283 Abs. 1 Nr. 1 bleibt unberührt.

tet sich die Strafbarkeit des Schuldners grundsätzlich nach § 283c; erhält er *mehr*, als ihm zusteht, so ist zu unterscheiden. Besteht die Zuvielleistung ausschließlich darin, daß der Schuldner die geschuldete Leistung in zu großer Höhe erbringt, so ist nur die überschießende Leistung strafrechtlich relevant; ihre Strafbarkeit richtet sich, da insoweit der Leistungsempfänger nicht „Gläubiger" i.S.d. § 283c gewesen ist, nach § 283 Abs. 1 Nr. 1. Hat hingegen der Schuldner zusätzlich zu einer inkongruenten Leistung eine andersartige Mehrleistung erbracht, so besteht Tateinheit zwischen § 283 Abs. 1 Nr. 1 und § 283c[105].

3. Hat der Schuldner vor Eintritt der Zahlungsunfähigkeit eine inkongruente Leistung an den Gläubiger als solchen erbracht, so kann § 283c mangels „Zahlungsunfähigkeit" nicht zur Anwendung gelangen; aber auch § 283 Abs. 1 Nr. 1 greift insoweit nicht ein, da der „Privilegierungskern" des § 283c eine Sperrwirkung entfaltet. Bei Zuvielleistung kann freilich u.U. hinsichtlich der Differenz § 283 Abs. 1 Nr. 1 eingreifen[106].

4. Ist der Anspruch des Leistungsempfängers *nach* Eintritt der Zahlungsunfähigkeit entstanden, so ist der Leistungsempfänger nicht Gläubiger i.S.d. § 283c geworden. Die Erbringung der Leistung stellt, falls nicht eine äquivalente Gegenleistung erbracht wird, ein „Beiseiteschaffen" nach § 283 Abs. 1 Nr. 1 dar.

III. Irrtumsfragen

Angesichts der mit zivilrechtlichen Wertungen beladenen objektiven Tatbestandsmerkmale des § 283c wird sich bei der Prüfung des Vorsatzes häufig die Notwendigkeit ergeben, auf den laienhaften Nachvollzug der gesetzgeberischen Wertung durch den Täter („Parallelwertung in der Laiensphäre") Bezug zu nehmen[107]. Freilich wird, wenn der Täter eine wirtschaftlich erfahrene Unternehmerpersönlichkeit ist, dieser Nachvollzug in der Regel zu bejahen sein. Beim *Verbotsirrtum* wird im Einzelfall besonders auf die unternehmerischen Erkundigungspflichten zu achten sein; vor allem ist die höchstrichterliche Rechtsprechung zur Zulässigkeit des Ver-

---

105 In dieser Weise muß die von Rspr. und h.M. vertretene Auffassung präzisiert werden, Tateinheit zwischen § 283 Abs. 1 Nr. 1 und § 283c sei „möglich, wenn dem begünstigten Gläubiger höhere Werte zugewendet werden, als seiner Forderung entspricht"; s. BGH b. *Herlan*, GA 1953, 76; *Stree*, Schönke/Schröder, § 283c, Rdn. 22. – Notfalls muß die erbrachte Leistung für die strafrechtliche Beurteilung aufgespalten werden.

106 Beachte vor allem, daß § 283 Abs. 1 Nr. 1 voraussetzt, daß die Tathandlung im (weiter als in § 283c gefaßten) Krisenzeitraum – „drohende Zahlungsunfähigkeit" – begangen worden ist.

107 S. allgemein nur *Wessels*, Strafrecht AT (9. Aufl. 1979), § 7 III 2; für § 283 *Tiedemann*, NJW 1977, 778.

trauens in Rechtsauskünfte des eigenen Syndikus[108] im Auge zu halten. Daneben ergeben sich im einzelnen vor allem folgende Irrtumsfragen:

1. Der Schuldner hält den Leistungsempfänger irrtümlich für seinen Gläubiger[109], sei es auf Grund einer Personenverwechslung, sei es, weil er das nichtige Verpflichtungsgeschäft für wirksam oder den bereits erfüllten Anspruch für noch bestehend hält: Der objektive Tatbestand des § 283c ist nicht erfüllt, hingegen derjenige des § 283 Abs. 1 Nr. 1. Eine Bestrafung aus der zuletzt genannten Vorschrift scheidet jedoch gem. § 16 Abs. 2 aus; an ihre Stelle tritt Bestrafung aus dem Strafrahmen des § 283c.

2. Der Schuldner verkennt, daß er an einen seiner Gläubiger leistet (z.B. weil er das Verpflichtungsgeschäft irrtümlich für unwirksam hält): Auf § 283 Abs. 1 Nr. 1 kann durchgegriffen werden; zwar hat der Täter objektiv an seinen Gläubiger geleistet; es fehlt jedoch am Vorsatz hinsichtlich der Gläubigereigenschaft des Leistungsempfängers[110].

3. Der Täter weiß, daß der Leistungsempfänger sein Gläubiger ist, hält jedoch nicht mindestens für möglich, daß er mit seiner Leistung den Anspruch desselben befriedigt oder sichert: Es ist nicht an den Gläubiger *als solchen* geleistet worden; der Weg zur Anwendung des § 283 Abs. 1 Nr. 1 steht offen.

4. Irrt der Täter über seine *Zahlungsunfähigkeit*, so entfällt nach der ausdrücklichen Anordnung des Gesetzes Strafbarkeit aus § 283c. Hat er in diesem Irrtum an einen Gläubiger als solchen geleistet, so kommt auch eine Bestrafung aus § 283 Abs. 1 Nr. 1 nicht in Betracht; vielmehr entfällt jede Bestrafung aus §§ 283 ff.

5. Hingegen läßt der Irrtum über die *Wirksamkeit des Verfügungsgeschäftes* nach dem unter B) III. Ausgeführten den Vorsatz hinsichtlich der „Gewährung einer Sicherheit oder Befriedigung" grundsätzlich nicht entfallen. Hält der Schuldner freilich das wegen *Unbestimmtheit* nichtige Sicherungs- oder Erfüllungsgeschäft für wirksam, so ist er wegen (untauglichen) Versuchs der Gläubigerbegünstigung strafbar[111].

6. Nimmt der Täter irrig an, die dem Gläubiger gewährte Sicherheit oder Befriedigung sei *kongruent*, so ist er nach § 16 Abs. 1 S. 1 straflos.

---

108 S. zuletzt KG, JR 1978, 166.

109 Und leistet (subjektiv) an ihn *als solchen*.

110 Auf die umstrittene Frage, wie bei Nichtkenntnis eines privilegierenden Merkmals zu verfahren sei (s. i.e. *Cramer*, Schönke/Schröder, § 17, Rdn. 27 m. Nachw.), braucht hier nicht eingegangen zu werden, da nach dem unter C) I. Ausgeführten die *Kenntnis selber* ein Privilegierungsmerkmal darstellt.

111 Anwendung des § 283 Abs. 1 Nr. 1 scheidet aus, da an einen Gläubiger *als solchen* geleistet worden ist.

7. Hält der Täter die gewährte Sicherheit oder Befriedigung irrtümlich für *inkongruent*, so erfolgt Bestrafung wegen (untauglichen) Versuchs des § 283c.

8. Hat der Täter die Inkongruenz erkannt, glaubt er aber, er dürfe auch noch nach Eintritt der Zahlungsunfähigkeit inkongruente Leistungen erbringen, so bleibt der Vorsatz unberührt. Es gelten die Regeln des Verbotsirrtums (§ 17).

9. War sich der Täter nicht bewußt, daß er mit seiner inkongruenten Leistung den betreffenden Gläubiger vor den anderen Gläubigern *begünstigte*, oder hat er dies bloß für möglich gehalten und billigend in Kauf genommen, so ist er straflos. Ist hingegen die auf der inkongruenten Deckung beruhende Begünstigung ausgeblieben, hat der Täter sie sich aber als sicher vorgestellt bzw. beabsichtigt, so kommt Strafbarkeit wegen *versuchter* Gläubigerbegünstigung in Betracht.

D) Täterschaft und Teilnahme

I. Täterschaft: Zurechnung der Schuldnereigenschaft

Gegenüber kollektiv organisierten Unternehmensformen treten die Unternehmen persönlich haftender natürlicher Personen im Wirtschaftsleben zunehmend zurück. Da indes die von § 283c geforderte Schuldnereigenschaft des Täters ein persönliches strafbarkeitsbegründendes Merkmal i.S. von § 14 StGB ist[112], kommt eine Anwendung des § 283c auf jene Personen in Betracht, die für die betreffende Personengesamtheit tätig geworden sind. Da im Bereich des Wirtschaftsstrafrechts die GmbH & Co KG zunehmende Bedeutung gewinnt[113], sei an ihrem Beispiel die Zurechnungsproblematik kurz betrachtet.

a) Im Bereich der *GmbH* als solcher kommt § 14 Abs. 1 *Nr. 1* zur Anwendung. Gesellschaften mit beschränkter Haftung sind als Kapitalgesellschaften juristische Personen (§ 13 GmbHG). Demnach sind die *Geschäftsführer*, die gem. § 35 GmbHG auch *Vertreter* der Gesellschaft sind, als „Schuldner" i.S.d. § 283c zu behandeln.

b) Die *GmbH & Co KG* insgesamt ist hingegen Kommanditgesellschaft und damit *Personenhandelsgesellschaft* i.S.d. § 14 Abs. 1 *Nr. 2*. In ihr ist die GmbH Komplementärin, während die Stellung von Kommanditisten einer oder mehreren natürlichen Personen zukommt. Kommanditisten sind weder zur Geschäftsführung noch zur Vertretung der Gesellschaft berechtigt (§§ 164, 170 HGB). Hierzu ist vielmehr

---

112 BGH NJW 1969, 1494; BGH b. *Dallinger*, MDR 1969, 193; *Lenckner*, Schönke/Schröder, § 14, Rdn. 11; *Lackner*, StGB, § 14, Anm. 4 b bb.

113 Vor allem auch aus der Sicht des Konkursstrafrechts: Nach *Mentzel/Kuhn/Uhlenbruck*, KO, Vorbemerkung Rdn. 3, hat sich 1976 die GmbH & Co KG bei den Insolvenzen mit einer Steigerungsrate von 40 % in den Vordergrund geschoben. Vgl. i.ü. *Kluge*, Kriminalistik 1977, 13 ff.

der Komplementär berufen. Die Geschäftsführung und Vertretung der GmbH & Co KG liegt also bei der GmbH als solcher. Die Kommanditisteneigenschaft in der GmbH & Co KG vermag daher die Übertragung der strafrechtlichen Haftung nach § 14 Abs. 1 Nr. 2 an sich nicht zu begründen. Rechtsprechung und Schrifttum lassen jedoch eine „Überwälzung" der Komplementärseigenschaft der GmbH auf deren Geschäftsführer zu, wenden also § 14 Abs. 1 Nr. 2 auf diesen an[114]. Häufig wird es freilich dieses weiteren Zurechnungsschrittes nicht bedürfen. Wenn nämlich, wie häufig, die Kommanditisten der KG gleichzeitig auch Geschäftsführer und Vertreter (§ 35 GmbHG) der „unbeschränkt" haftenden GmbH sind, liegen insoweit die Voraussetzungen der Nr. 1 des § 14 Abs. 1 vor.

2. Daß *Mittäterschaft* von Nichtschuldnern an der Tat nach § 283c nicht in Betracht kommt, ist unbestritten, denn § 283c setzt die Schuldnereigenschaft als Täterqualität voraus, kann daher als *echtes Sonderdelikt*[115] nur von demjenigen als Täter begangen werden, der diese Eigenschaft selber aufweist oder sie sich nach § 14 zurechnen lassen muß.

3. Es fragt sich allerdings, ob die an sich ausgeschlossene (Mit-)Täterschaft eines Nichtschuldners sich aus dem Gesichtspunkt der Schuldnerbegünstigung (§ 283d) ergeben kann. § 283d stellt in seiner Tatmodalität

> – „Wer in Kenntnis der einem anderen drohenden[116] Zahlungsunfähigkeit Bestandteile des Vermögens eines anderen, die im Falle der Konkurseröffnung zur Konkursmasse gehören, mit dessen Einwilligung [...] beiseiteschafft [...]" –

eine durch positive gesetzliche Regelung ermöglichte Ausweitung der entsprechenden Modalität des § 283 Abs. 1 Nr. 1 dar[117], dessen Strafrahmen er übernimmt. Da weiterhin § 283 Abs. 1 Nr. 1 jeden Fall des § 283c begrifflich mit umfaßt, ist zu fragen, ob auch die Beteiligung eines Nichtschuldners an der Tat nach § 283c durch § 283d täterschaftlich erfaßbar ist[118].

Im Schrifttum wird vereinzelt diese Frage ohne weiteres bejaht[119]. Ihre Beantwortung muß indes unter Berücksichtigung der Wertentscheidungen erfolgen, welche

---

114 BGH b. *Herlan*, GA 1953, 73; s. ferner die Nachweise b. *Tiedemann*, NJW 1977, 779, Anm. 16.

115 Ebenso wie §§ 283–283b; ausführlich *Dreher/Tröndle*, Vor § 283, Rdn. 18 ff.; weitere Nachweise b. *Tiedemann*, NJW 1979, 254.

116 Nach h.M. gilt § 283d a fortiori auch bei bereits eingetretener Zahlungsunfähigkeit; s. *Stree*, Schönke/Schröder, § 283d, Rdn. 5.

117 *Stree* a.a.O., Rdn. 1.

118 Zur ausdrücklichen *gesetzlichen* Regelung dieser Frage im früheren preußischen Konkursrecht s. bereits unter A).

119 *Dreher/Tröndle*, § 283d, Rdn. 1 a.E.; ablehnend *Stree*, Schönke/Schröder, § 283d, Rdn. 2; BGH b. *Herlan*, GA 1959, 341.

dem System der Konkursstraftatbestände zugrunde liegen. Im allgemeinen kann davon ausgegangen werden, daß die Mitwirkungshandlung eines Nichtschuldners an einer Tat nach § 283c vom Unrechts- und Schuldgehalt her *nicht schwerer* wiegt als die Handlung des Schuldners selber; u.U. wird sie angesichts des Fehlens der aus der Schuldnerstellung resultierenden Pflichtigkeit sogar *milder* zu beurteilen sein. Es wäre daher ein Wertungswiderspruch, wenn das Gesetz dem Nichtschuldner auch dort mit der hohen Strafdrohung der §§ 283 Abs. 1 Nr. 1, 283d entgegenträte, wo es dem Schuldner die Privilegierung des § 283c zugute kommen läßt. Nimmt man den gleichartigen Wortlaut der §§ 283 Abs. 1 Nr. 1 und § 283d hinzu und berücksichtigt, daß der gleiche Strafrahmen beider Tatbestände einen vergleichbaren Unrechts- und Schuldgehalt beider Taten erforderlich erscheinen läßt, so ist der Schluß erlaubt, daß § 283d in seiner zitierten Modalität nur in jenen Fällen zur Anwendung gelangen darf, in denen die entsprechende Schuldnerhandlung strafbar nach § 283 Abs. 1 Nr. 1 ist, nicht jedoch in jenen Fällen, in denen diese Vorschrift durch § 283c verdrängt wird. Es könnte freilich daran gedacht werden, den vergleichbaren Unrechts- und Schuldgehalt gegebenenfalls dadurch zum Ausdruck zu bringen, daß die Strafe für den Nichtschuldner dem Strafrahmen des § 283c entnommen wird, falls auch die entsprechende Schuldnerhandlung nach dieser Vorschrift beurteilt wird. Dem steht jedoch entgegen, daß § 283c eindeutig nur die Tat des Schuldners selber erfaßt. Auch die Gesetzgebungsgeschichte verbietet ein solches Vorgehen; § 309 der preußischen KO enthielt eine der Gläubigerbegünstigung „spiegelbildliche" Strafvorschrift gegen den bevorzugten Gläubiger; der Gesetzgeber der Reichskonkursordnung hat in Kenntnis dieser Bestimmung von der Aufnahme einer derartigen Vorschrift abgesehen.

Die zuvor angestellten Überlegungen besitzen auch dann Gültigkeit, wenn es sich bei dem beteiligten Nichtschuldner um den begünstigten Gläubiger handelt. Der dem Tatbestand der Gläubigerbegünstigung zugrunde liegende Privilegierungsgedanke trifft zwar auf ihn nur insoweit zu, als durch die Handlung nicht die Gesamtheit der Gläubigerschaft geschädigt, sondern nur die gleichmäßige Verteilung der Konkursmasse beeinträchtigt wird; jedoch kann auch beim begünstigten Gläubiger ein im Vergleich zum Täter des § 283d herabgesetztes Schuldmaß angenommen werden. Bedenkt man nämlich, daß auch die inkongruente Sicherheit oder Befriedigung immerhin voraussetzt, daß der zugrunde liegende obligatorische Anspruch „an sich" besteht, daß also insbesondere Zuvielleistungen *nicht* nach § 283c privilegiert sind, so tut der begünstigte Gläubiger letztlich nichts anderes, als sich – wenn auch inkongruent – einen bestehenden Anspruch befriedigen zu lassen. Dieses Verhalten ist (ebenso wie dasjenige des Schuldners nach § 283c) außerhalb der Krisenlage nicht unüblich und erhält erst mit Eintritt dieser Lage den kriminellen Anstrich.

Konstruktiv läßt sich die hier vertretene Auffassung, daß § 283c nicht nur die Anwendung des § 283 Abs. 1 Nr. 1 sperre, sondern auch die Erfassung der entsprechenden Handlungen von Nichtschuldnern durch § 283d ausschließe, damit begründen, daß § 283c im Verhältnis zu § 283 Abs. 1 Nr. 1 ein *eigenständiges Delikt* sei. Ist nämlich der Tattypus des § 283c so weit von jenem des § 283 Abs. 1 Nr. 1 abgelöst, daß er nicht mehr als eine modifizierte Form des „Beiseiteschaffens" erscheint, sondern als eigenständiger Handlungstypus, so muß auch im Rahmen des § 283d, der ersichtlich nach dem Vorbild des § 283 Abs. 1 Nr. 1 formuliert ist, dem Merkmal „Beiseiteschaffen" dieselbe enge Bedeutung beigelegt werden. Die Figur des *delictum sui generis* fungiert hier freilich nur als Ausdrucksform für eine vorgängige Wertentscheidung, erfüllt daher keine eigenständige analytische Aufgabe.

II. Teilnahme

Von den vorangegangenen Überlegungen bleibt die Möglichkeit der Bestrafung des begünstigten Gläubigers nach *Teilnahme*-Grundsätzen unberührt.

1. Unstreitig war freilich stets, daß *nicht jede* Mitwirkungshandlung des begünstigen Gläubigers diesen zum Teilnehmer an der Tat nach § 283c macht. Die Verwirklichung des Tatbestandes der Gläubigerbegünstigung setzt begrifflich die Beteiligung des Schuldners und des begünstigten Gläubigers[120] voraus („Notwendige Teilnahme")[121]. Da das Gesetz aber nur die Verhaltensweise des Schuldners mit Strafe bedroht, kann die Mitwirkung des Gläubigers solange nicht strafbar sein, wie sie sich auf die Verhaltensweisen beschränkt, die zur Verwirklichung des Delikts begrifflich notwendig sind[122]. Zu ihnen zählt vor allem die *Entgegennahme* der nicht oder nicht in der Art oder nicht zu der Zeit zu beanspruchenden Leistung[123]. Eng damit verbunden und daher ebenfalls einzubeziehen sind Rechtshandlungen, die Voraussetzung für die zivilrechtliche Wirksamkeit des Geschäfts sind; hierher gehören die anläßlich der Verfügung abgegebenen *Erklärungen*, d.h. Einigungserklärung (z.B. über den Eigentumsübergang) sowie – vor allem bei der Sicherungsübereignung – Mitwirkung bei der Vereinbarung des Übergabesurrogats. Auch die Mitwirkung beim Abschluß der zugrunde liegenden *schuldrechtlichen Sicherungsvereinbarung*[124] nimmt

120 Und zwar auch dann, wenn die Annahme des Geleisteten dem Schuldner gegenüber nicht erklärt wird. § 151 macht nur die Annahme*erklärung*, nicht aber die Annahme des Übereignungsangebots entbehrlich (s. auch Anm. 32).

121 *Stree*, Schönke/Schröder, § 283c, Rdn. 21; *Lackner*, StGB, § 283c, Anm. 6; *Preisendanz*, StGB, § 283c Anm. 5.

122 S. die Vorgenannten, sowie *Dreher/Tröndle*, § 283c, Rdn. 12.

123 So die st. Rspr.; s. z.B. RGSt 2, 439; 5, 435; 20, 216; RG-Rspr. Str. 3, 154; 4, 28.

124 Nur diese, nicht aber die schuldrechtliche *Befriedigungs*zusage kommt hier in Betracht; letztere begründet erst, wenn sie vor Eintritt der Zahlungsunfähigkeit gegeben worden ist, die Gläubigerstellung; ist sie *nach* Eintritt der Zahlungsunfähigkeit abgegeben worden, so kommt Strafbarkeit aus § 283 Abs. 1 Nr. 1 in Betracht.

an der Straflosigkeit teil. Dies folgt aus der engen rechtlichen und wirtschaftlichen Verzahnung mit der Leistungsannahme.

2. Ob Teilnahmehandlungen, die über den so gezogenen Rahmen notwendiger Teilnahme hinausgehen, strafrechtlich als Anstiftung oder Beihilfe zur Gläubigerbegünstigung erfaßbar sind, war lange umstritten. Im Schrifttum wurde bis nach der Jahrhundertwende überwiegend die Auffassung vertreten, daß *jegliche* Mitwirkung des Gläubigers an der Begünstigungshandlung aus dem Anwendungsbereich der Teilnahmebestimmungen herausfalle[125]. Zur Begründung dieser teils sachlich zustimmend[126], teils aus Respekt vor einer angenommenen gesetzgeberischen Entscheidung[127] vertretenen Auffassung wurde darauf verwiesen, daß der Gesetzgeber mit der Aufnahme des Tatbestandes der Schuldnerbegünstigung eine abschließende Regelung über die Strafbarkeit des Gläubigers im Konkurs habe treffen wollen. Habe er weitergehende landesrechtliche Strafvorschriften als zu hart nicht rezipiert, so dürfe Strafbarkeit auch nicht über die Teilnahmevorschriften konstruiert werden[128]. Strafverfolgung des Gläubigers, der sein Recht verfolge, sei auch nicht angebracht. Eine Differenzierung nach unterschiedlichen Mitwirkungshandlungen des Gläubigers sei willkürlich[129].

Nach inzwischen ganz h.M. in Rechtsprechung und Schrifttum werden hingegen Handlungen des Gläubigers, die über die bloße unmittelbare Mitwirkung bei der Begünstigungshandlung hinausgehen, zu Recht als Anstiftung oder Beihilfe zur Gläubigerbegünstigung beurteilt[130]. Handlungen des Nichtschuldners (auch des begünstigten Gläubigers), die – abgesehen von der Schuldnereigenschaft – den Tatbestand des § 283c erfüllen, sind, wie erwähnt, der Tat des Schuldners nach § 283c im Unrechts- und Schuldgehalt vergleichbar. Kann diese Äquivalenz ihren *täterschaftlichen* Ausdruck mangels gesetzlicher Regelung nicht finden, so steht doch nichts entgegen, ihr dort Geltung zu verschaffen, wo in Gestalt der *Teilnahme*-Vorschriften (§§ 26, 27) ein allgemeines Normprogramm dies möglich macht.

Auch kriminalpolitisch ist diese Auslegung geboten. Vor allem Anstiftungshandlungen dürften häufige Quelle für Gläubigerbegünstigungen sein. Strafbarkeit aus §§ 26, 283c ist eine angebrachte Sanktion, falls z.B. eine Bank bzw. die für sie handelnde Person den Schuldner in Kenntnis seiner Zahlungsunfähigkeit zur Stellung

---

125 *Olshausen/Zweigert*, StGB, Bd. 2, § 241 KO, N. 11; *Binding*, Lehrbuch BT Bd. 1, S. 443.

126 *Stenglein*, Lexikon des Deutschen Strafrechts (1900), Bd. 2, S. 783.

127 *Binding* a.a.O. S. 442.

128 *Olshausen/Zweigert* a.a.O.

129 Ebd.

130 Diese Auffassung wurde frühzeitig bereits vertreten von *Hälschner* (Anm. 81), S. 420; vgl. heute *Dreher/Tröndle*, § 283c, Rdn. 12; *Stree*, Schönke/Schröder, § 283c, Rdn. 21.

zusätzlicher Sicherheiten veranlaßt, obwohl sie weiß, daß dadurch die Bank vor den übrigen Gläubigern begünstigt wird[131].

3. Da dem Teilnehmer die Schuldnereigenschaft fehlt, bleibt zu fragen, ob §§ 28 Abs. 1, 49 Abs. 1 eine Strafmilderung ermöglichen. Die in den Konkursstraftatbeständen vorausgesetzte Schuldnereigenschaft ist ein persönliches strafbegründendes Merkmal; jedoch fallen nach ganz h.M. nur solche persönlichen strafbegründenden Merkmale unter § 28 Abs. 1, die zugleich *täter*bezogen sind. Persönliche *tat*bezogene Merkmale hingegen werden von § 28 Abs. 1 nicht erfaßt[132]. Die Maßstäbe für die Abgrenzung zwischen tatbezogenen und täterbezogenen Merkmalen sind zwar im einzelnen streitig; jedoch geht die überwiegende Auffassung davon aus, daß es sich bei der Schuldnereigenschaft in den Konkursdelikten *nicht* um ein *täter*bezogenes Merkmal handelt[133]. Diese Auffassung verdient Zustimmung, denn die Schuldnereigenschaft dient „nur dazu [...], durch Beschreibung einer bestimmten sozialen Funktion ihres Trägers den Bereich abzustecken, in dem ein Rechtsgut geschützt werden soll". Die Funktion des Merkmals ist daher „rechtsgutbezogen", nicht aber täterbezogen[134]. § 28 Abs. 1 findet daher keine Anwendung.

Nachbemerkung

Mit dem Inkrafttreten der Insolvenzordnung vom 5. Oktober 1994 am 1. Januar 1999 ist die Konkursordnung [wie die für die östlichen Bundesländer geltende, von der (demokratisch gewählten) Volkskammer der DDR kurz vor der Wiedervereinigung in Kraft gesetzte Gesamtvollstreckungsordnung] außer Kraft getreten. Der Tatbestandswortlaut des § 283c ist davon unberührt geblieben; auch inhaltlich hat er keine dadurch bedingten Änderungen erfahren. Der in Absatz 3 des § 283c in Bezug genommene § 283 Abs. 6 StGB ist ebenfalls unverändert geblieben. Die in Absatz 4 des § 283 vorgenommenen Erweiterungen der Fahrlässigkeitsstrafbarkeit wirken sich auf § 283c nicht aus.

An die Stelle des unter B) IV 1 erörterten § 30 Nr. 2 KO ist – mit veränderten, nämlich verlängerten Fristen – § 131 InsO getreten. Ansonsten ist dort, wo im Text von Konkurs die Rede ist, nunmehr von Insolvenz zu sprechen (vgl. den insofern geänderten Text des § 283 Abs. 1 StGB).

---

131 Anders stellt sich die Lage freilich dann dar, wenn die zusätzlichen Sicherheiten Gegenleistungen für die Gewährung weiterer Kredite darstellen; s. dazu *Canaris*, KO-Fschr. (Anm. 13), S. 82 f. – §§ 283c, 26, greifen jedoch wiederum ein, wenn die Bank die Situation dazu benutzt, um mit der Sicherung des neu gewährten Kredits auch weitere Sicherheiten für früher entstandene Forderungen zu erlangen.

132 S. i.e. *Samson*, SK StGB, § 28, Rdn. 16 ff. m. Nachw.

133 *Stree*, Schönke/Schröder, § 283, Rdn. 65; *Lackner*, § 283, Anm. 7; *Preisendanz*, StGB, § 283, Anm. 12; – a.A. ohne nähere Begründung *Dreher/Tröndle*, § 283, Rdn. 38; *Renkl*, JuS 1973, 614.

134 *Lenckner*, Schönke/Schröder, § 14, Rdn. 9; ähnlich *Stree*, Schönke/Schröder, § 283, Rdn. 65; *Lackner*, § 283, Anm. 7; *Preisendanz*, § 283, Anm. 12.

Mehrere der im Text erörterten Probleme sind in der Entscheidung BGHSt 35, 357 ff. aufgegriffen. – Aus dem der seither erschienenen Schrifttum sind hervorzuheben: *Sven Hartwig*, Der strafrechtliche Gläubigerbegriff in § 283c StGB, in: Festschrift für Bemmann (1997), S. 311 ff.; *Christoph Sowada*, Der begünstigte Gläubiger als strafbarer „notwendiger Teilnehmer" im Rahmen des § 283c StGB? in: Goltdammer's Archiv 1995, 60 ff.

15.

Probleme der Korruption im geschäftlichen Verkehr

– Zur Auslegung des § 299 StGB –

(2006)

Einführung

Der 26. Abschnitt des Besonderen Teils des Strafgesetzbuches ist mit seinem jetzigen Inhalt ein junger Normenkomplex, denn er wurde durch das KorruptionsbekämpfungsG von 1997[1] in das Strafgesetzbuch eingefügt. Materiell freilich handelt es sich – jedenfalls was § 299 StGB angeht – um eine fast ehrwürdige Strafrechtsmaterie, denn seine Einfügung war im wesentlichen eine Verpflanzung des aus dem Jahre 1909 stammenden § 12 UWG in das Strafgesetzbuch.

Die folgenden Ausführungen gehen der Frage nach dem geschützten Rechtsgut des § 299 Abs. 1, 2 StGB (I.) sowie der Frage der zeitlichen Geltung des im Jahre 2002 in das Gesetz eingefügten neuen Absatz 3 nach (II.).

I. Zum Rechtsgut des § 299 StGB

Die ganz überwiegende Auffassung im Schrifttum[2] geht dahin, daß § 299 StGB – jedenfalls in erster Linie – dem „Schutz des Wettbewerbs" diene. Daneben werden – gleichsam als persönliche Substrate der Institution „Wettbewerb" – die Mitbewerber/Konkurrenten, der Geschäftsherr, ferner noch „die Allgemeinheit in ihrem Interesse an nicht überhöhten Preisen" als geschützt angesehen[3] – ein Kaleidoskop dessen

---

1 Gesetz zur Bekämpfung der Korruption (Korruptionsbekämpfungsgesetz – KorrbekG) vom 13. August 1997 (BGBl. I, S. 2038).

2 *Dannecker*, NK-StGB, § 299 Rdn. 4 („Lauterkeit des Wettbewerbs") m. zahlr. Nachw.; *Arzt/Weber*, Strafrecht BT (2000), S. 1059 (Rdn. 51) („Die Kombination der Bezeichnung des Gesetzes ['Korruption'] mit der von diesem Gesetz vorgenommenen Titulierung des entsprechenden Abschnitts des StGB ['Wettbewerb'] ergibt als Rechtsgut den lauteren Wettbewerb, modern den fairen Wettbewerb"); *Kühl*, Lackner/Kühl, § 299 Rdn. 1 („[...] schützt vorrangig das Allgemeininteresse an einem freien, lauteren Wettbewerb").

3 *Dannecker*, NK-StGB, § 299 Rdn. 4 („[...] wird vorrangig der freie, lautere Wettbewerb als Rechtsgut der Allgemeinheit geschützt [...]. § 299 dient dabei weniger dem Schutz der Institution des Wettbewerbs als Steuerungs- und Verteilungsinstrument [...], sondern vorrangig der Lauterkeit des Wettbewerbs und dem Konkurrentenschutz"); *Kühl*, Lackner/Kühl § 299 Rdn. 1 („Geschützt sind auch die inländischen Mitbewerber, vor denen sich der Vorteilsgeber einen Vorsprung verschaffen will, die Allgemeinheit vor Verteuerung sowie der Geschäftsherr vor Benachteiligung").

also, was an kriminalpolitischen Überlegungen und Kriminalisierungswünschen aus dem Tatbestand heraus- bzw. in ihn hineingelesen werden kann.

Diese behauptete rechtsguttheoretische Multivalenz des Tatbestandes erstaunt, wenn man sie an der ebenfalls einhellig behaupteten Parallelität zu den §§ 332, 334 StGB mißt. Positivrechtlich ist diese Parallelität, die bis in die Formulierungen der Tatbestandsmerkmale hinein reicht, unbestreitbar. Auch die Formulierungen der Rechtsgutdefinitionen bemühen sich um sie, denn der Lauterkeit der Amtsführung wird die Lauterkeit des Wettbewerbs an die Seite gestellt. Der „lautere Wettbewerb" ist freilich – auch positivrechtlich – eine alteingeführte Wendung; ob daher umgekehrt die Formulierung „Lauterkeit der Amtsführung" jener Lauterkeit nachempfunden worden ist, verdiente eine Klärung, soll aber hier nicht weiter erörtert werden. Selbst wenn es historisch-genetische Zusammenhänge zwischen den beiden Lauterkeitsbegriffen geben sollte, sind diese Begriffe jedenfalls strukturell verschieden:

„Wettbewerb" ist ein Vorgang zwischen den Kunden des fraglichen Geschäftsbetriebes, „Amtsführung" hingegen betrifft die Tätigkeit von Amtsträgern, also von Personen, die für den Staat oder für solche Stellen tätig werden, die öffentliche Aufgaben erfüllen und/oder öffentlicher Steuerung unterliegen, also gerade dort wirken, wo der Staat *nicht* selbst im unternehmerischen Wettbewerb mit privaten Konkurrenten steht[4].

Daß aus dem Schutz der Lauterkeit der Amtsführung und damit der staatlichen Tätigkeit auch ein Schutzreflex für die Bürger resultiert, liegt freilich ebenso auf der Hand wie der Umstand, daß ein Amtsträger, der sich einen Vorteil dafür versprechen läßt, daß er einen Bewerber um staatliche Auftragserteilungen vor anderen Bewerbern bevorzugt, auch auf den Wettbewerb einwirkt, und daß dies für denjenigen, der ihn besticht, ebenfalls gilt. Eben dies sind ja die Fälle, die dazu geführt haben, daß die beiden Komplexe in den letzten Jahren so häufig in einem Atemzug genannt und geregelt werden.

Was bei den §§ 331 ff. StGB bloße Reflexwirkung ist, soll nun aber nach der h.M. in § 299 StGB zur primären Zielsetzung (neben der anderen, institutionellen) avancieren. Würde man dieser Auffassung folgen, dann erwiese sich die Parallelisierung der Gesetzeswortlaute der §§ 332, 334 StGB und des § 299 Abs. 1 und 2 StGB zwar einerseits als gesetzestechnisch kluges Vorgehen, weil damit äußerlich gleichartige Handlungen gleichartig umschrieben würden, andererseits aber als – nicht unbedingt

4 BGH NJW 1999, 2378 (Flughafen Frankfurt); BGH NJW 2001, 2102 (Blutspendedienst des BRK); BGH NJW 2001, 3062 (Treuhand); BGH NStZ 2004, 380 (Fernwärme); BGH NJW 2004, 3129 (Deutsche Bahn); LG Köln, NJW 2004, 2173 (Müllverbrennung). Auf die Problematik der „sonstigen Stellen" nach § 11 Abs. 1 Nr. 2c StGB kann hier nicht näher eingegangen werden.

mißverständliches, aber doch mißzuverstehendes – Vorgehen insofern, als eine Parallelität der Rechtsgüterstrukturen suggeriert würde. Von dieser Parallelität kann aber nur dann die Rede sein, wenn die von § 299 Abs. 1, 2 StGB erfaßten Fälle ebenso wie die von §§ 332, 334 StGB erfaßten Fälle nicht den Schutz von Einzelinteressen im Auge haben, denn die zuletzt genannten Tatbestände setzen weder abstrakt noch konkret eine Gefährdung oder Schädigung eines Privaten voraus. Auch daß der Staat selbst in seinen fiskalischen Interessen geschädigt werden kann, beispielsweise dort, wo der bestochene Amtsträger eine staatliche Leistung bewilligt, auf die der Bestecher oder der begünstigte Dritte keinen Anspruch hat, geht in die Rechtsgutbestimmung nicht ein.

Daß es in den beiden Normenbereichen auch nicht um wertmäßig „vergleichbare" Delikts- bzw. Schutzstrukturen geht, zeigen die unterschiedlich hohen Strafdrohungen, denn diese Differenz erklärt sich nicht etwa aus einem strukturellen Plus-Minus-Verhältnis zwischen beiden Bereichen. Ein solches besteht zwar zwischen §§ 331, 333 StGB einerseits und §§ 332, 334 StGB andererseits, nicht aber zwischen §§ 332, 334 StGB und § 299 Abs. 1, 2 StGB. Für die Tathandlungen der §§ 331, 333 StGB gibt es im 26. Abschnitt des Strafgesetzbuchs keine Entsprechung.

Neben solchen strukturellen Überlegungen zum Verhältnis der beiden betrachteten Normkomplexe sprechen auch grundsätzliche Überlegungen gegen die Vervielfachung von Rechtsgütern. Steht schon an der Wiege des strafrechtlichen Rechtsgüterschutzgedankens nicht dessen strafrechtsbegrenzende Funktion, so ist seine Geschichte, von kurzen Unterbrechungen abgesehen, die Geschichte seiner (weiteren) Abschwächung und Entwertung[5]. Einen wesentlichen Beitrag zu dieser Entwertung hat zum einen der Gesetzgeber mit der zunehmenden Verlagerung der Strafbarkeit in den Vorfeldbereich erbracht, denn diese stellte die Rechtsgutlehre vor die Alternative, entweder – formell vom neuen Tatbestand ausgehend – ein neues, meistens „institutionelles" Rechtsgut zu formulieren oder – materiell vom Schutzgehalt ausgehend – das ursprüngliche Rechtsgut zwar im Blick zu behalten, aber der neuen tatbestandlichen „Realität" durch Annahme eines konkreten oder (immer häufiger) eines abstrakten Gefährdungsdeliktes Rechnung zu tragen.

Auch das strafrechtliche Schrifttum und die Rechtsprechung haben ihren Teil dazu beigetragen, dem Rechtsgüterschutzgedanken seine limitierende Kraft stetig zu schmälern. Daß sie sich in ihrer exegetischen Tätigkeit nicht gegen die Entscheidun-

---

5 Zu der verbreiteten (problematischen) Übung der Vervielfachung von geschützten Rechtsgütern für denselben Tatbestand s. allgemein und zu verschiedenen Einzelpunkten *Vormbaum*, Fschr. für Diether Posser (1998), S. 162 f.; *Ders.*, Fschr. für Dimitris Th. Tsatsos (2003), S. 706 f.(in diesem Band abgedruckt unter Nr. 3), *Ders.*, NK-StGB, Vor § 153 Rdn. 26; § 164 Rdn. 9; *Ders./Jürgen Welp* (Hrsg.), Das StGB. Sammlung der Änderungsgesetze und Neubekanntmachungen. Supplement Bd. I. Berlin 2005, S. 456, 481 ff.

gen des demokratisch legitimierten Gesetzgebers auflehnen, ist ihnen gewiß nicht vorzuwerfen (wenn sie wenigstens in ihren kriminalpolitischen Äußerungen weniger auf die Jagd nach „Strafbarkeitslücken" gingen, statt den Gesetzgeber wegen seiner ausufernden Kriminalisierungstätigkeit zu kritisieren)[6]. Vorzuwerfen ist ihnen hingegen, daß sie bei der exegetischen Heranziehung des Rechtsgüterschutzgedankens diesen überwiegend in seiner problematischen, über die Wortlautgrenze hinausstrebenden Tendenz berücksichtigen, viel weniger hingegen in seiner angeblich doch wichtigeren strafbarkeitsbegrenzenden Funktion. Diese Funktion kann der Rechtsgüterschutzgedanke freilich nicht entfalten, wenn das Kaleidoskop der – tatsächlichen oder vermuteten – gesetzgeberischen Motive sozusagen 1:1 in die Rechtsgutanalyse überführt wird. Es wäre eine rechtsstaatliche Herausforderung an die Strafrechtswissenschaft vor allem im Bereich des Besonderen Teils, das Finden des *entscheidenden* Schutzgesichtspunktes und damit des Unrechtskerns zum Ziel des Nachdenkens und der wissenschaftlichen Auseinandersetzung zu machen. Andere Schutzmotive wären dann als (bloße) Schutzreflexe des auf diesen Kern gerichteten Rechtsgüterschutzes aufzufassen, deren Berücksichtigung allenfalls insoweit möglich bliebe, wie die Grenze des ermittelten Schutzzweckes ihrerseits flexibel ist.

Noch weiter würde es gehen, würde man das Vorliegen mehrerer geschützter Rechtsgüter im Sinne einer kumulativen Schutzzweckvervielfachung annehmen, also die Auslegung nur dort zu einem positiven Ergebnis gelangen zu lassen, wo *alle* fraglichen Rechtsgüter betroffen sind. Dies würde indes in vielen Fällen zu einer Überspannung der Anforderungen führen. Im geradezu klassischen Fall der Schutzzweckverdoppelung, dem Tatbestand des § 164 Abs. 1 StGB, wäre freilich eine solche Kumulation dem Einwand der Überspannung noch am wenigsten ausgesetzt[7].

Hält man die geschilderte Entwicklung für verfehlt und untersucht demnach § 299 Abs. 1, 2 StGB unter dem Gesichtspunkt, welcher der zahlreichen in Erwägung gezogenen Gesichtspunkte zum Tragen kommen soll, so weist neben den eingangs angestellten Erörterungen über das Verhältnis zu den §§ 332, 334 StGB zunächst der Gesetzeswortlaut darauf hin, daß das Gesetz das überindividuelle Rechtsgut „Wettbewerb" im Auge hat: Die Abschnittsüberschrift ist insoweit eindeutig. Der Wortsinn der Norm selbst weist in dieselbe Richtung: zum einen durch die bereits erörterte parallele Formulierung mit den – eindeutig überindividualistisch ausgerichteten – Tatbeständen der §§ 332, 334 StGB; zum anderen durch die ausdrückliche Bezugnahme auf den Wettbewerb als Zwecksetzung des Täterhandelns. Und auch die Entstehungsgeschichte spricht für dieses Verständnis, denn der Kern der

---

6 Der etwa gleichzeitig mit diesem Beitrag erscheinende Ergänzungs- und Registerband zu der in vorigen Fußn. erwähnten Edition *Vormbaum/Welp* weist allein seit dem Jahr 2001 mehr als zwanzig Änderungen des Strafgesetzbuches, überwiegend Kriminalisierungen, nach.

7 Der Verf. selbst hat sich bei § 164 für den Individualgüterschutz ausgesprochen; s. *Vormbaum*, NK-StGB, § 164 Rdn. 10 m.w.Nachw.

Vorschrift stammt aus dem Gesetz gegen den Unlauteren Wettbewerb, in dem es von Anfang an enthalten war[8]. Nach alledem ist die Institution „Wettbewerb" bzw. „Lauterer Wettbewerb" als geschütztes Rechtsgut des § 299 Abs. 1, 2 StGB anzusehen.

Dieses Ergebnis zu akzeptieren fällt deshalb nicht leicht, weil einer der problematischen Züge der Strafrechtsentwicklung der letzten Jahrzehnte, wie schon angedeutet, gerade der ist, daß überindividuelle, „institutionelle" Rechtsgüter kreiert wurden, die häufig genug nichts anderes als verkappte Vorverlegungsrechtsgüter sind. Indes darf nicht übersehen werden, daß die Strafrechtslehre sich mit der nicht immer dankbaren Aufgabe konfrontiert sieht, die Produkte gesetzgeberischer Tätigkeit in ein Strafrechtssystem einzuordnen, das Sachstrukturen der geregelten Materie, Normstrukturen der positivrechtlichen Regelung und die von der allgemeinen Straftatlehre vorgegebenen Strukturen zusammenführen soll.

Aus dem gefundenen Ergebnis folgt, daß strafrechtsdogmatisch Individualschutzinteressen bei der Auslegung des § 299 Abs. 1, 2 StGB weder neben dem Wettbewerbschutz noch an dessen Stelle zu berücksichtigen sind. Aus ihm folgt ferner, daß kriminalpolitische Forderungen zurückzuweisen sind, die vom Gesetzgeber verlangen, den Täterkreis auf Personen auszudehnen, die den wettbewerblichen Bedingungen nicht unterworfen sind, sondern die Rahmenbedingungen des Wettbewerbs selber gestalten; zu Recht schließt daher die bestehende gesetzliche Regelung den Geschäftsherrn aus dem Täterkreis (§ 299 Abs. 1 StGB) wie aus dem Kreis der Destinatäre der Bestechungsleistung (§ 299 Abs. 2 StGB) aus[9].

II. Zeitliche Geltung des § 299 Abs. 3 StGB

Durch Gesetz vom 22. August 2002 hat § 299 StGB einen neuen Absatz 3 erhalten. Danach gelten die Bestimmungen der beiden vorangehenden Absätze auch für Handlungen im ausländischen Wettbewerb. Ausdrücklich und eindeutig ist damit also beispielsweise das korrumpierende Verhalten eines deutschen Geschäftsmannes oder seines Beauftragten im Ausland gegenüber einer Person erfaßt, die über die

8 Die *teleologische* Auslegung kann an *dieser* Stelle nicht einsetzen, denn es geht ja gerade um die Ermittlung des *telos*.

9 Auf diese Problematik kann leider wegen der vorgegebenen Umfangsbeschränkung nicht näher eingegangen werden. Ich verweise unter den Autoren, die sich *für* die im Text abgelehnte Forderung ausgesprochen haben, auf die scharfsinnigen Ausführungen von *Bürger*, wistra 2003, 130 ff., dessen Fallbeispiele m.E. nicht – wie er offenbar annimmt – *argumenta ad absurdum*, sondern teils unvermeidliche Randprobleme, teils ebenso unvermeidliche Folgen der Freiheit in der Rechtsformgestaltung des Wirtschaftsrechts sind, die beispielsweise auch im Steuer(straf)recht begegnen. Überdies ist zu berücksichtigen, daß der Geschäftsherr dort, wo sein Verhalten mangels Täterqualität nicht § 299 Abs. 1, 2 unterfällt, sich häufig der (höheren) Strafdrohung des § 266 StGB ausgesetzt sieht.

Vergabe von Aufträgen eines dortigen Unternehmens entscheidet. Mit der neuen Vorschrift hat sich Deutschland abermals als strafrechtlicher EU-Musterknabe erwiesen, denn beispielsweise fehlt es in Italien nicht nur an einer solchen Strafausdehnungsvorschrift, sondern überhaupt an einem Straftatbestand der Korruption im Privatbereich[10].

Noch für einige Zeit wird sich die Frage stellen, ob Verhaltensweisen im ausländischen Wettbewerb, die den Tatbestand des § 299 Abs. 1 oder 2 StGB erfüllen, deren Tatzeit aber vor dem Inkrafttreten des neuen Absatz 3 liegt, von § 299 StGB erfaßt werden.

1. „Klarstellung"

Nach § 2 Abs. 1 StGB bestimmen sich die Strafe und ihre Nebenfolgen nach dem Gesetz, das zur Tatzeit gilt. Zur Tatzeit der vor Inkrafttreten des neuen Absatz 3 begangenen Handlung galt § 299 Abs. 1, 2 StGB zwar in der heutigen Fassung. Wäre aber durch die Einfügung von § 299 Abs. 3 StGB der Inhalt der beiden ersten Absätze mitberührt worden, so könnte die neue Fassung nur unter den Voraussetzungen des § 2 Abs. 3 StGB der strafrechtlichen Beurteilung zugrunde gelegt werden.

§ 2 Abs. 3 StGB stellt den sog. Meistbegünstigungsgrundsatz auf, wonach in Fällen, in denen das Gesetz, welches bei Beendigung der Tat gilt, vor der Entscheidung geändert wird, das mildere Gesetz anzuwenden ist. Da die rückwirkende Verschlechterung bereits durch das Rückwirkungsverbot des § 1 StGB verboten ist, koinzidiert § 2 Abs. 3 StGB in Konstellationen, in denen das Gesetz zwischen Tatbegehung und Aburteilung verschärft wird, mit dem Rückwirkungsverbot aus § 1 StGB[11].

Bedeutete daher die Einfügung des Absatz 3 eine Verschärfung des bei Beendigung der Tat geltenden Gesetzes, so würde die Heranziehung dieses Absatzes gegen den Grundsatz *nullum crimen sine lege* in der Form des Rückwirkungsverbotes verstoßen. In die Feststellung, welche Regelung die mildere sei, ist der gesamte sachlich-

10 Auskunft von *Prof. Ennio Amodio*, Mailand. Allerdings wird von der italienischen Strafrechtswissenschaft die Entwicklung in den anderen EU-Staaten aufmerksam registriert; s. z.B. *Roberto Acquaroli/Luigi Foffani* (Hrsg.): La corruzione tra privati. Esperienze comparatistiche e prospettive di riforma. Milano 2003. – Die italienische Rechtsprechung scheint kompensatorisch die Vorschriften über die Amtsträgerbestechung (Art. 357 ff. Codice penale) extensiv auszulegen.

11 S. nur *Hassemer*, NK, § 2 Rdn. 6, 16; *Lackner/Kühl*, § 2 Rdn. 2; zur Geschichte des strafrechtlichen Rückwirkungsverbotes und Milderungsgebotes s. *Dannecker*, Das intertemporale Strafrecht. Tübingen 1993; *Ders.*, in: Jahrbuch der Juristischen Zeitgeschichte 3 (2001/2002), 125 ff.

rechtliche Rechtszustand, wie er sich im konkreten Fall für den Zeitpunkt der Begehung der Tat und für den Zeitpunkt der Entscheidung darstellt, einzubeziehen.

Es fragt sich also, ob durch die Änderung des § 299 StGB mit der Einfügung des Absatz 3 eine Verschärfung der Tatbestände der Absätze 1 und 2 bewirkt worden ist.

Anerkannt ist, daß zu den zu berücksichtigenden Normen auch die Vorschriften des Strafanwendungsrechts nach §§ 3–7 StGB gehören[12]. Der Rechtszustand zur Zeit der Beendigung der Tat wäre somit der mildere und damit der Beurteilung zugrunde zu legen, falls er die Auslandstat zuvor nicht erfaßt hat. Dies erschiene dann selbstverständlich, wenn man einen Umkehrschluß aus der Einfügung des neuen Absatz 3 ziehen könnte, denn dieser Schluß müßte dahin gehen, daß Handlungen im ausländischen Wettbewerb vor Inkrafttreten dieses Absatzes nicht von § 299 Abs. 2 StGB erfaßt gewesen seien.

Dagegen steht freilich die Auffassung, bei der Einfügung des Absatz 3 handele es sich um eine bloße „Klarstellung"; der Gehalt der Tatbestände in §§ 299 Abs. 1 StGB und § 299 Abs. 2 StGB sei dadurch nicht geändert worden[13].

Soll mit einer Änderungsnorm etwas „klargestellt" werden, so ist der Schluß, der bisherige Normgehalt sei „unklar" gewesen, kaum zu entkräften. Ungewollt belegt daher die Argumentation das, was sie widerlegen will: Jede „Klarstellung" zeigt die Unzufriedenheit des Gesetzgebers mit dem bisherigen Normtext und/oder mit dessen Auslegung in jenem Bereich, in dem die Änderung vorgenommen wird, hier also in der Frage der Anwendung des § 299 Abs. 1, 2 StGB auf Handlungen im ausländischen Wettbewerb. Fügt also der Gesetzgeber eine Anordnung, wonach Handlungen im ausländischen Wettbewerb einbezogen sind, ausdrücklich dem Normtext hinzu, so liegt es nahe, die gesetzgeberische Ansicht dahin zu interpretieren, diese Handlungen seien bisher nicht einbezogen gewesen oder es sei zumindest nicht „klar" gewesen, daß sie einbezogen gewesen seien.

Meinungsäußerungen der Gesetzesmotive oder der am Gesetzgebungsverfahren Beteiligten werden freilich üblicherweise in die Auslegung einbezogen. Der gezogene Umkehrschluß liegt aber nicht auf dieser Ebene; vielmehr ist er eine gedankliche Folgerung der Motive bzw. der Beteiligten aus dem objektiven Vorgang der Gesetzänderung. Überdies stößt auch eine authentische Interpretation des bis dahin geltenden Gesetzestextes durch die an der Gesetzgebung Beteiligten im Strafrecht an

---

12 BGHSt 20, 22, 25; *Lackner/Kühl*, § 2 Rdn. 6a; *Hassemer*, NK, § 2 Rdn. 24; dies gilt unabhängig von der Frage, ob es sich bei den Normen des deutschen Internationalen Strafrechts um Tatbestandsmerkmale oder um objektive Bedingungen der Strafbarkeit handelt. Das Rückwirkungsverbot gilt auch für die letzteren.

13 *Tröndle/Fischer*, § 299 Rdn. 2 unter Hinweis auf BT-Drucksache 14/8998, 9 f.; *Tiedemann*, LK, § 299 Rdn. 55 (bereits 2001 prognostisch im Hinblick auf die zu erwartende Änderung).

eine enge Grenze: Dies macht folgende Kontrollüberlegung deutlich: Hätte der Gesetzgeber den erwähnten Umkehrschluß ausschließen wollen, so hätte er dies in den Text des ändernden Gesetzes schreiben müssen. Dies wäre eine Interpretation des vorher bestehenden Normtextes, die unter mehreren möglichen Interpretationen die für den Täter nachteiligste sicherstellen soll. Genau dies aber – eine auf die Vergangenheit zielende nachteilige Strafrechtsgestaltung – ist dem Gesetzgeber verwehrt. Wo er Gesetze nicht rückwirkend nachteilig verändern darf, darf er sie auch nicht rückwirkend nachteilig „interpretieren".

Der umgekehrte Fall einer nachträglichen günstigeren Strafrechtsgestaltung ist dem Gesetzgeber in der Weise möglich, daß er eine günstigere Regelung schafft, die dann über § 2 Abs. 3 StGB auch für die Vergangenheit gilt, oder daß er – für bereits abgeurteilte Fälle – ein Amnestiegesetz erläßt.

Gegen diese Überlegungen kann man einwenden, daß auch die Möglichkeit bestehe, daß der Gesetzgeber nicht selber eine Norm nachträglich habe „klarstellen", sondern eine gegenwärtig bereits bestehende Auslegung gegen künftige Infragestellung habe absichern wollen. Die Gültigkeit dieses Einwandes ist freilich begrenzt, denn auch der Umstand, daß eine Interpretation „herrschend" ist, schützt sie nicht vor dem Verdikt des Verstoßes gegen Art. 103 Abs. 2 GG. Dennoch mag sie empirisch bzw. auf der Plausibilitätsebene zu einer Akzeptanz der gesetzgeberischen Novellierung führen. Umgekehrt freilich führt sie dazu, daß mit dem Nachweis des Nichtbestehens der Voraussetzung auch der Einwand hinfällig wird. Es ist daher zunächst der faktische Meinungsstand zu § 299 Abs. 1, 2 StGB vor Einführung des Absatz 3 zu ermitteln.

2. Rechtszustand für § 299 StGB a.F.

Nach überwiegender Ansicht wurden vor Einführung des § 299 Abs. 3 StGB Handlungen im ausländischen Wettbewerb von § 299 Abs. 2 StGB nicht erfaßt. Schon der Schutzbereich der Vorschrift sei nicht eröffnet. § 299 StGB schütze den freien, lauteren Wettbewerb, mithin die Allgemeinheit und gleichrangig die Mitbewerber in ihrer Chancengleichheit[14]. Da Strafrecht als innerstaatliches Ordnungsrecht vorrangig dem Schutz innerstaatlicher Belange diene, so daß grundsätzlich nicht von einem Schutz ausländischer Rechtsgüter durch das StGB ausgegangen werden könne, sei der Schutzbereich der jeweiligen Norm im Hinblick auf ausländische Rechtsgüter grundsätzlich nicht eröffnet. Die deutsche Wettbewerbsordnung setze bestimmte Maßstäbe für den lauteren Wettbewerb für alle gültig fest und fordere deren Beachtung, weshalb nur der inländische, also der deutsche Wettbewerb geschützt sei; im

14 *Tiedemann*, LK, § 299 Rdn. 5; BGHSt 2, 396, 402.

Ausland sei der Schutzzweck der Vorschrift nur dann tangiert, wenn die Wettbewerbshandlung sich (1) speziell gegen den inländischen Mitbewerber richte oder (2) nach den Vorstellungen der Parteien auf dem Auslandsmarkt ausschließlich oder in erster Linie deutsche Unternehmen in Wettbewerb ständen. Einige Zitate mögen dies verdeutlichen:

BGHZ 40, 391, LS 3: „Eine allgemeine Pflicht inländischer Gewerbetreibender, sich bei ihrem Wettbewerb untereinander auf dem Auslandsmarkt schlechthin an die Regeln des deutschen Wettbewerbsrechtes zu halten, besteht nicht". – LS. 4: „Richtet sich eine im Ausland begangene Wettbewerbshandlung eines Inländers nach Art und Zielrichtung ausschließlich oder doch überwiegend gegen die schutzwürdigen Interessen eines inländischen Mitbewerbers, so ist ihre Zulässigkeit wegen dieser besonderen Inlandsbeziehung aus dem Gesichtspunkt einer Anknüpfung an das gemeinsame Heimatrecht in der Regel nach inländischem Wettbewerbsrecht zu beurteilen (Ergänzung zu BGHZ 35, 329)".

BGH NJW 1968, 1572, 1575: „Hiernach kommt es für die Anwendung des § 138 I BGB u.a. auch darauf an, ob bei Abschluß der Provisionsvereinbarung nach der Vorstellung der Parteien ausschließlich oder in erster Linie ein Wettbewerb deutscher Biererzeuger in Betracht kam, um dessen Ausschaltung mittels des Provisionsversprechens es der Beklagten gegangen wäre. Sollte das zu bejahen sein [! –Verf.], so könnte bei der Frage der Sittenwidrigkeit dem Umstand, daß das Bier in Italien abgesetzt werden sollte, keine entscheidungserhebliche Bedeutung beigemessen werden; insoweit können keine anderen Maßstäbe gelten als im Falle der unmittelbaren Anwendung deutscher wettbewerbsrechtlicher Vorschriften im Rahmen des Deliktsstatuts (BGHZ 40, 391 s.o.). Daß es im Streitfall nur um einen Wettbewerb unter deutschen Biererzeugern gegangen sei, hat das Berufungsgericht jedoch nicht verfahrensfehlerfrei festgestellt".

OLG Düsseldorf, NJW 1974, 417: „Da es ausschließlich um den Auslandsmarkt ging, wären die strengen Regeln des deutschen Wettbewerbs darüber hinaus auch nur dann unbeschränkt anwendbar, wenn sich die Vereinbarung wenigstens überwiegend gegen schutzwürdige Interessen inländischer Mitbewerber der Beklagten gerichtet hätte".

Kiesel, DtStR 2000, 949 ff.: „Diese Rechtsprechung basiert auf den grundlegenden Entscheidungen des Gerichts zum internationalen Wettbewerbsrecht. Danach ist für die Beurteilung von den Wettbewerb behindernden Handlungen – worunter auch die Angestelltenbestechung zu subsumieren ist – prinzipiell der Ort der wettbewerblichen Interessenskollision maßgeblich. Im Ergebnis ist das Recht des Ortes anzuwenden, an dem die konkurrierenden Produkte aufeinandertreffen, wobei die Grundsätze der Waffengleichheit und der Territorialität maßgebend sind. Damit ist die – auch strafrechtliche – Beurteilung des Wirtschafts- und Wettbewerbsverhaltens grds. dem Staat vorbehalten, auf dessen Territorium sich der Wettbewerb abspielt. Dahinter steht die auch unter § 299 StGB weiterhin geltende Auffassung, daß sich deutsche Unternehmen nicht am strengen deutschen Wettbewerbsrecht messen lassen müssen, wenn sie auf einem weniger strengen Auslandsmarkt mit Unternehmen konkurrieren, die sich ihrerseits nur an den niedrigeren Anforderungen orientieren. Aus diesen Gründen sind Zuwendungen durch Deutsche an ausländische Angestellte ausländischer Unternehmen über § 7 II StGB nur dann von § 299 StGB erfassbar, wenn sich der Wettbewerb auf dem Auslandsmarkt ausschließlich oder in erster Linie zwischen deutschen Konkurrenten abspielt".

Behr, Fschr. Offerhaus, S. 345, 355 f.: „Zwar wurde gelegentlich – zögerlich und im Ergebnis jedenfalls de lege lata ablehnend – die Instrumentalisierung des alten § 12 UWG zum Zweck der transnationalen Amtsträgerkorruption in Erwägung gezogen. Allerdings wird selbst bei diesem Ansatz für erforderlich gehalten, daß vorab der Schutzbereich des Wettbewerbsrechts auf alle Weltmärkte ausgedehnt werden müßte. Und jedenfalls auf der Grundlage des geltenden Rechts wird dieser Ansatz für die transnationale Wirtschaftskorruption als nicht gangbar angesehen. Dementsprechend wird auch ganz allgemein die Ausdehnung des deutschen Antikorruptionsstrafrechts auf Auslandstaten – abgesehen von Sondersituationen, die hier nicht zu erörtern sind – auch im Bezug auf Wirtschaftskorruption abgelehnt. Der Grund wird im beschränkten Schutzgut des Tatbestands der Angestelltenbestechung gesehen. Geschützt wird eben nicht der lautere Wettbewerb schlechthin, sondern nur die Lauterkeit des inländischen Wettbewerbs. Für Angestelltenbestechung auf Auslandsmärkten finden §§ 299 ff. StGB von daher grundsätzlich keine Anwendung. Von diesem einschränkenden Ansatz her hatte § 12 UWG für Auslandsbestechung von Angestellten keine praktische Bedeutung und werden §§ 299 ff. StGB keine praktische Bedeutung erlangen können. Strafurteile deutscher Gerichte in Bezug auf transnationale Angestelltenbestechung sind dementsprechend nicht bekannt geworden."

Diemer, Erbs/Kohlhaas, Strafrechtliche Nebengesetze, § 12 a.F. UWG Rdn. 2: „Geschützt werden jedoch regelmäßig nur die Interessen inländischer Mitbewerber des Vorteilsgebers". Zusatz 2003: „Ob diese Ansicht nach Begründung des EG-Binnenmarkts noch richtig ist, kann zweifelhaft sein."

Heinrich, Amtsträgerbegriff, S. 603: „[...]wird insbesondere das Interesse der (inländischen) Mitbewerber an einem fairen Wettbewerb genannt, gegenüber denen sich der Vorteilsgeber durch die Bestechung einen unzulässigen Vorteil verschaffen will".

Kühl, Lackner/Kühl (2001), § 299, Rdn. 1: „In erster Linie muß der inländische Wettbewerb betroffen sein. Eine Bestechungshandlung auf einem Auslandsmarkt fällt erst dann unter den Tatbestand, wenn die Tat ausschließlich oder überwiegend die Interessen deutscher Mitbewerber verletzt [...]. Allerdings ist nach einer Gemeinsamen Maßnahme des EU-Rates v. 22.12.98 zumindest der Gemeinsame Markt vor „Bestechung im privaten Sektor" durch das nationale Strafrecht der Mitgliedsstaaten zu schützen [...]; im deutschen Strafrecht kann dies dadurch erreicht werden, daß der Anwendungsbereich des § 299 räumlich auf den EU-Markt erstreckt wird" (Hervorh. im Original).

Möllering, WRP 1997, 936: „Bisher ist es so, daß die Bestechung ausländischer Amtsträger vom deutschen Strafrecht nicht erfaßt wird. Das folgt aus dem Umstand, daß das Rechtsgut der Amtsdelikte nur national definiert ist. Entsprechendes gilt für § 12 UWG [sc.: ersetzt durch § 299 Abs. 2 StGB]. Auch diese Vorschrift findet nach der 'Marktort-Anknüpfung' in der Regel nur auf Inlandstaten Anwendung".

Randt, BB 2000, 1006: „Ist festgestellt, daß der deutsche Wettbewerb nicht beeinträchtigt ist, liegt kein Unrecht vor, und zwar auch dann nicht, wenn die Bestechungshandlung in Deutschland erfolgt ist".

Rügemer, KJ 1997, 458, 464: „Sowohl das StGB wie auch das UWG gelten nur für Straftaten im Inland. Ausnahmen gelten z.B. für Hoch- und Landesverrat und Verletzung der sexuellen Selbstbestimmung. Bestechung im Ausland gilt dagegen als nicht strafbar."

Vereinzelt wurde sogar die Auffassung vertreten, daß § 299 Abs. 2 StGB überhaupt nicht auf Auslandstaten anwendbar sei[15].

Ebenso vereinzelt wurde andererseits die Auffassung vertreten, § 299 Abs. 2 StGB bzw. § 12 UWG a.F. sei auf Handlungen im ausländischen Wettbewerb anwendbar[16]. Angesichts der einheitlichen (Zivil-)Rechtsprechung und der ganz überwiegenden Auffassung im Schrifttum kann jedoch festgestellt werden, daß nach dem faktischen Meinungsstand zur alten Rechtslage Handlungen im ausländischen Wettbewerb jedenfalls dann, wenn sie nicht zur Benachteiligung deutscher Mitbewerber begangen wurden, nicht nach § 299 StGB strafbar waren.

3. Eigene Auffassung

Diese herrschende Auffassung zum alten Rechtszustand ist m.E. auch zutreffend. Aus dem Normtext des § 299 Abs. 2 StGB selbst ergibt sich unmittelbar kein Hinweis auf eine Erstreckung der Anwendung des Tatbestandes auf Taten im ausländischen Wettbewerb. Am ehesten noch könnte eine Geltung für Auslandstaten dann in die Bestimmung hineingelesen werden, wenn der Tatbestand ausschließlich dem Schutz von Individualrechtsgütern diente; dies wird aber – soweit ersichtlich – nirgends vertreten; und die zutreffende Auffassung geht, wie erörtert, dahin, daß die §§ 298 ff. StGB Straftaten formulieren, die gegen den Wettbewerb gerichtet sind, also gegen ein öffentliches Interesse[17]. Öffentliche Interessen sind aber, solange nicht besondere Gesichtspunkte (bspw. aus §§ 5 ff. StGB) eingreifen, Interessen, deren Strafrechtsschutz auf den Bereich der eigenen nationalstaatlichen Souveränität begrenzt ist. Hierfür spricht im gegebenen Zusammenhang auch, daß die traditionell

---

15 *Pelz*, StraFo 2000, 300.

16 *Köhler*, in: v. Gamm, Gesetz gegen den unlauteren Wettbewerb, 3. Aufl. 1993, § 12 Rdn. 3: „§ 12 gilt gemäß § 3 StGB für Inlandstaten und gemäß § 7 unter bestimmten Voraussetzungen auch für Auslandstaten". Nicht ganz eindeutig *Pfeiffer*, Fschr. f. Gamm (1990), S. 129, 131 („Die Ansicht, daß regelmäßig nur die Interessen inländischer Mitbewerber des Vorteilsgebers geschützt werden, ist in dieser Allgemeinheit nicht richtig. Denn auch für § 12 UWG ist § 3 maßgebend: Das deutsche Strafrecht gilt für Taten, die im Inland begangen werden"); *Tiedemann*, LK, § 299 Rdn. 55, vertrat unter Berufung auf eine „gemeinschaftsfreundliche Auslegung" die Einbeziehung aller EU-Mitgliedstaaten in den Schutzbereich des § 299 StGB; dies komme auch unmittelbar in der *Gemeinsamen Maßnahme* von 1998 zum Ausdruck (In Rdn. 3 spricht der Verf. allerdings davon, eine erneute Reform des Straftatbestandes sei durch die *Gemeinsame Maßnahme* angestoßen und befinde sich derzeit [2001 – d. Verf.] im Planungsstadium).

17 S. dazu auch noch *Büchler*, Handeln zum Zwecke des Wettbewerbs, S. 58; *Kühl*, Lackner/Kühl, § 299 Rdn. 1; *Tröndle/Fischer*, StGB, § 299 Rdn. 4; *Rudolphi*, SK, § 299 Rdn. 1; *Otto*, Grundkurs Strafrecht, 4. Aufl. 2002, § 61 Rdn. 141. *Lampe*, Referat S. 10, ordnet § 12 UWG a.F. sogar *vier* Rechtsgüter zu: „Neben dem de lege lata im Vordergrund stehenden Wettbewerberschutz sind es der Unternehmer-, der Kunden- und der Wettbewerbsschutz".

strenge deutsche Wettbewerbsordnung bei einer Ausdehnung ihrer strafrechtlichen Bestandteile auf den ausländischen Wettbewerb Handlungen deutscher Wettbewerber auch in solchen Staaten unter Strafe stellt, in denen eine weniger strenge Wettbewerbsordnung gilt, sie also gegenüber anderen Wettbewerbern benachteiligt, ja möglicherweise sogar Verhaltensweisen unter Strafe stellt, auf deren Pönalisierung die ausländische Rechtsordnung aus übergeordneten Gesichtspunkten gar keinen Wert legt. Der inzwischen eingeführte Absatz 3 des § 299 StGB ist daher übrigens auch unter dem Gesichtspunkt der Benachteiligung deutscher Wettbewerber gegenüber anderen Wettbewerbern durchaus nicht unproblematisch[18]. Tiedemann hat seine abweichende Auffassung zur alten Rechtslage daher auch auf Handlungen in EU-Staaten eingegrenzt. Hierzu beruft er sich zunächst auf eine „gemeinschaftsfreundliche Auslegung".

Ob die auf diesen Gesichtspunkt gestützte Ausweitung des Geltungsbereiches die angesprochenen Bedenken auszuräumen vermochte, ob m.a.W. die Bedenken aus dem Gesichtspunkt der unterschiedlich strengen Regeln des Wettbewerbs zum Schweigen gebracht sind, erscheint zweifelhaft, kann aber dahinstehen, denn das EU-Recht selbst macht deutlich, daß von einer unmittelbaren Anwendung nationaler Straftatbestände auf den EU-Raum jedenfalls im Wettbewerbsrecht nicht ohne weiteres ausgegangen werden kann. Die Gemeinsame Maßnahme vom 22. Dezember 1998[19] sieht zwar vor, daß die Mitgliedsstaaten entsprechende Vorschriften zu erlassen haben. Sie schreibt aber nicht vor, eine Ausweitung der nationalen Straftatbestände auf Auslandstaten vorzunehmen, sondern verlangt nur, daß Verhaltensweisen unter Strafe gestellt werden, „die eine Verzerrung des Wettbewerbs, zumindest im gemeinsamen Markt, mit sich bringen oder mit sich bringen können". Dies kann zwar durch eine Ausweitung der Geltungsbereiche aller nationalen Straftatbestände geschehen, aber auch durch eine Harmonisierung, um die es der Gemeinsamen Maßnahme in erster Linie geht. Im Gegensatz dazu hat das Protokoll zum Übereinkommen über den Schutz der finanziellen Interessen der Europäischen Gemeinschaften[20] ausdrücklich entsprechende Ausdehnungen gefordert, und diese sind auch vom

18 *Tiedemann*, LK, Vor § 299 Rdn. 12 ff.; *Dannecker*, NK, § 299 Rdn. 74.

19 *Gemeinsame Maßnahme* vom 22. Dezember 1998 – vom Rat aufgrund von Artikel K.3 des Vertrages über die Europäische Union angenommen – betreffend die Bestechung im privaten Sektor (98/742/JI) (Amtsblatt der Europäischen Gemeinschaften I 358/2 vom 31. 12. 1998).

20 Übereinkommen über den Schutz der finanziellen Interessen der Europäischen Gemeinschaften vom 26. Juli 1995: – ABl. Nr. C 316/49 vom 27. November 1995; abgedruckt b. *Martin Wasmeyer* (Hrsg.), Das Strafrecht der Europäischen Union. Mit Erläuterungen. Baden-Baden (Nomos) 2003, S. 256 – Protokoll zu diesem Abkommen vom 27. September 1996: ABl. Nr. C 313/1 vom 23. Oktober 1996; abgedruckt b. *Wasmeyer* (Hrsg.), a.a.O., S. 263.

deutschen Gesetzgeber im EUBestG[21] vorgenommen worden. Hingegen hat der deutsche Strafgesetzgeber die Einfügung des § 299 Abs. 3 StGB erst mehrere Jahre später vorgenommen – offenbar, weil die deutsche Regelung die Vorgaben der Gemeinsamen Maßnahme zur Verschärfung des Wettbewerbsstrafrechts bereits 1997 durch das Korruptionsbekämpfungsgesetz erfüllt hatte. Ein großer Teil der Stimmen im Schrifttum, die sich gegen die Geltung des § 299 Abs. 1, 2 StGB im ausländischen Wettbewerb ausgesprochen haben, stammt denn auch aus der Zeit nach Verabschiedung der Gemeinsamen Maßnahme. Gestärkt konnte diese Auffassung sich auch durch die 1998 erlassenen Bestechungsgesetze (EUBestG, IntBestG), die mehrere Jahre lang keine Entsprechung im Privatbestechungsbereich gefunden haben, sehen.

Nach alledem war § 299 Abs. 1, 2 StGB vor Einfügung des § 299 Abs. 3 StGB nicht auf Auslandstaten anwendbar.

4. Ergebnis

Die Ausdehnung des räumlichen Geltungsbereichs des § 299 Abs. 1, 2 StGB durch den im Jahre 2002 eingefügten Absatz 3 findet daher nur auf solche Handlungen Anwendung, die nach dem Inkrafttreten dieser Ausdehnung begangen worden sind.

Nachbemerkung

Der im Text vertretenen Auffassung zur Nichtanwendbarkeit des § 299 Abs. 3 StGB auf Taten vor dem Inkrafttreten der Vorschrift hat sich der BGH angeschlossen (Urteil vom 29. August 2008, 2. Strafsenat; BGHSt 52, 323 ff., hier 339 ff.); freilich konnte dies ihm leicht fallen, weil seine Rechtsprechung zum Untreue-Tatbestand (§ 266 StGB) diesen gleichsam zum Komplementär-Tatbestand des § 299 StGB macht und damit die perhorreszierten „Strafbarkeitslücken“ (s. dazu Nr. 17) nicht entstehen lässt.

---

21 Gesetz zu dem Protokoll vom 27. September 1996 zum Übereinkommen über den Schutz der finanziellen Interessen der Europäischen Gemeinschaften (EU-Bestechungsgesetz=EUBestG) vom 10. September 1998; BGBl. II, S. 2340.

16.

Probleme des § 353d Nr. 3 StGB
(Verbotene Mitteilungen über Gerichtsverhandlungen)
(2008)

Fast am Ende des Strafgesetzbuches platziert, dort in einem „Buchstabenparagraphen" untergebracht und in diesem wiederum als letzte von drei Ziffern „versteckt", ist die Regelung des § 353d Nr. 3 StGB, nach der sich strafbar macht, wer

> „die Anklageschrift oder andere amtliche Schriftstücke eines Strafverfahrens, eines Bußgeldverfahrens oder eines Disziplinarverfahrens, ganz oder in wesentlichen Teilen, im Wortlaut öffentlich mitteilt, bevor sie in öffentlicher Verhandlung erörtert worden sind oder das Verfahren abgeschlossen ist",

schon von ihrer „performance" her marginal; tatsächlich ist sie es wohl auch in der Sache. Immerhin birgt die Vorschrift dogmatische und rechtspolitische Probleme; und es ist kaum ein Zufall, dass das BVerfG vor der Aufgabe gestanden hat, ihre Verfassungsmäßigkeit zu prüfen. Die Probleme resultieren sowohl aus der (nicht unbedingt geglückten) gesetzlichen Regelung als auch aus deren Gegenstand.

Auf den folgenden Seiten sollen nach einem kurzen Blick auf die Gesetzgebungsgeschichte einige Grundprobleme der Vorschrift und sodann in einem „Besonderen Teil" Fragen der „mittelbaren Veröffentlichung" erörtert werden.

I.

§ 353d Nr. 3 ist ein anschauliches Beispiel für jene Erkenntnis *Nietzsches*, die uns lehrt, dass die Arbeit am Begriff weniger zu dessen analytischer Entfaltung als zu seiner Überformung im Sinne des jeweiligen Zeitgeistes führt[1].

Die *Gesetzgebungsgeschichte* ist wechselhaft. Da mein Doktorand *Eckhard Voßiek* sie eingehend geschildert hat[2], genügen hier einige grobe Striche:

---

1 „Alle Dinge, die lange leben, werden allmählich so mit Vernünftigkeit durchtränkt, dass ihre Abkunft aus der Unvernunft dadurch unwahrscheinlich wird. Klingt nicht fast jede Geschichte einer Entstehung für das Gefühl paradox und frevelhaft?"; *Friedrich Nietzsche* Morgenröte. Buch I, Aphorismus 1.

2 *Eckhard Voßiek* Strafbare Veröffentlichung amtlicher Schriftstücke (§ 353d Nr. 3 StGB). Gesetzgebung und Rechtsanwendung seit 1851. Berlin 2004; s. auch die „Entstehungsgeschichte" in LK, 12. Auflage (2009), § 353d Vor Rdn. 1 (die Darstellung firmiert unter meinem Namen, ist aber weitgehend unverändert aus der von *Träger* bearbeiteten Vorauflage übernommen). Da beide Fundstellen reichhaltige Nachweise über die rechtsgeschichtlichen Quellen enthalten, wird im folgenden auf deren erneute Wiedergabe verzichtet.

Abgesehen von französischen Vorläufern[3] ist Ausgangspunkt der modernen Entwicklung in Deutschland das Preußische Pressegesetz von 1851[4]. Dessen § 48 bestimmte:

> „Die Namen der Geschworenen dürfen in Zeitungen nur bei der Mittheilung über die Bildung des Schwurgerichts mitgetheilt werden.
>
> Zuwiderhandlungen gegen diese Bestimmung ziehen eine Gefängnißstrafe von Einer Woche bis zu Einem Jahr nach sich.
>
> Gleiche Strafe trifft Denjenigen, der eine Anklageschrift oder ein anderes Schriftstück eines Kriminalprozesses veröffentlicht, bevor die mündliche Verhandlung stattgefunden oder der Prozeß auf anderem Wege sein Ende erreicht hat."

Diese Vorschrift galt bis zum reichseinheitlichen Pressegesetz von 1874. Dessen § 18 Abs. 1 Nr. 1 bedrohte denjenigen mit Strafe, der gegen die in § 74 getroffene Regelung verstieß, wonach

> „die Anklageschrift oder andere amtliche Schriftstücke eines Strafprozesses [...] durch die Presse nicht eher veröffentlicht werden [dürfen], als bis dieselben in öffentlicher Verhandlung kundgegeben sind oder das Verfahren sein Ende gefunden hat".

Diese Regelung galt über das Ende des Reiches im Jahre 1945 hinaus als übereinstimmendes Landesrecht[5] weiter, soweit sie nicht durch einzelne Landespressegesetze ersetzt wurde. Nach Absprache zwischen den Bundesländern traten dort weitgehend gleichlautende Landespressegesetze in Kraft, die in ihrem jeweiligen § 5 ein Veröffentlichungsverbot aussprachen[6]. So lautete § 5 des nordrhein-westfälischen Pressegesetzes von 1966:

> „Die Presse darf Anklageschriften und andere amtliche Schriftstücke eines Straf- oder Bußgeldverfahrens nicht veröffentlichen, bevor sie in öffentlicher Verhandlung erörtert worden sind oder das Verfahren beendet ist."

Nach § 21 dieser Gesetze machte sich strafbar, wer „entgegen der Vorschrift des § 5 amtliche Schriftstücke veröffentlicht".

Durch das EGStGB von 1974[7] schaffte der Bundesgesetzgeber eine einheitliche Strafvorschrift[8]. Dabei wurde der Anwendungsbereich des Tatbestandes einerseits

---

3 Dazu *Voßiek* a.a.O. S. 22 ff.

4 *Voßiek* a.a.O. S. 25 ff.

5 Zum Streit darüber, ob das Reichspressegesetz als Bundesrecht oder als (übereinstimmendes) Landesrecht weitergelte, s. *Voßiek* a.a.O. S. 124 ff.; der Streit wurde durch *BVerfGE* 7, 29 ff. im Sinne der „föderalistischen" Auffassung entschieden.

6 Alle landesrechtlichen Vorschriften b. *Voßiek* a.a.O. S. 138 f.

7 Ausführliche Darstellung der Entstehungsgeschichte der neuen Vorschrift b. *Voßiek* a.a.O. S. 156 ff.

8 § 353d enthielt bis dahin die Regelung anderer Materien; zu ihnen *Vormbaum* LK (12. Aufl.) (s. dazu Hinweis in Fußn. 2).

insofern ausgedehnt, als nunmehr nicht nur Veröffentlichungen durch die Presse unter Strafe gestellt sind (womit die Regelung nicht mehr eine pressestrafrechtliche ist), andererseits insofern eingeengt, als nur Veröffentlichungen *im Wortlaut* erfasst werden.

II.

Die knappen Hinweise zur Entstehungsgeschichte lassen kaum deutlich werden, wie intensiv die Diskussionen um die Ausgestaltung des Straftatbestandes gewesen sind. Ein Blick in die einschlägigen Kommentierungen und Lehrbücher zeigt, dass niemand mit der gefundenen Regelung besonders glücklich ist[9]. Ob dies ein bloßes kriminalpolitisches oder ein verfassungsrechtlich relevantes Unbehagen ist, hatte das Bundesverfassungsgericht, vom Amtsgericht Hamburg 1984 angerufen[10], zu entscheiden. Es hat die verfassungsrechtlichen Bedenken des vorlegenden Gerichts nicht geteilt und hat der Vorschrift die Verfassungsmäßigkeit bescheinigt, soweit die wörtliche Mitteilung der Anklageschrift *ohne oder gegen den Willen des von der Berichterstattung Betroffenen* erfolgt ist. Das Gericht erkennt zwar an, dass der erstrebte Schutz der von der Vorschrift umfassten Rechtsgüter nur unvollkommen erreicht wird[11]; „schlechthin ungeeignet" (S. 216) als Schutznorm sei die Strafbestimmung jedoch nicht. Der Gesetzgeber habe im Interesse der Rechtsklarheit eine gewisse Schwächung des Rechtsgüterschutzes in Kauf genommen und damit grundrechtlicher Freiheit mehr Raum gegeben; das zu beanstanden könne „nicht Sache des Bundesverfassungsgerichts sein" (S. 218).

Ausdrücklich offen gelassen hat das BVerfG die Frage der Verfassungsmäßigkeit der Vorschrift für Fälle, in denen die Veröffentlichung *mit dem Willen des von der*

---

9 Hier nur eine Auswahl der kritischen Stimmen: *Bottke* NStZ 1987, 314; *Hassemer* NJW 1985, 1921; *Hoffmann-Riem* JZ 1986, 495; *Lackner/Kühl* § 353d, Rdn. 4; *Maurach/Schroeder/Maiwald* Strafrecht BT, § 76, Rdn. 7; *Kuhlen* NK § 353d, Rdn. 28; *Waldner* MDR 1983, 424, 425; *Schomburg* StV 1984, 337, 338; *Schönke/Schröder-Lenckner/Perron* Rdn. 41; *Többens* GA 1983, 97, 109; *Tröndle/Fischer* Rdn. 1, 6; *Wilhelm* NJW 1994, 1520; *BVerfG* NJW 1986, 1239, 1240 f.; *Schuppert* AfP 1984, 67, 71 ff.; *Stapper* ZUM 1995, 590, 595; *Träger* LK § 353d, 11. Aufl. (2004), Rdn. 47; *Vormbaum* ebd. 12. Aufl. 2008; *AG Hamburg* NStZ 1984, 265 m. Anm. Rogall; *OLG Hamm* NJW 1977, 967; *LG Lüneburg* NJW 1978, 117; *AG Weinheim* NJW 1994, 1543, 1544; *LG Mannheim* NStZ-RR 1996, 360, 361; *Schulz* Die rechtlichen Auswirkungen von Medienberichterstattung im Strafverfahren, 2002, S. 55; *Schwan* Amtsgeheimnis oder Aktenöffentlichkeit. München 1984, S. 98 ff., 100 ff.; *Stürner* Empfiehlt es sich, die Rechte und Pflichten der Medien präziser zu regeln und dabei den Rechtsschutz des Einzelnen zu Verbessern? S. A28; 58. DJT, Beschluß IV, 11b der Abt. MedienR, NJW 1990, 2992. – Gesetzentwürfe von B 90/Grünen (16/576, S. 3) und FDP (16/956, S. 3) sahen bzw. sehen die Streichung des Tatbestandes vor.

10 *AG Hamburg* NStZ 1984, 265; StV 1984, 207.

11 *BVerfGE* 71, 206 (217, 219).

Berichterstattung Betroffenen erfolgt ist. Darauf ist zurückzukommen. Davon abgesehen aber soll im folgenden die Frage der Verfassungskonformität angesichts ihrer Bejahung durch das BVerfG nicht weiter verfolgt werden; auch die – unabhängig von der Frage der Verfassungsmäßigkeit bestehenden – Zweifel an der legislativen Weisheit der Vorschrift sollen zurückgestellt werden[12]. Es soll nur um Fragen des inneren Gefüges des § 353d Nr. 3 gehen.

III.

1. Die Schutzrichtung der Strafvorschrift bzw. das ihr zugrunde liegende Unrecht erblicken der Gesetzgeber und die h.M. darin, dass Verfahrensbeteiligte, vor allem Laienrichter und Zeugen, durch die vorzeitige Veröffentlichung amtlicher Schriftstücke in ihrer Unbefangenheit beeinträchtigt werden[13]. Was das Strafrecht angeht, kann man den Tatbeständen, in denen es um die möglichst ungestörte Ausübung der Aufgaben der Rechtspflege geht, drei Schutzrichtungen zuordnen: den Schutz des *Verfahrensgefüges*, des *Verfahrenszieles* und der *Verfahrensfunktionen*[14] – eine Dreiteilung, die, wie dies für dogmatische Figuren generell gilt, vergröbernd sein mag, die aber doch die strukturellen Gegebenheiten auf operable Weise einfängt[15].

Verfahrensgefüge ist die institutionelle – von der existentiellen Seite zu unterscheidende[16] – Seite von Rechtspflege; dazu gehören ihre Trennung von den anderen Teilen der Staatsgewalt, insbesondere die richterliche Unabhängigkeit, sowie jene Vorkehrungen, welche den Ablauf des Verfahrens selber vor illegitimen Einflüssen abschirmen sollen, und zwar nicht nur für den Zeitraum des jeweils laufenden Verfahrens, sondern – wie die Geheimhaltungsvorschriften und ihre Strafbewehrung zeigen – mitunter auch über dessen Abschluss hinaus.

---

12 Ich habe mich in der Monographie *Vormbaum* Der strafrechtliche Schutz des Strafurteils. Baden-Baden 1987, S. 467 ff., 469, für die Streichung der Vorschrift ausgesprochen.

13 BTDrucks. 7/550 S. 282 f.; *BVerfGE* 71, 206, 217 ff.; *OLG Hamm* NJW 1977, 967; *OLG Köln* JR 1980, 473.

14 Zum Schutz des *Verfahrenszieles* s. – bezogen und beschränkt auf den Strafprozess – *Vormbaum* Der strafrechtliche Schutz des Strafurteils. Untersuchungen zum strafrechtlichen Schutz des strafprozessualen Verfahrenszieles. Berlin 1987, insb. S. 119 ff.

15 *Henning Ernst Müller* Falsche Zeugenaussage und Beteiligungslehre. Tübingen 2000, S. 58, hat eingewandt, diese Trias schließe die Möglichkeit aus, ein Schutzgut zu definieren, „das in einer Abstraktionsebene unterhalb der drei [...] definierten Schutzgüter anzusiedeln ist". Da es vorliegend auf diesen Einwand nicht ankommt, braucht auf ihn nicht näher eingegangen zu werden. Ich deute nur an, dass der Einwand nur so weit trägt, wie es um Schutzgüter geht, die sich nicht einer drei Schutz*richtungen* einfügen lassen, die also quer zu dieser Dreiteilung liegen. Insofern ist der Einwand bedenkenswert, es müsste jedoch erst ein Fall gebildet werden, der diese (negative) Voraussetzung erfüllt, der also (positiv) die Binnengrenze zwischen zwei dieser Schutzrichtungen schneidet.

16 Dazu *Vormbaum* (wie Fußn. 12), S. 113.

Verfahrensziel betrifft die dynamische Komponente von Rechtspflege, das Verfahren. Dieses ist kein „Ritual“, also keine zwar zweckblinde, aber mit mechanistischer Zwangsläufigkeit einem Ende entgegensteuernde Aufeinanderfolge feststehender Stereotypen; es ist auch nicht ein zwar thematisch begrenzter, im übrigen aber beliebiger Gedanken- und Meinungsaustausch („Palaver“, „Diskussion“), sondern ein rechtlichen Regeln unterworfener, durch Sprachkommunikation und Interaktion in seinem Verlauf bestimmter Vorgang, der gesellschaftliche Konflikte thematisiert, dabei aber auf die Erreichung eines Zieles, der *Entscheidung*, hin funktionalisiert ist. Diese Zielerreichung auf bestimmtem verfahrensmäßigem Wege ist das Verfahrensziel.

Verfahrensfunktionen betreffen die Ausstrahlungen und Reflexe des Verfahrens in die Gesellschaft hinein und auf den Einzelnen, im Strafverfahren insb. auf den Täter, mithin die Realisierung der Aufgaben der Rechtspflege in der Umwelt.

Misst man das von der h.M. formulierte Unrecht der Tat nach § 353d Nr. 3, so ist dieses der Schutzrichtung „Verfahrensgefüge“ zuzuordnen[17]. Zwar beeinträchtigt mangelnde Unbefangenheit des Verfahrensbeteiligten, vor allem des Laienrichters, gegenüber dem Prozessstoff letztlich auch das Verfahrens*ziel*; § 353d Nr. 3 bezweckt jedoch – die genannte Schutzrichtung unterstellt – die *Abschirmung* des Verfahrens gegen *äußere* Einflüsse. Zwar besteht eine gewisse sachliche Nachbarschaft zu § 160 StGB, also zu einer das Verfahrens*ziel* schützenden Vorschrift[18]; verglichen mit der auf die gezielte Beeinflussung von genau bezeichneten Rollenträgern gerichtete Tathandlung jener Vorschrift ist § 353d Nr. 3 jedoch im Hinblick auf das Verfahrensziel ganz unspezifisch formuliert.

Für die h.M. sprechen – jedenfalls funktional betrachtet – gute Gründe. Zwar gilt das Wächteramt der demokratischen Öffentlichkeit, die der Berichterstattung bedarf, wie für jede Staatstätigkeit auch für die Justiz; die letztere soll jedoch ihre Tätigkeit – anders als diejenige der beiden anderen Staatsgewalten, die der Umsetzung des (wenn auch mediatisierten) Volkswillens dient – in einer möglichst unaufgeregten und politikfernen Atmosphäre ausüben. Bereits die frühe Rechtsgeschichte kennt die Hegung der Gerichtsversammlung, die Einfriedung der Gerichtsstätte durch Zweig und Schnur, durch Pflock und Seil[19].

Zur Realisierung des mit dieser Hegung bzw. Einfriedung verfolgten Zieles stehen dem modernen Recht viele Mittel zur Verfügung; der Erlass von Strafvorschriften ist nur eines davon. Eine vertiefte Erörterung des Grundsatzes der *ultima ratio* kann möglicherweise einen Gesichtspunkt dingfest machen, der *kriminalpolitisch* gegen die Existenz des § 353d Nr. 3 spricht. Da hier aber voraussetzungsgemäß eine im-

---

17 S. bereits (hypothetisch) *Vormbaum* (wie Fußn. 12), S. 467.

18 Dazu *Vormbaum* (wie Fußn. 12), S. 295 ff.

19 *Hermann Conrad* Deutsche Rechtsgeschichte. Bd. I: Frühzeit und Mittelalter. 2. Aufl. Karlsruhe 1962, S. 28.

manente Betrachtung zugrunde gelegt werden soll, ist festzustellen, dass der von der h.M. vertretene Gesichtspunkt plausibel ist[20]: Der durch eine vorweggenommene öffentliche Diskussion amtlichen Prozessmaterials – oft verbunden mit einseitigen Stellungnahmen oder gar unmittelbar auf Einflussnahme angelegten Wertungen – drohenden Voreingenommenheit und den darin liegenden Gefahren für die Wahrheitsfindung und für ein gerechtes Urteil soll entgegengetreten werden.

Dass diese Zielsetzung mit der bereits angesprochenen Funktion demokratischer Öffentlichkeit kollidiert, liegt auf der Hand. Und wie bei der *Herstellung* der Einfriedung des Verfahrensgefüges stellen sich auch bei ihrer sachgerechten *Beschränkung* für den Gesetzgeber mehrere Optionen; von ihnen hat er, wie die Gesetzesgeschichte zeigt, mehrere ausprobiert. Die gegenwärtige Regelung begegnet dem Vorwurf einer übermäßigen Einschränkung der Pressefreiheit zum einen durch die Einbeziehung aller Veröffentlichungen, also nicht nur der Presseveröffentlichungen, in den Tatbestand, zum anderen dadurch, dass nur *wörtliche* Zitate unter Strafe gestellt sind, Wiedergaben in indirekter Rede also straflos bleiben. Ob damit *sachlich* ein angemessenes Kriterium gefunden ist, mag man bezweifeln, jedoch dient die jetzige Fassung der Strafvorschrift zweifellos der Rechtsklarheit[21]. Sie beseitigt die Auslegungsschwierigkeiten, welche die Rechtsprechung in Grenzbereichen vor eine nahezu unlösbare Aufgabe gestellt hatten[22].

2. Die h.M. belässt es allerdings nicht bei der Benennung des gerade angesprochenen Schutzzweckes. Die Strafbestimmung soll daneben auch dem Schutz des vom Verfahren Betroffenen dienen, der durch Veröffentlichung „amtlicher Papiere“ nicht an den *Pranger* gestellt werden soll, noch bevor überhaupt eine gerichtliche Überprüfung erfolgt ist[23]. Für diese Zielrichtung spricht die in § 353d Nr. 3 enthaltene Auf-

---

20 Eine weitere Frage (neben derjenigen nach der *ultima ratio*) ist, ob Sanktionstatbestände mit – wie vorliegend – eher geringem Unrechtsgehalt (oder allgemeiner: außerhalb des sicheren Bereiches eines Kernstrafrechts) überhaupt kriminalrechtlichen Charakter tragen sollten. Dies muss nicht unbedingt zu ihrer Eingruppierung als Ordnungswidrigkeiten führen; eine wiederholt diskutierte Zwischenkategorie eines „Sanktionenrechts“ oder der „schweren Ordnungswidrigkeiten“ – das österreichische Gesetz von 1803 betraf „Verbrechen und schwere Polizeiübertretungen“ – könnte hier neue Wege öffnen; *sed de his hic non est locus*.

21 *BVerfGE* 71, 206, 222.

22 *Schönke/Schröder/Lenckner/Perron* § 353d Rdn. 41.

23 Bericht des Sonderausschusses BTDrucks. 7/1261 S. 23; Erl. der Arbeitsgruppe „Einführungsgesetz zum Strafgesetzbuch“, Anl. 1 der Niederschriften des Sonderausschusses, 7. Wahlperiode, 10. Sitzung, zu Art. 18 Nr. 183; *von Bülow* im Sonderausschuss, Niederschriften 7. Wahlperiode, 11. Sitzung, S. 409; *Tröndle* und *Dünnebier* Niederschriften Bd. 13 S. 300; Bericht der Bundesregierung zum Thema „Öffentliche Vorverurteilung“ und „faires Verfahren“, BTDrucks. 10/4608 S. 11; *BVerfGE* 71, 206, 217, 219; *LG Lüneburg* NJW 1978, 117; *Lackner/Kühl* Rdn. 1; *Tröndle/Fischer* Rdn. 1; *Kuhlen* NK Rdn. 25; *Bottke* JR 1980, 474, 475 (Anm. zu OLG Köln JR 1980, 473); *Bottke* NStZ 1987, 314, 315; a.A: *Schönke/Schröder/Lenckner/Perron* Rdn. 40; *Hoyer* SK Rdn. 6; *Samson* SK (1991) Rdn. 16.

zählung der geschützten Verfahrensarten, denn bei Straf-, Bußgeld- und Disziplinarverfahren ist die Gefahr einer Bloßstellung am größten[24]. Dagegen spricht freilich, dass Laienrichter auch in anderen Verfahren, beispielsweise vor den Arbeits- und Verwaltungsgerichten, mitwirken (§§ 16, 20 ff., 37, 41 ArbGG, §§ 5 Abs. 3 S. 1, 19 ff. VwGO).

Es fragt sich allerdings, ob die angenommene Verdoppelung der Schutzzwecke überhaupt praktische Konsequenzen nach sich zieht[25]. Hier kommt vor allem die vom Bundesverfassungsgericht offen gelassene Frage ins Spiel, ob der Beschuldigte bzw. Betroffene oder derjenige, der mit seiner Zustimmung handelt, sich nach § 353d Nr. 3 strafbar machen kann. Dies wird auch von Autoren bejaht, die sich für die Verdoppelung des Schutzzweckes einsetzen[26]. Methodische Voraussetzung für diese Position ist, dass die doppelte Schutzrichtung nicht als eine *kumulative*, sondern – sprachlich ungenau[27] – als eine *alternative* aufzufassen ist. Nur im zuletzt genannten Fall, also dann, wenn man das Berührtsein *eines* der beiden Rechtsgüter für die Tatbestandserfüllung ausreichen lässt, kommt in den genannten Fällen eine Strafbarkeit in Betracht. Prinzipiell bestehen gegen eine solche alternative Schutzzweckverdoppelung, die leider einer um sich greifenden argumentativen Praxis entspricht, Bedenken[28], denn sie hebelt den durch die Rechtsgutlehre intendierten Strafbegrenzungseffekt wieder aus. Eben dies ist mit ihr auch intendiert, wie aus § 164 StGB bekannt ist: Bei reinem Rechtspflegeschutz wäre eine falsche Verdächtigung vor ausländischen Stellen nicht erfasst; bei reinem Individualgüterschutz würde das Einverständnis bzw. die Einwilligung des Verdächtigten die Strafbarkeit ausschließen. Die „alternative“ Verdoppelung schließt beide Einschränkungsmöglichkeiten aus. Diese Form der Verdoppelung sollte daher verpönt sein. Zu Recht nimmt ein zunehmender Teil des Schrifttums inzwischen an, dass für § 164 StGB nur einer der beiden Schutzgesichtspunkte in Betracht zu ziehen ist; welcher dies sein soll und welcher nur als Schutzreflex einzuordnen ist, ist freilich umstritten[29]. Andererseits wird eine *kumulative* Schutzzweckverdoppelung den objektiv zutage getretenen gesetzgeberischen Intentionen häufig direkt zuwider laufen. Beschränkt

---

24 Vgl. *BVerfGE* 35, 202, 226; 71, 206, 223.

25 Die folgenden Überlegungen habe ich nach Abschluss meiner Kommentierung zur 12. Auflage des LK angestellt; sie stimmen im Ergebnis mit der dort vertretenen Auffassung überein, berücksichtigen aber zusätzliche Gesichtspunkte und begründen das Ergebnis teilweise neu.

26 *Träger* LK § 353d Rdn. 39; *Schönke/Schröder/Lenckner/Perron* a.a.O.; *Samson* SK (1991) Rdn. 16; *Hoyer* SK Rdn. 6.

27 Dazu *Langer* Die falsche Verdächtigung. Ein Beitrag zur Strafrechtsreform. Berlin 1973, S. 36; *Vormbaum* (wie Fußn. 12), S. 451. Zutreffender wäre die Bezeichnung „Uterquität“, s. *Vormbaum* NK Vor § 153 Rdn. 26 (zu korr. der Hinweis a.a.O., § 164 Rdn. 8 Fußn. 10).

28 Dazu *Vormbaum* Festschrift f. Dimitris Tsatsos. Baden-Baden 2003, 703 ff., 706.

29 Nachweise b. *Vormbaum* (wie Fußn. 14), S. 451 ff.

man daher die Betrachtung auf die isolierte Betrachtung der beiden in Frage stehenden Rechtsgüter, so scheint, abstrakt betrachtet, bei § 353d Nr. 3 dieselbe Struktur wie bei § 164 vorzuliegen: Die Einwilligung des Beschuldigten wird unter Hinweis auf den Rechtspflegeschutz für unbeachtlich erklärt; die Veröffentlichung von Schriftstücken eines ausländischen Straf-, Bußgeld- oder Disziplinarverfahrens wäre konsequent unter dem Gesichtspunkt des Individualgüterschutzes in den Tatbestand einzubeziehen; letzteres wird allerdings – soweit ersichtlich – nirgends vertreten. Das Rechtsempfinden bestätigt dieses Ergebnis[30]. Da dies bei § 164, auch wenn man sich dort – wie der Verfasser dieses Beitrages – für den Individualgüterschutz ausspricht[31], anders ist, fragt sich, ob es der Schutzzweckverdoppelung in § 353d Nr. 3 überhaupt bedarf. Mit der Beschränkung auf die inländische Rechtspflege ist die einschränkende Konsequenz eines reinen *Rechtspflege*-Schutzes erreicht. Fraglich bleibt somit die einschränkende Konsequenz des reinen *Individualgüter*-Schutzes, nämlich die unrechtsausschließende Wirkung der Einwilligung. Hier scheint sich eine Lösung wie bei § 164 anzubieten; wer dort, wie der Verfasser dieses Beitrages, für bloßen Individualgüterschutz plädiert, scheint hier zur selben Konsequenz gedrängt zu werden. Dagegen spricht jedoch ein entscheidender Unterschied zwischen den beiden Tatbeständen. Während die Tat nach § 164 schon nach dem Gesetzeswortlaut *nur* zu Lasten des Verdächtigten begangen werden kann, ist die Tat nach § 353d Nr. 3 insoweit „neutral", denn der Tatbestand erfasst hier nach dem Gesetzeswortlaut auch solche Schriftstücke, die den Betroffenen *ent*lasten[32]. Auch ist nicht zu übersehen, dass die gesetzliche Konstruktion des § 353d Nr. 3, anders als diejenige des § 164, gegen die Annahme eines reinen Individualgüterschutzes (oder der Kumulierung beider Gesichtspunkte) spricht: In § 164 sind die Interessen der Rechtspflege und die des falsch Verdächtigten weitgehend „gleichgerichtet"; die Einwilligung des Verdächtigten wird, wo sie wirklich legitim sein sollte, ein marginaler Fall bleiben; wo sie dies nicht ist, wird der Verdächtigte selbst sich im Bereich des § 145d bewegen. Kurz gesagt: Die Rechtspflege kann des Schutzes des § 164

30 Dies kann sich freilich bei entsprechend ausgewählten Fällen ändern; man denke sich den Fall, dass ein deutsches Boulevardblatt die Anklageschrift einer ausländischen Strafverfolgungsbehörde gegen einen prominenten Deutschen im Wortlaut veröffentlicht.

31 *Vormbaum* (wie Fußn. 12), S. 458 f.; *Ders.* NK (2. Aufl.), § 164 Rdn. 10.

32 S. nur *Schönke/Schröder/Lenckner/Perron* Rdn. 40; freilich ist die Dichotomie Be-/Entlastung nicht immer klar durchzuhalten. Aus rein prozessualer Sicht können amtliche Schriftstücke durchaus ambivalent, nämlich zugleich be- und entlastend sein. Überdies müsste selbst dann, wenn man § 353d Nr. 3 nur dem Individualgüterschutz zuordnete, die Veröffentlichung durch Personen, die ohne oder gar gegen den Willen des Beschuldigten handeln, tatbestandsmäßig bleiben, denn der Beschuldigte kann auch ein Interesse an der Nichtveröffentlichung solcher Schriftstücke haben, die ihn *prozessual* entlasten (aber z.B. seinem Leumund nachteilig sind).

entbehren[33], nicht aber der Verdächtigte. In § 353d Nr. 3 hingegen ist das Schutzbedürfnis der Rechtspflege, wie eingangs ausgeführt, zumindest als gegeben zu unterstellen. Was andererseits den Schutz des Beschuldigten angeht, kann für die formale Beschränkung des Tatbestandes auf *wörtliche* Wiedergaben neben der Tatbestandsbestimmtheit noch angeführt werden, dass sie dem Beschuldigten die Möglichkeit belässt, sich in *indirekter Rede* öffentlich gegen die gegen ihn erhobenen Vorwürfe zur Wehr zu setzen. Dies gilt zwar auch für andere Personen, doch kann in *dieser* Hinsicht die Beschränkung auf die wörtliche Wiedergabe als der Versuch angesehen werden, eine schonende Abgrenzung zur (Einschränkung der) Pressefreiheit vorzunehmen, auch wenn die Presse aus grundsätzlichen Erwägungen nicht mehr (wie in früheren Gesetzesfassungen) besonders erwähnt wird. Da somit die Möglichkeiten des Beschuldigten, sich vor der Öffentlichkeit zu rehabilitieren, nur unwesentlich beschränkt sind, erscheint weder eine Verdoppelung des Schutzzweckes noch eine Beschränkung auf den Individualgüterschutz geboten.

Die vom Bundesverfassungsgericht offen gelassene Frage ist demnach mit der h.M. dahin zu beantworten, dass auch der Beschuldigte bzw. Betroffene selbst den Tatbestand des § 353d Nr. 3 erfüllen kann[34]. Problematische Fälle können auf der Rechtswidrigkeitsebene erörtert und ggf. ausgeschieden werden. Letzte Bedenken mögen dadurch ausgeräumt werden, dass man den Begriff der „amtlichen Schriftstücke" eng auslegt. Dazu sollen abschließend noch zwei Beiträge geliefert werden.

IV.

Das Verbot der öffentlichen Mitteilung bezieht sich auf die Anklageschrift oder andere amtliche Schriftstücke der im Tatbestand genannten Verfahren.

Bestandteil der Straf-, Bußgeld- oder Disziplinarakten – und damit *amtliche Schriftstücke* im Sinne des § 353d Nr. 3 – werden darüber hinaus die *beigezogenen Vorgänge* anderer Verfahren[35]. Dadurch, dass sie *auch* Gegenstand eines weiteren Verfahrens werden, fallen sie selbstverständlich nicht aus dem Schutzbereich des § 353d Nr. 3. Sind die fraglichen Schriftstücke in jenem anderen Verfahren aber bereits in öffentlicher Verhandlung erörtert worden, so beseitigt dies die Strafbarkeit einer Veröffentlichung auch im Hinblick auf das anhängige Verfahren[36]. Zwar kann

33 S. auch *Backes/Lindemann*, Staatlich organisierte Anonymität als Ermittlungsmethode bei Korruptions- und Wirtschaftsdelikten. Heidelberg 2006, S. 102 f.

34 Ebenso im Ergebnis bereits *Träger* LK 11. Aufl. Rdn. 39, *Vormbaum* LK 12. Aufl. ebd.; *Samson* SK (1991), Rdn. 16; *Hoyer* SK Rdn. 6; *Lenckner/Perron* a.a.O.; a.A. *Waldner* MDR 1983, 424, 425.

35 *Vormbaum* LK 12. Aufl. (s. Fußn. 2), Rdn. 47 m.w.N.

36 A.A. *Träger* LK 11. Aufl., § 353d Rdn. 47.

ein amtliches Schriftstück eines Verfahrens in einem anderen Verfahren in einem anderen Funktionszusammenhang erörtert werden, so dass das Rechtsgut „Rechtspflege“ betroffen sein kann. Jedoch eröffnen sich bei der Einbeziehung dieser Schriftstücke zwei gleichermaßen unbefriedigende praktische Möglichkeiten: Man kann zum einen ein relatives Zitierverbot annehmen, d.h. im Hinblick auf das *frühere* Verfahren die wörtliche Wiedergabe der Papiere für erlaubt halten, im Hinblick auf das neue Verfahren aber für strafbar erklären – ein praktisch kaum durchführbares Vorgehen. Man könnte zum anderen in dem Augenblick, in dem die beigezogenen Akten in das neue Verfahren gelangen, das durch § 353d Nr. 3 strafbewehrte Verbot wieder aufleben lassen; dies wäre allerdings weder rechtlich noch praktisch zu rechtfertigen. Verfassungsrechtlich wäre es nicht haltbar, einen Text, der bereits wörtlich zitiert werden durfte, nunmehr erneut zu „indizieren“; da der Text bereits „in der Welt ist“, wäre dies wohl schon *verfassungsrechtlich* bedenklich, hat doch jeder „das Recht […], sich aus allgemein zugänglichen Quellen ungehindert zu unterrichten“ (Art. 5 Abs. 1 S. 1 Hs. 1); praktisch würden sich dieselben Probleme stellen wie bei einem relativen Zitierverbot – jedenfalls dann, wenn die betreffenden Schriften im Zusammenhang mit den anderen Verfahren bereits veröffentlicht worden sind. Auch wäre es schwer zu vermitteln, dass Schriftstücke, für die früher bereits ein Zitierverbot bestand, das danach aufgehoben war, nunmehr erneut unter Strafdrohung geraten. Schließlich spricht auch der Tatbestandswortlaut gegen die kritisierte Auffassung, denn er spricht nicht davon, dass die Schriftstücke *in diesem Verfahren* erörtert worden sein müssen, sondern von der Erörterung *schlechthin*. Erörtert worden sind die Schriftstücke aber bereits, nämlich im *früheren* Verfahren.

V.

Wie aber ist zu entscheiden, wenn zwar das geschützte Verfahren noch nicht abgeschlossen ist, jedoch bereits ein Strafverfahren wegen eines Verstoßes gegen § 353d Nr. 3 im Hinblick auf dieses Verfahren stattgefunden hat? Es ist abermals das für die Pressemetropole Hamburg zuständige AG Hamburg, das sich, indem es Anlass zu dieser Frage gegeben hat, in die Annalen des Tatbestandes eingeschrieben hat: Nach dem Regierungswechsel infolge der Bundestagswahl 1998 war der Verdacht aufgetaucht, auf Veranlassung der abgewählten CDU/CSU/FDP-Bundesregierung habe im Bundeskanzleramt eine systematische Löschung digital gespeicherter amtlicher Dokumente stattgefunden[37]. Die neue Regierung beantragte darauf ein Disziplinarverfahren gegen die verdächtigen Beamten des Bundeskanzleramtes. Als Untersuchungsführer wurde der ehemalige Bundestagsvizepräsident Burkhard Hirsch

37 Auf die seinerzeit diskutierte Frage, wie solche amtlichen Dokumente von persönlichen „Gedankenskizzen“ u.ä. abzugrenzen seien, kommt es hier nicht an.

eingesetzt. Dieser erstattete einen umfänglichen Bericht, von der Presse als „Hirsch-Bericht" bezeichnet. Das Disziplinarverfahren wurde Jahre später durch die Staatsanwaltschaft Bonn eingestellt. Einige Zeit nach der Erstattung des Hirsch-Berichts erschien in der Hamburger Wochenzeitung DIE ZEIT ein Artikel mit der beziehungsreichen Überschrift „Operation Löschtaste", in dem Teile des Ermittlungsberichts und der zugehörigen Anhörungen und schriftlichen Äußerungen im Wortlaut zitiert wurden. Zur Zeit der Veröffentlichung war im Disziplinarverfahren der „Hirsch-Bericht" weder öffentlich erörtert worden noch das Disziplinarverfahren abgeschlossen gewesen. Das gegen die Verantwortlichen des Artikels eingeleitete Strafverfahren wegen eines Vergehens nach § 353d Nr. 3 StGB endete mit einer Verwarnung mit Strafvorbehalt nach § 59 StGB.

Von Interesse für unser Thema ist die Sachverhaltsdarstellung im Urteil des Amtsgerichts. Sie macht deutlich, welche Paradoxien § 353d Nr. 3 gerade dann produzieren kann, wenn es an seine prozessuale Umsetzung geht. Weil der Ort der Veröffentlichung des Urteils abseits des Üblichen liegt, seien einige Passagen, die auch von zeitgeschichtlichem Interesse sind, wörtlich wiedergegeben. Das Gericht zitiert zunächst Abschnitte aus dem inkriminierten Artikel (die Kursivierungen sind aus den Urteilsgründen übernommen):

> [...] So berichtet der Geheimschutzbeauftragte über ein Treffen mit dem Computerchef des Hauses und dem Abteilungsleiter der Zentralverwaltung. Die drei erörtern im Oktober 1998, kurz vor dem Amtsantritt der neuen Bundesregierung, den Umgang mit *„sensitivem Material"*. Die Runde stellt fest, man könne heikle Informationen nicht *„gezielt aus dem Datenmaterial heraussuchen"*, etwa aus den Computern in den Vorzimmern von Bohl und Kohl. Dazu müsse man *„so viele Mitarbeiter in das Vertrauen ziehen, dass im Ergebnis dieser Weg nicht gangbar"* sei. Daher komme nur *„eine generelle Lösung in Betracht"*.
>
> Dazu sagt, laut Anhörungsprotokoll, der Geheimschutzbeauftragte *„Ich habe gegen diese Entscheidung entschieden remonstriert"*. Heldenhafter, aber nutzloser Widerstand. Nichts fruchtet. Nicht der Hinweis, dass man *„bei einer pauschalen Löschung zu 90 Prozent Datenbestände treffe, die nicht sensibel sind und für die Arbeitsfähigkeit des Hauses [...] von erheblicher Bedeutung sind"*. Da wird der Geheimschützer beschieden, dass er *„wohl den Inhalt des Datenbestandes überschätze"*. Vergebens auch sein Hinweis, dass *„die Daten der Sicherheitsüberprüfung der Mitarbeiter nur noch EDV-gestützt bearbeitet werden, so dass eine Löschung [...] die Tätigkeit über Monate erschwert oder unmöglich macht"*.
>
> Dass alle Einwände an den Vorgesetzten abprallen, kann nur einen Grund haben: Kohls Mannen wollen etwas verbergen. Der Geheimschutzbeauftragte mahnt: Auch bei einer Datenvernichtung müssten *„unter allen Umständen die Vorschriften über Verschlussmaterial gelten"*, also *„Dokumentation des Auftrags, des Auftraggebers, der Akte selbst"* sowie die *„Hinzuziehung eines Nichtbeteiligten"*.

> [...] Den Part des bösen Buben gibt Hans-Achim R., ein eiserner Kohl-Mann und Leiter der Zentralabteilung. Nach seiner *„Rechtsauffassung sind“* Daten auf Festplatten *„eine Art Zwischenmaterial“*. [...]

Um nun zu beweisen, dass die kursiv gesetzten Passagen dem „Hirsch-Bericht“ und den Vernehmungsakten des Disziplinarverfahrens entstammen, folgen in der Sachverhaltsdarstellung des AG Hamburg die einschlägigen Passagen aus den Akten jenes Verfahrens; sie betreffen die Vernehmung des Zeugen W. durch den Untersuchungsführer:

> „Ich war seit 1994 im BK, seit 1995 Sicherheits- und Geheimschutzbeauftragter als Referatsleiter 115 und war das bis zu meinem Ausscheiden aus dem BK im Januar 2000. Ich habe an einem Gespräch zwischen Herrn R. und Herrn G. teilgenommen, meiner Erinnerung nach in der zweiten Oktoberhälfte. Dabei ging es um die Löschung bestimmter Datenbestände. Herr R. hatte zu diesem Gespräch gebeten, weil bestimmte Datenbestände gelöscht werden sollten, nicht administrativer, sondern politischer und parteipolitischer Art, persönliche Aufzeichnungen des Kanzlers bzw. ChefBK, wie sie in einem Kanzleramt anfallen, um sie nicht zur Kenntnis der nachfolgenden Bundesregierung zu bringen. Herr R. vertrat dabei die Rechtsauffassung, dass diese Datenbestände eine Art ‘Zwischenmaterial’ seien, die nach der Geschäftsordnung der Bundesregierung nicht formaler Aktenbestand waren und daher disponibel seien. Er vertrat die Auffassung, dass sich die Geschäftsordnung mit der Verpflichtung zur lückenlosen Dokumentation der Verwaltungsvorgänge nicht auf die Dateien, sondern nur auf das ausgedruckte Material beziehe. Wir haben zunächst erörtert, ob das in dem beschriebenen Sinn sensitive Material überhaupt in den Dateien sei und haben das bejaht. Denn in der Tat ist es eine Arbeitsvereinfachung, bestimmte Dokumente in der Datei zu haben, weil man sie dann leicht aufrufen und für seine Arbeit nutzen kann. Wir haben dann weiter erörtert, ob man das Material gezielt aus dem Datenmaterial heraussuchen kann, also z.B. Dateien im Vorzimmer BK oder ChefBK, oder ob es nicht vielmehr so ist, dass das sensitive Material sich auch in den Arbeitsebenen befindet. Auch diese Frage haben wir nach Lage der Dinge bejaht. Wir haben dabei auch die Frage erörtert, wie man bei den besonders sensitiven standalone Systemen die Wiederherstellung gelöschten Materials verhindern könne und waren uns klar darüber, dass man das nur dadurch machen kann, dass man die Festplatten ausbaut und physisch vernichtet. Wir kamen damit zu dem Ergebnis, dass man bei einer selektiven Löschung so viele Mitarbeiter in das Vertrauen ziehen müsse, dass im Ergebnis dieser Weg nicht gangbar war und nur eine generelle Löschung in Betracht kommt. Ich habe gegen diese Entscheidung entschieden remonstriert. Man mag über die Rechtslage streiten und unterschiedlicher Meinung sein, ich habe aber vor allem darauf hingewiesen, dass man unabhängig von der Rechtslage zu 90% bei einer pauschalen Löschung Datenbestände treffe, die nicht sensibel sind und die für die Arbeitsfähigkeit des Hauses im Sinne einer kontinuierlichen Fortführung der Verwaltung von erheblicher Bedeutung sind. Mir ist dazu entgegen gehalten worden, dass ich wohl den Inhalt des Datenbestandes überschätze. Ich habe dann darauf hingewiesen, dass es nicht nur im Personalbereich viele Daten gibt, sondern dass insbesondere im Sicherheitsbereich die Daten der Sicherheitsüberprüfung der Mitarbeiter praktisch nur noch EDV-gestützt bearbeitet werden, so dass eine Löschung des Materials auch in diesem Teil die Tätigkeit über Monate erschwert oder unmöglich macht.

Herr G. und ich haben versucht, diese differenzierte Betrachtungsweise dem AL 1 nahe zu bringen. Ich hatte aber am Ende des Gesprächs trotzdem den Eindruck, dass Herr R. Herrn G. beauftragen würde, als zuständiger IT-Referatsleiter eine pauschale Löschung des Datenbestandes durchzuführen. Das Gespräch dauerte weniger als eine halbe Stunde. Nach dem Gespräch hatte ich den Eindruck, dass Herr G. mit der getroffenen Entscheidung nicht glücklich war. Ich selbst habe mich gefragt, ob Herr R. das Problem verstanden hatte. Ich sah mich in einem schweren Loyalitätskonflikt zwischen der Vertrauensbasis auf der einen Seite, auf der ich gearbeitet hatte, und meinen beamtenrechtlichen Pflichten auf der andere Seite, eine kontinuierliche Verwaltungstätigkeit zu sichern. Ich habe dann einen meiner Mitarbeiter ins Vertrauen gezogen und von dem für mich wichtigen Material Sicherheitskopien auf die Festplatte gezogen, um eine reibungslose Weiterarbeit zu sichern. Ich habe dann mit Herrn U., dem damaligen Vorsitzenden des Personalrates, telefoniert, dem das Problem sofort bewusst wurde und ich glaube, dass dann Herr U. beim ChefBK erreicht hat, dass an Stelle der pauschalen Löschung eine differenzierte Regelung angeordnet wurde.

In dem Gespräch mit Herrn R. haben wir auch darauf hingewiesen, dass die Löschung der Dokumente, von denen Herr R. der Auffassung war, sie gingen die neue Regierung nichts an, in den Dateien dann keinen Sinn machen, wenn sich die Dokumente dann ausgedruckt in den Akten befinden. Wir haben ihm gesagt, dass er dann doch zunächst an die Akten gehen müsse, um in dem zweiten Arbeitsgang zu prüfen, ob sich noch Spuren in den Dateien befinden. Ich bin aber nicht sicher, ob er den Gedankengang verstanden hat. Sein Hauptansatz war aber, dass der Zugriff auf die Akten in der kurzen zur Verfügung stehenden Zeit arbeitsmäßig nicht geleistet werden konnte und dass man außerdem dabei zu viele Personen ins Vertrauen ziehen muss. Deswegen sei die Löschung der Datenverarbeitung der bessere Weg, das Ziel zu erreichen.

Wir haben über die GdL, die anderen Nachweissysteme und z.B. die Datei des ChefBK nicht im einzelnen gesprochen, sondern wie schon erwähnt die Frage erörtert, wie man bei diesen stand-alone Systemen die Wiederherstellung der gelöschten Daten mit Sicherheit ausschließen könnte, nämlich durch den Ausbau und die physische Zerstörung der Festplatten. Herr R. war der Meinung, dass es sich bei diesen Daten um politische Konzepte, Planungen und persönliche Daten der Amtsleitung handelte, die den Nachfolger nichts angehen.

In dem Gespräch mit Herrn R. habe ich unter anderem auch darauf hingewiesen, dass auch weiterhin unter allen Umständen die Vorschriften über VS-Material hier gelten, d.h. also, dass eine Vernichtung solcher Dokumente nur unter bestimmten formalen Voraussetzungen – Dokumentation des Auftrages, des Auftraggebers, der Akte selbst, Vernichtungsverhandlung unter Hinzuziehung eines Nichtbeteiligten usw. – möglich ist.

Ich habe keine Kenntnis darüber, ob der Chef [des] B[undes]K[anzleramtes] selbst an den anfänglichen Überlegungen beteiligt war oder nicht. Herr R. erklärte am Anfang des Gespräches, er müsse das anweisen, denn es sei seine Aufgabe als politischer Beamter, seinen Minister zu schützen und es ginge darum, o.g. Datenbestände der Nachfolgeregierung nicht zur Kenntnis zu geben. Ich hatte zwar den Eindruck, das diese Entscheidung in irgendeiner Weise verabredet war, aber das ist ein rein subjektiver Eindruck.

Auf Befragen, ob ich in größerem Umfang das Vernichten von Aktenmaterial im Kollegenkreis erlebt habe, kann ich nur sagen, dass wohl im Bereich von Handakten in größerem Umfang solches abtransportiert wurde. Ich habe es nicht als meine Aufgabe betrachtet, mich darum zu kümmern, was mit Kleinlastern transportiert werden sollte, da es sich nicht um VS-Material handelte, für das ich zuständig bin, sondern offenes Material.

Auf Befragen: Ob mir Herr G. nach dem Gespräch beim AL 1 noch weitere Details zu den beabsichtigten Löschungen mitgeteilt hat: Während des Gesprächs beim AL 1 über eine umfassende Löschung war klar, dass dies nur Herr G. allein tun könnte. Im übrigen hat mir Herr G. in der Folgezeit keine weiteren Erklärungen über die beabsichtigten Datenlöschungen gegeben, zumal wir kein intensives Vertrauensverhältnis zueinander hatten."

Unterstellt man der Einfachheit halber, dass die wörtliche Wiedergabe von Abschnitten aus dem „Hirsch-Bericht" und aus Vernehmungsprotokollen des Disziplinarverfahrens im Urteil des AG Hamburg durch die Verpflichtung des Gerichts aus § 267 Abs. 1 StPO gerechtfertigt ist, so stellt sich die weitere Frage, wie es sich mit der Veröffentlichung des Wortlauts *dieses* Urteils verhält, solange das Ursprungsverfahren (hier: das Disziplinarverfahren) nicht abgeschlossen ist.

Der Verf. des vorliegenden Beitrages, dem das Urteil kurz nach dessen Erlass zugänglich geworden war, stand damals vor der Frage, ob er dieses in dem von ihm herausgegebenen *Jahrbuch der juristischen Zeitgeschichte* veröffentlichen solle bzw. dürfe. Er hat sich dazu entschlossen, obwohl immerhin eine Auffassung im Schrifttum auch hier den Tatbestand bejaht[38]. Die Richtigkeit der Gegenauffassung ergab und ergibt sich aus den Überlegungen zur vorher erörterten Fallkonstellation. Zwar sind die beiden Konstellationen gewissermaßen konträr, denn während in der vorigen Konstellation das geschützte Verfahren Akten eines anderen Verfahrens *einbezieht*, *gibt* es hier seine Akten an ein anderes Verfahren, nämlich an das zu seinem Schutz stattfindende Strafverfahren, *ab*. Dennoch sind die beiden Konstellationen im Hinblick auf die hier erörterte Problematik funktional äquivalent. Ist nämlich das betreffende Schriftstück einmal im Wortlaut allgemeinkundig geworden, so kann das Ursprungsverfahren es sich nicht mehr „zurückholen" und ein relatives oder gar absolutes Zitierverbot verhängen.

In beiden Konstellationen einer „vermittelten" Veröffentlichung ist daher der Tatbestand ausgeschlossen. Allerdings gilt dies in der zuletzt betrachteten Konstellation nur in dem Umfang, in dem das fragliche Schriftstück in den Urteilsgründen des sekundären Strafverfahrens wörtlich veröffentlicht worden ist, während es in der zuerst erörterten Konstellation in vollem Umfang zitierfähig bleibt, da das Ende des

---

38 *RGSt* 14, 342; *OLG Dresden* JW 1925, 1538; *Schönke/Schröder/Lenckner/Perron* Rdn. 44 m.w.N.; a.A. *Kuhlen* NK Rdn. 29.

auf das erste Verfahren bezogenen Verbots sich auf das gesamte Schriftstück erstreckt hat.

17.

Glosse: Strafbarkeitslücken

(1999)

Wer strafrechtliche Examensklausuren und -hausarbeiten korrigiert, lernt die Warnung vor dem Entstehen von „Strafbarkeitslücken“ als eine der beliebtesten Argumentationsfiguren der Kandidaten kennen: „Die Ansicht der Rechtsprechung zur Abgrenzung von Raub und räuberischer Erpressung verdient den Vorzug, denn die Gegenauffassung führt zu bedenklichen Strafbarkeitslücken“. Die Kandidaten befinden sich in guter Gesellschaft, denn der Topos „Strafbarkeitslücke“ gehört auch zum Sprachhaushalt der Strafgerichte bis hinauf zum BGH.

Das Bild, das dieser Argumentation als Folie dienen könnte, ist das eines Teppichs, der hier und da Löcher – Lücken eben – aufweist. Dies ist an sich nichts Anrüchiges, denn vom „fragmentarischen“, also bruchstückhaften oder eben auch „lückenhaften“ Charakter des Strafrechts ist in allen Lehrbüchern die Rede.

Wofür aber steht in diesem Bild der Teppich, wofür stehen die Löcher? Der Wortsinn gibt eindeutige Auskunft: Der Teppich repräsentiert die Fläche der Strafbarkeit, die Löcher die Strafbarkeitslücken. Da es ein verständliches Bestreben ist, einen löcherfreien Teppich zu besitzen, sind die Löcher die unerfreulichen Ausnahmen. Sie gilt es zu tilgen. Ein dichter Teppich der Strafbarkeit ohne Löcher – das ist das Ideal.

Im Grundgesetz steht etwas anderes. Art. 103 Abs. 2 (wortgleich mit § 1 StGB) verlangt zur Begründung von Strafbarkeit eine ausdrückliche, präzise, nur für die Zukunft geltende gesetzliche Regelung. Hält sich der Gesetzgeber – wozu er freilich immer weniger Neigung zeigt – an diese Vorgabe, so schafft er – um im Bilde zu bleiben – kleine Stoffflecken, die allenfalls da und dort größere Flächen – patchwork – ergeben. Das, was zwischen diesen Flecken den Raum ausfüllt, sind aber keine „Lücken“, sondern es ist der Estrich der Straflosigkeit. Dann aber empfiehlt sich eine Inversion des Sprachbildes. Der Teppich – das ist der Teppich der *Straflosigkeit.* In einem demokratischen Rechtsstaat ist Erlaubtheit und damit Straflosigkeit der Normalfall (vgl. Art. 2 Abs. 1 GG); Verbot oder gar Strafbarkeit sind die Ausnahmen.

Fazit: Es gibt keine Strafbarkeitslücken – es gibt nur Straflosigkeitslücken.

18.

„... und alle Fragen offen".

– Zur Einstellung des Strafverfahrens gegen Helmut Kohl –

(2001)

Das Landgericht Bonn hat also der Absicht der Staatsanwaltschaft Bonn, das Strafverfahren gegen Helmut Kohl wegen des Verdachts der Untreue einzustellen, zugestimmt.

Die Einstellung soll aufgrund des 1975 in die Strafprozeßordnung eingefügten § 153a erfolgen. Danach kann die Staatsanwaltschaft mit Zustimmung des Gerichts und des Beschuldigten,

> „bei einem Vergehen vorläufig von der Erhebung der öffentlichen Klage absehen und zugleich dem Beschuldigten auferlegen,
>
> 1. zur Wiedergutmachung des durch die Tat verursachten Schadens eine bestimmte Leistung zu erbringen,
> 2. einen Geldbetrag zugunsten einer gemeinnützigen Einrichtung oder der Staatskasse zu zahlen,
> 3. sonst gemeinnützige Leistungen zu erbringen oder
> 4. Unterhaltspflichten in einer bestimmten Höhe nachzukommen,
>
> wenn diese Auflagen und Weisungen geeignet sind, das öffentliche Interesse an der Strafverfolgung zu beseitigen und die Schwere der Schuld nicht entgegensteht. [...]".

Die Vorschrift, die bei ihrer Einführung auf heftige Kritik stieß, führt seither, von der Öffentlichkeit wenig beachtet, ein von den Verfahrensbeteiligten akzeptiertes Dasein – kein Wunder, eröffnet sie doch den Strafverfolgungsbehörden, vor allem der Staatsanwaltschaft, die Möglichkeit sozialgestalterischer Tätigkeit bei gleichzeitiger Entlastung von der oft mühsamen und zeitaufwendigen juristischen Arbeit der Ermittlung der Sach- und Rechtslage, und dem Beschuldigten eröffnet sie die Möglichkeit des „Freikaufs" von der weiteren Strafverfolgung[1]. Helmut Kohl hat bereits seine Bereitschaft erklärt, eine Zahlung von 300.000 DM zu leisten.

Der Vorwurf an Juristen, ihre Gedankengänge und Argumentationsstrukturen seien dem gemeinen Bürger häufig nicht zu vermitteln, resultiert im Bereich des Straf- und Strafprozeßrechts oft genug aus dem Unverständnis derjenigen, die nicht akzeptieren wollen, daß rechtsstaatliche Regeln und Traditionen sich Strafbedürfnissen nicht ein-

---

1 *Baumann*, Grabgesang für das Legalitätsprinzip, in: Zeitschrift für Rechtspolitik 1972, 273 ff.

fach fügen. Geduldige Aufklärung vermag hier manches. Indes: Was vermag Aufklärung gegenüber der Frage, wieso der Beschuldigte bereit sei, 300.000 DM zu zahlen, wieso das Strafverfahren gegen ihn mit dieser Zahlung beendet sei, wieso er, der doch einen für den Durchschnittsbürger höchst beachtlichen Geldbetrag zu entrichten hat, als „nicht vorbestraft“, ja – wie das Gericht ausdrücklich bemerkt – wegen der bis zu einem rechtskräftigen richterlichen Urteil bestehenden Unschuldsvermutung als unschuldig zu gelten habe? Unschuld gegen eine Zahlung von 300.000 DM? Das Verfahren gegen Helmut Kohl hat die Paradoxien des §153a StPO zur Kenntlichkeit gebracht.

Daß für den Beschuldigten Kohl dieselben Maßstäbe bei der Anwendung dieser fragwürdigen Vorschrift zu gelten haben wie für andere Beschuldigte, betont das Landgericht Bonn zu recht. Ob es sich selbst an diese Maxime gehalten hat, ist zweifelhaft. Jedenfalls fügt der Beschluß, mit dem das Gericht dem Einstellungsvorhaben der Staatsanwaltschaft zustimmt, den Paradoxien des § 153a weitere hinzu.

Tragender Grund der Entscheidung ist – man höre – die „Unklarheit der Rechtslage“. Nur wenige Juristen, mit denen ich gesprochen habe, haben auf die Mitteilung, hierauf sei die Einstellung des Strafverfahrens gegründet worden, nicht mit Erstaunen reagiert – hatte man doch bislang angenommen, die Klärung rechtlicher Unklarheiten sei genuine Aufgabe der Gerichte. Indes liegt dieses Vorgehen in der Logik des § 153a.

Daß die Rechtslage unklar sei, trifft ja zu: Rechtsgutachten haben unterschiedliche Antworten auf die Frage erbracht, ob das Verhalten des Beschuldigten Kohl – unabhängig von seiner parteienrechtlichen Unrechtsqualität – den Tatbestand der Untreue (§ 266 StGB – in der Form der zweiten Tatbestandsvariante, des „Treubruchtatbestandes“) zum Nachteil der CDU (!) erfülle; nur um diesen Vorwurf ging es in dem Strafverfahren. Ohne hier auf diese Rechtsfrage im Detail eingehen zu können, erscheint mir die verneinende Auffassung näherliegend. Das Gericht hätte – nach vorhergehender Anklage – die Möglichkeit gehabt, diese Rechtsfrage im Rahmen eines ordentlichen Strafverfahrens zu klären und damit auch für die Zukunft Rechtssicherheit in dieser Frage zu schaffen. Dies war um so dringlicher, als der Treubruchtatbestand ohnehin zu den – historisch und sachlich – problematischen des Strafgesetzbuches zählt. – Damit aber nicht genug:

Das Gericht prüft – im Ansatz zutreffend –, welche Sanktion bei Durchführung eines ordentlichen Strafverfahrens allenfalls zu erwarten gewesen wäre und ob die Durchführung des ordentlichen Strafverfahrens in einem angemessenen Verhältnis zu dieser stehen würde.

Die dem politisch interessierten Beobachter zunächst abenteuerlich anmutende Überlegung des Gerichts, bei einer etwaigen Sanktionierung des Beschuldigten Kohl sei ein Täter-Opfer-Ausgleich nach § 46a StGB zwischen ihm und der CDU in Erwägung zu ziehen, spricht nicht gegen das Gericht, sondern gegen die Rechtsansicht, der Beschuldigte habe sich wegen Untreue zum Nachteil der CDU strafbar gemacht. Die weitere Frage, ob man die von Kohl unter seinen politischen Freunden veranstaltete Sammelaktion tatsächlich eventualiter als bereits stattgehabten Täter-Opfer-Ausgleich i.S.d. § 46a StGB auffassen müßte, ist danach konsequent; bei ihrer Beantwortung zeigt sich das Gericht übrigens deutlich entscheidungsfreudiger als bei der Frage nach der Untreue-Strafbarkeit.

Strafmildernd – so das Gericht weiter – wären gegebenenfalls die Verdienste des Beschuldigten um das Gemeinwesen zu berücksichtigen[2]. Seine

> „unbestrittenen Verdienste um die Schaffung einer europäischen Friedenszone im allgemeinen, um die Aussöhnung mit den Nachbarn Deutschlands und um die Einheit Deutschlands im besonderen“

werden angeführt. Ob die Schaffung einer europäischen Friedenszone nicht eher Willy Brandt zu verdanken ist, ob die Einigung Deutschlands in ihrer historisch real gewordenen Form die optimale Lösung gewesen ist, ob sie ein Ergebnis der Staatskunst des Bundeskanzlers Kohl gewesen ist oder eher ein mehr oder weniger zwangsläufiges Ergebnis der weltpolitischen Entwicklung – die Beantwortung dieser und weiterer Fragen sollte man getrost dem abgeklärten Urteil späterer Geschichtsschreibung überlassen. Das Gericht greift dieser Bewertung vor.

Auch mit der mildernd ins Feld geführten Feststellung, das Verhalten des Beschuldigten Kohl habe nicht der persönlichen Bereicherung gedient, macht das Gericht es sich recht leicht. Warum unter zahlreichen denkbaren Vorteilsabsichten die „Bereicherung“ eine solche (negative) Hervorhebung verdient, bleibt unklar. Einerseits verlangt der Tatbestand der Untreue weder das objektive Vorliegen noch das subjektive Erstreben eines Vermögensvorteils, andererseits enthält das Strafgesetzbuch eine Reihe von Tatbeständen, in denen „Vorteil“ nicht mit „Vermögensvorteil“ identisch ist (§§ 108, 257, 299, 300, 331–335, 337, 352 StGB). Richtig ist: Kohl hat die an den Gremien der CDU vorbeigeleiteten Beträge nicht für sich behalten, sondern sie – dem Wunsch seiner im Dunkeln gebliebenen Geldgeber entsprechend –

---

2 Erwähnt wird „sein über 50 Jahre währendes Engagement für die staatliche Gemeinschaft“. Dieser Passus dürfte breite Zustimmung finden, ich halte ihn – wenigstens in einer Nuance – für verfehlt. Helmut Kohl ist Politiker wie andere Personen Rechtsanwälte, Ärzte, Architekten, Lehrer oder Hochschullehrer sind. Kohl hat nicht für das Gemeinwesen auf eine berufliche Karriere verzichtet, sondern in seinem Politikerberuf das Amt des Bundeskanzlers so angestrebt wie andere Personen ein Spitzenamt ihres Berufes anstreben. Daß der Politikerberuf per se wichtiger für die staatliche Gemeinschaft sei als andere ehrenwerte Berufe, gehört zu den Lebenslügen von Politikern. Politiker versehen heute nicht mehr „One-dollar-jobs“; sie werden für ihre Arbeit angemessen bezahlt und erwerben ihre Pensionsberechtigung dank von ihnen selber beschlossener Gesetze im allgemeinen eher als Angehörige anderer Berufe. That’s it.

zur Sicherung seiner inner- und außerparteilichen Machtposition verwendet: etwa nicht zu seinem Vorteil?

Schließlich – meint das Gericht – müsse beachtet werden,

> „daß die persönlich herabwürdigenden Angriffe in der Medienberichterstattung mildernd berücksichtigt werden müßten."

Helmut Kohl legt sich wie kaum ein zweiter Politiker mit nicht genehmen Medien an, andererseits reagiert er auf tatsächliche oder vermeintliche Verletzungen seiner Ehre – die er im Falle der Parteispenden für die Einhaltung eines gesetzwidrigen Versprechens verpfändet hat – larmoyant und mit hohem semantischen Einsatz; dies kann man als persönliche Note abtun – gerade Personen, die gern und reichlich austeilen, haben erfahrungsgemäß schlechte „Nehmerqualitäten". Merkwürdig ist aber die Distanzlosigkeit, mit der diese Sicht des Beschuldigten vom Gericht übernommen wird.

Apart ist auch die Überlegung, der Beschuldigte habe

> „im Beziehungsgeflecht seines politischen Engagements gestanden", und „ohne sein hohes Ansehen [...] hätte er wohl kaum je in die Versuchung kommen können, größere Spenden ohne ordnungsgemäße Verbuchung anzunehmen."

Die Zeiten, da es als „deutsche Tugend" galt, ein hohes Amt als hohe Verantwortung aufzufassen, liegen halt lange zurück. Immerhin: das Gericht erwägt als – einzigen – zu Lasten des Beschuldigten einzubringenden Faktor, daß er „seiner Vorbildfunktion besser hätte Rechnung tragen müssen."

Alles in allem: Wohlwollen in einem Maße, wie es sich jeder Beschuldigte nur wünschen kann. Die Öffentlichkeit aber wird auch in Zukunft nicht erfahren, wie denn ein Verhalten wie das des Altkanzlers unter dem Gesichtspunkt der Untreue strafrechtlich zu würdigen sei. Gerade wegen des Gleichbehandlungsgrundsatzes wird man anderen Politikern die Wohltat des § 153a StPO nicht versagen können. Dafür, daß die Rechtslage unklar und damit der tragende Einstellungsgrund erhalten bleibt, werden Staatsanwaltschaft Bonn und Landgericht Bonn durch weitere Einstellungs- und Zustimmungsbeschlüsse selber sorgen können. Weitere schwierige Strafrechtsfragen harren ihrer Nichtklärung.

Nachbemerkung

Die vom Landgericht Bonn unbeantwortet gelassene materielle Rechtsfrage nach der Untreue-Strafbarkeit (§ 266 StGB) von Parteipolitikern, die mit schwarzen Kassen oder mit der Entgegennahme von anonymen Spenden den Wahlkampf ihrer Partei unterstützen, damit aber das Risiko einer parteirechtlichen Sanktion gegen die Partei wegen falschen Rechenschaftsberichts an den Präsidenten des Bundestages eingehen, ist vom Landgericht Wiesbaden und vom Bundesgerichtshof (Urteil vom 18. Oktober 2006, NStZ 2006, 646) dann doch noch beantwortet worden – und zwar, wie es dem punitiven Zeitgeist entspricht, im bejahenden Sinne. Wie der Presse zu entnehmen war, bedeutete die – nach teilweiser Rückverweisung durch den BGH – vom LG Wiesbaden endgültig verhängte Strafe von 300 Tagessätzen konkret einen zu zahlenden Betrag von 54.000 € für den verurteilten hessischen CDU-Politiker Manfred Kanther. Helmut Kohl hat somit die ihm bescheinigte Unschuld mit 300.000 DM teuer bezahlt. (Da die Einstellung nur mit seiner Einwilligung erfolgen konnte, kann man auch sagen: Er hat sich seine Unschuld etwas kosten lassen).

19.

Glosse: Neues aus der Bauhütte des Rechts oder: Geist und Buchstabe

(2009)

Das jüngste Produkt aus der „Bauhütte des Rechts" (*Radbruch*), ein Regierungsentwurf zur erneuten (der wievielten?) Ausweitung des Sexualstrafrechts, sieht Strafe für denjenigen vor, der „eine Person unter 18 Jahren dadurch missbraucht, dass er [...] gegen Entgelt sexuelle Handlungen an ihr vornimmt oder an sich vornehmen lässt". Der Einwand, diese Textfassung schließe den Fall ein, dass ein Jugendlicher eine Jugendliche ins Kino einlädt, um später mit ihr intim zu werden, liegt nahe und wird denn auch von den rechtspolitischen Sprechern der Grünen und der FDP erhoben. Diese Kritik ärgert nicht nur die Leiterin der Bauhütte, sondern auch den Kolumnisten der *Frankfurter Rundschau* (12.12.2007, S. 4). Das angeführte Beispiel ist für ihn ein „wunderbarer" (er meint wohl: „wunderlicher") Fall; dass er „nicht mal mehr in einigen Gegenden im prüden Süden der USA oder in abgelegenen Regionen Ostanatoliens heute justiziabel wäre", ist ihm kein Argument gegen den vorgelegten Gesetzentwurf, sondern gegen den Fall. Süffisant referiert er die Stellungnahme der „einigermaßen verärgerten" Bundesjustizministerin, deren Sprecherin sich den „zarten Hinweis [erlaubt]" habe, „dass für Gesetze wie dem [sic!] Paragraphen 182 Strafgesetzbuch die 'ratio legis' gelte: Der Sinn und Zweck eines Gesetzes also müsse stets berücksichtigt werden – es könne eben nicht, wie juristische Laien glauben könnten, allein streng nach den Buchstaben des Gesetzes geurteilt werden".

Lehrstuhlinhaber für Strafrecht, die den Bestimmtheitsgrundsatz (Art. 103 Abs. 2 GG) lehren, werden ihre „Laifizierung" befremdet registrieren. Dass der Kolumnist die Sprecherin des Bundesjustizministeriums falsch verstanden haben könnte – ja dass er sie falsch verstanden haben *muss*, denn solche Unkenntnis der verfassungsrechtlichen Grundlagen des Strafrechts wagt man einer Sprecherin des Bundesjustizministeriums nicht zu unterstellen – kann sie nur wenig trösten. Richtig ist freilich, dass sie notgedrungen den „Geist des Gesetzes" heranziehen werden, wenn es darum geht, dem neuen Tatbestand jene Konturen zu geben, die der Gesetzgeber ihm verweigert hat; schließlich hat die Entwicklung der Gesetzgebungstechnik sie gelehrt, aus der rechtsstaatlichen Not eine exegetische Tugend zu machen. Aus dieser Not könnten sie befreit werden, wenn der Gesetzgeber *seine* Tugend, Gesetze unter Beachtung des Bestimmtheitsgrundsatzes zu formulieren, üben würde. Doch die Forderung danach findet, wie gesehen, selbst in der liberalen Presse – und die

Frankfurter Rundschau war einmal deren Flaggschiff – wenig Unterstützung. Dort applaudiert man der Auffassung, dass es mit der Bestimmtheit von Strafgesetzen nicht so genau genommen werden müsse, ja dass es laienhaft sei, sie einzufordern – bis dann (wieder) einmal ein Gericht auf den Gedanken kommt, einen Straftatbestand unter Berufung auf den „Geist" so auszulegen, dass sich Journalisten in ihrer Tätigkeit beeinträchtigt fühlen. Wenn dieser Tag kommt – und er wird kommen –, werden wir mit Interesse auf die fällige Kolumne der *Frankfurter Rundschau* warten. Und der Kolumnist wird sich dann vielleicht zu der Auffassung bekehren, dass der 2. Korintherbrief mit dem Satz „Der Buchstabe tötet, der Geist macht frei" eine Waffe gegen die Gesetzesfrömmigkeit geschmiedet hat, dass aber im Strafrecht – wie jene lehren, deren Abstempelung zu juristischen Laien er applaudiert hat – der Buchstabe (des Gesetzes) frei macht, der Geist (des Strafens) aber tötet.

Nachbemerkung

Das Bundesjustizministerium und die [Große] Koalition haben die Vorschrift später entschärft.; s. *Franfurter Allg. Ztg.* vom 14. Mai 2008: „Die große Koalition hat [...] ihre umstrittenen Pläne für ein erweitertes Sexualstrafrecht entschärft. Die Rechtsexperten von CDU/CSU und SPD hätten sich mit Bundesjustizministerin Zypries (SPD) darauf verständigt, eine Strafbarkeit normaler Sexualkontakte zwischen Jugendlichen auszuschließen. [...] Die Koalition reagiere mit den Nachbesserungen auf Kritik von Juristen und Sexualwissenschaftlern, die von einer Kriminalisierung einverständlicher Zärtlichkeiten unter Teenagern gewarnt hatten". Ob diese Sinnesänderung auch den Kolumnisten der *Frankfurter Rundschau* zum Nachdenken bewogen hat, bleibt offen. Jedenfalls hat er sich, soweit ersichtlich, zu dieser Frage nicht wieder geäußert.

Verzeichnis der Erstpublikationen

1. Entkriminalisierung und Strafgesetz – Über Schwierigkeiten, Entkriminalisierung zu begründen und zu verwirklichen, in: Festschrift für Rudolf Gmür. Bielefeld 1983, S. 323–343.
2. „Politisches" Strafrecht, in: ZStW 1995, S. 734–760.
3. Aktuelles zur Lage des Strafrechts, in: Festschrift für Dimitris Th. Tsatsos. Baden-Baden 2003, S. 703–721.
4. Strafrecht und Strafprozessrecht – Einige historische und systematische Anmerkungen zu einem vielschichtigen Verhältnis, in: Festschrift für Ulrich Eisenhardt. München 2007, S. 155–170.
5. Das Feindstrafrecht und seine Kritik, in: Kritik des Feindstrafrechts. Berlin 2009, S. VII–XLII.
6. Mord sollte wieder verjähren, in: Festschrift für Günter Bemmann. Baden-Baden 1997, S. 481–502.
7. Zur strafrechtlichen Verantwortlichkeit von DDR-Richtern wegen Rechtsbeugung, in: NJ 1993, S. 212–215.
8. Versuchte Beteiligung an der Falschaussage – Zum Verhältnis der §§ 30 und 159 StGB, in: GA 1986, S. 353–369.
9. Frühzeitige und rechtzeitige Berichtigung falscher Angaben – Zugleich ein Beitrag zur Systematik der §§ 153, 158 StGB und zum Merkmal „uneidlich" in § 153 StGB, in: JR 1989, S. 133–136.
10. Falsche uneidliche Aussagen vor parlamentarischen Untersuchungsausschüssen – Zum neuen § 153 Abs. 2 StGB, in: JZ 2002, S. 166–170.
11. Neues und Altes zu den Aussagedelikten: erscheint 2010 in der Festschrift für Manfred Maiwald.
12. Die strafrechtliche Beurteilung des Scheckkartenmissbrauchs – OLG Köln, NJW 1978, 713..., in: JuS 1981, S. 18–31.
13. Strafvereitelung auf Zeit – ein zeitloses Thema, in: Festschrift für Wilfried Küper. Heidelberg 2007, S. 663–673.
14. Probleme der Gläubigerbegünstigung – Zur Auslegung des § 283c StGB, in: GA 1981, S. 101–133.
15. Probleme der Korruption im geschäftlichen Verkehr – Zur Auslegung des § 299 StGB, in: Festschrift für Friedrich-Christian Schroeder. Heidelberg 2006, S. 649–660.
16. Probleme des § 353d Nr. 3 StGB (Verbotene Mitteilungen über Gerichtsverhandlungen), in: Festschrift für Manfred Seebode. Berlin 2008, S. 421–436.
17. Glosse: Strafbarkeitslücken, in: JZ 1999, S. 613.

18. „... und alle Fragen offen“ – Zur Einstellung des Strafverfahrens gegen Helmut Kohl, in: Jahrbuch der Juristischen Zeitgeschichte Band 2 (2000/2001). Berlin, S. 728–731.

19. Glosse: Neues aus der Bauhütte des Rechts, oder: Geist und Buchstabe, in: JZ 2008, S. 244–245.

Jan Zopfs (Hg.)
Quellen zur Aufhebung der Folter
Die Aufhebung der Folter in Baiern (1806) von Paul Johann Anselm Feuerbach sowie die Verordnungen Friedrichs II. aus den Jahren 1740 – 1756 zur Abschaffung der Folter in Preußen
Rechtsgeschichte und Rechtsgeschehen – Kleine Schriften Bd. 25
LIT

Thomas Vormbaum
Die Strafrechtsangleichungsverordnung vom 29. Mai 1943
Materialien zur Verordnung und zu den Durchführungsverordnungen
Bd. 27, 2011, 129 S., 19,90 €, br., ISBN 978-3-643-11098-5